Peter Stephan Jungk

Franz Werfel

Eine Lebensgeschichte

S. Fischer

© 1987 S. Fischer Verlag GmbH, Frankfurt am Main
Photos aus dem Besitz von Anna Mahler
Satz: Wagner GmbH, Nördlingen
Druck und Einband:
Franz Spiegel Buch GmbH, Ulm
Printed in Germany 1987
ISBN 3-10-091026-5

Anna Mahler gewidmet

For

Patricia Hoag —
it was wonderful
meeting you in
New York last
month!

Wishing you
well.

Peter Stephan J

July 4, 1990

»Weißt Du, Felice, Werfel ist tatsächlich ein Wunder, als ich sein Buch ›Der Weltfreund‹ zum ersten Mal las, dachte ich, die Begeisterung werde mich bis zum Unsinn fortreißen.«

Franz Kafka
1913

»Meine Schwierigkeit: Was habe gerade ich in einer Welt zu bestellen, in der ein Werfel Ausleger findet!«

Robert Musil
1930

Inhalt

Stadtpark

In der ersten Septemberwoche 1890 gingen über Böhmen und weiten Teilen Nordösterreichs heftige Regenstürme nieder, ließen die Flüsse aus den Ufern treten, verursachten in Prag die verheerendsten Überschwemmungen seit mehr als vierhundert Jahren. Man beklagte zahlreiche Todesopfer. Schon stand die Josefstadt, das Ghetto der Juden, zur Gänze unter Wasser, da stürzte in den frühen Morgenstunden des 4. September die uralte, steinerne Karlsbrücke ein. Erst am Mittwoch, dem 10. September, hörte der Niederschlag auf, sank der Pegel des Hochwassers langsam – tagsüber herrschte trübes Wetter, erst gegen Abend hellte es ein wenig auf.

In einer schön gelegenen Wohnung der Prager Neustadt, in der Reitergasse 11, kam kurz vor Mitternacht Franz Viktor Werfel zur Welt, das erste Kind seiner Eltern Rudolf und Albine Werfel. Die Vorfahren väterlicherseits, teils Wörfel, teils Würfel genannt, waren seit über drei Jahrhunderten in Nordböhmen ansässig. Franz Viktors Ururgroßvater Gottlieb Würfel, dem Status nach ein Schutzjude, lebte in Böhmisch Leipa. Dessen Sohn Juda nahm 1812 als Unteroffizier an Napoleons russischem Feldzug teil. Juda Werfels Sohn Nathan, Franz Viktors Großvater, wurde als fünftes von sieben Kindern geboren – zunächst Weber in Leipa, später Mehlhändler in Jungbunzlau, übersiedelte er schließlich nach Prag, wo er mit einer Bettfedernreinigung ein beträchtliches Vermögen erwirtschaftete, dieses aber auch rasch wieder verlor. Sein Sohn Rudolf Werfel, 1857 in Jungbunzlau als eines von neun Geschwistern geboren, wuchs als Kind sowohl in Prag als auch in einer renommierten bayerischen Internatsschule auf. Von den Schulden des Vaters zunächst schwer belastet, konnte er sich im Laufe weniger Jahre einigen Wohlstand erkämpfen und meldete

1882, als Fünfundzwanzigjähriger, die Eröffnung einer Hand-schuhmanufaktur an. Sieben Jahre später heiratete er die erst neunzehnjährige Albine Kussi, Tochter eines vermögenden Müh-lenbesitzers aus Pilsen.

Im Haushalt der Jungvermählten arbeitete und wohnte die tschechische Köchin Barbara Šimůnková, eine resolute Person Mitte Dreißig, aus Radič nahe Tábor – sie wurde zur Kindermagd des Neugeborenen, seine frühesten Eindrücke waren mit Barbara engstens verbunden, mit ihr verbrachte er die meisten Stunden des Tages. Halb Ammendeutsch, halb Kuchlböhmisch sprach sie mit dem Buben; eines der ersten Worte, das er aussprechen konnte, hieß Bábi. Bábi fuhr ihn, als er noch im großen, weißen Kinder-wagen lag, nahezu täglich in den unweit gelegenen Stadtpark – die hohen Baumkronen bildeten seinen ersten Himmel. Sobald er gehen gelernt hatte, führte sie ihn in diesen Park, um den Teich mit seinen Grotten, seinen Buchten und Trauerweideninseln. Er spielte in der Sandkiste, nahe dem Affenkäfig, sammelte Edelka-stanien, erlebte Regentau, Blumenbeet, Baumschatten, begriff die Aufeinanderfolge der Jahreszeiten.

Schräg gegenüber der Wohnung seiner Eltern lag der große Staatsbahnhof Prag-Mitte, ein Gebäude, das Franz Viktor neugie-rig machte wie kein anderes. Vom Fenster aus konnte er auf Dampf und Schmutz und Güterwaggons hinabsehen, er hörte die Pfiffe, das Kreischen der Bremsen; immer nochmals wollte er das Innere dieser faszinierenden Station erforschen, die Lokomotiven berühren: »Maschina! Maschina!« nannte er die schwarzen, zi-schenden Monstren, die hier an den Endpunkten zahlreicher Schienenstränge standen.

An Sonntagen nahm Barbara den Vier-, Fünfjährigen sehr früh morgens in die Messe mit. In der kühlen, weihrauchduftenden Steinhalle der St. Heinrichskirche kniete er nieder, wenn Bábi niederkniete, stand auf und faltete die Hände, wenn Barbara aufstand und die Hände faltete. Nach Hause zurückgekehrt, baute er dann aus zufällig zusammengesuchten Gegenständen, aus Be-sen, Hutschachteln, Zeitungspapier, einen Altar auf, zelebrierte davor so etwas Ähnliches wie römisch-katholischen Gottesdienst. Öfters kam Pfarrer Janko von der Heinrichskirche – ein guter Freund Rudolf Werfels – zum Mittagessen zu Besuch; dann gab sich Barbara besondere Mühe, ihre phantasievollsten Gerichte aufzutischen. Franz Viktor wuchs aber durchaus auch in der jüdischen Tradition auf: zwar waren seine Eltern gänzlich unorthodox, doch am achten Tag nach seiner Geburt war die rituelle Beschneidung erfolgt, und an den hohen Feiertagen begleitete der Sohn seinen Vater in die Maiselsynagoge. Das Licht der vielen brennenden Kerzen, das Flimmern der Synagogenluft, erschien dem Jungen jeweils als lebendige Gegenwart Gottes, die ihn gleichermaßen erregte und beängstigte.

Auf den Spielplätzen des Stadtparks begegnete Franz seinem ersten Freund, dem um ein Jahr jüngeren Willy Haas. Barbara erzählte den beiden, schon ihre Kinderwagen seien nebeneinander durch die kiesbedeckten Alleen geschoben worden. Gemeinsam erlebten die Buben den gefürchteten, stelzbeinigen Wächter Kakitz, der einen mächtigen Säbel an der Seite trug; sie hänselten die Sesselbabbe, die jedem, der sich auf den Stühlen der Rondeaus oder entlang der Promenaden niederlassen wollte, sofort den Sesselkreuzer abverlangte. Mit altem Brot fütterten sie die Schwäne, und Barbara kaufte dem Brezelmann Nascherein ab, und manchmal durften die Kinder auch große, bunte Luftballons mit nach Hause nehmen. Glück der frühen Kindheit, das mit Franz Werfels Eintritt in die Privatvolksschule des Piaristenordens von einem Tag zum anderen unterbrochen wurde.

In jüdischen Familien war es üblich, die Söhne zu den Piaristen zu schicken, in Franz' erster Klasse stammte gar die Mehrzahl der Schüler aus jüdischem Haus. Im hinteren Trakt des Klostergebäudes, in hohen, gewölbten Räumen, unterrichteten Mönche in schwarzer Kutte etwa sechzig Knaben zugleich. Nur die Religionsstunden erfolgten in getrennten Klassenzimmern: für die Kinder mosaischen Glaubens kam Rabbiner Salomon Knöpfelmacher in das Kloster der Piaristen.

Franz saß in einem weißgetünchten Raum, in eine enge, grünlackierte Bank gezwängt; hinter dem erhöhten Katheder hing eine große Landkarte der Großmacht Österreich-Ungarn, mit ihren zehn Kronländern, daneben ein Bildnis des Kaisers Franz Joseph I., in weißer Uniform. Nahe der Tür stand ein Schrank mit Weltkugeln und Planetengloben. Umringt von einer Schar Dutzender fremder, lauter Buben, konnte der Sechsjährige schon die ersten Schultage kaum ertragen – er fühlte sich ausgesetzt, vom Elternhaus durch unbegreiflichen Ratschluß gewaltsam getrennt. Er flüchtete sich in die Krankheit: die ersten Monate dieses Schuljahres verbrachte er zu Hause, von Mutter, Vater und Barbara umsorgt und verwöhnt. So ging das ereignisreiche Jahr 1896 zu Ende, neben dem erschreckenden Erlebnis der Einschulung im Herbst von zwei weiteren Geschehnissen geprägt: dem Tod des Großvaters Nathan Werfel und der Geburt der Schwester Hanna.

Während seiner gesamten Piaristenzeit blieb Franz Werfel ein kränkelndes Kind und ein ziemlich schlechter Schüler. Sehr still hockte er in der Bank; in den Taschen seines blauweißen Matrosenanzugs bewahrte er neben bunten Murmeln ein Notizbüchlein auf, mit einer Namensliste aller seiner Mitschüler und der Patres, die sie unterrichteten. Bis vier Uhr nachmittags dauerte der Schultag zumeist; dann und wann zog Franz noch mit den anderen in den Stadtpark, wo sie Räuber und Gendarm oder mit ihren Glaskugeln *Tschukes* spielten. An anderen Tagen aber beeilte er sich, rasch nach Hause zu kommen, um noch mit Barbara spazierengehen zu können. Da fuhren sie zum Belvedere-Plateau, sahen hinab auf die hunderttürmige Stadt mit ihren Barockbrücken, auf die neuen Großbaustellen im ehemaligen Ghetto, wanderten über den mit Obstbäumen bepflanzten Laurenziberg wieder abwärts und eilten, sobald es Abend wurde, in die Reitergasse zurück, damit Bábi der Familie rechtzeitig das Essen bereiten konnte. Sie überquerten die stillen Plätze der Kleinseite, wo zwischen dem holprigen Pflaster das Gras wuchs, passierten die großen Gärten der Adelspaläste und die bewachten Torbögen der Palais, liefen weiter, über die wiedererrichtete Karlsbrücke mit ihren Heiligen-

figuren und dem großen Kruzifix, umrahmt von goldenen hebrä-
ischen Lettern; die Umschrift mußte einst ein Jude finanzieren,
erzählte Barbara, weil er das Kreuz verspottet habe. Weiter führte
ihr Weg, vorbei am rauchgeschwärzten Gemäuer der Altneu-
synagoge, durch enge, dunkle Gassen und finstere Pawlatschen-
höfe, in denen es nach altem Bier und geselchtem Fleisch roch,
weiter über den Graben, wo die Pferdestraßenbahnen verkehrten
und die Kutscher die Rösser ihrer Fuhrwerke rücksichtslos durch
den dichten Abendverkehr peitschten.

Franz nahm diese Farben, Klänge, Gerüche tief in sich auf, er
prägte sich offenbar Nebensächliches mit größter Aufmerksamkeit ein: Ladenschilder, Straßenlaternen, Milchwagen, Kohlen-
transporte ... Sah mit gleicher Konzentration in das eigene Kin-
derzimmer, wo bunte Stoff- und Seidenreste, Bänder und Volants
neben seinem Spielzeug lagen, wenn Barbara beim Schein des
alten Auer-Gaslichts an der leise ratternden Nähmaschine saß.
Lauschte mit großer Intensität den Gesprächen der Erwachsenen,
beobachtete ihre übertriebenen Gesten, ihre Verschrobenheiten,
sammelte Eindrücke, wie andere Kinder Briefmarken sammeln
oder Muscheln ...

Im Jahre 1899, Franz besuchte die vierte Volksschulklasse, kam
Marianne Amalia, seine zweite Schwester zur Welt; Familie Wer-
fel übersiedelte in eine größere, repräsentativere Wohnung in der
Hybernergasse, in der Nähe des Pulverturms. Auch dies neue
Zuhause lag unweit dem Staatsbahnhof, von dem aus Rudolf
Werfel seine häufigen Reisen nach Tuschkau bei Pilsen unternahm
– dort befand sich eines seiner Fabriksgebäude, zugleich die wich-
tigste Zweigstelle seines Unternehmens.

Der tarockspielende Kommerzialrat mit dem buschigen
Schnauzbart und dem vergoldeten Pincenez im runden Gesicht
war in Prag mittlerweile zur stadtbekannten Figur avanciert. Man
wußte von seiner Leidenschaft für die Musik – oft sah man ihn im
Neuen Deutschen Theater, in Begleitung seiner jungen, attrakti-
ven Frau, welche die gedrungene Gestalt ihres Gatten um Kopf-

größe überragte; unverwechselbar ausdrucksstark waren Albine Werfels Gesichtszüge.

Weit über die Landesgrenzen der Donaumonarchie hinaus hatten sich die Lederhandschuhfabriken Werfel & Böhm einen Namen gemacht: sie expandierten ständig, unterhielten Zweigniederlassungen in London, Paris, Brüssel und Berlin. Der Hauptumsatz des Unternehmens, an dem Rudolf Werfel seinen Schwager Benedikt Böhm beteiligt hatte, ergab sich durch den Export in die Schweiz und nach Amerika.

Der Sohn erlebte seinen Vater in diesen Jahren als äußerst nervösen, oft aufbrausenden Mann. Eine der Ursachen solch gespannter häuslicher Atmosphäre erahnte Franz zwar, verstehen konnte er sie allerdings noch nicht. In Prag war es in der letzten Zeit immer häufiger sowohl zu antideutschen als auch zu antisemitischen Ausschreitungen gekommen; etwa vierhunderttausend Einwohner zählte die Stadt Ende des neunzehnten Jahrhunderts, rund fünfunddreißigtausend von ihnen bekannten sich zur deutschen Umgangssprache. Eine Minderheit innerhalb dieser Minorität wiederum bildeten zwölftausend deutschsprachige Juden. Doch auch jene jüdischen Prager, die zu Hause lediglich tschechisch sprachen, entgingen dem krassen Antisemitismus nationaltschechischer Prägung keineswegs: Juden und Deutsche galten gleichermaßen als Ausbeuter des tschechischen Volkes, da man meinte, sie hätten, gemeinsam mit der verhaßten Aristokratie, die besten Positionen im Staat unter sich aufgeteilt. Die große Mehrheit der Prager Bevölkerung fühlte sich fremd im eigenen Land, allseits herrschten Mißtrauen, Haß und Rachsucht.

Im Frühjahr 1897 war es zu antisemitischen Kundgebungen Hunderter tschechischer Arbeiter gekommen; den Kern dieser neuen Bewegung bildete die Gewerkschaft der Handschuhmacher, zum Großteil also Angestellte der Werfelschen Betriebe in Prag und Tuschkau. Ende desselben Jahres raste der *Dezembersturm* durch die Stadt: deutsche Einrichtungen wurden zerstört, vor allem aber jüdische Geschäfte und Wohnungen gebrandschatzt und geplündert – erst nach Tagen hatte die k.u.k. Regierung in Wien das Standrecht über die Stadt Prag angeordnet. Zwei Jahre später sorgte der Prozeß um einen angeblichen jüdischen Ritualmord in ganz Böhmen für neue antisemitische Hysterie, vergiftete nun auch zusehends das Klima zwischen Juden und Deutschen. Diese Entwicklungen bereiteten Rudolf Werfel naturgemäß größtes Unbehagen – an der Wende zum zwanzigsten Jahrhundert herrschte ähnliche Angststimmung in Prag wie einst zu Rabbi Bezalel Löws Zeiten, da der Kabbalist und Schriftgelehrte (zum Schutze der Juden im Ghetto) aus Moldauschlamm den Golem erschaffen hatte.

Ab Herbst 1900 besuchte Franz Werfel – ohne Kraft, ohne Lust und Geschicklichkeit – das K. K. Deutsche Gymnasium am Graben; das Schulgebäude lag unmittelbar neben jenem des Piaristenordens, an der Ecke Herrengasse. Auch hier stammte mehr als die Hälfte der Buben aus jüdischem Elternhaus, auch hier unterrichtete Salomon Knöpfelmacher, war der inzwischen zehnjährige Franz einer seiner schlechtesten Schüler. Der Rabbiner brachte ihm die hebräische Schrift und Sprache bei, lehrte ihn Israels biblische Geschichte, von der Genesis bis zu den Propheten. Er schätze, bemerkte Knöpfelmacher eines Tages, die Musikalität König Davids weit höher ein als etwa die eines Wolfgang Amadeus Mozart; Werfel faßte daraufhin den Entschluß, den Religionsunterricht fortan bloß noch als Farce zu betrachten.

Sein ganzes Interesse galt den orientalischen Romanen von Karl May sowie der wöchentlich erscheinenden illustrierten Knabenzeitung ›Der Gute Kamerad‹: er las Indianergeschichten in Fortsetzungen, erfuhr Interessantes, Spannendes über China und Siam, Indien und Afghanistan, erhielt Anleitungen zum Bau einer Photokamera. Die Geschichte vom tapferen Schiffsjungen Erich hatte es ihm besonders angetan: der braungebrannte norddeutsche Bub, Held einer Erzählung aus dem ›Guten Kameraden‹, wurde ihm zum Freund und Vorbild – von Erich lernte er Schiffstakelung, Matrosenlieder und Seemannsfabeln. Als Franz eines Sonntags mit seiner Mutter einen Ausflug auf einem Moldaudampfer unter-

nahm, verwandelte sich diese Bootsfahrt für ihn in eine phantasti-
sche Ozeanreise: Insulaner umzingelten das Schiff, die Spitzen
ihrer Pfeile hatten sie in Gift getaucht, Zyklone brachten Erich
und seinen Freund in Seenot, majestätisch zogen am Horizont
rauchende Vulkane vorüber . . .

Während er las, naschte Franz unentwegt, er war ein dickliches
Kind geworden; verbot Barbara ihm aber das Essen zwischen den
Mahlzeiten, antwortete er ihr jedes Mal mit schuldigem Buben-
blick – und aß weiter.

Seine Eltern hatte er schon mehrmals zu Schauspiel- und
Opernaufführungen ins Neue Deutsche Theater – am Rande des
Stadtparks – begleiten dürfen. Höhepunkt der Saison waren jeweils die Maifestspiele, ins Leben gerufen von Angelo Neumann,
einem der bedeutendsten Opernimpresarios und Theaterintendan-
ten Europas. Alljährlich verpflichtete Neumann die besten Sänger
und berühmtesten Schauspieler aus den Großstädten der Nachbar-
länder für einige Wochen an sein Theater nach Prag. Im Mai 1900
gab hier zum Beispiel Josef Kainz den Hamlet, ein Jahr später, im
Todesjahr Giuseppe Verdis, stand eine Verdi-Stagione auf dem
Programm, 1902 ein großes Wagner-Festspiel. Die Maifestspiele,
fünf Wochen, in denen man ganz und gar dem Sprechtheater und
der großen Oper verfallen konnte, galten den kulturell interessierten Pragerdeutschen durchaus als der Höhepunkt des Jahres. Die
Tschechen nahmen an diesem Festival des Neuen Deutschen
Theaters allerdings niemals teil, umgekehrt hätte sich aber auch
kein deutschsprachiger Prager je ins Tschechische Nationaltheater
verirrt, selbst dann nicht, wenn Diaghilev oder Nijinski dort ein
Gastspiel gaben.

Immer wieder bettelte Franz Werfel, zu den Stagione-Ereignis-
sen mitgenommen zu werden; schon im ersten Akt befiel ihn dann
jedesmal große Traurigkeit darüber, daß der Ablauf der Stücke,
der Opern, nicht unterbrochen werden konnte, das ganze Schauspiel im Nu wieder zu Ende sein würde. Am glücklichsten machte
ihn die Vorfreude auf einen Theaterabend, er sehnte sich unentwegt nach diesem Gefühl erregter Antizipation.

Er baute sich ein Puppentheater und begann, Stücke der Weltliteratur selbst in Szene zu setzen. Georg Weber, Werfels liebster Freund am Deutschen Gymnasium, teilte dessen Theaterbegeisterung: in den Küchen der elterlichen Wohnungen bastelten sie Pappfiguren, Speere, Schilder und Rüstungen, auch die Effekte für ihre Vorstellungen stellten sie selbst her, ließen Kolophoniumblitze zucken und Dämpfe stinkender Kochbutter aufsteigen, folgten bei alledem gewissenhaft den Anleitungen des ›Guten Kameraden‹. Vor Schulfreunden und Verwandten brachten sie dann ganze Dramen und Opernlibretti zur Aufführung – ›Faust‹ und ›Freischütz‹, ›Zauberflöte‹ und ›Wilhelm Tell‹. Das Hauptaugenmerk des Publikums allerdings lenkten sie auf das Gelingen ihrer Kulissentricks.

In Franz' ersten Gymnasialjahren nahm auch sein Mitschüler Franz Jarosy einen wichtigen Platz ein: ganz Gegenpol zu dem Christen Weber, imponierte er Werfel durch sein überlegenes Auftreten, durch Lebensfreude und Zynismus. Obwohl Jude, hielten ihn die meisten seiner Klassenkameraden für konfessionslos oder getauft, vor dem Religionsunterricht drückte er sich jedenfalls erfolgreich. Schon als Zwölfjähriger war der Sohn des Direktors eines Triestiner Versicherungsunternehmens ein brillanter Schauspieler, der die Gleichaltrigen mit betonter Überheblichkeit behandelte; so verkaufte er Werfel zum Beispiel einen gewöhnlichen Hosenknopf als Hosenknopf Napoleons ...

Nur unter einer Bedingung erklärte sich Jarosy bereit, an den Theateraufführungen seiner Freunde teilzunehmen: die Figuren sollten nicht mehr von Puppen, sondern von den Buben höchstpersönlich dargestellt werden – Jarosy selbst wollte dabei ausschließlich Prinzen und Edelmänner spielen. Das konnte Franz Werfel nur recht sein, ihm lag nämlich daran, immer nur die Bösewichte, die Intriganten und Dämonen zu verkörpern.

Ein theatralischer Akt ganz anderer Art fand Mitte des Jahres 1901 in Prag statt: die Kinder hatten schulfrei bekommen, und an allen Hauptstraßen der Stadt bildete die Bevölkerung Spalier; zum ersten Mal seit zehn Jahren stattete Seine Apostolische Majestät,

Kaiser Franz Joseph der Erste von Österreich, König von Ungarn, König von Böhmen und Mähren, Prag seinen Besuch ab. Auch Werfel, Jarosy, Weber und Haas sahen ihn sekundenlang in der Hofequipage den Wenzelsplatz hinabrumpeln. Die öffentlichen Gebäude sowie zahlreiche Privathäuser der Stadt waren festlich geschmückt, wobei das Stammhaus der Firma Werfel & Böhm in der Mariengasse ein besonders festliches Gepränge aufwies.

Das Gymnasium und sein streng bürokratisches Unterdrückungsprinzip bedrängte und ängstigte Franz mehr und mehr. Er empfand den Schulzwang als Marter, die das freie Atmen zu ersticken drohte. Die erlösenden Wochen der Sommerfrische erlebte er dafür um so intensiver, Familie Werfel verbrachte sie zumeist im österreichischen Salzkammergut. Franz liebte das Schwimmen im See, das Bergsteigen und Wandern, den Nachmittagsschlaf in hohen Wiesen oder schattigen Wäldern, wenn auch während all dieser Tage das Damoklesschwert des erneuten Schulbeginns über ihm schwebte: wie eine Naturkatastrophe kam das Ende der Ferienzeit über ihn. Krank zu werden, erschien ihm – ähnlich wie in den ersten Piaristenjahren – der beste Ausweg, dem Gymnasiastendasein gelegentlich zu entkommen; es gab kaum eine Kinderkrankheit, die ihm erspart geblieben wäre.

Nachdem er im ersten Semester der Tertia sehr viele Unterrichtsstunden versäumt hatte, trat der Entkräftete im zweiten Halbjahr der dritten Klasse einen aussichtslosen Kampf gegen seine Widersacher, die k.k. Professoren Konthe, Krespin, Löffler und Rotter an. Mutter Albine suchte die Herren oftmals während der Sprechstunden auf, versuchte, dank geschickter Intervention, noch zu retten, was zu retten sein mochte; dennoch erhielt Franz am Ende des Schuljahres sowohl in Latein als auch in Mathematik die Note Ungenügend und erreichte somit das Klassenziel nicht – er mußte die dritte Unterrichtsstufe des Gymnasiums wiederholen.

Zu seinem dreizehnten Geburtstag fand Mitte September 1903 Franz Werfels Bar-Mitzwah statt. Die Konfirmation, wie assimilierte Prager Juden dies Ereignis nannten, tröstete ihn ein wenig über das Niederlagegefühl hinweg, in der Tertia durchgefallen zu sein. Alexander Kisch, der Rabbiner der Maiselsynagoge, hatte Franz auf dies Ereignis monatelang vorbereitet, erhob ihn nun zum Sohn der jüdischen Gebote und Verbote: gleiche Rechte und gleiche Pflichten wie die eines Erwachsenen waren ihm auferlegt – die Bar-Mitzwah ist neben Beschneidung und Hochzeit wichtigster Ritus im Leben eines jüdischen Mannes.

Die berstende Fülle in den Bethäusern, das unentwegte Gemurmel der Gemeinde hatte ihm schon immer mißfallen; begegnete er auf den Straßen Prags polnischen oder russischen Chassidim, den Flüchtlingen der Pogrome, mit ihren langen Schläfenlocken und schwarzen Kaftans, mit den Schaufäden, die ihnen aus dem Hosenbund baumelten, so mußte er sich jedes Mal erneut eingestehen, ihnen gegenüber keinerlei Verwandtschaftsgefühl zu empfinden.

Mit den Fingerspitzen die in Samt gehüllten Thorarollen zu berühren, dem Gesang des Kantors, oder, am Neujahrstag, dem Blasen des Widderhorns zuzuhören, die Mutter zu beobachten, wie sie, am Versöhnungstag, erschöpft vom Fasten, die Tempeltreppen hinabstieg, diese Augenblicke jüdischen Lebens liebte er hingegen; von dieser Tradition wollte er durchaus ein Teil sein.

Nun stand er selbst an der Bimah, der breiten Erhöhung in der Mitte des Tempelraums, wo die Bücher Mosis vor ihm ausgerollt lagen. Und er sang mit aufgeregter, zugleich klagender Stimme hebräische Worte; ein Betschal bedeckte seine Schultern. Laut sprach er sodann den Segen vor der Lesung des Wochenabschnitts aus den Propheten: »Gelobt seist Du, Gott unser Herr, Herr der Welt, der erwählt hat die Propheten, die reich begabten, und sein Gefallen hat an ihren Worten, die sie gesprochen in Wahrhaftigkeit.« Und nach der Haftorah (so nennt man die Lesung aus den Propheten) sagte er ›Sch'ma Israel‹, das Herzgebet Israels seit den Tagen des Vorvaters Moses.

Familie Werfel übersiedelte neuerlich, diesmal aus der Hybernergasse in die Mariengasse, in ein Gebäude, welches in unmittelbarer
Nähe des Hauptsitzes der Firma Werfel & Böhm lag. Nun wohnten sie im exklusivsten Bezirk der Stadt, direkt am Rande des
Stadtparks, sahen auf die Kronen der hohen Kastanienbäume,
konnten auf der gegenüberliegenden Seite des Parks das Neue
Deutsche Theater erkennen. Die großen Räume der Wohnung
rochen nach Sauberkeit, alles war strahlend weiß ausgemalt, auch
die Korridore und Türen, selbst die Bodenleisten waren weiß
lackiert. Kostbare Teppiche lagen ausgebreitet, an den Wänden
hingen wertvolle Gemälde. Franz' eigenes Zimmer war allerdings
sehr klein – es lag zwischen der Küche und Barbaras Stube.

Zu Bábis Entlastung wurden Gouvernanten engagiert, die sich
um die Mädchen Hanna und Marianne zu kümmern hatten, aber
auch darüber wachten, daß der schlechte Schüler und Sohn des
Hauses seine Hausaufgaben pünktlich erledigte und abends rechtzeitig das Licht löschte. Eine dieser Angestellten hieß Anna Wrtal;
Franz aber mochte Erna Tschepper besonders gern: sie war etwa
dreißig Jahre alt, als sie bei Kommerzialrat Werfel zu arbeiten
begann. Das schöne, blonde Haar trug sie zu einem Knoten
zusammengesteckt. Nahezu täglich besuchte Fräulein Erna mit
ihrem Zögling die Parks, oft schloß sich ihnen ein junger Kava-
lier an, mit dem sie dann auf den Kieswegen promenierten; die
Nacht verbrachte Fräulein Tschepper nicht selten bei ihrem Verehrer, ein Geheimnis, das zwischen ihr und Franz streng gehütet
wurde.

Er mochte es sehr, von Erna gebadet und abgetrocknet zu
werden, er war glücklich, so lange er wollte, lesen zu dürfen. Dies
ununterbrochene Lesen hatte er sich während der oft wochenlangen Kinderkrankheiten angewöhnt – es war zu seiner Lieblingsbe-
schäftigung geworden. Schwabs ›Sagen des Klassischen Alter-
tums‹ studierte er zur Zeit, vertiefte sich in Bulwers ›Die letzten
Tage von Pompeji‹ und Gustav Freytags ›Soll und Haben‹; er las
allabendlich, nicht selten bis tief in die Nacht. Sein Glück sollte
jedoch nicht lange währen: als Erna schwanger wurde, entließ

Mutter Albine sie fristlos. Zwei Nächte hindurch weinte Franz, nachdem Fräulein Tschepper ihm mitgeteilt hatte, sie werde von der Familie fortgehen müssen.

In Los Angeles, Kalifornien, an jenem Ort, an dem Franz Werfel fünfundfünfzigjährig starb, nahm meine Suche nach seiner Lebensgeschichte ihren Ausgang. An seinem Geburts- und Kindheitsort wollte ich meine Spurensicherung abschließen. Die Einreise in die Sozialistische Tschechoslowakische Republik blieb mir jedoch – trotz mehrmaliger Beantragung – verwehrt. Die gemeinsame Kultur, die einst Triest und Prag, Trient und Lemberg, Wien und Czernowitz zu e i n e m Raum verschmelzen ließ, existiert nicht mehr. Vor dem Ersten Weltkrieg konnte man den Kontinent ohne Ausweispapiere bereisen, kam man selbst nach Indien und Amerika, ohne je einen Paß besessen zu haben.

Ich wollte in Werfels Wohnungen stehen, seine Schulgebäude sehen, durch seine Gassen, Parks und Theaterkorridore gehen, doch jeder neue Versuch, nach Prag zu gelangen, blieb erfolglos. Ich wandte mich schließlich an einen Prager Bekannten, dem ich Jahre zuvor begegnet war, und bat ihn, mir Rat zu geben.

Der alte, störrisch-freundliche Herr antwortete postwendend: unter dem Briefkopf »Dr. František Kafka, Schriftsteller, Prag« teilte der Absender mir mit, sich in den Archiven der Goldenen Stadt zwar gut auszukennen, mich jedoch vorwarnen zu müssen – ».. . die Feststellungen in den Matriken dauern s e h r lange, denn man kann nicht selbst forschen, sondern nur um die Abschriften, selbstverständlich mit Stempelgebühr, ersuchen.« In der Folge erhielt ich von Dr. Kafka – er selbst bezeichnet sich übrigens als den letzten Überlebenden des Prager Kreises – Brief um Brief.

Das Geburtshaus Franz Werfels, gegenüber dem Bahnhof Mitte, in der ehemaligen Reitergasse, die nunmehr Havlíčkova heiße, werde, so ließ Dr. Kafka mich wissen, seit Jahren schon als Bürogebäude benutzt. Zur Zeit entstehe hier die neue Untergrundbahnstation der Linie B, »Revolutionsplatz«. Im Hausflur der Havlíčkova 11 entdeckte Herr

23

Kafka orientalische Landschaftsbilder, »am Fersen der Stiege« stehe überdies »in der Nische eine schwarze, aber gipserne Rittergestalt«. Nach anfänglichen Schwierigkeiten, den Portier zu überlisten, sei es ihm schließlich doch noch gelungen, ins Innere des Gebäudes vorzudringen: »Die heutige Raumlösung ist weit entfernt dem Bauplan aus 1889, denn es wurden kleine Räume in den ursprünglichen Wohnungszimmern zu Amtszwecken errichtet.«

Franz Werfels ehemalige Schule, das Kloster des Piaristenordens an der Ecke Graben und Herrengasse, beherberge heute etwa dreißig Mietwohnungen, ein »altberühmtes Industrieunternehmen für Maschinenerzeugung« sowie die Weinstube ›U Piaristů‹. In den Stockwerken des einstigen Deutschen Gymnasiums sei nunmehr die »Elektrotechnische Fachmittelschule« untergebracht – ein Durchgang verbinde auch heute noch »das Piaristengebäude im Hof mit dem Hof des ehemaligen Gymnasiums«.

Der Stadtpark aber, vor den Toren des modernen Hauptbahnhofs gelegen, bestehe heute bloß noch aus einem schmalen Rasenstreifen, der bis zum prunkvoll renovierten Smetana-Theater, dem einstigen Neuen Deutschen Theater, führe. Die ehedem größte innerstädtische Grünfläche – mit ihrem Teich, den Grotten, Wasserfällen und Spielplätzen – sei dem Bau der Metro-Linie A zum Opfer gefallen.

Auf meinem Schreibtisch stapeln sich die zahlreichen, engbetippten Briefseiten, die Dr. Kafka mir im Laufe der Jahre zugesandt hat … Ich blättere durch das Konvolut, stoße auf seine Beantwortung meiner Nachfrage, ob in Prag vielleicht Näheres über Barbara Šimůnková in Erfahrung zu bringen sei, von der ich lediglich wußte, daß sie im Jahre 1935 im Spital der Elisabetherinnen gestorben war. »Sie starb im Alter von achtzig Jahren, sechs Monaten, acht Tagen«, schrieb mir Herr Kafka, »begraben wurde sie am 26. 3. 1935 auf dem Olschaner Friedhof. Dort habe ich folgendes festgestellt: sie liegt noch immer am 3. Friedhof, 2. Abteilung, Grab Nr. 782. Eingetragen wurde sie in das Verzeichnis als ›Köchin‹. Das Grab, während zwanzig Jahren nicht bezahlt, ist bereits an den Staat samt Grabstein und Zubehör verfallen.«

Caruso

Im Mai 1904 stand Verdis ›Rigoletto‹ auf dem Festspielprogramm von Angelo Neumanns Neuem Deutschen Theater. Seit Wochen war für dies erste Gastspiel des weltberühmten Tenors Enrico Caruso Reklame gemacht worden. Franz Werfel begleitete seine Eltern an diesem Abend, erlebte eine Aufführung mit, welche in ihrer Einzigartigkeit die Stagione-Aufführungen der vergangenen Jahre bei weitem übertraf. Die Eleganz von Carusos Timbre, sein müheloses Legato, die Gewalt seiner Crescendi begeisterten das Publikum. Dreimal mußte der Tenor die Arie des Herzogs wiederholen, und jedesmal betonte er dabei neue Nuancen. Noch Stunden nach der Vorstellung zogen Gruppen Caruso-Berauschter durch die Nacht, erschallte »La Donna è mobile« in den Straßen und Pawlatschenhöfen der Stadt.

Kein Theatererlebnis hatte Franz je so stark berührt. Die Beschäftigung mit den Künsten, vor allem aber die Leidenschaft für das Theater, begann Werfels Leben nun vollends auszufüllen, drängte – zumindest vorübergehend – sogar die Schulsorgen in den Hintergrund. Bei Rosenthal, dem k.u.k. Hofoptiker auf dem Graben, kaufte er sich von seinem Taschengeld Grammophonplatten der Marke Schreibender Engel, kaufte Aufnahmen von Enrico Caruso: Verdis ›Rigoletto‹, ›Il Trovatore‹, ›La Traviata‹ oder Bellinis ›Norma‹, Donizettis ›Lucia di Lammermoor‹. Immer wieder gehört, prägten sich die Melodien und Libretti langsam ein, bald konnte der Vierzehnjährige bereits ganze Arien auswendig nachsingen.

Er trug Reclam-Ausgaben von Goethes ›Faust‹ und Lord Byrons Drama ›Manfred‹ in den Jackentaschen, an den Wänden seines engen Zimmers hingen Abbildungen Giuseppe Verdis und Dante Alighieris. Franz las Gedichte, am liebsten Novalis, Hölderlin, Lenau, Rilke, in Übersetzungen auch Walt Whitman und Jules Laforgue. Er liebte es, wenn ihm seine Mutter vor dem Einschlafen immer wieder dieselben Oden, Sonette und Balladen vorlas, schon nach kurzer Zeit behielt er sie im Gedächtnis, Wort für Wort. Mit Georg Weber improvisierte er weiterhin Puppentheatervorstellungen auf seiner großangelegten Kasperlbühne; inzwischen machte auch Hanna, die ältere der Schwestern, bei diesen Spielen mit.

Werfels Talent, Erwachsene nachzuahmen, war verblüffend; er imitierte ihre Körperbewegungen, ihren Sprachschatz und Tonfall nahezu perfekt – besonders beliebt war seine Nachahmung des Kantors der Maiselsynagoge: ein Badetuch über die Schultern gelegt, kopierte er den unfreiwillig komischen, klagelauten Gesang des Vorbeters. Hanna tat, als sei sie ein frommes Mädchen der Gemeinde, und auch Marianne, die kleinere Schwester, durfte schon dabeisitzen und mitspielen.

Nach Wiederholung der dritten Klasse am Deutschen Gymnasium wechselte Franz Werfel im September 1904 in das K. K. Stefansgymnasium in der Stefansgasse – Willy Haas, der sanfte, dunkeläugige Freund aus frühester Stadtparkzeit war hier nun sein Klassenkamerad. Oft lasen die beiden unter der Bank während der Unterrichtsstunden. Sie brachten einander Bücher aus den Bibliotheken ihrer Eltern mit: bald tauchte in der Klasse ein abgegriffenes Exemplar von Arthur Schnitzlers ›Reigen‹ auf, bald kursierten die neuesten Werke von George, Hofmannsthal, Strindberg, Hauptmann ...

Klassenvorstand Karl Kyovsky entwickelte eine gewisse Vorliebe für den neuen Zögling Werfel: Eines Mittags störte ein Leierkastenmann, der im Hof des Gymnasiums spielte, den Lateinunterricht. Kyovsky fragte, ob jemand erkenne, welche Melodie da erklang – Franz sprang sofort auf und antwortete: »Das Sextett, Herr Professor, aus ›Lucia di Lammermoor‹ von Gaetano Donizetti!« Der k. k. Lehrmeister lächelte – und seinem schwachen Schüler blieb von jenem Tag an wenigstens ein Genügend sicher.

Die Theateraufführungen und Opernabende der letzten Jahre, insbesondere das Gesamtwerk Giuseppe Verdis, nahezu unentwegtes Lesen von Lyrik, von Prosa- und Dramentexten, erste, noch halbbewußte Erregungen, die das Fremdwesen Frau auslöste, sie alle verschmolzen in Franz Werfels Bewußtsein zu *einem* Element. Er wollte danach fassen, es in Worte kleiden, er tastete nach Sprache. Begann Sätze zu formen, er begann, ohne Absicht, Verse zu schreiben. Aus dem Stegreif, ohne nachzudenken. *Es* geschah, und der Ausführende war zugleich der Überraschte. Er packte die Kraft, die ihm aus Arien, Duetten, Quartetten italienischer Opern, nicht zuletzt aus Carusos Belcanto zufloß, in Sprache. Erfand sich die Welt neu, bildete Kosmos nach. Schrieb Strophe um Strophe. Setzte Rufzeichen an ihr Ende. Schrieb ein ganzes Poem! Dichtete Angst, Freude, Erinnerung. Er sang Sprache. Täglich entstand ein neues Gedicht.

Willy Haas kam jeden Tag zu Besuch. Zuerst mußte er Barbara begrüßen, einige Worte mit ihr wechseln, das verlangte Franz von ihm, danach erst betrat er die Kammer seines Freundes. Große Unordnung herrschte hier, Zettel lagen offen herum, Versskizzen, im Kleiderschrank, auf dem Waschtisch, dem Nachtkasten, sie staken zwischen Buchseiten oder zerknüllt in den Hosen- und Jackentaschen. Franz trug dem Freund seine Gedichte auswendig vor – und dieser war hingerissen von Werfels allerersten Versen, ermutigte ihn, weiterzuschreiben, unbedingt weiterzuschreiben.

Frau Kommerzialrat Werfel glaubte in Willy Haas einen möglichen Anstifter des plötzlichen, unentwegten Dichtens ihres Sohnes zu erkennen – sie verhängte strengstes Hausverbot über den Klassenkameraden. Franz schrieb unbeirrt weiter. Gerade in dieser Zeit seiner ersten Versuche ermutigte ihn der Arzt und berühmte Prager Lyriker Hugo Salus, ein Bekannter der Familie: während einer gemeinsamen Eisenbahnfahrt wandte er sich, nachdem er eine ganze Weile aus dem Abteilfenster gesehen hatte, mit einem Mal dem Gymnasiasten zu und forderte ihn auf, ein Gedicht mit dem Titel ›Kirchhof im Feld‹ zu verfassen.

Sommerfrische, Salzkammergut; Franz schrieb Dialogszenen,

die er zusammen mit Hanna und anderen Kindern in einem Gartenpavillon zur Aufführung brachte – die Hauptrollen schanzte er immer sich selbst zu: ›Aphrodite‹ hieß eines dieser Kurzdramen. ›Barseba‹ ein anderes, ›Klassische Philister‹ machte sich über die Professoren des Stephansgymnasiums lustig; Gedichte entstanden weiterhin in großer Zahl.

Im Garten der gemieteten Ferienvilla gab es einen Springbrunnen, in dessen Becken die Kinder Schiffe kreuzen ließen. Beim Räuber- und Gendarmspiel wollte der fünfzehnjährige Werfel besonders gerne an den Marterpfahl gebunden, wollte gefesselt, ausgelacht, gedemütigt werden. Eines Abends, ein Gewitter drohte, floh er mit Hanna in ein Blockhäuschen – auch das kleine, verwöhnte Kätzchen, mit dem sie oft spielten, hatte hier Unterschlupf gefunden. Während in der Dämmerung die Blitze zuckten, quälte Franz die leise miauende Katze, quälte sie so lange, bis ihm ein lebloses Knäuel in Händen lag. Ein grausames, gräßliches Elementarereignis, das der Pubertierende wenig später in seinem ersten Prosatext literarisch zu bewältigen suchte. ›Die Katze‹ überhöht die verabscheuungswürdige Tierquälerei zur mythischen Tat: »... meine Muskeln krampften sich im Wonnevorgefühl eines Wühlens in weicher Lebendigkeit zusammen und mein Ohr lechzte nach dem spitzen Schrei eines Opfers. [...] Mit verräterischer Zärtlichkeit hob ich endlich Katzerls leichten Leib auf und verdunkelte durch die vorgehaltenen Daumen seine Augen. [...] Und immer tiefer drückte ich, bis es mir warm die Finger hinabbrann und ich mit zusammengebissenen Zähnen in unerhörter Lust kleine Schreie ausstieß. [...] Dann hörte ich mich noch unter von Blitz und Donner aufgepeitschtem Rasen fürchterlich schreien: ›Herr Gott, hilf mir vor dem Teufel, Gott sei bei uns.‹«

In den Häusern der gutsituierten pragerdeutschen Familien fanden im Winter alljährlich Abendgesellschaften statt. Franz Werfel und Willy Haas waren nun in dem Alter, da man sie zu solchen Anlässen einzuladen begann. Ein steifes Zeremoniell umgab diese Soireen, zunächst erfolgte schriftliche Zu- oder Absage seitens der Geladenen, danach war ein Anstandsbesuch bei der Gastgeberfamilie fällig, letztendlich mußte man auch eine Woche nach dem Fest noch einmal zu einem Höflichkeitsbesuch antreten; bei jeder dieser Gelegenheiten trug man Cut und Zylinder. Dies alles nahm Franz in Kauf, da er hoffte, ein Mädchen wiederzusehen, das wenige Jahre zuvor in ihm erste heftige Verliebtheit ausgelöst hatte. Damals sah er sie täglich im Speisesaal eines großen Alpenhotels, beide saßen in Begleitung ihrer Eltern an derselben Gästetafel. Maria Glaser, Tochter des assimilierten Kaiserrats und Schokoladefabrikanten Adolf Glaser, war ein ungewöhnlich schönes, schwarzhaariges Mädchen mit dunkelblauen Augen. In sein zerknittertes Frackhemd und den verdrückten Smoking gekleidet, begegnete er der Gleichaltrigen nun auf den Hausbällen wieder; er wußte nicht, wie sich bewegen, gab kaum ein Wort von sich. Er glaubte, verlogen und unrein zu sein, empfand sein dickliches Äußeres als abstoßend häßlich, hingegen erschien ihm Maria als edel, ehrlich und gut. Derselbe Junge, der seinen Freunden jubelnd Verdi-Arien, manchesmal ganze Opernszenen vorsang und Dramenakte auswendig deklamierte – in Fräulein Mitzis Gegenwart verstummte er.

Bei Schönwetter, im Frühjahr, veranstaltete Familie Glaser im Garten ihrer Villa sogenannte ästhetische Sonntagnachmittage. Jeder Eingeladene wurde aufgefordert, entweder ein eigenes Gedicht oder sonst etwas Selbstgeschriebenes vorzutragen, für Franz die erste Gelegenheit, ein größeres Publikum mit seinen Versen bekannt zu machen – Fräulein Mitzi dabei zu imponieren, das hoffte er vor allem. Doch dann stand er ihr wieder allein gegenüber und brachte kein vernünftiges Wort hervor. Ähnlich erging es ihm auf dem Tennisplatz, wo er sie von der Zuschauerbank aus beobachtete, ihre grazilen, zugleich energischen Bewegungen bewunderte. Er lauschte ihrer Stimme, wenn sie zu ihren zahlreichen Verehrern sprach – ihn würdigte sie meist kaum eines Blicks. Doch mit jeder Wunde, die sie ihm schlug, fühlte er sich enger an Mitzi gebunden.

Zu Hause, zurück in seiner Kammer, schrieb er: »Du gabst mir ein böses, böses Wort./ Nicht bösen Herzens, doch mich traf das böse Wort./ Ich war ganz verlegen, rot und stumm/ Und die andern stießen sich und lachten um uns herum ...« Und er klagte: »... Du spielst mit all den Vielen,/ Mich aber merkst Du nicht./ Ich bin im Hintergrunde/ Dir nahe jede Stunde/ Mit zugefrornem Munde/ Und eisernem Gesicht.«

Franz Werfels schulische Leistungen blieben besorgniserregend schwach, insbesondere in den Gegenständen Latein und Mathematik. Ein Nachhilfelehrer wurde von den Eltern engagiert, doch anstatt sich von Dr. Holzner auf die Mathematik-Klassenarbeit vorbereiten zu lassen, verwickelte der Schüler seinen Lehrer in wortklauberische philosophische Streitgespräche.

Mutter Albine versuchte, wie eh und je, bei den Professoren zu intervenieren, der jähzornige Kommerzialrat forderte seinen Sohn hingegen auf, endlich Schluß zu machen mit dem lächerlichen Dichten. Er stellte ihm zuweilen mathematische Prüfungsfragen: wußte Franz die Antwort nicht, starrte Rudolf Werfel nur verächtlich vor sich hin, schickte den Erben in sein Zimmer zurück. Verlangte nun immer häufiger, Franz möge ihn in die Fabriksgebäude begleiten, in die Fertigungshallen, wo er inmitten der Gerber und Lederzuschneider, der Näherinnen und Packer stand, wo er zusah, wie sämischgares Reh-, Ziegen-, Schweine-, Kalbsleder mit Dolliermessern bearbeitet wurde; Dutzende Nähmaschinen surrten, abertausend Lederstreifen wurden zusammengefügt und anschließend in den sogenannten Dressierstuben gezogen, gepreßt, geglättet, erhielten hier ihre endgültige Form, bevor man sie in große Exportkisten verpackte. Werfel junior mochte den angenehmen Geruch der hochaufgestapelten, verschiedenfarbigen Damen- und Herrenhandschuhe, genoß sogar für Augenblicke das Pulsieren des Großunternehmens, radikalster Gegensatz zu seiner Sprachmusik. Das Erbe der Firma Werfel & Böhm eines Tages anzutreten, wie es selbstverständlich von ihm erwartet wurde, das allerdings konnte er sich, auch bei gutem Willen, nicht vorstellen.

Ein enger Freundeskreis umgab Franz Werfel, dem neben Willy Haas auch Paul Kornfeld, Ernst Deutsch, Franz Janowitz, Fritz Pollak und Ernst Popper angehörten. Kornfeld, Janowitz und Popper schrieben, wie er, Lyrik, Prosa und Dramen – sie lasen einander ihre Werke vor und kritisierten einander schonungslos. Ernst Deutsch war schauspielerisch hochbegabt; er war bereits im Kloster der Piaristen vier Jahre lang Werfels Mitschüler gewesen, zwischen den beiden bestand ein immerwährender Wettstreit, wer Rabbiner Salomon Knöpfelmacher besser nachahmen könne. Außerdem konnte der Sechzehnjährige, ein stadtbekanntes Tennis-As, mit großen Erfolgen bei den Mädchen prahlen.

Schwerblütig, introvertiert wirkte Werfels Klassenkamerad Paul Kornfeld, der wie Franz unter dem Schulzwang, insbesondere aber unter der Borniertheit ihres Deutschprofessors litt, der sich zum Beispiel weigerte, Arbeiten zu korrigieren, die über den roten Rand hinausragten, der kein Werk durchnahm, welches die Klasse wirklich interessierte: ›Götz‹ wurde statt ›Faust‹ gelesen, Hoffmann von Fallersleben statt Heine, Klopstock statt Hebbel . . .

In der siebenten Klasse führte Werfel das gelegentliche Schulschwänzen ein – tollkühn durchstreiften da die Freunde an manchen Vormittagen die Parks, saßen in den Konditoreien und Kaffeehäusern, kehrten in düsteren Bierschenken der Vorstädte ein oder kokettierten in Gartenlokalen, im Schatten alter Kastanienbäume, mit Serviermädchen und Radieschenweibern; gaben für die versäumten Unterrichtsstunden gefälschte Entschuldigungsformulare ab.

Abends besuchten sie des öfteren das Neue Deutsche Theater, erlebten Aufführungen mit der Triesch, mit Moissi, Schildkraut, Sonnenthal, sahen Gastspiele des Deutschen Theaters Berlin, in der Regie Max Reinhardts, den ›Sommernachtstraum‹ etwa, oder den ›Kaufmann von Venedig‹ . . . Maria Immisch war der Star einer mehrwöchigen Schiller-Feier – in ihr glaubte Werfel die Inkarnation des Weibes erkannt zu haben; mit einem großen Blumenstrauß in den Armen wollte er sie eines Nachts an der

Bühnenpforte überraschen. Der Plan mißlang. Überglücklich, daß das Unerreichbare unerreichbar geblieben war, warf er den Strauß in hohem Bogen in den Stadtparkteich.

Willy Haas hörte von seinem Freund immer neue Gedichte: Liebeslieder und Klagegesänge, Maria Glaser gewidmet, und Erinnerungen an das Spielen im Stadtpark, an das Gefühl der Geborgenheit in Barbaras Nähe. Kinderzimmer-Momente, Flußdampferfahrten kehrten wieder, Matrosenanzug, Ladenschilder, Fußballspiele, und Kakitz, der Parkwächter. Diese Verse, immer noch ganz ungeordnet, manche bloß bruchstückhaft skizziert, müsse Franz nun endlich zu sammeln beginnen und neu abschreiben, drängte Haas. Vielleicht könne dann das eine oder andere Gedicht sogar einer Zeitschriftenredaktion zum Abdruck angeboten werden.

Werfel war dazu nur unter einer Bedingung bereit: Haas müsse die eigene Adresse als Absender angeben, sein Vater dürfe nicht erneut zu Zornausbrüchen gereizt werden, sollte eines der Manuskripte in die Mariengasse zurückgesandt werden. *Alle* angeschriebenen Zeitschriften sandten die in schönster Handschrift vorgelegten Gedichte postwendend zurück. An Willy Haas' Adresse. Und Franz schrieb weiter, sein Freund verschickte die Blätter von neuem.

An einem sonnigen Winternachmittag saßen die beiden in ihrem neuen Stammcafé Arco, gegenüber von Willy Haas' Wohnhaus, in der Hybernergasse. Sie wollten noch zum Baumgarten, dem Park in Bubeneč fahren, Haas mußte sich zuvor nur rasch ein Taschentuch aus seiner Wohnung holen. Werfel wartete unten im Hausflur auf ihn. Wortlos, atemlos überreichte ihm der Freund Augenblicke später die Sonntagsausgabe des Wiener Tagblatts ›Die Zeit‹: da stand in der rosafarbenen Literaturbeilage an erster Stelle das Gedicht ›Die Gärten der Stadt‹, von Franz Werfel. Dieser empfand plötzliche Übelkeit und heftiges Herzklopfen, als er da seinen Namen zum ersten Mal gedruckt sah, in einer vielbeachteten Zeitung zudem, bei großer Auflage in ganz Europa erhältlich. Dabei war ihm das publizierte Gedicht keineswegs eines seiner liebsten, eine eher schwerfällige Arbeit, die mit den Zeilen einsetzte: »Erschlaffter Efeu schlingt sich um Fontänen,/ Die lange schon des Wasserspiels entbehrten,/ Es rollen noch des kurzen Regens Tränen/ An Marmorhermen in versteckten Gärten.«

Im Baumgarten bewegte sich Werfel dann wie in Trance, starrte immer wieder auf das Zeitungsblatt, fühlte sich stolz wie noch nie. Er glaubte, das sei der Ruhm, das sei es, was ihn so sehr anzog, seit er Enrico Carusos Stimme zum ersten Mal gehört, seit er an jenem ›Rigoletto‹-Abend den tosenden Beifall miterlebt hatte. Selbst auch nur eine Spur Berühmtheit zu haben, eines künftigen Tages, das war zur Vision seiner Schultage geworden. Von nun an, Ende Februar 1908, würde man in ihm den zum Dichter Geborenen erkennen müssen ...

Sporadisch zunächst, später immer mutiger, zogen Werfel, Haas, Deutsch und die anderen Freunde durch die Nachtlokale der Stadt, besuchten die Etablissements Hamlet, Montmartre, Napoleon, Eldorado. Das Gogo, in der Gemsengasse, nahe der Markthalle, war Prags ältestes und teuerstes Freudenhaus. Der Salon mit seinen roten Tapeten, den Samtvorhängen und goldumrahmten Spiegeln wurde von wohlhabenden Geschäftsleuten und höheren Beamten besucht, von Künstlern, Akademikern und Militärs. Die Gymnasiasten sahen im Bordell vor allem eine inspirierende Diskussionsstätte, und die prickelnde Stimmung im Empfangssaal des Gogo steigerte das Gefühl des Erwachsenwerdens – kräftig unterstützt von Wein-, Likör- und Zigarettenkonsum.

Für die musikalische Untermalung im Salon sorgte ein alter Pianist, und sobald Schüler Werfel auftauchte, klimperte der Klavierspieler bereits die ersten Takte einer italienischen Oper: Franz war in den Nachtlokalen dafür bekannt, nahezu jedes Gesangstück aus dem reichen Opernrepertoire mit schöner Tenorstimme auswendig vortragen zu können. Man hatte ihm den Spitznamen Caruso gegeben, und die Gebildeteren unter den Damen riefen ihm begeistert Carousseau! zu, in der Annahme, der Name ihres Idols werde französisch ausgesprochen.

Die Mädchen fanden Gefallen an ihren jüngsten Gästen, scherzten mit ihnen, erlaubten ihnen manchmal dabeizusein, wenn sie im Morgengrauen gemeinsam frühstückten, ließen wohl auch Zärtlichkeiten zu, die nicht allzu genau verrechnet wurden. Und dann wankten die Freunde nach Hause, schliefen bis spät am Vormittag – da hockten ihre Klassenkameraden schon seit Stunden in der Schule. Kaum begreiflich, wie Franz' Eltern, wie seine Lehrer ihm dies auf Dauer durchgehen lassen konnten.

Spiritistische Séancen sorgten für neue Aufregung, eng aneinandergerückt, ein Tischchen umsitzend, riefen die Jünglinge nach den Seelen der Toten. Paul Kornfeld galt als stark medial veranlagt, in seiner Wohnung fanden die Sitzungen daher auch meistens statt. Oft wartete man stundenlang, bevor der Tisch jäh in die Höhe sprang und zuckend über den Boden tanzte. Die Verstorbenen teilten sich durch Klopfzeichen oder Neigungen der Tischplatte mit, gaben Auskunft, wie es ihnen im Jenseits erging, orakelten über die Zukunft; eine Erfrierende flehte gar um Hilfe, ihre Niederkunft stehe unmittelbar bevor, man müsse sie retten, in Semlin, am Ufer der Donau! Panisch eilten die Freunde um drei Uhr nachts durch leere Gassen zum Hauptpostamt, gaben ein Telegramm an das Gendarmeriekommando in Semlin auf, man müsse der Sterbenden unverzüglich Beistand leisten ...

Max Brod hatte im Jahre 1908, als Vierundzwanzigjähriger, bereits ersten literarischen Ruhm erlangt und galt als Doyen der jungen Prager Schriftsteller. Nach der Erstveröffentlichung jenes Werfel-Gedichts in der Wiener ›Zeit‹ wandte sich Willy Haas an Brod, legte ihm eine größere Sammlung der Verse seines Freundes vor: sie gefielen dem ehemaligen Piaristen- und Stephansschüler, der selbst als Gymnasiast zu schreiben begonnen hatte, außerordentlich. Er wünschte, den Achtzehnjährigen unverzüglich kennenzulernen – um so erstaunlicher, da ein Altersunterschied von sechs Jahren gemeinhin als unüberbrückbares Hindernis galt.

Franz war sehr aufgeregt, als er Brod zum ersten Mal gegenüberstand. Als er aber seine Lieblingsgedichte auswendig vorzutragen begann, zaghaft zunächst, doch dann immer lauter und sicherer, da hatte er den so Gefürchteten bereits rückhaltlos für sich gewonnen. Enthusiastisch sagte Brod Werfel zu, sich für weitere Publikationen unbedingt einsetzen zu wollen. Nur einmal hatte er schon ähnlich großes Lob ausgesprochen: gegenüber dem fünfundzwanzigjährigen Versicherungsangestellten Dr. Franz Kafka, dessen erste Veröffentlichung, acht Prosatexte, kurz zuvor in der Münchener Literaturzeitschrift ›Hyperion‹ erschienen war.

Brod nahm nun auch an den spiritistischen Séancen der Abiturienten teil, brachte manchmal seine Freunde Franz Kafka und Felix Weltsch mit. »... ich bin seit drei Tagen so verwirrt«, hieß es in einem der Einladungsbriefe Werfels an Max Brod, »daß ich mich wundere, überhaupt schreiben zu können ...« Er habe bei neuen Versuchen »so frappante Erscheinungen erlebt«, daß er nun, speziell dank Brods Anwesenheit, »auf ganz besondere Sachen rechne«. Gelegentlich fanden die Sitzungen in Werfels Stammcafé in der Hybernergasse statt: »(wir haben) für heute Abend den Keller im Kaffee Arko [sic] besorgt und wären Ihnen sehr dankbar, wenn Sie kämen und auch die andern Herren benachrichtigten ...«

Die Troika Brod, Kafka, Weltsch war sich einig in ihrer Wertschätzung des dicken Gymnasiasten Werfel. Sie mochten seine Gedichte, und besonders gefiel ihnen dies Singende seiner Persönlichkeit. Sie luden ihn ein, sich ihren wöchentlichen Ausflügen in die Umgebung Prags anzuschließen. Da wanderten sie, sonntags zumeist, durch die böhmischen Wälder, badeten nackt in den Flüssen, wobei sich Franz Kafka, schlank und groß, mit olivfarbener Haut, immer als der kräftigste und mutigste Schwimmer erwies. Werfel jedoch war der anstrengenden Fußtour und dem stundenlangen Nacktbaden nicht gewachsen – nachdem er die drei Freunde ein Wochenende lang begleitet hatte, im Frühsommer 1909, kehrte er übermüdet und mit schwerem Sonnenbrand nach Hause zurück, lag noch Tage später mit hohem Fieber im Bett. Mutter Albine stellte Max Brod wütend zur Rede: verantwortungslos sei es von ihm gewesen, schimpfte sie, auf den jüngeren

Freund nicht besser aufgepaßt zu haben, zu diesem besonders kritischen Zeitpunkt noch dazu, da der ohnehin so gefährdete Schüler unmittelbar vor seiner Reifeprüfung stehe.

Fünfundsiebzig Jahre später. Berlin-West. Knesebeckstraße, Ecke Kurfürstendamm. Im ersten Stock eines Patrizierhauses wohnt Anuschka Deutsch aus Prag. Sehr langsam bewegt sich die zarte, zerbrechliche Dame durch den hellen Salon. »*Wahrscheinlich hätte ich in normalem Zustand noch einiges für Sie Wichtiges beitragen können*«, *sagt die Siebenundachtzigjährige, mit tiefer, sehr rauher Stimme,* »*momentan bin ich dazu leider zu schwach.*«

1922 hatte Fräulein Fuchs den damals im ganzen deutschen Sprachraum bekannten Schauspieler Ernst Deutsch geheiratet. »*Sie sind leider etwas zu spät gekommen*«, *sagte sie,* »*denn nun bin ich krank.*« *Und versinkt in einen Fauteuil. Ihre Augen sind sehr wach.* »*Schauen Sie, diese Photographie hier, die kann ich Ihnen ja zeigen, da waren die beiden, mein Mann und der Werfel, auf Maturareise. Mein Mann hat zur selben Zeit das Deutsche Gymnasium am Graben absolviert wie der Werfel seines in der Stephansgasse. Sie haben immer gestritten, wer von ihnen das bessere Gymnasium besucht hat, außerdem hatten sie denselben Religionslehrer gehabt, und den haben beide sehr gut nachmachen können. Und jeder hat immer behauptet, es seien seine Geschichten, und sie haben deswegen riesig gestritten, auch noch nach vielen, vielen Jahren. Und weil sie beide ja wirklich so b r a v e Kinder waren, hat man einen armen Mitschüler mitgeschickt, auf die Maturareise, der hat auf sie aufpassen sollen. Da haben sie furchtbare Sachen angestellt. Sie wollten zum Beispiel ins* ›*Tivoli*‹ *hinein, in Kopenhagen, und haben aber überhaupt kein Geld mehr gehabt, wollten da umsonst hinein! Meiner Meinung nach sehen die zwei auf dem Photo da völlig verkommen aus.*«

»*Ich hab' die Schwestern vom Werfel gut gekannt*«, *fährt Frau Deutsch fort, nachdem sie selbst jene Photographie noch einmal kopfschüttelnd betrachtet hat,* »*beides hübsche Mädchen, im Grunde, die Marianne und die Hanna. Aber ihre Mutter, Werfels Mutter, mit*

Verlaub gesagt, die war leider das Gegenteil von einer Persönlichkeit ...
Die jüngere Schwester, die Marianne, die war vier Jahre jünger als ich,
wir gingen zur selben Schule, aber sie war ein modernes Mädchen, die so
mit Männern herumgezogen ist. W i r haben das nicht gemacht. Nicht,
weil wir nicht wollten. Sondern: es ist nicht geschehen. Mit einem
Musiker ist die Marianne herumgezogen, glaube ich. Keine Ahnung,
wie der hieß. Aber wenn ich mich nicht täusche, ist sie nach der vierten
Klasse vom Gymnasium abgegangen ... Die andere, die Hanna, die
war eine Schulkollegin von meiner älteren Schwester, die hat dem Werfel
enorm ähnlich gesehen. Später hat sie einen Cousin von mir geheiratet,
den Fuchs-Robetin, aber meine ganze Familie war auseinander mit
ihm ... Ich hab' ja die Werfel-Schwestern vor allem von den Gesell-
schaften her gekannt, ich war sehr oft bei Hausbällen und Gartenfesten,
schon als Zehnjährige hat man mich zu so etwas eingeladen ... Ich hab'
auch eine große Liebe vom Werfel sehr gut gekannt, bildschön war die,
die Mitzi Glaser! Zu mir war sie immer nur sehr arrogant. Ich hab' auch
ihre Familie gekannt, ihre Schwester, die Frieda, auch ihre vier Brü-
der ... Mein Mann war ja – das hat er mir viel später erst gestanden –
sehr heftig in die Frieda verliebt. Daß der Werfel sehr verliebt war in die
Mitzi, das haben wir alle gewußt. Aber natürlich platonisch verliebt!
Das war sonst unmöglich, Sie müssen bedenken, das war vor dem Ersten
Weltkrieg: auf herausfordernde Mädchen – die hat's natürlich auch
gegeben – hat man doch gar nicht hingeschaut. Und sich mit einem
Mädchen in einem Kaffeehaus ein Rendezvous zu geben, das war doch so
unmöglich wie – daß Sie jetzt hier die Wände heraufkriechen. In unseren
Kreisen haben die Begegnungen in den Wohnungen stattgefunden, bei den
Einladungen. Natürlich ist der Werfel in dieser bürgerlichen Gesellschaft
aufgewachsen – und ist dann, so zum Ausgleich, zum Beispiel ins ›Arco‹
gegangen. Und hat angefangen, zu dichten. Es haben sich ja alle sehr
lustig gemacht, weil der Werfel dichtet, schon die Idee, zu dichten, war so
fernliegend für alle aus dieser Gesellschaft. Ich erinnere mich, wie sein
erster Lyrikband erschienen ist, da ist unser Arzt, der zugleich der Arzt
von der Familie Werfel war, übrigens ein sehr vertratschter Mensch, zu
meiner Mutter gekommen und hat gesagt: ›Ist doch wirklich eine Frech-
heit, dieser Franz veröffentlicht da ein Buch, ‹Der Weltfreund›‹, und hat

es uns vorgelesen, um zu zeigen, wie schrecklich es sei. Nach kurzer Zeit hab' ich das Buch dann bekommen, und es hat mir sehr gefallen, sehr. Ich war ja noch wahnsinnig jung ... Aber für mein Gefühl war der ›Franzl‹ einer der reizendsten Menschen, die ich je gekannt hab'. Bis auf sein Aussehen, das wirklich nicht schön war ... Im Kaffeehaus sind sie alle gesessen, wie gesagt, mein Mann und der Werfel, damals, und Kafka, Brod, Kisch. Den Kisch hab' ich sehr gut gekannt ... Verheiratet hat die Mitzi Glaser dann von Bondy geheißen. Arme Mitzi: ihr Mann, aus der Familie der Kupferkönige Böhmens, hat sich nur an jedem zweiten Tag rasiert. Und an unrasierten Tagen ist er nicht vor die Tür gegangen, der Herbert, also durfte die Mitzi nur an jedem zweiten Tag ausgehen ... Sie ist früh gestorben, glaub' ich. An einer Brustkrebsgeschichte? Bin unsicher ... bin schon nach zehn Minuten Gespräch so lächerlich müde ... muß mich gleich wieder hinlegen ... Sie hätten früher kommen sollen, wie mein Mann noch gelebt hat. Was der Ihnen über den Werfel noch alles hätte erzählen können ...!«

Café Arco

Kaum war Franz Werfel in die Freiheit entlassen, als sein Vater darauf bestand, er müsse nun unverzüglich ein Universitätsstudium beginnen oder aber in eine kaufmännische Lehre gehen. Ohne zu inskribieren, hospitierte er hin und wieder bei Vorlesungen an der philosophischen und juristischen Fakultät der Prager Karlsuniversität, besuchte manchmal auch Kurse der Handelshochschule – und zog, nach wie vor, nächtelang durch die Lokale, verschlief die Vormittage, schrieb Gedichte, Novellen, Dialogszenen.

Täglich ging er in die Kaffeehäuser, ins Corso zum Beispiel, ins Edison oder Continental, die meiste Zeit verbrachte er aber im Arco, wo er Dutzende Literaturrevuen studierte, deren Abonnements er zu einem Teil heimlich finanzierte – allmonatlich rechnete er die offenstehenden Beträge mit Oberkellner Pošta ab.

Neue Gefährten saßen nun neben den Freunden aus der Schulzeit an Werfels Arco-Stammtisch, auch sie zumeist junge Dichter, Otto Pick und Rudolf Fuchs, Johannes Urzidil, Oskar Baum und der literaturbesessene Bankangestellte Ernst Polak. Sie alle gehörten, wie Kafka, Brod, Kornfeld und Haas, Prags kleiner, deutschjüdischer Minorität an.

Werfels Arbeiten entstanden nicht selten im Lärm und Zigarettenqualm des Arco; sobald ein Poem fertiggestellt war, trug er es auch schon dem Verehrerkreis vor. Saßen an den Nebentischen zufällig durchreisende Geschäftsleute oder Makler der nahen Getreidebörse, so wurden sie zum unfreiwilligen Publikum, mußten ihre Gespräche unterbrechen, sobald Franz Werfel lautstark zu deklamieren begann.

Die Zahl der Verse, die er selbst für gelungen hielt, war seit der Matura beträchtlich gewachsen. Wieder beriet ihn Willy Haas, ermutigte ihn, einen ersten Gedichtband zusammenzustellen. Anfang 1910 sandten sie das Manuskript – es enthielt auch »5 Lieder an Fräulein Mitzi« – an den zwei Jahre zuvor gegründeten Ernst Rowohlt Verlag in Leipzig. Dessen erste Programme waren der Arco-Gruppe aufgefallen, da sie überraschend viel Avantgardistisches enthielten. Rowohlts Lektorat schickte Werfels Lyriksammlung jedoch bald zurück, lehnte eine Publikation ohne Begründung ab. Max Brod empfahl dem Freund, seinen eigenen Berliner Verlag anzuschreiben: der gebürtige Däne Axel Juncker, ein vermögender, älterer Herr, galt zu diesem Zeitpunkt als der führende Verleger moderner Lyrik. »... dem Andrängen des Herrn Dr. Max Brod folgend«, schrieb Werfel daher im Sommer 1910 an Juncker, lege er ein Gedichtbuch vor, welches er »der ›gute Kamerad‹ nennen möchte«. Ein anderer, ihm bekannter Verleger interessiere sich schon für den Band, log Werfel, er stehe mit jenem sogar »in Unterhandlung«. Trotzdem bitte er Juncker, das Buch zu prüfen, da ihm besonders viel an dessen Urteil, »und an einer event. *Aufnahme in Ihren sehr geschätzten Verlag* sehr viel gelegen ist«.

Am Familientisch, in der Mariengasse, herrschte übelste Stimmung. Ein Jahr war nun seit dem Schulabschluß vergangen, und Franz hatte weder zu studieren noch das Handelsgewerbe zu erlernen begonnen. Kürzlich hatte er auch im väterlichen Betrieb versagt: er sollte einen Handschuh fertigen, doch obwohl ihm ein Arbeiter behilflich gewesen war, mißglückte das Gesellenstück kläglich. Nur durch Trennung vom Prager Freundeskreis, von Arco und Gogo, werde der Sohn von seinen Eskapaden abzubringen sein, vermutete Kommerzialrat Rudolf Werfel. Und nahm Kontakt zu einer befreundeten Hamburger Export-Import-Firma auf, vereinbarte mit dem Hause Brasch & Rothenstein, Franz solle dort ab Herbst 1910 als Volontär in die kaufmännische Lehre gehen. Nach österreichischem Recht bis zu seinem dreiundzwanzigsten Lebensjahr unmündig, blieb dem Zwanzigjährigen gar nichts anderes übrig, als sich – traurig und wütend zugleich – dem väterlichen Diktat zu beugen.

Die Sommerferien vor der geplanten Übersiedlung verbrachte er mit seinen Eltern und Geschwistern in Marienbad, im ›Großen Etablissement Egerländer‹, erwartete hier ungeduldig die Antwort Axel Junckers. Besorgt, der Verleger könnte »über den Charakter« seiner Gedichte im unklaren sein, schrieb Werfel noch einmal nach Berlin: er wolle, im Falle eines günstigen Bescheids, »neue und reifere« Poeme nachtragen, sowie »vieles ersetzen und vervollständigen«. Der Verlag jedoch reagierte weder auf Werfels ersten noch auf seinen zweiten Brief.

Anfang September begleitete Franz die Familie nach München, erlebte im Rahmen des Münchener Sommers zahlreiche Theater- und Konzertvorstellungen; die Uraufführung der sogenannten ›Symphonie der Tausend‹, der Achten Symphonie Gustav Mahlers, unter der Leitung des Komponisten, beeindruckte Werfel am allermeisten.

Allein reiste er dann von Süddeutschland nach Hamburg weiter, bezog die Pension Schröder, in der Hansastraße, zum ersten Mal in seinem Leben ganz auf sich allein gestellt. Die Vitalität der Hansestadt, die Nähe der Nordsee, der große Hafen, die Märkte, Hotels und Theater gefielen ihm sehr. Die Alltagspflicht im Exporthause Brasch & Rothenstein drohte diese Freuden jedoch bald zu überschatten. Werfel stand den Anforderungen seiner Lehrherren mit passiver Resistenz gegenüber: während der Arbeit, im Kontor der Firma, skizzierte er Verse, Prosa- und Dialogtexte, stellte sich in allen Belangen, die das Unternehmen betrafen, absichtlich ungeschickt und auffallend dümmlich an. Er warf, zum Beispiel, eines Tages ein ganzes Bündel Frachtbriefe, die er zu kontrollieren hatte, in den Abort, spülte sie ins Meer, phantasierte nun, die Handelsschiffe, denen diese Dokumente gegolten, müßten sich auf hoher See verirren ...

Der Geschäftsinhaber des Speditionshauses gab dem neuen Volontär bereits wenige Wochen nach seiner Ankunft zu verstehen, er möge die Firma doch bitte baldmöglichst freiwillig verlassen, die Peinlichkeit einer fristlosen Kündigung bleibe ihm unter diesen Umständen erspart. Mit Freude ging Franz auf den Vorschlag seines Chefs ein;»Beruf = Laster«, notierte er noch in sein kleines Skizzenheft.

Inzwischen hatte Axel Juncker die Publikation von Werfels eigenwilligen Hymnen abgelehnt. Max Brod teilte dem Verleger daraufhin persönlich mit, er wolle nicht Autor eines Hauses bleiben, welches einem Talent wie Franz Werfel keine Chance gewähre – und Juncker lenkte tatsächlich wieder ein. Zwar verlangte er noch etliche Änderungen, doch Werfel ignorierte sie, ließ den Verleger vielmehr Ende Oktober 1910 wissen, er habe sich nun zu einem neuen Titel für sein Buch durchgerungen:»Ich will es *Der Weltfreund* nennen. Der Titel ist ganz hübsch? Nicht wahr?« In der ungeduldigen Hoffnung, seinen Vater durch die Publikation eines ersten Gedichtbandes zumindest ein wenig besänftigen zu können, bedrängte Werfel Axel Juncker, den Band noch vor Ende des Jahres erscheinen zu lassen; ein Wunsch, auf den der Verleger allerdings nicht Rücksicht nehmen konnte.

Franz blieb nach seinem Weggang aus der Export-Import-Firma noch mehrere Monate in Hamburg, teils um der Entrüstung seiner Eltern auszuweichen, teils aus Neugier auf das Alleinleben in der norddeutschen Großstadt. St. Pauli mit seinen Cabarets zog ihn an, er kehrte in Hafenspelunken ein, stand auf schwankenden Landungspontons und sah den großen Dampfern nach. Ziellos wanderte er durch die Straßen, beobachtete im Zoo die Haifischfütterung oder saß in verrauchten, verruchten Kaffeehäusern, notierte Gesprächsfetzen, Beobachtungssplitter ... Er schrieb Gedichte, Novellen, reflektierte auch über das bisher Entstandene:»... zuviel Wirkung durch die Wirkung der Gegenstände, ich weiß wohl.« Er plante ein»Lob der Faulenzer« und ein »Loblied auf den Kitsch« zu schreiben.

Wider Erwarten litt Franz allerdings unter großem Heimweh, zeichnete die Köpfe seiner Eltern auf die Rückseiten des Notizbüchleins, telephonierte oft mit Vater und Mutter, mit seinen Schwestern und Barbara – nach solchen Ferngesprächen aber war ihm dann meist nur noch elender zumute als zuvor.

Im Foyer des Stadttheaters von Lübeck begegnete er eines

Abends Mitzi Glaser, erschrak, wie sehr verändert die inzwischen Verheiratete aussah, geradezu gewöhnlich erschien sie ihm nun. Und sie beide taten so, als hätten sie einander nicht erkannt. Unter dem Eindruck dieser Wiederbegegnung schrieb Werfel den Einakter ›Der Besuch aus dem Elysium‹, ein Gedicht mit verteilten Rollen, vermischte darin Tennisspiel, Tanzschule und Kosmos zu einem Ganzen: Lukas, ein Verstorbener, einst Hedwigs platonischer Geliebter, dankt, als Gespenst, seiner Peinigerin von einst, so wenig zartfühlend zu ihm gewesen zu sein: »Durch Gegenliebe und die Gewährung höchster Gunst hätte meine Liebe niemals so in Erfüllung gehn können, als dadurch, daß Sie sie keine Stätte finden ließen, denn so machten Sie in mir die gewaltigste Kraft meiner Natur frei. *Die Sehnsucht!*«

Anfang April 1911, während eines sonntäglichen Hamburger Friedhofspaziergangs, las Werfel auf dem Grabstein der bekannten Schauspielerin Annie Kalmar die Widmung: »In ewigem Angedenken – Karl Kraus«; er blieb vor diesem Grab stehen, blickte immer wieder auf die eingemeißelten Worte, ohne sich erklären zu können, was ihn hier so lange festhielt. Er kannte das umfangreiche Werk des Lyrikers, Satirikers und Pamphletisten kaum, hatte bislang nur wenige Hefte der ›Fackel‹ gesehen, die Kraus in Wien herausgab.

Werfel fuhr zurück in seine Pension und legte sich zu Bett. Träumte von der Beerdigung eines jungen Mannes – der Sargdeckel stand offen, daher konnte er sich die Züge des Toten gut einprägen; er sah dessen Nickelbrille, sein kurzes Haar, den seltsam verzogenen Mund. Er liebte diesen Unbekannten so sehr, daß er ihm in sein Grab nachsprang, wobei er zugleich ekstatisch ausrief: »Wer ist der, des Schmerz hier voll Emphase tönt?«

Am nächsten Morgen erreichte ihn, in seiner Pension, ein Brief von Karl Kraus: in der ›Fackel‹ sollten demnächst etwa fünf Gedichte aus der bislang immer noch unveröffentlichten ›Welt-

43

freund‹-Sammlung vorabgedruckt werden – Werfel empfand diese Zusage als hohe Auszeichnung, da die Auswahlkriterien der Wiener Streitschrift als besonders streng galten. Bereits sechs Wochen später war der zuvor nur vom Hörensagen Bekannte zu einer Bezugsperson für ihn geworden. »Ich bin allein schon glücklich«, schrieb er an Kraus und legte dem Brief neue Gedichte bei, »wenn Sie, den ich einzig verehre und liebe (vielleicht klingt die Liebeserklärung etwas keck) meine Sachen lesen.« Karl Kraus reagierte wohlwollend, ermutigte den jungen Dichter erneut. »Das Lob, das Sie der einen Strophe meiner Gedichte gönnten«, antwortete Werfel, »hat mich heute Abend verrückt vor Freude gemacht.«

Ende Mai 1911 kehrte er nach Prag zurück. Unverändert die Haltung des Vaters, sein Sohn müsse ein Studium abschließen, einen soliden Beruf erlernen. Den Verlagsvertrag mit Axel Juncker hielt Rudolf Werfel ohnehin bloß für ein belangloses Zwischenspiel, bezweifelte sogar, daß das angekündigte Buch je erscheinen würde. Der Kommerzialrat bestand darauf, Franz sollte nun zuallererst seinen Militärdienst ableisten.

Im Herbst begann der Einundzwanzigjährige in einer Kaserne auf dem Prager Hradschin sein Einjährig--Freiwilligenjahr, dem Feldhaubitzenregiment No. 8 als Kanonier zugeteilt. Oftmals mußte er während seiner Ausbildungszeit Arreststrafen absitzen; harmlose Streiche und Unzuverlässigkeiten reichten aus, zu stundenlanger Einzelhaft verurteilt zu werden. Werfel litt unter der Dummheit und Grobheit seiner Vorgesetzten, er haßte die anstrengenden Gefechtsübungen, den täglichen Umgang mit Gewehren, Kanonen, Munition. Er haßte den Untertanengeist, der hier herrschte, das Bettelnmüssen um einen Erlaubnisschein etwa, ohne den kein Ausgang möglich war.

In den Monaten seiner Militärausbildung sympathisierte Franz Werfel mit der tschechischen Irredenta, die Bakunins Anarchismus nahestand und eine Abkoppelung Böhmens und Mährens aus dem k. u. k. Staatenbund anstrebte. Je länger sein Dienst in der Kaserne andauerte, desto entschlossener lehnte er etablierte

Machtstrukturen ab, sowohl im familiären wie im politischen Bereich. Die Stadt Prag wurde ihm nun immer fremder, mehr denn je empfand er ihre provinzielle Enge – besonders für einen Nichttschechen – unerträglich ... Angelo Neumann war Ende des vergangenen Jahres gestorben, dadurch verblaßte auch nach und nach jener Glanz und Zauber der alljährlichen italienischen Stagione. Werfels Wunsch, nach Ableistung des Militärdienstes die Vaterstadt zu verlassen, nahm deutlichere Formen an.

Es gab jedoch auch Positives: zum Abschluß einer Lesung aus eigenen Werken trug Max Brod, Mitte Dezember 1911, in Berlin, einige Gedichte aus der ›Weltfreund‹-Sammlung vor, wies darauf hin, der erste Lyrikband seines Freundes Werfel werde in wenigen Tagen auf dem Buchmarkt erscheinen. Das Publikum reagierte auf Brods Leseproben äußerst zustimmend. – Albert Ehrenstein, Rezensent des ›Berliner Tageblatts‹, berichtete, erfreulichster Augenblick einer Lesung des Schriftstellers Max Brod sei dessen Rezitation der Poeme eines weit Bedeutenderen gewesen: des jungen, unbekannten Prager Dichters Franz Werfel.

In der Dezembernummer der ›Fackel‹ veröffentlichte Karl Kraus neuerlich fünf Gedichte Werfels und machte seine Leser nachdrücklich auf die endlich erfolgte Publikation des Lyrikbands aufmerksam.

›Der Weltfreund‹ erschien in einer ersten Auflage von viertausend Exemplaren, die sogleich vergriffen war; mehrmals mußte im Verlauf der folgenden drei Wochen nachgedruckt werden, im Nu war der Name Franz Werfel im gesamten deutschen Sprachraum bekannt und durchgesetzt. Ein neuer Klang, so hieß es in den Lobesbezeugungen der Kritiker, töne aus Werfels hymnischen Versen, das offenbar Einfachste, Seelenloseste werde in diesem Gefühlsgesang zum lebendigen, poetischen Bild erhoben. Der Ruhm, den sich der Gymnasiast so sehr gewünscht, sein kühnster Traum war in Erfüllung gegangen – gleichsam über Nacht war der junge Sohn eines Handschuhfabrikanten aus Prag zu einem der meistgenannten Lyriker deutscher Sprache geworden.

Franz Kafka beneidete den Freund um sein leichtes Gelingen

45

und unerschöpfliches Talent, beneidete ihn um sein reiches Elternhaus, das ihm, wie er meinte, jene Sorglosigkeit erlaubte, nach der
er, Kafka, sich so sehr sehnte und die zu erreichen er sich gänzlich
außerstande sah. Werfel konnte sich umgekehrt für Kafkas Prosa
keineswegs begeistern: nachdem ihm Max Brod Texte des von
ihm Entdeckten vorgelesen hatte, reagierte Werfel enttäuscht:
»Das geht doch nie über Tetschen-Bodenbach hinaus!« Gemeint
war jene Grenzstation, die man überqueren mußte, reiste man von
Böhmen ins Deutsche Reich.

Aber nicht diese spontane Äußerung allein brachte Werfel und
Brod zeitweise auseinander, sondern ein Streit um Richard Wagner: Max Brod bezeichnete, im Verlauf eines ihrer häufigen
Stadtpark-Spaziergänge, den deutschen Komponisten als den bedeutendsten der Operngeschichte – eine Ansicht, die der Verdi-
Enthusiast Werfel nicht unwidersprochen lassen konnte. Als er es
aber wagte, sich über Wagner abfällig zu äußern, sich über dessen
Kompositionsstil lustig zu machen, riß Brod die Geduld – und er
zog sich von seinem Protegé zurück ...

Abwechslung im verhaßten Trott der soldatischen Ausbildung,
die noch bis Ende September 1912 andauern sollte, boten gelegentliche Manöver, die das Feldhaubitzenregiment No. 8 abhielt:
Werfel genoß das Übernachten in den Feldern und Wäldern der
böhmischen Landschaft, er liebte es, im Morgenlicht durch die
Dörfer zu ziehen, sich mit den Bauern zu unterhalten. Unbemerkt
von seinen Vorgesetzten, gelang es ihm manchmal sogar zu
schreiben – so entstand während einer Truppenübung der Einakter ›Die Versuchung‹, das pathetische Dreiergespräch zwischen
einem Werfel-ähnlichen Dichter sowie Erzengel und Luzifer,
»Dem Andenken Giuseppe Verdis« gewidmet.
    »Und warum mir gerade dies fürchterliche Geschenk der Poe-
sie?« So die rhetorische Frage des Dichters, auf die Satan ihm
entgegnet:»Triumphe seien dein, vor denen Könige und Tenöre
erblassen [...] Pindars olympische Krönung [ist] von minder
mythischer Gewalt als deine verzehnfachten Nobelpreise ...« Als

der Erzengel den übermütigen Poeten auch noch als einen »der
unsrigen, der unendlichen Geister einer« bezeichnet, kennt des
Dichters Begeisterung für sich selbst keine Grenze mehr: »Ich
bewundere mich. Ich bin groß [...] Denn siehe, ich bin die
Verkündigung!«

In der Einjährig-Freiwilligen-Uniform, mit dem breiten Kaval-
lerie-Säbel an der Seite, eilte er, in seinen wenigen freien Stunden,
vom Hradschin in die Stadt hinab, kehrte ins Arco zurück. Seine
Freunde und Verehrer bewunderten ihn mehr denn je – sie waren
stolz auf ihn, den Berühmten, den sie schon gekannt, als außerhalb
des Cafés beinahe noch niemand von ihm wußte. Wie eh und je
diskutierte er mit seinem Kreis über Dostojewski und Tolstoi,
Nietzsche und Kierkegaard; seinen neuen Dramentext, ›Die Versuchung‹, trug er den Freunden auswendig vor.

Der ehemalige Ausgangspunkt des literarischen Expressionismus, dieser
Haupttreffpunkt der Prager Avantgarde, ist heute ein spießbürgerliches
Speiselokal mit angeschlossenem Varieté- und Studentenbeherbungsbe-
trieb. »Das heutige Café Arco ist viel kleiner als das ursprüngliche«,
heißt es in einem Brief Dr. František Kafkas, »verstümmelt, als ein
Eckhaus, durch die neuerrichtete Fußgängerpassage in der Hyberner-
gasse, sowie in der Dlážděná.« Der einstige Pächter des Etablissements
habe das ›Arco‹ bis zu seinem Tode, Mitte der dreißiger Jahre, geführt –
in Johannes Urzidils bekannter Erzählung ›Eine Schreckensnacht‹ trete
übrigens eben dieser Suchanek als eine der Hauptfiguren der Handlung
auf.

Das ›Arco‹ sei nicht bloß von jungen deutschsprachigen Literaten
besucht worden: da es gegenüber dem Bahnhof Mitte und in der Nähe des
neuerbauten Hauptbahnhofs lag, wurde es oft von Kaufleuten und
Handelsreisenden als »idealer Ort zum Zusammentreffen und als Rast-
stätte benützt«. Überdies frequentierten Mädchen der tschechischen Bo-
hème dies Kaffeehaus, die schöne Milena Jesenská zum Beispiel, die in
späteren Jahren Ernst Polaks Frau und Franz Kafkas Briefpartnerin

wurde. Auch Willy Haas habe seine Frau, Jarmila Ambrožová, im
›Arco‹ kennengelernt. Die »Arconauten«, wie Karl Kraus den Kreis um
Franz Werfel nannte, hätten diesen Ort auch noch aus einem anderen
Grund zu ihrem Stammlokal erkoren: im Gegensatz zu den altbe-
kannten Cafés am Graben war das ›Arco‹ »nicht belastet mit alten
Zwistigkeiten zwischen der tschechischen und deutschen Nation. – Diese
Generation wollte etwas Neues – sie wurde dadurch Brückenbauer
zwischen den jungen Prager Deutschen (= Juden!) und den jungen
Tschechen . . .« Ein reger Gedankenaustausch habe damals zwischen
diesen beiden Gruppen existiert; im ›Arco‹ seien Autoren, Maler und
Musiker beider Nationalitäten aufeinandergetroffen, für Werfel und seine
Freunde eine besondere Chance, dem sprachlichen und kulturellen Ghetto
zu entkommen, in welchem sie sich sonst hätten ausschließlich bewegen
müssen.

Der berühmte Ausspruch »Es brodelt und werfelt und kafkat und
kischt«, gemünzt auf den Prager ›Arco‹-Kreis, stamme, nebenbei be-
merkt, nicht von Karl Kraus oder Anton Kuh, wie allgemein angenom-
men werde: »Max Brod, mit dem ich im Jahre 1967 in Flims eine
verabredete Besprechung hatte, hat ihn Egon Erwin Kisch zugeschrieben,
der sich dadurch mehr Gewicht und Aufmerksamkeit erwerben wollte, als
ihm gebührte.«

Das Gebäude, in welchem Franz Werfel bis zu seinem Fortgang aus
Prag, im Herbst 1912, gelebt hat, stehe noch. Die ehemalige Marien-
gasse, am Rande des Stadtparks, heißt heute Opletalova ulice – nach
einem tschechischen Studenten, im Jahre 1939 von den Nationalsozali-
sten erschossen. Dr. Kafka besuchte die ehemalige Wohnung der Familie
Werfel, in der Opletalova 41: »Die weißlackierten Türen und inneren
Flächen dieser Wohnung, wo nun der Sitz der Bau-Unternehmung
PRŮMSTAV ist, sind immer noch aufbewahrt, man könnte sogar
erraten, wo hier die Barbara ihr Zimmerchen hatte. Es handelt sich um
eine große, vielzimmerige Wohnung der ersten Klasse, damals in der
vornehmsten Straße der Hochbourgeoisie . . .« Rudolf Werfel habe immer
in der modernen Prager Neustadt, mit ihren breiten Straßen und hygie-
nisch einwandfreien Neubauten gelebt, wohingegen Hermann Kafka, der
Vater des Dichters Franz Kafka, immer dunkle, kleine Wohnungen habe

mieten müssen, im ehemaligen Ghetto, in der Enge der Altstädter Gassen ... »Die Werfel'sche Familie«, läßt Dr. František Kafka mich wissen, »war nicht nur in den äußeren Formen des Lebens um eine Stufe höher als die Familie Franz Kafkas, sie war auch in ihrem Denken weiter: liberal, großzügig – und so wenig als möglich auch in den äußeren Formen des Lebens jüdisch.«

Der Jüngste Tag

Max Brod hatte seinen Verlag Axel Juncker verlassen und war im Sommer 1912 zu Ernst Rowohlt übergewechselt – zu eben jenem Unternehmen, welches zwei Jahre zuvor die Urfassung von Franz Werfels ›Weltfreund‹-Manuskript kommentarlos abgelehnt hatte. Brod schwärmte nun sowohl Rowohlt als auch dessen Financier Kurt Wolff von seinem Freund Werfel vor, den er als einen der Begabtesten der jungen Generation bezeichnete, einen Dichter überdies, der gerade einem noch aufstrebenden Verlagshaus von großem Nutzen sein könnte. Wolff selbst hatte den ›Weltfreund‹ damals zurückgewiesen, eine Entscheidung, die er mittlerweile bereute – ein Versuch der Wiedergutmachung bestand nun darin, Franz Werfel zu einem unverbindlichen Gespräch nach Leipzig einzuladen. Werfel wußte die Begegnung geschickt für sich zu nutzen: er imponierte dem schlanken, eleganten jungen Mann, erzählte von seiner Kindheit und Jugend, von der Strenge des Vaters und dessen Erwartung, der Sohn werde eines Tages die Handschuhmanufaktur übernehmen, erzählte auch, in sehr amüsanter Weise, von dem Hamburger Zwischenspiel im Hause Brasch & Rothenstein. Und sprach, vor allem, von seiner Leidenschaft für das Theater, für die italienische Oper und die Literatur. Ginge er, nach außen hin, einer geregelten Beschäftigung nach, erklärte er Wolff, so ließen sich die Bedenken und die Ängste seines Vaters zumindest vorübergehend beruhigen.

Kurt Wolff, von seinem Gegenüber augenblicklich bezaubert, legte Werfel, ohne zu zögern, einen Autoren- und Lektoratsvertrag vor, der ihm zunächst ein jährliches Einkommen von 1800 Mark zusicherte. Darin blieb wohlweislich unerwähnt, daß der Verleger seinem neuen Mitarbeiter große Freiheit lassen, ihn nicht einmal zu geregelten Bürostunden anhalten wollte.

Unmittelbar nach dieser Unterredung kam es zwischen Wolff und Rowohlt zum Bruch: die Geschäftsbeziehungen der beiden waren seit längerem schon äußerst gespannt, dieser eine Vorfall genügte nun, das endgültige Zerwürfnis herbeizuführen. Der Verlagsgründer fühlte sich von seinem Kompagnon schlichtweg übergangen, er vertrug es nicht, daß Wolff sich mit Werfel allein und sozusagen hinter Rowohlts Rücken getroffen, daß er, darüber hinaus, so getan hatte, als sei er der Alleininhaber und einzige Entscheidungsträger im Hause. Anfang November 1912 wurde zwischen Wolff und Rowohlt der Trennungsvertrag unterzeichnet, Kurt Wolff wurde somit zum Alleininhaber des Ernst Rowohlt Verlags, den er zu Beginn des Jahres 1913 in Kurt Wolff Verlag umbenannte.

Wenige Wochen nach dem Ende seiner Militärausbildung, im Oktober 1912, verließ Franz Werfel seine Vaterstadt und übersiedelte nach Leipzig. In zwei großen Kästen der elterlichen Wohnung blieb zurück, was er selbst inzwischen als seinen literarischen Nachlaß bezeichnete: all jene Arbeiten, die seit seinen Schreibanfängen, seit seinem vierzehnten Lebensjahr entstanden waren.

Nachdem nun Rudolf Werfel von der neuen Anstellung seines Sohnes unterrichtet worden war, lenkte er allmählich ein, der Plan des Sohnes war also vollends aufgegangen. Nach langem Kampf habe er sich damit abgefunden, schrieb der Kommerzialrat an Kurt Wolff, daß sein Erbe einen so durch und durch anderen Beruf als den des Vaters anstreben wolle. Nachdrücklich ersuchte er den Verleger jedoch (der fünfundzwanzigjährige Kurt Wolff schien ihm offenbar einen sehr seriösen Eindruck zu machen), unbedingt dafür Sorge zu tragen, daß Franz tatsächlich regelmäßig arbeite, und zwar mehrere Stunden täglich ... Der Vater hatte übrigens damit begonnen, des Sohnes Geschäftsinteressen zu wahren, drohte zum Beispiel Axel Juncker, ihm das Recht an der dritten ›Weltfreund‹-Auflage zu entziehen, sollte der Berliner Verlag verschiedene Bedingungen nicht erfüllen.

Der Junglektor Franz Werfel, das lange Haar zurückgekämmt, die Kleidung immer auffallend ungepflegt, wohnte in Untermiete bei Frau Seyfert, in der Haydnstraße. Er galt als äußerst unzuverlässiger und vergeßlicher Mensch, der in seiner Zerstreutheit oft wichtige Dinge verlor und ganz unvermittelt Verdi-Arien zu singen oder eigene Gedichte zu rezitieren begann. Ein verträumter Schwärmer und Anbeter schöner Frauen, ein Kaffeehaussüchtiger, der die Vormittage verschlief und nachmittags manchmal sogar im Verlag erschien. Zu Mittag aß er in Wilhelms Weinstuben, dem Leipziger Treffpunkt der Dichter und Denker, begegnete dort, am Stammtisch, Carl Sternheim und Frank Wedekind, Martin Buber und Kurt Hiller, lernte hier, nicht zuletzt, Else Lasker-Schüler kennen, die sich Prinz Jussuf von Theben nannte und Werfel Liebesbriefe zukommen ließ, in denen sie den um vierzehn Jahre Jüngeren mal als *Schuljungen*, mal als *Franzlaff* titulierte.

Er bereitete eine neue Lyrik-Sammlung vor, die er ›Wir sind‹ nennen wollte, und schrieb, in dieser ersten Leipziger Zeit, mehrere Prosatexte, darunter ›Die Stagione‹, verarbeitete darin seine Erinnerungen an die Prager Maifestspiele und das Jahr beim Militär auf dem Hradschin. Er hörte hin und wieder Vorlesungen an der berühmten Leipziger Universität, bei dem alten Psychologen Wundt und dem Historiker Lamprecht. Diesmal genoß er das Studium, da es ohne väterlichen Zwang geschah; Werfel fühlte sich als Nachfolger Goethes und Lessings, die beide ja in Leipzig studiert hatten . . .

Abends ging er meist ins Café Felsche oder besuchte das Theater, zog nachts durch die Bars, Kabaretts und Freudenhäuser. Seine neuen Freunde waren ebenfalls Lektoren bei Kurt Wolff: der gleichaltrige Dichter Walter Hasenclever, aus Aachen, hager, hochnervös und überaus talentiert, der mit seinem Vater ähnliche Konflikte durchzustehen hatte wie Franz Werfel. Und Kurt Pinthus, etwas älter als seine Kollegen, ein dicklicher, behäbiger, schon etwas gesetzterer junger Mann, Schriftsteller auch er, der zugleich als Kritiker und Korrespondent des ›Berliner Tageblatts‹ tätig war.

Zu Beginn des Jahres 1913, die drei saßen mit Kurt Wolff in der sogenannten Intimen Bar zusammen, wurde zu vorgerückter Stunde ein Beschluß gefaßt, auf den Werfel seit seinem Eintritt in das Verlagshaus gedrängt hatte: unbekannten Dichtern die Chance zu geben, erstmals publiziert zu werden. Eine Buchreihe zu gründen, welche avantgardistische Literatur in schmalen, pappgebundenen Bänden herausbrächte. Eine Reihe, so meinte Werfel, die man in zwangloser Folge zu niedrigen Preisen erscheinen lassen könnte und die sich von literarischen Produktionen anderer Verlagshäuser unverwechselbar unterscheiden würde. In dieser Februarnacht 1913 schien Kurt Wolff nun erstmals bereit, auf die Vorschläge seiner drei Lektoren einzugehen: im kommenden Frühjahr, so wurde entschieden, solle die neue Reihe erstmals der Öffentlichkeit vorgestellt werden. Die Druckfahnen zu Werfels Lyrikband ›Wir sind‹ lagen zufällig auf dem marmornen Bartischchen – Pinthus stach mit einem Bleistift in den Blätterstapel und traf dabei auf eine Zeile aus der dramatischen Szene ›Das Opfer‹, die da lautete:»O jüngster Tag! O Wiedersehn!« Noch in der gleichen Nacht wurde die neue Edition auf den Namen ›Der Jüngste Tag‹ getauft.

Als Band No. 1 erschien Werfels eigener, an einem Manövertag 1912 geschriebener Einakter ›Die Versuchung‹, als zweiter Band Hasenclevers ›Das unendliche Gespräch‹. Die neugegründete Sammlung, so hieß es in einer von Werfel verfaßten Annonce für das ›Börsenblatt für den deutschen Buchhandel‹, sei»hervorgebracht durch das gemeinsame Erlebnis unserer Zeit«. Und in einem weiteren, etwas wirren Werfelschen Reklametext, den der Verlag auf Flugblättern verteilte, hieß es:»In diesen kleinen Büchern sei der wahre, wahre Dichter begrüßt [...] der sich stündlich daran blutig reißt, daß [...] die Realisierung schon Trübung ist und Verblendung ... Die Welt fängt in jeder Sekunde neu an – laßt uns die Literatur vergessen!!«

In Prag fand um diese Zeit Franz Werfels erste öffentliche Lesung statt: er trug im Spiegelsaal des Deutschen Hauses ›Weltfreund‹- und ›Wir sind‹-Gedichte vor, das Publikum zeigte sich von seinem natürlichen Pathos sehr angetan, auch die Tagespresse lobte den Rezitationsabend nachdrücklich. Werfel traf dieser Tage oftmals mit seinem Arco-Freundeskreis zusammen, sah auch Franz Kafka wieder, für dessen Texte er sich inzwischen weit mehr interessierte als früher und die er viel differenzierter zu beurteilen verstand als noch vor wenigen Jahren. Kafka schrieb in diesen Wochen an seine Berliner Verlobte Felice Bauer, er gewinne Werfel mit jedem Tag lieber, schwärmte ihr zudem von dem gleichsam paradiesischen Zustande vor, in welchem sein Freund seit kurzem lebe, als Verlagslektor in Leipzig. Gemeinsam besuchten sie ein Gastspiel des russischen Balletts, sahen Nijinski und die Kyasht tanzen, ein Ereignis, welches Werfel nachhaltig beeindruckte. »Die großartige Un-Nationalität und das wahnsinnige *Außer-sichsein* (Entformtsein) des russischen Balletts«, notierte er, »habe ich nicht als ästhetisches Stimulans empfunden, sondern als Symbol [einer] neuen Menschlichkeit. Alle Gefühle schwellen empor zu der Raserei ›Auf der Welt sein‹, zum Fest.«

Werfel und Kafka lasen einander ihre neuesten Arbeiten vor, wobei der Ältere immer wieder betonte, wie außerordentlich gut ihm die Lyrik des Jüngeren gefalle. Im November 1912 war Kafkas erster Prosaband, ›Betrachtung‹, im Ernst Rowohlt Verlag erschienen – Werfel berichtete Wolff, nach seiner Rückkehr aus Prag, von Kafkas neuen Novellen, die ihm sehr gefallen hätten. Der Verleger schrieb daraufhin an Kafka, er würde diese Prosaarbeiten sehr gerne sehen. Als Franz Kafka wenig später in Leipzig zu Besuch war, sprach er – auf Drängen Werfels – mit Wolff. Berichtete bei dieser Gelegenheit von einem größeren Roman, an dem er gerade arbeitete. Unter dem Titel ›Der Heizer‹ erschien das erste Kapitel, im Mai 1913, als Band No. 3 der neugegründeten Buchserie. Die Novellen ›Die Verwandlung‹ und ›Das Urteil‹ folgten dann in den Jahren 1915 und 1916, als Band 22/23 und Band 34 der Reihe ›Der Jüngste Tag‹.

Auf Karl Kraus machte Werfel Kurt Wolff als erster aufmerksam: da ›Die Fackel‹ nahezu ausschließlich in den Ländern der Donaumonarchie gelesen wurde, hatte der Verleger von ihm noch nie gehört. Werfel insistierte, Wolff müsse mit allen ihm zu

Gebote stehenden Mitteln versuchen, Karl Kraus als Autor zu gewinnen. Er sprach wie ein Besessener von seinem Idol, so lange, bis Wolff eines Tages tatsächlich mit Werfel nach Wien reiste und Kraus dazu überredete, seine künftigen Schriften ausschließlich im Leipziger Kurt Wolff Verlag herauszubringen.

Während einer Urlaubsreise des Verlegers, im April 1913, führte Werfel die Geschäfte des Hauses nahezu in eigener Regie. Täglich bekam er nun Manuskripte unbekannter Autoren zugesandt, sah die Popularität der von ihm mit ins Leben gerufenen Buchsammlung wachsen. Das umfangreiche Lyrikkonvolut eines jungen Salzburger Dichters namens Georg Trakl gefiel ihm besonders gut: er habe, schrieb er dem Unbekannten, dessen Gedichte »mit großer Bewunderung gelesen«, und kündigte Trakl an: »Ich habe – der Verlag teilt mir mit, daß er bereits mit Ihnen in Verhandlung stehe – eine Anzahl Gedichte ausgewählt. Ich hoffe, daß Sie keine Einwände haben werden ...«

Werfels eigener zweiter Lyrikband ›Wir sind‹ erschien in diesem Frühjahr, von der Kritik überaus wohlwollend aufgenommen, wenn auch der Überraschungseffekt, wie im Falle ›Weltfreund‹, diesmal fehlte. Dies Werk, bemerkte Werfel in seinem Nachwort, sei »das erste in der Steigerung von Büchern, die einmal, als *ein* Werk den Titel *Das Paradies* tragen sollen«. Dienstmädchen und Prostituierte, Hunde und Telephongespräche, Damenkapellen und Theaterskandale bildeten den in der deutschsprachigen Lyrik bislang gänzlich unüblichen Stoff der neuen Gedichte. Ihr dionysisch-expressionistischer Stil, atemlos und überschwenglich, erinnerte deutlich an Werfels Idol Walt Whitman, dessen ›Leaves of Grass‹ er seit der Gymnasialzeit liebte und deren Einfluß auch schon auf die ›Weltfreund‹-Sammlung unverkennbar war. Ein Ausspruch des Verehrten, in seiner Todesstunde getan, lieferte Werfels zweitem Buch das Motto: »So, jetzt will ich mich vor die Tür setzen und das Leben genießen!«

Den Mai 1913 verbrachte Werfel mit seinen Freunden Hasenclever und Pinthus in Malcesine, am Gardasee; auf Kosten des Verlags bewohnten die drei eine Hotel-Pension am Seeufer, fühlten sich hier wie im Schlaraffenland – bei riesigen Spargelschüsseln um fünfzig Centesimi, bei herrlichen Mahlzeiten in den Osterien und Ausflügen in die prachtvolle Umgebung, nach Riva del Garda, Sirmione, Verona ...

In diesen Wochen seines Italienaufenthalts stellte Werfel bereits einen dritten Gedichtband zusammen, schrieb zahlreiche Oden und Hymnen. Zum ersten Mal tauchte in seiner Dichtung eine Thematik auf, von der er sich seit frühester Kindheit seltsam intensiv angezogen fühlte: er näherte sich nun auch sprachlich jener fremdverwandten Religion des Katholizismus an, mit der Barbara Šimůnková ihn einst vertraut gemacht, als sie den Fünfjährigen zur Morgenmesse mitgenommen hatte. Eines seiner neuen Gedichte trug den Titel ›Jesus und der Äser-Weg‹, ›Die Prozession‹ ein weiteres, dessen dritte Strophe lautete: »Über Stiegen in die Kirche tauchen/ Tausend Betende und knieen wild./ Kerzenwirrwarr bricht aus blauen Rauchen,/ Und es klingelt unter einem Bild./ Da – Und Horn und Orgel brüllen unter Bögen.«

Im Sommer 1913 erhielt er einen Brief von Rainer Maria Rilke. Die Verse aus ›Weltfreund‹ und ›Wir sind‹ hätten ihn außerordentlich berührt, bekannte Rilke, mehr noch, er glaube, in dem um fünfzehn Jahre Jüngeren einen Wesensverwandten erkannt zu haben. Werfel empfand dies Lob als höchste Auszeichnung seines bisherigen Lebens: schon in der Schulzeit hatte Rilke ihm als Verkörperung des Poeten schlechthin gegolten, er sah zu ihm gleichsam wie zu einem Heiligen auf. Seine Dichtung hatte Werfels Schreibenwollen, Schreibenmüssen mit ausgelöst. »Kann ich es denn sagen, wieviel Tränen seit der Zeit des Erwachens ich Ihnen danke?!«, antwortete er Rilke auf dessen erstes Schreiben. »Wie ich vor Jahren, als Sie eine Vorlesung in Prag hielten, nicht atmen konnte und verging vor Ihrer Gegenwart. Und diese langen, regenreinen Tröstungen in der Schulzeit durch Sie!! Und nun schreibt mir dieser Mann!!«

Die beiden vereinbarten ein erstes Zusammentreffen für den

kommenden Oktober, anläßlich der Festspiele von Hellerau, nahe Dresden. Und beide freuten sich darauf: der stille, friedlich Lächelnde, blauäugig mit herabhängendem Schnauzbart, schmalen Zügen, vorsichtig in jeder Gebärde, sehr sorgfältig gekleidet, ein Ästhet durch und durch. Und der Laute, Dickliche, Schwitzende, wie immer in abgerissener Kleidung, wie immer voll überquellender Erzähl- und Rezitierlust. Rilke hatte sich vorgenommen, so ließ er den Freund Hugo von Hofmannsthal wissen, den Dreiundzwanzigjährigen bei ihrem ersten Treffen zu umarmen – als er ihm dann jedoch tatsächlich gegenüberstand, reichte er ihm bloß rasch die Hand, verschränkte verlegen die Arme hinter dem Rücken. Während eines Spaziergangs spürte Werfel, Rilke nicht näher kommen zu können; erst später, nach dem Mittagessen in einem vegetarischen Restaurant, begann dann der Ältere, von Werfel bedrängt, doch noch zaghaft von seiner Prager Kindheit und der Zeit als Piaristenschüler zu erzählen, sprach von seinem Gefühl, als Deutschprager zur Heimatlosigkeit verurteilt zu sein, sprach von den Schikanen, denen er während der Militärzeit ausgesetzt gewesen war; doch er sah seinem Gegenüber niemals direkt in die Augen, saß mit gesenktem Kopf.

Nach der Festspiel-Aufführung von Paul Claudels Drama ›Verkündigung‹ begab sich eine größere Gesellschaft in das noble Dresdener Palast-Hotel, darunter Werfel, Rilke, Lou Andreas-Salomé, sowie Baronesse Sidonie Nádherný aus Schloß Janowitz in Böhmen, eine Verehrerin und gute Bekannte Rainer Maria Rilkes. Frau Nádherný wußte um die Begeisterung ihres Freundes; er lese unablässig Werfels Verse, hatte Rilke ihr noch vor kurzem brieflich mitgeteilt. Kaum war ihr nun Franz Werfel aber vorgestellt worden, als sie Rilke zur Seite nahm und ihn wissen ließ, wie sehr ihr dieser »Judenbub« mißfalle. Und sie behandelte ihn denn auch den ganzen Abend lang mit betonter Herablassung, ließ ihn, so deutlich wie nur möglich, ihre Verachtung spüren.

Antisemitismus allein konnte Ursache solcher Verhaltensweise nicht sein, denn wenige Wochen zuvor war Sidonie Nádherný einem Manne begegnet, der, wie sie ihrem Tagebuch anvertraute,

57

sie *begriffen* habe wie noch kein anderer zuvor. Unmöglich, ihn je wieder zu vergessen: Karl Kraus.

Der gekränkte Franz Werfel, der von dieser Liaison erfahren hatte, sorgte nun dafür, daß Kraus möglichst rasch hinterbracht werde, Rainer Maria Rilke stehe der Baronesse auffallend nahe, gehe in Schloß Janowitz ständig ein und aus ... Er verbreitete auch noch weitere Klatschgeschichten, teils erfundener, teils vermuteter Natur, jenes pikante Detail zum Beispiel, Frau Nádherný müsse in der Tat eine hochinteressante Dame sein, einst sei sie nämlich monatelang mit einer etwas heruntergekommenen Zirkustruppe über Land gefahren ...

Während seines Hellerauer Aufenthalts kam Werfel mehrmals mit Jakob Hegner, dem Initiator und Veranstalter der Festspiele zusammen. Obwohl Hegner Jude war und nicht daran dachte zu konvertieren, interessierten ihn besonders christliche Themen; so machte er Werfel auf Euripides aufmerksam, in dem er einen frühen Vorläufer des Christentums zu erkennen glaubte. Er empfahl Werfel, die ›Troerinnen‹ neu zu bearbeiten, seit Friedrich Schillers Übersetzung existierte keine gut spielbare deutsche Fassung der Tragödie – eine solche Arbeit bedeute für Werfel darüber hinaus eine Chance, so Hegner, sich sowohl intensiv mit Fragen der Theaterdramaturgie auseinanderzusetzen, als auch seine eigene, ekstatische Festgesangssprache auf deutsche Bühnen zu bringen.

Zwischen Herbst 1913 und dem Beginn des nächsten Jahres entstand, Hegners Anregung folgend, die ›Troerinnen‹-Übertragung: eine Arbeit, die in Franz Werfels Entwicklung einen großen Sprung erkennbar machte. Aus dem kindlichen Träumer und wohlbehüteten, unmündigen Großbürgerssohn war seit dem Verlassen Prags ein philosophisch geschulter Schriftsteller mit analytischer Begabung geworden, der zudem als Verlagslektor große Verantwortung trug, nun auch immer öfter über das Schicksal anderer Dichter mitzubestimmen hatte. Sein Fauxpas gegenüber Baronesse Nádherný und Karl Kraus bedeutete allerdings einen Rückfall in die Spätpubertät.

In seiner Vorbemerkung zu den ›Troerinnen‹ wies Werfel darauf hin, Trojas Untergang könne als Metapher für die Gegenwart angesehen werden, damals wie heute befinde man sich in einer Periode der Umwälzungen, der Sinn- und Wertauflösung: ».. . die menschliche Geschichte passiert in ihrem Kreislauf wiederum den Zustand, aus dem heraus dieses Werk entstanden sein mag«, motivierte er seinen Entschluß, Euripides' Tragödie neu zu übersetzen. In der leidgeprüften Figur der Hekuba habe er eine Persönlichkeit gesehen, die ihn an die Passionsgeschichte Jesu Christi erinnerte; durch behutsame Änderungen des Originals, zu denen ihn Jakob Hegner wohl ermutigt haben mochte, ließ er Trojas Königin wie eine Frühchristin agieren und argumentieren. Und kam, nicht zuletzt dank dieser vorsichtigen Manipulation, zu dem Schluß: »Und so sehen wir den verrufenen Atheisten Euripides als Vorboten, Verkünder, als frühe Taube des Christentums.«

Seinem Judentum fühlte Werfel sich seit Jahren entfremdet, ohne daß er im Grunde hätte sagen können, woran das liegen mochte. Nicht Selbsthaß, auch nicht bewußte Abkehr, eher eine als unproblematisch empfundene Gleichgültigkeit zeichnete sein Judesein aus. Seit der Schulzeit hatte er kaum je wieder eine Synagoge besucht, als seine Welt empfand er die der europäischen Dichter und Komponisten, von denen die meisten dem Christentum eng verbunden waren. Und gehörte doch auch dieser Welt nicht wirklich an; ähnlich Rilke, sah Werfel sich als Heimatlosen, er mußte sich das Zuhause in seinem Werk suchen.

Willy Haas brach sein Prager Jusstudium ab und folgte, Anfang 1914, seinem Freund nach Leipzig; Werfel brachte ihn, ebenfalls als Lektor, im Hause Kurt Wolff unter. Haas war im Verlagswesen ein wenig geschult, durch die Herausgabe der ›Herder-Blätter‹, einer literarischen Zeitschrift mit sehr kleiner Auflage, die Erstdrucke von Werfel, Brod, Kafka, Janowitz, Pick und anderen publiziert, jedoch gleichzeitig mit Werfels Fortgang aus Prag ihr Erscheinen eingestellt hatte.

Als vierter im Bunde, wohnte Haas nun mit Werfel, Hasencle-

ver und Pinthus in einer großen Wohnung in der Haydnstraße
zusammen – nach durchzechter Nacht weckte sie zumeist ihr
Sekretär, der Weissenstein Karl, ein wasserköpfiger Stadtstreicher,
ein Kauz aus dem Café Arco, der es in Prag ohne seine Freunde
nicht mehr ausgehalten hatte. Mit einem Trick holte er sie morgens aus den Betten, redete jedem der jungen Herren ein, die
anderen seien längst aufgestanden und säßen seit Stunden bereits
an der Arbeit.

Ausgerechnet an dem Tage, da Franz Werfel im Frühjahr 1914
in seiner Vaterstadt eine Lesung hielt, wandte sich Rudolf Werfel
in einem dramatisch formulierten Brief an Kurt Wolff: der Verleger möge unbedingt dafür Sorge tragen, daß Franz ein Doktorat
anstrebe; die Notwendigkeit einer sicheren Berufsstellung müsse
ihm nun endlich klargemacht werden, undenkbar, daß er jemals
eine eigene Familie werde gründen können, wenn er weiterhin die
Nacht zum Tage und den Tag zur Nacht mache. Die Eltern seien
in allergrößter Sorge um ihren Sohn –. Auf gar keinen Fall aber
dürfe Franz erfahren, daß sein Vater hinter dieser Initiative stecke,
Wolff möge vielmehr als »Dolmetsch« des Kommerzialrats fun-
gieren. Zwei Monate zuvor hatte der Verleger Rudolf Werfel
ohnehin wieder einmal zu beruhigen versucht, hatte ihm mitgeteilt, er wolle die jährlichen Zahlungen an seinen Sohn erhöhen,
hatte darauf hingewiesen, besonders stolz zu sein, Franz Werfel zu
den Autoren seines Hauses zählen zu dürfen, auch mit dessen
Arbeit als Lektor sei er ja überaus zufrieden. Doch offensichtlich
reichte das alles nicht aus, den Vater grundsätzlich zu beschwichti-
gen.

Kurz nach Werfels Lesung kam Karl Kraus zu einem Vortrag
nach Prag, sein Bewunderer freute sich schon sehr auf dies Wiedersehen, hinterließ im Hotel einen Willkommensgruß. Doch als
er nach dem Vortragsabend auf Kraus zustürmte, verhielt sich
dieser auffallend reserviert. »Aus Ihrem kühlen Händedruck [...]
glaube ich vermuten zu können, was es zwischen uns gibt«,
schrieb der Unglückliche wenig später an Karl Kraus und bat um
baldmögliche Aussprache; er müsse zwar zugeben, im Zusam-

menhang mit seinen Äußerungen über Baronesse Nádherný »Unvorsichtigkeiten« begangen, Klatsch kolportiert zu haben, sei sich aber trotzdem »des reinsten Herzens bewußt«.

»Ich bin Franz Werfel«, hieß es in diesem Brief, den Kraus sofort an Sidonie weiterleitete, nachdem er zuvor Werfels Stilfehler genüßlich unterstrichen hatte, »und [...] wenn Sie nur einen Augenblick glauben, ich könnte eine Schweinerei, eine willentliche Bosheit begangen haben, erklären Sie auch meine Produktion [...] für Lüge und Schwindel.« Kraus bat nun seine Freundin, ihn wissen zu lassen, wie er auf diesen *widerlichen* Brief antworten solle? In Prag habe er diesen Herrn Werfel ja ihrer Verabredung nach noch *laufen lassen*. Doch wie verhalte man sich nun weiter, nach Erhalt des beigelegten Schreibens?

Bereits in der nächsten Ausgabe der ›Fackel‹, Karl Kraus berichtete darin von seiner Prager Lesung, hieß es, durch Befruchtung des *Kindheitsvirtuosen* Werfel vermehrten sich in Böhmens Hauptstadt die deutschsprachigen Lyriker wie die *Bisamratten*. Eine Verächtlichmachung des einst so Hochgepriesenen, die den Abonnenten der ›Fackel‹ ganz unverständlich bleiben mußte.

Als den serbischen Attentätern Princip und Cabrinowitsch am 28. Juni 1914 in Sarajewo der Mordanschlag auf den österreichischen Thronfolger Franz Ferdinand glückte und wenige Wochen später der Weltkrieg ausbrach, rückte der Streit mit Kraus in den Hintergrund. Die politischen Ereignisse muteten Franz Werfel wie die Erfüllung eigener Prophezeiung an: »Auch in unserer Seele hat der Glaube seine Form verloren«, hatte er drei Monate zuvor, in seiner Vorrede zu den ›Troerinnen‹ geschrieben, »das müssen wir als Zeichen der sich vorbereitenden Umwälzung ansehen! [...] Unsere Tragödie und die unselige Hekuba mögen nun wiederkehren, wie ihre Zeit gekommen ist.«

Werfels Versuche, sich aus familiären und staatlichen Zwängen nach und nach zu befreien, waren nun mit einem Schlag gescheitert: am 31. Juli 1914 mußte er sich, infolge allgemeiner Mobilmachung, als Einjährig-Freiwilligen-Reservist bei seinem Prager Regiment melden. Und kehrte zurück in die verhaßte Kaserne auf dem Hradschin – aus Leipziger Freiheitsluft zur Batterie No. 2 versetzt, vom Dichter und Verlagslektor zum Kanonier-Titular-Vormeister degradiert.

Eine Woche später erklärte Österreich-Ungarn Rußland den Krieg.

Der größte Teil von Franz Werfels literarischem Nachlaß wird an der University of California, Los Angeles, im Stadtteil Westwood Village, aufbewahrt. Bei wolkenloser Hitze führt mein Weg durch Parklandschaft, auf die Research Library des Campus zu. Ich steige, von Aircondition-Kälte umweht, in den Keller der Bibliothek, in tageslichtlose, neonhelle Hallen: die sogenannten Special Collections werden hier aufbewahrt.

Eine überaus scheue, zerbrechliche junge Frau hat die Hinterlassenschaft Franz Werfels katalogisiert. Sie stamme zwar von japanischen Einwanderern ab, sei aber in Amerika zur Welt gekommen, erzählt die Chefbibliothekarin, mit sehr leiser Stimme. Sie errötet ein wenig, als sie bekennt, der deutschen Sprache unkundig zu sein – daher erklärten sich auch die zahlreichen orthographischen Fehler, die ihr beim Tippen der Kataloglisten unterlaufen seien. Franz Werfels Werk, auch das müsse sie eingestehen, sei ihr gänzlich unbekannt. Und so lautlos, so unmerklich, wie sie aufgetaucht, zieht sich Mrs. Hatayama wieder zurück.

Ich sitze an einem Arbeitstisch der Special Collection, vor mir türmen sich Dutzende schuhschachtelgroße Kartons, sie beinhalten Briefe, Tagebücher, Notizhefte, Skizzenblätter, Originalmanuskripte Franz Werfels, sein Lebenswerk des Phantasierens und Philosophierens ist aufbewahrt in diesen schäbigen Pappebehältern. Pappegräber, in denen ich nach Lebenszeichen suche, ich komme mir wie ein Grabschänder vor, durch Papiere wühlend, die niemals für ein fremdes Auge bestimmt waren.

Eine Aufsichtsperson bewacht mich aus einiger Entfernung, während ich Hunderte unbekannter Briefe Werfels an seine Geliebte und spätere Frau Alma Maria Mahler durchblättere und, nicht ohne Gier, immer neue Schachteln öffne. Ich finde früheste Gedichte, in kaum leserlicher Bleistiftschrift, in schmalen Heften, deren Seiten nur noch lose zusammenhalten, finde gepreßte Blumen zwischen Manuskriptseiten liegen, sehe Dramenentwürfe, Prosaskizzen, Gedankenfragmente . . .

Das Notizbuch »Leipzig 1913« fällt mir in die Hand, es enthält, unter anderem, eine Liste längst verschollener Werfel-Texte, ›Die Seestadt‹, ›Ein Soldaten-Brief‹, ›Jesus und der Haß‹ . . . Werfel plante, in der Leipziger Zeit, ein Drama zu schreiben, ›Theresa‹ – dreizehn Szenen hat er stichwortartig festgehalten. Seine erste eingehende Auseinandersetzung mit dem Christentum wird aus diesem Notizbuch ersichtlich: »Erlösung! Man kann die Welt nur von der Welt erlösen«, heißt es da, zum Beispiel. »Das Christentum hilft sich mit einem illusionären Pessimismus. Die Kirche vollführt den Zauber der retrospektiven, der stattgefundenen vergangenen Utopie.« An anderer Stelle notierte Werfel – wohl zur Zeit der ›Troerinnen‹-Übertragung – einen Satz aus dem zweiten Brief des Petrus: »Denn es ist noch nie eine Weissagung aus menschlichem Willen hervorgebracht; sondern von dem heiligen Geist getrieben haben Menschen im Namen Gottes geredet.«

Er schrieb, noch in der Vorkriegszeit: »Logik des Staates. Weil schon Blut geflossen ist, soll noch mehr Blut fließen, damit das schon vergossene Blut nicht umsonst dahin ist.« Und als der Weltkrieg ausgebrochen war, stellte er lakonisch fest: »Der moderne Staat, der durchaus auf den Krieg zugeschnitten ist, der den Krieg als die eigentliche Inanspruchnahme seines Organismus voraussetzt [. . .] der für den Krieg geschaffen wurde, wie die Cholerabaracke für die Cholera – dieser Staat, man erblasse, lehnt die Verantwortung für die Entstehung des Krieges ab.« Während seines neuerlichen Kasernendienstes, da er zahllose Verwundete »eitern, fiebern, delirieren, sterben« sah, notierte er: »Krieg ein Erlebnis? Er ist das Gegenteil allen Erlebens. Ein Vernichten aller Differenzierung, Harmonien, Disharmonien, ein Warenhaus, ein Ausverkauf aller Erlebnisse, die er durch Billigkeit, Masse und Unabwendbarkeit entwertet.«

Der brave Soldat

Vaterlandstreue, Tapferkeit vor dem Feinde, das waren Franz Werfels Ideale niemals gewesen, er scheute daher auch nicht davor zurück, seinen militärischen Vorgesetzten physische Krankheit, psychische Unzurechnungsfähigkeit vorzutäuschen. Es war ihm gleichgültig, ob Offiziere und Kameraden ihn als Schwächling oder Feigling ansahen. Bereits Ende November 1914 wurde er, für drei Monate zunächst, vom aktiven Kriegsdienst beurlaubt: bis zur »Herablangung« des Superarbitrierungsbefundes, wie es im offiziellen Vermerk der k. u. k. Armee hieß.

Mehr als glücklich, der Militärmaschinerie zunächst entkommen zu sein, wohnte Werfel wieder bei den Eltern in der Mariengasse, schrieb hier den ersten Akt des Schauspiels ›Esther, Kaiserin von Persien‹, versuchte anhand dieses biblischen Stoffes, sein Gespür für dramatische Dichtung, für stilsichere Dialogführung zu verfeinern. Ähnlich wie bei den antiken ›Troerinnen‹, die ihm zum Lehrstück geworden waren, eignete Werfel sich nunmehr die Gesetze des klassischen Theaters an, versuchte Shakespeare, Lessing, Grillparzer nachzuvollziehen.

Er arbeitete an dem Dialog ›Euripides oder über den Krieg‹, machte die Väter und Greise für den Ausbruch kriegerischer Auseinandersetzung verantwortlich. Die Alten, so ließ Werfel Euripides argumentieren, schickten »die Jungen in den Krieg, um ihr eigenes Laster zu retten. [...] Die Staaten alle sind das Sinnbild der alten Männer.«

Noch vor dem Jahresende schloß er die Lyriksammlung ›Einander‹ ab, die er ein Jahr zuvor, in Malcesine am Gardasee, begonnen hatte. Die Verwirrungen und Ängstlichkeiten, die er an sich selbst während der ersten Kriegsmonate beobachten konnte, klangen in seinen neuesten Gedichten nach, standen unmittelbar neben den früheren, die von religiösem Enthusiasmus übersprudelten: »Die Menschheit Gottes Musikantin ist«, so sein Glaubensbekenntnis, »Doch Gottes Musik ist die Barmherzigkeit!/ [...] O Menschheit, höchste und geschwungene Welle,/ Sopran in Gottes ganz unendlicher Kapelle!«

Ohne persönliche Teilnahme Kurt Wolffs – der Verleger diente als Adjutant eines Artillerieregiments an der französischen Front – könne der neue Gedichtband kein Erfolg werden, befürchtete Werfel zunächst. Wolff hatte alle Agenden Georg Heinrich Meyer übertragen, einem ehemaligen Verleger, dem er vollends vertraute. Werfel traf im Januar 1915 in Leipzig mit Meyer zusammen – und faßte zu dem neuen Chef des Hauses eine gewisse Sympathie, obwohl dieser kein Geheimnis daraus machte, daß ihm Werfels Dichtung nicht besonders lag.

Im Februar 1915 befand das Prager Militärkommando, Werfel bleibe vorerst für den Kriegsdienst untauglich – und gewährte ihm eine Schonfrist von weiteren zwei Monaten. Er besuchte in Berlin Martin Buber, den er seit Jahren verehrte; Buber hatte einst in Prag ›Drei Reden über das Judentum‹ gehalten, Werfel lernte ihn damals kennen und schätzen. Sie korrespondierten gelegentlich, trafen in Leipzig mehrmals zusammen, sahen einander zuletzt im Frühjahr 1914, nach einer Berliner Lesung Franz Werfels.

Buber hatte gleich nach Ausbruch des Weltkriegs gemeinsam mit Gustav Landauer und Max Scheler einen Geheimbund gegen den Militarismus geschlossen, lud nun Werfel mehrmals ein, an ihren Besprechungen teilzunehmen. Der Vierundzwanzigjährige war äußerst stolz, in den Kreis dieser weit Älteren als Gleichberechtigter aufgenommen zu sein, kam sich in ihrer Runde durchaus wie ein Verschwörer vor. Die Referate und erregten Diskussionen, die er im Hause Landauers miterlebte, bestätigten ihn überdies in seiner eigenen antimilitaristischen Haltung.

Die Beurlaubung sollte am 1. April zu Ende gehen; aus Angst, nach Ablauf dieser Frist doch noch an die Front versetzt zu werden, sprach Werfel persönlich bei der obersten Heeresleitung in Wien vor. Er wies darauf hin, der nervlichen Belastung des Frontdienstes mit Sicherheit nicht gewachsen zu sein, erzählte von seinen schriftstellerischen Erfolgen und seinem labilen Gesundheitszustand, behauptete, zwar dienen zu wollen, bat aber, an eine Stelle gesandt zu werden, die seiner Ausnahmesituation entspreche. Das Armeeoberkommando ging auf diese Sonderwünsche des bekanntermaßen kriegsfeindlichen Dichters erstaunlicherweise tatsächlich ein und schickte ihn nach Bozen. Die Hauptstadt der Provinz Südtirol lag zu diesem Zeitpunkt noch fernab vom Kampfgeschehen, der Soldat Werfel, so war beschlossen worden, sollte dort lediglich für Bürodienste eingesetzt werden.

Noch kurz vor seiner Transferierung nach Bozen sah er an einem der Tische eines Wiener Restaurants Karl Kraus sitzen, ging fröhlich auf ihn zu, um ihn zu begrüßen. Doch kaum wurde der hagere Mann mit den kleinen runden Brillengläsern Werfels gewahr, da schnellte er in die Höhe, machte in minutenlanger Wut-Tirade seinem einstigen Protegé all jene Rilke-Sidonie-Tratschgeschichten zum Vorwurf, bezichtigte ihn der Lüge und Verleumdung, deren einzige Ursache in Werfels gekränkter Eitelkeit zu suchen sei. Er könne sich an die Dresdener Ereignisse inzwischen nicht mehr so genau erinnern, stotterte der Attackierte daraufhin, räumte kleinlaut ein, er verstehe heute selbst nicht mehr, was ihm damals eigentlich eingefallen sei. Als Dichter möge ihm in Zukunft gefälligst Besseres einfallen, konterte nun wiederum Kraus, worauf Werfel, sich nochmals entschuldigend, bat, ihm doch nicht mit solch biblischer Strenge zu begegnen, er bereue das einmal Geschehene ja längst. Der Zornige aber ließ sich nicht mehr besänftigen, wandte sich angewidert ab.

Mitte April 1915 bezog der Soldat Werfel – auf eigene Kosten, wie das Hauptgrundbuchblatt penibel vermerkte – die Bozener Gaststätte Erbacher Hof. Er empfand diese Stationierung als unverdientes Glück – viel Zeit blieb ihm für sich allein, er kam zum Lesen und zum Schreiben in seinen freien Stunden, unternahm Ausflüge in die Dolomitenlandschaft. So wanderte er eines Tages durch eine nahe der Stadt gelegene Schlucht, führte eine Reclam-Ausgabe von Dantes ›Göttlicher Komödie‹ mit sich, ein Buch, das eine Art zweiter Bibel für ihn geworden war. Wie durch eine Eingebung hatte er plötzlich das bestimmte Gefühl, Vergangenheit und Zukunft, Geburt und Tod, Diesseits und Jenseits geschähen gleichzeitig, Unterscheidungen zwischen diesen Bereichen seien bloße Konvention, damit der Mensch den Verstand nicht verliere. Er dachte: Himmel und Hölle – wie auch Dante sie schilderte – seien nicht allein im Leben nach dem Tode anzusiedeln, sondern nähmen ihren Platz bereits im diesseitigen Leben des Menschen ein. Entzückt von der Idee, kehrte er in sein Gastzimmer zurück und begann sofort, den ›Traum von einer neuen Hölle‹ zu schreiben, in Terzinen, nach Dante Alighieris Vorbild.

Die nächsten Tage verbrachte er gleichsam wie in Trance, jeder Augenblick bot ihm neuen Beweis, die Hölle herrsche bereits im Diesseits. So auch in der Gondel der Seilschwebebahn von Bozen nach Kohlern: »Er fühlt sich zu einer solchen Hölle verurteilt«, hieß es, wenig später, in Werfels etwas exaltiert anmutendem Bozener Tagebuch, »als er den kleinen Wagen der Schwebebahn betritt. Spießbürger umgeben ihn und umfeinden ihn. Um ihnen zu entgehen, tritt er auf die Plattform ...« Bevor noch die Seilbahn die Gipfelstation endgültig erreicht hatte, sprang er ab, wurde ein ganzes Stück weit mitgeschleift und an beiden Beinen schwer verletzt, am rechten Fuß insbesondere – sofort transportierte man ihn von Kohlern ins Bozener Spital.

Obwohl er unter starken Schmerzen litt, war er seltsam glücklich in seinem hellen Spitalszimmer: »Ein herrliches Gefühl des Gebüßthabens erfüllt ihn: [...] Mit diesem Ereignis (mochte es eine Strafe sein, oder nicht, ich dachte gar nicht über die mysteriöse Aufeinanderfolge nach), mit diesem Ereignis war meine Seele alle Schuld, alles Sündegefühl losgeworden [...] Nun gehörte ich zu den Leidenden, zu den Armen, zu den Nicht-Beglückten der Erde – so dachte ich mit freudiger Befriedigung.« Unbewußt hatte er sich diese Verwundung wohl auch in der

Hoffnung zugezogen, für die gesamte Dauer des Krieges – schon im Herbst, spätestens im Winter konnte er ja zu Ende sein – vom Frontdienst freigeschrieben zu werden. Mehrere Wochen verbrachte er im Bozener Hospital, bevor er nach Prag zurückkehren durfte. Noch Mitte Juni 1915 ging er an Krücken, mußte sich von Prager Bekannten immer wieder die Frage gefallen lassen, in welcher Schlacht er sich diese Verwundung denn zugezogen habe?

Der Gedichtband ›Einander‹ sowie die Übertragung der ›Troerinnen‹ waren mittlerweile erschienen – die beiden Bücher verkauften sich kaum, obwohl G. H. Meyer die aufwendigste Werbekampagne unternahm, die es im deutschen Verlagswesen bis dahin gegeben hatte, selbst von den Litfaßsäulen prangten die großen roten Plakate des Kurt Wolff Verlags.

Werfel tröstete Meyer: viele seiner Leser befänden sich im Felde, ferner sei nicht die »Spontaneität« das Wichtigste im Absatz, »sondern die Kontinuität«, und schließlich arbeite er ja zur Zeit an einem Werk, »das den Verlag sicher herausreißen« werde – so überzeugt war er von den Erfolgsaussichten seiner in Bozen begonnenen Dichtung ›Traum von einer neuen Hölle‹. Die geplante Arbeit geriet jedoch zunehmend ins Stocken, die Rekonvaleszenz machte Werfel müde, apathisch, auch eine Novelle über den mexikanischen Aztekenherrscher Montezuma wuchs über das Anfangsstadium nicht hinaus.

Die meisten von Werfels Arco-Freunden, von Kafka, Brod, Urzidil und dem blinden Dichter Oskar Baum abgesehen, standen im Feld. Mit Max Brod führte Werfel in diesem Sommer 1915 vehemente Auseinandersetzungen um Judentum und Zionismus, im Laufe der letzten Jahre war jener zum begeisterten Anhänger der Ideen Theodor Herzls geworden, träumte von der Gründung eines jüdischen Staates Israel in Palästina. Franz Werfel schwärmte hingegen immer entschiedener für den Katholizismus – er liebte die Bildhaftigkeit, die Opulenz der Kirche, in der er eine Verwandtschaft zur berauschenden Üppigkeit der italienischen Oper zu erkennen glaubte. Das Judentum, Thora und Talmud, erschienen ihm hingegen allzu abstrakt, als unsinnliche Theorie. Die christliche Theologie beschäftigte ihn intensiv, er studierte die Werke der Kirchenväter und Scholastiker, las Thomas von Aquin und Augustinus, las Franz von Assisis Bekenntnisse und Albertus Magnus' Schriften.

Werfel trat für die endgültige Zerstreuung der Juden unter alle Völker ein; in Zukunft, so hoffte er, würden nach und nach alle Menschen jüdischer Herkunft zum Christentum konvertieren. Brod reagierte empört auf diese Ansichten seines Freundes, bestürmte ihn, den begonnenen Irrweg wieder zu verlassen, zum Judentum zurückzukehren. Doch auch tagelange Diskussionen änderten nichts an Werfels Standpunkt, bestärkten ihn nur eher noch in seinen Überzeugungen – tief enttäuscht gab Max Brod seine Bemühungen schließlich auf. In den Roman ›Tycho Brahes Weg zu Gott‹, an dem Brod zu diesem Zeitpunkt gerade arbeitete, verwob er nun den eigenen Konflikt mit Werfel, verlieh der Figur des Johannes Kepler deutliche Züge des abtrünnig gewordenen Franz Werfel, identifizierte sich selbst mit der Figur des Kepler-Lehrers und einstigen -Vorbilds Tycho Brahe.

Im Frühjahr waren Werfel, seiner Beinverletzung wegen, neuerlich vier Monate Urlaub zugestanden worden, zugleich drohte ihm allerdings ein Verfahren wegen des Verdachts der Selbstverstümmelung – zu einem Kriegsgerichtstermin kam es dann aber doch nicht. Anfang September 1915 stand die endgültige Einberufung bevor, keine Ausrede schien nun mehr möglich, dem Kriegsdienst noch einmal zu entgehen.

Franz verbrachte die letzte Woche vor dem gefürchteten Datum mit seiner Familie, in Marienbad – und begab sich wenige Tage vor seinem fünfundzwanzigsten Geburtstag nach Trebnitz nahe Lobovič, in Böhmen, wo sein Regiment, die Schwere Haubitzendivision No. 8 inzwischen stationiert war. Wie schon in Bozen, wohnte er auch diesmal nicht mit den anderen Soldaten in der Kaserne, sondern auf eigene Kosten in einer Gaststätte. Und wieder gelang ihm, was er selbst wohl kaum noch für möglich gehalten hätte: da er unablässig über starke Schmerzen am rechten Fuß jammerte, da er wiederholt bettelte, an Gefechtsübungen nicht teilnehmen zu müssen, wurde er bereits nach sechs Wochen wiederum vom Kriegsdienst befreit – nur Tage, bevor seine Truppeneinheit an die Front versetzt wurde.

Im November 1915 mußte er sich, der alten Beinverletzung wegen, einer Untersuchung im Prager Garnisonsspital unterziehen. Während dieses Krankenhausaufenthalts sah er, für Augenblicke nur, Cabrinowitsch, den einen der beiden Attentäter von Sarajewo, der in einer Beobachtungszelle des Hospitals festgehalten wurde, bevor man ihn nach Theresienstadt rücküberführte, wo er seine lebenslängliche Haftstrafe abzubüßen hatte. Werfel widmete dem serbischen Anarchisten eine tagebuchähnliche, jedoch überaus reife und gelungene Prosabeschreibung, zeichnete Cabrinowitsch keineswegs als teuflischen Mörder, vielmehr als scheuen, würdevollen Helden, als ein Werkzeug Gottes, als einen Spielball Seines Weltenplans: »Einem Lamm war die Schuld auferlegt worden.«

Eine der Operationsschwestern des Spitals, die Werfel während seines Aufenthalts in der orthopädischen Abteilung betreute, gefiel ihm besonders – vor Jahren hatten sich die beiden einmal flüchtig kennengelernt, nun erkannte sie ihn wieder, erinnerte ihn an ihr erstes Zusammentreffen, von dem er nicht mehr wußte. Ihr Name war Gertrud Spirk, sie war eine dreißigjährige, unverheiratete Deutschpragerin aus evangelischer Familie, und Franz genoß es, wenn sie zu allen möglichen Tages- und Nachtzeiten in seinem Zimmer erschien, sich an den Rand seines Bettes setzte und zu ihm sprach, manchmal auch nur schweigend bei ihm ausruhte. Eine Eigenheit an Gertrud fand er äußerst attraktiv: durch ein Mißgeschick während eines Friseurbesuchs war ihr Haar bereits in jungen Jahren gänzlich weiß geworden; und ihn bestrickte Gertruds lustige Natürlichkeit und etwas chaotische Lebensführung, von der sie ihm erzählte – nicht zuletzt mochte es wohl die christliche Herkunft der jungen Frau sein, die Werfel mehr und mehr anzog. Nach der Entlassung aus dem Krankenhaus verbrachte er jedenfalls so viel Zeit wie nur möglich mit seiner neuen Freundin Gertrud Spirk, unternahm ausgedehnte Spaziergänge mit ihr, gemeinsam besuchten sie das Arco, sahen Theater-, Opern- und Kinovorstellungen, immer bedacht, ihre Beziehung weitestmöglich geheim zu halten. Gertruds Mutter duldete solch ungeordnete Verhältnisse nicht, auch andere Mitglieder der Familie Spirk sollten von dieser Liaison nicht erfahren. Franz und Gertrud spielten mit dem Gedanken, nach Wien zu übersiedeln, sobald der Krieg zu Ende sei, sie begannen, von gemeinsamer Zukunft zu sprechen . . .

Zum Schreiben kam Werfel in diesen Monaten nur sehr selten, alles bisher Geschaffene erschien ihm plötzlich fremd, unreif, großteils gar mißlungen. Der ›Traum von einer neuen Hölle‹, an den er vor einem halben Jahr noch so zuversichtlich geglaubt, blieb im fünften Gesang stecken. Vereinzelt entstanden Gedichte, ihre Titel spiegelten seine Gemütsverfassung wider: ›Müdigkeit‹, ›Ballade von einer Schuld‹, ›Ballade von Wahn und Tod‹.

An den Verlagsleiter G. H. Meyer schrieb Werfel Anfang März 1916, ein neues Oden- und Balladenbuch, an dem er arbeite, solle das erste Werk darstellen, mit dem er »nicht durch Zufall sondern durch Notwendigkeit bestehen« wolle. Im übrigen gehe es ihm »momentan auch äußerlich nicht gerade glänzend«: er wälze sich nun schon wieder in einem Spital herum, »was sowohl schmutzig wie langweilig« sei. Seit Ende Februar hatten sich alle für den Kriegsdienst untauglich Geschriebenen einer Nachmusterung stellen müssen, ein Termin, vor dem Werfel sich schon seit Wochen fürchtete. Er trank unentwegt schwarzen Kaffee, in großen Mengen, rauchte massenhaft schwere Zigarren, in der Hoffnung, den Militärärzten ein schwaches Herz, einen labilen Kreislauf unter Beweis stellen zu können. Als Gymnasiast hatte er, gar nicht selten, Ohnmachten erlitten, angekündigt von akuter Todesangst; Willy Haas nannte diese Zustände damals, halb im Scherz, Herzattacken. Doch jetzt, angesichts der verhaßten Musterungskommission, passierte ihm ein solcher Anfall keineswegs – er wurde zwar für schwächlich, zu leichten Diensten als Soldat aber durchaus für geeignet befunden.

Die Wochen bis zu seiner Transferierung in den nahe Prag

71

gelegenen Ort Elbe-Kostelec verbrachte er in schwermütigster Beklommenheit. Eltern, Schwestern und Barbara waren in großer Sorge um ihn; die bevorstehende Trennung von Gertrud Spirk bedrückte Werfel allerdings mindestens so sehr wie jene von der Familie.

Auch die Nachricht von der überaus erfolgreichen Uraufführung seiner ›Troerinnen‹-Bearbeitung, am Berliner Lessingtheater, konnte ihn nicht trösten. Ein Gratulationsbrief Kurt Wolffs erreichte ihn Anfang Mai, in den ersten Tagen seiner neuen Stationierung. Der Verleger, nach zwei Jahren ununterbrochenem Frontdienst auf Kurzurlaub in Leipzig, ließ seinen Autor wissen, daß er sowohl ihn selbst als auch sein Werk als das Liebste und Wichtigste erachte, was mit dem Kurt Wolff Verlag in Zusammenhang stehe. Trotz »gedrücktester Stimmung« reagierte Werfel sehr dankbar auf dies Schreiben: »Die Treue, die Sie gegen mein Werk hegen, ist eines jener Kräftigungsgefühle meiner wankenden Sicherheit, die mir unendlich viel bedeuten.«

Dem Schweren Feldartillerieregiment No. 19 unterstellt, mußte Werfel in Elbe-Kostelec in der Kaserne wohnen, das Sonderrecht, sich ein eigenes Zimmer zu mieten, war diesmal außer Kraft gesetzt worden. Doch obwohl er Rekruten abzurichten hatte, zum Wachtdienst und zu Büroarbeiten eingesetzt wurde, fand Werfel doch wieder Zeit zu schreiben. So entstand etwa das Gedicht ›Die heilige Elisabeth‹, Gertrud gewidmet und von ihr inspiriert: »Sie weht noch die hohe Deutsche/ [. . .] O Dämmerung ihres Haars,/ O Schritt, o Blick,/ Wie sie geht, die Schwester der fünften Stunde!« Brieflich berichtete er der Geliebten, diese Verse für sie komponiert zu haben: »Du bist für mich ein *hohes Maß von Fülle* und *Melodie*, das immer wächst, und Ton hat.«

Er skizzierte eine dramatische Legende in zwölf Träumen, ›Das Leben des Menschen‹; das autobiographisch inspirierte Fragment erzählt von einem jungen Manne, der seinen Vater zwar an Ruhm und Einfluß weit überragt, der Vater dem Sohne jedoch unentwegt nachweisen kann, wie dümmlich und unterlegen dieser ihm in Wirklichkeit sei. Bis der verunsicherte Sohn die Konsequenz zieht, sein Vaterland verläßt und nach Übersee auswandert . . .

Nach etwa einem Monat in Elbe-Kostelec wurde Werfel plötzlich mitgeteilt, er werde nicht bloß für leichte militärische Aufgaben, sondern doch auch für frontdiensttauglich befunden, täglich müsse er nun mit seiner Versetzung an einen der Kriegsschauplätze rechnen. »Ich bin mir wirklich nicht klar darüber, wie das alles möglich geworden ist«, schrieb er, verzweifelt, an Gertrud Spirk, die er als sein »Ewiges, Geliebtestes« ansprach. »Ich habe mir das doch nicht so gedacht. Ich hatte Arbeitspläne, dachte an Wien . . .« Und tröstete die Freundin: »Ich will und muß auch für Leiden dankbar sein, denn sie sind schließlich auch ein Regen, der fruchtbar macht.«

Tage der Angst, Tage des Wartens folgten. Die Eltern und Schwestern kamen nach Elbe-Kostelec, um Franz Adieu zu sagen, auch Gertrud besuchte ihn noch einmal, sein Abschiedsschmerz, seine Todesangst wuchsen ins Unermeßliche.

Eines frühen Morgens dann der Marschbefehl, Werfels Kompagnie wurde, zusammengepfercht wie Vieh, in Güterwaggons nach Galizien, an die russische Front transportiert. Franz' Kopf war kahlgeschoren, sein Körper steckte in kratzender Uniform, um den Hals trug er die Erkennungsmarke, mit der Adresse der im Todesfall zu benachrichtigenden Familie. In seinem schweren Rucksack Patronen, Konservenbüchsen, ein zweites Stiefelpaar. Und Bücher, vor allem Bücher. Nach tagelanger, strapaziöser Fahrt, von zahlreichen Zwischenstationen unterbrochen, erreichte man die häßliche, zerschossene Ortschaft Hodów nahe Jezierna, in karger, flacher Landschaft, der östlichsten Provinz der Donaumonarchie.

Manche der Offiziere behandelten Werfel erstaunlich zuvorkommend, und er wiederum stellte sich von allem Anfang an recht gut mit ihnen, in der Hoffnung, doch auch im Felde gewisse Erleichterungen für sich durchsetzen zu können. Bereits wenige Tage nach der Ankunft in Hodów wurde ihm eine Vorzugsposition zugeschanzt, um die ihn seine Kameraden nur beneiden konnten: er wurde dem Regimentsstab als Telephonist und sogenannter Meldegänger zugeteilt. »... wie es ist, ist es noch sehr, außerordentlich günstig«, schrieb er sogleich an Gertrud Spirk, »mein Los ist ein unvorstellbares Glück.«

Obwohl er fortan niemals in den Schützengräben zu stehen hatte und sein Aufenthaltsort einige hundert Meter hinter den Stellungen lag, litt der Verwöhnte doch unter der schmutzigen Baracke, in der er, zusammen mit sieben Kameraden, übernachten mußte, litt darunter, auch tagsüber keinen Augenblick für sich allein zu haben, nur schlechteste Verpflegung erhalten zu können und in ständiger Angst vor einem Gefecht leben zu müssen.

Bald gelang es ihm, in Hodów ein recht anständiges Privatzimmer bei einer Bauernfamilie zu mieten, seine Eltern und die Freundin ließen ihm regelmäßig Lebensmittel und Rauchwaren zukommen, so daß es Werfel während des Vormarsches des russischen Generals Brussilow, gemessen an den Umständen, nicht allzu schlecht erging. Selbst an den unentwegten Kanonendonner gewöhnte er sich langsam. Mitte August schrieb er der Geliebten gar, es gehe ihm gut wie noch nie, ein Versuch, die aus Sorge oft Schlaflose zu beruhigen, vielleicht aber meinte er es auch ehrlich, wenn er betonte, der »Zigeuner« in ihm sei zufrieden mit der Primitivität dieses Lebens in Ostgalizien. Und er genoß es tatsächlich, bei sternenklarer Nacht, allein unterwegs, kilometerweit Telephonleitungen auszulegen: »Mein Rudimentär-Indianertum war durchaus befriedigt, und der ganz verschüttete Old Shatterhand sagte etwas auf Karl-May-Englisch!«

Ausgerechnet hier, an der Weltkriegsfront, schrieb er so viel und so regelmäßig wie nie zuvor in seinem Leben. »Ich arbeite aber doch! Täglich«, ließ er Gertrud wissen. »Am Telephon, wenn zehntausend Barbaren mich umtanzen. Es kommt natürlich nicht viel dabei heraus, weil die Logik allzuoft durch Wut unterbrochen wird! Aber manchmal glaube ich doch, daß ein Schutzgeist mich führt, daß manche meiner Worte mir in den Mund gelegt sind.« Sein Dienst dauerte zumeist von vier Uhr morgens bis zehn Uhr nachts, und Franz nutzte oft schon die ersten Morgenstunden zur eigenen Arbeit: zahlreiche polemische Essays, erzählende Prosa, Gedichte, sowie die täglichen Briefe an Gertrud Spirk entstanden also, während er am Feldtelephon Meldungen über Munitionsdepots, beschossene Ziele, brennende Städte weiterzugeben hatte.

Inmitten dieses Infernos des Völkerhasses schrieb er auch die Vorrede zur deutschsprachigen Ausgabe der ›Schlesischen Lieder‹ des berühmten tschechischen Dichters Petr Bezruč, die er aus dem Arco kannte: »Petr Bezruč, das ist der [...] letzte Aufschrei eines zugrunde gerichteten Stammes«, hieß es in Werfels Bekenntnis zum tschechischen Volk und seiner Sprache. »Unser Herz fühlt connational mit allen Unterdrückten aller Völker. Unser Geist haßt die Macht- und Selbstbewußtseinsform aller Völker.«

Im Herbst 1916 ließ Franz Werfel der Berliner ›Neuen Rundschau‹ einen seitenlangen offenen Brief an den Kulturkritiker und Pamphletisten Kurt Hiller zukommen: ›Die christliche Sendung‹ wandte sich gegen den von Hiller propagierten »Aktivismus« und seine Lehre von der allheilbringenden *Tat,* welcher Werfel die Ideen des Christentums gegenüberstellte. Das »Ich«, so behauptete Werfel, werde im Christentum »bis ins Letzte bejaht«; von allen Philosophien sei die christliche die vernünftigste, argumentierte er und wehrte sich gegen Hillers angebliche Individualismus-Feindlichkeit: »Die christliche Sendung vollzieht ihr Werk im Ich, im Bewußtsein des Menschen, weil sie in ihrer Weisheit erkennt, daß man von außen nicht verwandeln, ›ändern‹ kann.«

Werfel schien daran gelegen, sein Bekenntnis zum Christentum nicht allein Max Brod privatim mitzuteilen, sondern sich in aller Öffentlichkeit als christlicher Schriftsteller zu präsentieren – dies der eigentliche Anlaß für seinen offenen Brief. Wie weit er sich tatsächlich schon zu seiner auserwählten Geisteshaltung bekannte, kam auch in seinen Briefen an Gertrud Spirk zum Ausdruck: »Liebste, es gibt für uns nur eine Möglichkeit, das Leben zu ertragen«, schrieb er ihr, etwa zur gleichen Zeit, da die ›Christliche Sendung‹ entstand, » *Unerschütterliche Größe, Nachahmung Christi, höchste Unbestechlichkeit. Ich werde Dich tiefer binden, als durch jedes Band der Welt.*«

Was seine bisherige Arbeit betraf, quälten ihn hingegen heftige Selbstzweifel: zwar werde er von vielen als Sprecher seiner Generation und als Wegbereiter des Expressionismus bezeichnet, sehe sein Werk jedoch bloß als schwachen Abglanz dessen, was andere junge Dichter hervorbrächten, klagte er seiner Freundin. Er frage sich, woran es eigentlich liege, daß man ausgerechnet ihn für repräsentativ halte, obwohl er doch im Grunde so »wenig«, so »Geringes, leicht Umstößliches« geschrieben habe ...

Wie eine Bestätigung dieser Werfelschen Selbsteinschätzung klang ein Spottgedicht, das Karl Kraus im November 1916 in der ›Fackel‹ publizierte: ›Elysisches, Melancholie an Kurt Wolff‹ imitierte Werfels pathetischen Stil und verhöhnte all jene Autoren, deren Werke bislang in der Edition des ›Jüngsten Tags‹ erschienen waren. Kraus bezeichnete sie als Kopisten und Plagiatoren, eine Rotte, deren Zuhause das Café Arco und deren Anführer *der andere Schiller* sei.

Kraus' Verse bedeuteten nichts als »eine menschliche Blamage, eine künstlerische Pleite«, schrieb Werfel daraufhin an Gertrud Spirk, dennoch richtete er, aus seiner Telephonbaracke, auch einen privaten Brief an seinen neuen Feind; als wisse er nicht, daß Kraus auffallend ungeschickte Wendungen und pragerdeutsche Anspielungen in seiner ›Melancholie‹ mit Absicht stehengelassen hatte, wies er ihm grobe Stil- und Grammatikverletzungen nach: »Ist das wirklich die Sprache dessen, der die Sprache an allen jenen rächen will, die sie sprechen?« In schroffem Ton warf er Kraus darüber hinaus vor, Kurt Wolff, den »gemeinsamen Hausherrn«, schlechtgemacht zu haben, erinnerte ihn schließlich daran, daß er, Werfel, es gewesen sei, der Wolff einst so sehr ans Herz gelegt hatte, sich um die Aufnahme von Karl Kraus in sein Verlagshaus zu bemühen.

Für das Jahresende war Franz Werfel, anläßlich eines Berliner Vortrags, Kurzurlaub zugesichert worden. Überglücklich hatte er den Eltern und der Geliebten auch einen Prag-Besuch angekündigt – doch wenige Tage vor der Abreise wurde das bereits

Versprochene wieder rückgängig gemacht: der Telephonist hatte einen Obersten übersehen, der an ihm vorüberritt, dies Nicht-Salutieren wurde seinem Regimentskommandanten gemeldet, der ihm die freien Tage sogleich wieder strich.

Der Winter setzte ein, die klirrende Kälte machte Werfel sehr zu schaffen, der kleine Ofen, den er in seiner Klause hatte, reichte nicht aus, genügend Wärme zu spenden, und rauchte überdies so stark »wie die Bühne bei der Götterdämmerung«. Durch den Abbruch der Brussilow-Offensive ließen die Kämpfe etwas nach, so daß Werfel nahezu den ganzen Tag lesen konnte; sein Vater, Kurt Wolff und andere sandten ihm Bücher zu; er las zum Beispiel die Memoiren des russischen Revolutionärs Alexander Herzen, er verschlang Strindberg und Tolstoi, Swedenborg und Kierke-gaard, Flaubert, Zola und Balzac. Max Brod ließ ihm Werke zur jüdischen Thematik zukommen, etwa die neuesten Schriften Bu-bers sowie eine Talmud-Anthologie der Jüdischen Universal-bibliothek.

Der Raum, in dem er Dienst tat, war drei Schritte lang und von Ofen, Tisch und Pritsche nahezu gänzlich ausgefüllt. Das Tele-phon, das bei Tag und bei Nacht läutete, kam ihm wie ein unheimliches, verhaßtes Tier vor, wie ein großes Insekt, das sich surrend zur Wehr setzte. Der Blick aus dem Fenster ging auf eine Gruppe entkräfteter Bäume, auf Abfallhaufen und Toilettengru-ben. »... wenn Arbeit kommt«, schrieb er an Gertrud Spirk, »schimpfe ich so sehr, daß ich der richtige *Telephonschreck* des ganzen Frontabschnitts bin. Ich glaube Drohungen, Beschimpfun-gen und Ehrenbeleidigungen macht mir das hysterischste Prager Telephonfräulein nicht nach.«

Werfel hielt es, nach einem halben Jahr des Feldaufenthalts, hier kaum noch aus. Einen Trost boten ihm Photographien seiner Geliebten, die diese ihm von Zeit zu Zeit zusandte, sowie ihre täglichen Briefe, auf die er postwendend antwortete, in einem Ton, der zugleich buben- und oberlehrerhaft klang. Die Tage und Nächte erschienen ihm wie eine »vieljährige Zuchthausstrafe mit Milderungen«, wie ein »halb Umnachteter« kam er sich vor, und seine Apathie wurde immer größer, »es ist das hier ein langsames Verkalken«. Und dennoch versuchte er sich einzureden, die drei Jahre, die der Krieg ihm mindestens rauben werde, stellten eine Art »Surrogatzeit« dar, um die man im späteren Leben nicht altere, die einem, wie durch ein Wunder, eines Tages zurückerstattet werde.

Kurz vor Weihnachten erhielt er dann doch noch den ersehnten Urlaub, verbrachte glückselige Tage in der Mariengasse und mit Gertrud Spirk, bevor er, Anfang Januar 1917, mit seiner Schwester Hanna zu einer Lesung nach Berlin weiterreiste. Eine Woche blieben die Geschwister in der Reichshauptstadt, wieder traf Werfel mit Martin Buber zusammen, der während ausführlicher Gespräche versuchte, den Abtrünnigen auf den Pfad der jüdischen Ethik und Philosophie zurückzuführen. Werfels ›Christliche Sendung‹ war soeben erschienen, ihre Aussage hatte Buber ähnlich schockiert wie einst Max Brod, als die Freunde in Prag wiederholt über Werfels christliche Grundeinstellung diskutierten. Doch Buber ging mit Werfel weit behutsamer um als Brod, und als der Entfremdete nach Hodów zurückgekehrt war, versuchte er Buber in einem Feldpostbrief zu beruhigen: er fühle als Jude ohnehin »gänzlich national«, nur von gewissen »Prager Zionisten« distanziere er sich vehement. In ähnlichem Ton hatte er sich zwei Monate zuvor gegenüber Max Brod, mit dem er – trotz gelegentlichen Streites – in recht freundschaftlichem Ton korrespondierte, geäußert: er stehe durchaus auf Seiten des Zionismus, sei von seiner Assimilationstheorie also wieder weitgehend abgerückt; der Zionismus erscheine ihm nunmehr sogar als »die einzige jüdische Form«, an die er glauben könne . . . Was ihn aber an Theodor Herzl abstoße, hieß es in einem späteren Brief an Brod, sei allein schon die Tatsache, daß dieser Wiener und überdies Journalist bei der ›Neuen Freien Presse‹ sei. Und er gelangte zu dem Schluß: ». . . unser ahasverisches Schicksal datiert im Grunde erst von der Emanzipation her, die uns zwang solange ein falsches Spiel zu spielen, bis es eben zu dem symbolischen Tod Weiningers kam. «

Brod wiederum publizierte Anfang 1917 in der von Buber

herausgegebenen Monatsschrift ›Der Jude‹ eine Replik auf Werfels ›Die christliche Sendung‹, versuchte, die Thesen seines Freundes als in Wirklichkeit von unchristlicher Haltung geprägt darzustellen, warnte zugleich, Werfels Ideologie schade der ohnehin so gefährdeten Gemeinschaft der Juden. Brods Kritik sei »ganz einseitig vom Zionisten-Standpunkt« aus verfaßt, schrieb Werfel an seine Freundin, er habe auch gar keine Lust, den Essay zu beantworten, obwohl Buber ihn dazu aufgefordert habe: »Ich will überhaupt über diese Dinge nicht sprechen, wenn nicht eine innere Notwendigkeit dazu da ist.« Gleichzeitig versicherte er Buber, er wolle »mit bester Kraft versuchen«, seine Stellung gegenüber dem Judentum zu Papier zu bringen; »Christentum nenne ich, sein Leben nach dem Beispiel Christi führen, als imitatio Christi«, hieß es in dem Brief an Buber, der den Essay in Aussicht stellte. »Es ist scheinbar historisch richtig, daß das Christentum eine urlebendige Form des Judentums ist, vielleicht mehr noch, die Polarisation dazu, der ewige Protest, die Revolution gegen das *Gesetz*.«

Das monotone, ihm gänzlich sinnlos erscheinende Frontleben zu ertragen, fiel Werfel zu Beginn des neuen Jahres schwerer noch als vor dem Kurzurlaub. Jeden überstandenen Tag schnitt er von einem großen, selbstverfertigten Formular ab. Während seines kurzen Prag-Aufenthalts war die Beziehung zu Gertrud Spirk inniger geworden, und der Ton seiner Briefe klang viel herzlicher als zuvor. Er machte nun immer öfter Andeutungen, seine Freundin heiraten zu wollen, sobald der Krieg zu Ende sei. Das Wichtigste sei allerdings, so schrieb er ihr, noch vor der Hochzeit finanzielle Sicherheit zu erlangen – mehrere Bücher wolle er vollenden, um Kurt Wolff so viel Vorschuß wie nur möglich abknöpfen zu können, unter Umständen wolle er auch wieder als Lektor im Verlag arbeiten. Als nächstes müßte man, Werfel nannte das eine »Schritt für Schritt Politik«, sowohl seine Eltern als auch Gertruds Familie vor vollendete Tatsachen stellen; sein Vater werde ihn dann, hoffte er, finanziell wohl auch nicht ganz im Stiche lassen. Nach der Eheschließung wolle er aber auf keinen Fall mehr in

Prag leben, sondern nach München, Leipzig oder Berlin übersiedeln. Und er malte sich aus, wie ihrer beider künftiges Wohnzimmer aussehen, welch erlesene Bücher die Bibliothek schmücken, wo die von Gertrud besorgte große Bauerntruhe stehen sollte: »Wir werden beisammen sein ein Leben lang. Fühlst Du das?«

Karl Kraus druckte Anfang 1917 in der ›Fackel‹ Werfels privaten Feldpostbrief vom vergangenen November ab und ließ diesem eine seitenlange satirische Glosse mit dem Titel ›Dorten‹ folgen. Sie bot Kraus Gelegenheit zu weitausholender Sprachlehre und neuerlicher Verspottung seines Lieblingsfeindes.

»Der Mann tut mir aufrichtig leid«, schrieb Werfel seiner Freundin, »er ist nicht böse, er ist nur so grenzenlos auf falschen Grund gebaut. Im Grunde ist er wie ein gehetzter Verbrecher, der mit dem Scharfsinn eines Verbrechers immer neue Konstruktionen um die im Dunkel bleibende Tat baut. Sein ganzes Werk ein ununterbrochener Alibibeweis eines Menschen, von dem man gar kein Alibi verlangt.«

Er antwortete Kraus diesmal in Form eines offenen Briefs, sandte ›Die Metaphysik des Drehs‹ an die Berliner Literaturzeitschrift ›Die Aktion‹, die im Herbst des vergangenen Jahres eine Werfel-Sondernummer veranstaltet hatte. »Wenn Sie ein Ichbin wären«, schreibt der Gekränkte in seiner etwas wirren, wenig überzeugenden Replik, »würden Sie weiter konjugieren und sagen: Du bist. Sie aber wehren sich gegen das Wir sind, weil es schmerzlich ist, andere sein zu sehn und selbst nicht zu sein.« Gertrud Spirk gegenüber gestand er ein, sein Text sei ihm nicht sehr gelungen, er sei aber eben kein Freund der »Scheinvornehmheit« – und zu schweigen, was ohnehin alle täten, die Kraus angreife, sei »diesem Mann gegenüber nicht am Platze«. Überdies habe er das Gefühl, durch seine Replik »einen bösen Blick (mal occhio)« gebannt zu haben ...

Ende Februar 1917 wurde der Kanonier-Titular-Vormeister Franz Werfel zum Korporal mit zwei Sternen befördert – er übersiedelte mit anderen Männern seiner Kompanie in ein Gebäude am Ausgang des Ortes, versteckt unter Bäumen, am Rande eines Soldatenfriedhofs. Durch den Umzug verlor er die kleine Baracke, in der er Dienst getan und meist auch geschlafen hatte; zwar bewohnte er nun einen viel bequemeren und größeren Raum, mußte diesen jedoch mit einem sogenannten Feuerwerker teilen und litt nun wieder darunter, nie allein sein zu können. Da er in dem neuen Zimmer auch seinen Telephondienst zu verrichten hatte, blieb kaum ein Moment der Ruhe, kam er sich vor wie in einem Taubenschlag. Er hielt jetzt zumeist Nachtdienst, hatte dadurch tagsüber zwar kaum zu tun, aber es gelang ihm dennoch nicht, sich wie im Vorjahr auf schöpferische Arbeit zu konzentrieren.

Einen Hoffnungsschimmer bedeutete die Nachricht, der deutsche Diplomat und Kunstmäzen Harry Graf Kessler habe eine Initiative unternommen, um Werfel von der Front abberufen zu lassen; er bemühte sich, den jungen Dichter zu Vorträgen und Lesungen in die vom Kriegsgeschehen gänzlich unberührte Schweiz einladen zu lassen, ein Vorstoß, der von zahlreichen Persönlichkeiten unterstützt wurde, von Kurt Wolff etwa, sowie den Schriftstellern Annette Kolb und René Schickele.

Der Entschluß seiner Schwester Hanna, sich mit dem Prager Papierindustriellen Herbert von Fuchs-Robetin zu verloben, traf Franz gänzlich unvorbereitet. Er war sehr unglücklich über diesen Schritt der Einundzwanzigjährigen und bedauerte, daß sie das Leben noch nicht richtig kennengelernt habe, wünschte ihr, daß sie in einer Großstadt wie Berlin einige Zeit verbrächte, unter Menschen käme, die innerlich frei seien, weit weg vom pragerdeutschen Judentum. Er versuchte, sie von ihrem Heiratswunsch abzubringen, bat sie, das Ganze noch einmal zu überdenken, doch schon wenige Wochen später, Mitte März 1917, fand die Hochzeit statt.

Es gelang Werfel, kurzfristig Urlaub zu ergattern, um fünf Uhr früh kam er, von der Familie unerwartet, am Hochzeitstag in Prag an und wurde von Hanna eingekleidet, bekam Smoking und Zylinder von seinem Vater geliehen. Ein Gefühl ließ ihn nicht mehr los in diesen Tagen seines Prag-Aufenthalts: durch Hannas Heirat die eigene Kindheit unwiederbringlich verloren zu haben.

»Es ist kaum glaublich, daß ich in Prag war«, schrieb er an Gertrud am Tage nach seiner Rückkehr ins Feld, »u. daß wir in diesen langen langen Tagen soviel erleben durften. [...] Geliebte, ich weiß es, als Sicherstes in meinem Leben, daß wir für einander bestimmt sind.«

Die Frühlingswärme verwandelte die Gegend um Hodów zunächst in ein Kotmeer, bald jedoch in eine blühende Landschaft, nun verbesserte sich nach und nach auch wieder Werfels seelischer Zustand. Da sein Zimmernachbar überdies ins Hinterland versetzt worden war, konnte er endlich allein schlafen, und obwohl ihm die »Telephon-Geier« weiterhin »alle Nerven« zerhackten, versuchte er, erstmals seit Monaten, wieder zu schreiben. Ohne seine Vorgesetzten um Erlaubnis zu bitten, ging er nahezu jeden Nachmittag zwei Stunden spazieren, legte sich unter einen hohen Baum, las in Montaignes Reisetagebuch, skizzierte aber auch recht zahlreich eigene Verse.

Ende Mai verbrachte er bereits ganze Nachmittage im Freien, nahm auch die Arbeit an einem neuen, großen Gedichtband wieder auf, den er bereits vor der Einberufung, im Frühjahr 1916, konzipiert hatte: das Lyrikbuch sollte ›Der Gerichtstag‹ benannt und in fünf Abschnitte unterteilt werden, nach dem Vorbild von Baudelaires ›Fleurs du mal‹.

Er verspüre »großen Drang« zu schreiben und seinen »Mißmut in Verse gerinnen zu lassen«, teilte er Gertrud mit. »Dieser ganze Gerichtstag wird ein Monument innerer Verwüstungen werden, wahrlich ein Kriegsbuch!« Nur mit großem Unbehagen werde er darangehen, dies Werk eines Tages herauszugeben, aber »*Schönheit*« dürfe man von einem »Galeerensträfling« wirklich nicht erwarten.

Täglich mehrten sich zu Beginn des Monats Juni 1917 die Anzeichen für eine neue russische Offensive: nach Abdankung des Zaren und der Übergabe der Macht an eine provisorische Regierung plante Kriegsminister Kerenski eine Entscheidungsschlacht um Österreich-Ungarns Ostgrenze. Werfel zitterte, der bereits genehmigte Sommerurlaub – in beinahe jedem seiner Briefe sprach er Gertrud Spirk von diesen Ferienwochen – könnte ihm nun wieder entzogen werden. Zugleich empfing er von seinem Vater eine Nachricht, die ihn sowohl verwirrte wie hoffnungsfroh machte: Die Propagandagruppe des Wiener Kriegspressequartiers hatte Rudolf Werfel wenige Tage zuvor um die Feldpostadresse seines Sohnes gebeten, da man überlege, Franz unter Umständen zu Propagandavorträgen in die Schweiz zu entsenden. »Ich glaube ja noch nicht ganz an die Einfachheit der Sache«, schrieb er an seine Geliebte; und tagelang hörte er in dieser Angelegenheit dann auch nichts Neues mehr, ließ seine ohnehin bescheidenen Erwartungen wieder sinken.

»... unter tausend Störungen, jeden Tag ein klein wenig«, arbeitete Werfel dieser Tage an einem Theaterstück, welches er ›Stockleinen‹ nannte – eine Zukunftsvision, die Lage Europas nach dem Ende des Weltkriegs. Ein rauschendes Friedensfest schlägt um in die Geburtsstunde eines neuen Totalitarismus. Ein Beamter in braunem Gewand tritt in die Runde einer Freundesgruppe und insistiert, mit Fräulein Gertrud tanzen zu dürfen – doch plötzlich, während Stockleinen sich mit dem fremden Mädchen im Kreis dreht, geschieht »etwas Böses, ein Unrecht ... Die Menschen freuen sich nicht mehr ... der Braune ist an allem schuld.«

Den zweiten Akt des Dramas siedelte Werfel zu einer Zeit kurz nach Stockleinens Machtübernahme an: die Bevölkerung wird in Arbeitstrupps unterteilt, verbringt den Rest ihres Daseins als Zwangsarbeiter an Maschinenblocks. Tausende versuchen vor dem Terrorregime des Diktators zu fliehen, doch die Grenzen des Landes werden unpassierbar gemacht. In seine braune Uniform gekleidet, sorgt Stockleinen höchstpersönlich dafür, daß seine Untertanen gleichmäßig-rhythmische Fließbandarbeit leisten – »... der Mensch werde vollkommen!« verkündet er und läßt, um sein Ziel zu erreichen, zuallererst die Opernhäuser schließen, untersagt jede Form der Musikdarbietung.

Mit einiger Heftigkeit begann Ende Juni tatsächlich die befürchtete Offensive der Russen – Werfel mußte die Arbeit an
seinem Schauspiel unterbrechen. Ausgerechnet während des ersten großen Artilleriegefechts traf in Hodów eine Anfrage des
Korps-Kommandos ein, ob der Soldat Franz Werfel abkömmlich
sei, man wolle ihn von Wien aus zu Vorträgen in die Schweiz
entsenden. »Wieder mein ungeheures Militärpech«, schrieb er an
Gertrud, da das Telegramm inmitten des Gefechts angekommen,
»war alles gegen mich empört, man meinte, ich wäre [. . .] zum
Kommando gefahren, u. hätte mirs dort ›gerichtet‹.« Er hatte
nämlich am Vortag seinem Freund Otto Pick, der in der Nähe
stationiert war, einen Besuch abgestattet, keineswegs in jener
Absicht, die man ihm nun unterstellte. An dem Mißtrauen seiner
Vorgesetzten und Kameraden änderte dies jedoch nichts – sowohl
der rechtmäßige Urlaub als auch die Verschickung in die Schweiz
schienen nun in Frage zu stehen. Werfel fürchtete gar, die ganze
Angelegenheit würde nun bei den höheren Stellen ad acta gelegt
werden und niemals wieder auftauchen: »Morgen kommt das
Telegramm zum Referat. Da wird sich's entscheiden.«

Und am nächsten Tag teilte man ihm zu seiner großen Erleich-
terung mit, er sei nunmehr militärisch dem k.u.k. Kriegspressequartier in Wien unterstellt, dürfe die Front daher unverzüglich
verlassen. In Prag möge er dann den Befehl zur Weiterreise in die
Schweiz abwarten.

Kaum hatte er Hodów in Richtung Westen verlassen, als jenes
Gebäude, in dem er seit Monaten gelebt und seinen Telephondienst getan, einem Volltreffer der Russen zum Opfer fiel und bis
zu den Grundmauern zerstört wurde.

*Im »Forschersaal« des Wiener Kriegsarchivs blättere ich in einem Akten-
bündel mit der Aufschrift ›Werfel, Franz‹. Aus dem offenen Fenster sehe
ich auf einen mächtigen Luftschutzbunker, im Hof der Stiftskaserne, er
wurde kurz vor dem Ende des Zweiten Weltkriegs mit Hilfe kriegsgefan-*

gener Zwangsarbeiter errichtet. »Da wern mir nicht allzuviel mehr daham«, sagt Herr Lipič, ein sehr freundlicher, älterer Herr, in mausgrauem Überzieher, wie ihn auch heute österreichische Amts- und Schuldiener oft noch tragen. Herr Lipič spricht kräftigen Kärntner Dialekt, sehr langsam setzt er die Worte, sehr langsam sind auch seine Bewegungen. »Da ham die Braunhemden das Meiste sicha vanichtet«, sagt er, bevor er nochmals auf den Dachboden steigt – Tausende Faszikel, Dokumente, Kriegsberichte, die bis ins fünfzehnte Jahrhundert und weiter zurückreichen, werden in diesem Verwaltungsbau aufbewahrt –. In gewaltiger Unordnung und zwischen Staubbergen sucht der Amtsdiener Lipič weiter nach Papieren, die Franz Werfels einstige Tätigkeit für das Kriegspressequartier belegen.

»Da: ausm Wust nach langem Nachschauen herausgefischt!« Herr Lipič überreicht mir ein Werfel-Manuskript mit der Aufschrift ›Bericht über meine SCHWEIZER-VORTRAGSREISE‹, sowie eine Urkunde, unterzeichnet von Major Baron Schramm-Schiessl; darin wird das Kriegsministerium im Herbst 1917 um die dauernde Kommandierung des Soldaten Werfel in den Stand des Kriegspressequartiers ersucht. Schramm-Schiessl weist in dem Dokument darauf hin, der Dichter habe seit Beginn des Krieges aus gesundheitlichen Gründen wiederholt beurlaubt werden müssen und sei, wenn er Dienst tat, ausschließlich als Telephonist in der Kanzlei des Regimentskommandos verwendet worden. Von einer Abkommandierung Werfels in die Reserveoffiziersschule sei daher durchaus abzuraten: als Propagandist könne er doch weitaus Wertvolleres für das Vaterland leisten denn im Felde. Am 27. September 1917 wurde Schramm-Schiessls dringende Anfrage vom Armeeoberkommando genehmigt.

»Gehn S' jetzt hinunter ins Erdgeschoß«, empfiehlt mir Herr Lipič, »gehn S' zum Herrn Tepperberg, der wird Ihnan auch noch etwas helfen können.«

Doktor Tepperberg, ein junger, äußerst hilfsbereiter Militärhistoriker, empfängt mich in seinem dunklen, kleinen Büro. Gerüche und Staubschwaden der Jahrhunderte haben sich hier auf dem Mobiliar niedergelassen; in breiten Biedermeierschränken sucht Herr Tepperberg nach einer Kopie von Franz Werfels »Hauptgrundbuchblatt«.

Gemeinsam lesen wir dann in diesem Dokument der k.u.k. Militär-
verwaltungskommission für Böhmen – mit spitzer Feder und in Kurrent-
schrift wurde einst das »Körpermaß« des Soldaten Werfel registriert, es
betrug einhundertsechsundsechzig Zentimeter. Auch die »Größenklasse
der Fußbekleidung«, die braune Farbe der Haare, die graue Farbe der
Augen sind hier eingetragen; das »Angesicht«, heißt es weiter, sei
»rund«, die Nase »proportioniert«, als »etwaiges Gebrechen« wurde die
»mäßige Herabsetzung der Sehschärfe« genannt.

»Präsentiert hat er also ganz normal, bei der Generalmobilmachung
am 31. Juli 1914«, stellt Doktor Tepperberg fest, bezieht sich auf die
Rubrik »Veränderungen« des »Hauptgrundbuchblatts«, hilft mir, die
kaum verständliche Amtssprache der österreichisch-ungarischen Donaumonarchie zu entziffern, »aber gleich darauf wird er superarbitriert? Das
Wort heißt: für dienstuntauglich erklären . . . Also freigestellt bis quasi
September 1915?! Und am 18. Oktober '15 wird er schon wieder befreit?
No h a b e die Ehre! Im Mai 1916 hat er überhaupt erst an die Front
gemußt! Telephonist . . . war n i e im Schützengraben! Aha: zwei Mal
befördert. Aber das hat ja nicht unbedingt Belohnung geheißen. Weit hat
er's eh nicht gebracht: erst vom Titular-Vormeister zum Korporal und
dann, Anfang Juni 1917, vom Korporal zum Zugsführer. Mit drei
Sternen. Aber Zugsführer ist ja keine hohe Charge für jemanden mit
Matura und überhaupt mit d e m Bildungsniveau . . . Aber h a l t a u s:
nach elf Monaten im Felde kriegt er das Eiserne Verdienstkreuz am Band
der Tapferkeitsmedaille? Das gibt's ja nicht . . . Wie hat er denn das
gemacht? Wofür hat er denn das gekriegt?!«

Alma Maria Mahler-Gropius

Das Wiener Kriegspressequartier galt als Rettungshafen namhafter österreichischer Schriftsteller – Rainer Maria Rilke, Stefan Zweig, Robert Musil wirkten hier ebenso als Propagandaautoren wie etwa Peter Altenberg, Roda Roda, Franz Blei oder Hugo von Hofmannsthal. Anfang August 1917 nahm Franz Werfel den Dienst im K. P. Q. auf, nachdem seine Schweizer Vortragsreise auf den Spätherbst des Jahres verschoben worden war.

Bei großer Hochsommerhitze kam er in die von den Kriegsanstrengungen gezeichnete Hauptstadt der Monarchie, bezog ein winziges Zimmer im Graben-Hotel, im Herzen der Stadt, nahe dem Stephansdom. Gertrud Spirk begleitete ihren Geliebten zunächst nach Wien, reiste dann aber allein nach Tirol weiter; Entbehrungen und Strapazen der letzten Monate hatten sie kraftlos gemacht, sie war so sehr abgemagert, daß Werfel darauf bestand, sie müsse sich eine Zeitlang vom Spitalsdienst beurlauben lassen und einer Kur unterziehen.

Im Pressequartier entstanden nun Werfels erste Arbeiten für die verhaßte Kriegsmaschinerie, große Zeitungsartikel zumeist, brave, empfindsame Frontmärchen, die ihn anwiderten, die zu schreiben er aber als Preis für seine Abberufung von der Front zu zahlen bereit war. Er befaßte sich, zum Beispiel, mit neueröffneten Soldatenheimen, mit Tagebüchern von Überläufern. »Vor allem habe ich jetzt eine Unmenge literarische Arbeiten vom Kriegspressequartier bekommen«, ließ er seine Freundin wissen, »und ich sitze bis tief in die Nacht, um Vorworte für Kriegsausstellungen und andere schöne Dinge zu schreiben.« Eines dieser Vorworte galt einem Kriegsbuch für Kinder, einer Sammlung der Bilderbögen und Soldatenlieder, die den Jüngsten zeigen sollten, »daß der Mensch ihres Vaterlandes«, der an der Front seine

Heimat verteidigte, dieser Pflicht »unverwüstlich und heiter« nachkomme und »daß er viel leisten und viel erdulden kann«.

Bis achtzehn Uhr mußte er täglich im Amt bleiben, wollte dann abends zwar noch auf Zimmersuche gehen, um seinem Hotelloch zu entkommen, ließ sich statt dessen aber viel lieber von seinem Prager Bekannten Egon Erwin Kisch in dessen Stammcafé Central, in der Herrengasse, entführen. Der rasende Reporter war trotz seiner bekanntermaßen staatsfeindlichen Gesinnung ebenfalls im K.P.Q. tätig, Werfel mochte Kischs mitreißende Art, sein äußerst temperamentvolles Wesen sehr gerne, verbrachte nun nahezu jeden freien Abend mit ihm.

Kisch stellte den Neuankömmling seinem Freundeskreis im Central vor: dem anarchistischen, kokainsüchtigen Psychoanalytiker Otto Gross, dem Literaten und Zeitschriftenherausgeber Franz Blei, dessen Freundin Gina, Adoptivtochter und Geliebte des Präsidenten der Depositenbank Josef Kranz, dem mittellosen Lyriker und Lebenskünstler Otfried Krzyzanowski sowie zahlreichen anderen skurrilen Figuren der Wiener Bohème. Ähnlich wie einst das Arco, wurde nunmehr das Central zu Werfels Ersatz-Zuhause: ein hoher, düsterer, grausteinerner Saal, von Zigarettenqualm erfüllt und matten Glühbirnen erhellt, Treffpunkt der Künstler und Intellektuellen, der Schach- und Tarockspieler. Robert Musil, Peter Altenberg, Alfred Polgar, Egon Friedell waren hier täglich zu Gast, ebenso der Maler Paris Gütersloh, der Schauspieler Max Pallenberg, der Komponist Leo Fall und viele andere, denen dies Kaffeehaus Heim und Büro, Spielcasino und Restaurant zugleich bedeutete.

Oft blieb Werfel die ganze Nacht mit seinem neuen Kreis beisammen, nach der späten Sperrstunde im Central zogen sie weiter durch die Nacht, diskutierend, erzählend, erotischen Eskapaden nachjagend. Werfel unterhielt die Gruppe, indem er eigene Gedicht rezitierte oder italienische Opernarien sang – nach den Monaten im Felde empfand er unstillbaren »Hunger nach Menschen«. Dennoch peinigte ihn schlechtes Gewissen: in seinen Briefen an Gertrud, die er, wie ein Schuljunge, während der

Dienststunden unter der Bank schrieb, beteuerte er immer wieder, sich nach Reinheit, Strenge und Zucht zu sehnen. Er flehte, die Geliebte möge ihn so bald wie nur möglich aus der »Verkommenheitsatmosphäre« erretten, in die er, seit der Übersiedlung nach Wien, geraten sei. »Ist es gemein«, fragte er, »daß ich mich moralisch so sehr auf Dich verlasse?« Und besuchte weiterhin täglich das Café.

Ende August 1917 kam seine Freundin für etwa zwei Wochen zu Besuch nach Wien. Während ihrer Tiroler Ferien offenbar kaum kräftiger geworden, erkrankte sie nun plötzlich an einer Lebensmittelvergiftung, und in den darauffolgenden Tagen verhielten sich die beiden Liebenden verlegen, leidenschaftslos, beinahe fremd zueinander. Franz gab sich Mühe, das Ideal von der künftigen Braut mit der Realität der abgezehrten, immer schon kränkelnden Spitalsschwester in Einklang zu bringen. Und nahm die Schuld an ihrer beider Verkrampftheit zunächst noch ganz auf sich: »Ich muß diese meine moralische Krisenzeit, wo ein neuer Mensch an meine alten Grimassen pocht, ohne geboren werden zu können, durchleben«, schrieb er Ende September an Gertrud, nachdem sie nach Prag zurückgekehrt war. »Du sollst nicht glauben, daß ich mich Dir gegenüber verwandle. Es ist nur eines: mein ganzer Herzens-Inhalt muß eben durch diese Hölle mit.«

Die erneute Verschiebung seiner Schweizer Vortragstournee beunruhigte ihn: wieder hatte der österreichische Militärattaché in Bern die bereits festgelegten Termine umgestoßen. Intrigen zwischen Major Schramm-Schiessl, der Werfel wohlgesonnen war, und Offizieren des Armeeoberkommandos gefährdeten überdies seine bislang sichere Propagandaposition – eine Reise in das italienische Kriegsgebiet war plötzlich vom K.P.Q. arrangiert worden, in deren Verlauf Werfel Frontberichte schreiben, anschließend aber an Ort und Stelle einer Sichtungskommission vorgeführt werden sollte, die zu prüfen hatte, ob er weiterhin als kriegsdienstuntauglich gelten dürfe.

Kaum hatte er von dieser Transferierung erfahren, da erreichte ihn die Nachricht vom Tode seines Jugendfreundes Franz Janowitz, der an der italienischen Front gefallen war. »Übrig bleiben wir brutaleren [. . .] die höchst adeligen Menschen [werden] alle in diesem Krieg ausgerottet«, schrieb Werfel an Gertrud. Karl Kraus hatte den Lyriker Janowitz zuletzt besonders gefördert, hatte ihn als ein Gegenbild zu dem verhaßten Pathetiker Werfel aufgebaut. Wenige Stunden, bevor Janowitz in einem kleinen Feldlazarett an seinen Verwundungen gestorben, war er übrigens zum Katholizismus übergetreten – diese Konversion seines jüdischen Freundes, mit dem er einst die Schule geschwänzt, die Abenteuer der Nachtlokale und Séancen geteilt hatte, beschäftigte Werfel wochenlang; sowohl die Todesnachricht wie die Kunde von Janowitz' Übertritt zum Christentum gingen ihm nicht mehr aus dem Kopf.

Werfels Central-Freund Franz Blei hatte einen sehr großen Freundes- und Bekanntenkreis, zu dem auch die in Wien sehr bekannte Witwe Gustav Mahlers zählte. Als Blei Frau Alma einmal fragte, ob er ihr bei Gelegenheit seinen musikbegeisterten K. P. Q.-Kollegen, den Lyriker Franz Werfel, vorstellen dürfe, reagierte sie interessiert: da sie Werfels Arbeiten durchaus schätze, sein Gedicht ›Der Erkennende‹ vor zwei Jahren sogar vertont habe, würde sie sich sehr freuen, den jungen Dichter auch persönlich kennenzulernen.

Im Jahre 1915 hatte sie den deutschen Architekten Walter Gropius geheiratet, nachdem, wie man allgemein wußte, eine stürmische Liebesbeziehung zu dem Maler Oskar Kokoschka in die Brüche gegangen war. Sie lebte mit ihren Töchtern Anna und Manon teils in einer schönen Villa in Breitenstein am Semmering, teils in einer großzügigen Wohnung der Wiener Innenstadt, unweit der Ringstraße. Gropius befand sich an der Front, während seine Frau ihren mondänen Salon weiterführte: wer in Mitteleuropa Rang und Namen hatte, der wurde in Frau Almas Wohnung eingeladen, in das rote Musikzimmer, sie wetteiferte darin mit ihrer Freundin Berta Zuckerkandl, die, ebenfalls in Wien, einen Salon unterhielt.

Mitte November, wenige Tage vor seiner Propagandareise nach Italien, nahm Blei Werfel eines Nachmittags zu Frau Mahler mit. Franz Werfel fühlte sich sogleich überaus wohl in Gegenwart seiner Gastgeberin, er sprach bei dieser ersten Begegnung mit Frau Mahler-Gropius nahezu ununterbrochen, erzählte von seiner Passion für die italienische Oper und die Russische Revolution, für das Christentum und den Sozialismus, bis tief in die Nacht blieb er bei ihr.

Der ,,fette, o-beinige Jude" mit seinen ,,wulstigen Lippen", ,,schwimmenden Schlitzaugen" und nikotingelben Fingern hatte Frau Alma keineswegs mißfallen, so vertraute sie ihrem Tagebuch an; sein sozialistisches ,,Getue", sein ,,Gerede" von Menschenliebe und Aufopferungswillen enervierte sie aber auf das Äußerste – schon Gustav Mahler habe sie ähnliche Reden niemals ganz glauben können, vermerkte sie in ihrem Journal.

»Denke Dir, gestern hat mich der Blei am Nachmittag zur Frau Mahler mitgenommen«, erzählte Werfel sogleich seiner Geliebten. »Es war wirklich schön [...] ich erfuhr sehr viel von Gustav Mahler – und fühlte, daß er alle meine Konflikte hatte. Es waren interessante Stunden, sie ist eine ungeheuer lebendige, warme Frau, die wertvoll ist.«

Nach der Rückkehr von seinem Italienaufenthalt suchte er Frau Mahlers Salon bald wieder auf, lernte Walter Gropius kennen, der sich diesmal auf Kurzurlaub in Wien befand. Im Beisein des Ehemannes, sowie Franz Bleis, flirtete Werfel mit der Dame des Hauses auch bei dieser Gelegenheit ungeniert, er deklamierte eigene Gedichte, sang Arien, mit sonorer Tenorstimme; Alma setzte sich plötzlich ans Klavier, sie begleitete den Troubadour, versank in Musik, dem Ur-Stoff ihres Lebens.

Anfang Dezember 1917 unternahm Werfel eine neuerliche Dienstreise, diesmal auf Einladung des Statthalters von Triest, dem Haupthafen der k. u. k. Marine. Er besuchte das zerstörte Kriegsgebiet Friaul, sah zerschossene Stellungen, sah Ortschaften, die bis zu den Grundmauern niedergebrannt waren; »auf den Anhöhen«, hieß es in einem Brief an Gertrud Spirk, »liegen noch viele unbeerdigte Leichen, Friedhöfe sieht man, die um und umgewühlt sind, ein Bild, das wie eine fürchterliche Narbe niemals vom Antlitz der Erde verschwinden kann.« In Görz stand am Corso Verdi, der Hauptstraße der Stadt, kein einziges Haus mehr – und Ratten in Katzengröße liefen kreuz und quer, »es war das absolute Bild einer mittelalterlichen Peststätte«.

Zurück in Wien, besuchte Werfel nun immer häufiger Frau Mahler-Gropius. Er begann, seine Ideen, seine Wünsche und Träume mit ihr zu teilen, oft musizierten die beiden miteinander, und kaum ein Tag verging, an dem Frau Alma nicht wenigstens eine Nachricht von ihrem um elf Jahre jüngeren Verehrer erhalten hätte. Zwar sparte sie nicht mit antisemitischen Bemerkungen, und, seines dicklichen Äußeres wegen, mit kleinen Gemeinheiten und Sticheleien, doch noch nie hatte Werfel sich in der Nähe einer Frau so wohl, so verstanden, so glücklich gefühlt wie in jener Alma Mahlers. Ihr erging es ähnlich, sie empfand Werfels Gegenwart als besonders anregend; er sei ein *wunderbares Wunder,* wie sie nunmehr in ihrem Tagebuch notierte.

Mit jedem Wiedersehen fühlte er deutlicher, ihre Begegnung sei schicksalshaft, er liebte Almas äußerst starke Persönlichkeit, er war selig, daß sie ihm sagte, was er zu tun und zu lassen habe; alles, was Gertrud Spirk ihm zu geben nicht imstande war, in Frau Mahler glaubte er es finden zu können. Ihr würde gelingen, worin Gertrud versagt hatte, weil sie zu schwach war für ihn: Franz seiner »Verkommenheitsatmosphäre« zu entreißen. Im Café Central prahlte er lebemännisch mit seiner Eroberung, die der Freundeskreis halb bewunderte, halb belächelte, doch in Wirklichkeit sah er in Alma seine Erretterin, eine Erdmutter, Magna Mater, eine Göttin gar, die er anbeten durfte.

Immer belastender wurde ihm die Beziehung zu seiner Prager Geliebten – in ihren Briefen, die Werfel immer seltener beantwortete, wurde erstmals Mißtrauen laut, Angstträume und Ahnungen hatten ihre schlimmsten Befürchtungen noch verstärkt. »In allen Traumbildern, von denen Du schreibst, ist soviel Schmerz und Angst«, hieß es in einem Brief, den Werfel ihr zum Jahresende

1917 sandte. »Siehst Du, diese Schwere in Dir erschreckt mich [...] Deine Hinneigung zum Schmerz, die ja so ganz Dein Wesen ist [...] macht mir immer die Angst, ich mißhandelte Dich.« In Zukunft werde Gertrud Spirk einen Weg finden müssen, fuhr er fort, die Natur ihres Freundes besser zu ertragen, »ohne gleich unglücklich zu werden«. Sich an ihn zu binden, bedeute »ein aufs Eis gehen; da heißt es Reiter auf dem Bodensee sein.«

Zur Jahreswende 1917/18 hielt sich Walter Gropius erneut auf Kurzurlaub in Wien auf, doch Frau Mahler verhielt sich ihm gegenüber kühl; ein bevorstehender Mahler-Konzertzyklus – Willem Mengelberg probte bereits im Wiener Musikvereinssaal –, aber auch ihr Interesse für Franz Werfel und sein Werk schienen Almas ganze Kraft und Konzentration in Anspruch zu nehmen. Wenige Stunden nach seiner Abreise sandte Gropius, von einer Grenzstation aus, seiner Frau ein Telegramm: »Zerbrich das Eis in unsern Zügen!« Das Zitat stammte aus Werfels ›Einander‹-Gedicht ›Veni creator spiritus‹.

Während Mengelberg Gustav Mahlers Vierte Sinfonie dirigierte, warfen Frau Mahler und Franz Werfel einander von Loge zu Loge leidenschaftliche Blicke zu. Nach Ende des Konzerts nahm Alma dann ihren jungen Verehrer mit nach Hause – in ihre Wohnung in der Elisabethstraße.

Wäre sie zwanzig Jahre jünger, so gestand sich Frau Mahler am nächsten Morgen ein, sie ließe sofort alles liegen und stehen und folgte Franz Werfel, ihrem „Götterliebling", bis ans Ende der Welt.

»... fühle, daß ich alles Böse in mir töten möchte und nichts, als Dich glücklich haben will, an allem Schweren vorbei«, hieß es nun in einem Brief an Gertrud Spirk, der sogar ein verschlüsseltes Geständnis enthielt: in den letzten Tagen habe sich »manches Verändernde« abgespielt; der zweideutige Satz bezog sich allerdings in erster Linie auf eine plötzliche Weisung seiner Vorgesetzten, die Schweizer Vortragsreise in allernächster Zeit anzutreten, noch im Laufe des Januars wolle man ihn nach Zürich und in sechs weitere Städte der Eidgenossenschaft entsenden. Kurz vor seiner Schweizreise kam er noch für wenige Tage nach Prag, sah Gertrud, sah seine Familie wieder und fuhr dann, Mitte Januar 1918, via Wien und Feldkirch nach Zürich.

»Heimweh, Heimweh auf der ganzen Fahrt ununterbrochen«, schrieb er aus Feldkirch an Alma, »Du Lebensspenderin, Hüterin des Feuers!!!« Unentwegt singe er, seit seiner Abreise, ein Trio- thema Pfitzners, welches Frau Mahler so schön auswendig spielte. »Wirst Du mich«, fragte er ängstlich, »wenn Du mich lange nicht bei Dir hast, vergessen haben?«

Auch an Gertrud ging aus Feldkirch ein Brief ab: »Ich bin sehr sehr bei Dir«, versicherte er – in der Nacht, während der Eisen- bahnfahrt, habe er die merkwürdigsten Träume mit ihr erlebt, wie seit seiner Feldzeit nicht mehr. »Ich glaube, mein Herz gibt nur was es hat, und kann nicht lügen [. . .] Du stehst in meinem Wind und gehst mit mir Hand in Hand.«

In Zürich erlebte der von seinem Wiener Liebesabenteuer Beflügelte den größten Erfolg seines bisherigen Lebens: im Ton- hallesaal, der rund tausend Zuhörern Platz bot, las er vor ausver- kauftem Haus aus eigenen Werken, zwei Tage später fand am Stadttheater die Schweizer Erstaufführung seiner ›Troerinnen‹- Übertragung statt, beide Ereignisse brachten ihm in den Tageszei- tungen hohes Lob ein, in jeder Zürcher Zeitung erschienen um- fangreiche Aufsätze und Berichte über ihn. Seine freie Zeit ver- brachte er zumeist im Café Odéon, dem Treffpunkt der Dadaisten sowie zahlreicher Schriftstellerkollegen. Hier kam er mit Else Lasker-Schüler zusammen, die er bereits aus der Leipziger Zeit gut kannte, sah Annette Kolb und Frank Wedekind, Leonhard Frank und Albert Ehrenstein, vor allem aber seinen Freund Stefan Zweig wieder; ebenfalls vom K.P.Q. nach Zürich entsandt, er- wartete dieser hier ungeduldig die Uraufführung seines Dramas ›Jeremias‹.

Während der folgenden Wochen hielt Werfel insgesamt zwölf Vorträge in der Schweiz, sprach zum Beispiel über Ferdinand Raimunds ›Alpenkönig und Menschenfeind‹, sprach zur Ge- schichte der Psychologie in Österreich. In Davos trug er in einem Volksbildungsheim Gedichte vor, richtete an sein Publikum, das hauptsächlich aus Arbeitern bestand, zunächst eine kurze Rede: »Genossen!« rief er, »was sich heute Kunst nennt, ist das schillernde Fettauge auf der kapitalistischen Suppe.« Immer wieder seien es nur die bürgerlichen Kreise, welche den »Schrei« des Künstlers empfingen, nicht aber die Klasse der Arbeiterschaft, die, von Phrasen leider verdorben, dem Staat ergeben, zum »Sklaven des Militarismus« herabgesunken sei. Dem stellte der offenbar unter Egon Erwin Kischs Einfluß und unter dem Eindruck der erfolgreichen Russischen Revolution zum Sozialisten emanzipierte Werfel das Modell der Sowjetunion gegenüber, wo Dichter wie Tolstoi und Dostojewski das Volk durchaus nach »vorwärts« mitgerissen hätten. »Geist und Sozialismus« seien im neuen Rußland erfreulicherweise »in eins verschmolzen«, betonte er und sprach den Wunsch aus, auch seine eigenen Verse, die er seiner Zuhörerschaft nunmehr vortragen wolle, möchten »zur Auflösung der bürgerlichen Welt [...] zur Erneuerung des Sozialismus« beitragen.

Es gehörte schon einiger Mut dazu – und ein nicht geringes Maß an Zivilcourage –, Anfang 1918 den Erzfeind des k.u.k. Imperiums, das bolschewistische Rußland, in einer öffentlichen Rede als Vorbild hinzustellen, um so mehr, da man ausgesandt worden war, die österreichische Sache im Ausland propagandistisch zu vertreten. Der österreichische Militärattaché in Bern erhielt umgehend Meldung von den angeblich vaterlandsverräterischen Worten Franz Werfels; überdies sickerte durch, der K.P.Q.-Soldat habe schon des öfteren, vor, während und nach seinen Vorträgen, deutlich pazifistische Bemerkungen geäußert, habe seinem Propagandaauftrag also ganz bewußt entgegengewirkt.

Mitte März schrieb Werfel aus Davos an Alma, sobald nun seine letzten Vorträge vorüber seien, wolle er sofort zu ihr zurückkehren, er breche die Tournee im übrigen vorzeitig ab. »*Nur um Deinetwillen!!* Hörst Du?« Er befürchtete, Frau Mahler werde ihn böse behandeln, sobald er wiederkomme, sie werde kein Verständnis dafür aufbringen können, daß er es so lange ohne sie ausgehalten habe. Als Zeichen für die Richtigkeit seiner Annahme wertete er die Tatsache, daß Alma ihm in diesen zwei Monaten kaum geschrieben habe. »Du haßt mich und wirst nicht mehr froh sein, meine Stimme am Telephon plötzlich zu hören.«

Kaum wieder in Zürich eingetroffen, überreichte ihm der österreichische Militärattaché den Befehl des Kriegspressequartiers, seine Schweizer Reise unverzüglich abzubrechen – große Leseabende in Zürich, Winterthur und Chur mußten abgesagt werden, drei Tage später kam Werfel in Wien an, meldete dem Kommando des K.P.Q. sein Einrücken. Und sofort trug man ihm das Gerücht zu, seine Schweizer Vorträge hätten den Zorn einiger Herren im k. u. k. Ministerium des Äußeren erregt, er müsse alsbald mit einer empfindlichen Bestrafung rechnen.

Alma Maria Mahler-Gropius war im dritten Monat schwanger, als Franz Werfel, in der zweiten Märzhälfte, nach Wien zurückkehrte. Sie selbst war nicht ganz sicher, ob ihr Liebhaber der Vater des Kindes sei, nahm aber doch an, die Zeugung habe in jenen Januartagen vor Werfels Abreise stattgefunden, und nicht bereits im Dezember, als Walter Gropius wenige Urlaubstage in Wien verbracht hatte. Sie beließ Werfel jedenfalls im Ungewissen, wollte nun aber so oft wie nur irgend möglich mit ihm beisammen sein. Sie besuchte ihn im Hotel Bristol, seinem neuen Zuhause, gegenüber der Oper, wohin er aus dem Graben-Hotel übersiedelt war, oder lud ihn, ganz offiziell, zu sich nach Hause ein, stellte ihn in ihrem roten Musikzimmer Freunden und Bekannten vor. In höchst belustigenden Ausschmückungen erzählte er dann in Almas Salon von seinen Schweizer Abenteuern.

Die befürchtete Bestrafung für sein antimilitaristisches Verhalten blieb – vorerst zumindest – aus, er konnte sich nun erstmals seit langer Zeit wieder eigener Arbeit widmen. Immer öfter verzichtete er nach Büroschluß auf den Weg ins Central, widmete sich in seinem Hotelzimmer am Kärntnerring dem Gedichtband ›Der Gerichtstag‹, den er vor Jahren begonnen, an der Front weitergeführt und nun immer noch nicht abgeschlossen hatte.

Er halte dies Werk für sein bisher wichtigstes, ließ er Ende April 1918 Kurt Wolff wissen, und verglich das Buch gar mit Nietzsches ›Also sprach Zarathustra‹, sagte dem ›Gerichtstag‹ eine große Lesergemeinde voraus.

Gertrud Spirk, die von den veränderten Lebensumständen ihres Geliebten nichts wußte, sich nur wunderte, wie lange er schon nicht mehr nach Prag gekommen war, kündigte Werfel an, sie wolle ihn in Wien besuchen. Er habe schon sehr große Sehnsucht nach ihr, beteuerte Franz daraufhin, »was werden wir uns alles zu sagen haben, wenn wir uns wiedersehn!« Und er fügte hinzu: »Ich muß lernen, viel und innerlich meine Kräfte aufzurichten. – Du sollst mir dabei dazu helfen!!«

Als Werfels Freundin dann tatsächlich eintraf, befand sich Alma Mahler in einem Kurort, sie hatte ihren Liebhaber eingeladen, sie dorthin zu begleiten, doch da er Gertrud Spirks Ankunft erwartete, wehrte er ab: »Nach Göding* wollte ich nicht fahren«, an fremde Umgebung müsse er sich nämlich immer »lange erst gewöhnen«.

Die Tage des Wiedersehens mit Fräulein Spirk, die bei ihrer Schwester und deren Mann wohnte, waren von Werfels doppelt schlechtem Gewissen ganz und gar überschattet, nervös und unbeherrscht ging er mit seiner einstigen Geliebten um, quälte sie durch seine Gereiztheit während ihres ganzen Aufenthalts – und erst, als er wußte, sie reise bald wieder ab, schrieb er ihr an die Adresse ihrer Schwester: »... fluche diesen Tagen nicht allzusehr ... Ich bin ja selbst so nervenverstört, daß man mich zur *Arznei* nicht mehr wählen kann.«

Trotzdem sandte sie ihm, zurück in Prag, wieder Photographien von sich zu, und er antwortete ihr: »Glaube nicht, ich entschwinde Dir – das ist unmöglich«; im Gegenteil: bald wolle er zu ihr nach Prag kommen, er träume so oft von ihr ... Diese Worte zur selben Zeit, als er »*heiß, süß* und *schmerzlich*« auch von Frau Mahler träumte: einmal sah er sich da etwa als Kind, in ein Theaterkostüm verkleidet, mit anderen Kindern spielen, während

* Gemeint ist wahrscheinlich Gösing an der Mariazellerbahn, Niederösterreich.

Alma, als Erwachsene, im Nebenzimmer unter den Erwachsenen saß. »Du bist mir das, was ich in meiner Knabenzeit als Heimat fühlte«, schrieb er ihr. »*Ich bete Dich an* – Du bist das Hinreißendste, was ich erlebt habe – ich bin Dir in einer wunderbaren *Demut* hingegeben.«

Anfang Juli 1918 verschaffte ihm Gina Kranz, seine Kumpanin aus dem Café Central, eine Wohnung in der Boltzmanngasse, im Neunten Wiener Gemeindebezirk. Die Redaktionsräume der kurzlebigen, von Ginas Adoptivvater finanzierten Zeitschrift ›Summa‹ hatten sich hier befunden: das große, helle Atelier mit dem Blick auf den Boltzmannpark und die Kirche Maria de Mercedes wurde nun zu Werfels eigener Bleibe – zur ersten eigenen Wohnung seines Lebens. Auch eine Bedienerin stellte Gina ihrem Untermieter zur Verfügung, und Franz telegraphierte seiner Mutter sogleich, sie möge ihm Bettzeug schicken. Bleiben wollte er in diesem Dachgeschoß allerdings nur unter der Bedingung, daß Alma mit seinem Entschluß einverstanden wäre. Ohne ihre Erlaubnis hier zu leben, peinigte ihn, er bat Frau Mahler, ihm baldmöglichst zu befehlen, was er zu tun habe. Zu seiner Freude erklärte sich die Freundin mit seinem Umzug einverstanden.

Als seine Schwester Hanna Ende Juni in Prag einen Sohn zur Welt brachte, insistierte die Familie, Franz müsse unter allen Umständen versuchen, vom K.P.Q. einige Tage Urlaub zu erhalten. Zu einem Zeitpunkt, da Alma Mahler-Gropius bereits im sechsten Monat schwanger war, schrieb Werfel an seine Prager Geliebte, er wolle während seines bevorstehenden Besuchs mit Gertrud Pläne für ihrer beider gemeinsame Zukunft schmieden. Sie sollten darüber nachdenken, schlug er vor, wie es zu bewerkstelligen wäre, daß sie in seiner neuen, besonders schönen Boltzmanngassen-Wohnung lebten. In wilder Schrift war dieser Brief abgefaßt und mit Tintenflecken übersät – »*Liebste, komme bald zu mir jetzt!*« rief er Gertrud Spirk zu. »*Wir brauchten uns nicht aus dem Haus zu rühren.* In Prag wollen wir einen Anschlag zu diesem Ende besprechen.«

Erst während seines kurzen Aufenthalts in der Geburtsstadt, im

Hochsommer 1918, gestand Franz Werfel seiner Geliebten dann doch, seit etwa acht Monaten einer anderen Frau zu gehören. Er beichtete, Gertrud in all dieser Zeit belogen und betrogen zu haben, er prangerte sich selbst an, er stellte sich als Taugenichts und Unhold dar, bettelte zugleich, ganz reuiger Schuljunge, um ihre Vergebung. Die Korrespondenz der beiden brach nach dieser Begegnung jäh ab.

Zwei Stunden Bahnfahrt von Wien entfernt, besaß Frau Mahler seit 1914 ihren zweiten Wohnsitz. Die Villa, Haus Mahler benannt, stand auf einem Grundstück, das Gustav Mahler noch ausgesucht hatte, in prachtvoller Voralpenlandschaft und in etwa tausend Metern Seehöhe. Ende Juli besuchte Franz Werfel hier seine Freundin Alma – von der ihn bedrückenden Beziehung zu Gertrud Spirk befreit, konnte er Alma mit neugewonnener Selbstsicherheit gegenübertreten. Sie freute sich sehr über seine Anwesenheit, und auch die vierzehnjährige Anna mochte den neuen Freund ihrer Mama besonders gerne. Vor einer Dame der Wiener Gesellschaft, die gerade in Breitenstein weilte, mußten die drei ein wenig Komödie spielen, um Almas Ehebruch zu kaschieren. Zunächst wurde ein anstrengender Spaziergang auf den Kreuzberg unternommen, abends erfüllte Alma dann Frau Emmy Redlich noch einen Herzenswunsch: sie spielte ihr den gesamten zweiten Teil von Gustav Mahlers Achter Sinfonie am Harmonium vor. »Als man schlafen ging«, hieß es wenige Tage später in einem Tagebuch Franz Werfels, »war Frau R. fast zwei Stunden lang nicht aus Almas Zimmer fortzubekommen.« Danach erst konnte Werfel in Almas Schlafzimmer erscheinen: »Wir liebten uns! Ich schonte sie nicht. Gegen Morgen ging ich in mein Zimmer zurück.«

Kaum war er im Morgengrauen eingeschlafen, da weckte ihn Maude, Almas englische Zofe: die gnädige Frau sei plötzlich sehr unwohl, Herr Werfel möge sofort einen Arzt holen, Madame Mahler habe soeben eine schwere Blutung erlitten. Panisch rannte er, an diesem Sonntagmorgen, durch die regennassen Wiesen, rannte querfeldein, in größter Angst um seine Geliebte, an deren Blutung er sich schuldig wußte. Er verirrte sich zwischen Feldern und im Walddickicht, schreiend, betend lief er weiter, Alma möge nicht sterben!, stürzte steil bergab, legte ein Gelübde ab, während seines Irrlaufs: niemals wieder eine andere Frau als Alma zu begehren. Endlich erreichte er die Straße, die zu einem nahegelegenen Sanatorium führte, weckte dort den diensthabenden Arzt. Der konnte, da er tuberkulös war, den steilen Pfad zum ›Haus Mahler‹ nur sehr langsam zurücklegen.

Bereits am Nachmittag verließ Werfel Breitenstein: längeres Verbleiben hätte Frau Redlichs Verdacht erregen können. Als er von seiner Geliebten Abschied nahm, lag sie mit großen Schmerzen; sie war sehr ängstlich, das Siebenmonatskind zu verlieren. Von Franz' Schuld an der Katastrophe wollte sie nichts hören, sie beruhigte ihn, sie selbst trage doch mindestens dieselbe Verantwortung für das, was geschehen sei.

Während er auf dem Breitensteiner Bahnhof auf einen Zug nach Wien wartete, entstieg Leutnant Walter Gropius einem Militärzug; Anna hatte morgens ihren Stiefvater alarmiert, der nun einen Gynäkologen aus der Stadt mitbrachte – die beiden Männer gingen unmittelbar an Werfel vorbei, ohne ihn zu bemerken.

In den nun folgenden Tagen führte Werfel sehr gewissenhaft Tagebuch, legte sich über nahezu jede Stunde Rechenschaft ab und wiederholte noch einmal das Gelübde, das er sich an jenem Morgen selbst gegeben, da er um das Überleben seiner Geliebten fürchtete: »... Alma immer treu zu bleiben ... Auf der Straße meine Blicke nicht auf geschlechtlich aufregenden Dingen ruhen zu lassen.«

Ein Telegramm benachrichtigte ihn, Alma müsse nach Wien in ein Spital gebracht werden, ihr Zustand bleibe nach wie vor sehr ernst. Werfel beschloß zu fasten, in der Hoffnung, durch diese Kasteiung seiner Geliebten zu helfen. Und er verzweifelte, wie weit er doch von eigener Vollkommenheit entfernt sei: »Noch bin ich nicht reif, noch gleite ich zu leicht zurück in die Welt der Verschmiertheit.« Am 1. August, vier Tage, nachdem die Blutung begonnen hatte, konnte er erstmals mit Frau Mahler telephonieren, sie war ins Sanatorium Löw transportiert worden, ausgerechnet in jene Klinik also, in der, im Mai 1911, Gustav Mahler gestorben war. Werfel erfuhr, daß seine Freundin weiterhin in größter Gefahr schwebe, auch glaubten die Ärzte kaum an eine Überlebenschance für das noch ungeborene Kind.

Als er am Abend jenes Tages aus dem Kriegspressequartier nach Hause kam, verfiel er in einen stundenlangen, »zweifellos hypnotischen« und todesängstlichen »Lähmungsschlaf«. Nach dem Erwachen rief er sogleich im Sanatorium Löw an, erfuhr, daß Alma Mahler in ebendieser selben Zeit, da er geschlafen, in den Kreißsaal gebracht worden sei.

Am nächsten Morgen telephonierte er wieder mit dem Spital: diesmal war Walter Gropius am Apparat – Alma, so erfuhr Werfel nun, habe in dieser sehr schweren Nacht einen Jungen zur Welt gebracht; ihr selbst gehe es, gemessen an den Umständen, recht gut. »Unverlierbar, Herr allen Lebens, bist Du mir von dieser Stunde an«, hieß es nun in einem Brief, den Werfel an Alma richtete, »und all mein Thun und Lassen wird nicht aufhören Dich zu preisen und zu heiligen.« Und er ließ seine Geliebte wissen: ». . . durch Dich nur werde ich wiedergeboren, süße heilige Mutter!«

Immer noch wußte Werfel nicht mit ganzer Sicherheit, ob das Neugeborene nun sein Kind sei oder nicht. Als Alma ein wenig zu Kräften kam, bestätigte sie ihrem Freund schriftlich, daß er zweifellos der Vater sei. Doch im Tagebuch fragte er sich: »Ist es mein Kind? [. . .] daß es ein Bub ist, sagt meinem Gefühl . . . Ja! Ich habe mir nicht vorstellen können, daß aus meinem Samen ein Mädchen kommt.«

Acht Tage nach dem Abschied in Breitenstein durfte er Frau Mahler erstmals wiedersehen, kam ins Sanatorium zu Besuch, mußte sich aber den Krankenschwestern gegenüber als gänzlich Unbeteiligter verhalten. Erst, als er mit seiner Geliebten einen Augenblick lang allein war, wagte er es, sich das schnellatmende Baby anzusehen, das da schlafend in einem kleinen Korb lag. Dies winzige Wesen ähnele nicht nur ihm selbst, stellte er fest, sondern mehr noch – und das berührte ihn besonders – »bis zum Erschrecken« seinem Vater Rudolf Werfel.

Auch Alma war die äußere Übereinstimmung zwischen dem Säugling und ihrem Liebhaber keineswegs entgangen, und jedesmal, wenn Besucher kamen, fürchtete sie, jemand werde diesen Umstand auch beim Namen nennen. Eines Tages standen Walter Gropius und sein Nebenbuhler zur gleichen Zeit im Krankenhauszimmer und bewunderten den Säugling. »Ich habe gezittert vor der *Tiefbetontheit* der Situation«, gestand Werfel in einem seiner täglichen Briefe. Daß der Architekt und Ehegemahl, den er als einen der »edelsten vornehmsten Menschen« empfand, »im Unwissen lebt«, tat ihm leid und verursachte ihm Schuldgefühle: Zwar sei es durchaus Almas Recht gewesen, schrieb er ihr, sich den Vater ihres Kindes auszusuchen, »meines aber nicht, der Vater zu werden«. Und Gropius, das hatte Werfel von Frau Mahler erfahren, hing voller Entzücken an dem Buben, um dessen Überleben er bangte. In solchen Momenten tat auch ihr, wie sie zugeben mußte, das Herz weh. Ob ihr Mann jemals die Wahrheit erfahren würde, fragte sie ihren Geliebten, dabei riskierte sie es, ihre Briefe aus dem Spital nun jedesmal mit dem Namenszug Alma Maria Werfel zu unterschreiben.

Werfel durfte stets zu ihr zu Besuch ins Zimmer No. 190 kommen, wurde jedesmal sehr verlegen, wenn er mit Alma nicht allein sein konnte. Wenn etwa ihre Mutter und ihr Stiefvater, der Maler Carl Moll, anwesend waren, dann machte er tolpatschige Bewegungen, wagte es kaum, ein Wort hervorzubringen oder gar auf sein eigenes Kind zu blicken. Kaum wieder zu Hause, schrieb er dann jeweils an Alma, bejammerte die Schwere dieser kaum erträglichen Situation. Korrespondierend suchten die Liebenden nach einem Namen für ihren Sohn, schwankten zwischen Martin und Daniel, zwischen Lukas und Benvenuto. Der Knabe werde jedenfalls »ohne Lebensschwäche« und »kein Hysteriker« sein, meinte Werfel; und glaubte, schon jetzt Reife, Mut und Feinheit an ihm erkennen zu können. »In diesen Tagen«, schrieb er an

Alma, »habe ich oft die Empfindung, wenn auch ich mißlungen bin – er wird die Vollendung dessen sein, was in mir angedeutet ist.«

Ende August, Alma Mahler hielt sich noch im Sanatorium auf, hörte Walter Gropius seine Frau sehr vertraulich mit jemandem am Telephon sprechen – als er sie fragte, wer denn der Partner dieser innigen Unterredung gewesen sei, schwieg Alma beharrlich. »... und er wußte alles«, notierte Werfel in sein Tagebuch. Noch am selben Nachmittag suchte der Betrogene seinen Widersacher in dessen Wohnung auf, doch Werfel überhörte das Klopfen an der Tür. Ihre Aussprache fand am nächsten Tag, in aller Ruhe und Gefaßtheit statt – Gropius empfand sogar freundschaftliche Gefühle für seinen Rivalen. Auf seine abgöttisch geliebte Alma zu verzichten, das konnte der Architekt sich allerdings nicht vorstellen, er plante vielmehr, nach dem Krieg mit ihr und den Kindern in Deutschland ein neues Leben zu beginnen. Er sprach sich dieser Tage aber auch mit Almas Mutter aus, suchte Rechtsanwälte auf und ließ sich von ihnen beraten. Bis plötzlich ein Marschbefehl kam und seinen Urlaub unterbrach: er mußte zurück zu seinem Truppenverband. Im Laufe der vergangenen Wochen hatten die Alliierten den völligen Rückzug der Deutschen aus ihren Verteidigungsstellungen im Westen erzwungen. Die letzten großen Entscheidungsschlachten des Weltkriegs hatten begonnen.

Nun gelte es, schrieb Gropius von der Front an Werfel, der *göttlichen Frau,* die dem Tod so nahegekommen sei, gemeinsam beizustehen. Er habe übrigens begonnen, Werfels Dichtungen zu lesen, von denen er außerordentlich berührt sei. »... ich liebe ihn und fühle Freundschaft«, teilte Franz daraufhin Alma mit und fragte sie, ob es das ihrer Meinung nach denn überhaupt geben könne, »daß wir nicht eifersüchtig sein müssen!? – Daß es eine Brüderschaft in der Liebe zu dem Göttinnenwesen Alma geben kann?«

Walter Gropius ging in seinem nächsten Brief an Franz Werfel noch einen Schritt weiter: nach der Lektüre von Werfels bisher erschienenen Gesamtwerk erkenne er in seinem Rivalen einen *Genius des Schicksals,* der ihn gegeißelt habe, damit er, Gropius, mehr werde. Er beuge sich vor Werfels höherem Wert – und Almas Weisheit werde nun, so hoffe er, für beide Männer das richtige Wort und den richtigen Weg finden.

Alma war inzwischen mit ihrem noch äußerst schwächlichen Kind in die Stadtwohnung in der Elisabethstraße zurückgekehrt. Werfel arbeitete an einem Märchendrama, in welchem er die Breitensteiner Erlebnisse samt ihrer Vorgeschichte in allegorischer Form nachzuzeichnen versuchte. Um ungestört schreiben zu können, ließ er sich hin und wieder vom Amtsarzt des Kriegspressequartiers für mehrere Tage krankschreiben; innerhalb kurzer Zeit war der erste Akt des Schauspiels ›Die Mittagsgöttin‹ fertiggestellt. Werfel mußte sich beeilen, da er das Stück unter allen Umständen noch in den Lyrikband ›Der Gerichtstag‹ aufnehmen wollte, dessen Druckfahnen bereits vorlagen. Ein Werk, zu dem er mittlerweile ganz anders stand als noch im Frühjahr: der Band erscheine ihm, hieß es im Tagebuch, »bis auf die Knochen steril, dürftig und selbst ohne Musik zu sein [...] Kokette Windeier. Ich muß es aber drucken lassen. Schon wegen Kurt Wolff.« Er habe auch gar nicht die Kraft, diesen »nach zwei- oder dreijährigem Schweigen erbrachten Beweis meiner Existenz [...] zu unterdrücken«.

›Die Mittagsgöttin‹ stellte Mara, die Erdmutter, das heidnische Urprinzip, in den Mittelpunkt, der es gelang, den richtungslosen, verkommenen Landstreicher Laurentin ganz an sich zu binden. Mara wies ihm den Weg aus dem Ich-Chaos, sie machte einen neuen Menschen aus ihm. Sie brachte einen Knaben zur Welt, Laurentins Sohn, durch dessen Geburt empfand sich der Landstreicher selbst als Wiedergeborenen, der jetzt erst die Kraft und die Reife besaß, seinen eigenen Lebenspfad zu wählen – in Reinheit und Ehrlichkeit.

Ende September 1918 waren die drei Akte des Schauspiels abgeschlossen, Werfel sandte sie mit der Bemerkung an den Verlag, gerade dies Element einer Mann-Frau-Beziehung habe dem ›Gerichtstag‹ noch gefehlt, erst jetzt betrachte er die Arbeit an dem umfangreichen Werk als beendet. Nun bete er »zu den Göttern«, schrieb er an G. H. Meyer, »daß wenige Einsichtige das verstehen, was ich in diesem Buch verborgen habe«. Um Finanzielles und Vertrags-Technisches kümmerte sich übrigens nach wie vor Rudolf Werfel: er war es, der die Abschlüsse zwischen dem Kurt Wolff Verlag und seinem Sohn aushandelte.

Walter Gropius wurde im Oktober 1918 auf ärztliche Anweisung von der Front beurlaubt – er bereitete zunächst in Berlin die Wiedereröffnung seines Architekturbüros vor, reiste dann in den ersten Novembertagen – im Deutschen Reich war bereits Revolution ausgebrochen – nach Wien; er hatte beschlossen, Alma um das Sorgerecht für Manon, ihre gemeinsame, zweijährige Tochter zu bitten und seiner Frau vorzuschlagen, sie möge mit Anna, dem Neugeborenen und Franz Werfel eine eigene Familie gründen.

Es kam zu einer Aussprache der drei Protagonisten dieses Schicksalsdramas, in deren Verlauf Alma Mahler ihrerseits den Beschluß bekanntgab, sie werde in Zukunft auf beide Männer verzichten, dieser Schritt sei unumstößlich, sie wolle ihre drei Kinder allein großziehen. Gropius flehte seine Gemahlin auf Knien an, ihm zu verzeihen, daß er ihr Manon habe wegnehmen wollen, und Werfel gelang es, beruhigend auf die Ehepartner einzureden, er schlichtete den Streit durch wohlüberlegte Worte. Einer Lösung des Dreifachknotens kamen Werfel, Gropius und Alma Mahler an diesem Novembertag 1918 jedoch um keinen Schritt näher.

»Wenn Sie für Ihre Recherchen die Lebenserinnerungen von meiner Mutter als Grundlage verwenden wollen, dann müssen Sie das jetzt gleich wieder vergessen«, sagt Anna Mahler; ich bin zu Besuch im Haus der Bildhauerin, in der mittelalterlichen Stadt Spoleto, nahe Rom. »Es gab ein Original der Autobiographie«, fährt Frau Mahler fort, »das

umfaßte neunhundert Seiten, aber aus Rücksicht auf gewisse Leute – und auf die Mammi selbst – ist das meiste daraus in sehr gemilderter und zum Teil stark veränderter Form erschienen. Zum Beispiel fiel ihr unübersehbarer Antisemitismus beinahe vollständig weg. Oder wie sie über Mahler, Gropius, Kokoschka und Werfel tatsächlich dachte.«

Anna Mahler lebt jeweils ein halbes Jahr in Los Angeles und in Italien. Ihr zweistöckiges Haus, in der schmalen Via degli Eremiti, ist karg eingerichtet und mit Steinböden ausgelegt. Im Vorhof, von vergilbten Grasbüscheln umwachsen, liegt die weiße Figur eines männlichen Akts, von großen, halbdurchsichtigen Plastikplanen zugedeckt. Kühlleere Stimmung herrscht in den hohen Räumen des Wohnhauses – in der Küche und im Lesezimmer ist es etwas wärmer.

Ein langer Holztisch, auf dem sich Bücher, Zeitungen, Briefe stapeln. »Die Alma hat den Kokoschka so lange einen Feigling genannt, bis er sich schließlich ›freiwillig‹ zum Kriegsdienst gemeldet hat«, erzählt Frau Mahler mit tiefrauher Stimme. »Das konnte sie ja nicht gut der Öffentlichkeit preisgeben, oder? Kokoschka wollte keinesfalls in den Krieg, sie aber hatte schon genug von ihm, er war ihr schon zu anstrengend geworden. Als er dann mit schwerer Kopfwunde in Wien im Spital lag, hat sie sich geweigert, ihn zu besuchen. Aber in den Werfel war sie wirklich verliebt, auch p h y s i s c h , meine ich, absolut. Sein Kopf war wirklich wunderschön ... ich habe ihn modelliert, in den dreißiger Jahren, in Wien. Eine herrliche Stirne, hellblaue Augen – allerdings die Figur sehr dick und gedrungen. Ein großer Mund, muskulös, typisch für einen Mann, der gerne viel spricht. Aber s c h r e c k l i c h e Zähne! Und die Kinnpartie sehr schwach, wenn er redete.«

Ein Photoalbum, aus Alma Mahlers Besitz in den ihrer Tochter übergegangen: Ein Buch, das vor praller Fülle förmlich zu bersten droht, Hunderte Abbilder längst vergangener Lebensgeschichten ziehen gleich Traumsplittern an mir vorbei. Almas Vater, der berühmte Landschaftsmaler Emil Schindler, ihre Mutter, ihr Stiefvater Carl Moll, ihre Geschwister und ihre Töchter, ihre Ehemänner, Liebhaber und Freunde. »Sehen Sie, hier: das ist das Haus Mahler, in Breitenstein«, sagt Anna, deutet auf eine leicht vergilbte Photographie, »kein besonders schöner Bau, wie? Aber innen war's wunderbar! Alles holzgetäfelt – und zuerst noch ganz ohne elektrisches Licht. Wie herrlich das war, an den Abenden, im Kaminzimmer: nur das lodernde Feuer, und die vielen brennenden Kerzen! Über den Kaminsims hatte Kokoschka ein Fresko gemalt, eine Fortsetzung der Flammen darstellend, und Kokoschka sitzt mitten drin. Rechts Ungetier, sehr dunkel. Links eine Lichtgestalt, die sozusagen mit der Hand einen Ausweg zeigt. Wundern Sie sich nicht: die Lichtgestalt war Alma.

Ich hab den Werfel sehr gern gehabt, von Anfang an. An die schreckliche Geschichte mit der Blutung erinnere ich mich natürlich ganz genau – die besonders schlechte Ernährung hatte zweifellos mit Schuld: im Krieg haben wir doch nichts zum Essen gehabt. Unsere Köchin, die Agnes, die hat uns aus Pilzen und Baumrinde eine Art Fleischersatz zubereitet. Dazu gab's Polenta und Kartoffeln. Und das war auch schon fast alles ... also für das Embryo bestimmt viel zu wenig Nährstoffe. Und nach der Blutung, bis zur Geburt, sind dann noch drei Tage vergangen, in denen das Baby kaum Sauerstoff bekam. Kein Wunder also, daß es später so krank wurde. Diese Wochen der Aufregung um Alma und das Kind haben Werfel bis an sein Lebensende beschäftigt. Er sprach kaum davon. Aber in seinem Werk taucht diese Zeit immer wieder auf. Ich bin nicht sicher, vielleicht war das gar nicht so gut für ihn, daß er unter Mammis Einfluß kam. Sie hat ihn zweifellos zum Romancier gemacht. Er wäre ohne sie ziemlich sicher ein Lyriker und Bohèmien geblieben, sein Leben lang. Und auch ans Geldverdienen hätte er von sich aus wahrscheinlich kaum gedacht.«

Albrecht Joseph, Anna Mahlers Ehemann, einst Schriftsteller, Theaterregisseur, Film-Cutter, hat neben uns an dem Holztisch Platz genommen; nachdem er seiner Frau eine Zeit zugehört hat, wirft er ein: »Zu einem Freund sagte Werfel in späteren Jahren einmal: ›Wenn ich der Alma nicht begegnet wär', hätt' ich noch ein paar gute Gedichte geschrieben und wär' selig verkommen...‹«

»Aber Sie dürfen sich die Alma jetzt auf keinen Fall als ›Monster‹ vorstellen, das wäre ganz falsch«, setzt Anna hinzu, »kennt man nicht ihre beiden Seiten, so versteht man sie auch nicht; sie war eine unendlich leidenschaftliche Frau, die unendlich viel g e b e n konnte. Wenn sie einen Raum betrat, oder wenn sie auch nur an der Schwelle zu einem Raum stehen blieb, dann war da sofort eine Elektrizität spürbar, da war ein *Leuchten*, wenn sie ins Zimmer trat.«

»Ja: sie besaß eine ungemein magnetische Kraft, die ihrem Machthunger diente«, stimmt Albrecht Joseph zu, »auf den ersten Blick sah sie aus wie eine erfolgreiche Opernsängerin, spezialisiert auf Wagner-Partien. Und trug immer Kartoffelsackgewänder, so daß von ihrer Figur nichts zu erkennen war, man nur ihren imposanten Kopf zu sehen bekam.«

»Aber es ist doch ein Zauber von ihr ausgegangen«, betont Frau Mahler, »das kannst Du doch nicht leugnen! Und diese Begeisterungsfähigkeit für alles Künstlerische – sie war wie ein Vulkan! Und ging auf jeden Menschen wirklich ein, zu dem sie sprach. Und gab ihm Mut. Mut zu sich selbst und zu seiner Kunst. Du hast es doch selbst miterlebt, sie war eine ganz große Persönlichkeit, man geriet sekundenschnell in ihren Bann.«

»Dein Vater Gustav Mahler war bedeutend, bevor er Alma begegnete«, antwortet Albrecht Joseph, »Kokoschka wäre auch ohne sie Kokoschka geworden. Und Gropius hätte auch ohne Alma das ›Bauhaus‹ gegründet. À propos Gropius sagte sie übrigens rückblickend immer: ›Der war mir ja *so fad!*‹«

Breitenstein am Semmering

»Gegen diese Übermacht an berittener Polizei sind wir heute noch zu schwach!« rief Franz Werfel der ihn umringenden Menge zu. Bald jedoch, versicherte der Achtundzwanzigjährige und schwang mit opernhafter Dramatik seinen Hut, würde das Proletariat lawinengleich auf jene Herren herniederschmettern, die es heute noch ausbeuteten: »Dann werden wir auch diese Geldpaläste besitzen!« schrie er und wies hinter sich, auf das mächtige Gebäude des Bankvereins. So geschehen Anfang November 1918, Schauplatz Schottentor, in der Wiener Innenstadt. Werfel sympathisierte mit der vor kurzem von Egon Erwin Kisch nach bolschewistischem Vorbild ins Leben gerufenen Roten Garde, durchstreifte mit seinem Freund, dem Anführer, erregt die Stadt, blieb seinem Dienst im Kriegspressequartier immer häufiger fern. Erlebte in Militärbaracken, Kasernenhöfen, auf Zeitungsredaktionen hitzige Diskussionen. Nahm oft an Soldaten- und Arbeiterversammlungen teil, besuchte illegale Sitzungen, in denen der Sturz der Monarchie, die Machtergreifung durch die besitzlose Klasse vorausgeplant wurde; an den Weltkriegsfronten brach zu gleicher Zeit das Imperium Österreich-Ungarn zusammen, ging das größte Schlachten der bisherigen Menschheitsgeschichte zu Ende.

Der Roten Garde gehörten auch Agitatoren an, die an der Russischen Revolution teilgenommen hatten, sie verabschiedeten eine Resolution, wonach bei künftigen Auseinandersetzungen mit der Staatsgewalt Blut fließen müsse – ein Beschluß, dem Werfel sich mit Nachdruck widersetzte. Man drohte ihm mit dem Ausschluß aus dem Militärkomitee, doch ließ ihn diese Warnung eher unbeeindruckt. Er hatte andere Sorgen: Sein Aufruf zur Erstürmung der Banken war rasch aktenkundig geworden und zog nun eine polizeiliche Vorladung nach sich: Werfel gab zu Protokoll,

Anhänger Tolstois und des Urchristentums, daher strikter Gegner jeglicher Gewaltanwendung zu sein. Jene kurze Ansprache habe lediglich dem Zweck gedient, die aufgeregte Menschenmenge zu beruhigen, sie insbesondere von einem Zug zur Roßauerkaserne abzuhalten. Polizeikommissär Presser hielt dem Beschuldigten entgegen, er habe die gefährliche Wirkung seiner Hetzrede keinesfalls abschätzen können; und machte den Vorgeladenen überdies darauf aufmerksam, in Deutsch-Österreich kein Heimatrecht mehr zu besitzen, da sich sein ordentlicher Wohnsitz ja in Prag befinde, seit zwei Wochen Hauptstadt eines neuen, unabhängigen tschechoslowakischen Staates. Werfel entgegnete, er sei ein bedeutender Dichter, jegliche Einschränkung seiner Freiheit hätte heftige Angriffe der gesamten reichsdeutschen Presse zur Folge. Eine Blamage, drohte Franz Werfel, der sich Polizist Presser doch wohl nicht werde aussetzen wollen?

Am 12. November 1918, einen Tag nach der Abdankung Kaiser Karls I. von Österreich, Königs von Ungarn, wurde an der Wiener Ringstraße, vor dem Parlamentsgebäude, die Republik ausgerufen. Hunderttausende strömten aus allen Bezirken der Stadt zusammen, versammelten sich zwischen Rathaus und Oper; einzig die Mitglieder der Roten Garde, von der Volksmasse für Sicherheitskräfte gehalten, trugen noch feldgraue Uniformen. Während einer Ansprache des Parlamentspräsidenten hißte die Garde rote Flaggen: ihre Kämpfer hatten aus den gerade erst fabrizierten rotweißroten Österreich-Fahnen die weißen Streifen herausgerissen. Plötzlich brach Tumult aus, ausgelöst durch das Gerücht, auf dem Dach des Parlamentsgebäudes sei ein Maschinengewehr postiert, um die Garde unter Beschuß zu nehmen. Einige der revolutionären Soldaten versuchten, in das Abgeordnetenhaus einzudringen, sie feuerten wild um sich – und im panischen Gedränge, das nunmehr entstand, wurden zwei Menschen tödlich verletzt, erlitten zahlreiche Kundgebungsteilnehmer schwere Schußverletzungen.

Die österreichische Presse beschuldigte die Mitglieder der Roten Garde, die blutigen Zwischenfälle angezettelt zu haben, verur-

teilte insbesondere deren Anführer Egon Erwin Kisch als verant-
wortungslosen Abenteurer, brachte aber auch Franz Werfel in
direkten Zusammenhang mit den Geschehnissen – der Dichter, so
wurde betont, sei aktives Mitglied dieser kriminellen Bande,
mithin ein Protektor von Plünderern und Mordbrennern.

Noch am Morgen des historischen Tages war Franz Werfel in
Alma Mahlers Wohnung erschienen, hatte sie um ihren Segen
angefleht, wollte nicht fortgehen, bevor sie ihn nicht mit einem
Kuß entließ. Als er dann am späten Abend, nach überstandenem
Aufruhr, abgerissen und erschöpft zu ihr zurückkehrte, schickte
die Monarchistin ihren Geliebten fort, wandte sich angewidert
von ihm ab. Walter Gropius aber sorgte dafür, daß die Polizei
seinen Rivalen nicht belangte: er intervenierte höheren Orts, fuhr
sogar mehrmals zu Werfels Wohnung in der Boltzmanngasse, um
ihn vor möglichen Razzien zu warnen.

Erst nachdem sich die Wogen der öffentlichen Erregung etwas
geglättet hatten, zog sich Werfel in das »Schattenreich« der Kaffeehäuser zurück, geriet wieder ganz unter den Einfluß seiner
Freunde, um so mehr, als ja mit dem Kriegsende auch sein Dienst
im K.P.Q. zu Ende gegangen war und er keine geregelten Ar-
beitszeiten mehr einzuhalten hatte.

Täglich besuchte er nun sowohl das Central als auch das im
Vorjahr neueröffnete Café Herrenhof, das ebenfalls in der dunklen, schmalen Herrengasse lag, nur wenige Schritte vom Central
entfernt. Der Herrenhof-Saal wurde von einem gelben Glasdach
dumpf erhellt, es gab hier zahlreiche geräumige Logen, sternför-
mig angeordnet, und jede dieser Logen hatte ihren eigenen Vorsit-
zenden: ein solches Oberhaupt war Franz Werfels Prager Jugendfreund Ernst Polak, sein intellektueller Ermutiger schon aus
glücklichen Arco-Zeiten, der vor kurzem nach Wien übersiedelt
war. Polak hatte die Tschechin Milena Jesenská geheiratet, sie
durch diese Eheschließung aus einer Nervenheilanstalt befreien
können, in die ihr Vater sie hatte einweisen lassen. Halbtags als
Devisenhändler bei der Österreichischen Nationalbank beschäftigt, verbrachte Polak seine übrige Zeit im Herrenhof. Milena, die

in Prag einen großen Kreis von Bewunderern gehabt hatte, fand sich in Wien im akuten Elend der Nachkriegszeit keineswegs zurecht – sie fühlte sich einsam, unsicher, ungeliebt – gab Privatstunden in tschechischer Sprache, arbeitete als Hausmädchen, zeitweise gar als Gepäckträgerin am Wiener Westbahnhof, während ihr Ehemann im Café philosophierte, immer neue Anhänger und Anhängerinnen um sich scharte.

Alma Mahlers Siebenmonatskind hatte die Nachwirkungen seiner schweren Geburt zunächst überraschend gut überwunden, doch Ende November 1918 verschlechterte sich der Zustand des vier Monate alten Säuglings drastisch. Eine Gehirnwassersucht war plötzlich aufgetreten, welche den Kopf des Babys stark anschwellen ließ. In größter Sorge um das Überleben ihres Kindes, erlaubte Frau Mahler-Gropius ihrem Freund Werfel nun doch hin und wieder, sie zu besuchen.

Er erzählte ihr von dem Plan zu einem großen Schauspiel, den er in letzter Zeit weitergesponnen habe – und Alma war von diesem Stoff, der den Arbeitstitel ›Spiegelmensch‹ trug, vom ersten Augenblick an sehr angetan. Sie schlug Werfel vor, er möge sich noch diesen Winter in ihr Haus in Breitenstein zurückziehen, um dort in aller Ruhe und Abgeschiedenheit das Werk zu vollenden. Ein Gedanke, der durchaus seiner Sehnsucht entsprach, dem Chaos der Stadt zu entkommen: noch bevor er Alma begegnet war, hatte er Gertrud Spirk gegenüber die Hoffnung geäußert, eines Tages, nach Kriegsende, Wien verlassen, um in Stille und ohne Ablenkungen ausschließlich dichten zu können.

Kurz nach Weihnachten 1918 hielt er sich zwei Wochen lang bei seinen Eltern in Prag auf. Und mehr denn je erkannte er hier, in seiner Geburtsstadt, Alma sei unbedingter Mittelpunkt seines Lebens geworden, teilte ihr dies in immer neuen Variationen, in jedem seiner täglichen Briefe mit. »Ich habe hier erkannt«, hieß es da zum Beispiel, »daß ich vaterlands-los geworden bin. Eine tief fremde Stadt!« In Gesprächen mit seiner Familie vertrat er nur noch Frau Mahlers Standpunkte und Schwärmereien – so bekannte er, der Verdi-Fanatiker, nun mit einem Mal, Richard Wagner sei der größte Dramatiker aller Zeiten. Was seine Mutter kopfschüttelnd und traurig mit dem Ausspruch quittierte: »Er ist uns ganz fremd geworden.«

Auf der Straße wurde er, als man ihn deutsch sprechen hörte, von tschechischen Nationalisten niedergeschlagen. Nach der Zersplitterung der k.u.k. Monarchie waren Juden und Prager-deutsche mehr denn je verhaßt, ständige Angst begleitete Werfel fortan bei seinem Pragbesuch. Auch Gertrud Spirk sah er dieser Tage wieder, sie verhielt sich ihm gegenüber äußerst reserviert, bewies jedoch größtes Einfühlungsvermögen, als Werfel ihr von der Mißbildung seines Sohnes erzählte. »Zu G. S. stehe ich wie zu einer ganz entfernt Bekannten«, behauptete er Alma gegenüber, »es ist eine ungeheure Fremdheit in mir.« Seine ehemalige Freundin werde für ihn »immer mehr eine gespenstische Erinnerung [...] wie dieses Prag überhaupt«. Zugleich äußerte er die Befürchtung, Alma könnte sich während seiner Abwesenheit aus Wien wieder von ihm entfernen – tatsächlich erhielt er in all diesen Tagen keinen einzigen Brief von ihr. »Warum«, fragte er, »bist Du so böse, so kalt und berichtest mir nichts über meinen Sohn?« Und ermahnte sie: »Wehe Dir, wenn Du in meiner Abwesenheit nicht täglich aussprichst, daß Dir Jesus von Nazareth der liebste Mensch ist!«

Der Zustand des Kindes hatte sich in der Zwischenzeit weiter verschlechtert; als Werfel im Januar 1919 nach Wien zurückkehrte und das Baby wiedersah, erschrak er: des Knaben Wasserkopf war aufgedunsen wie der eines Alptraumwesens. Immer neue Punktionen mußten an Kopf und Rückenmark vorgenommen werden, immer wieder floß Wasser nach.

Alma zog sich erneut von ihrem Freund zurück, versprach nun Walter Gropius, sie werde Werfel sehr bald den Laufpaß geben. Schrieb in ihr Tagebuch, in Wirklichkeit habe sie niemanden außer Gustav Mahler geliebt – neben *ihm* erschienen ihr Männer wie Kokoschka, Gropius oder Werfel kleinformatig, nichtig, wie „Milben" gar. Sie suchte Streit mit ihrem Liebhaber, bauschte

Lappalien zu Katastrophen auf; so mußte er sich zum Beispiel dafür rechtfertigen, Kaffeehausfreunde in seine Boltzmanngassen-Wohnung gebeten zu haben, denen sich auch zwei Damen anschlossen, die er allerdings gar nicht eingeladen hatte. Verzweifelt verteidigte er sich, ohnehin »so viel schon abgeworfen« zu haben, seitdem er mit Alma zusammen sei, *»zu keinem Menschen mehr ernsthafte Beziehungen«* zu haben, nicht einmal zu seiner eigenen Familie.

Mitte Februar durfte er sich, trotz dieser offensichtlichen Verstimmung, nach Breitenstein, in das »Haus Mahler«, zurückziehen. Dies zu einem Zeitpunkt, da Wien vom Nachkriegselend gezeichnet blieb, heimgesucht von schwersten Krisen; Grundnahrungsmittel waren nur zu Wucherpreisen auf dem Schwarzmarkt erhältlich, auch Kohle konnte man sich kaum beschaffen. Sehr viele Menschen verhungerten oder erfroren in diesem Winter, andere starben an der heimtückischen Spanischen Grippe.

Werfel führte auf dem Semmering das Leben eines Einsiedlers. Ein Hausbesorgerehepaar wohnte nebenan, kümmerte sich hie und da um sein Wohlergehen. Als es ein wenig wärmer wurde, unternahm er große Spaziergänge, auf den Kreuzberg, auf Rax und Schneeberg, in die Adlitzgräben hinab oder durch mächtige Wälder hinüber nach Payerbach – Reichenau. Innerhalb weniger Wochen entstand der erste Akt seines Zauberspiels ›Spiegelmensch‹, eine »Magische Trilogie«, deren Hauptfigur Thamal sich in eine Klosterzelle, in ein sagenhaftes Hochland zurückzieht, um hier, weltabgewandt, zu sich selbst zurückzufinden. Von Selbsthaß getrieben, schießt er auf das eigene Spiegelbild, den Splittern aber entsteigt ein mephistopheles-ähnliches Alterego, der Spiegelmensch, dessen Verführungskünsten Thamal zunächst ganz und gar erliegt. Ähnlich wie in seinem Einakter ›Die Mittagsgöttin‹, verwob Werfel auch diesmal Elemente seiner eigenen Biographie in den Handlungsablauf: Thamal kündigt seinem Vater das Erbe auf, macht einem Freund die Ehefrau abspenstig, Ampheh gebärt einen Knaben, doch der Bub »ist krank, lahm, schon im Keim gebrochen ...«

»Ich lebe hier das Leben der Mönche aus Spiegelmensch. Wahnsinnige Einsamkeit!« schrieb Werfel an Alma und klagte über unentwegte, kaum erträgliche Sehnsucht nach seiner Geliebten. An seinem Theaterstück arbeite er täglich acht bis zehn Stunden, fühle sich abends oft so »medial und elektrisch«, daß er sich vor sich selbst zu fürchten beginne. Er befolge im übrigen die von Alma angeordnete Milchkur: damit er Gewicht verliere, hatte sie ihm diese Therapie verschrieben; an manchen Tagen, beteuerte er, faste er sogar vollkommen. Doch auch diese verzweifelten Versuche änderten auf Dauer nichts an der für ihn so typischen Leibesfülle.

Ihr Wille, Werfel zu lieben, habe sie monatelang blind gemacht, notierte unterdessen Frau Mahler-Gropius in ihr Tagebuch, in Wirklichkeit sei er aber Ursache all ihren Unglücks; insbesondere die Mißbildung des Kindes habe sie von ihrem Liebhaber entfremdet. Der Wunsch, Werfel wiederzusehen, bestehe nicht.

Das Baby war mittlerweile auf den Namen Martin Carl Johannes getauft worden. Sein Befinden verschlechterte sich so rapide, daß es zu konstanter Beobachtung in ein Krankenhaus verlegt werden mußte. Eine Kopfoperation wurde vorgenommen, doch auch sie blieb gänzlich erfolglos. »Alma war zweimal wochenlang am Rand des Selbstmords«, hieß es in Werfels Tagebuch; »Uns fesselt, trotzdem sie seit einiger Zeit heftig protestiert, ein biologischer Zauber ohnegleichen [. . .] Was wird aus uns werden? [. . .] Wir haben ein Menschenleben mit einander erlebt in einem Jahr.«

Werfel kam im März 1919 zu einem kurzen Besuch nach Wien – da teilte Frau Mahler ihrem Freund mit, sie wolle zu Walter Gropius nach Deutschland reisen und gedenke überdies, alle Leidenschaft, die sie für Werfel noch empfinde, fortan radikal in sich zu unterdrücken. Traurig, ratlos, kehrte der Abgewiesene auf den Semmering zurück, nur langsam kam er wieder zu sich, begann dann in Almas Haus, welches er inzwischen als seine »wahre Heimat« bezeichnete, wieder zu arbeiten. Schrieb zunächst zwei Märchen, ›Der Dschin‹ und ›Spielhof‹, letzteres von der Beziehung zu Alma deutlich inspiriert. »Den Spiegelmenschen habe ich zur Seite legen müssen, weil er nicht von uns beiden handelt«, teilte er Alma mit, erzählte ihr, ein Märchen verfaßt zu haben, »wo unsere ganze Geschichte in Träumen erzählt ist. – Bist Du böse? Ist das unzart, daß darin Worte niedergeschrieben sind, die wir beide gesprochen haben?«

Ende April gründete Walter Gropius in Weimar das Staatliche Bauhaus, eine Institution, welche die Weimarer Kunstgewerbeschule mit der Hochschule für bildende Kunst vereinigte. Alma war zu diesem Anlaß mit Manon nach Weimar gekommen, sie wohnte bei ihrem Mann, erhielt hier nun aber unentwegt Post von Franz Werfel: »*Tu nichts gegen mich und gegen Dich*«, rief er ihr zu und flehte sie an: »Alma, *komm ganz bestimmt anfangs Juni zurück. – Ich halte es nicht mehr lange aus!*«

Mitte Mai teilte ihm ein Brief von Alma Mahlers Freundin Berta Zuckerkandl mit, daß sein zehn Monate alter Sohn gestorben sei. Die Nachricht erreichte die Mutter des Kindes in Berlin, ihre Deutschland-Reise brach Frau Mahler-Gropius daraufhin allerdings nicht ab; erst einen Monat später kehrte sie nach Wien zurück. Zwar hatte Alma ihren Ehemann noch nicht endgültig verlassen, doch beide Partner erwogen die Scheidung. Immer drängender gab Werfel nun zu verstehen, seine Freundin ganz an sich binden zu wollen: »Es wäre lächerlich«, hatte er ihr nach Deutschland geschrieben, »wenn wir nicht so bald als möglich *heirathen* würden.«

Wieder geriet die ›Spiegelmensch‹-Arbeit ins Stocken – Werfel widmete sich mit ganzer Kraft seinem bislang umfangreichsten, zugleich sprachlich brillantesten Prosatext, einer von Gustav Meyrink, E. A. Poe, und E. T. A. Hoffmann inspirierten Phantasie, der er den Titel ›Die schwarze Messe‹ verlieh. Sowohl Spiegelmensch-Elemente flossen in diesen Romanversuch ein, als auch Werfels Passion für die italienische Oper, vermischt mit Traumbildern aus der babylonischen Mythologie und der biblischen Geschichte. Doch kaum rückte das Theaterstück wieder in den Mittelpunkt, ließ er die »Magische Novelle« liegen, sie blieb Fragment.

Nachdem Alma aus Deutschland heimgekehrt war, hielt sie sich, überraschenderweise, keineswegs in Distanz zu Werfel, zog vielmehr zu ihm, nach Breitenstein, erfüllte ihrem ,,Mannkind" einen Herzenswunsch. Der Glückliche arbeitete in diesem Sommer denn auch mit großer Kraft, so wohl und sicher hatte er sich kaum je zuvor gefühlt in seinem Leben. In einigen Wochen würde Alma ihren vierzigsten Geburtstag begehen, sie gestand sich ein, Sehnsucht zu haben, von Werfel nochmals ein Kind, womöglich einen Sohn, zu empfangen. All das Dunkle, Beängstigende des vergangenen Jahres schien endgültig überwunden.

Während eines kurzen Wien-Aufenthalts besuchten die Liebenden eines Abends den Wurstelprater; Frau Mahler wollte zu einer Wurfbude, die sie, Jahre zuvor, mit Oskar Kokoschka entdeckt hatte: die beiden beobachteten einen Jungen, der der Kundschaft seines Vaters die Holzbälle nachreichte, die man den lebensgroßen Charakterpuppen ins bizarre Gesicht warf. Es würde an ein Wunder grenzen, hatte damals Kokoschka gemeint, wenn dieser Bub nicht zu einem Mörder heranwachse. An jenem Sommerabend nun, da Alma mit Werfel in den Vergnügungspark kam, bildete sich ausgerechnet vor dieser Wurfbude eine Menschenmenge: der Schausteller war in der vorangegangenen Nacht von seinem Sohn mit einer Hacke erschlagen worden. In dieser geradezu unglaublichen Geschichte erkannte Franz Werfel augenblicklich den Stoff zu einer literarischen Arbeit; kaum zurück in Breitenstein, schrieb er, innerhalb kürzester Zeit, seine erste abgeschlossene Novelle, ›Nicht der Mörder, der Ermordete ist schuldig‹. Den Titel zu dieser Vater-Sohn-Tragödie steuerte Alma bei, ein albanisches Sprichwort, das ihr einst ein albanischer Politiker mitgeteilt hatte.

»Alle diese Väter sind [. . .] nicht Spender und Träger von Liebe und Weisheit«, lautete ein Kernsatz der Erzählung, »sondern [sie sind] schwach und süchtig [. . .] vergiftete Ausgeburten der Autorität.« Schon 1914 hatte Werfel ähnliche Gedanken in dem Dialog ›Euripides oder über den Krieg‹ zur Sprache gebracht, doch sie kamen erst in dem neuen Text, der Geschichte um Leutnant Karl Duschek und dessen unbändigen Vaterhaß, zur Geltung. Das anarchistische Credo von Werfels Central-Freund, dem Psychoanalytiker und Bohèmien Otto Gross, bildete den philosophischen Unterbau des Buches; Gross' Anprangerung patriarchalischer Weltordnung, welche Schuld trage an Krieg, Haß und Niedertracht, tauchte in dieser ›Mörder‹-Novelle neben Elementen von Franz' eigenem, oftmals disharmonischen Verhältnis zu Kommerzialrat Rudolf Werfel auf. (Wenn auch das tatsächliche Werfelsche Vater-Sohn-Verhältnis keineswegs so schlecht stand, wie die Novelle es vermuten ließe.) Deutliche Spuren hinterließ auch die Erinnerung an den von Martin Buber mit ins Leben gerufenen Geheimbund gegen den Militarismus, an dessen Sitzungen Franz Werfel mehrmals hatte teilnehmen dürfen; auch seine einstige Sympathie für die tschechische Irredenta klang hier wieder an. Stimmungsbilder aus Dostojewskis ›Brüder Karamasow‹ und Turgenjews ›Väter und Söhne‹ schließlich machten deutlich, wie unsicher sich Werfel noch im Stilistischen fühlte, in welcher Abhängigkeit von den übermächtigen Vorbildern er noch verharrte.

»... ich möchte nur um Gotteswillen keinen Tendenzerfolg haben, à la ›Sohn‹ von Freund Hasenclever«, schrieb er an Kurt Wolff, als ihm im Herbst 1919 die Druckfahnen seiner Novelle vorlagen. Walter Hasenclevers Theaterstück ›Der Sohn‹ war seit seiner Uraufführung im Jahre 1916 an den wichtigsten deutschsprachigen Bühnen aufgeführt worden, und der Einfluß auch dieses Schauspiels um einen Vater-Sohn-Konflikt auf Werfels eigenen Text war nicht zu übersehen. »... die Station des Gerichtstages ist längst überwunden«, ließ er G. H. Meyer, den Geschäftsführer des Verlags, wissen. »Ich bemühe mich immer zugänglicher zu werden.« Sich selbst aber gestand er im Tagebuch ein: »Ich habe noch nicht, oder werde nie haben – die *Verschlagenheit* des Romanciers«, wie bei allem, was er bislang geschrieben, sei auch diesmal »die Mathematik dieser Geschichte problematisch«.

Alma hatte den Dachboden des Hauses Mahler zu einem geräumigen Atelier umbauen lassen, schuf dadurch einen idealen Arbeitsplatz für ihren Freund, der nun, ab Herbst 1919, wieder an ›Spiegelmensch‹ weiterschrieb. Kettenrauchend saß er unter dem Holzdach, sah auf blühende Wiesen und weite Lärchenwälder – er arbeitete oft auch nachts, bis zur völligen Erschöpfung, erlebte dann manchmal einen Zustand, den er aus der Schulzeit schon kannte, ein Gefühl beängstigender Kraftlosigkeit, von panischer Beklemmung begleitet, die sich bis hin zu Selbstmordgedanken steigern konnte. »Gefühl von Impotenz«, notierte er in sein Tagebuch, »ein ernstes Buch nicht schreiben zu können. Darauf Beklemmung des Atems, fades Gefühl im Körper, Denkunfähigkeit und die jähe Empfindung, es nicht mehr aushalten zu können.«

Alma Mahler glaubte eine Ursache dieser Schwächeanfälle zu kennen: ihr Geliebter habe sich seit seinem zehnten Lebensjahr und bis er ihr begegnete, durch ,,wahnsinniges Onanieren" zugrunde gerichtet. Kein Wunder, dachte sie, daß er sich oft so zerschlagen fühle, daß seine Zellen morbid, sein Herz so schwach geworden seien, sogar Gehirnerweichung fürchtete sie für ihn. Und nahm sich strikt vor, dafür Sorge zu tragen, daß ihr ,,Franzl" fortan ein asketisches Leben führe; sie beschloß, seine Kräfte in Hinkunft mehr zu schonen.

Nach Monaten äußerst harmonischen Zusammenlebens in Breitenstein kehrten Werfel und Alma Mitte November 1919 nach Wien zurück. Gina Kranz hatte ihrem Untermieter die Boltzmanngassenwohnung gekündigt, nachdem sie wiederholt mit ihm Streit gehabt hatte, doch Werfel benötigte nun keine feste Bleibe mehr in der Stadt; kam er nach Wien zu Besuch, so übernachtete er in Almas Appartement oder mietete sich auch kurzfristig wieder im Hotel Bristol ein. Alma Mahler litt in diesem Winter sehr unter der Kälte, selbst ihr gelang es auf dem Höhepunkt der Kohlenkrise kaum, Brennstoff aufzutreiben: das kleine Rumpfland Österreich schien lahmzuliegen, der Zugverkehr funktionierte nicht, die Fabriken standen still.

In Prag bemühte sich Franz Werfel um einen tschechoslowakischen Reisepaß: in einem Europa plötzlich entstandener Landesgrenzen war ein solches Dokument lebensnotwendig geworden, und Werfel durfte ja seit Ende des Weltkriegs nicht länger als österreichischer Staatsbürger gelten. Er blieb vier Wochen in der Vaterstadt, auch diesmal wurde ihm der Aufenthalt wieder zur Qual, er zählte die Tage wie einst an der Front. Verschlief die meiste Zeit, konnte nicht arbeiten, und seine Angst, Alma entfremde sich ihm, sobald er sie verlasse, schien sich erneut zu bestätigen.

Er leide darunter, schrieb er ihr, daß sie auf das Zusammentreffen mit Menschen nicht verzichten könne, die eine »Antithese« zu ihm und seinem Werk darstellten, so arrangiere sie zum Beispiel Frühstücke mit Gästen, die seiner Meinung nach nicht »zu der Frau gehören, in deren Sphäre der ›Spiegelmensch‹ entsteht«. Er selbst, fügte er vorwurfsvoll hinzu, lebe »*orthodox* im Almasium«, habe bisher alle Einladungen ausgeschlagen, weil er nicht mit irgendwelchen »Weibern« beisammensitzen wolle und sich überdies vor jedem »Frauenzimmer« ekle. Ansonsten sei er nur zweimal in ein »neutrales« Kaffeehaus gegangen – womit klargestellt werden sollte, er habe das Arco gemieden – und sehe, außer der eigenen Familie, nur die früheren Freunde Oskar Baum, Max Brod, Willy Haas und Franz Kafka wieder. »Max Brod erkundigte sich zaghaft nach Dir«, schrieb Werfel an Alma. »Dann fing er an zu schwärmen! Er sehne sich, Dich kennen zu lernen. Mahler bedeutet für ihn das höchste Kunsterlebnis des Lebens.«

Gertrud Spirk war in den letzten Monaten eine Beziehung zu einem anderen Mann eingegangen – Werfel fühlte sich dadurch ungemein erleichtert, jeder Verpflichtung ihr gegenüber enthoben, mußte nun auch den Grundsatzbrief nicht formulieren, den Alma ihm zu schreiben empfohlen hatte. Daß seine Schwester Mizzi aber Gertrud Spirks beste Freundin geworden war, paßte ihm gar nicht. Die zwanzigjährige Mizzi sorgte überdies für größte Mißstimmung im Hause Rudolf Werfel: nachdem ihre Verlobung mit einem nichtjüdischen Tschechen in die Brüche gegangen, war sie diesem Manne nach wie vor verfallen. Kaum ansprechbar, krank und abgemagert, hockte sie in der elterlichen Wohnung. Franz bat nun dringend um Almas Rat, sie hatte seine Schwester in Wien einmal flüchtig kennengelernt, vielleicht könne sie dem Mädchen helfen? Und Alma schrieb ihr tatsächlich, brachte sogar zuwege, Marianne Werfels Depression zumindest ein wenig zu lindern. Der Bruder las diesen Brief »ununterbrochen«, mangels an ihn selbst gerichteter Post, um wenigstens die Schrift seiner Geliebten wiederzusehen.

»Dich für ewig zu gewinnen und an mich zu binden ist fortan mein einziges Lebensziel«, ließ er Alma wissen, sie möge nur endlich ihre Scheidung durchsetzen, dann werde auch seine unentwegte Angst nachlassen, die Liebe seines Lebens verlieren zu müssen: »Alma, ich beschwöre Dich«, insistierte er, »hilf mir die nächsten Jahre! Verlaß mich in keiner Minute!« Er versprach ihr, in Zukunft so viel zu arbeiten und mit seinen Werken so viel Geld zu verdienen, daß es seiner Zukünftigen an nichts mangeln werde. Nach Beendigung des ›Spiegelmensch‹ wolle er »Buch auf Buch schreiben«, um Alma besser helfen zu können. Gegen ihre Eheschließung hätte wohl auch sein Vater nicht allzuviel einzuwenden: sie beide sprächen zwar »niemals über Persönliches«, dennoch habe Franz das Gefühl, Rudolf Werfel sei »sehr zufrieden über meine Liebe zu Dir«.

Ende Januar 1920 kehrte Franz Werfel nach Breitenstein, in die tief verschneite Einsamkeit zurück. »In der Stadt bin ich nicht mehr fähig, die Feder in die Hand zu nehmen«, hieß es im Tagebuch, »nicht einmal zu einem Brief.« Er forcierte nun den Abschluß der ersten Fassung ›Spiegelmensch‹, ein Stück, in dem er nicht allein Elemente des Sprechtheaters wiederzuerkennen glaubte, wie er seiner in Wien verbliebenen Freundin berichtete, sondern durchaus auch Komponenten der Posse, der Oper und des Balletts. Nunmehr entstand auch sein bislang bösartigster Ausfall gegen Karl Kraus: er ließ den mephistophelischen Spiegelmenschen in die Rolle des ›Fackel‹-Herausgebers schlüpfen, legte ihm Worte eines selbstbesessenen, hochstaplerischen »östlichen Winkeladvokaten« in den Mund, der jeden »Stadtklatsch zu einem kosmischen Ereignis« hochstilisiere; ein penetrant-geschmackloses Couplet, auch keineswegs frei von jüdischem Selbsthaß, das mit den Worten endete: »Kurz und gut, weil ich [. . .] den Menschen [. . .] nicht in die Augen sehen kann, will ich ihnen lieber gleich in den Hintern schaun, ob dort ihr Ethos in Ordnung ist.«

Nach Fertigstellung der ersten ›Spiegelmensch‹-Fassung schrieb Werfel an Kurt Wolff, die »Magische Trilogie« bestärke ihn in seiner Überzeugung, kein anderer Schrifsteller der Gegenwart trage »soviel Theaterblut« in sich wie er. Demnächst wolle er nach München kommen (dorthin war der Verlag mittlerweile übersiedelt), um Wolff dies »Ungeheuer« in mehreren Sitzungen vorzulesen. Der Freund Ernst Polak, dem Werfel einzelne Szenen des Dramas, während eines kurzen Wien-Besuchs, im Bristol-Hotelzimmer vortrug, redete Werfel ein, das Werk überrage an Bedeutung selbst Ibsens ›Peer Gynt‹. Von solcher Ermutigung begleitet, entstand, im Frühjahr 1920 in Breitenstein, die zweite Fassung des Schauspiels, wobei Werfel insbesondere Alma Mahlers Änderungs- und Verbesserungsvorschläge berücksichtigte. Sie hatte stellenweise sogar eigenhändig in seinem Originalmanuskript herumgestrichen, was er zunächst als einen unbegreiflichen Akt der »Ehrfurchtslosigkeit« empfand – nun kürzte und revidierte er jedoch selbst so viel wie nur möglich, fügte allerdings auch einige neuerfundene Szenen hinzu. Beim Umschreiben komme »nur Lahmes heraus«, ließ er Alma wissen. »Ich bin der Mann des Ersten Wurfs. Leider!«

Alma Mahler hielt sich zu diesem Zeitpunkt erneut in Deutschland, bei Walter Gropius, auf. Wieder erhielt sie täglich Post von Werfel, Dokumente seiner ihm kaum erträglich erscheinenden Sehnsucht und seiner panischen Angst, die Geliebte könnte sich ihm entziehen oder ihn gar gänzlich verlassen. Eine Vision, nicht ganz ohne Berechtigung: in ihren jüngsten Briefen an Gropius hatte Alma betont, nun doch an Scheidung nicht mehr zu denken, im Gegenteil, sie plane endgültig zu ihrem Ehemann zurückzukehren. Werfels Nerven waren so sehr überspannt, daß er kaum

Schlaf fand, oft schrak er mitten in der Nacht auf, durchsuchte, aus Angst vor Einbrechern, das ganze Breitensteiner Haus, mit der Pistole im Anschlag.

In Berlin wurde Mitte März 1920 ein Putschversuch unternommen. Der Aufstand rechtsradikaler Kräfte unter Wolfgang Kapp (seine Männer trugen das indische Hakenkreuzsymbol auf ihren Stahlhelmen) konnte zwar von der sozialistischen Regierung nach wenigen Tagen niedergeworfen werden, doch lähmte während dieser Zeit ein Generalstreik das ganze Land. Da auch jeder Post- und Telephonkontakt unterbrochen war, zitterte Werfel um Almas und Manons Leben; auch eine Woche nach Kapps Umsturzversuch blieb Werfel noch ohne Nachricht aus Weimar.

Alma war inzwischen mit ihrer Tochter in Walter Gropius' neue Weimarer Wohnung eingezogen. »Du gehörst zu mir«, rief ihr Werfel verzweifelt zu. »Auch geistig! Laß dir nicht den jüdischen Geist entwerten! [...] Mein *Leben!* Ich bin sehr gequält, Dich *dort* zu wissen!«

Wenige Tage, bevor er die zweite Fassung ›Spiegelmensch‹ abgeschlossen hatte, erreichte ihn ein Telegramm des Direktors des Deutschen Theaters in Berlin: Max Reinhardt lud ihn ein, im Rahmen der Veranstaltungsreihe „Junges Deutschland" aus seinem neuen Drama vorzulesen. Eine Aufforderung, die die Krönung von Werfels bislang produktivstem Lebensjahr bedeutete: an einer der angesehensten Bühnen des deutschen Sprachraums aus der »Magischen Trilogie« vortragen zu dürfen.

Seit seiner Übersiedlung nach Breitenstein war innerhalb von dreizehn Monaten neben ›Spiegelmensch‹ auch die im Buchhandel inzwischen recht gut verkaufte ›Mörder‹-Novelle entstanden, hatte Werfel ›Die schwarze Messe‹ sowie zahlreiche Kurzgeschichten, Märchen und Essays geschrieben. Die inniggeliebte Frau hatte ihn, wie es seinem Wunsch ganz entsprach, tatsächlich aus der Wiener »Verkommenheitsatmosphäre« befreit, ihn in mönchische Einsiedelei übersiedelt und erfolgreich zu täglicher, regelmäßiger Arbeit angehalten.

Mitte April 1920 trug er am Deutschen Theater große Passagen seines Stückes vor; Max Reinhardt fand Gefallen an der »Magischen Trilogie«, wollte das Werk schon im kommenden Herbst zur Uraufführung bringen – allerdings nur unter der Bedingung, Werfel kürze das Drama beträchtlich, überarbeite es noch einmal, da die lange Kette von Träumen und märchenhaften Episoden in der vorliegenden Fassung den Rahmen eines Theaterabends unbedingt sprengen würde.

In Berlin traf Werfel nach den qualvollen Wochen der Trennung wieder mit Alma zusammen. Zu Walter Gropius' Entsetzen zeigte sich seine Frau nun erstmals auch in der deutschen Öffentlichkeit – in seinem Land und Wirkungsbereich – mit ihrem Liebhaber. Ungeniert besuchte sie mit Franz Werfel die Cafés und Theater der Reichshauptstadt, begleitete ihn auch zu seinen Unterredungen und privaten Zusammenkünften mit Max Reinhardt. Gemeinsam reisten sie dann nach München weiter, wo Werfel sein Schauspiel Kurt Wolff persönlich übergab – ohne allerdings Reinhardts Änderungsvorschläge berücksichtigt zu haben.

Anfang Mai 1920 verließ Alma Mahler ihren Freund erneut: sie war nach Amsterdam, zu einem großen Gustav-Mahler-Festival, eingeladen worden. Den Geliebten schickte sie zurück nach Breitenstein, an seinen Arbeitstisch im großen hölzernen Atelier ihres Landhauses.

Via Gloggnitz, Schottwien und durch die Adlitzgräben fahre ich Richtung Kreuzberg, folge den Schildern zur Speckbacherhütte. Hinter dem kleinen Bahnhofsgebäude von Breitenstein führt eine steile Straße kurvenreich bergauf, nach etwa einem Kilometer erreicht man eine schmale, von blühenden Obstbäumen gesäumte Abzweigung. Durch Um- und Anbauten vergangener Jahrzehnte ist das zweistöckige »Haus Mahler« deutlich verändert worden, von außen läßt sich seine einstige Form bloß noch erahnen. Am Ende des Zweiten Weltkriegs requirierten Soldaten der Roten Armee das Gebäude, nach dem Abzug der alliierten Streit-

kräfte aus Österreich ging es in den Besitz einer Korneuburger Schiffswerft über, dient seither der Belegschaft dieses Industriebetriebs als Erholungsstätte.

Ab kommender Woche, zu den Osterferien, werden die ersten Urlaubsgäste dieses Jahres erwartet, die Hausbesorgerfamilie K. ist bemüht, das Werftheim auf Hochglanz zu bringen. Herr K. führt mich durch die große, weißgekachelte Küche, sie scheint kaum verändert worden zu sein; dies war das Reich der Köchin Agnes Hvizd, ihre gemütliche kleine Kammer hatte sie unmittelbar oberhalb der Küche – die gußeiserne Wendeltreppe, die auch damals in den ersten Stock führte, steht heute noch. Durch einen dunklen Korridor gelange ich auf eine überdachte Veranda, hier befand sich zu Alma Mahlers Zeiten die große Holzterrasse, eingerahmt von hohen Pfeilern, hier empfing sie ihre Gäste, waren Liegestühle aufgestellt, umstanden Rohrsessel ein gemütliches Kaffeetischchen. Dies ist der heutige Speisesaal des Ferienheims, ein Glas- und Betonanbau, eingerichtet mit Resopaltischen und Kunststoffstühlen auf Linoleumboden.

»Da haben S' das ehemalige Kaminzimmer«, sagt der Hausbesorger, wir befinden uns in einem kahlen Raum, die einstigen Holzwände wurden mit graugelben Tapeten zugeklebt, auch dort, wo sich einst die offene Feuerstelle befand. »Der Kamin, wissen S', der is' zug'mauert wor'n«, erzählt mir Herr K.; ich erfahre, ein Prokurist der Schiffswerft habe Oskar Kokoschkas Feuer-Fresko über dem Kaminsims herunterschlagen lassen, da es sein moralisches Empfinden verletzte. Kaum war dies geschehen, hatte man rasch auch noch die Feuerstelle vermauert. Nun prangt an diesem Platz eine Farbphotographie des österreichischen Bundespräsidenten, daneben lehnt ein Plastikschild, welches die verschiedenen Eis-am-Stiel-Sorten abbildet, die es hier zu kaufen gibt. Diese nicht unerheblichen Veränderungen an einem Ort, den, neben vielen anderen, sowohl Hugo von Hofmannsthal wie Arthur Schnitzler, den Gerhart Hauptmann und Carl Zuckmayer, Alban Berg, Arnold Schönberg, Hans Pfitzner und Ernst Křenek wiederholt besuchten, die nach Breitenstein kamen, um Alma zu sehen und zu sprechen, um mit Werfel zu lachen und zu streiten – oder auch nur, um auszuruhen, sich im »Hause Mahler« Inspiration zu holen.

»Pumuckls Reise zum Meister Eder«, lautet der Titel einer Märchenplatte, welche Barbara, die neunjährige Tochter des Hausbesorgerpaares aufgelegt hat, der tragbare Plattenspieler wird auf höchste Lautstärke eingestellt, hier, im Kaminzimmer, Barbara singt, deutet tapsend Tanzschritte an, ißt dann mit den bloßen Fingern ein dickes Stück Speck, zerreißt dazu eine alte, trockene Semmel.

Auf meinem Weg ins erste Stockwerk stöbere ich in den Regalen der Heimbibliothek, finde ›Julia‹-, ›Sylvia‹- und Arztromane, finde Wildwest- und ›Jerry-Cotton‹-Hefte. »Das is das Fünferzimmer!« sagt Frau K., sie hat die Tür zu einem Raum geöffnet, der mit Stockbetten ganz ausgefüllt ist; die schönen Holzwände von einst wurden auch hier mit Papierverkleidungen zugekleistert, desgleichen im »Dreierzimmer« und im »Siebenerzimmer«. Überall Stockbetten, überall vergilbte Tapeten. Und in Alma Mahlers und Franz Werfels ehemaligem Badezimmer krümmen sich heute, über nackter Steinfläche, die langen Hälse dreier Duschen. Wie im Waschraum eines Gefängnisses oder einer Nervenheilanstalt sieht es hier aus.

Der zweite Stock, jener Dachboden, den Alma Mahler-Gropius zu einem geräumigen Arbeitsatelier umbauen ließ, wo Werfels Stehpult und sein Schreibtisch standen, wo die groben Holzbretter mit den großen Theaterplakaten seiner Stücke beklebt waren: er ist heute in vier kleine Mansarden unterteilt, auch dies Ferienräume für die Schiffswerftangestellten. »In dem Bretterraum oben«, notierte Werfel 1922 in sein Tagebuch, »spüre ich immer wieder meine Geister, die mich empfangen.« Zahlreiche seiner Werke sind hier entstanden, neben ›Spiegelmensch‹ etwa ›Bocksgesang‹ und ›Paulus unter den Juden‹, neben ›Juarez und Maximilian‹ auch ›Die Geschwister von Neapel‹ und ›Die vierzig Tage des Musa Dagh‹. Kettenrauchend schuf er hier Werk um Werk, zwanzig Jahre hindurch, bis der »Anschluß« Österreichs an das Deutsche Reich ihn seiner Arbeitsstätte beraubte. Und kein Staubkorn, keine Schwingung der Luft erinnert mehr daran, was hier geschehen ist, wer hier gelebt, gelitten, gejubelt hat, vor nur fünfzig, sechzig Jahren noch. »Rauchen verboten!« steht in großen schwarzen Lettern über der Tür zu jeder Mansarde.

Aus dem Erdgeschoß dringt von Barbaras Märchenplatte leises Gewirr hoher Stimmen nach oben. »An manchen Tagen tuts nur Bücher lesen, die Barbara«, erzählt die Mutter des Mädchens, »und letzte Weihnachten hats die ganze Zeidung ausglesn, auch des, was in die Klammern steht.« Mein Blick fällt auf ein Schriftstück, welches in allen Zimmern des Hauses festgemacht ist, auch hier, auf dem ehemaligen Dachboden:

Österreichische Schiffswerften AG
Linz-Korneuburg, Werft Korneuburg
Werftheim – Breitenstein Nr. 102

Liebe Feriengäste!

Wir begrüßen Sie auf das Herzlichste in unserem Erholungsheim und wünschen Ihnen einen recht schönen Urlaub.

Es wird jedes Jahr, soweit es die Mittel erlauben, etwas verbessert, das den Feriengästen den Aufenthalt angenehmer gestaltet.

Um eine Ordnung im Heim zu gewährleisten, müssen wir Sie bitten, nachstehend angeführte Hausordnung einzuhalten.

HAUSORDNUNG.

Es wird gebeten, die Essenszeiten einzuhalten:
   8,00 Uhr Frühstück mit Ausgabe des Gabelfrühstückes
   12,00 Uhr Mittagessen
   18,30 Uhr Abendessen
Getränkeabgabe nur während der Essenszeiten und abends bis 21,30 Uhr.
Bei einem beabsichtigten längeren Ausflug und dadurch späteren Heimkommen, ist dies vorher der Heimleitung bekanntzugeben.
Von 13,30 Uhr–15,30 Uhr ist Mittagsruhe.
Bitte kein Radio einschalten, leise über die Treppen gehen und leise die Türen schließen. In unmittelbarer Nähe des Hauses müssen sich auch die Kinder ruhig verhalten.
Um 22,00 Uhr ist Nachtruhe.
Nach diesem Zeitpunkt ist das Fernsehprogramm auf Zimmerlautstärke einzustellen, damit die übrigen Gäste nicht gestört werden.
Bitte benützen Sie im Haus nur Hausschuhe.
An Rasiersteckdosen dürfen nur Rasierapparate angesteckt werden.

127

Das Stehen und Sitzen auf den Heizkörpern ist nicht gestattet.

Bei nicht voll belegten Zimmern, jeweils nur 1 Bett benützen.

Das Liegen mit Oberbekleidung auf den Betten ist nicht gestattet.

Inventar, Bettdecken, etc. wurden neu angeschafft und sind schonend zu behandeln.

Da die Wände der Mansardenzimmer aus Holz sind, ist das Rauchen in diesen Räumen verboten. Auch im Speisesaal ist Rauchverbot.

Abfälle gehören nicht auf die umliegenden Wege, nicht auf den Rasen und auch nicht in die Klosettmuschel, sondern in die dafür vorgesehenen Tretkübel.

Bücher und Spiele sind sorgfältig zu behandeln und wieder zurückzugeben. Zeitungen und Zeitschriften sind für alle da und dürfen erst am Abend mit ins Zimmer genommen und müssen morgens wieder am Zeitungsplatz abgelegt werden.

Liegestühle und Spiele im Freien sind nach Benützung wieder zurückzustellen.

Der Heimleiter trägt die Verantwortung für die Einhaltung dieser Hausordnung. Wünsche und Beschwerden sind beim Heimleiter vorzubringen.

Österreichische Schiffswerften AG
Linz-Korneuburg, Werft Korneuburg

»Ich bin Bocksgesang ...«

Im Spätherbst 1919 war ›Der Gerichtstag‹ erschienen, von dem Franz Werfel innerlich längst abgerückt war, da er ihn auf das literarische Genre des Expressionismus festlegte. Gerade von einer Gleichsetzung mit dieser radikalen Extremhaltung wollte der seit einigen Monaten mehr und mehr ins katholisch-konservative Fahrwasser Geratene loskommen. Im Frühjahr 1920 nutzte er daher ein Zeitungsinterview anläßlich der erfolgreichen ›Troerinnen‹-Premiere am Wiener Burgtheater, sich »in bewußtesten Gegensatz zum dramatischen Expressionismus« zu stellen; er prangerte diesen als eine nordeuropäische Modeerscheinung an, gegen die er, ein südlicher Mensch, fortan anzukämpfen gedenke. »Unser Herz«, fügte er hinzu, »hängt mehr denn je an der Musik der großen Bögen, der Stretti, Finali, an den großartigen atembeschwingenden Unsinnigkeiten des Theaters – kurz, es ist beim göttlichen Verdi!«

Dem Abschluß der ›Spiegelmensch‹-Arbeit folgte nun die unschlüssige Suche nach einem neuen Stoff; die Auflagenzahlen der ›Mörder‹-Novelle stiegen ständig, brachten Werfel zum Teil enthusiastische Kritiken und das erste substanzielle Einkommen seines Lebens ein. ›Die Troerinnen‹ standen monatelang auf dem Wiener Spielplan, doch ohne neue Idee fühlte sich Werfel kraftlos, verfiel in Depression. Er skizzierte den Plan zu einem Roman gegen Karl Kraus: dessen verzweifelte Bemühungen um Assimilation laufen Gefahr, an dem unerwarteten Auftauchen eines jüdisch-orthodoxen Verwandten zu scheitern; der entsetzte Publizist Karl Kalans vergiftet daraufhin kurzentschlossen seinen unliebsamen Cousin ...

Den Sommer 1920 verbrachte Werfel großteils in Wien, bis seine Freundin ihn wieder nach Breitenstein schickte – sie war überzeugt, er sei nur in der Einsamkeit ihres Hauses und nur ohne ihr Beisein fähig, konzentrierte, schöpferische Arbeit zu leisten. Wenige Tage nach seinem dreißigsten Geburtstag begann er, am Semmering, tatsächlich mit der Ausarbeitung einer Stückidee, die ihn schon seit längerer Zeit vage beschäftigt hatte. Ein literarisch-symbolisches Spiel mit dem Gedanken nämlich, sein mißgestalteter Sohn Martin Carl Johannes wäre am Leben geblieben, würde nun älter, schließlich ein ausgewachsener Mann werden: er kleidete diese Angstvorstellung in eine Handlung, die unter slowenischen Großbauern spielte, zu Beginn des neunzehnten Jahrhunderts, da Aufstände der Bevölkerung von türkischem Militär blutig niedergeschlagen worden waren. Die Hauptfigur des Stücks, halb Mensch, halb panähnliches Vieh, sollte auf der Bühne niemals sichtbar werden, sich vielmehr im Verhalten der Hauptfiguren widerspiegeln. Dieser Werfelsche Golem geriet zur Personifikation der Revolution, symbolisierte einen Abgott der Besitzlosen, Entrechteten und Schwachen, unter den Mächtigen panischen Schrecken verbreitend.

›Bocksgesang‹ nannte Werfel sein Vorhaben, Übersetzung des griechischen Wortes »tragodia« – in einer packenden Folge knapper Szenen, die sowohl sprachlich als auch inhaltlich auf weit höherem Niveau standen als noch das ›Spiegelmensch‹-Experiment, verband er die private Tragödie der Koboldähnlichkeit seines eigenen Sohnes mit seinem einst so vehementen politischen Engagement für die Sache des Proletariats. Die Figur des Juvan etwa, des selbsternannten Führers der Entrechteten, setzte sich aus anarchistischen Rotgardisten und russischen Propagandisten zusammen, denen Franz Werfel während jener Umsturzwochen in Wien persönlich begegnet war.

In erster Linie wollte Werfel wohl Alma Mahler zuliebe sein eigenes Mitgerissensein während der Barrikadenstürme endgültig als jugendlichen Irrtum abtun, erkannte aber während der Arbeit an ›Bocksgesang‹, sich den Forderungen der Besitzlosen und Unterdrückten aller Länder nach wie vor verpflichtet zu fühlen: somit wurde die sozialistische Revolution in Werfels neuem, faszinierenden Theaterstück, das nun nach und nach Gestalt annahm, gleichermaßen verdammt wie glorifiziert. Das Drama symbolisiere, formulierte er zu einem späteren Zeitpunkt, »das Motiv *unserer* Zeit, den *Sinn der Zerstörung*«.

Im Oktober 1920 ließen sich Alma Mahler und Walter Gropius in Weimar scheiden. »Es ist ein Mensch auf der Welt«, schrieb Werfel daraufhin aus Prag an seine Geliebte, »zu dem ich mehr Ja sage, als zu Gott. « Täglich danke er auf Knien, daß sie auf der Welt sei: »Ich könnte ununterbrochen weinen.« Zur Feier ihrer Scheidung wollte er mit ihr nach Venedig reisen, lernte während seines Prag-Aufenthalts sogar schon ein wenig Italienisch.

Er arbeitete jetzt an einer »Dramaturgie und Deutung des Zauberspiels ›Spiegelmensch‹«, schuf für sein künftiges Publikum eine Art Führer durch die Wirren der »Magischen Trilogie« und ihrer handelnden Personen. Das Stück war mittlerweile in Druckfahnen an die wichtigsten deutschsprachigen Bühnen gesandt worden. Kurt Wolff hielt allerdings jenes denunziatorische Couplet gegen Karl Kraus für gänzlich mißglückt, versuchte, seinen Lieblingsautor zu überreden, es ersatzlos zu streichen. Doch Werfel ließ den peinlichen Monolog unverändert stehen. ›Spiegelmensch‹ müsse, seiner Meinung nach, ein Erfolg werden, schrieb er Ende Oktober an den unglücklichen Verleger, »denn es gibt ja heute kein Drama polyphonen Stils, doch nur lauter kahles Gelalle!«

Alma besuchte, als nunmehr geschiedene Frau, erstmals das Elternhaus ihres Freundes, ein Ereignis, dem sie zuvor immer wieder erfolgreich ausgewichen war. Wohnte als Hausgast in der Mariengasse, mit Franz, seinem Vater und seiner Mutter, mit Mizzi und Barbara unter einem Dach. Albine Werfel beging in diesem Jahr ihren fünfzigsten Geburtstag, sie war mithin nur neun Jahre älter als die Geliebte ihres Sohnes, ein Umstand, der in diesen Tagen vermutlich allen Anwesenden seltsam deutlich wurde. Mit größtem Respekt und mit großer Sympathie begegnete man Alma Mahler gleichwohl, sie wurde fortan als ein Mitglied der Familie betrachtet.

Gemeinsam reisten Werfel und Alma zum Jahresende 1920 nach Venedig, stiegen im Grand Hotel Luna ab, genossen diese Wochen in der Stadt, die sie beide liebten wie kaum eine andere. Ließe es nur ihre finanzielle Lage zu, so wollten sie Italien und die Lagunenstadt künftig sehr viel öfter besuchen.

Zu Beginn des neuen Jahres unternahm Franz Werfel eine ausgedehnte Lesereise durch Deutschland. Dies Land sei »namenlos schrecklich geworden!«, hieß es in einem Brief an Kurt Wolff. »Fühlen Sie das auch? Noch nie habe ich so entsetzlich das Wort empfunden: Für wen?« Zwar waren seine zahlreichen Rezitationsabende gut besucht und durchaus erfolgreich, doch ärgerte er sich über die zurückhaltenden, teils boshaften Reaktionen deutscher Kritiker auf den mittlerweile in Buchform erschienenen ›Spiegelmensch‹. Ihn verfolge in Deutschland »von allen Seiten Haß«, klagte er Alma gegenüber. »Entsetzliches Land, entsetzliches Volk!!« Er befürchtete sogar, seine Freundin könnte sich von der Stimmung, die im Reich gegen ihn herrschte, beeinflussen lassen.

Erst im Mai 1921 traf er wieder auf dem Semmering ein, setzte die Arbeit an ›Bocksgesang‹ fort. Aus Leipzig kam nun Nachricht, ›Spiegelmensch‹ solle dort im Oktober uraufgeführt werden. In einer daraufhin verfaßten autobiographischen Skizze, wohl für eine Presseaussendung des Kurt Wolff Verlags gedacht, bekannte Werfel: »Die verzehrende Kunstsensation meiner Jugend war das Theater«, und nannte als wichtigstes Erlebnis in diesem Zusammenhang »die Darstellung der verdischen Oper durch eine italienische Stagione«. Ein Elementarereignis, dessen »ästhetische Perspektiven lange noch nicht zu Ende gedacht und ausgeschöpft« seien. Das Jahr seines Abiturs wurde auf 1908 vorverschoben, um den Makel der Klassenwiederholung zu verwischen. An der ostgalizischen Front lediglich als Telephonist gedient, nicht aber in den Schützengräben gestanden zu haben, versteckte er hinter der Formulierung: »Die Kriegsjahre 1915–1917 verbrachte ich als Mannschaftsperson bei einem Artillerieregiment.« Und er schloß mit den Worten: »Seit dem Herbste 1917 lebe ich in Wien. Ich habe das hohe Glück gefunden, das ich unbewußt immer gesucht habe.«

Nach den ›Spiegelmensch‹-Premieren in Leipzig und Stuttgart, deren Erfolg nicht groß war, gab es kaum einen Kulturteil deutschsprachiger Zeitungen, der nicht über den Lyriker, Dramatiker und Prosaschriftsteller Franz Werfel berichtet hätte. Es mangelte allerdings auch nicht an Versuchen, den Dichter als geistigen Hochstapler und geldgierigen Vielschreiber hinzustellen. Karl Kraus ließ sich gar zu einer Racheschrift hinreißen; in seiner magischen Operette ›Literatur oder Man wird doch da sehn‹ spielte Familie Werfel, in einem ›Herrenhof‹-ähnlichen Kaffeehaus, jüdelnd Literaturchaos; Kraus bezichtigte den jungen Johann Wolfgang Werfel des ›Faust‹-, ›Peer Gynt‹- und ›Nach Damaskus‹-Plagiats, zeichnete seinen Feind als raffinierten Geschäftemacher, der mit seinem Werk lediglich die jeweils herrschende Mode bediene. ›Literatur‹ stand jedenfalls Werfels geschmacklosen Ausfällen gegen Kraus in Nichts nach.

Als er Ende Oktober wieder nach Prag kam, um seine Eltern zu besuchen, erschien Werfel die Stadt mehr denn je als »Traumgespenst«, die Wohnung seiner Kindheit so fremd wie noch nie. Seine Mutter litt sehr unter dieser inneren Abkehr ihres Sohnes – brach darüber sogar in einen plötzlichen Weinkrampf aus. »Ich mußte ganz kalt bleiben«, berichtete Franz daraufhin seiner »einzigen Königin«. Unentwegt verglich er Alma Mahler mit seiner Mutter und seinem Vater, beklagte die kaum erträgliche Diskrepanz zwischen diesen beiden Welten. »Ich gehöre nirgendhin, nirgends, in keine Stadt, in kein Land, in keine Zeit, – ich gehöre nur zu Dir«, schrieb er an Alma – »Mit dem Rücken zur Welt will ich leben!« Ein Vorsatz, der sich allerdings nicht ohne weiteres durchführen ließ: insgesamt etwa fünfhundert ›Spiegelmensch‹-Kritiken wurden Werfel nach Prag nachgesandt. Tagelang blieb er ohne eine Antwort von seiner Geliebten: »Ich bin gänzlich ratlos. Herrgott!! Warum schreibst Du nicht!! [...] Meine Mutter fragt mich immer, warum Du mir nicht schreibst. [...] Ich schwöre Dir, wenn Du nicht sofort schreibst, so sollst auch Du es spüren, wie es schmeckt, durch den Briefträger enttäuscht zu werden.«

Im März 1922 fand am Wiener Raimundtheater die Uraufführung des ›Bocksgesang‹ statt. Die Tagespresse reagierte teils freundlich, teils verwirrt auf dies bizarre, höchst eigenwillige Stück. Robert Musil etwa, mit Werfel aus dem Herrenhof gut bekannt, bemerkte in der ›Prager Presse‹, das Drama erinnere ihn an ein geglücktes Opernlibretto – da es jedoch in der Allegorie verharre, stelle es keinen großen symbolischen Wurf dar. Der Dichter Werfel kämpfe ja bekanntlich seit Jahren um Tiefe und Bedeutung, ohne seine Leser, ohne allerdings sein Theaterpublikum wirklich überzeugen zu können. »Mein Kredit hat sich erschöpft. Wie das? Den journalistischen Zeitungsmenschen und Snobs bin ich schon zu lang bekannt«, notierte Werfel nach der ›Bocksgesang‹-Premiere in sein Tagebuch. Da er offenbar nicht mehr überrasche, klagte er, glaube man, ihn durchschaut zu haben. Feuilletonisten wollten alle zwei Jahre ein neues Talent entdecken, daher sei sein »Augenblick« nun eben vorbei. Doch bleibe ihm ein Trost: »Er wiederholt sich«, der Augenblick.

Alma Mahler befand sich, ihrer Tochter Manon zuliebe, ab Ende März für etwa zwei Wochen bei Walter Gropius, in Weimar. »... ich kann nicht *allein* leben!« rief Werfel ihr diesmal nach, flehte, wie bereits im Vorjahr, seine Freundin möge sich nicht von der in Deutschland gegen ihn herrschenden Stimmung aufhetzen lassen – die Deutschen, insistierte er, hätten von seiner Leidenschaft und Sehnsucht gar nichts verstanden, es gebe nichts »verlogeneres, scheinheiligeres [...] als dieses geistige Deutschland: Goethe oder Bauhaus«. Und sein Brief gipfelte in den Worten: »*Ich* bin (Gottseidank) *Bocksgesang*. Die Urverwirrung der unbefriedigbaren *Lust* ...«

»Alle Einsamkeit ist Krankheit«, lautete eine der ersten Notizen zu einem Drama, das er während Almas Abwesenheit skizzierte, ausgelöst durch das Gefühl absoluter Sinn- und Richtungslosigkeit, sobald seine Geliebte ihn wieder einmal allein gelassen hatte. »Der Massenmörder«, später ›Schweiger‹ benannt, stellte einen in seiner Heimatgemeinde hochangesehenen Uhrmachermeister in den Mittelpunkt, der einst, in einem Wahnsinnsanfall, auf eine Menschenmenge geschossen hatte und nach psychiatrischer Behandlung als vollkommen geheilt entlassen worden war. An die dunkelste Stunde seines Lebens konnte sich Franz Schweiger nun nicht einmal mehr erinnern.

Abgelenkt durch die Burgtheater-Proben zur österreichischen ›Spiegelmensch‹-Erstaufführung, brach er die Arbeit an diesem Drama zunächst wieder ab. Obwohl sein Couplet gegen Karl Kraus von der Regie gestrichen worden war, befürchtete die Theaterleitung unter Anton Wildgans gewalttätige Protestaktionen fanatisierter Kraus-Anhänger. Während der Premiere stand der Zuschauerraum unter Polizeischutz – der befürchtete Skandal blieb allerdings aus. Von einigen Zischlauten abgesehen, reagierte das Publikum sogar mit großem Applaus, holte Werfel mit Bravorufen oftmals vor den Vorhang.

Anfang Mai reiste er seiner Geliebten nach Venedig nach, wo sie bereits seit Wochen in einem kleinen Hotel am Canal Grande wohnte. Schon während ihres letzten Venedig-Aufenthalts hatte Alma Mahler den Entschluß gefaßt, hier einen kleinen Palazzo zu kaufen, suchte nun, im Frühjahr 1922, konsequent nach einem solchen Stadthaus, obwohl ihre in den Vereinigten Staaten angelegten Gelder sequestriert worden waren und sie im Falle eines tatsächlichen Ankaufs auf die finanzielle Unterstützung ihres Stiefvaters Carl Moll angewiesen sein würde. Zwar wollte auch Werfel sich beteiligen (seine Theater- und Buchtantiemen nahmen ja auch ständig zu), doch durch die in Deutschland und Österreich immer spürbarer werdende Inflation verloren alle seine Einkünfte rapide an Wert.

Nach etwa einem Monat intensiver Bemühung war Alma das kaum Glaubliche geglückt: sie hatte den ersehnten Palazzo gefunden, umgeben von einem kleinen Garten; das zweistöckige Gebäude lag unweit des Canal Grande, an einem der schönsten Plätze der Stadt, in unmittelbarer Nähe der Frari-Basilika, im Bezirk Campo San Polo. Noch waren große Renovierungsarbeiten notwendig, gab es Ärger mit den Vorbesitzern, doch der Traum vom eigenen Haus in Venedig – Alma nannte es sogleich »Casa Mahler« – war in Erfüllung gegangen.

Franz Werfel verbrachte unterdessen eine ruhige, glückliche Zeit in der Lagunenstadt; machte sich auf Spaziergängen, Vaporettofahrten, in Hotelhallen Notizen zu einem großen Romanvorhaben, welches ihn schon seit der Schulzeit, seit seinen Prager Stagione-Erlebnissen beschäftigte: eines Tages einen Roman um sein Idol Giuseppe Verdi zu schreiben. Eine unbestimmbare Furcht, der so sehr verehrten Figur des »Maestro« nicht gerecht werden zu können, hatte ihn vor der Verwirklichung dieses Plans bislang immer wieder zurückschrecken lassen.

Unter Almas Anleitung hatte er übrigens begonnen, hie und da selbst zu komponieren, vertonte zum Beispiel Friedrich Nietzsches Poem ›Venedig‹ im venezianischen Sechsachteltakt, dem Barkarolenrhythmus. Seine Lehrmeisterin hielt das Ergebnis allerdings für »gänzlich natur- und talentlos«, wie er im Tagebuch vermerkte – »Aber ich habe oft Heißhunger nach von mir geschriebenen Noten . . .«

Nach Wien zurückgekehrt, schrieb Alma Mahler einen Brief an Kurt Wolff, den sie persönlich bislang noch nicht kennengelernt hatte. Es gehe Franz Werfel materiell sehr schlecht, von den 3500 Mark, die er monatlich beziehe (das seien, im Gegenwert, 105 000 österreichische Kronen), könne er sich gerade noch seine Zigarren besorgen, nicht aber sein Leben finanzieren, für das sie allein aufzukommen habe. Wolff möge ihr gestatten, betonte sie überdies, Werfels etwaige Verlagsschulden, die sich durch verschiedene Vorschußzahlungen ergeben haben mochten, aus ihrer eigenen Tasche zu begleichen. Ihr Freund hege nämlich Widerwillen gegen seinen Verleger, dieser ungeklärten finanziellen Verhältnisse wegen. Stehe Werfel denn nicht hoch über den meisten seiner Berufskollegen, fragte Alma Mahler, müsse er daher nicht auch dementsprechend mehr verdienen?

Wolff verteidigte sich vehement: keinem seiner Autoren sei er so sehr zugetan wie Werfel – und über mögliche Modifikationen der Verträge ließe sich durchaus verhandeln. Andererseits habe

Werfel im vergangenen Jahr dreimal soviel Geld erhalten, als Frau Mahler in ihrem Schreiben angegeben habe; darüber hinaus sei ihm, Wolff, immer wieder versichert worden (und dies war ein etwas eigenartiger Rechtfertigungsversuch des Verlegers), Rudolf Werfel versorge seinen Sohn regelmäßig mit finanziellen Zuwendungen in beträchtlicher Höhe.

Den Sommer 1922 verbrachte Werfel in Breitenstein, begann mit der Ausarbeitung des Theaterstücks ›Schweiger‹, das er im vergangenen Frühjahr erstmals skizziert hatte. Professor Viereck, der Direktor jener Irrenanstalt, aus der Franz Schweiger nach seinem Massenmord als geheilt entlassen worden war, taucht plötzlich in dessen Uhrmacherwerkstätte auf, nachdem er erfahren hat, sein ehemaliger Musterpatient solle von der Sozialistischen Partei als Wahlredner und Abgeordneter aufgestellt werden. Der deutschnationale Psychiater erinnert den Mörder von einst an seine Tat, zerstört dessen Ehe mit der schwangeren Anna, verwandelt das idyllisch gewordene Leben des braven Uhrmachers in eine Hölle.

Privatdozent Dr. Ottokar Grund aber, ein somnambules Medium, zugleich Sklave des bösartigen Professors, erschießt seinen Herrn; ».. . wir hören niemals, niemals auf, zu hassen!!« stachelt er Franz Schweiger an. »Nieder mit den Menschen! Wir, du und ich, werden den grenzenlosen Haß von Millionen Kranken organisieren!« Vorbild zu dieser Figur war Werfels ehemaliger Central-Freund Otto Gross; er zeichnete ihn als »höchst unangenehme[n] Mensch[en]«, als gefährlichen Psychopathen und Anarchisten.

Dr. Grund ist Schweigers Alterego, ähnlich wie Spiegelmensch die Bewußtseinsspaltung Thamals personifizierte. Als sein eigenes Gegen-Ich empfand Franz Werfel rückblickend nun wohl auch Otto Gross – hätte Alma ihn damals nicht aus der Kaffeehausatmosphäre errettet, wäre sein Leben vielleicht ähnlich dem des leidenschaftlichen Vater-Hassers und brillanten Freud-Schülers Gross verlaufen, der zu Beginn des Jahres 1920 an den Entzugserscheinungen seiner Rauschgiftsucht qualvoll zugrunde gegangen war.

Nach zwei Monaten schloß Werfel die erste Fassung des Trauer-spiels ab; notierte im Oktober 1922, als auch die zweite Nieder-schrift fertiggestellt war, in sein selten geführtes Tagebuch: »Ge-samtgefühl weniger zuversichtlich als voriges Jahr nach dem ›Bocksgesang‹«. Zufriedener schien er mit einer Zahl neuer Ge-dichte, die in diesem Jahr entstanden waren und unter dem Titel ›Beschwörungen‹ erscheinen sollten. »Dabei macht mich das Dichten oft unglücklich, *erfüllt mich mit Mißtrauen*«, hatte er an seinen Prager Freund, den Lyriker und Übersetzer Rudolf Fuchs geschrieben. »Wenn man dieselbe fahrlässige Intensität und ver-schwommene Innerestimmen-Unterdrückung bei der Konstruk-tion eines physikalischen Apparats aufwendete, würde man schön hineinsausen.«

»*Es geht nicht mehr,* daß Du nach Weimar fährst«, schimpfte Werfel in einem Brief aus Prag – Alma Mahler hielt sich, mit Manon, erneut zu Besuch bei ihrem geschiedenen Mann in Wei-mar auf. Nachdem er wieder tagelang keine Nachricht aus Deutschland erhalten hatte, schrieb er ihr: »Ich bin der Schweiger. Eine lähmende Gleichgültigkeit kriecht durch mein ganzes Wesen. Ich bin zu niemandem lieb. [...] *Und liebe Dich* ...« Er flehte, Alma möge doch nach Prag kommen, versuchte gar, sie zu erpressen: eine Lesung sei ihm angeboten worden, die zweitau-send Kronen einbringen würde, die abzuhalten er aber nur gewillt sei, wenn seine Geliebte dafür angereist käme: »Ohne Dich kann ich nicht lesen. (Und es wäre schade um das Geld.)« Sein Vater habe ihm übrigens, berichtete er, eine monatliche Apanage von 1500 Tschechen-Kronen zugesichert – eine lebenswichtige Unter-stützung zu einer Zeit, da die deutsche Inflation immer beängsti-gendere Ausmaße annahm.

Ende Oktober kam Arthur Schnitzler zu einem Vortrag nach Prag, traf hier mehrmals mit Werfel zusammen – die beiden sahen einander oft auch in Wien und Breitenstein, Schnitzler besprach bei diesen Gelegenheiten seine Arbeit mit dem weit Jüngeren, dem er sich freundschaftlich verbunden fühlte. In Prag war er zu Gast bei Werfels Eltern, genoß in der Mariengassenwohnung einen besonders gemütlichen Abend. Franz Werfel aber entschuldigte sich bei seiner Freundin, Schnitzler überhaupt eingeladen zu haben: »Es ging nicht anders«, schrieb er ihr, »denn ich habe gefühlt, daß er's erwartet. Sei nicht bös.« Alma war nämlich in Distanz zu Schnitzler gegangen, nachdem dieser sich im vergangenen Jahr von seiner Frau Olga hatte scheiden lassen; in den fortdauernden Ehezwistigkeiten der Schnitzlers stand Alma Mahler eher auf Seiten ihrer Freundin Olga.

Überraschenderweise reiste Alma Mahler zu Werfels Lesung tatsächlich nach Prag, blieb jedoch nicht lange, kehrte bald nach dem Rezitationsabend nach Weimar zurück. Unentwegt war nun im Hause Werfel die Rede von ihr: »*Du wirkst ungeheuer hier nach*«, ließ Franz sie wissen. Mizzi schleiche immerzu um den Bruder herum, nur, um mit ihm über Alma sprechen zu können. Seine Mutter war glücklich, der Freundin ihres Sohnes diesmal so viel näher gekommen zu sein – jetzt verstehe sie Frau Mahler ganz und gar, habe sie gesagt, erkenne in ihr »die Natur« wieder, wie sie in der ›Mittagsgöttin‹ geschildert sei. Und Werfel bedankte sich bei seiner Geliebten für die Anstrengungen, die sie auf sich genommen: »Du hast mir ein großes Opfer gebracht.«

Vor der Rückkehr nach Wien blieb er noch etwa vierzehn Tage lang in Prag, sah außer Max Brod und Otto Pick vor allem Franz Kafka wieder. Dessen Tuberkulosekrankheit war in ein weit fortgeschrittenes Stadium getreten, Werfel lud den Freund ein, ihn alsbald in der Breitensteiner Höhenluft oder aber in Alma Mahlers Haus in Venedig zu besuchen, falls sein Gesundheitszustand dies zulasse. Seine alte Fehleinschätzung, Kafkas Werk werde nie über Teschen-Bodenbach hinausgehen, hatte Werfel längst gründlich revidiert: nach Erscheinen des Textes ›Ein Bericht für eine Akademie‹ schrieb er gar an Max Brod, er halte Franz Kafka für den »größte[n] deutsche[n] Dichter«. Kafka war bei seiner Wertschätzung Franz Werfels geblieben, verteidigte ihn jederzeit gegenüber jedem, der an seiner Bedeutung zweifeln mochte. Er lobte ›Spiegelmensch‹, lobte ›Bocksgesang‹. In seinen Träumen kam es mitunter sogar vor, daß er Werfel auf offener Straße küßte.

Ihr Wiedersehen jedoch, Ende 1922, war von Kafkas Ablehnung des ›Schweiger‹ überschattet; das Trauerspiel, soeben als Buch erschienen, sollte in wenigen Wochen am Neuen Deutschen Theater in Prag uraufgeführt werden. Franz Kafka teilte seinem Freund nun mit, er empfinde die Hauptfiguren des Stücks als gänzlich unmenschlich, die erfundene Geschichte um Schweigers Psychose als durch und durch unglaubwürdig. Insbesondere verletze ihn aber Werfels Charakterisierung eines Mannes, den er zeitweise verehrt, dem er sich verbunden gefühlt und der, nicht zuletzt, auch auf sein Werk einigen Einfluß ausgeübt habe: Otto Gross. Kafka identifizierte sich mit Gross' verzweifeltem Kampf gegen dessen eigenen Vater, den Grazer Kriminalisten Professor Hans Gross, er identifizierte sich mit dessen vehementer Ablehnung patriarchalischer Weltordnung, stimmte auch mit Gross' anarchischer Lust auf politische und private Ungebundenheit sehr weitgehend überein. Um so mehr empörte ihn die Tatsache, daß Franz Werfel gerade diese Ideale denunziert hatte, indem er sie der widerlichen Figur des Dr. Ottokar Grund in den Mund legte.

Werfel versuchte, sich gegen Kafkas Angriffe zur Wehr zu setzen, argumentierte so geschickt er nur konnte, doch der Freund schien nicht mehr umzustimmen zu sein. Den Tränen nahe lief Werfel schließlich aus dem Haus. Und Kafka kam den ganzen Abend und die darauffolgende Nacht nicht zur Ruhe, schrieb einen ausführlichen Erklärungsbrief, den er dann allerdings nicht absandte: er habe, hieß es da, in seinem jüngeren Freund immer einen Führer der Generation gesehen, könne sich nun aber des Eindrucks nicht erwehren, daß Werfel diese Stellung verraten habe, mehr noch, das Trauerspiel um Franz Schweiger habe ihn, Kafka, *beleidigt*, er empfinde das Stück schlichtweg als eine *Entwürdigung* der Leiden dieser Generation. Wäre aber sein Freundschaftsgefühl für Werfel geringer, fügte er hinzu, hätte er seiner Wut auch nicht solch deutlichen Ausdruck verliehen. Und versöhnlich schloß er, die Einladung, im nächsten Frühjahr nach Italien zu kommen, sehr gerne annehmen zu wollen, wenn nur sein Zustand sich im Laufe der nächsten Monate bessere.

Auch Arthur Schnitzler lehnte ›Schweiger‹ ab: als er Werfel im
Dezember in Wien wiedersah, bezeichnete er das Drama dem
Freund gegenüber als gequälte, verworrene Geschichte, die sowohl Psychiatrie, als auch Religion, Sozialismus, als auch Okkul-
tismus erfolglos zu verquicken suche. Und vermerkte in seinem
Tagebuch, Alma Mahler sei froh gewesen, daß jemand aufrichtig
mit Werfel über dies Stück gesprochen habe; ein Werk übrigens,
welches auch sie für mißlungen hielt.

In einer äußerst bühnenwirksamen Aufführung fand Anfang
Januar 1923 die Prager Premiere statt, wenige Tage später die
deutsche Erstaufführung in Stuttgart. Obwohl die Theaterkritik
›Schweiger‹ wiederholt als reißerische, zugleich allzu routinierte
Groteske abtat, wurde das Trauerspiel dennoch zu einem großen
Publikumserfolg.

*»Ich habe den Ernst Polak im Café Herrenhof kennengelernt, als ich
ungefähr achtzehn Jahre alt war«, erzählt Milan Dubrovic, ehemaliger
Journalist und Botschaftsrat, einst Stammgast in den Cafés Central und
Herrenhof. »Polak war vielleicht mein allerbester Freund im Leben – und
er war der beste Freund Franz Werfels. Unerhört klug, belesen, Polak
hatte eine sehr starke Ausstrahlung, das machte mich zu einem seiner
Anbeter. Ich durfte im Herrenhof sogar seiner ›Loge‹ angehören, zu der,
unter anderen, auch der Anton Kuh und der Gustl Grüner zählten, der
Alfred Polgar gelegentlich, sehr oft auch Robert Musil. Und da kam –
nicht täglich, aber doch recht oft – der Werfel: wenn die Alma verreist
war, hat er doch das g e n o s s e n , da ist er ja sofort rückfällig geworden.«*

*Ich besuche Milan Dubrovic in seiner geräumigen Wohnung am
Wiener Minoritenplatz, sie befindet sich nur eine Minute von der
Herrengasse, nur eine Minute von Dubrovic' Erinnerungen entfernt: das
Central gibt es auch heute noch, doch Dubrovic meidet es ganz bewußt.
Das verrauchte, verruchte Schattenreich von einst wurde in eine Reise-
gruppenattraktion verwandelt, blankgeputzt und lichtdurchflutet beher-
bergt es nunmehr Karl Kraus und Peter Altenberg als zeitunglesende*

Pappmachéfiguren. Und vom großzügigen Herrenhof ist heute nichts als ein Splitter übrig: ein mit Plexiglas und Plastik ausstaffiertes kleines Espresso.

»Wir haben ja damals im Kaffeehaus g e l e b t «, erinnert sich der Dreiundachtzigjährige, »Sie müssen sich das ein wenig so vorstellen, wie die Denkschulen des antiken Griechenland, in denen man versuchte, alle philosophischen Probleme zu lösen. – Ähnliches haben wir im Café getan. Da wurde einfach über Alles diskutiert; über Religion, Sexualität, Politik, Stadtklatsch. Zum Teil hat man auch sehr brutal und psychoanalytisch die Dinge durchgesprochen – zum Beispiel nach der Premiere von Werfels ›Bocksgesang‹, die ich miterlebt hab, im Raimundtheater. Da rätselte natürlich zunächst jeder, worum es ihm da in Wirklichkeit ging. Seine Kaffeehausfreunde haben gesagt: das muß doch einen Grund haben, daß er sich dieses zwar faszinierende, aber im Grunde grausliche Thema ausgesucht hat. Und Ernst Polak erzählte uns: die Alma habe den Werfel mehr als einmal angeschrien, die Mißgestaltung ihres Sohnes sei seine Schuld gewesen: ›Dein verkommener Samen‹, soll sie ihm vorgeworfen haben, ›ist an allem schuld!‹ Sie soll sich grausig zu ihm benommen haben. Und mit ›Bocksgesang‹ hat er sich das dann alles von der Seele geschrieben, hat es abreagiert.

Ich war dem Werfel total verfallen, es ist eine ungeheure, mitreißende Faszination von ihm ausgegangen. Er hatte übergroße Augen und hatte durchaus eine erotische Ausstrahlung. Manchmal, wenn er in Form war, konnte er stundenlang Geschichten erzählen, Menschen imitieren, Situationen rekonstruieren. Geschichten, bei denen man übrigens nie genau wußte: sind das in seiner Phantasie bereits veränderte Sachen? Aber uns war das gleichgültig, weil sie immer so gut waren! Im Umkreis sind alle verstummt, wenn der Werfel zu erzählen begann – der Kuh hat einmal gesagt: ›Wenn der Franz redet, glaubt man, nicht ein Soloinstrument spielt, sondern ein ganzes Orchester braust auf!‹ Fünf Themen sind ihm zugleich eingefallen, es war ungeheuer. Ein großartiger, von Einfällen und Formulierungen besessener Mensch. Er war wie ein Feuerwerk. Wir sind einmal nachts vom Herrenhof weggegangen, alle anderen Lokale hatten da schon geschlossen. Und Werfel meinte: ›Ich lade Euch ein, wir nehmen uns ein Zimmer in einem Hotel.‹ Der Portier hat ganz verwun-

dert gefragt: ›Was wollen denn die Herren?‹ Werfel hat ihm ein Riesen-Trinkgeld gegeben und gesagt: ›Wir wollen nur eine Flasche Rotwein und sehr viel Kaffee.‹ Und dann haben wir ihm zugehört, in einem kleinen Zimmer, bis in die Früh. Aber das waren nicht bloß einfache Gechichten, seine Monologe, das waren oft fundierte Erklärungen der Welt, er war phänomenal. Manchmal sind wir auch zum Werfel in die Wohnung gegangen, in die Elisabethstraße, natürlich vorausgesetzt, die Alma war nicht da. Oder wir gingen zur Gina, ins riesige Palais ihres Adoptivvaters Kranz. Oder zum Polak, in die Wohnung in der Lerchenfelderstraße. Und der Werfel hat dann angefangen, am Klavier zu spielen und Verdi-Arien zu singen. Er hat sie ja alle auswendig gekannt. Aber wenn man auch die Nacht durchgemacht hatte, um neun Uhr morgens saß er spätestens am Schreibtisch, er war unerhört fleißig – Genie ist Fleiß. In Breitenstein, wo er natürlich sehr oft und dann auch ganz zurückgezogen gearbeitet hat, gab es übrigens eine große Schallplattensammlung – er hat fast alles von Verdi besessen. Obwohl, wenn ich nicht irre, seine Lieblingsoper war gar nicht von Verdi, sondern Bellinis ›Norma‹.

Er war in seinem Innersten ein Kantor, ein Lobpreiser Gottes und der Welt. Immer hat das Religiöse eine zentrale Rolle bei ihm gespielt – er hat sich, zum Beispiel, intensiv mit Thomas von Aquin beschäftigt, mit diesem Ordnungsdenken des Thomas, seiner aufgeschachtelten Einteilung der Welt. Werfel hat ja auch sehr oft mit Priestern verkehrt, sich immer wieder mit der katholischen Philosophie auseinandergesetzt. Das ist ein eigener Trieb bei ihm gewesen. Ein Trieb ganz anderer Art bestand in seinem Interesse für unerotisch aussehende Mädchen. ›Komisch‹, haben wir gesagt, ›auf welchen Typ Frau der Werfel fliegt!‹ Er ist auf einen Normaltyp geflogen, von der Alma einmal abgesehen, und war imstande, so eine junge Dame auf der Straße anzusprechen, und verschwand dann mit ihr in einem Hotel. Das war ja in der Zwischenkriegszeit nicht schwer, ein erotisches Abenteuer zu verwirklichen – das ging nicht zuletzt auf den Einfluß des Otto Gross zurück, dessen Thesen im Herrenhof noch sehr präsent waren, und der ja die freie Liebe propagiert hatte. Man dürfe, hatte Gross gemeint, mit einer Frau gar kein Gespräch führen, bevor man sie nicht auch sexuell kennengelernt habe.

Wir, im Kaffeehaus, haben die Wirkung, die Alma Mahler auf Werfel

143

hatte, im Grunde verurteilt – wir haben gesagt: das ist ja ein anderer Werfel, ein ›success boy‹ geworden! Aber er schien damit glücklich zu sein. Eines Abends saß man beisammen und diskutierte, was jeder der Anwesenden als das höchste Glück auf Erden bezeichnen würde. Und da hat Werfel ganz offen geantwortet: ›Erfolg! Für mich ist Erfolg mit Glück weitgehend identisch‹, ja, das müsse er schon zugeben. ›Ich gäbe was drum‹, hat er gesagt, ›wenn ich der Puccini geworden wäre! Die ›Tosca‹ geschrieben zu haben und ihren Welterfolg noch mitzuerleben, sie höchstpersönlich an der Mailänder Scala zu dirigieren und jetzt b r a u s t der Beifallssturm des Publikums los! Und wenn ich nicht der Puccini geworden wäre‹, fügte er dann noch ein wenig wehmütig hinzu, ›dann wär' ich auch damit zufrieden, der Caruso geworden zu sein . . .‹«

Roman der Oper

Nach den ›Schweiger‹-Premieren in Prag und Stuttgart begab sich Franz Werfel Ende Januar 1923 erneut nach Breitenstein, in die freiwillige Verbannung. Meterhoch eingeschneit, war das Haus kaum zu beheizen. »Gehn wir doch *endlich* nach Venedig«, schrieb er an Alma, die in Wien zurückgeblieben war, »nach Amerika, noch weiter...« Er blieb diesmal nicht allein auf dem Semmering – Frau Mahler quartierte den Journalisten und Musikschriftsteller Richard Specht im Hause ein, den sie gebeten hatte, für die geplante Herausgabe der Briefe Gustav Mahlers eine Vorauswahl zu treffen.

Werfel beklagte sich, der Gast gehe ihm ständig auf die Nerven, es gelinge ihm kaum, konzentriert zu arbeiten, Specht sei »ein entsetzliches altes Weib«, abschreckendes Beispiel der »impotenten Generation von gestern«. Ein begonnenes Theaterstück, ›Der Aufruhr der Toten‹, in welchem sich Weltkriegserinnerungen mit mythischen Bildern einer geheimnisvollen Bergarbeiterstadt mischten, ließ er bald wieder liegen, konnte sich aber auch zu keiner anderen Arbeit durchringen, pendelte nervös zwischen Breitenstein und Wien hin und her.

Erst Monate später, als er sich in Almas venezianischem Palazzo aufhielt, trat Beruhigung ein, gelang es ihm, sich wieder zu sammeln. Der im Vorjahr entwickelte Plan, seinem Idol Verdi ein umfangreiches Prosawerk zu widmen, nahm nun immer schärfere Konturen an, obwohl die Furcht, historische Fakten mit erfundener Romanhandlung zu kombinieren, keineswegs geringer geworden war.

»Ich habe A. zu Verdi bekehrt«, hatte es Ende 1922 in Werfels Tagebuch geheißen. »Von V.s unbekannten Opern haben wir gespielt ›Don Carlos‹, ›Macbeth‹, ›Aroldo‹, ›Simone Boccanegra‹.

Die anderen nur sehr flüchtig, die großen Werke immer. [...]
›Macbeth‹ möchte ich mit Alma gemeinsam neu bearbeiten. Textieren, streichen, zusammenziehn.« Diese deutliche Hinwendung Alma Mahlers, einer begeisterten Wagnerianerin, zu Giuseppe Verdis Welt ermutigte Werfel zweifellos, den Roman nunmehr in Angriff zu nehmen – ein Wagnis, das er ohne ihre Zustimmung wohl kaum eingegangen wäre.

Im Frühjahr 1923 hieß es, in Werfels »Vorbericht« zu dem Roman, Verdi dulde »nicht die geringste Verletzung seiner Wahrheit [...] Allerdings, das genaueste biographische Material eines Lebens, alle Tatsachen und Widersprüche, Deutungen und Analysen sind diese Wahrheit noch nicht.« Ergebnis seines Buches solle daher »die reinere, eigentliche, mystische Wahrheit« des »Maestro« werden, mithin »die *Sage* von einem Menschen«.

Zum Leitmotiv wählte er einen persönlichen Konflikt zwischen Giuseppe Verdi und Richard Wagner, der zwar durchaus existiert haben mochte, für den es aber keine historischen Beweise gab. Es stand nicht einmal fest, ob sie beide einander je begegnet waren. Werfel erfand ein Szenarium, welches, wenige Wochen vor Wagners Tod, in Venedig spielte: Verdi habe sich damals mehrere Wochen lang heimlich in der Lagunenstadt aufgehalten, um den Widersacher, den er für seine jahrelange Schaffenskrise verantwortlich machte, endlich kennenzulernen. Immer wieder gab es Augenblicke, da Verdi in Wagners unmittelbare Nähe geriet, ohne jedoch den Mut aufzubringen, ihn anzusprechen. An dem Tage aber, da er endgültig beschließt, den Verehrten, Verhaßten an dessen Wohnort, dem Palazzo Vendramin aufzusuchen, erhält er Nachricht, Richard Wagner sei an eben diesem Morgen gestorben. Erst nach dem Wagnerschen Todestag, im Februar 1883, habe der »Maestro«, so Werfels Vorstellung, seine Krise überwunden, habe zu sich selbst zurückgefunden und Meisterwerke wie ›Falstaff‹ und ›Otello‹ noch vollenden können.

Schon als Gymnasiast hatte Werfel anläßlich der Prager Maifestspiele die Musik Richard Wagners, der als erklärter Feind der italienischen Oper galt, kennen und hassen gelernt, hatte seine

146

eigene Verdi-Passion gegenüber dem herrschenden Wagner-Kult unter den Pragerdeutschen jüdischer Herkunft verteidigen und sich dafür nicht selten auslachen lassen müssen. Als Einundzwanzigjähriger, im Jahr der Militärausbildung, hatte er den Plan zu einer Verdi-Biographie erstmals konkret entworfen. In den Jahren danach war das subjektive Erlebnis des Gegensatzes zwischen nördlichem Deutschland und südlichem Italien für Werfel mehr und mehr zum Thema geworden: seine Verachtung für alles Kühle, Abstrakte, seine Leidenschaft für Emotion und Ekstase, ließ sich in dem Widerspruchspaar Verdi-Wagner trefflich spiegeln, ein ideologischer Konflikt, wie er ihn übrigens nicht zuletzt auch privat erlebte, verglich er das eigene Werk etwa mit den Ideen Walter Gropius' und der Bauhaus-Gruppe.

Den Verdi-Roman skizzierend, spazierte Werfel nun täglich durch Venedigs Gassengeflecht, wie im Vorjahr auf der Suche nach Bildern, Farben, Gerüchen, nicht zuletzt nach originellen Typen, die Vorbild sein konnten für die eine oder andere Romanfigur. Er besuchte die schönen Gärten auf der Giudecca, fuhr zum Lido, besichtigte Wagners Sterbehaus, den Palazzo Vendramin. Studierte die Geschichte Italiens im neunzehnten Jahrhundert, las die Werke der Dichter Manzoni und Carducci, las Texte Garibaldis und Mazzinis, der Führer der italienischen Einheitsbewegung, die den Freiheits-Chor aus Verdis ›Nabucco‹ zu ihrer Hymne erhoben hatten. Und er las, als zusätzliche Inspiration, Thomas Manns Novelle ›Der Tod in Venedig‹.

»Mitte *Juni 1923* zurückgekehrt. Hier Kälte, Sturm, blühende Wiesen«, notierte Werfel, wieder in Breitenstein, als er mit der ersten Niederschrift des Romans begann. Innerhalb von fünf Wochen stapelten sich bereits sechs Kapitel, mehr als vierhundert Manuskriptseiten, auf seinem Schreibtisch. Anfangs hieß es noch im Tagebuch: ».. . in Bezug auf das V.-Buch Zweifel, Zweifel, Zweifel. – Ich habe starke Hemmungen, ja selbst eine gewisse Scham vor diesem Werk!« Doch er schrieb weiter, bei Tag und bei Nacht, oft zwölf Stunden ohne Unterbrechung, ähnlich Giuseppe Verdi, von dem überliefert ist, er habe wie ein Gejagter sein Werk vorangetrieben, wobei ein Metronom seine Arbeitsgeschwindigkeit diktiert habe. Überzeugt vom Mißlingen des Romans, gab Werfel Alma eines Tages das nahezu fertige Manuskript und bat sie, das Konvolut augenblicklich zu verbrennen.

Im Hochsommer 1923, noch während der Entstehung der ersten Fassung, kam Almas mittlerweile neunzehnjährige Tochter Anna Mahler zu Besuch nach Breitenstein, brachte ihren Freund, den Komponisten und Karl Kraus-Anhänger Ernst Křenek mit. In seinen Briefen nach Wien beklagte Werfel sich über diesen Hausgast: »K. ist ein Anbeter des Nichts!!« schrieb er, und falls der Dreiundzwanzigjährige »das Bild der Jugend« repräsentiere, »dann Prost!« Dieser Mann sei jedenfalls »einer der *schrecklichsten* Typen«, die es überhaupt geben könne, »eingebildet wie ein Ludendorff, präpotent wie ein Offizier«, so wie der junge Komponist könne »nur der Teufel die Welt sehn«.

Nachdem aber Anna und ihr Freund wieder abgereist waren, verlieh Werfel einer seiner Romanfiguren, dem ultramodernen Komponisten Mathias Fischböck, ein Antipode sowohl zu Verdi als auch zu Wagner, gewisse Züge eben jenes Ernst Křenek. »Gestern habe ich angefangen, von *K.* zu schreiben«, hieß es in einem Brief an Alma. »Mein Urteil war hart. Aber meine Nerven waren [...] durch diesen mechanistischen Satanismus [...] *empört!*«

Fischböck verdankte auch einem zweiten österreichischen Komponisten Eigenheiten seiner Persönlichkeit, nämlich Josef Matthias Hauer, der Jahre vor Arnold Schönberg (und von diesem unabhängig) ein Zwölftonsystem erfunden hatte. Hauers musiktheoretisches Werk ›Deutung des Melos‹ verwendete Werfel denn auch »zur Korrektur der Fischböckszenen«, wie er Alma mitteilte.

»Ende. Gottseidank! Gottseilob! Am 25ten Sept. 1923, 4 Uhr nachts«, notierte er unter der letzten Zeile der ersten ›Verdi‹-Version. Eine Woche zuvor hatte er Max Brod wissen lassen, das Buch sei doch weitaus umfangreicher geworden, als er anfangs plante – diese Arbeit habe ihn »mehr Angst, Zweifel, Mühe gekostet als meine früheren zusammen genommen«. Oftmals

habe er während der Niederschrift an Brods ›Tycho Brahe‹ gedacht, glaube sogar, ein Satz aus dem Roman habe sich in den
eigenen »eingeschlichen«.

Sogleich begann Werfel mit dem Umschreiben, beendete bereits sechs Wochen später die zweite Fassung. »Das Buch ist
spannend, rührend und wichtig«, hieß es in einem Brief an Kurt
Wolff, an Alma Mahler hingegen schrieb er, das Werk habe
Fehler, »die teils im Genre, teils im Stoff, und teils in mir liegen«.
Er sei, nach fünf Monaten Breitenstein-Aufenthalt, »ausgehungert
nach der Stadt«, vertraute er dem Tagebuch an. »Ich war diesem
Roman so treu. Und noch immer nicht genug, noch immer nicht
genug!!!!« Außerdem habe ihn »die Sache« seine »Augen gekostet«, fortan sollte er ohne Brille nicht mehr lesen, nicht mehr
schreiben können.

Jakob Wassermann, dessen Werk Werfel sehr schätzte, den er
auch privat durchaus mochte, las die zweite Niederschrift des
Verdi-Romans, die ihm einerseits gefiel, ihn anderseits aber zu
zahlreichen Änderungsvorschlägen animierte. Werfel nahm Was-
sermanns Hilfe dankbar an, überarbeitete das Buch noch einmal
ganz, wobei er vor allem den Schluß erheblich veränderte.

›Verdi‹ bedeutete einen Wendepunkt in Werfels literarischer
Entwicklung, ließ die Facette des Romanciers erstmals deutlich
erkennbar werden. Offensichtlich ging ihm die belletristische
Form ebenso leicht von der Hand wie die lyrische, wie die
dramatische. Allzu üppig aber klang seine Prosa nach wie vor,
unüberhörbar blieb sein hymnischer Stil. »Claudio Monteverdi
sieht die holden Schwestern mit zuckenden Mienen an«, lautete
eine typische Passage des Romans, »sein Atem keucht, und plötzlich wirft er sich vor den Geigen nieder, aufweinend, aufwim-
mernd in unerträglichem Glück, in unerträglicher Qual.«

Eklatant Mißlungenes blieb unmittelbar neben fesselnden, ge-
glückten Szenen stehen, Tief-Peinliches neben Mitreißendem. Venedig, der faszinierende Rahmen, in dem die Figuren der Handlung sich jubelnd und leidend bewegten, war in seiner traumähnli-
chen Einzigartigkeit höchst überzeugend getroffen. Und doch

rückte der »Roman der Oper«, wie das Werk nun im Untertitel hieß, seinen Autor erstmals in die Nähe gefälliger Unterhaltungsliteratur – ausgerechnet auf jenes Terrain also, auf welchem Karl Kraus den Verachteten vor Jahren bereits angesiedelt hatte.

»Ich weiß bestimmt«, kündigte Werfel, nach Abschluß der Arbeit, Kurt Wolff siegessicher mit, »daß ich für meine Person die Krise überwunden habe, von der die gesamte Produktion des sogenannten Expressionismus (alle Unruhs, Becher etc., e tutti quanti) bis auf weiteres ermordet worden ist...«

Paul von Zsolnay, ein junger Mann aus wohlhabender jüdischer Tabakimporteursfamilie, der vor dem Abschluß seines Universitätsstudiums stand, hatte den Plan gefaßt, einen österreichischen Belletristikverlag zu gründen. Zsolnay war mit Alma Mahlers Stiefvater Carl Moll gut bekannt, bat diesen nun um Vermittlung, er wolle Franz Werfel einen ernstgemeinten Vorschlag unterbreiten. Zu zahlreichen anderen Autoren nahm er gleichfalls Kontakt auf, zu Arthur Schnitzler etwa, zu Felix Salten und Richard Coudenhove-Kalergi.

Schon während ihres ersten Zusammentreffens kreiste das Gespräch zwischen Werfel und Zsolnay um jenes eine Thema, das seit Monaten nahezu täglich für Schlagzeilen sorgte: die Inflation hatte in Deutschland und Österreich kaum vorstellbare Ausmaße erreicht. Ein Dollar entsprach mittlerweile vier Billionen Mark. Ein Pfund Brot kostete 260 Milliarden. Briefmarken wurden ohne Wertbezeichnung gedruckt, da sich ihr Preis täglich änderte. In dieser Periode stündlicher Geldentwertung bezog Werfel aus seinen Buchverkäufen und Theatertantiemen nach wie vor kaum das Lebensnotwendigste – daran änderte auch der sensationelle Erfolg des ›Schweiger‹ nichts, der an rund zwanzig deutschen Provinztheatern über die Bühne ging, gleichzeitig an einem der größten Theater Berlins auf dem Spielplan stand. Kurt Wolff benehme sich ihm gegenüber »empörend«, hatte Werfel im Herbst 1923 an Max Brod geschrieben: »Ich selbst bin in diesem Jahr um mein dreiviertel Einkommen [...] gebracht«, Wolff habe ihm für die Neuauflage seiner Werke nur »eine Spottsumme betrügerischerweise vorausbezahlt«.

Zsolnay aber bot für den Verdi-Roman einen Vorschuß von fünftausend Schweizer Franken, sollte Werfel bereit sein, den Kurt Wolff Verlag zu verlassen und das Experiment einzugehen, sein Werk einem gänzlich unbekannten und unerfahrenen Verleger anzuvertrauen. Die genannte Summe bedeutete Ende 1923 ein kleines Vermögen, da der Schweizer Franken – ähnlich dem Dollar – weitgehend stabil blieb. Mit schlechtem Gewissen gegenüber Kurt Wolff, von Alma Mahler jedoch nachdrücklich ermutigt, willigte Franz Werfel in Paul Zsolnays Angebot schließlich ein. Daraufhin beschloß der Jungverleger seinerseits, ›Verdi – Roman der Oper‹ zum Grundstein seines Unternehmens zu machen. Nur der Name fehlte seinem Publikationshaus noch, Zsolnay schwankte zwischen »Verlag der Autoren« und »Hohe Warte«.

In einem Erklärungs- und Entschuldigungsbrief bat Werfel seinen Freund Wolff, mit dem er seit elf Jahren verbunden war, um Rat, wie er sich in dieser prekären Lage verhalten solle, versuchte zugleich, seine eigenen Beweggründe plausibel zu machen. Und Wolff reagierte äußerst verständnisvoll – zum gegebenen Zeitpunkt könne er selbst nicht einmal eintausend, geschweige denn fünftausend Franken aufbringen, er begreife durchaus, daß Werfel auf Zsolnays Vorschlag eingehen wolle. Die Nachricht traf Wolff wohl auch nicht ganz unvorbereitet – seit Alma Mahlers Geldforderungsbrief und gleichzeitiger Schuldablösung im Vorjahr mochte er mit einer ähnlichen Entwicklung gerechnet haben. Ein weiterer Autor des Kurt Wolff Verlags hatte sich übrigens im August 1923 von seinem Verleger getrennt: Karl Kraus, der Wolff vor allem den Vorwurf machte, ›Spiegelmensch‹ publiziert zu haben, ohne darauf zu dringen, daß Werfel jenes ominöse Couplet gegen ihn eliminiere.

Bereits wenige Tage nach Erscheinen des Verdi-Romans, Anfang April 1924, zeichnete sich ein großer Verkaufserfolg für das Buch ab: die erste Auflage von zwanzigtausend Exemplaren war rasch vergriffen, sogleich wurde eine zweite nachgedruckt. Die Reaktion der Leserschaft übertraf Werfels Erwartungen bei weitem – seit dem ›Weltfreund‹-Erfolg, vor nunmehr zwölf Jahren, hatte er solch begeisterte Zustimmung für sein Werk nicht erlebt. Nun fühlte er sie wieder, jene Spur Berühmtheit, jene Kraft, die ihn so sehr anzog, seit seinem vierzehnten Lebensjahr.

Im April 1924 wurde Franz Kafka in die Abteilung für Hals- und Kehlkopferkrankungen des Wiener Allgemeinen Krankenhauses eingewiesen. Dr. Markus Hajek, der Vorstand der Klinik, ein Schwager Arthur Schnitzlers, attestierte seinem Patienten Kehlkopftuberkulose. Zum ersten Mal in seinem Leben schlief Kafka in einem Mehrbettzimmer, und als einer seiner Mitpatienten starb, hielt er es im Spitalsraum kaum noch aus. Max Brod wandte sich daraufhin mit der Bitte an Werfel, seine und Alma Mahlers Beziehungen einzusetzen, damit Kafka in ein Einzelzimmer verlegt werde. Werfel schrieb an Dr. Hajek, benachrichtigte auch den Wiener Stadtrat für das Gesundheitswesen, seinen Freund Julius Tandler und dessen Lebensgefährtin, die Ärztin Dr. Bien, sie beide möchten sich um Kafkas Verlegung kümmern. Der Klinikchef aber ließ sich von diesen Interventionen keineswegs beeindrucken – beließ Kafka vielmehr in seinem Mehrbettzimmer. Auf eigenen Wunsch verließ der Todkranke daraufhin das Spital, übersiedelte in ein ihm empfohlenes Privatsanatorium außerhalb der Stadt, in Kierling bei Klosterneuburg, bekam dort das ersehnte Einzelzimmer zugewiesen. »Kann nichts geschehen, diesen seltenen Menschen zu retten?« hatte Werfel noch ein halbes Jahr zuvor an Max Brod geschrieben. »Er wird die herrlichsten Dinge schreiben, aber sie werden immer weiter vom Leben weg sein, und deshalb untergehen. Der *Traum* allein kann einen Menschen nicht ernähren, wenn er vierzig Jahre wird. Solange kann kein Hungerkünstler hungern.«

Nach Kierling sandte Werfel seinem Freund den »Roman der Oper« – zusammen mit einem großen Strauß roter Rosen. Kafka, *hungrig* nach Lektüre, die für ihn in Betracht komme, las nun nichts anderes als dieses Buch, sehr langsam zwar, aber regelmä-ßig. »*Franz Kafka, dem innig verehrten Dichter und Freund mit tausend Wünschen zu baldiger Genesung –*« lautete Werfels Widmung; wenige Wochen später, am 3. Juni 1924, starb Kafka – im Beisein seiner Geliebten Dora Diamant und seines Freundes Robert Klopstock. Der ›Verdi‹-Roman war das letzte Buch, das er gelesen hat.

»Mit diesem Fischböck hab ich bestimmt nichts zu tun«, sagt Ernst Křenek; unsere Begegnung findet in Wien, im sonnenhellen Konferenzsaal des Musikverlags Universal Edition statt. Der Komponist, dessen Schaffen bislang mehr als zweihundertdreißig Opuszahlen umfaßt, lebt teils in Palm Springs, in der kalifornischen Wüste, teils in Mödling nahe Wien, in jenem Haus, das einst Arnold Schönberg bewohnte, Anfang der zwanziger Jahre. »Zu jener Zeit, da ich nach Breitenstein kam, konnte Werfel unmöglich mich als Vorbild für diesen Fischböck meinen«, fährt Křenek fort, sehr leise und langsam setzt der Fünfundachtzigjährige seine Worte, »denn er kannte ja im Grunde noch gar nichts von mir. In ihrem Märchen ›Dichtung und Wahrheit‹ (so benenne ich Alma Mahlers Autobiographie), da schildert sie, wie ich als neuer Liebhaber ihrer Tochter Anna am Semmering erschienen sei und da ungeheures Notenpapier ausgebreitet, ja, das ganze Haus bedeckt hätte, so daß sie mit dem armen Werfel auf den Dachboden habe flüchten müssen. Ich hab ganz gewöhnliches Notenpapier gehabt, es gab ja gar kein anderes, und in jenem Sommer hab ich zu alledem sehr wahrscheinlich nicht viel geschrieben.«

Křenek macht einen griesgrämigen, zugleich ironisch-verschmitzten Eindruck. Ich beobachte seine Augen, sie flackern, ohne Unterlaß. Seine Gesichtszüge bleiben fest, als sei er bemüht, keine Gemütsregung zu verraten. Mit monotoner Stimme setzt er fort: »Diese Fischböck-Beschreibungen, im Verdi-Roman, die könnten auf Webern passen, ungefähr, vielleicht auch auf Josef Matthias Hauer. Ich selbst hab mich damals ja mit Zwölftonreihen noch gar nicht befaßt! Das kam ja erst viel später.

Ich wußte zu der Zeit nichts von Zwölftonmusik, das ist alles Einbildung – damals hat Schönberg selbst noch kaum publiziert; er hat die Erfindung der Zwölftonreihe erst 1922 seinen Schülern offenbart. Und seine eigene Serenade, in dieser Zwölfton-Form geschrieben, ist ja erst ein Jahr später entstanden. Ich selbst hab diese Musik damals nicht gekannt, nicht einmal den Ausdruck ›Zwölftonmusik‹. Und die Musik, die Werfel als Fischböck-Musik schildert, diese angeblich grauenhaften Akkorde, die wie Schwerbezechte zusammenstießen, das ist eine Beschreibung von schönbergartiger Musik.

Meine Gefühle Werfel gegenüber sind natürlich auch davon geprägt, daß ich ein großer Anhänger und Verehrer von Karl Kraus war, und da war ja Feindschaft gesät. Obwohl ich in politischer Hinsicht eigentlich mehr auf Werfels Richtung eingestellt war. Er war ja früher noch weiter links gestanden, auf den Barrikaden, man wußte das. Beim Bankverein hat er Reden gehalten, den Bankverein zu stürmen! Man hat sich davon erzählt. Und Alma hat ihn dann nach und nach zu zähmen versucht. Zu der Zeit, da wir zusammenkamen, war er schon ein wenig gedämpft links. Ich kann mich jedenfalls an irgendeine Differenz mit Werfel nicht erinnern – warum hätte er denn sonst das Libretto zu meiner Oper ›Die Zwingburg‹ bearbeitet, wenn ihm das alles so unsympathisch war? Diese Bearbeitung hat er im Jahre 1922 vorgenommen – natürlich, das war zweifellos moderne Musik, meine Zwingburg, sie klingt bestimmt nicht wie Verdi. Sicher: sie war auch a t o n a l, das hat ihm offenbar zur Abneigung schon genügt. Trotzdem hat er die Bearbeitung gemacht – ich weiß eigentlich gar nicht, warum?

Alma und ich, wir konnten einander eigentlich nie leiden. Und ihr schreckliches Buch! Entsetzlich ... Ihre vielen Liebschaften, die glaube ich ihr ja gar nicht so sehr. Sie wollte nur b e h e r r s c h e n. Eine schreckliche Person! In den dreißiger Jahren kam es in Wien zu einem rechtsgerichteten Putschversuch, angeführt von einem gewissen Rintelen, mit dem Alma gut war. Werfel hat ihr das vorgeworfen, daß sie diesem Rintelen schöngetan hat, darauf entgegnete Alma: ›Ach, Franzl, weißt Du, eine Frau kann in vielen Kirchen beten!‹ Dennoch, eine gewisse Gegenwart hatte sie ganz zweifellos. Sie war der Brünhilden-Typus, und ich hab halt Brünhilden nicht sehr gern. Ihre Tochter Manon hab ich nicht gemocht, so ein schleichendes Wesen, als ob sie spionieren wollte hinter den Leuten, das war mir nicht angenehm.

Ich erinnere mich jetzt plötzlich, das muß im Herbst 1923 gewesen sein, da war ich nochmals in Breitenstein und habe angefangen, das 4. Streichquartett zu schreiben. Weihnachten '23 sind Anna und ich dann in die Schweiz gefahren, nach Zürich, und haben uns dort niedergelassen. Ich erinnere mich auch, damals im Herbst muß der Verdi-Roman schon fertig gewesen sein, denn Werfel hat uns aus dem Manuskript vorgelesen, ein oder zwei Kapitel. Ich muß sagen, es ging etwas durchaus Warmes und Liebes von Werfel aus. Aber Sie müssen wissen: ich bin in Beschreibungen nicht sehr gut. Aus diesem Grunde hab ich ja selbst auch nie etwas Episches geschrieben. Habe kein Talent dafür. Es langweilt mich. Was soll ich Ihnen noch sagen über Werfel? Wie gerne er gesungen hat! Alma setzte sich ans Klavier, und er trug ganze Opern auswendig vor. Es war durchaus angenehm. Kann mich auch nicht erinnern, daß er je mürrisch zu mir gewesen wäre . . .«

Erfolg und Krise

»Venedig – In Almas Haus! Wunderschön«, konstatierte Franz Werfel im Frühjahr 1924 in seinem Tagebuch; Sorge bereitete ihm allerdings der große Lärm, der rund um die Casa Mahler herrschte, auch spät nachts noch. Carl Moll hatte überdies zwei Zimmer aufstocken lassen, um jederzeit zu Besuch kommen zu können, ohne sich im Hause der Stieftochter als Gast fühlen zu müssen. »*Ob ich arbeiten kann?*« zweifelte Werfel. »*Hier? Die Lebensfrage für mich.*«

Beflügelt von dem großen Erfolg des Verdi-Romans, entwarf er Pläne zu zwei neuen, umfangreichen Werken, ein »Roman der Theosophie« schwebte ihm vor, Biographie der Russin Helena P. Blavatsky, der Begründerin der Theosophischen Gesellschaft, welche die Verbrüderung der Menschheit anstrebte, ohne Unterschied der Klassen, Rassen, Religionen. Und er nahm sich zweitens vor, die Geschichte einer jüdischen Familie »vom Toleranz-Edikt bis zur Gegenwart, zur sogenannten jüd. Weltherrschaft«, nachzuzeichnen, vom Ghetto einer böhmischen Kleinstadt bis hin zu den jüdischen Politikern und Kapitalisten der Gegenwart, den Sündenböcken einer seit Beginn der zwanziger Jahre immer lauter werdenden antisemitischen Hetzstimmung.

Doch Werfel verwirklichte weder das eine noch das andere Vorhaben: er zählte nicht zu jenen Schriftstellern, die in Jugendjahren ein Lebenswerk sich vorgenommen, welches sie, gleichsam unter Zwang, Zug um Zug vollenden müssen, von der Angst getrieben, das selbstgesteckte Ziel noch nicht erreicht zu haben. Darüberhinaus gab Alma Mahler wohl beiden Romanplänen ihre Zustimmung nicht, für Werfel Grund genug, von ihnen Abstand zu nehmen.

Er war nun Mitte Dreißig, sein Bekanntheitsgrad so groß wie

noch nie – »Wie kurz ist der Augenblick eines Menschen. Aber es gibt einen Trost! Er wiederholt sich«, hatte er zwei Jahre zuvor, nach der ›Bocksgesang‹-Premiere, in seinem Tagebuch vermerkt. Und nun, da diese Wiederholungs-Prophezeiung Wirklichkeit geworden war, wollte Werfel sowohl sich selbst als auch seiner ihn unentwegt antreibenden Freundin beweisen, daß er diesmal imstande sei, den Erfolg festzuhalten, wenn es ihm nur gelänge, die richtigen, die publikumswirksamen Themen zu finden. Der Gedanke an finanzielle Sicherstellung spielte hierbei keineswegs die geringste Rolle: Alma Mahler erwartete von ihrem Lebensgefährten, daß er ihre materiellen Bedürfnisse befriedige, zugleich aber auch der Abhängigkeit von seinem Vaterhaus endgültig entkomme. Ende Juni 1924 schickte sie ihn fort aus Venedig, mit dem Auftrag, in Breitenstein ein neues Werk zu beginnen.

»Diesmal kein Plan! Was wird geschehen?« hieß es im Tagebuch bei seiner Ankunft auf dem Semmering, doch der rettende Einfall ließ nur vierundzwanzig Stunden auf sich warten: »Blitzartig durch Lektüre der mitgenommenen Werke erscheint die historische Tragödie ›Juarez und Maximilian von Mexiko‹.« Ein Sujet, das zu Werfels bisherigem Schaffen in keinem ersichtlichen Zusammenhang stand; die Hoffnung aber, er habe hiermit einen Erfolgsstoff an der Hand, dürfte den Entschluß maßgeblich beeinflußt haben. Ein sachlich-realistisches Thema überdies, mit dem er sich vom verhaßten literarischen Expressionismus weiter zu distanzieren gedachte: der endgültige Bruch mit der Avantgarde sollte mit der Historie vom traurigen Schicksal des österreichischen Erzherzogs Maximilian besiegelt werden.

Innerhalb kurzer Zeit entstand der erste, überaus konventioneller Dramaturgie verpflichtete Entwurf des Theaterstücks, erzählte des Habsburgers abenteuerliches Scheitern: von Napoleon III. zunächst nach Mexiko gelockt, von den französischen Truppen alsbald im Stiche gelassen, schließlich von Soldaten des Mexikanischen Revolutionärs und Bürgerpräsidenten Benito Juarez hingerichtet.

Ähnlich wie im Verdi-Roman, verquickte Werfel auch diesmal

historische Fakten mit intuitivem Erfassen, in den Hauptfiguren und Schlüsselereignissen des Dramas wird diese Methode immer wieder sichtbar. Die ersten Notizen sahen Maximilians Gegenspieler noch als Hauptrolle vor, an späterer Stelle vermerkte Werfel jedoch: »Er ist ein zu gewaltiger Mensch, als daß er sichtbar werden dürfte, ohne an Wirkung einzubüßen.« Ähnlich wie im Falle des panähnlichen ›Bocksgesang‹-Ungeheuers, erscheint der Bürgerpräsident, auch er übrigens Inkarnation einer Revolution, persönlich nie auf der Bühne: Juarez bleibt der lenkende, schicksalsbestimmende Unantastbare, einer Gottheit gleich.

Mit großer Sympathie für den politisch naiven Österreicher schilderte Werfel Maximilians Untergang, er zeichnete ihn keineswegs als Herrschsüchtigen, vielmehr als eher gutmütigen Idealisten. Tadel an seiner Leichtgläubigkeit, die ihn mitschuldig werden ließ an der Ermordung Tausender Mexikaner, Kritik an seiner Blindheit gegenüber den Machtinteressen Napoleons III. sowie reaktionären mexikanischen Kirchen- und Finanzfürsten wurde nicht geübt. Dies war um so erstaunlicher, da ja Werfels eigener Ansturm gegen das Haus Habsburg, sein eigenes Mitgerissensein von den Ideen der Roten Garde, erst sechs Jahre zurücklag. Im Notizbuch hieß es gar, er zweifle nicht daran, daß es Maximilians edler Wunsch gewesen sei, tatsächlich das Los des indianischen Proletariats zu verbessern. Getragen von »mystischer Feindesliebe«, habe er um Juarez' Gunst gebuhlt: »Ich beuge mich vor ihm«, ließ er Maximilian ausrufen. »Was bin ich denn selbst? Er aber ist groß wie dieses Land.«

Eine Frau behalte in seinem »Männerstück« das letzte Wort, berichtete Werfel seiner Freundin Alma: Prinzessin Salm, der in Maximilians Passionsgeschichte eine Rolle zufiel, die an die biblische Magdalena erinnerte, werde den Schlußsatz sprechen. »Nein«, korrigierte er sich, das Ende sei einem federnden Revolutionsmarsch vorbehalten: »Bum... Bum... Bum! Ordinär aber schön! Hoffentlich wirst Du einverstanden sein –«

Einen Tag vor seinem vierunddreißigsten Geburtstag, Anfang

September 1924, schloß er die zweite Fassung der dramatischen Historie ab. »Ein distanziertes Stück«, stellte er im Tagebuch fest, sein »Gesamtgefühl« sei dabei jedoch »nicht schlecht«, trotzdem er »viele Unvollkommenheiten, Fehler, Dilettantismen spüre. Das Drama ist gut gebaut. Die Szenen sind gedrängt und pointiert.« Nachdem er seinem Freund Julius Tandler, der ihn in Breitenstein besuchte, ›Juarez und Maximilian‹ vorgelesen hatte, bezeichnete dieser das Drama gar als shakespearisch, während Frau Dr. Bien, Tandlers Gefährtin, in Tränen ausbrach.

Die Proben zur Uraufführung des Stücks sollten bereits in der zweiten Septemberhälfte am Wiener Volkstheater beginnen, daher blieb Werfel nicht genügend Zeit, das Werk noch einmal zu überarbeiten. Um sein »herrliches Manuskript« abtippen zu lassen, fuhr er nach Wien, wo »diese stinkigen Weibtiere von Schreibmaschinistinnen« des Paul Zsolnay Verlags ihrer Arbeit »viechisch kretinhaft« nachkamen, wie Werfel nach Venedig an Alma schrieb. Das Typoskript ging dann sogleich zum Satz, Anfang Oktober sollte ›Juarez und Maximilian‹ gebunden erscheinen; sobald die Druckfahnen fertig waren, mußte Werfel sie in aller Eile korrigieren. »Mir graut, mir graut«, jammerte er Alma gegenüber. »Nie wieder ein Stück schreiben.«

Als er erfuhr, Max Reinhardt sei interessiert, das Juarez-Drama im nächsten Frühjahr in Wien zu inszenieren, entzog er es kurz entschlossen dem Volkstheater, nur wenige Tage vor Probenbeginn.

Mitte Januar 1925, nach monatelangem Venedig-Aufenthalt, unternahmen Werfel und seine Freundin ihre erste gemeinsame, über Deutschland und Italien weit hinausgehende Reise. Die Initiative hierzu war allein von Alma ausgegangen, da Werfel sich sträubte, die wohlbekannte Umgebung zu verlassen; er mußte vor vollendete Tatsachen gestellt werden. Als aber die Vorbereitungen getroffen, die Billets und Reservierungen gesichert waren, schlug seine Abneigung in ihr Gegenteil um, genoß er das Unternehmen ungemein, war nun *er* der begeisterte Weltenbummler. Sie schifften sich in Triest an Bord des Dampfers Vienna ein, via Brindisi führte sie die Passage in die ägyptische Hafenstadt Alexandria.

Auf dem Schiff gab es eine große Zahl jüdischer Auswanderer, die in Palästina ihre altneue Heimat besiedeln wollten. Zwar gehörte das Land, wie auch Ägypten, zum britischen Mandatsbereich, doch seit der im Jahre 1917 erfolgten Balfour-Declaration war es den Juden gestattet, in Palästina eigene Siedlungen zu gründen, war man Theodor Herzls Traum von der Rückkehr nach Israel einen bedeutenden Schritt näher gekommen. Bedauerlicherweise kopierten die Zionisten den anachronistischen Fehler des Nationalismus, vermerkte Werfel, noch während der Überfahrt, in seinem ›Ägyptischen Tagebuch‹ – die Juden glaubten, unter Beweis stellen zu müssen, daß auch sie »dasselbe können, was sie an andern Völkern so verlacht und verachtet haben«.

Werfel und Alma Mahler verbrachten drei Wochen in Unter- und Oberägypten, sie sahen die Königsgräber von Theben, sahen Heliopolis, Memphis, Karnak und Luxor, besichtigten Kairo und die Pyramiden von Gizeh, erlebten eine Aufführung von Verdis ›Aida‹ am Orte ihrer Uraufführung, an der Italienischen Oper von Kairo mit. Die Palmenwälder, Orangengärten und Fellachendörfer entlang der Nilufer bezauberten Werfel, das besondere Licht und die fremdartige Landschaft inspirierten ihn. Eine Stückidee, die ihn vor Jahren schon beschäftigt hatte, tauchte jetzt, in Ägypten, wieder auf: den Sonnengott Echnaton zur Zentralfigur eines Dramas zu machen. Er setzte sich hier nun aber auch mit dem Islam auseinander, über den er nur sehr wenig wußte: »Welcher Art ist der Fanatismus der Moslems?« hieß es im Tagebuch. »Gebete, Regeln, Gesetze, Formeln muß [der Mohammedaner] befolgen wie kein Frommer einer andern Religion!!« Er beschäftigte sich mit der Figur des ,,Mahdi'', den die Mohammedaner als messianischen Welterneuerer erwarten, vermutete hinter dieser Thematik den möglichen Stoff zu einem Roman. Der ekstatische Tanz uralter Derwische, den er in einer kleinen Kairoer Vorstadt-Moschee miterlebte, faszinierte ihn: »Die erhabene Gestalt des Scheichs der Derwische im blauen Mantel wird von einem

Krampf gepackt. [...] Und plötzlich gleitet der Scheich mit einer unsagbar heiligen Grazie von seinem Standort davon. [...] wie im Spiel, hat der Blaue die Mitte gewonnen. Auf und nieder taucht er nun, als trügen ihn nicht die Bretter, sondern die Wellen eines Zaubermeeres.«

Der Kontrast zwischen einem hauptsächlich von Engländern und Deutschen bewohnten Nobelhotel in Luxor und dem fremd-geheimnisvollen Land rundum, mit seinen »ganz schwarzen Menschen« und seiner grauenhaften Dürftigkeit, erschien Werfel nach einigen Tagen kaum noch erträglich, überdies empfand er »die Hetze durch Tempel und Landschaft kulturlos und seelenverwischend«: mehr und mehr mißfiel ihm, Tourist unter Touristen sein zu müssen.

Nachdem die beiden Reisenden noch einmal nach Kairo zurückgekehrt waren, fuhren sie mit der Eisenbahn nach Palästina weiter. Die nun folgenden vierzehn Tage waren für Franz Werfel von größter Unruhe und einer heftigen Verwirrung der Gefühle gekennzeichnet, von einem Hin- und Hergerissensein, wie er es selten zuvor erlebt hatte: »Hier bin ich vom ersten Augenblick an in Zwiespalt gestürzt«, notierte er. »Meine Hand ist nicht mehr frei. Mein Gemüt nicht mehr ruhig.« In der Jugend dem Zionismus keineswegs nahestehend, sah er sich – durch Alma Mahlers nun besonders offen zutage tretenden Antisemitismus sowie ihren virulenten Kommunistenhaß – in die Rolle eines Verteidigers einer Sache gedrängt, welche die seine im Grunde gar nicht war. »Es sind dies Tage tiefer Unruhe gewesen«, hieß es rückblickend.

Die meiste Zeit verbrachte er – von Abstechern in den Norden des Landes und zum Toten Meer abgesehen – in Jerusalem, er besuchte die Grabeskirche Christi, die Klagemauer der Juden, den Tempelplatz der Moslems, jenen Berg Moriah des Alten Testaments, wo Abraham den Isaak opfern sollte, Standort des Salomonischen und des Zweiten jüdischen Tempels. Täglich wanderte Werfel durch die engen Gassen der Altstadt, kehrte immer wieder zu den Kultstätten der drei monotheistischen Weltreligionen zurück. Traf mit dem Kabbalistikforscher Gershom Scholem zusammen, sprach mit Ärzten, Architekten, Philosophen, diskutierte mit ihnen für und wider den Zionismus, besichtigte aber auch zahlreiche landwirtschaftliche Kooperativen und Ackerbauschulen in der Umgebung Jerusalems.

»Die Juden haben heute für mich an Reiz verloren«, hatte Werfel bereits an Bord der Vienna, angesichts der mitreisenden Palästina-Siedler, notiert. Doch der Prozeß der Loslösung von seinem Judentum hatte in Wirklichkeit schon vor Jahren begonnen, noch vor der Begegnung mit Alma Mahler, von dieser allerdings, seitdem sie sich kannten, vor allem gutgeheißen. Der einstige ,,Bar-Mitzwa"-Jüngling verstand sich mittlerweile längst als Christusgläubigen, als einen, dem das Judentum eine fremde Welt geworden war, der anzugehören ihn sogar ein wenig genierte. »Was hatte ich mit diesen Menschen zu schaffen«, postulierte er 1920 in einem unveröffentlichten Essay, »mit dieser *fremden Welt?* Meine Welt waren die großen europäischen Künstler in ihrer Gegensätzlichkeit von Dostojewski bis Verdi.«

In Jerusalem, an der Quelle aller Theologie, suchte Werfel in seinen Erinnerungen nach jener Bruchstelle, an der ihm seine Abkehr von der Religion der Vorväter bewußt geworden war. Er sah sich als Vier-, Fünfjährigen Barbara Šimůnková zur Sonntags-Morgenmesse begleiten, er hörte wieder die Stimme einer Sopranistin im Chor der Prager Maisel-Synagoge, die ihm als Zehnjährigem »tödlich unanständig« erschienen war, so daß der gesamte jüdische Gottesdienst ihm mit einem Schlag »ein Unbehagen« bereitete und ihn fortan peinlich berühren sollte. Er gedachte seiner Religionslehrer in den Schulen, seiner späteren Streitgespräche mit Max Brod und der Begegnungen mit Martin Buber.

Die Reise durch das Land des Alten Testaments löste bei Werfel – wie durch einen Schock – intensive Beschäftigung mit seiner jüdischen Herkunft aus, weit über sein bisheriges Interesse für Israels Religion und Historie hinausgehend: in den nun folgenden Monaten, nach der Rückkehr aus dem Nahen Osten, las er nahezu täglich in Büchern über jüdische Geschichte, Bräuche und Riten, er lernte die hebräische Schrift und Sprache neu, studierte, in deutscher Übersetzung, die Bücher des Alten Testaments und des Talmuds.

Ab Anfang April 1925 hielt sich Werfel in Breitenstein auf, nach langem wieder von seiner Geliebten getrennt. Zunächst schrieb er hier für Max Reinhardts Wiener ›Juarez und Maximilian‹-Aufführung eine neue Szene; kaum hatte er diese Arbeit jedoch abgeschlossen, geriet er in die schwerste künstlerische Krise. Zog die Bilanz seines Schaffens und gelangte zu dem Schluß, »*ganz neu* beginnen« zu müssen; keine »*reine Gestaltung*« sei ihm je gelungen, jede Seite, die er je verfaßt habe, erscheine ihm nun, wie er an Alma schrieb, »angefüllt von den gräßlichen Zufälligkeiten« seines eigenen Ich. Er fühle sich wie gelähmt, werde vielleicht »jahrelang nicht arbeiten können!« Und flehte seine Freundin an, ihm zu helfen, nur sie werde imstande sein, ihn aus diesem Abgrund der Depressionen und Ängste zu erretten.

Vorübergehende Beruhigung brachten die Premieren von ›Juarez und Maximilian‹, in Düsseldorf und Dresden: nach eher mißglückter Uraufführung in Magdeburg endete die Dresdener Aufführung, an der Werfel persönlich teilnahm, mit einem Triumph für den Dichter. Auch die Wiener Vorstellung, unter Reinhardts Regie, wurde äußerst positiv aufgenommen: am Premierenabend hob sich der Vorhang mehr als sechzig Mal für das umjubelte Ensemble. Selten zuvor (und noch nie für ein Schauspiel) hatte Werfel enthusiastischere Kritiken in Deutschland und Österreich erhalten; erst mit der Tragödie um das Schicksal des Habsburgers Maximilian war ihm der Durchbruch auch am Theater geglückt. Jener Plan, dank publikumswirksamer Thematik nicht bloß künstlerischen, sondern durchaus auch materiellen Erfolg zu erlangen (die Inflation hatte ihren Höhepunkt inzwischen überschritten), schien vollends aufgegangen zu sein.

Die schwere Schaffenskrise aber war keineswegs überwunden – zwar hatte Werfel sich durch regelmäßige Talmud-Thora-Lektüre zu einem Bibelfachmann herangebildet, doch seine kreativen Kräfte lagen weiterhin brach. Auch führte ihn die Auseinandersetzung mit der Lehre Israels, mit den Bibelkommentatoren Raschi, Maimonides, Nachmanides dem Judentum nicht näher, wie er möglicherweise erhofft hatte, sondern sie bestärkte ihn vielmehr in seiner Ablehnung jüdischer Orthodoxie und in der Hinwendung zur christlichen Weltauffassung.

Erst im Hochsommer 1925, vier Monate nach der Rückkehr aus Palästina, tastete er sich nach und nach an die Idee zu einem neuen Theaterstück heran, deren Keim mit Sicherheit während des Jerusalem-Aufenthalts gesetzt worden war: den historischen Augenblick der Loslösung des Ur-Christentums von der jüdischen Religion nachzuzeichnen, die Geschichte des Rabbiners Schaul zu erzählen, einst Schüler des Hohepriesters Gamaliel, der sich, im Jerusalem des ersten Jahrhunderts nach Christi Geburt, zum Paulus wandelte, zum ersten Missionar Jesu. In der Figur dieses Paul aus Tarsus, ohne dessen Wirken das Christentum wohl niemals Weltreligion geworden wäre, verdichtete sich eben jener Konflikt, den Werfel selbst seit der Kindheit durchlebte. Vor allem also, um seiner eigenen Anlehnung an den Katholizismus auf die Spur zu kommen, dieser Quelle privater Verwirrung, entstand Werfels dramatische Legende ›Paulus unter den Juden‹.

»Niemand ist Israels Freund, nicht einmal Israel«, so lautete eine der ersten Notizen zu dem geplanten Stück; die Titelseite seines ›Paulus‹-Skizzenhefts schmückte Werfel mit einer Zeichnung: auf dem Gipfel des Berges Sinai thronten jene beiden steinernen Gesetzestafeln, welche Moses von Gott empfangen hat – jedoch gekrönt von einem mächtigen Kruzifix. Christuskreuz und Zehn Gebote, Synagoge und Kirche, Gegensätze, die Franz Werfel seit der Kindheit als ein zusammengehöriges Ganzes erschienen waren.

»Vor einer neuen Arbeit habe ich immer eine Zeit furchtbarer Verzagtheit«, schrieb er, wenige Tage vor Beginn der ersten ›Paulus‹-Niederschrift, an den Freund Hugo von Hofmannsthal. Doch kaum einen Monat später, Anfang September 1925, hatte er bereits eine erste und eine zweite Fassung des Dramas abgeschlossen, war mit dem Ergebnis allerdings noch so unzufrieden, daß er entschied, das Werk erst einmal liegen zu lassen – in der Hoffnung, zu einem späteren Zeitpunkt vielleicht neuen Zugang zu dem Stoff finden zu können. Daß er aber eine Arbeit nach ihrer Fertigstellung nicht sogleich dem Verlag zur Veröffentlichung überließ, geschah zum allerersten Mal. Für Alma Mahler ein sicheres Zeichen, ihr Freund sei im Laufe der letzten Jahre sehr viel reifer geworden.

Alma plante für diesen Herbst eine gemeinsame Reise nach Indien, ein Unternehmen, das sie sich seit langem schon gewünscht hatte – der Berliner Ullstein Verlag wollte für alle Spesen aufkommen, sollte Werfel bereit sein, für Zeitungen und Zeitschriften des Konzerns indische Reiseimpressionen zu verfassen. Doch die Verwirrung, welche die Ägypten- und Palästinaerlebnisse in ihm ausgelöst hatten, lag noch zu nahe und war noch keineswegs genügend verarbeitet; er sträubte sich dagegen, wieder eine gänzlich fremde Welt kennenzulernen, und sagte die Reise kurzfristig ab. Nahm statt dessen in Venedig, zusammen mit der enttäuschten Alma, eine Neubearbeitung und Neuübersetzung der Verdi-Oper ›La Forza del Destino‹ vor: das Lebenswerk des *Maestro* war zu dieser Zeit im deutschsprachigen Raum noch wenig bekannt, und Werfels erklärtes Ziel war es, dem Œuvre seines Idols endlich auch auf deutschen Opernbühnen zum Durchbruch zu verhelfen. Er pointierte, im Falle der ›Macht des Schicksals‹, Aktschlüsse, hellte Motivierungen auf, oder strich zum Beispiel alle Lobgesänge auf den Krieg.

Im Sommer und Herbst 1925 führte Richard Specht mehrmals ausführliche Gespräche mit Franz Werfel; der Paul Zsolnay Verlag hatte dem Biographen Gustav Mahlers, Arthur Schnitzlers, Richard Strauss' den Auftrag erteilt, erstmals die Lebensgeschichte des fünfunddreißigjährigen Werfel nachzuzeichnen. Äußerst hingebungsvoll – und gänzlich unkritisch gegenüber seinem Sujet – schrieb Specht das Heldenepos ›Franz Werfel – Versuch einer Zeitspiegelung‹, welches vor allem wegen seiner Stilblüten sowie seiner zahlreichen Ausfälle gegen Werfels Zeitgenossen auffiel.

Als das Buch im Jahre 1926 erschien, mußte sich Werfel zunächst bei den Betroffenen, darunter Fritz von Unruh, Kurt Hiller, Paul Kornfeld, entschuldigen, jeweils beteuernd, er selbst habe das Manuskript vor der Drucklegung nicht gekannt.

Ende des Jahres 1925 hielt Werfel in etwa zwanzig deutschen Städten Lesungen ab, wobei er meist drei Bilder aus dem unfertigen ›Paulus‹-Drama, gelegentlich aber auch das ganze ›Juarez und Maximilian‹-Stück vortrug. In Berlin nahm er, Mitte Dezember, an der erfolgreichen Uraufführung von Alban Bergs ›Wozzeck‹ teil – Frau Mahler hatte ihrem langjährigen Freund Berg schon 1922 geholfen, einen Klavierauszug dieser Oper im Selbstverlag herauszugeben. Werfel fühlte sich dem Komponisten auch noch aus ganz anderem Grund verbunden: im Mai dieses Jahres hatte sich Alban Berg, anläßlich eines Prag-Aufenthalts, leidenschaftlich in Werfels Schwester Hanna von Fuchs-Robetin verliebt.

Bis Anfang Februar des neuen Jahres blieb Franz Werfel in Berlin, wohnte Proben zu ›Juarez und Maximilian‹ bei, Max Reinhardt inszenierte das Stück nun auch für das Berliner Publikum. Werfels Jugendfreund Ernst Deutsch wirkte in der Rolle des mexikanischen Generals Porfirio Diaz mit – in diesen Wochen sahen sie sich oft, trafen sich mit Willy Haas, saßen des öfteren im Künstlerlokal „Der schwarze Kater" beisammen und erinnerten sich der alten Schultage, ahmten unter Tränenlachen ihre Gymnasialprofessoren nach, wobei Werfel am allerliebsten und -besten Karl Kyovsky, den Klassenvorstand am Stefansgymnasium, imitierte.

Auch in Berlin hatte das ›Juarez‹-Drama triumphalen Erfolg, mehr als fünfzig Mal stand es nach der Premiere auf dem Spielplan, erhielt überdies, von der Wiener Akademie der Wissenschaften, im Januar 1926 den begehrten Grillparzer-Preis zuerkannt. Im März nahm Werfel in Dresden an der überaus erfolgreichen Uraufführung seiner ›Forza del Destino‹-Übertragung teil – es schien, als sicherte ihm alles, was er in den letzten zwei bis drei Jahren begonnen hatte, immer größere Anerkennung, immer größeren Ruhm. Die Selbstzweifel aber waren auch nach diesen Triumphen keineswegs geschwunden.

Zurück in Breitenstein, widmete er sich, nach einem halben Jahr Unterbrechung, ausschließlich ›Paulus unter den Juden‹. Er arbeite »ohne Konzentration und ziemlich verzweifelt« an seinem Stück, schrieb Werfel Anfang Juni an Arthur Schnitzler. »Ich ändere Szenen, Charaktere, Worte und komme zu keiner Klarheit. Kann man überhaupt an einem Bild neu malen, wenn die Farben eingetrocknet sind? Und noch viel ärger ist es, wenn das Gefühl eingetrocknet ist. Dabei ist das ein Stoff, der sich immer wieder verschließt und andere Abgründe öffnet. Ich glaube, ich bin über den Bodensee geritten, aber hineingefallen.« Zunächst in erneute Quellenlektüre vertieft, notierte er, welche Spannungselemente, welche Figuren und Szenen den ersten beiden Fassungen noch fehlten, zum Beispiel »das Menschliche im Paulus-Charakter«, wie er im Skizzenbuch vermerkte, auch die Steigerung von Paulus' Christus- und Wiederauferstehungsbekenntnis müßte deutlicher, die feigen Übergriffe der römischen Besatzer sollten kräftiger herausgearbeitet werden. Eine der Begründungen, die Werfel für Paulus' Abkehr von der Thora nannte, lautete nunmehr: »[Sie] ist mein Todesurteil, das ich täglich und stündlich lesen soll. Welcher Mensch aber kann sein Todesurteil lieben?«

»Zweite Bearbeitung ›Paulus‹ Juni 1926 erledigt«, hieß es dann, nach Abschluß der dritten Niederschrift, im Notizheft; »erledigt« also ein Theaterstück, welches er schon in der Schublade hatte verschwinden lassen wollen und nur dank der Ermutigung einiger Freunde, wie Hofmannsthals und Schnitzlers, zu Ende gebracht hatte. Nach immer neuen Korrekturen, auch in den Druckfahnen und Umbruchbögen noch, erschien das Werk Ende August im Paul Zsolnay Verlag. »Nicht die Religion wird dargestellt«, hieß es in einer Nachbemerkung zu dem Drama, »sondern die Menschen, die sie an sich erleiden. [...] Nichts anderes wird hier gezeigt als die große tragische Stunde des Judentums. [...] Ohne Willkür. So ist es! So war es!« Wenige Wochen nach Erscheinen des Schauspiels war das Gerücht im Umlauf, Franz Werfel sei zum Katholizismus übergetreten.

Überaus zurückhaltend reagierte Sigmund Freud auf das Werk

– er teilte Werfel seine Vorbehalte brieflich mit. Die beiden waren einander im September 1926 kurz begegnet, Werfel hatte Freud bei dieser Gelegenheit das ›Paulus‹-Drama geschenkt. Verzweifelt versuchte er nun, seine von Freud angegriffene Position zu verteidigen: er habe, entgegen Freuds Annahme, das Christentum keineswegs verklären wollen, beteuerte er, habe dies Stück vielmehr »als Jude geschrieben«, dem der »Katastrophenaugenblick«, da Paulus sich vom Judentum trennte, als besonders tragischer und daher interessanter Stoff erschienen sei. »Nichts als *diesen* Augenblick wollte ich darstellen, die Ursache unendlicher Konsequenzen, den entscheidenden Punkt, da noch *beide* Möglichkeiten vorhanden waren.«

Freud antwortete Werfel, zu dessen Überraschung, auch auf diesen Brief, daraufhin schrieb Werfel noch einmal an den »innig verehrten Herrn Professor«, bat ihn, seine Zeilen ruhig »ungelesen fortzuwerfen«, falls die Fortführung ihres Gesprächs des bedeutenden Mannes »gerechten Unwillen« hervorrufen sollte. Eine Passage im ›Paulus‹-Nachwort, welche Freud vor allem beanstandet hatte, erschien Werfel nun mit einemmal selbst »ungehörig«, der »unangenehm überhebliche Ton der Stelle« sei ihm »nun doppelt peinlich«. Keinesfalls aber hänge er einem »frommen Kinderglauben« an, wie Freud vermutet habe: »Darf ich Ihnen gestehen«, schrieb er – und dies Bekenntnis entsprach mit Sicherheit nicht vollends den Tatsachen –, »daß ich in einem areligiösen Milieu aufgewachsen, so lange ich überhaupt bewußt bin, niemals an Skrupeln und religiösen Gefühlskatastrophen gelitten habe, keine kultischen Residuen überwinden mußte und fast bis zu meinem 20. Lebensjahr in einem indifferenten Atheismus gelebt habe.« Er beuge sich, darüber hinaus, durchaus Freuds Definition, wonach Gott nichts anderes als eine »Entlastungsphantasie« der Menschen bedeute – obwohl er zugleich eingestehen müsse, »daß ich an Entlastungsphantasien heftig leide, an metaphysischen vor allem. [. . .] Wenn ich sage, daß ich an solchen Phantasien ›leide‹, so ist das eine Lüge, denn das Lustgefühl, das sie begleitet, ist unbeschreiblich.« Und er befürchtete: »Nun habe ich mich als heilloser Mystiker und Illusionist vor Ihnen, verehrtester Herr Professor, dechiffriert.« Anderseits wirke Freuds Werk auf Werfel, wie er betonte, nicht selten »mit einer [...] dämonischen Macht [...] Es ist die Macht, die sonst nur von ganz großen Kunstwerken ausgeht! [...] Wie Aristoteles, der Logiker, ein Erzvater der Kirche geworden ist, so wird Freud ein Erzvater der kommenden Zeit und... Religion... sein!«

Mit größter Zustimmung quittierte hingegen Stefan Zweig den Erhalt des ›Paulus‹-Dramas: nicht nur halte er das Stück für genial und sage ihm einen großen Erfolg auch auf der Bühne voraus, sondern es beweise erneut, daß Werfel im Grunde der einzige Dichter seiner Generation sei, der bereits ein Œuvre vorzuweisen habe.

Seine Popularität erreichte 1926 jedenfalls ihren bisherigen Höhepunkt. Die deutsche Zeitschrift ›Die schöne Literatur‹ hatte unter ihren Lesern eine Umfrage nach dem beliebtesten deutschsprachigen Schriftsteller der Gegenwart veranstaltet – die meisten Stimmen konnte Franz Werfel für sich verbuchen, weit mehr als Gerhart Hauptmann, Stefan Zweig oder Rainer Maria Rilke. In New York war es diesen Sommer zu einem regelrechten Werfel-Rausch gekommen, nachdem dort ›Bocksgesang‹ (unter dem englischen Titel ›Goat Song‹) aufgeführt worden war: der großen Nachfrage wegen veranstaltete die Theatre Guild an mehreren Sonntagnachmittagen Vorträge und Diskussionen über das Stück, an denen jeweils mehr als zweitausend Interessierte teilnahmen. Nicht zuletzt wurde Werfel in diesem Herbst von den Gründungsmitgliedern der Preußischen Akademie der Künste, Sektion Dichtkunst, der, unter anderen, Heinrich und Thomas Mann, Arthur Schnitzler, Jakob Wassermann angehörten, zum Mitglied gewählt.

Mit dem Abschluß der ›Paulus‹-Arbeit schien auch die künstlerische Krise weitgehend überwunden. Mit neuer Kraft widmete sich Werfel nun einer ganzen Reihe von Projekten gleichzeitig: Er bereitete, zusammen mit dem Musikologen Paul Stefan, die Herausgabe eines Verdi-Briefbands vor, dem er einen umfangreichen

Essay, ›Ein Bildnis Giuseppe Verdis‹, voranstellte. Ein großange-
legter Prosatext, ›Pogrom‹, der sich mit der Frage der jüdischen
Assimilation beschäftigte, war begonnen worden, blieb jedoch
Fragment. Der erste Entwurf zu einem neuen Drama entstand:
›Das Reich Gottes in Böhmen‹ sollte die Hussitenkriege des
fünfzehnten Jahrhunderts aufrollen. Außerdem arbeitete Werfel
auch an einer größeren Novelle, die er im Oktober 1926 abschloß:
in ihren Grundzügen ging ›Der Tod des Kleinbürgers‹ auf Alma
Mahlers Breitensteiner Hausbesorgerehepaar Gubsch und deren
Gehilfin Klara zurück. Oft hatte Werfel in Briefen an seine Freundin, oder aber auch in seinem Tagebuch, Eigenheiten und Absonderlichkeiten des Dreiergespanns festgehalten, mit dem Akzent
auf den Unehrlichkeiten und Gemeinheiten Klaras, der Schwester
der Frau Gubsch. Als Werfel im Frühjahr 1925, nach seiner Rückkehr von der Nahostreise, in Breitenstein eingetroffen war, hatte er
vom Ableben des alten Herrn Gubsch erfahren, der nach langem,
zähem Todeskampf in einem Wiener Spital gestorben war. Der
Plan, den »Gubschen«, dieser Inkarnation österreichischer Wesensart, ein literarisches Denkmal zu setzen, mochte damals bereits gefaßt worden sein. Werfel siedelte die Novelle um den einstigen
Türhüter Karl Fiala im Wien der Inflation und des Nachkriegs-
elends an – eine Lebensversicherung, die Fiala abgeschlossen hat,
um seine Familie nach seinem Tod versorgt zu wissen, tritt erst
nach vollendetem 65. Lebensjahr in Kraft, Fiala erkrankt jedoch
Wochen vor diesem Datum schwer. Für seine Ärzte »ein wirklicher
Fall und fast eine Sensation«, ringt er solange mit dem Tode, bis er
seinen 65. Geburtstag um zwei Tage überlebt hat. »Sein Inneres
war nurmehr *eine* Wunde, *ein* tobender Eiterherd. [...] dann stürzt
die Gestalt in sich zusammen, ein Knochenhaufen. «
   Das österreichische Kleinbürgerleben wurde von Werfel mit
auffallend liebevollem Einfühlungsvermögen geschildert – er bemühte sich, darüber hinaus, um eine profunde Analyse sozialer
Ungerechtigkeiten, die etwa zuließen, daß der Held der Novelle,
der stolze Türhüter Fiala, seines Postens enthoben wurde, bevor er
noch das Pensionsalter erreicht hatte. Werfel verband diese seine

Rückbesinnung auf sozialistische Ideale mit Ideen seines Freundes, des Wiener Stadtrats Dr. Julius Tandler, der den Behörden umfassende gesellschaftliche Änderungsvorschläge unterbreitet hatte, die zu einer Neuordnung des gesamten öffentlichen Fürsorgewesens führen sollten.

Frei vom sprachlichen Überschwang des ›Verdi‹-Romans, konzentriert auf die packende Milieuschilderung um den Magazinaufseher Fiala und seine Familie, gelang Werfel eine bemerkenswerte Prosaarbeit, welche die Zeiten überdauern und als überzeugende Momentaufnahme des zum Rumpfstaat geschrumpften Nachkriegsösterreich lebendig bleiben wird.

»Ich sehe das auch heute noch vollkommen deutlich vor mir: in Köln, ich war etwa achtzehn Jahre alt, das muß also Ende 1925 gewesen sein; Werfel kam und las, im Rahmen einer Matinee des Schauspielhauses. Über zwei Stunden lang las er, ›Juarez und Maximilian‹, ohne Pause, das war ganz unvergleichlich!« erinnert sich Hans Mayer. Viele Jahre lang Professor für Literaturgeschichte, zunächst an der Universität Leipzig und später in Hannover, lebt der Germanist und Kulturphilosoph heute in Tübingen. Sein Zuhause an der Neckarhalde liegt in unmittelbarer Nähe von Hölderlins Turm. »Das große Kölner Schauspielhaus war vielleicht nur zu einem Sechstel gefüllt. Es war ganz dunkel, und da war der Tisch mit der Lampe – und es trat der kleine, dicke Werfel auf, der eine Riesen-Stimme hatte! Vor allem der Schluß der Lesung ist mir vollkommen unvergeßlich geblieben, das ist ja der Zusammenbruch, Maximilian ist erschossen, von hinten kommt der Ruf des Volkes: ›Juarez!‹ Und w i e Werfel das nun las, dieses ›Juarez!‹, Sieger! ... Natürlich: die Geschichtsklitterungen merkte man schon, das Klappern der Exposition und der Peripetien. Aber am Schluß gab's eine vollkommene Verzauberung im Publikum. Werfel war ein ungeheurer Vorleser, im Grunde gibt es nur drei Schriftsteller, die ihre eigenen Werke so hervorragend lesen konnten, wenn wir von Thomas Mann einmal absehen: Kraus, Canetti und Werfel.

Einige Jahre später, 1927 vielleicht, las er wieder in Köln, diesmal aber in einem ganz vollen Saal, in der Stadt, er las sein Meisterwerk ›Der Tod des Kleinbürgers‹. Ich sprach unlängst mit Canetti, der ja ein durchaus ambivalentes Verhältnis zu Werfel hat, aber trotz allem sehr genau differenziert; ich erzählte ihm, ich hätte einen unauslöschlichen Eindruck eben von jener Lesung der ›Kleinbürger‹-Novelle gehabt, die ich persönlich überhaupt für das Beste halte, was ich von Werfel kenne. Canettis Gesicht hellte sich auf – und er sagte: ›Ich bin froh, daß Sie das sagen, habe das von Ihnen erwartet‹ – und wies zwar mit Recht darauf hin, daß der ›Kleinbürger‹ undenkbar wäre ohne das Vorbild von Tolstois ›Der Tod des Iwan Iljitsch‹. ›Aber‹, sagte Canetti dann, ›die Werfel-Novelle ist doch eine ganz ungewöhnliche, eigene Sache.‹ Er spricht übrigens mit hoher Achtung von der Bedeutung Werfels für Verdi: Opern wie ›La Forza del Destino‹ oder den ›Don Carlos‹ hat Werfel in den Spielplan der Weltopernhäuser gebracht, ›Simone Boccanegra‹ natürlich ebenfalls. Und hat damit im Grunde die Verdi-Renaissance im weitesten Sinne durchaus mit beeinflußt. Wohingegen Werfel das absolute Meisterwerk Verdis, den ›Falstaff‹ nämlich, immer geringer eingeschätzt hat gegenüber Werken wie zum Beispiel ›Forza del Destino‹, einer Oper, die ja nun ganz auf den aneinandergereihten, überreichen Einfällen aufbaut. Das lag daran, daß Werfel selbst noch ganz und gar der romantischen Einfall-Theorie verpflichtet war – zum Beispiel stellte er Verdis großen Einfall zur Oper ›Otello‹ aus eben diesem Grund ganz in den Mittelpunkt seines Verdi-Romans.

Für Verdi selbst war der Einfall in Wirklichkeit aber immer nur ein konstruktives Element, von dem ausgehend er dann das Werk in seiner Gesamtheit entwarf. Demgegenüber hat Werfel mit seinen Einfällen nie hauszuhalten verstanden: er hat die Einfälle sozusagen im R o h z u - s t a n d verwendet. ›Die Aufgabe eines Schriftstellers besteht darin‹, sagte Thomas Mann, ›aus einer Idee etwas m a c h e n zu können.‹ Aber gerade mit diesem ›Machen‹ kam Werfel nicht so ganz zurecht, das ist ihm nicht immer gelungen. Er hatte natürlich auch nicht das intellektuelle, das rationale Niveau, das eben Thomas Mann oder, in anderer Weise, Robert Musil gehabt haben. Werfel hatte unendlich viele Einfälle – viel zu viele –; wenn Musil so viele Einfälle gehabt hätte, wäre ›Der Mann ohne Eigenschaften‹ fertig geworden! Werfel besitzt oft einfach nicht die konstruktive Gestaltungskraft. Zwar weisen die meisten seiner Werke einen wirklichen Einfall auf, werden aber dann aufgeblasen, statt daß ihr Schöpfer eine schmale Novelle daraus gemacht hätte. ›Der Abituriententag‹, 1927 entstanden, wäre zum Beispiel eine bezaubernde Geschichte geworden, hätte Werfel sich mit vierzig Seiten begnügt. Darum ist ja auch ›Der Tod des Kleinbürgers‹ so besonders geglückt: weil er in der Novellenform blieb, und Werfel keinen Roman daraus machte. Die k l e i n e Form, die gelang ihm durchaus.

Bei Werfel waren die Emotionalität, der romantische Einfall, die lyrische Substanz, die Sprachgewalt das Entscheidende. Er hatte eine eigene Sprache! Im Gegensatz zu Stefan Zweig, der einfach unerträglich schlecht schreibt. Zweig plustert sich auf; er plustert die Einfälle auf, die er nicht hat. Wohingegen Werfel überreich ist an Einfällen, aber in vielen Fällen nichts daraus machen kann. Er war von Natur aus unendlich viel begabter als Musil. Und Musil der unendlich viel interessantere Schriftsteller. Ich glaube, was Werfel fehlte: er hat sich selbst kaum jemals in Frage gestellt. Und er konnte Marxist sein, er konnte anarchistisch oder konservativ sein, er konnte Katholik sein – das alles war austauschbar, es hing von der jeweiligen Wallung, dem Einfall, der Emotion ab. Und da hat dann der böse Blick von Karl Kraus letztlich doch richtig gesehen: zwar war das Schreiben für Werfel eine Notwendigkeit, ein Ausdruckszwang, was er aber schrieb, die A u s s a g e , war völlig austauschbar. Werfel hat sich selbst immer wieder 'runtergezogen: da war die Begabung eines großen Schriftstellers, der sich selbst kaputtgemacht hat.

Andererseits, ein Mann, der den ›Tod des Kleinbürgers‹ geschrieben hat, und einige sehr, sehr schöne Gedichte, und ›Die vierzig Tage des Musa Dagh‹, der zudem ein Werk geschrieben hat, das ich persönlich nicht s o hoch stelle, wie Ernst Bloch das tat, den ›Verdi‹ nämlich (Bloch hielt den Verdi-Roman für ein Meisterwerk!), ja, der ist doch ein bedeutender Schriftsteller! Und Werfel, das ist auch meine Jugend . . . ich bin aufgewachsen mit dem Expressionismus, der Expressionismus ist das Erlebnis gewesen, das mich geprägt hat; wie sollte es auch anders sein?«

Barbara oder die Wirklichkeit

Unweit von Genua, in Rapallo, besaß Gerhart Hauptmann eine stattliche Villa. Seit mehreren Jahren schon gab es, von Alma initiiert, nähere Kontakte zwischen Werfel und Hauptmann, sie schätzten einander durchaus, Werfel kopierte sogar gewissermaßen Hauptmanns äußeres Erscheinungsbild: trug oft ähnliche Knickerbocker wie der Dichterfürst, trug die gleichen hochgeschlossenen Westen und das Haar in langer, wallender Mähne.

Im Januar 1927 trafen Werfel und Alma Mahler in Santa Margherita Ligure, einem Nachbarort Rapallos, mit Hauptmann zusammen – er hatte ihnen das luxuriöseste Hotel von Santa Margherita empfohlen, das Imperial Palace, welches Werfel besonders gut gefiel. Es lag inmitten eines prachtvollen Palmenparks, in dem auch im Winter die Blüten dufteten, die Zimmer des Hotels waren sehr geräumig, hatten schöne Balkone, mit Blick auf die Bucht von Portofino. Kaum hier angekommen, entschied Werfel, längere Zeit an diesem Ort verbringen zu wollen, in einem der Imperial-Palace-Räume zu schreiben.

Alma suchte die geeignetste Suite für ihren Geliebten aus, sie selbst fuhr in den nahegelegenen Kurort Nervi, um Werfel eine Zeitlang allein, in Ruhe arbeiten zu lassen. Er plante die Vollendung eines Novellenzyklus, den er mit dem im Vorjahr entstandenen ›Tod des Kleinbürgers‹ eröffnet hatte. Erinnerungen an die Kindheit tauchten in diesen Erzählungen auf, Puppentheaterspiele, Sommerferien im Salzkammergut, die letzten Jahre seiner Schulzeit. ›Kleine Verhältnisse‹ schilderte die erotische Spannung zwischen einem elfjährigen Jungen namens Hugo und seinem aus kleinen Verhältnissen stammenden Kinderfräulein Erna Tappert – eine Erzählung, die in der glücklichen Erinnerung an die einst im Hause Mariengasse 41 lebende Gouvernante Erna Tschepper wurzelt; sie war damals zu Barbara Šimůnkovás Entlastung engagiert worden, Franz mochte sie sehr – nachdem sie aber schwanger geworden war, wurde sie von Mutter Albine fristlos entlassen.

In der Novelle ›Das Trauerhaus‹ ließ Werfel seine beiden letzten Jahre am Stefansgymnasium wiederauferstehen, als er, Arien schmetternd, mit einigen seiner Klassenkameraden die Prager Nachtlokale durchstreifte, oft auch das berühmte Freudenhaus Gogo in der Gamsgasse besuchte. Eigene Erlebnisse im Salon Goldschmied wurden auf das Jahr 1914 projiziert, in jene Sommernacht, da die Nachricht von der Ermordung des österreichischen Thronfolgers Prag erreichte. Die ›Trauerhaus‹-Erzählung, eine Metapher für den Untergang der österreichisch-ungarischen Monarchie, setzte sich auch mit den Verwandtschaften auseinander, die, Werfels Gefühl nach, zwischen Judentum und Christentum bestanden – verkörpert in der Figur des jesusgläubigen, jüdischen Bordellbesitzers Max Stein.

Die Rückbesinnung auf seine Kindheits- und Jugendjahre fand ihren vorläufigen Höhepunkt in einem Roman, dessen erste Niederschrift Werfel ebenfalls in Santa Margherita, noch während der Arbeit an dem Novellenzyklus, begann: ›Abituriententag – Die Geschichte einer Jugendschuld‹. Die Wiederbegegnung mit Willy Haas und Ernst Deutsch in Berlin, zu Beginn des Jahres 1926, mochte ihn zu diesem Werk inspiriert haben – es erzählte von einer Prager Schülerschar, die all jene Abenteuer sucht, die auch Werfel, Haas, Deutsch, Kornfeld und Janowitz als Abiturienten durchlebten: das häufige Fehlen in der Schule, die Besuche in den Nachtetablissements, spiritistische Séancen, die Gartenfeste der reichen Pragerdeutschen Familien. Von ihren zahlreichen Bewunderern umringt, tauchte auch Werfels erste Liebe, die tennisspielende Mitzi Glaser wieder auf. »In sie verliebt zu sein«, hieß es im ›Abituriententag‹, »war Mode. [...] Gerade in mein Herz war diese Mode besonders, ja schmerzhaft tief eingedrungen. Bei diesen Begegnungen mit Marianne bekam ich Herzklopfen und leichte Schwindelanfälle.«

Werfels ehemaliger Klassenvorstand Kyovsky wurde im Roman liebevoll und oft wortgetreu wiedergegeben, auch andere Professoren des Stefansgymnasiums erwachten im ›Abituriententag‹ zu neuem Leben. Selbst seine eigenen, allerersten Versuche, zu dichten, machte Werfel zum thematischen Bestandteil des Romans, spaltete aber das eigene Ich in zwei konträre Protagonisten auf, die beide Lyrik, Dramen und Prosa schreiben: in den genialischen Juden Franz Adler einerseits (er weist allerdings auch Züge Paul Kornfelds und Ernst Poppers auf) und in den sadistischen, raffinierten Christen Ernst Sebastian andererseits. Anläßlich der Feier zum fünfundzwanzigjährigen Jubiläum seines Abiturs, so die Rahmenhandlung des Romans, erinnert sich Untersuchungsrichter Sebastian in durchwachter Nacht seiner folgenschwersten Jugendsünde – er hatte die Stellung des Klassenbesten und frühreifen Jungdichters Adler unterminiert, hatte systematisch versucht, die psychische und physische Existenz des kränkelnden Mitschülers zu zerstören. Ein Kampf ums Überleben entstand – ein Zweikampf, nicht zuletzt zwischen Judentum und Christentum, aus dem Adler allerdings als moralischer Sieger hervorgegangen war.

Auch im ›Abituriententag‹ widmete sich Werfel also wieder jener Thematik, die seit der Palästinareise zu einem Leitmotiv seines Lebens geworden war: der Emanzipation des Christentums vom Judentum.

Mitte Juli 1927, Werfel war mittlerweile aus Santa Margherita nach Österreich zurückgekehrt, protestierten Tausende Wiener Arbeiter gegen ein als ungerecht empfundenes Gerichtsurteil. Polizeipräsident Schober ließ die Demonstranten wie Hasen jagen, im Zuge erbitterter Straßenkämpfe wurden neunzig Menschen von der Polizei erschossen, gab es über zweihundert Verletzte. Zwischen Franz Werfel und Alma Mahler lösten diese Ereignisse – auf dem Höhepunkt der Ausschreitungen wurde der Justizpalast bis auf die Grundmauern niedergebrannt – heftige politische Streitgespräche aus. Alma sah in den Unruhen und in dem von der Arbeiterschaft ausgerufenen Generalstreik Machenschaften Moskaus; Kommunismus und Sozialismus, so meinte sie, zeigten nun ihr wahres Gesicht. Werfel versuchte hingegen, die Anliegen der Protestierenden zu verteidigen, brachte ihnen, nach Prüfung der Fakten, ein gewisses Maß an Verständnis entgegen. Reagierte mit Entsetzen auf die Ansicht seiner Freundin, allein ein Anschluß Österreichs an Deutschland könne die verlorene Alpenrepublik jetzt noch retten. Zwar war es in den zehn Jahren, die sie sich nun kannten, immer wieder zu ähnlicher Frontstellung zwischen den Liebenden gekommen, selten zuvor aber hatte Werfel sich über Almas politische Weltsicht so sehr erregt wie dieses Mal.

Er arbeitete kaum in diesem Sommer. Stellte lediglich für den Paul Zsolnay Verlag einen großen Sammelband der ihm liebsten Lyrik aus zwanzig Schaffensjahren zusammen, nahm auch eine kleine Zahl neuer Gedichte in die Sammlung auf, die seit 1923, seit dem Erscheinen der ›Beschwörungen‹, entstanden waren. Im Nachwort zu dem Buch, zugleich erster Band einer Werfel-Gesamtausgabe des Zsolnay-Verlags, hieß es: »... wenn ich die ersten Teile dieses Buches durchblättere, muten mich meine eigenen Worte an, als stammten sie nicht aus einer anderen Zeit, sondern aus einem anderen Leben; und jene zumal, die mir die liebsten sind.«

Zum Jahresende 1927 kehrten Werfel und Alma Mahler, nach längerem Aufenthalt in Venedig, nach Santa Margherita Ligure, ins Imperial Palace Hotel zurück. Sie sahen Gerhart Hauptmann und seine Frau wieder, Sylvester wurde gemeinsam verbracht, Anfang Januar fanden in Rapallo, im Hause der Hauptmanns, mehrmals Champagnerfeste statt, in deren Verlauf die beiden Dichter einander nicht selten aus ihren Werken vorlasen. Eine dieser Lesungen, Hauptmann trug seinen von antisemitischen Anklängen nicht ganz freien Essay ›Jehova‹ vor, störte der schon leicht trunkene Werfel so lange, bis der Gastgeber seine Vorlesung abbrach.

Nach Abschluß der Arbeit an dem Roman ›Abituriententag‹ nahm sich Werfel monatelang kein neues Projekt vor – und litt nun wieder unter seiner Entschlußlosigkeit. »Nur wie zur Miete bin ich in mir zu Haus«, lautete Anfang 1928 eine Eintragung in seinem Notizheft. Er verfaßte, siebenunddreißigjährig, ohne ersichtlichen Anlaß, sein Testament, Alma Mahler als Universalerbin einsetzend, verbunden mit der Bitte, die Geliebte möge aus seinem Nachlaß niemals etwas publizieren, was unter dem Niveau seiner besseren Schriften stehe, ersuchte sie ferner, seinen »Eltern und Schwestern [...] jene Andenkensgegenstände auszufolgen, die man von ihr erbitten« werde.

Die intensive Beschäftigung mit der eigenen Vergangenheit, das Wiedererleben der Kindheits- und Jugenderinnerungen, mochten den Todesgedanken heraufbeschworen, mochten Reminiszenzen an Krieg und Soldatenzeit wachgerufen haben. Der Wunsch entstand, auch diesen späteren Lebensabschnitt, bis hin zu den Erlebnissen als Mitstreiter der Roten Garde, in literarischer Form wiederzugeben. Daß ihm der literarische Umgang mit Selbsterlebtem durchaus lag, hatte Werfel ja schon während der Arbeit an dem Novellenzyklus und dem Schlüsselroman ›Abituriententag‹ erkannt; in ähnlicher Weise dachte er auch an die Fortsetzung seiner Autobiographie heranzugehen.

Der Einfall, den Katholizismus seiner Kinderfrau Barbara Šimůnková, ihre Arglosigkeit und Liebesfähigkeit, zum Movens seines neuen Buches zu machen, beflügelte Werfels Phantasie. In der Figur der Bàbi – sie lebte, über siebzigjährig, nach wie vor im Haushalt seiner Eltern, in der Mariengasse – glaubte er, die Heldin gefunden zu haben, die sein Werk mit schützender, lenkender Hand beseelen konnte. Sein bislang umfangreichstes Vorhaben, der Roman ›Barbara oder die Frömmigkeit‹, war aus der Taufe gehoben.

In vier Abschnitte, sogenannte »Lebensfragmente«, unterteilt, vollzog das Buch, der Tradition des deutschen Entwicklungsromans verpflichtet, die Lebensgeschichte des Schiffsarztes Ferdinand R. nach.

Der Sechsunddreißigjährige, er verfügt über eine äußerst intensive »Erinnerungskraft«, begibt sich eines Nachts, während einer Passage nach Afrika, auf das Vorderdeck des Luxusdampfers:

»Der Schiffsarzt steht ruhig über die Reling geneigt und schaut aufs Meer hinaus.« Innerhalb weniger Sekunden zieht nun sein ganzes bisheriges Leben an seinem inneren Auge vorbei; »Ferdinand trägt [...] Bilder in sich, die noch aus seinem frühesten Leben stammen. [...] Er spürt sich zum Beispiel ganz deutlich in einem weißen Kinderwagen wohlgebettet liegen und durch die Hauptallee eines öffentlichen Gartens gefahren werden. [...] Barbaras großes Gesicht [...] beugt sich über Ferdinand [...] auch der feine Geruch von Weichselholz, der von ihrem Scheitel ausgeht, kommt ihm nahe.«

Den Krieg in Ostgalizien erlebt Ferdinand R. als Telephon-Gefreiter mit, die Wiener Revolution zwischen Ringstraße und dem »Schattenreich« des Cafés Central als Kampfgenosse einer »Roten Wehr«; immer wieder stimmt die Biographie der Romanfigur R. mit jener ihres Schöpfers W. deutlich überein, wenn auch kolportageähnliche Vorfälle, des Heranwachsenden Mutter und Vater betreffend, dem Reich der Phantasie entstammen. Barbara – Werfel nennt sie »Erweckerin des Feuers«, »Schlafhüterin« – tritt oft ganz in den Hintergrund, bleibt jedoch Ferdinands wichtigste Bezugsperson, »das Schutzbild seiner Kindheit«, ein Symbol christlicher Tugendhaftigkeit, das ihn bei jedem seiner Lebensschritte unsichtbar leitet.

Ähnlich wie im ›Abiturententag‹, da Werfel eigene Charaktermerkmale sowohl dem Juden Adler als auch dem Christen Sebastian verliehen hatte, trugen diesmal der christliche Schiffsarzt R. und sein engster Freund, Alfred Engländer, autobiographische Züge ihres Autors. Engländer, rebellischer Sohn aus reicher, jüdischer Textilfabrikantenfamilie, ist jesusgläubig, ohne sich taufen zu lassen, und predigt die endgültige Aussöhnung zwischen Judentum und Christentum: er sei, sagt Engländer wiederholt, »dem Fleische nach ein Jude, dem Geiste nach ein Christ wie Paulus, der Apostel, den ich verstehe wie mich selbst.«

Im dritten »Lebensfragment« schließlich fand jede Figur der Wiener Bohème ihre Entsprechung in Werfels eigenen Kaffeehausbegegnungen der Jahre 1917 bis 1920: der Reporter Ronald

Weiß zum Beispiel, Ferdinands Kriegskamerad und später, in Wien, Gründer der »Roten Wehr«, ist deutlich Egon Erwin Kisch nachempfunden; Weiß ist es denn auch, der Ferdinand im letzten Kriegsjahr in das Café Central, in der Herrengasse, einführt, dort seiner Freundesrunde vorstellt, welcher, unter anderen, der Sexualtheoretiker und anarchische Psychoanalytiker Gebhardt angehört, ein unverkennbares Ebenbild von Otto Gross. Der Zeitschriftenherausgeber Basil ist Franz Blei verwandt, dessen Freundin Hedda Aschermann entspricht der Schriftstellerin Gina Kranz, der späteren Gina Kaus, der reiche Aschermann ihrem Adoptivvater Josef Kranz. Maler Stechler ist Albert Paris Gütersloh, der immer bettelnde Dichter Gottfried Krasny findet seine Entsprechung in dem Lyriker Otfried Krzyzanowski, dessen Hungertod und Begräbnis auf dem Wiener Zentralfriedhof so wiedergegeben sind, wie sie sich in Wirklichkeit tatsächlich zugetragen haben.

Mit auffallend sarkastischer Distanz schilderte Werfel, ebenfalls im Rahmen des dritten »Lebensfragments«, die Ereignisse der Wiener Novemberrevolution. Diesmal schien ihm zu gelingen, was er schon im ›Bocksgesang‹ versucht hatte: seine Teilnahme am Umsturz, sein Eintreten für kommunistische Ideale, endgültig als jugendliche Verblendung abzutun, als ein Fehlverhalten jedenfalls, welches er nun, zehn Jahre später, als arrivierter österreichischer Schriftsteller bedauerte. Aus dem Anarchisten von einst war ein enttäuschter Sozialist geworden, aus dem Sozialisten ein Propagandist des Katholizismus – kaum noch identisch mit dem Dichter des ›Weltfreund‹, mit dem Schöpfer von ›Spiegelmensch‹ und ›Bocksgesang‹.

Packender waren die Stimmungen des Zusammenbruchs, der Selbstauflösung der Habsburgermonarchie allerdings selten geschildert worden, selten auch hatte ein Schriftsteller das Wien des Jahres 1918 überzeugender dargestellt, als Werfel dies in seinem ›Barbara‹-Roman tat. Sein photographisches Auge, sein bemerkenswertes Gedächtnis ließ das Wien der Nachkriegszeit im Buch noch einmal erstehen, machte Österreichs Nachkriegsverzweiflung noch einmal in drastischer Weise deutlich.

Das Werk entstand in Breitenstein, Wien und Santa Margherita; zwischen Februar und Mai 1929 hielt sich Werfel nahezu ausschließlich im Hotel Imperial Palace auf. Er schrieb jetzt zumeist nachts, trank ohne Unterlaß starken, schwarzen Kaffee, arbeitete stets in einer dichten Wolke aus Zigaretten- oder Zigarrenqualm.

Ende Juni, Werfel war inzwischen nach Wien zurückgekehrt, schloß er die erste Fassung von ›Barbara oder die Frömmigkeit‹ ab. Und traf schon wenige Tage später eine Entscheidung, die durchaus der Haltung der von ihm geschaffenen Romanfigur des Alfred Engländer entsprach: er trennte sich am 27. Juni 1929 vom Glauben der Vorväter, trat offiziell und amtlich beeidet aus der jüdischen Religionsgemeinschaft aus. Ein Schritt, zu dem ihn wohl nicht nur Treue zum literarischen Vorbild bewogen haben mochte – mehr als zehn Jahre, nachdem er diesen Wunsch erstmals ausgesprochen, hatte Alma Mahler endlich dem wiederholten Drängen ihres Freundes nachgegeben: Kurz vor ihrem fünfzigsten Geburtstag erklärte sie sich bereit, Werfel zu heiraten. Unter einer Bedingung allerdings – er müsse vor der Eheschließung aus der Gemeinde der Juden austreten, wenn er schon nicht (auch darin Alfred Engländer und Max Stein ähnlich) zum Christentum konvertieren wolle.

Die Ehe zwischen Franz Werfel und Alma Mahler wurde am 8. Juli 1929 standesamtlich geschlossen. Vor allem ihrer inzwischen vierzehnjährigen Tochter Manon Gropius zuliebe hatte Frau Mahler sich schließlich umstimmen lassen; aus dem Liebhaber der Mutter war nun endlich Manons Stiefvater geworden. Bereits wenige Wochen nach der Hochzeit notierte Alma in ihr Tagebuch, sie empfinde ihre neue Ehe durchaus als Zwang, stärker noch, als sie dies schon vor der Hochzeit befürchtet habe.

Werfel wirkte in diesem Sommer 1929 um Jahre gealtert. Der plötzliche Tod Hugo von Hofmannsthals hatte ihn sehr betroffen gemacht – »Nun ist einer der allerletzten Dichter im heilig-antiken Sinn dahingegangen, den es auf der Welt gab«, schrieb er in einem Nachruf auf den Freund, der nur fünfundfünfzig Jahre alt geworden war. »... er war ein Seraph, der Bote fremder Mächte in

unserer Mitte. Schon seine zeitlos jugendliche Erscheinung be-
kräftigte dies. In den zwanzig Jahren, da ich ihn kannte, hat sich
kein Zug seines schönen Gesichtes verändert.«

Nach Vollendung der zweiten Fassung des ›Barbara‹-Romans
hielt sich das Ehepaar Werfel wieder an der ligurischen Küste auf,
in Nervi zunächst, anschließend in Santa Margherita. Während
Werfel eines Abends in Genua die Oper besuchte, sprach Alma im
Speisesaal des Imperial Palace eine junge, sympathisch wirkende
Dame an, die ihr schon seit längerem aufgefallen war. Die Unbekannte saß nicht, wie sonst, in Begleitung ihres Ehemannes bei
Tisch, Frau Mahler-Werfel nutzte die Gelegenheit, sie zu sich, in
ihren Salon einzuladen. Dort bot sie ihrem Gast ihr Lieblingsge-
tränk Bénédictine an, einen süßschweren Likör, von dem die
junge Frau in großen Zügen trank. Mrs. Tina Orchard erzählte
Alma ihre Lebensgeschichte: von Geburt Neapolitanerin, war sie
die Tochter eines überaus herrschsüchtigen Vaters, der nach dem
Konkurs seiner Firma eine Gefängnisstrafe abzubüßen hatte; sie
sprach von der großen Liebe zu ihren Brüdern und Schwestern
und von der Errettung der Familie durch eben jenen Engländer
namens Mr. Orchard, der Tina schließlich zur Frau genommen
und ein Happy End des Familiendramas ermöglicht hatte.
Alma witterte in dieser Erzählung den Stoff zu einem Roman:
kaum war Werfel nachts ins Hotel zurückgekehrt, da berichtete
sie ihm von Tinas Selbstoffenbarung, noch in derselben Nacht
spannen sie beide die Geschichte um eine neapolitanische
Familie weiter; bis in die frühen Morgenstunden erfand Werfel
Nebenschauplätze, entwarf er zusätzliche Figuren und Verwick-
lungen. Er stellte Mrs. Orchard im Laufe der nächsten Tage
wiederholt Fragen nach ihrem Vaterhaus, bat sie um präzise Cha-
rakterisierungen ihrer Geschwister, doch Tina war inzwischen
vorsichtiger geworden, gab längst nicht mehr so bereitwillig Auskunft wie an jenem ersten Abend. Das Grundgerüst zu dem
Buch aber, welches Werfel als nächstes zu schreiben gedachte,
trug bereits einen Arbeitstitel, ›Die Geschwister von Neapel‹.

Noch während Werfels Italien-Aufenthaltes erschien, im Herbst 1929, der ›Barbara‹-Roman. Ähnlich wie im Falle ›Verdi‹, zeichnete sich wieder ein großer Verkaufserfolg ab. Die erste Auflage betrug diesmal fünfzigtausend Exemplare, lag somit weit höher als bei jeder früheren seiner Publikationen.

Die Kritik beurteilte Franz Werfels Werk als Klassiker, seinen Schöpfer gar als genialen Epiker, dessen ›Barbara‹ nicht nur den Höhepunkt in seinem bisherigen Schaffen, sondern, darüber hinaus, ein Meisterwerk von geradezu tolstoischem Atem darstelle. Doch es fehlte auch nicht an Rezensenten, die Werfel als Schwätzer und geschmacklosen Phrasendrescher bezeichneten, der weder für Stil, noch für Form Gefühl bewiesen habe. In der Berliner ›Weltbühne‹ empfahl der Kritiker Heinz Liepmann, man möge den Dichter doch am besten auf eine Reise nach Kanada oder Sibirien entsenden, damit ihm in arktischer Kälte seine Sattheit und Opernschwülstigkeit endlich vergehe.

Karl Kraus zitierte in der ›Fackel‹ einige recht wahllos ausgesuchte Passagen aus dem dritten »Lebensfragment«, um zu belegen, Werfel gehörte ,,mit nassen Fetzen aus dem Olymp gejagt'', bezeichnete ferner den Schlüsselroman, von dem er, zugegebenermaßen, bloß ein einziges Kapitel kannte, schlichtweg als ,,Schmutz und Schund''.

Von jüdischer Seite verübelte man Werfel seine innige Sympathie für den Katholizismus, bezichtigte ihn – ohne von seinem Austritt aus der Religionsgemeinschaft wissen zu können – der Fahnenflucht.

Selbst Willy Haas stimmte bis zu einem gewissen Grad in den Chor der negativen Kritiken ein; in der von ihm herausgegebenen Zeitschrift ›Die literarische Welt‹ bezeichnete er ›Barbara oder die Frömmigkeit‹ zwar als ein nobles, wunderbares Denkmal der Liebe, wies zugleich aber auf Fehler des achthundert Seiten umfassenden Werks hin, die, so Haas, sehr leicht vermeidbar gewesen wären – so leicht, daß er sich scheue, sie auch nur anzudeuten.

Gegen ein Entgelt lektorierte Ernst Polak seit Jahren schon alle Werke seines Freundes, so auch den ›Barbara‹-Roman – dennoch waren grammatikalische Ungenauigkeiten und krasse Stilbrüche unberücksichtigt geblieben: insbesondere das äußerst kurze, vierte »Lebensfragment«, welches von Ferdinand R.'s Ausbildung zum Arzt sowie seinem Abschied von Barbara berichtete, war gänzlich mißglückt und zerstörte den dramaturgischen Bau des Romans.

Egon Erwin Kisch wurde kurz nach Erscheinen der ›Barbara‹ von einem Reporterkollegen befragt, ob er sich denn nicht durch die Darstellung seiner Person in der Figur des Ronald Weiß desavouiert fühle? Nein, durchaus nicht, entgegnete Kisch, vielmehr trage er zweifellos Mitschuld daran, daß Werfel, mit dem ihn vor Jahren innige Freundschaft verbunden habe, der Roten Garde beigetreten und in die Wirren der Wiener Novemberrevolution mit hineingerissen worden sei – ganz so, wie der Roman dies schildere. Darüber hinaus sei das Erinnerungsvermögen seines Freundes stupend, Kisch habe in ›Barbara oder die Frömmigkeit‹ Dialoge wiedererkannt, die zehn Jahre und länger zurücklagen, jedoch mit solcher Genauigkeit wiedergegeben seien, als habe Werfel sie damals unbemerkt auf eine Grammophonplatte gepreßt.

Hedda Aschermann nannte Werfel, im ›Barbara‹-Roman, seine Café-Central-Freundin Gina Kranz. »Eine farbige Frauenerscheinung [...] eine teuer gekleidete Person«, deren Züge nicht unhübsch gewesen seien. »Sie besaß wirklich eine beträchtliche Bildung und Belesenheit, die sie mit männlichem Scharfsinn ins rechte Licht zu rücken wußte.« Die Adoptivtochter des Krösus Josef Kranz bewohnte ein stattliches Wiener Palais, »Hedda führte demnach zwischen Café und Palais ein verzwicktes Doppelleben, denn sie wollte auf keines von beiden verzichten«.

1920, im Alter von sechsundzwanzig Jahren, heiratete Gina Kranz den Schriftsteller Otto Kaus. In der Folge veröffentlichte sie, als Gina Kaus, zahlreiche Romane, ›Katharina die Große‹ etwa, eine Biographie der russischen Kaiserin, verfaßte Theaterstücke und später, in der Emigration, auch erfolgreiche Drehbücher für die Studios von Hollywood.

Seit mehr als vierzig Jahren lebt sie nun in Los Angeles, bewohnt im Stadtteil Brentwood einen großen, von mächtigen Eukalyptusbäumen und einem verwilderten Garten umwachsenen Bungalow. Frau Kaus ist zu Hause nicht anzutreffen, ich fahre auf breitem, pfeilgeradem Boulevard in Richtung Pacific Ocean – wenige Wochen vor ihrem neunzigsten Geburtstag ist Gina Kaus nach Santa Monica, in ein Pflegeheim, übersiedelt worden.

»Bringen Sie mich 'raus hier!« sagt Frau Kaus zur Begrüßung, sie kauert in einem Rollstuhl. »Ist doch ein abscheuliches Heim! Sie müssen mir versprechen, mich hier 'rauszuholen. Meine Haushälterin will doch schon seit Jahren, daß ich sterb. Weil ich sie als Erbin eingesetzt hab, ich Idiot. Diesmal hat sie irgendeine belanglose Sache zum Anlaß genommen, mich hierher bringen zu lassen. Bin zu Hause gestolpert, mehr nicht, und schon hat sie mich hierhergebracht. Damit ich ihr schneller sterb.«

Eine junge Pflegerin in sehr weißer Uniform schiebt den Rollstuhl hinaus in den Sonnenhof, vorbei an Krankenzimmern, deren Türen halb offen stehen, in den Betten liegen reglose Körper, ihre Köpfe sind auf die Knochen abgemagert. Im Freien, im Schatten breiter Palmenblätter, erzählt Gina Kaus: »Der Franz Blei und ich, das stimmt schon so, wie's der Werfel in seiner ›Barbara‹ behauptet hat, wir waren die innigsten Freunde. Ich hab keinen großen Bezug zu diesem Buch, muß ich zugeben, auch zum Werfel eigentlich nicht unbedingt. Aber der Blei: das war wirklich ein amüsanter, wirklich geistreicher und ungeheuer gebildeter Mensch. Er hat a l l e s gewußt. Auswendig. Mein Adoptivvater engagierte ihn als Privatsekretär, so kam er aus der Provinz nach Wien. Und wurde danach sehr rasch zum Mittelpunkt der literarischen Cafés, des Central und des Herrenhof. Und er war angenehm! Hat wirklich gestrotzt von guten Manieren. Was nicht üblich war.

Nein: mit dem Werfel hab ich nicht so gute Erfahrungen gemacht. Ich hatte doch dieses Absteigquartier in der Boltzmanngasse, weil der Palast von dem reichen Kranz, der hat mir nicht zugesagt, auf die Dauer. Ich sagte dem Kranz: ›Du, ich muß etwas wegen meiner vielen Bücher mieten.‹ Er hat mir nachgegeben. Und in diesem sehr schönen und großen Atelier war dann auch die Redaktion der Zeitschrift ›Summa‹ unterge-

bracht. Zwei Zimmer haben in einen Park mit wunderbaren Bäumen hineingeschaut – immer sind da Mönche herumspaziert. Kurz und gut, wie's mit der ›Summa‹ wieder zu Ende ging, nach vier Nummern bereits, und da der Werfel damals gar kein Geld gehabt hat, machte ich ihm den Vorschlag: ›Mieten wir die Räume zusammen, Sie brauchen eine Wohnung, ich brauch' ein Atelier, unter Tag arbeiten Sie ja in Ihrem Pressequartier, aber ich werde ohnehin nicht so viel da sein!‹ Und ich muß sagen, da hat sich der Werfel sehr schlecht benommen: er hat nie bezahlt! Nicht einmal die Hälfte der r e n t *. Gut – er dachte sich, ›die Gina spürt das weniger als ich‹. Aber ich hielt ihm auch eine Bedienerin, er hat ja dort geschlafen, Bettzeug gehabt, die Alma empfangen und so weiter; aber der Werfel hat meine alte Frau Reisinger nie bezahlt! S o kein Geld, daß er der Bedienerin nichts zahlt, das fand ich zuviel. Das hab ich nicht geschluckt.«*

In einem Versammlungsraum versuchen zwei Priester, einer Gruppe von Rollstuhlinsassen religiöse Lieder beizubringen, beschränken sich nach vergeblicher Mühe darauf, das allseits bekannte ›God Bless America‹ anzustimmen. »Ich fleh Sie an«, *wiederholt Gina Kaus, während im Hintergrund die Chorstimmen erschallen,* »machen Sie, daß ich hier 'rauskomm! – Manchmal, wenn mein Adoptivvater nicht in Wien war, da hab ich die mir liebsten Leute aus dem Central in mein ungeheures Palais eingeladen, in die sogenannte Kranz-Villa. Wir haben sehr viel Musik gemacht, erinnere ich mich; der Blei hat Klavier gespielt. Und der Werfel Verdi-Opern gesungen – sehr schön war das . . . das ging bis spät, spät in der Nacht. Der Werfel, wissen Sie, hat mit L i e b e gesungen!«*

Frau Kaus wird in ihr Krankenzimmer zurückgeschoben, zwei Schwestern hieven sie auf ihr Bett; flüsternd, um ihre Nachbarin nicht zu stören, fährt sie fort: »Ich glaube, der einzige wirkliche Freund, den der Werfel hatte, das wird der Ernst Polak gewesen sein. Während Musil, Broch und andere ihm ja keineswegs gut gesonnen waren. Kann mich jedenfalls an kein eindrucksvolles Gespräch zwischen Werfel und Musil erinnern. Obwohl Musil – den ich als Schriftsteller entsprechend verehre – jeden Tag in das Herrenhof gekommen ist. Ich glaube, Karl Kraus hat den Werfel anfangs recht gerne gemocht. Aber er konnte jemanden von der Größe und Bedeutung des Werfel nicht ertragen. Bis zu einem gewissen*

Grad hat Kraus Brecht ertragen – Brecht noch am besten. Ich selbst hab den Kraus sehr gern gehabt, eine Zeitlang waren wir jeden Tag beisammen. Jeden Abend, besser gesagt. Und oft bis fünf in der Früh: Kraus konnte ja e n d l o s sprechen. Als er aber in den dreißiger Jahren diese rechtsstehenden österreichischen Soldaten, die ›Heimwehr‹, in den Himmel gehoben hat, weil er in ihnen eine mögliche Kraft gegen Hitler sah, da haben wir sehr großen Streit gehabt. Und unsere Freundschaft war zu Ende. Das Letzte, was er zu mir gesagt hat, war: ›Sie können mich nicht ausstehen! Sie können mich nicht schmecken.‹ Und ich hab nicht nein gesagt. Ich glaube, ich erinnere mich an alle diese Sachen zum ersten Mal.«

Ihr Kopf, ihr faltendurchfurchtes, kleines Gesicht liegt jetzt nahezu reglos auf den großen weißen Kissen. Sie flüstert mir zu: »Vergessen Sie bloß nicht, worum ich Sie gebeten hab! Versprochen? . . . Halt! Moment! Warten Sie: gehen Sie noch nicht! Bitte: geben Sie mir noch einen Abschiedskuß.«

Hohe Warte

Zu Beginn des Jahres 1930 unternahm das Ehepaar Werfel eine zweite Reise in den Nahen Osten – sie besuchten, wie bereits im Jahre 1925, zunächst Ägypten, fuhren dann nach Palästina weiter. Im Gegensatz zu ihrem ersten Aufenthalt erschien ihnen Palästina diesmal weit fruchtbarer und bewohnbarer, in Jerusalem fühlte sich Alma so wohl, daß sie sogar mit dem Gedanken spielte, sich auch hier ein Haus zu kaufen. Zwar identifizierte sich Werfel nach wie vor keineswegs mit dem Zionismus, empfand jedoch größten Respekt für das jüdische Aufbauwerk in Palästina, anerkannte das utopische Wagnis, brachte nun auch dem jüdischen Nationalbewußtsein mehr Verständnis entgegen als früher. Im Sommer 1929 hatten arabische Nationalisten ein Blutbad unter jüdischen Siedlern angerichet – daß sich die Juden gegen künftige Pogrome würden wappnen müssen, sah Werfel ein, dennoch galten seine Sympathien in erster Linie dem Friedensbund ,,Brith Schalom", der auf Versöhnung mit den arabischen Nachbarn hinarbeitete. Daß die beiden Völker aber in immerwährendem Kriegszustand verharren würden, war mit Werfels idealistischer Weltsicht unvereinbar.

Seitdem sie in Ägypten eingetroffen waren, fieberte Werfel allabendlich ein wenig. Ein Jerusalemer Arzt beruhigte den Patienten: zwar handle es sich wohl um eine leichte Malaria-Attacke – den Plan, nach Syrien und in den Libanon weiterzureisen, müsse er trotzdem keineswegs aufgeben. Und so fuhren Werfels von Jerusalem zunächst nach Damaskus, begleitet von einem schwerbewaffneten Fremdenführer, da wilde Räuberbanden die syrische Wüste unsicher machten. Eine Gruppe Wegelagerer kreuzte tatsächlich ihre Route, beobachtete sie jedoch nur von weitem, bevor sie weiterritten.

Der Begleiter führte das Ehepaar durch das zerfallene, traurig-schmutzige Damaskus, zeigte ihnen, unter anderem, auch eine große Teppichweberei. Da kauerten um die vielen Webstühle zahlreiche verkrüppelte, ausgemergelte Kinder und Jugendliche, dämmerten tatenlos vor sich hin. Auf Werfels Frage, wer denn diese Erbarmungswürdigen seien, entgegnete der Fabrikherr, er habe sie vor etlichen Jahren aufgenommen, um sie vor dem Hungertod zu erretten – es seien Waisenkinder, Nachkommen armenischer Christen. In den Jahren 1915 bis 1917 seien über eine Million Menschen einem Massaker unvorstellbaren Ausmaßes zum Opfer gefallen – auf Befehl des damaligen jungtürkischen Regimes, eines Weltkriegsverbündeten Deutschlands. Werfel hatte zur Zeit seines Dienstes im Kriegspressequartier von dem Völkermord an den Armeniern zwar wiederholt gehört, doch erst diese persönliche Konfrontation mit den armenischen Waisenkindern ließ die abstrakte Zahl der Toten zur erschütternden Realität werden.

Das Erlebnis in der Teppichweberei ließ ihn nun nicht mehr los: an den nächsten Stationen seiner Reise, in Baalbek, Beirut, Accra und Haifa, notierte er, was der Fabrikbesitzer ihm in Damaskus erzählt hatte. Überall versuchte er, mehr über das Schicksal der Armenier zu erfahren, bemühte sich, Überlebende ausfindig zu machen, die ihm von diesen Greueltaten Genaueres berichten konnten. Er erfuhr, zum Beispiel, von einer rund fünf-tausendköpfigen Gemeinde, die sich damals auf den sogenannten Moses-Berg, den Musa Dagh zurückgezogen und dort mit Waf-fengewalt gegen die türkische Übermacht gekämpft habe: nicht nur konnten sich diese Tapferen behaupten, sie brachten dem Feind auch sehr empfindliche Verluste bei. Als aber all ihre Munition und ihr gesamter Nahrungsmittelvorrat aufgebraucht waren, so wurde Werfel berichtet, seien sie, wie durch ein Wun-der, von französischen Kriegsschiffen aus auf dem Berge Musa gesichtet und von den Marinesoldaten gerettet worden.

Nach Österreich zurückgekehrt, suchte Werfel den französi-schen Gesandten in Wien, Conte Clauzel auf und bat ihn, ihm offizielle Unterlagen zu dem Völkermord an den Armeniern zu überlassen – er hatte den Entschluß gefaßt, dies kaum vorstellbare historische Ereignis, das bis dahin größte organisierte Morden in der Geschichte der Menschheit, in literarischer Form nachzuzeichnen, um es für immer der Vergessenheit zu entreißen. Clauzel verschaffte Werfel umfangreiches Material, übergab ihm französische Untersuchungsprotokolle über Greueltaten der jungtürkischen Regierung, sowie Zeugenaussagen von Überlebenden der Massaker – darunter auch Dokumente über jenen heldenhaften Freiheitskampf einer Gruppe Aufständischer auf dem Musa Dagh.

Bevor er sich der langwierigen Recherchenarbeit zu einem Roman über das Schicksal der Armenier zuwandte, widmete sich Werfel jedoch zunächst einem Stoff, der thematisch in keinem Zusammenhang zu dem neuen Vorhaben stand. Das Theaterstück ›Das Reich Gottes in Böhmen‹ basierte auf einem Entwurf aus dem Sommer 1926: die historische Tragödie schilderte den religiös bestimmten, antifeudalen Kampf revolutionärer hussitischer Taboriten gegen Böhmens Hochadel. Innerhalb von nur fünf Wochen entstand, im Frühjahr 1930, die erste Fassung dieses Bürgerkriegsdramas. Kein historisches Zeitgemälde wollte Werfel, laut eigener Aussage, mit dem ›Reich Gottes‹-Stück auf die Bühne bringen, vielmehr den uralten Kampf grundverschiedener Weltanschauungen verdeutlichen – die immer wiederkehrende Verdrängung einer herrschenden Ideologie durch eine andere: »Ein ›Reich Gottes in Böhmen‹ haben die Menschen zu jeder Zeit und überall zu gründen gesucht«, betonte Werfel in einem Zeitungsinterview. »Immer sehen wir, wie das anstürmende Neue [...] das ruhende und bewahrende Element aus seiner Position zu verdrängen versucht. Das ist die Schlacht, die von der Menschheit unendlich oft geschlagen wurde und in der [...] immer wieder das Ruhende, Beharrende sich behauptet hat, das Dynamische zugrundegegangen ist.« Auf welcher Seite er selbst aber stand, auf jener der revolutionären Kräfte oder auf jener der Reaktion, ließ Werfel bewußt offen: »Das ist nicht Sache des Dramatikers.«

Die Figuren dieser »Tragödie eines Führers« bedienten sich – da Werfel um Zeitkolorit nicht bemüht war – der Sprache des zwanzigsten Jahrhunderts. Und erinnerten dennoch unverkennbar an Charaktere aus Raimund- oder Grillparzer-Stücken, aus Dramen, wie der Gymnasiast Werfel sie einst geliebt hatte. Den Staubgeruch, der von der Bühne des Neuen Deutschen Theaters in den Zuschauerraum drang, empfand der Vierzehnjährige als den herrlichsten Duft, den er sich vorstellen konnte. ›Juarez und Maximilian‹, ›Paulus unter den Juden‹, und zuletzt, ›Das Reich Gottes in Böhmen‹, das Werk des Vierzigjährigen, legten von seiner Nostalgie für das Theater des neunzehnten Jahrhunderts deutlich Zeugnis ab.

Nichts auf dieser Welt wisse er so genau, schrieb Werfel im März 1930 an Kurt Wolff, »als daß [...] ›Weltfreund‹ und ›Barbara‹ ein und dasselbe sind«, keine Rede könne davon sein, er habe sich im Laufe der Jahre in einen anderen verwandelt, wie man nun in der Öffentlichkeit so oft von ihm behaupte. Anlaß für Werfels Brief an seinen ehemaligen Verleger war die dringende Bitte, dieser möge mehr für sein Jugendwerk tun: »... ich kann es [...] nur schwer verschmerzen, daß *unsere* Bände auch dem bescheidensten Lebensanspruch nicht gerecht werden sollen.« Dies sei um so betrüblicher, da Wolff doch als »*das literarische Instrument der letzten dichterischen Bewegung*« angesehen werden müsse, die es in Deutschland gegeben habe. Allerdings, räumte er ein, sei »das Bild der Welt [...] heute so sehr verändert, daß erst eine künftige Zeit jenen Menschen gerecht werden kann, zu denen wir beide auch gehören«. Kurt Wolffs Antwortschreiben muß ernüchternd auf Werfel gewirkt haben: er teilte seinem einstigen Lieblingsautor mit, das Verlagsunternehmen liquidieren zu müssen, da es ihm schon seit längerem nicht mehr geglückt sei, nennenswerte Umsätze zu erzielen – er sei sowohl materiell als auch psychisch an dem Unternehmen *verblutet,* lebe nun zurückgezogen nahe Berlin und erhole sich langsam von den Strapazen der letzten Jahre.

Noch während der Arbeit an seinem Hussiten-Drama suchte Werfel in Wien erstmals das armenische Kloster der Mechitaristen auf, traf hier mit Erzbischof Mesrop Habozian zusammen, dem er von seinem inzwischen deutlich umrissenen Projekt berichtete, einem großen Werk über den heldenhaften Kampf der Aufständischen vom Musa Dagh. Der Geistliche ermutigte seinen Gast nachdrücklich, stellte ihm die große Bibliothek des Klosters zur Verfügung, wo Werfel im Juni 1930 zu recherchieren begann. Er las hier zunächst in den umfangreichen Berichten des deutschen Pastors Johannes Lepsius, der sich an höchster türkischer Regierungsstelle für die Errettung des armenischen Volkes eingesetzt sowie deutsche Regierungsbeamte von der Notwendigkeit zu überzeugen versucht hatte, der Türkei die Aufkündigung des Kriegsbündnisses anzudrohen, sollte der Genozid an den Armeniern nicht beendet werden.

Werfel studierte Augenzeugenberichte des Priesters Dikran Andreasian sowie Landschaftsbeschreibungen der Gegend um den Mosesberg am Golf von Alexandrette; er las über die Flora und Fauna der Region, notierte sich Namen armenischer Persönlichkeiten, skizzierte bereits erste Entwürfe eines möglichen Handlungsablaufs für das geplante Buch. Auch den Namen seines Helden glaubte er gefunden zu haben, er wollte ihn Grigor Bagratian nennen.

Franz Werfels vierzigster Geburtstag fiel in dieselbe Septemberwoche des Jahres 1930 wie die Wahlen zum fünften deutschen Reichstag, deren Ausgang in Österreich sehr aufmerksam verfolgt wurde. Sie signalisierten einen deutlichen Rechtsrutsch: die Nationalsozialistische Deutsche Arbeiterpartei unter ihrem Führer Adolf Hitler errang mehr als 18% der Wählerstimmen, ihr Anteil im Reichstag schnellte von bislang zwölf auf nunmehr einhundertundsieben Sitze, machte sie, nach der SPD, zur zweitstärksten Partei des Landes. Werfel, der sich zu diesem Zeitpunkt in Wien aufhielt, um am Burgtheater Inszenierungsbesprechungen für ›Das Reich Gottes in Böhmen‹ beizuwohnen, ließ sich von der im

Nachbarland herrschenden antisemitischen Stimmung nicht ein-
schüchtern: er bekannte sich, anläßlich eines Gesprächs mit dem
Reporter einer Wiener Tageszeitung, offen zu seiner Herkunft,
ging sogar so weit zu behaupten: ».. . der Gedanke, daß ich aus
dem Judentum ausgetreten wäre, [ist] durchaus unrichtig.« Dem
Entschluß, die Kultusgemeinde zu verlassen, kam ja, rabbini-
schem Recht zufolge, tatsächlich bloß der Stellenwert einer Lap-
palie zu: vor Gott hätte Werfel selbst dann als Jude gegolten, wenn
er zu einem fremden Glauben konvertiert wäre – um so bedeu-
tungsloser also der amtliche Austritt aus der jüdischen Religionsgemeinschaft, den er Alma zuliebe vollzogen hatte. »Ich beschäf-
tige mich viel und nun auch in meinen Werken mit der Religion
an sich«, fuhr Werfel fort. »Ich glaube, ich würde mich in jener
Sphäre am wohlsten fühlen, die [. . .] der Zeit des Urchristentums
am nächsten kommt. Damals war der jüdische und der katholische Ethos in einer wundervollen Idee vereinigt.«
  Während der wochenlangen Probenarbeiten zur Uraufführung
des ›Reich Gottes‹-Dramas, am Wiener Burgtheater, an denen
Werfel oftmals teilnahm, kam es zu heftigen Querelen mit Regisseur Albert Heine, der sich allen Änderungsvorschlägen des Dichters verschloß und dadurch Werfels völlige Verzweiflung provo-
zierte. Anläßlich der Premiere, Ende 1930, wurde dem Dramatiker dann von der Kritik verschiedentlich Standpunktlosigkeit
nachgesagt, ein Vorwurf, auf den Werfel äußerst gekränkt reagierte. Doch es gab auch durchaus positive Reaktionen auf ›Das
Reich Gottes in Böhmen‹: Werfels Freunde Raoul Auernheimer
und Felix Salten schrieben hymnische Rezensionen, sprachen von
einem unbestreitbaren Erfolg für dies bislang *stärkste Stück* Franz
Werfels. Wenige Wochen später beratschlagten Arthur Schnitzler,
Egon Friedell und das Ehepaar Werfel, was man wohl unterneh-
men könnte, um Franz in nächster Zukunft den Nobelpreis für
Literatur zu sichern.
  Anfang 1931 kehrte er, erstmals seit mehr als einem Jahr, nach
Santa Margherita Ligure zurück, um dort im Imperial Palace jene
»Neapolitanische Geschichte« zu schreiben, die er, dank Almas

Neugier, im Herbst 1929 durch Mrs. Orchard erfahren hatte. Er machte Tina zur Heldin des Buches, nannte sie Grazia – und auch die fünf Brüder und Schwestern, sowie der Vater, der verwitwete Bankier, dem er den Namen Domenico Pascarella gab, entstammten keineswegs seiner Phantasie, sondern hatten ihre Vorbilder allesamt in der Wirklichkeit.

Während der Arbeit an den ›Geschwistern von Neapel‹ wurde Werfel das Gefühl nicht los, wie unter Diktat zu stehen – nicht nur, weil er Tina Orchards preisgegebene Biographie nachzeichnete – hinter jeder Figur, hinter jedem Ereignis glaubte er, eine zweite Ebene, gleichsam eine überwirkliche Welt zu verspüren. Aus dem Erlebnisbericht einer Zufallsbekannten wurde die poetische Metapher für das Zerbrechen patriarchalischer Weltordnung und männlicher Herrschsucht.

»Die Wasser einer Erzählung«, notierte Werfel in seinem Skizzenbuch zum ›Geschwister‹-Roman, »laufen zusammen und tragen den Autor auf ihrem wachsenden Spiegel.« Ein Spiegel, in welchem nicht zuletzt auch wieder autobiographische Bilder aufleuchteten – das einst so gespannte Verhältnis zum eigenen Vater etwa: Placido, Grazias Bruder, ist ein philosophischer Träumer, der Schriftsteller werden möchte. Wie der junge Franz, der seinem Vater damals klarzulegen versuchte, das Erbe des Kommerzialrats nicht antreten zu wollen, ist nun Placido den Zornausbrüchen Don Domenicos ausgeliefert: »Seitdem [Vater] von meinen Schreibereien eine Ahnung hat, haßt er mich«, klagt der junge Dichter. Auch die jährlich wiederkehrenden Opernfestspiele, die Domenico und seine Kinder regelmäßig besuchen, erinnern deutlich an Werfels Biographie, an sein Erlebnis der Prager Opern-Stagione.

Ein Vortrag, den Werfel im Frühjahr 1931 vor dem Wiener Kulturbund zu halten hatte, entstand parallel zum ›Geschwister‹-Roman: ›Kunst und Gewissen‹, ein Warnruf gegen die blinde Verherrlichung des technischen Fortschritts, der die »Unterdrükkung der menschlichen Innerlichkeit« anprangerte, wie sie, Werfels Meinung nach, seit dem Ende des Weltkriegs sowohl in der

Sowjetunion als auch in den Vereinigten Staaten vorherrsche. Die Auswüchse solcher Geistlosigkeit, so befürchtete er, mündeten nicht zuletzt in dem »hysterischen Hepp-Hepp-Geheul um ein drittes Reich«. Allein Rückbesinnung auf das »Wunderbare« im Menschen bewahre vor drohender, weltweiter Verrohung – als Gegengewicht propagierte Werfel eine Revolution des Geistes: »Denn die Welt kann nur leben im Namen des Wunders.«

Die Gefahr einer Entmenschlichung der Gesellschaft wurde im Roman um Grazia und ihre Geschwister hingegen nur angedeutet. Zwar erkannte Werfel, daß der italienische Faschismus individuelle Freiheiten einzuschränken drohte, doch ernsthaft verurteilte er hier im Roman dessen Unmenschlichkeit keineswegs: der »neue« italienische Mensch erschien Werfel – wohl unter Almas Einfluß – sogar als »schön« und »willensstark«, hinter dessen »Schneid« verbargen sich in Wirklichkeit »innerste Schüchternheit oder Unsicherheit«, die etwa einen faschistischen Regierungspräfekten von Neapel gar »mit einer sympathischen Sphäre« umgaben. Seit 1924 regierte Benito Mussolini das Land, alljährlich erlebte Werfel Aufmärsche der italienischen Schwarzhemden mit, kaum zu glauben, daß ihm die Ähnlichkeit zu eben jenen »Hepp-Hepp« brüllenden Horden entgangen sein konnte, die seit Jahren durch Deutschlands und Österreichs Straßen zogen.

Während der Abwesenheit ihres Mannes aus Wien bereitete Alma Mahler-Werfel eine große Übersiedlung vor: das Ehepaar hatte zu Beginn des Jahres eine von dem berühmten Architekten Josef Hoffmann erbaute herrschaftliche Villa auf der Hohen Warte, im XIX. Wiener Gemeindebezirk, gekauft. Die Finanzierung dieses Prunkgebäudes in der Steinfeldgasse stammte zu großen Teilen von Franz Werfel – seine Romane und Theaterstücke hatten im Laufe der letzten Jahre, seit Beginn seines Zusammenschlusses mit Paul Zsolnay, substantielle Tantiemen eingebracht. (Die Verbindung zwischen Werfel und seinem Verleger war in letzter Zeit übrigens noch inniger geworden, seitdem Paul Zsolnay, im Jahre 1930, Almas Tochter Anna Mahler geheiratet hatte und somit

Werfels Stief-Schwiegersohn geworden war.) Doch auch Rudolf Werfel half seinem Sohn beim Ankauf des Palais auf der Hohen Warte, er beteiligte sich mit der Summe von vierzigtausend österreichischen Schillingen.

Das Haus, von einem großen Garten umgeben, befand sich in unmittelbarer Nachbarschaft von Carl Molls Villa – Alma wurde somit Nachbarin ihrer Mutter und ihres Stiefvaters. Die Steinfeldgasse lag in Döbling, hoch über dem Lärm und Schmutz der Metropole, mit dem Blick auf die Stadtberge Kobenzl und Kahlenberg und die Weingärten entlang ihrer Hänge. Das Innere der Ast-Villa, so benannt nach ihrem Vorbesitzer, dem Bauingenieur Eduard Ast, paßte sehr wohl zu Alma, jedoch kaum zu Franz Werfel: drei pompös eingerichtete Stockwerke, achtundzwanzig, teils mit weißem Marmor verkleidete Zimmer. Im Salon des Palais stellte Frau Alma in Glasvitrinen Partituren Gustav Mahlers sowie das Original von Anton Bruckners Dritter Sinfonie aus, Gemälde von Emil Schindler, Hans Makart, Edvard Munch und Oskar Kokoschka schmückten die Wände, im Empfangskorridor wurde Auguste Rodins Mahler-Büste geschickt placiert. Das Dachgeschoß hatte Alma Mahler-Werfel zu einem geräumigen Arbeitsatelier für ihren Mann ausbauen lassen, doch Werfel zögerte noch, hier einzuziehen: das gesamte Ambiente schien ihm fremd und ungemütlich. Von hoher Warte aus auf Wien herabzublicken, wie Alma es für selbstverständlich hielt, das konnte dem Bohemien Werfel nicht behagen.

Der eigentliche Grund für diese Übersiedlung blieb Freunden wie Feinden des Ehepaars Werfel keineswegs verborgen. Alma benötigte einen Repräsentationsbau, um ihren berühmten Salon, um ihre beliebten Feste auf breiterer Ebene und höchstem Niveau weiterführen zu können. Endlich hatte sie die gesellschaftliche Bedeutung ihrer Freundin Berta Zuckerkandl übertroffen – ihr Haus auf der Hohen Warte galt fortan als eine der besten Adressen Wiens.

Zurück aus Santa Margherita, zog Werfel zunächst nicht in die Ast-Villa ein, sondern fuhr sehr bald nach Breitenstein hinaus, in seine schlichte Holzmansarde, arbeitete dort, im Sommer 1931, kettenrauchend und schwarzen Kaffee trinkend, an der Endfassung der ›Geschwister von Neapel‹. Er liebte dies Werk um Domenico Pascarella und seine sechs Kinder wie keines seiner Bücher zuvor: nicht nur die sprachliche Umsetzung befriedigte ihn, er empfand den Roman, in seiner Gesamtheit, als vollkommen geglückt.

Als das Buch dann im Herbst erschien, wiederholte sich der Erfolg nach bereits bekanntem Muster: rasch war die erste Auflage vergriffen, erlebte der Autor große Zustimmung bei seinen Lesern, weit geringere bei der Literaturkritik. Glückwunschtelegramme und -briefe seiner Bewunderer trafen ein, zahlreiche Journalisten bemühten sich um Interviews.

Schon als sie Mrs. Orchard vor zwei Jahren begegnet waren, hatten Werfel und Alma einander versprochen, die Quelle des ›Geschwister‹-Romans künftig nicht bekannt zu geben. Das Thema seiner neapolitanischen Geschichte habe sich ihm, so erklärte Werfel daher nun in der Öffentlichkeit, im vergangenen Winter »genähert«: «Ich glaube, man könnte mein Buch am besten ein Märchen nennen.« Der Roman – dies Gefühl habe ihn beim Schreiben niemals losgelassen – sei ihm »eingeflüstert« worden: »... die Figuren gewannen ein diktatorisches Eigenleben und wählten ihren Weg.« Ein kleines Zugeständnis an die Wahrheit nötigte ihm das schlechte Gewissen aber dann doch noch ab: »Der erste Keim dieses Einfalles«, teilte er einem Wiener Reporter mit, »ist mir durch die flüchtige Erzählung einer mir befreundeten Dame zuteil geworden.«

Rauschende Feste fanden in der Villa der Werfels auf der Hohen Warte statt: Schriftsteller, Theaterleute, Maler, Politiker, Philosophen kamen hier zusammen. Alma Mahler-Werfel war als Gastgeberin berühmt, die es vor allem verstand, Menschen miteinander bekannt zu machen, die sonst nur sehr schwer zueinander gefunden hätten, Gesellschaften so zusammenzustellen, daß ein Erfolg des Abends jeweils garantiert schien. Egon Friedell, Carl Zuckmayer, Ödön von Horváth, Hermann Broch nahmen an solchen Parties – die oft bis in die frühen Morgenstunden andauerten – ebenso teil wie etwa Ernst Bloch, Elias Canetti, Franz Theodor Csokor, Fritz Wotruba, Arnold Schönberg, Alban Berg oder Bruno Walter. Auf dem Nachhauseweg, nach einem dieser Abende, brach Arthur Schnitzlers Freundin, die Autorin Clara Katharina Pollaczek, in Tränen aus: das großspurige Leben der Werfels hatte ihren Neid erweckt, sie machte nun sowohl sich selbst als auch ihrem Gefährten Vorwürfe, nicht ähnlichen Luxus erreicht zu haben.

Schnitzler war seit dem Selbstmord seiner achtzehnjährigen Tochter Lily, seit dem Sommer 1928, ein gebrochener Mann. Er starb knapp siebzigjährig, im Oktober 1931, an den Folgen einer Gehirnblutung. An der Berliner Volksbühne hielt Werfel eine Gedenkrede auf den verehrten Freund, »der zeitlebens auf die [...] Ehren des jeweiligen Regierungsklüngels gepfiffen« habe. Auf keinen Fall, sagte Werfel, dürfe die herrschende Meinung sich durchsetzen, Schnitzlers Werk sei veraltet: im Gegenteil, gerade das Nicht-Modische, das Zeitlose seiner Dichtung werde ihm, in Zukunft, unbegrenzte Wirkung sichern. Dies habe Schnitzler auch selbst erkannt, als er verfügte, gewisse Schriften aus seinem Nachlaß dürften »erst dreißig, ja manche erst fünfzig Jahre nach seinem Ableben veröffentlicht werden [...] Der Dichter war demnach, als er starb, fest davon überzeugt, daß sein Werk und seine Person in fernen Zeiten weiterleben und fortwirken werde. Woran aber dieser alte unerbittliche Zweifler mit solcher Gewißheit glaubte, daran dürfen auch wir [...] getrost glauben.«

Werfel befand sich im Herbst 1931, von Berlin ausgehend, auf einer großen Lesereise, die ihn unter anderem nach Basel und Zürich, nach Münster und Köln führte. In der ostpreußischen Industriestadt Insterburg mußte er nach seinem Vortrag ›Kunst und Gewissen‹ bei lautstarkem Pfeifkonzert und unter schwachem Polizeischutz aus dem Saal fliehen; die zumeist studentische Zuhörerschaft interpretierte Werfels Aufruf zur Rückbesinnung auf geistige Werte als jüdisch-kommunistische Propaganda.

Nach seiner Rückkehr hielt er sich nur sehr kurz auf der Hohen Warte auf, zog sich bald wieder nach Breitenstein zurück. Besuchte Gerhart Hauptmann, der zum Jahresende ins Südbahnhotel auf den Semmering gekommen war. Und widmete sich, gemeinsam mit dem Opernregisseur Lothar Wallerstein, der Übersetzung der Verdi-Oper ›Don Carlos‹, nach Friedrich Schillers Drama um Philipp II. von Spanien. »Was mich selbst anbetrifft«, erklärte Werfel im Gespräch mit einer Wiener Tageszeitung, »so ist der Dienst, den ich schon seit einem Jahrzehnt an der Neuentdeckung des Verdischen Opernwerkes leiste, ein schweres Opfer, da er mich den größten Teil meiner Arbeitszeit kostet: Ich bringe aber dieses Opfer, weil ich die Bereicherung der Welt durch die unerschöpfliche Musik des italienischen Meisters für eine Glückszufuhr in dieser tristen Zeit ansehe.«

Eine Idee ganz anderer Art beschäftigte ihn neuerdings, auch sie stand mit dem beunruhigenden Weltgeschehen in engem Zusammenhang: er wollte vier bis fünf Mal im Jahr zu politischen Tagesfragen Stellung nehmen und diese Kommentare auf Flugblättern, zu sehr niedrigem Preis, vom Zsolnay-Verlag vertreiben lassen. Verlagsintern wurde Bedenken geäußert, der polemische Charakter solcher Streitschriften könnte das Bild von der Dichterpersönlichkeit Franz Werfel verzerren. Obwohl dieser beteuerte, Polemik im eigentlichen Sinne des Wortes gar nicht zu planen, nahm man im Hause Zsolnay dennoch von der Flugblatt-Aktion Abstand.

Vor dem Wiener Kulturbund hielt Werfel im März 1932 einen Vortrag, der politische Untertöne laut werden ließ: ›Kann die Menschheit ohne Religion leben?‹ – diese thematische Weiterführung der Rede ›Kunst und Gewissen‹ aus dem Vorjahr stellte den Katholizismus, vor allem aber die Philosophie Thomas von Aquins als den eigentlichen Rettungsanker dar; in einer Gegenwart zumal, die sowohl vom Kommunismus als auch vom Nationalsozialismus vergiftet sei: »Diese Welt, die sich zivilisiert nennt, kann seelisch nur geheilt werden, wenn sie den Weg zu einem echten Christentum wiederfindet.« Eine Überzeugung, so

schickte er voraus, zu der er sich »kraft uralter Bluts- und Wesens-
verwandtschaft gerade als Jude« berechtigt fühle. Mit den »Geistes-
surrogaten«, welche der Zeitgeist »in hundert Formen« hervorgebracht habe, dürfe man sich keinesfalls zufriedengeben, müsse
vielmehr dem »Göttlichen« in sich lauschen: »Und wenn [man]
erst seinen leeren Diesseitsglauben verloren hat, wird [man] zu
seinem innersten Selbst vordringen dürfen«, dann erst werde die
»Wahrnehmung des Göttlichen« das Alltagsleben »Schritt für
Schritt« durchdringen können.

Im April 1932 nahm Werfel in Pilsen an einem großen Familientreffen teil, sein Großvater mütterlicherseits, der Mühlenbesit-
zer Bernhard Kussi, beging seinen hundertsten Geburtstag. Franz
fragte den Greis, der nur wenige Wochen nach Goethes Tod zur
Welt gekommen war, welches Ereignis ihm im Laufe seines
Lebens den allergrößten Eindruck gemacht habe. Kussi zögerte
einen Augenblick, bevor er seinem Enkel entgegnete, die Aufhebung der Leibeigenschaft im zaristischen Rußland, im Jahre 1861,
sei ihm am nachhaltigsten im Gedächtnis geblieben.

»Das Leben nicht hinnehmen!«, »Immer wundergläubig sein!«,
»Über Seelenheil nachdenken«, so lauteten Notizbucheintragun-
gen, die Werfel, kurz nach dem Besuch bei dem Hundertjährigen,
auf einer Reise durch Italien machte. Er fühle sich in der Welt oft
wie »ein Zugereister des Jenseits« – und er nahm sich strikt vor,
fortan »jede Sekunde« seines Lebens so bewußt und mit solcher
Genauigkeit aufzunehmen, als sei er »ein Gast aus fernen alten
Jahrhunderten«.

*Jener Palazzo gegenüber der prachtvollen Frari-Basilika in Venedigs
Bezirk San Polo, den Alma Mahler 1922 gekauft hatte, steht heute noch.
Die Mauern rund um das Grundstück, das Eingangstor, der kleine
Garten mit seinen Palmen und Zitronenbäumen, das Stadthaus selbst
schließlich – das alles ist nahezu ganz unverändert geblieben.
In Santa Margherita überragt der mächtige weiße Prachtbau des*

Luxushotels *Imperial Palace* die Bucht von Portofino. *Ich stehe in demselben Hotelpark, den Franz Werfel vor sechzig Jahren so sehr liebte, sehe hinauf zur großen Suite mit dem breiten Balkon, im ersten Stockwerk, die Werfel im Jahre 1927 erstmals bewohnte und zu der er dann jahrelang zurückkehrte.*

Im Hause Elisabethstraße 22, im I. Wiener Gemeindebezirk, suche ich nach Alma Mahlers ehemaligem Appartement. Im dritten Stock angelangt, bitte ich eine Hausbewohnerin um Hilfe. »*Natürlich weiß ich, wo der Werfel gewohnt hat, mit der Alma*«, *sagt sie,* »*genau hier über mir. Hab die zwei ja oft genug gesehn, wenn ich her 'kommen bin, meine Großeltern besuchen. Da oben hat der Werfel seinen* ›*Barbara*‹*-Roman geschrieben, und unsere Hausbesorgerin, die hat uns erzählt, daß* s i e *das Vorbild war zu dieser Barbara-Figur. Haben Sie das gewußt? Das stimmt gar nicht, sagen Sie? Aber sie hat's mir doch selbst erzählt! Die war eine* L a d y, *sag ich Ihnen, unsere Hausbesorgerin, so etwas Entzückendes! Sie können à propos Werfel ruhig da hinauf in die Wohnung über mir, die Frau Doktor, die da wohnt, die liebt das wirklich, wenn unangemeldeter Besuch kommt!*«

Die uralte Erbin eines Salzburger Brauereibetriebs führt mich geduldig durch die hohen Räume ihres sehr großen Appartements, in welchem Alma Mahler zunächst mit Oskar Kokoschka, dann mit Walter Gropius, später mit Franz Werfel lebte. »*Hier, in dem Zimmer*«, *erzählt die Wohnungsinhaberin,* »*da hat Gustav Mahler sein Klavier gehabt. Das war sein Arbeitsraum. Und da war sein aufklappbarer Waschtisch, Badezimmer hat er ja nie eins benützt. Und dort, in dem Zimmer schief vis à vis, da hat die Alma mit dem Werfel Orgien gefeiert, das hat der Mahler natürlich mitgekriegt.*« *Als ich mir die Bemerkung erlaube, Frau Mahler sei erst 1914 in dies Appartement eingezogen, habe Franz Werfel erst 1917, sechs Jahre nach Gustav Mahlers Tod kennengelernt, entgegnet die Frau des Hauses empört:* »*Unsinn! Ich weiß es doch von unserer verstorbenen Hausbesorgerin, Gott hab sie selig, die hat das doch alles damals selbst miterlebt – und mir wahrheitsgetreu so berichtet. Da gibt's doch überhaupt keinen Zweifel!*«

Auf der Hohen Warte, nur wenige Schritte von der Endstation der Tramlinie 37 entfernt, befindet sich die Ast-Villa, das einstige Palais der

Werfels. Vor dem Eingangstor patrouilliert ein Polizist, eine Maschinen-pistole um die Schulter gehalftert. Die weiß-grüne Flagge des König-reichs Saudi-Arabien weht vor den schußsicheren Fenstern des Hauses, dies ist die Residenz Seiner Exzellenz, des saudiarabischen Botschafters.

Während wir Prunksäle und Empfangsräume, Schlaf- und Badezim-mer des Gebäudes durchwandern, erzählt mir das zierliche Hausmädchen von ihrer philippinischen Heimat, von der Not ihrer Großfamilie, der sie den Hauptteil ihres Verdienstes überweise. In den Korridoren hängen grellbunte Bilder, Malereien aus dem Kaufhaus: Sonnenuntergänge, Moorlandschaften, Pferdeherden. Im großen Salon, wo Alma Mahler ihre Gäste empfing, wo Munch-, Makart- und Kokoschka-Gemälde die Wände zierten, sind heute pompöse Farbphotographien des saudiarabi-schen Königs Fahd angebracht, sowie des Prinzen Abdallah, des Kom-mandanten der Nationalgarde. Kostbare Säbel prangen von den marmor-verkleideten Mauern. In jenen Glasvitrinen, die einst Gustav Mahlers Partituren beherbergten, ist arabischer Halsschmuck, sind vergoldete Messer, türkisene Vasen, sind die verschiedensten Nippesgeschenke zahl-reicher Staatsmänner aufbewahrt.

Das dritte Stockwerk, einst Werfels ungeliebtes Arbeitsatelier, wurde wenige Wochen vor dem Ende des Zweiten Weltkriegs von einem Bombentreffer zerstört. Die neuerrichtete Etage ist in mehrere Gästezim-mer unterteilt – sie stehen leer, bis auf einen Raum, in dem ist ein Tretrad zur Körperertüchtigung abgestellt.

Ich sehe in den großen, blühenden Garten hinab, in dem Manon Gropius manchmal die Rehe fütterte, die aus den Wäldern bis hierher kamen; der kleine Teich ist unverändert, an seinen Steinrändern lebten damals Manons Schildkröten. Und von der gegenüberliegenden Seite des Dachgeschosses blicke ich auf die Weinberge des Kobenzls und des Kahlenbergs, auf die nahegelegene Sankt Michaelskirche und das ihr benachbarte ehemalige Jüdische Waisenhaus. Denselben Blick, erzähle ich dem Hausmädchen, habe einst jener Dichter Werfel von seinem Schreibraum aus genossen. Sie sei hier, in Wien, so schrecklich einsam, entgegnet die Philippinin – und bittet mich, wiederzukommen, ihr bald mehr zu berichten von dem Unbekannten, der vor sehr, sehr langer Zeit dies Gebäude bewohnt und hier Bücher erfunden habe.

Die vierzig Tage des Musa Dagh

Im Frühjahr 1932, während Werfels Abwesenheit aus Österreich, stand das Land im Zeichen politischen Umschwungs: nach dem Rücktritt des Bundeskanzlers Buresch regierte der bisherige Landwirtschaftsminister Engelbert Dollfuß mit einer deutlich rechtsgerichteten Koalition. Sein Versuch, eine überparteiliche Regierung zu bilden, war zuvor gescheitert. Zwei Monate später, Ende Juli 1932, wurde in Deutschland der sechste Reichstag gewählt – als weitaus stärkste Partei ging die NSDAP aus dieser Wahl hervor, ihr Rädelsführer blieb jedoch von jeder Beteiligung an der Regierungsbildung ausgeschlossen. In Breitenstein am Semmering begann Franz Werfel dieser Tage mit der ersten Niederschrift seines großen Armenier-Romans, den er ›Die vierzig Tage des Musa Dagh‹ zu nennen gedachte.

Gabriel Bagradian, wie Franz Werfel seinen Romanhelden schließlich nannte, kehrt nach mehr als zwanzig Jahren, die er, in der »völligen Assimilation«, in Paris verlebt hat, in seine Heimat am Fuße des Musa Dagh zurück. Er ist mit Juliette, einer Französin, verheiratet, sein Sohn Stephan wurde französisch erzogen; der Besuch in Yoghonoluk, von Familienangelegenheiten diktiert, soll nur kurze Zeit in Anspruch nehmen – doch während des Armenienaufenthalts Bagradians, seiner Frau und seines Sohnes bricht der Erste Weltkrieg aus. Die Familie sitzt fest.

Die islamische, jungtürkische Regierung mißtraut, insbesondere nach Kriegsausbruch, ihren armenisch-christlichen Mitbürgern – dies der historische Hintergrund, vor dem Bagradians Geschichte erzählt wird –, bezichtigt sie, Aufstände anzetteln, mit dem feindlichen Ausland paktieren zu wollen. Verdächtigungen, die den türkischen Machthabern Enver Pascha, Talaat Pascha und Mustafa Kemal genügten, über zwei Millionen Menschen das

Todesurteil zu verhängen. Ein Urteil, das in Umschreibungen wie „Deportation" und „Verschickung" verklausuliert wurde, die Opfer beruhigen sollte, es handle sich bei diesen Maßnahmen lediglich um großangelegte Umsiedlungsaktionen. In Wahrheit bedeuteten die Befehle, die aus Stambul an alle Landespräsidenten ergingen: die gesamte armenische Bevölkerung der Türkei – mit Ausnahme einiger weniger Bewohner der größten Städte – müsse ausgerottet werden.

Mehr als eine Million Männer, Frauen und Kinder fielen diesem ersten staatlich angeordneten (und nach amtlichen Plänen durchgeführten) Völkermord der Geschichte zum Opfer. Die Türken führten die aus Westanatolien, Kilikien und Nordsyrien Vertriebenen in sogenannte Konzentrationslager. Viele starben bereits auf den langen Märschen in der Wüste an Erschöpfung, andere wurden erschlagen, erschossen, verbrannt, ertränkt – oder man ließ sie verhungern.

Dem Verschickungsbefehl widersetzte sich allein die Einwohnerschaft einiger kleiner Gemeinden am Fuße des Musa Dagh: rund fünftausend Menschen zogen mitsamt ihrem Vieh und ihren wichtigsten Habseligkeiten auf das Hochplateau des Mosesbergs, bereit, im Kampf zu sterben, um nicht als wehrlose Opfer zur Schlachtbank geführt zu werden.

Der Augenzeuge Dikran Andreasian, dessen Berichte Werfel zu einer der Grundlagen seines Werks machte, sprach von vierundzwanzig Tagen Aufenthalt auf der Bergeshöhe, in anderen Dokumenten war verschiedentlich von sechsunddreißig Tagen die Rede – Franz Werfels vierzig Tage riefen biblische Assoziationen wach: vierzig Tage und Nächte währte die Sintflut, vierzig Tage und Nächte blieb Moses auf dem Berge Sinai, vierzig Jahre zog Israel durch die Wüste.

Gabriel Bagradian wird von den Aufständischen zum Anführer erwählt, er geleitet das Volk auf den Mosesberg – und wie Moses selbst, sein biblisches Vorbild, ist er Fremder, Außenseiter im eigenen Land, dem es überdies nicht vergönnt sein wird, das Gelobte Land Freiheit zusammen mit seinem Volk zu erreichen:

wie Moses, der vom Gipfel des Berges Nebo nur einen Blick noch auf das Land Israel werfen darf, bevor er stirbt, stirbt Bagradian auf dem Gipfel des Musa Dagh, während vor seinen Augen das Wunder der Errettung seines Volkes vonstatten geht.

Das intensive Quellenstudium, dem Werfel sich zwei Jahre lang unterzogen hatte, kam nun bis in kleinste Details zur Geltung: neben Augenzeugenberichten, die vor allem der deutsche Pastor Dr. Johannes Lepsius gesammelt hatte, wurden Kinderspiele, Handwerk, Architektur, Landwirtschaft und Tracht der Armenier in das Romanwerk integriert.

Werfels leidenschaftliches Interesse für alles Militärische sorgte schon in den Weltkriegs-Kapiteln der ›Barbara‹ für höchste Authentizität, schaffte nun auch die Voraussetzung für die unbedingte Glaubwürdigkeit der Konfrontationsszenen zwischen türkischen Soldaten und aufständischen Armeniern. Ernst Polak studierte Fragen der armenischen Verwaltung und Jurisdiktion, um dem Freund auch in diesem Zusammenhang Ratschläge geben zu können, er bat, darüber hinaus, den jungen Journalisten Milan Dubrovic, in der Wiener Nationalbibliothek in geographischen Folianten nachzuschlagen, um zu eruieren, welches Klima im Sommer 1915 in Anatolien vorgeherrscht habe, welche Winde dort wehten, wieviel Niederschlag zu verzeichnen gewesen sei.

Bis Mitte November 1932 arbeitete Franz Werfel nahezu ohne Unterbrechung an dem Roman, eine Lesereise unterbrach dann vorübergehend diese Arbeit. In Amsterdam hielt er einen Vortrag über Verdi, fuhr anschließend durch mehrere deutsche Städte, trug zumeist ein bereits abgeschlossenes Kapitel aus dem ›Musa Dagh‹ vor, das »Zwischenspiel der Götter«, eine Unterredung zwischen Johannes Lepsius und dem türkischen Kriegsminister Enver Pascha. Der deutsche Pastor Lepsius war zu einer Hauptfigur des Romans geworden, und Werfel hatte dessen Tatsachenbericht von seinem dramatischen Scheitern, Pascha von der weiteren Ausrottung des armenischen Volkes abzuhalten, kaum verändert in sein eigenes Werk übernommen.

Jeweils vor Beginn seiner Lesungen weihte Werfel sein Publikum zunächst in das Romanvorhaben ein – in Städten, die gerade in diesen Wochen zu Schauplätzen extremer Radikalisierung geworden waren, in denen SA- und SS-Horden nahezu täglich blutige Straßenschlachten provozierten. ›Die vierzig Tage des Musa Dagh‹, erklärte Werfel den Zuhörern, handelten keineswegs von einer Begebenheit, die sich im grauen Altertum zugetragen habe, wie man vielleicht annehmen mochte, vielmehr sei »in unseren Tagen eines der ältesten und wertvollsten Völker der Welt fast zur Gänze vernichtet, gemordet, ausgerottet« worden – dies aber nicht etwa durch »kriegerische Feinde, sondern durch die eigenen Landsleute«. Die Armenier seien die erste Nation gewesen, die das Christentum als Staatsreligion angenommen hätte, an ihnen aber habe der jungtürkische Nationalismus »eine der verrücktesten Greuel- und Freveltaten der Menschheitsgeschichte« begangen.

Anfang Dezember 1932 befand sich das Ehepaar Werfel am selben Tage in der nordschlesischen Stadt Breslau, an dem Adolf Hitler hier eine Großkundgebung abhielt. Zwar war die NSDAP aus erneuten Reichstagswahlen, einen Monat zuvor, wieder als stärkste Partei hervorgegangen, hatte aber deutliche Stimmenverluste in Kauf nehmen müssen und blieb von der Regierungsbeteiligung nach wie vor ausgeschlossen. An jenem Breslauer Abend – Werfel trug hier seine Rede ›Kunst und Gewissen‹ vor – blieb Alma in ihrem Hotel allein zurück, sie wollte Hitler zu sehen bekommen, wenn auch nur für einen Augenblick. Und nach langer Wartezeit, inzwischen war Werfel von seinem Vortrag ins Hotel zurückgekehrt, durchquerte der Parteiführer die Halle. Etwas ängstlich hinter einem SS-Mann versteckt, sah Alma Mahler-Werfel in die *umklammernden* Augen eines *verschreckten Jünglings*, wie sie ihrem Tagebuch anvertraute. Überrascht stellte sie fest, Hitler habe so gar nichts Pompöses an sich, wie etwa Mussolini. Als sie Werfel fragte, wie Adolf Hitler ihm denn gefallen habe, entgegnete er: »Leider nicht so schlecht.«

Wenige Wochen später, am 30. Januar 1933, wurde der Führer der NSDAP mit der Bildung einer regierungsfähigen Mehrheit betreut und vom Reichspräsidenten Hindenburg als Reichskanzler vereidigt. Der Ernennung Adolf Hitlers folgte – nach längst ausgeklügelten Plänen – die schrittweise, jedoch absolute Machtergreifung durch die Nationalsozialisten. Franz Werfel befand sich zu diesem Zeitpunkt in Santa Margherita Ligure, widmete sich mit gesteigerter Intensität der Weiterarbeit am ›Musa Dagh‹, nahm die politische Umwälzung daher zunächst kaum zu Kenntnis. Erst, als Ende Februar der Berliner Reichstag brannte, eine Verhaftungswelle ganz Deutschland erfaßte, die Reichstagswahlen vom 5. März 1933 den Nationalsozialisten mehr als 44% der Wählerstimmen sicherten, konnte er sich der Wirklichkeit nicht länger verschließen. »Die schrecklichen Vorgänge in Deutschland« raubten ihm »jede Konzentration«, schrieb er an die Ränder und auf die Rückseiten seines ›Musa Dagh‹-Manuskripts. Er sei »geistig tief erschöpft«, hieß es da, »nur mühsam« kämpfe er sich nunmehr Satz für Satz ab. »Vielleicht müßte auch handlungsmäßig alles anders sein!«

Heinrich Mann, Präsident der Preußischen Akademie für Dichtkunst, hatte Anfang Februar 1933 ein Manifest mitunterschrieben, angesichts der Gefahr einer endgültigen Machtübernahme Hitlers müßten sich SPD und KPD zu einer Einheitsfront durchringen; einige Mitglieder der Akademie erzwangen daraufhin (noch vor den Wahlen des 5. März) seinen Rücktritt. Und eine Woche nach dem schicksalshaften Wahlausgang erhielten alle Mitglieder der Sektion für Dichtkunst ein von Gottfried Benn initiiertes, formuliertes und als *vertraulich* klassifiziertes Rundschreiben mit der Aufforderung, das neue Präsidium der Akademie davon in Kenntnis zu setzen, ob man, in Anbetracht der ,,veränderten geschichtlichen Lage'' bereit sei, der Akademie der Künste weiterhin zur Verfügung zu stehen. Sollte die Antwort positiv ausfallen, hieß es weiter, bedeute dies den gleichzeitigen Verzicht auf jegliche politisch-öffentliche Stellungnahme oder Betätigung gegen die neue Regierung. Mehr noch: eine solche Loyalitätserklärung verpflichte den Unterzeichnenden zur Mitarbeit im ,,national-kulturellen'' Sinne.

Neun der insgesamt siebenundzwanzig Mitglieder der Abteilung Dichtkunst antworteten mit »Nein«, darunter Alfred Döblin, Thomas Mann und Jakob Wassermann. Mit größter Entschiedenheit lehnte Ricarda Huch die geforderte Loyalitätserklärung ab, keinesfalls wolle sie, so ließ sie wissen, auf ihr Recht der freien Meinungsäußerung verzichten: sie gebe ihren Austritt aus der Akademie bekannt, verurteile überdies Handlungen, welche die neue Regierung ja bereits gesetzt habe – die Diffamierung Andersdenkender, die staatlich forcierte Judenhetze.

Franz Werfel unterschrieb die Treuebekundung gegenüber den neuen Machthabern – nach telegraphischer Anforderung eines Erklärungsformulars – am 19. März 1933 mit »Ja«. Ein Schritt, zu dem er sich wohl in erster Linie entschlossen haben mochte, um den künftigen Verkauf des ›Musa Dagh‹ nicht zu gefährden – würde er aus der Akademie ausgeschlossen, so bestand die Gefahr eines generellen Verbots für das Armenier-Epos, dessen Tendenz sich ja gerade gegen die Unmenschlichkeit eines fanatischen Nationalismus wandte. Wie so viele, rechnete Werfel außerdem nur mit einer kurzen Dauer des Hitler-Göring-Goebbels-Spuks, unterschätzte zweifellos die Tragweite seiner Handlung.

Kein Wort von seiner Loyalitätserklärung in seinem Brief an die Eltern, den Werfel wenige Tage später, aus Santa Margherita, nach Prag sandte. Sein längeres Schweigen entschuldigte der Sohn damit, ganz in der Arbeit versunken zu sein – acht bis zehn Stunden schreibe er täglich. Drei Viertel der ersten ›Musa Dagh‹-Fassung habe er hier an der ligurischen Küste geschrieben. »Es wird vielleicht mein Hauptwerk sein«, vermutete er und fügte hinzu, das Buch habe »durch die Ereignisse [...] eine symbolische Aktualität bekommen: Unterdrückung, Vernichtung von Minoritäten durch den Nationalismus«. Die politischen Veränderungen in Deutschland seien gewiß niederschmetternd, gab er zu, doch wolle er seine Kräfte lieber ganz dem Werk widmen, als sie »an ein leeres Wehgeschrei« zu verzetteln. »Was geschehen wird, das wird geschehn. Wahrscheinlich wird aber gar nicht soviel geschehn.« Er lebe ganz im Armenier-Schicksal, und da bekomme man eben

»andre Perspektiven«. Ähnlich wie in Italien werde sich der Faschismus wohl auch in Deutschland langsam »konsolidieren [...] bis keiner mehr davon spricht«. Den Juden werde es nun nach einer Periode stetigen Aufstiegs allerdings wieder schlechter gehen, so weit sah er denn doch voraus, »aber vielleicht ist es nur ein kurzer Rückschlag«. Vom Verkauf seiner Bücher höre er jedenfalls nur »das Beste«, es werde in Deutschland »kein Exemplar weniger gekauft als sonst«.

Einige Wochen später schon brannten Franz Werfels Werke auf Scheiterhaufen: aus Privat-, Universitäts- und Leihbibliotheken, aus Buchhandlungen und Verlagsgebäuden hatten deutsche Hochschüler, zusammen mit SA-Horden, die Werke von rund hundertdreißig Schriftstellern entfernt. Am Ende dieser vierwöchigen Großaktion »wider den undeutschen Geist« fanden an großen Sammelstellen, in den Zentren aller deutschen Universitätsstädte, am 10. Mai 1933 die Bücherverbrennungen statt – begleitet von markigen Feuersprüchen und von vaterländischen Weisen und Marschliedern, gespielt von SA- und SS-Kapellen. Und die studentischen Kampfesgruppen schleuderten die Werke Sigmund Freuds und Karl Marx', Alfred Kerrs und Egon Erwin Kischs, Arthur Schnitzlers und Stefan Zweigs, sie schleuderten ›Spiegelmensch‹ wie ›Bocksgesang‹, ›Abiturientientag‹ wie ›Die Geschwister von Neapel‹, ›Juarez und Maximilian‹ wie ›Paulus unter den Juden‹ ins lodernde Feuer.

Zwei Tage vor den Bücherverbrennungen hatte Werfel einen Einschreibebrief von Max von Schillings, dem neuen Präsidenten der Preußischen Akademie der Künste, erhalten. Nach den im Staate nunmehr geltenden Grundsätzen, so hieß es da, könne er zu den Mitgliedern der Sektion Dichtkunst nicht länger gezählt werden. Der Reichstag hatte am 23. März 1933 das „Ermächtigungsgesetz" verabschiedet, welches Hitler erlaubte, während der nächsten vier Jahre ohne jegliche Einschaltung des Parlaments zu regieren; seit dem Reichstagsbrand wurden im Deutschen Reich sogenannte „Konzentrationslager" eingerichtet, in denen Tausende politisch Verfolgter interniert wurden. Jüdische Bürger

wurden aus Führungspositionen im Kulturleben und in Beamten-
berufen bereits systematisch entfernt, landesweit wurde zu einem
Boykott gegen jüdische Geschäfte aufgerufen.

»Ideen während einer Viertel Stunde, um H[itler] zu liquidieren«, lautete eine Tagebuch-Notiz aus dem Frühjahr 1933, und sie
ist als ein Dokument zu werten, zu welch erstaunlich reaktionärer
Naivität Franz Werfel fähig war: eine Bulle des Papstes sollte an
die deutschen Bischöfe ergehen und sie darauf aufmerksam machen, daß »die Verfolgung die Juden in ihrem Irrtum« nur noch
weiter verhärten und »das Gottesreich« nur noch weiter hinaus-
zögern werde. Ein nach Regensburg einberufener deutscher Für-
stentag müsse für Kaiser Wilhelm und Kronprinz Otto von
Habsburg den Thron fordern. Neben der Idee, Präsident Roosevelt möge an Hindenburg telegraphieren, um das Ärgste zu
verhindern, oder dem durchaus plausiblen Vorschlag, ein Kampf-
bund müßte »zum Schutz der bedrohten Weltdemokratie und
Freiheit« gegründet werden, fand sich auch Skurrileres: »Kem-
pinsky u. ähnliche Speisehäuser führen an den künftigen Boykott-
Tagen einen allgemeinen Freitisch ein, bei dem unentgeltliches
Mittagessen verabreicht wird. Nur an Christen. [...] Und noch 44
andere Ideen, die ich nicht aufschreibe.«

Mitte Mai '33 nahm Werfel in Florenz an einem Musikfestival
teil, hielt dort seinen Verdi-Vortrag, den er schon einmal in
Amsterdam zu Gehör gebracht hatte. Von Sorgen politischer
Natur konnte er sich erstaunlich schnell wieder auf jene Themen
besinnen, die ihm die eigentlich wichtigen zu sein schienen; eine
Photographie, aufgenommen während des „Maggio Fiorentino",
zeigt einen überaus gutgelaunten, jovialen Franz Werfel. Von
Italien kehrte er nach Breitenstein zurück, um dort die erste
Fassung des ›Musa Dagh‹ abzuschließen.

Zwar fühle er sich in diesem Augenblick des »*letzten Kampfes*
mit einer ungeheuren Welt« tief verlassen und einsam, schrieb er,
aus dem Hause Mahler, an sein »süßes, süßes Leben«, doch
andererseits freue er sich sehr, daß Johannes Hollnsteiner bei Alma
sei, denn »für *echte* und *ernste* Priester« habe er »sehr, sehr viel

Liebe«. Gemeint war ein katholischer Theologie-Professor, enger Vertrauter des Wiener Erzbischofs Kardinal Innitzer, mit dem Alma Mahler – während Werfels monatelangem Santa-Margherita-Aufenthalts – eine intime Beziehung eingegangen war. Beinahe täglich kam der schmalbrüstige, bebrillte Priester nun zu Besuch auf die Hohe Warte; hielt Werfel sich, selten genug, im Hause Steinfeldgasse 2 auf, so entging ihm die etwas bizarre Liebesgeschichte zwischen seiner Frau und dem achtunddreißigjährigen Theologen keineswegs, seine Eifersucht aber hielt sich in Grenzen: er gönnte der Vierundfünfzigjährigen diese späte Leidenschaft.

Ende Mai beendete er die erste Niederschrift der ›Vierzig Tage des Musa Dagh‹ – und begann fast unmittelbar danach, ebenfalls in Breitenstein, an der zweiten Fassung seines bislang umfangreichsten und stilistisch weitaus überzeugendsten Werks zu arbeiten. Er diskutierte nun mit seinem Freund Ernst Polak die einzelnen Kapitel durch, der ihn davor warnte, Figuren wie etwa Ter Haigasun, den Priester, oder Krikor, den Apotheker, Kilikian, den wilden Deserteur, oder Oskanian, den Lehrer, so offensichtlich Prager Juden aus ihrem gemeinsamen Bekanntenkreis nachzugestalten. Polak empfahl, die Charaktereigenschaften der armenischen Persönlichkeiten doch etwas mehr zu verschlüsseln, ein Vorschlag, auf den Werfel nach längerem Zögern denn auch einging.

Er versuchte, jede Schwarz-Weiß-Malerei zu vermeiden, die den Armeniern nur gute, den Türken nur böse Attribute zugeschrieben hätte; in Randnotizen des Manuskripts ermahnte er sich des öfteren selbst: »Nicht gegen Türken *polemisieren*«, »Irgendwo muß Enver [Pascha] im Recht sein«. Der Roman wies ja auch nachdrücklich auf oppositionelle türkische Intellektuelle und muslimische Geistliche hin, die das politische Geschehen im eigenen Land zutiefst bedauerten und ihre Machthaber verabscheuten. Ein Arzt aus Istanbul etwa ließ Pastor Lepsius wissen, die Mehrheit der türkischen Nation unterstütze die Machenschaften Enver Paschas, Talaat Paschas und Mustafa Kemals in keiner Weise.

Vor der Drucklegung des ›Musa Dagh‹ schrieb Werfel noch eine dritte und eine vierte Fassung, arbeitete manche Passagen der drei Bücher, in die das Werk unterteilt war, »Das Nahende«, »Die Kämpfe der Schwachen«, »Untergang – Rettung – Untergang«, bis zu achtmal um. Er habe das Gefühl, ließ er Alma wissen, jedes Mal, wenn eine Bergeshöhe erklommen sei, winke auch schon die nächste, »und der Gipfel rückt doch immer weiter«. Optimistisch bleibe er dennoch, der zweite Band, so hoffte er, werde »noch tausendmal spannender als der erste« sein. Und er arbeitete täglich von zehn Uhr vormittags bis ein Uhr nachts, fühlte sich zeitweise krank und erschöpft, belastete seinen Organismus überdies durch allzuvieles Zigarren- und Zigarettenrauchen: »das Nikotin ist ein Unheil«, hieß es in einem seiner Klagebriefe an Alma.

Nachdem ›Die vierzig Tage des Musa Dagh‹ endgültig abgeschlossen waren, befürchtete Werfel, wie er seiner Frau Mitte November aus Prag mitteilte, das Desinteresse seines Verlegers, der für diese nun endlich beendete »Chimborasso-Arbeit« wohl kaum das notwendige Verständnis und die notwendige Einfühlungsgabe werde aufbringen können. Überdies rechnete er damit, daß Paul Zsolnay, angesichts möglicher Ausfälle deutscher Vorbestellungen, eine viel geringere Auflage drucken werde, als ursprünglich geplant. »Ich habe überhaupt keine Partei auf der Welt«, er fühle sich von Zsolnay im Grunde verraten, schließlich habe doch der Name Werfel dem Verlag in den zehn Jahren seines Bestehens nicht nur »eine Menge Geld«, sondern auch »die einzige Ehre gebracht«.

In Prag mehrten sich Ende 1933 auf Häuser- und Plakatwänden antisemitische Parolen; Kommerzialrat Rudolf Werfel befürchtete ein Übergreifen der radikalen Judenhetze auch auf die Tschechoslowakei. Im Deutschen Reich herrschte die NSDAP, nach neuer Reichstagswahl, mit einer Mehrheit von 92% der Wählerstimmen. Mit seiner Schwester Mizzi, die sich, aus Zürich kommend, ebenfalls bei den Eltern zu Besuch aufhielt, hatte Franz in diesen Tagen einen heftigen politischen Streit durchzustehen: Ferdinand Rieser, Mizzis Ehemann, seit 1926 Direktor des Zürcher Schauspielhauses, gestaltete den Spielplan des Theaters gemeinsam mit seiner äußerst ambitionierten Frau. Mizzi wollte am liebsten nur solche Stücke aufführen, die gegen Hitlerdeutschland und die Kulturpolitik der Nationalsozialisten ausgerichtet waren – ein Vorhaben, an dem sich der Wutausbruch ihres Bruders entzündete: unter allen Umständen, so Franz Werfel, müsse verhindert werden, daß das Theater als Arena der Politik mißbraucht werde.

›Die vierzig Tage des Musa Dagh‹ erschienen Ende November 1933 – in Österreich und in der Schweiz reagierte die Öffentlichkeit nahezu einhellig mit enthusiastischer Zustimmung auf das Buch. Um so ablehnender, gehässiger hingegen lief man, von offizieller Seite, in Deutschland gegen das Armenier-Epos Sturm. Selbst dem unsensibelsten Leser mußten die Parallelitäten zwischen jungtürkischem Nationalismus und nationalsozialistischem Gedankengut offensichtlich werden. Obwohl innerhalb des Reichs keinerlei Propaganda für den Roman verbreitet werden durfte, setzten die deutschen Buchhändler dennoch all jene Exemplare ab, die sie vorbestellt hatten. Daß es aber gestattet war, ein Werk des ,,Verbrannten Dichters'' Werfel überhaupt zu verkaufen, muß zu den Widersprüchen der ersten Monate nach Hitlers Machtübernahme gezählt werden.

Auf Veranlassung des Propaganda-Ministeriums unter Joseph Goebbels war, im Sommer 1933, der Reichsverband Deutscher Schriftsteller gegründet und der sogenannte Reichsschrifttumskammer unterstellt worden. Im Herbst '33 erging nun ein Aufruf an alle deutschen Schriftsteller, sich bei diesem neuen Reichsverband anzumelden; Mitglieder durften allerdings nur ,,deutschblütige'' und politisch einwandfreie Autoren werden. Im Dezember 1933, kurz nach Erscheinen des ›Musa Dagh‹, richtete Werfel an die Reichsleitung des Schriftstellerverbands in Berlin sein Ansuchen »um die Aufnahme in diesen Reichsverband«. Ähnlich wie im Falle der Loyalitätserklärung mochte sein erster Gedanke der Sicherstellung des ›Musa Dagh‹-Verkaufs in Deutschland gelten – unbegreiflich aber, wie Werfel jemals hoffen konnte, in den Reichsverband tatsächlich aufgenommen zu werden.

»Ich bitte Sie, zur Kenntnis zu nehmen, daß ich czechoslowaki-
scher Staatsbürger bin«, hieß es in seiner Petition (die naturgemäß
unbeantwortet blieb), »und meinen Wohnsitz in Wien habe. Zugleich möchte ich erklären, daß ich jeglicher politischen Organisation und Tätigkeit immer fern stand und fern stehe. Als Angehöri-
ger der deutschen Minorität in der Czechoslowakei,« – diesen
deutschtreuen Hinweis ließ er sich nicht nehmen – »der seinen
Wohnsitz in Österreich hat, unterstehe ich den Gesetzen und
Vorschriften dieser Staaten.« Sollten diese Angaben für seine
Aufnahme in den Reichsverband »nicht erschöpfend genug erscheinen«, so bitte er, bei Frau Grete von Urbanitzky als auch bei
Herrn Dr. Hanns Martin Elster weitere Auskünfte zu seiner Person einzuholen, die genannten Herrschaften hätten sich bereit
erklärt, für ihn »Bürgschaft zu leisten«. Beide von Werfel genannten Schriftsteller fühlten sich dem Nationalsozialismus seit langem
schon verbunden, Dr. Elster war gleich nach Hitlers Machtübernahme in die Pressestelle für Beamte in der Reichsleitung der
NSDAP berufen und bald darauf zum Schriftleiter der ›NS-
Beamtenzeitung‹ ernannt worden.

Anläßlich einer von ungarischen Journalisten veranstalteten
Pressekonferenz äußerte sich Werfel in Budapest – er hielt hier, im
Innerstädter Theater, seinen Verdi-Vortrag – auch zu den Vorgängen im Dritten Reich. Er verglich die gegenwärtigen politischen
Umwälzungen mit den religiösen Auseinandersetzungen während
des Dreißigjährigen Kriegs: damals sei das katholisch-mediterrane
mit dem nordisch-neuheidnischen Prinzip kollidiert, diesmal
könnte der unbändige Machtanspruch des Nationalsozialismus
einen neuen Krieg um das Christentum vom Zaum brechen. Von
einer unmittelbaren Gefährdung des Judentums sprach Werfel in
Budapest nicht; er wiederholte vielmehr seine altbekannte Fest-
stellung (in seinem Vortrag ›Kunst und Gewissen‹ erstmals zur
Sprache gebracht), daß ihm auch der Bolschewismus keineswegs
als Alternative erscheine, er diese diktatorische und hoffnungslos
veraltete Form der Staatsführung gleichermaßen ablehne wie den
deutschen Faschismus.

Das Jahresende 1933 verbrachte Werfel in Rüschlikon bei Zürich, zu Gast bei seiner Schwester Mizzi. Zu Beginn des neuen Jahres begab er sich nach Italien, um mit der Arbeit an einem neuen Werk zu beginnen. Nachdem er Alma nach Venedig begleitet hatte, fuhr er allein nach Santa Margherita weiter. Der Ort erschien ihm diesmal trostlos, eine Stimmung, die vor allem mit dem Ausbleiben der Fremden und dem besonders schlechten Wetter zusammenhängen mochte: es regnete ununterbrochen, tagelang, wochenlang. Er konnte sich, aus finanziellen Gründen, sein geräumiges Lieblingszimmer diesmal nicht leisten, mußte mit dem billigsten Logis des Imperial Palace vorlieb nehmen.

Gerhart Hauptmann, mit dem er nun wieder zusammentraf, schien sehr daran gelegen, dem Freund seine antinazistische Haltung kundzutun: der in Deutschland herrschenden Weltanschauung stehe er völlig ablehnend gegenüber, beteuerte Hauptmann – mehr noch, er leide sogar sehr unter ihr. Keinen Augenblick habe er sich mit den neuen Machthabern identifiziert, obwohl Hitler ihn seiner Verehrung versichert habe, obwohl Goebbels ihn zum Staatsrat habe berufen wollen. »Dennoch hat er«, schrieb Werfel an Alma, »(im Gegensatz zu Strauß, Furtwängler, etc.) abgelehnt. Im übrigen laviert er, wie es seinem unkämpferischen Wesen entspricht, um an allen Gefahren heil vorüberzukommen [...] Ich habe den Eindruck, (wie so oft bei ihm), einer tiefen Haltungs-Unentschiedenheit und Stimmungs-Abhängigkeit...« Besser hätte Werfel sein *eigenes* Verhalten während der schicksalshaften Monate seit Hitlers Machtübernahme kaum beschreiben können.

In Deutschland waren unterdessen Bestrebungen im Gange, ›Die vierzig Tage des Musa Dagh‹ verbieten zu lassen; so bemühte sich, zum Beispiel, ein türkischer Journalist und Schriftsteller persönlich darum, den zuständigen Stellen im Reich ein Verdikt nahezulegen, da sich der Roman in beleidigender und aggressiver Weise gegen die Türkei, einen Verbündeten Deutschlands in den Kriegsjahren 1914–1918, richte.

Anfang Februar 1934, zwei Monate nach Erscheinen des ›Musa Dagh‹, wurde der Roman, gemäß § 7 der Verordnung des Reichspräsidenten zum Schutz des Deutschen Volkes, tatsächlich beschlagnahmt und landesweit eingezogen. Der Inhalt des Werks, so die offizielle Verlautbarung, sei geeignet, die öffentliche Sicherheit und Ordnung zu gefährden. Eine Entscheidung, welche von der gleichgeschalteten deutschen Presse stürmisch begrüßt wurde. »Ich stehe gewissermaßen in den sogenannten ›besten Jahren‹ nach pausenloser Arbeit auf den Ruinen meiner selbst«, schrieb nun Franz Werfel, aus Santa Margherita, an seine Schwiegermutter Anna Moll. »In Deutschland werde ich aus dem Buch und aus den Büchern der Lebendigen gestrichen, und da ich doch schließlich ein deutscher Autor bin, hänge ich im leeren Weltraum.«

Bei dichtem Nebel legt das Vaporetto – ich bin einziger Fahrgast – an der Endstation an: San Lazzaro, Isola degli Armeni. Im großen venezianischen Kloster der Mechitaristenkongregation lebt Pater Beszdikian – sein Großvater kämpfte auf dem Musa Dagh, seine Mutter war damals sieben Jahre alt, sie wohnt heute, achtzigjährig, nahe ihrem Sohn, in der Lagunenstadt.

»Der Vater meiner Mutter ist einer jener heldenhaften Männer gewesen, der im Kampf mit den türkischen Soldaten gefallen ist«, erzählt Beszdikian, ein kräftiger, großgewachsener Priester, Ende vierzig, mit gestutztem, weißgrauem Bart. »Ein Heldengrab ist für ihn errichtet worden, auf der Höhe des Berges Musa. Er kommt sogar vor, mein Großvater, in Franz Werfels Buch! Jener Mann, der, auf einem Felsen liegend, ausharrt, bis zu der allerletzten Kartusche. Und meine Mama gehörte zu den etwa fünfhundert Mädchen, und zu den viertausend Überlebenden insgesamt, die auf der Bergeshöhe durchgehalten haben. Sie kann Ihnen das alles selbst einmal erzählen, jetzt ist sie krank, aber wir besuchen sie gemeinsam, wenn Sie das nächste Mal in Venedig sind.«

Der Pater, in eine knöchellange, schwarze Kutte gekleidet, spricht von seiner Kindheit, geboren sei er in Vakifli, am Fuße des Musa Dagh. Nach Ende des Ersten Weltkriegs habe dies Gebiet unter französischer Mandatsherrschaft gestanden, manche der Überlebenden der Tragödie seien daher aus den ägyptischen, syrischen, libanesischen Flüchtlingslagern in ihre alte Heimat zurückgekehrt. »Aber dann, später, nicht sehr lange nach meiner Geburt«, fährt Beszdikian fort, »mußten die Franzosen das Territorium wieder an die Türkei abtreten – alle Familien, die sich wieder angesiedelt hatten, flohen erneut. Und ließen sich nieder, wie auch meine Familie, in Anjar, nahe Beirut, in der Bekaa-Ebene, wo sie bis heute geblieben sind. Infolge des Libanonkrieges des Jahres 1982 steht der Ort heute unter syrischer Okkupation. Die syrischen Streitkräfte sitzen besonders prominent in armenischen Siedlungen, denn sie wissen, dort attackiert Israel nicht, da die Armenier Freunde der Juden sind, durch die geschichtlichen Parallelen ihres Schicksals. Die Ähnlichkeiten zwischen den beiden Völkern, den Armeniern und den Juden, sie bestanden auch bereits vor dem unvorstellbaren Holocaust: eine Legende erzählt, zum Beispiel, daß die Bewohner rund um den Musa Dagh Abkommen eines israelitischen Stammes gewesen seien.«

Wir besichtigen die umfangreiche Bibliothek des Konvents, sie beherbergt kostbare Dokumente der armenischen Geistesgeschichte, früheste, handgeschriebene Bibeln und Gebetbücher, aus dem zweiten und dritten Jahrhundert nach Christi Geburt. Junge Männer in schwarzem Habit huschen an uns vorbei, sie kommen aus den Ländern der armenischen Diaspora hier zusammen, um die armenische Schrift und Sprache zu erlernen, um sich zu Priestern ausbilden zu lassen. »Wußten Sie, daß Moses Der-Kaloustian, der für Franz Werfel ein Vorbild war für die Figur des Gabriel Bagradian, erst vor einem Monat, im Alter von neunundneunzig Jahren, gestorben ist?« fragt Beszdikian; und fügt, ohne auf Antwort zu warten, hinzu: »Aber eine Französin zur Frau, wie Bagradians treulose Juliette, das hätte man in Yoghonoluk und Umgebung niemals akzeptiert, das hat Werfel allein aus seiner Phantasie geschöpft. Das wäre undenkbar gewesen, einen solchen assimilierten Mann zum Anführer zu wählen, in der Provinzialität der Dorfgemeinschaften rund um den Musa Dagh!«

Der Pater holt aus einem der hohen Regale der Bibliothek einen voluminösen Band hervor, das tausend Seiten starke Buch zeichnet minutiös alle historischen Fakten nach, die sich auf dem Mosesberg zugetragen haben, verfolgt auch den Lebensweg zahlreicher Überlebender und ihrer Nachkommen. »*Im Wiener Kloster der Mechitaristen, wo Werfel unter Anleitung und Ermutigung des Abtes Habozian seine Recherchen unternahm*«, übersetzt Beszdikian, *das Nachschlagewerk liegt aufgeblättert,* »*dort traf er mit einem Pastor namens Katschazan zusammen, der die Wochen auf dem Musa Dagh überlebt hatte. Und dieser warnte Werfel vor den verschiedensten kleinen Fehlern. Aber Werfel entgegnete:* ›*Mein Ziel ist nicht die absolut exakte historische Wiedergabe dessen, was geschehen ist, sondern das Erschaffen eines epischen Werks!*‹« *Beszdikian blättert weiter:* »*Hier – ein anderer Abschnitt, er setzt sich mit dem partikularen Dialekt auseinander, den man im Musa-Dagh-Gebiet sprach und der sich vom klassischen Armenisch weitgehend unterschied. Oder hier: da wird über ein Fest berichtet, welches wir jedes Jahr weltweit einhalten, um uns an die heroischen Wochen auf dem Berge Musa zu erinnern – immer im September wird ein großer Lamm-Eintopf gekocht, denn damals, auf der Bergeshöhe, da war das beinahe täglich unsere Speise.*«*

Er müsse sich nun für einen Besuch in der Stadt umkleiden, erklärt Pater Beszdikian, bittet um einen Augenblick Geduld – und kehrt, wenig später, im Straßenanzug wieder, trägt nun, trotz des winterlichen Nebelwetters, eine dunkle Sonnenbrille; in seiner linken Hand hält er einen schmalen Aktenkoffer mit goldglänzendem Zahlenschloß. Wir steigen an der menschenleeren Anlegestelle der Insel San Lazzaro einige Steinstufen hinab. Eine schwarze, venezianische Barke ist hier angekettet; und ein schielender Fährmann, dem Charon der Mythologie verwandt, lenkt das Boot durch die Lagune. Nur mit Mühe gelingt es mir, auf dem schmalen, schwankenden Gondelboden aufrecht zu stehen – »Es ist für das armenische Volk unbegreiflich, daß die türkische Regierung bis h e u t e bestreitet, den Völkermord jemals begangen zu haben!« setzt Beszdikian nun fort. Wir nähern uns langsam der Küste des Lido. »Ich verurteile zwar die armenischen terroristischen Akte der vergangenen Jahre, aber sie alle haben ja nur das e i n e Ziel: die Türkei möge sich – vor der Weltöffentlichkeit! – endlich zu ihren Freveltaten der Jahre 1915 bis 1917 bekennen! Nicht nur waren türkische Stellen schon in den dreißiger Jahren bemüht, Werfels Roman verbieten zu lassen, es ist ihnen vor allem auch geglückt, gegen eine Verfilmung durch die Hollywood-

*Gesellschaft MGM vorzugehen: türkische Diplomaten und hohe Regie-
rungsfunktionäre haben die Verwirklichung des Projekts immer wieder
zu verhindern gewußt. Sie müssen eines gut verstehen: Franz Werfel ist
d e r Nationalheld des armenischen Volkes. Er hat unser Nationalepos
verfaßt. Sein großes Werk ist eine Art Trost für uns – nein, nicht Trost,
den gibt es nicht, aber es ist von solch eminenter Wichtigkeit für uns, daß
dieses Buch existiert! Es garantiert – und das wird Ihnen jeder Armenier
auf der gesamten Welt, ob in Los Angeles, in Paris, ob in Jerusalem oder
Beirut, bestätigen – es garantiert, daß niemals vergessen wird, niemals!,
was unserem Volk geschehen ist!«*

Hiobsbotschaften

Vier Tage Bürgerkrieg, im Februar 1934, verwandelten die Republik Österreich unter ihrem Bundeskanzler Engelbert Dollfuß endgültig in eine klerikalfaschistische Diktatur. Das österreichische Bundesheer hatte, zusammen mit Fürst Starhembergs „Heimwehr", einen Arbeiteraufstand niedergeschlagen – mindestens dreihundert Menschen wurden getötet, mindestens achthundert verwundet. Die Regierung (Kanzler Dollfuß hatte bereits im März 1933 das Parlament ausgeschaltet) verhängte in der Folge das Standrecht, löste die Gewerkschaften auf und verbot die sozialdemokratische Partei.

Der Karl-Marx-Hof, Hochburg des proletarischen Widerstands, lag in unmittelbarer Nähe der Werfel-Villa, wo sich Alma mit ihrer Tochter Manon aufhielt; auch in der Steinfeldgasse, vor ihrem Haus, war das Auf- und Abwogen der Kämpfe zu beobachten. Justiz- und Unterrichtsminister Kurt Schuschnigg, ein Freund Alma Mahler-Werfels und Johannes Hollnsteiners, lud Alma ein, zu ihm nach Hause zu übersiedeln, solange die Kämpfe andauern würden. Sie dankte, lehnte ab, hielt die Stellung auf der Hohen Warte.

Des Generalstreiks wegen war zwischen Santa Margherita und Wien zunächst tagelang keine Telephonverbindung herzustellen, Franz Werfel plagten Visionen, seiner Frau und seiner Stieftochter könnte während der Unruhen, inmitten der Gefahrenzone, etwas zugestoßen sein. »Der Bolschewismus ist gewiß das Schrecklichste«, schrieb er an Alma, nachdem »die Tage des Zitterns« überstanden waren. »Aber das Zweitschrecklichste«, fügte er hinzu, sei doch der Rechtsradikalismus, in welchem er eine Art Bolschewismus des Kleinbürgers zu erkennen glaubte. Er könne in dieser Welt roher Gewalt und »Persönlichkeits-Entrechtung« kaum noch atmen; über Adolf Hitler, dem eigentlichen Nutznießer der österreichischen Krise, stehe offenbar ein »günstiger Stern«. Die Geschichte der Menschheit erscheine ihm, meinte Werfel, immer unmißverständlicher als ein »dunkles Eingreifen der Übernatur in die Natur«, schließlich sei doch auch Hunnenkönig Attila ein »rülpsender Wilder« und dennoch »Gottes Zuchtrute« gewesen. Nach Dollfuß' brutaler, mit schwerer Artillerie errungener Niederschlagung des Aufstands werde sich Österreichs empörte Arbeiterschaft nun erst recht in großer Zahl den Nationalsozialisten anschließen, »blutbesudelt« gehe die Regierung Dollfuß in die Zukunft. Hitler habe (und handelte in diesem Falle als »*wirklicher Volksmann*«) nach Auflösung der alten Gewerkschaften zumindest dafür Sorge getragen, daß neue Organisationen zur Verfügung standen, um die Arbeiter aufzufangen... Dollfuß hingegen entlasse das Proletariat nunmehr in nichts als Wut und Trauer. »*Trotzdem muß man sich augenblicklich rückhaltlos hinter Dollfuß stellen*«, nur eine sehr starke österreichische Regierung könne einen Übergriff der Nazis auf die Alpenrepublik noch verhindern.

Die politischen Ereignisse in Österreich, die Zustände im Dritten Reich, das Verbot der ›Vierzig Tage des Musa Dagh‹ und die Hetze deutscher Zeitungen gegen ihn und sein Werk stürzten Werfel in diesen Winterwochen 1934 in schwere Depressionen, es gelang ihm kaum noch, konzentriert zu arbeiten. Er hoffe, die Welt werde »*endgültig, radikal* und *rasch*« untergehen, schrieb er an einen Mitarbeiter des Zsolnay Verlags. »Dann sind wirs los. (Ich rieche Krieg.)« Die einzig erfreuliche Nachricht, die Werfel in diesen tristen Tagen erreichte, kam aus Hollywood: das Filmstudio Metro Goldwyn Mayer hatte die Rechte für ›Die vierzig Tage des Musa Dagh‹ erworben, ein Erfolg, der Werfels Schwermut denn doch ein wenig linderte; nicht zuletzt enthoben ihn die zwanzigtausend Dollar, welche MGM für die Option zahlte, zumindest vorläufig seiner immer akuteren Geldsorgen. Er fand nun auch Kraft, sich in Santa Margherita, in seinem Hotelzimmer, einer Auftragsarbeit zu widmen, die er bereits Ende 1933 angenommen, bislang jedoch noch nicht begonnen hatte.

Meyer W. Weisgal, ein in Polen geborener und in Amerika lebender Theaterproduzent, war der Initiator dieses neuen Projekts: er war im Herbst des Vorjahres nach Paris und Salzburg gereist, um den aus Deutschland ausgewiesenen Max Reinhardt für die Inszenierung eines noch nicht existierenden Bibel-Dramas zu gewinnen. Diese Zeit unmittelbarer Bedrohung des jüdischen Volkes, meinte Weisgal, verlange nach einer theaterwirksamen Aufarbeitung und Nacherzählung des Alten Testaments. Von New York aus sollte das Stück auf eine Tournee durch die ganze Welt gehen, so Weisgals Idee, nun hoffe er nur, der Regisseur sei bereit, dies Vorhaben auf die Bühne zu bringen. Doch Reinhardt lehnte kategorisch ab. Und Weisgal insistierte. Insistierte so lange, bis Reinhardt schließlich doch einlenkte: er werde, vertröstete er den Impresario, bei Gelegenheit einmal mit seinem Freund Franz Werfel über das Projekt sprechen, vielleicht sei dieser an der Verwirklichung eines solchen Oratoriums (denn Gesangseinlagen und Orchesteruntermalungen schwebten Weisgal vor) interessiert.

Und zu Reinhardts Überraschung wollte Werfel auf Weisgals Vorschlag tatsächlich eingehen. Er plante, den fünf Büchern Moses', sowie den Büchern der Könige und Propheten, kaum ein eigenes Wort hinzuzufügen, von einer schmalen Rahmenhandlung abgesehen. Kürzungen und dramaturgische Umstellungen wollte er nur dort vornehmen, wo die Gesetze des Theaters rasche Übergänge und Steigerungen erforderten. Leicht fiel ihm diese Arbeit jedoch keineswegs; sie sei »eine schreckliche Plage«, berichtete er seiner Frau, »alles wirklich Schöpferische fällt mir hundertmal leichter [...] Es ist eine groteske Vorstellung, daß diese riesenhaften Welt-Tragödien ›Jakob‹, ›Josef und seine Brüder‹, ›Moses‹ so schnell zusammengehaut werden sollen. *Irgend etwas sträubt sich in mir dagegen. Ich bin noch immer nicht sicher, daß ich die Sache übernehme.* –« Jedenfalls stecke er nun »wieder in einer der größten und verantwortungsvollsten Mühen« seines Lebens.

Die Rahmenhandlung, ein kurzes Vorspiel, siedelte er in einer kleinen Synagoge an, ein altehrwürdiger Rabbiner erzählte hier seiner verschreckten Gemeinde – sie befand sich auf der Flucht vor einem Pogrom – die Geschichte Israels, von Abraham, bis hin zu dem Propheten Jeremias. »Längst hätte ich euch, die Gemeinde meiner Geburt, schon vergessen«, flüstert einer der Verfolgten, der wohl Werfels eigene Gefühle gegenüber dem Judentum widerspiegelt. »Ich wäre nicht zurückgekehrt, wenn das Volk draußen mich nicht an meinem Gesicht erkannt hätte.« Und der dreizehnjährige Sohn des Entfremdeten fragt seinen Vater: »Warum werden wir verfolgt? . . . Warum hast du nie gesprochen? . . . Warum habe ich nichts gewußt?«

Anfang April 1934 hatte Franz Werfel etwa die Hälfte der ersten Fassung des Bibelspiels fertiggestellt, er besuchte seine Frau in Venedig, fuhr mit ihr nach Mailand und, Mitte des Monats, nach Wien. Dort erreichte sie beide die telephonische Nachricht, daß sich Manon, die sie, auf eigenen Wunsch, in Venedig zurückgelassen hatten, plötzlich schwerkrank fühle; Alma flog gleich am nächsten Morgen nach Venedig, Werfel folgte ihr, zusammen mit Anna Mahler und Paul Zsolnay, mit dem Nachmittagsflug. Ein eilends zusammengerufenes Ärztekonsilium nahm eine sofortige Punktion des Rückenmarks vor – und stellte die erschreckende Diagnose, die Achtzehnjährige sei an Kinderlähmung erkrankt. Eine Polio-Epidemie, die in der Lagunenstadt grassierte, war von den zensierten italienischen Zeitungen wochenlang verheimlicht worden – eben diesem Virus war Manon Gropius nun zum Opfer gefallen.

Nach zwei Tagen trat bereits eine Lähmung der Beine, wenig später des ganzen Körpers ein – Manon wurde (mit einem von der österreichischen Regierung bereitgestellten Ambulanzwaggon) nach Wien transportiert. Sie konnte fortan das Bett aus eigener Kraft nicht mehr verlassen und litt, im Laufe der nächsten Monate, große Schmerzen, hin und wieder gelang ihr dennoch, sich abzulenken, dann lernte sie große Bühnenrollen auswendig. Immer deutlicher hatte sich in letzter Zeit ihre Leidenschaft für das Theater gezeigt: vor ihrer Erkrankung hatte sie des öfteren den

Wunsch geäußert, sie wolle sich am Wiener Max-Reinhardt-Seminar zur Schauspielerin ausbilden lassen.

Die Sorge um seine Stieftochter überschattete zwar die Arbeit an dem Bibeldrama, doch Werfel schloß die erste Niederschrift noch im Laufe des Frühjahrs 1934 ab. In Salzburg, zu Gast bei Max Reinhardt, auf Schloß Leopoldskron, trug er »Das Volk der Verheißung« vor – auch Kurt Weill war anwesend, ihm sollte, nach Reinhardts Vorstellung, die Komposition der Gesangs- und Orchesterstücke des Oratoriums übertragen werden.

Meyer Weisgal war eigens aus New York angereist, um der Lesung beizuwohnen, zeigte sich von dieser ersten Fassung des Stücks allerdings eher enttäuscht. Vor allem der Schluß konnte ihn nicht überzeugen, das Auftreten einer messianischen, christus-ähnlichen Figur, die, nach Zerstörung des jüdischen Tempels, aus den rauchenden Ruinen hervortrat, um dem Volke Israel Trost zuzusprechen. Bliebe das Finale unverändert, würde die jüdische Gemeinde New Yorks zu einer großzügigen finanziellen Unterstützung des Mammutprojekts wohl kaum zu bewegen sein, warnte der Theatermanager. Und bat Werfel, bei der Neufassung des »Volks der Verheißung« auf christliche Assoziationen mög-lichst zu verzichten.

Im Sommer 1934, während Werfel an der zweiten Fassung des Bibelspiels arbeitete, scheiterte in Wien ein Putschversuch öster-reichischer Nationalsozialisten – Bundeskanzler Dollfuß fiel ei-nem Attentat zum Opfer, die von den deutschen Auftraggebern erhoffte Staatskrise blieb jedoch aus. Nach anfänglicher Weige-rung übernahm der bisherige Justiz- und Unterrichtsminister Kurt Edler von Schuschnigg die Regierungsgeschäfte im Stände-staat und setzte den herrschenden, klerikal-autoritären Kurs seines Vorgängers unbeirrt fort.

In einer Wiener Wochenzeitung begrüßte Franz Werfel den Amtsantritt Schuschniggs: neben den Eigenschaften des Staats-mannes und Politikers umfasse die Persönlichkeit des neuen Bun-deskanzlers »drei edelste menschliche Werte: Religiöse Tiefe, un-

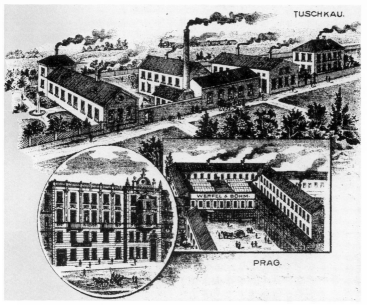

Die Handschuhfabriken Werfel & Böhm
(Briefkopf der Firma Werfel & Böhm)

Werfels Geburtshaus,
Prag, Reitergasse 11

Späteres Wohnhaus der Familie
Werfel, Prag, Mariengasse 41

Der Abiturient: 1909

Die erste Liebe: Maria Glaser

1910

ca. 1918

Die Schwester: Mizzi Rieser, geborene Marianne Werfel

Der Meldegänger:
Franz Werfel
an der
ostgalizianischen
Front 1916/17

Gertrud Spirk

Alma Maria Mahlers Villa in Breitenstein a. d. Südbahn: »Haus Mahler«

Alma Werfel Sommer 1910

Das Liebespaar ...

»Haus Mahler«,
Breitenstein a. d. Südbahn

Manon Gropius –
großes Foto:
mit ihrem Vater
dem Architekten
Walter Gropius

Die Liebenden in Trahütten/Steiermark, ca. 1920/21

Von links nach rechts:
Alma Mahler-Werfel,
Franz Werfel,
Anna Moll, Carl Moll,
ca. 1930

Hundertster Geburtstag von Franz Werfels Großvater
Bernhard Kussi, in Pilsen, 1932

Casa Mahler, Venedig

In Venedig, ca. 1924

In Santa Margherita, ca. 1928

Ca. 1926

In Santa Margherita, ca. 1929

Alma Mahler-Werfel mit ihrer Tochter Anna, ca. 1930

Anna Mahler
mit ihrer Mutter,
ca. 1928

Hotel Südbahn, Semmering, von links nach rechts
Franz Werfel, Frau Hauptmann,?,?, Ernst Lothar, Alma Mahler-Werfel,
Gerhart Hauptmann, Adrienne Gessner

Franz Werfel
und Gerhart Hauptmann,
vor dem Hotel Südbahn,
Semmering, ca. 1930

Franz Werfel und Alban Berg
Santa Margherita, ca. 1928/29

Hugo von Hofmannsthal kurz vor seinem
Tode, 1929, Breitenstein a. d. Südbahn

Franz Werfel in Florenz, Mai 1933

Arthur Schnitzler, Sommer 1930

Alma Mahler-Werfel und Franz Werfel,
während ihrer Amerikareise 1936

Alma Mahler Werfel und Franz Werfel, ca. 1937

Das Turmzimmer in Sanary-sur-mer heute

Der Wohnturm der
Werfels in Sanary-sur-mer,
hier hielten sie sich von
1938–1940 großteils auf

Bernadette Soubirous
von Lourdes

Das Haus 610, North Bedford Drive, Beverly Hills, Kalifornien,
das die Werfels im Herbst 1942 bezogen

Das letzte Foto
von Franz Werfel,
im Sommer 1945

Die trauernde Witwe

bestechliche Geistigkeit, hohe musische Begabung und Bildung«, eine »Dreieinigkeit« also, welche die »gottgeschenkte *Harmonie des österreichischen Wesens* ausmache [...] Welch eine Schicksals-Gunst und Schicksalshoffnung für Österreich, daß es am Rande des Abgrunds diese vornehme und *feste Führerhand* gefunden hat!«

Die Gefahren aber, die im nazistischen Abgrund tatsächlich drohten, schien Werfel selbst im Sommer 1934 noch nicht vollends erkannt zu haben: Ende August, nachdem er die zweite Fassung des Bibeldramas abgeschlossen hatte, schrieb er dem Dramaturgen und Theaterkritiker Julius Bab, sein neues Werk sei zwar in erster Linie für Amerika bestimmt, er würde sich jedoch glücklich schätzen, gerade in Deutschland mit einem Bühnenstück »zu Worte zu kommen«, welches »Israel und der Bibel« diene.

Alma Mahler-Werfels Feste in den marmorverkleideten Prunk-räumen, im großen Garten der Hohe-Warte-Villa, fanden unterdessen in gewohnter Weise statt; bis zu zweihundert Gäste feierten hier nicht selten bis zur Morgendämmerung; den engsten Freunden wurde auch das Frühstück noch im Hause der Werfels serviert. Seit Schuschniggs Berufung zum Bundeskanzler lud Alma immer zahlreicher auch Minister, hohe Staatsbeamte und Diplomaten ein, die sie mit den Vertretern des kulturellen Lebens bekannt machte – das Ziel vor Augen, diese Querverbindungen mochten beiden Seiten von größtem Nutzen sein. Schuschnigg selbst, der Werfels Werke überaus schätzte, nahm an diesen Abendgesellschaften oftmals teil – in der Hoffnung, vor allem, Anna Mahler zu sehen, die er still verehrte.

Franz Werfel zog sich aus der Sphäre dieses lärmenden Treibens mehr und mehr zurück: im Laufe der letzten Jahre war ihm der Trubel um seine Person, um seinen literarischen Erfolg, etwas zu groß, die Geschwindigkeit, mit der der politische Alltag sich verändert hatte, doch etwas zu rasant geworden. Der Vierundvierzigjährige benötigte nun wieder Zeit zur Besinnung, mußte zu sich selbst zurückfinden; ein Vierteljahrhundert war vergangen, seitdem er, atemlos vor Aufregung, Max Brod einige Gedichte aus der ›Weltfreund‹-Sammlung vorgetragen hatte. – Und in diesem Jahr, 1934, beging Brod seinen fünfzigsten Geburtstag, Werfels Ruhm hatte den seines einstigen Mentors mittlerweile weit überflügelt. Zehn Jahre waren seit dem Tod des Freundes Franz Kafka vergangen – in einem elegischen Brief an dessen Vertrauten, den Arzt Dr. Robert Klopstock, schrieb Werfel Ende 1934, er habe Kafka immer als einen »Boten des Königs« empfunden, »dem in tragischer Weise zu viel von Übernatur zuteil geworden sei. Franz Kafka ist ein Herabgesandter, ein großer Auserwählter. [...] Dieses Abstands zwischen ihm und mir, der ich nur ein Dichter bin, war ich mir immer bewußt.«

Auch noch zu Beginn des Jahres 1935 blieb Werfel zumeist allein und in Ruhe; in Baden bei Wien mietete er ein großes Hotelzimmer und schrieb hier, erstmals seit Jahren, ausschließlich Lyrik. In dieser Zeit privater Krise boten Erinnerungen an die Kindheit Geborgenheit und Schutz: »Wenn ich mir die Kindheit hole/ Wunderlich und unversehrt/ Glaub ich nicht, sie sei wie Kohle/ Längst verglommen, längst verzehrt./ Wo die Kindgespenster nisten/ Geh ich als mein Widerhall/ Ewig zu den Piaristen/ Irgendwo in Gottes All.«

Ein Arzt hatte ihn längst informiert, daß an eine Genesung seiner Stieftochter Manon nicht mehr zu denken sei, er sich auf das Schlimmste gefaßt machen müsse – zahlreich entstanden denn auch Gedichte um den Tod, im Februar und März 1935; da erreichte ihn, Ende März, die Nachricht vom Tode seiner Kinderfrau Barbara Šimůnková: einundachtzigjährig war sie im Prager Hospital der Elisabetherinnen gestorben. »So wartet doch«, rief Werfel ihr nach, »Bis ich, der mit Schweigen und Kälte geschlagen,/ Noch einmal komme, euch danke zu sagen.« Und in dem Gedicht ›Die verklärte Magd‹ hieß es: »So schwer trugst du die letzte Last/ Und schwandest leicht, so leicht dahin./ Nun wirkst du wieder unverblaßt/ In mir, du Morgenhüterin./ Ich geh durch meiner Kindheit Park/ [...] In einer Glorie von Trost/ Geh ich wie einst an deiner Hand.«

Manon Gropius starb am 22. April 1935. Das Begräbnis, auf dem Grinzinger Friedhof, entartete zu einem gesellschaftlichen Ereignis; jeder wollte dabeisein. Die Wiener Haute Volée drängte sich um das offene Grab, an dem nicht der Stiefvater, sondern Johannes Hollnsteiner die Totenrede hielt. Die Tage vor Manons Tod empfand Werfel als die »schwersten Stunden« seines Lebens, und auf der letzten Seite eines Notizbuchs vermerkte er in diesen Wochen: »Begonnen im Jahre 1932 als alles für mich noch gut war und ich noch keine schweren Wunden trug.«

Das Ehepaar Werfel ging kurz nach Manons Beerdigung, gemeinsam mit Anna Mahler, auf eine große Italienreise – ein verzweifelter Versuch der Ablenkung, der sie zunächst nach Rom und Florenz, schließlich nach Viareggio führte, wo sie mit Kurt Schuschnigg zusammentrafen. Sie unternahmen, in einer von Benito Mussolini zur Verfügung gestellten Staatslimousine, Ausflugsfahrten in die Umgebung, besuchten, zum Beispiel, Giaccomo Puccinis Wohnhaus, an einem kleinen Toscana-See gelegen. Den eigenen Palazzo in Venedig aber, für Alma engstens mit den Erinnerungen an Manon verbunden, wollte sie so rasch wie möglich verkaufen; noch im Laufe des Sommers ’35 löste sie den Haushalt „Casa Mahler“ auf.

Mitte Juli 1935 – Kurt Schuschnigg hielt sich zu diesem Zeitpunkt bereits wieder in Österreich auf – wurden der Bundeskanzler und seine Frau Opfer eines schweren Verkehrsunfalls; Herma von Schuschnigg war sofort tot, ihr Mann wurde nur leicht verletzt. »Eine anmutige, zarte Frau wurde durch unbegreiflichen Ratschluß hingerafft«, schrieb Franz Werfel in der ›Wiener Sonn- und Montagszeitung‹. »Wie oft mag Herma von Schuschnigg in den vergangenen Monaten um das Leben ihres Gatten gezittert haben, [. . .] dieses reinen, außerordentlichen Mannes, der [. . .] aus selbstloser Vaterlandsliebe [. . .] die Last auf sich genommen hatte! [. . .] Wer weiß, ob in dem geheimnisvollen Netz der Bestimmungen und Verhängnisse dieser Tod nicht den Sinn eines Opfers hat?« Trotz dieses »furchtbaren Geschicks« aber dürfe Kanzler Schuschnigg nun jedenfalls »keine Schwäche« zeigen: »Die öster-

reichische Menschlichkeit, die er, der geistige, empfindsame, un-
beirrbare Mann in so hohem Grade selbst verkörpert [. . .] sie muß
zum Heile Europas bewahrt und durchgesetzt werden.«

Seitens der Regimegegner löste dieser Nachruf hellste Empörung aus – innerhalb der österreichischen Grenzen durfte kein
oppositionelles Blatt mehr erscheinen, um so wütender reagierte
die deutschsprachige, in der Tschechoslowakei publizierte ›Arbeiterzeitung‹: Franz Werfel habe den Führer des österreichischen
Faschismus als »Verkörperung der Menschlichkeit« gefeiert, während Opfer der Diktatur in Hungerstreik getreten seien und
tagtäglich in den Gefängnissen mißhandelt würden. Sein Verhalten den Mächtigen gegenüber gleiche einem Handlecken und
müsse als eine unerhörte Literatenlumperei bezeichnet werden.

Meyer Weisgal war es mittlerweile tatsächlich gelungen, eine
große Zahl jüdischer Bürger von New York zur Mitfinanzierung
des Oratoriums zu überreden; die Uraufführung des »Volks der
Verheißung« (in der englischen Übersetzung trug es den Titel
›The Eternal Road‹) hätte ursprünglich schon im Februar 1935
stattfinden sollen: in einem vierzig Meter hohen Zelt, dem Stifts-
zelt des Alten Testaments nachempfunden, Platz für fünftausend
Zuschauer bietend. Die Produktionskosten überstiegen jedoch
rasch das von Weisgal veranschlagte Budget, und die Premiere
wurde auf das Jahresende verschoben. Weisgal mietete daher das
Manhattan Opera House, ein seit Jahren leerstehendes Theaterge-
bäude, wo die Proben schließlich im September 1935 beginnen
sollten.

»Ich sage nicht zu viel«, erklärte Werfel einem Journalisten, der
ihn im Salzburger Café Bazar zu seinem Bibeldrama interviewte,
»wenn ich behaupte, daß hier ein vollkommen neuer Bühnenstil
entsteht, der nie zuvor versucht worden ist.« Um eine Vorstellung
von den Besonderheiten der ›Eternal Road‹-Inszenierung zu vermitteln, berichtete Werfel von den siebzig Solisten, neunzig Or-
chestermitgliedern und rund tausend Komparsen, die die Produktion benötigen werde.

Er sandte Max Reinhardt, vor dessen Abreise nach Amerika, noch die endgültige Durcharbeitung des Bibelspiels zu, basierend auf Gesprächen, welche die Freunde zuletzt in Salzburg geführt hatten. »Ich habe all Ihre Wünsche zu erfüllen versucht«, hieß es in dem Begleitschreiben. »Die große Szene im letzten Teil und der Schluß sind in Ihrem Sinne modifiziert worden.« Die Figur jenes Messiasähnlichen, von Weisgal im Vorjahr beanstandet, hieß nun, in Werfels Endfassung, »Der Engel der Endzeit« – welche Bezeichnung man aber letztendlich »um des möglichen Ärgernisses willen wählen soll«, müsse im Laufe der Probenarbeit oder aber erst kurz vor der Premiere entschieden werden.

Anfang November 1935 schifften sich auch die Werfels nach New York ein, um bei der ›Eternal Road‹-Uraufführung anwesend zu sein. Es war dies für Franz Werfel die erste Begegnung mit den Vereinigten Staaten, doch kam er hier keineswegs als Unbekannter an: im Herbst des Vorjahres waren ›Die vierzig Tage des Musa Dagh‹ in englischer Übersetzung erschienen, und von dem renommierten Book of the Month Club seinen Mitgliedern als wichtigste Neuerscheinung empfohlen worden. Wochenlang stand der Roman daraufhin auf dem ersten Platz der amerikanischen Bestseller-Liste, hundertfünfzigtausend Exemplare waren in den Staaten bereits verkauft worden – ein Erfolg, zu dem das nationalsozialistische Verbot zweifellos beigetragen hatte.

In New York lebende Exil-Armenier luden ihr Idol, den Verfasser ihres Nationalepos, nun von einer Dinner-Veranstaltung zur nächsten, nie zuvor war Werfel ähnlich stürmisch gefeiert worden, man sah in ihm gar den ,,gottgesandten Freund" des armenischen Volkes, dem es gelungen sei, wie keinem vor ihm, die Tiefe der armenischen Seele auszuloten.

Das Manhattan Opera House wurde unterdessen – für die ›Eternal Road‹-Premiere – vollständig umgebaut; diese Arbeiten schluckten große Dollarsummen und verwandelten sowohl das Auditorium als auch den Bühnenraum in eine konstante Baustelle. Bald zeichnete sich ab, die Aufführung würde nicht termingerecht stattfinden können, Weisgal und Reinhardt einigten sich, die

Aufführung auf Februar 1936 zu verschieben. Und Werfel war entschlossen, bis zu diesem Termin in New York zu bleiben, es gefiel ihm hier durchaus, er fühlte sich wohl in der chaotischen Lebendigkeit der Weltmetropole.

Das Ehepaar wohnte in dem schönen St. Regis Hotel, nahe dem Central Park, besuchte oft die Oper, ging zu Theateraufführungen, traf mit Künstlern und Wissenschaftlern zusammen – mit Albert Einstein, zum Beispiel, der sich persönlich für eine finanzielle Sicherstellung des ›Eternal Road‹-Projekts einsetzen wollte. Keinen Augenblick habe er sich in Amerika bislang fremd gefühlt, betonte Werfel vor einem jüdischen Auditorium in New York, »aber hier, unter Ihnen, fühle ich mich in einem tieferen Sinn zu Hause«. Zur Entdeckung seines Judentums habe es nicht erst des »Herrn Hitler« bedurft, beteuerte Werfel; zwar sei er sehr assimiliert aufgewachsen und vom Glauben der Väter zeitweise beträchtlich abgerückt, doch »durch Leid und Erkenntnis« habe sich das Judentum im Laufe der Jahre sehr in ihm gefestigt. Er glaube, »aus diesem Judentum« könne er nun »nicht mehr herausgeworfen werden, nicht durch Christen und nicht einmal durch Juden«.

In jüdischer Umgebung, fern der jüngst proklamierten Nürnberger Rassengesetze, fern auch der Einflüsse der antisemitischen Wiener Atmosphäre, aufgenommen im Kreise New Yorker Intellektueller, sprach Werfel nun doch von der »neuen Verfolgung«, der das Judentum ausgesetzt sei, wobei er – und das klang beinahe stolz – zugleich seine Überzeugung zum Ausdruck brachte, »daß Israel durch keine Verfolgung vernichtet werden kann«.

Überschattet war der Amerika-Aufenthalt der Werfels von neuerlicher Todesnachricht: im Dezember dieses Trauerjahres 1935 war der Vertraute und Freund Alban Berg an einer Blutvergiftung gestorben. Das letzte Werk des erst Fünfzigjährigen, sein Violinkonzert, im Sommer 1935 fertiggestellt, war Manon Gropius, „Dem Andenken eines Engels", gewidmet.

Die Proben zu ›Eternal Road‹ wurden im Stadium ihrer Endphase, Anfang Februar 1936, abgebrochen, die Uraufführung auf unbestimmte Zeit verschoben. Rund vierhunderttausend Dollar hatte die Produktion bereits verschlungen, nun waren Weisgals Finanzfonds endgültig aufgebraucht. Hunderte Mitwirkende – Schauspieler, Statisten, Tänzer, Musiker – wurden arbeitslos, der Produzent, dessen Privatleben an diesem Desaster längst gescheitert war, mußte mit dem Geldsammeln erneut beginnen. Mindestens Hundertsiebzigtausend Dollar fehlten noch, um ›The Eternal Road‹ doch noch auf die Bühne bringen zu können. Vor dem Herbst 1936 würde mit einer Wiederaufnahme der Proben wohl kaum mehr zu rechnen sein.

An Bord des Luxusdampfers ,,S. S. Champlain" unternahmen die Werfels die Passage zurück nach Europa. Als sie, von Le Havre kommend, in Paris eintrafen, erwartete sie, an der Gare du Nord, eine große und erregte Menschenmenge: Exil-Armenier, die nun Werfel – ähnlich wie in New York – auch in Frankreich tagelang wie einen Volkshelden feierten. An einem der zahlreichen Diners, die ihm zu Ehren stattfanden, nahm auch der französische Konteradmiral Dartige du Fournet teil, als Kommandant des Flaggschiffes ,,Jeanne d'Arc" hatte er die Bergungsaktion vor der Küste des Musa Dagh-Massivs geleitet und mehr als viertausend Männern, Frauen und Kindern das Leben gerettet.

Anfang März 1936 trafen die Werfels wieder auf der Hohen Warte ein, kehrten zurück »in das friedhöfliche Wien« – nun versuche er, sich hier »wieder einzuleben«, schrieb Werfel an Rudolf Kommer, den in New York verbliebenen Sekretär Max Reinhardts. Und er fügte hinzu: »Komischerweise habe ich trotz aller schlimmen Erlebnisse und Enttäuschungen, gewissermaßen ein Heimweh nach New York...«

Unweit des Salzburger Schlosses Leopoldskron, einst Residenz Max Reinhardts, liegt Schloß Klesheim, inmitten eines weitläufigen Parks.

231

Und am Ende eines breiten Kieswegs, verborgen in einer Wiesenmulde, befindet sich das Hoyos-Schlößl, Wohnsitz von Gottfried Reinhardt, dem Sohn Max Reinhardts. Der Drehbuchautor, Regisseur und Filmproduzent, ein wuchtiger, schwerblütiger Mann, lebt teils in Salzburg, teils in Los Angeles; dem Strom der Erinnerungen folgend, spaziert er, in seinem großen Arbeitszimmer, mit raschen Schritten auf und ab.

»Mein Vater mochte Werfel sehr – und hat ja zahlreiche Stücke von ihm aufgeführt, an den ›Juarez‹ erinnere ich mich zum Beispiel noch ganz genau«, erzählt Gottfried Reinhardt, mit schnarrend-nasaler Stimme, unter seinen Füßen knarren die Holzplanken. »›Juarez‹ war ja in Wien und in Berlin eine der besten Inszenierungen, die mein Vater je gemacht hat. Ich glaube, den ›Juarez‹ muß er sehr geliebt haben. Das allerletzte Stück, das er in Wien inszenierte, stammte übrigens auch von Werfel: ›In einer Nacht‹, das war 1937, im Theater in der Josefstadt. Und, natürlich, in New York hat er die ›Eternal Road‹ gemacht – das war ja grotesk! Meyer Weisgal hatte aus der Zeitung erfahren, daß Max Reinhardt aus Deutschland ausgewiesen worden sei, und telegraphierte daraufhin sofort an meinen Vater: ›Wenn Hitler Sie nicht braucht, ich brauche Sie!‹ Weisgal hatte während der Weltausstellung 1933, in Chicago, im sogenannten Palästinensischen Pavillon, eine kleine Bibelshow in Szene gesetzt und wollte nun etwas Ähnliches, aber in viel größeren Dimensionen, verwirklicht sehen. Er rannte meinem Vater die Bude ein, doch der sagte Weisgal zunächst ab. Mein Vater war zwar privat ein frommer Jude, der an jedem Jom Kippur sogar gefastet hat, zugleich blieb er aber, trotz allem, ein hundertprozentig assimilierter Deutscher. Gehörte auch zu denen, die Scheuklappen trugen, um die politische Realität nicht sehen zu müssen. Es hat Jahre gedauert, bis er einsah, daß er p o l i t i s c h als Jude und Emigrant galt. Jedenfalls: Max Reinhardt versuchte, sich so lange wie möglich von der jüdischen Frage zu distanzieren. Wohl nicht zuletzt, weil sein Schwiegervater Hugo Thimig immer ein Antisemit gewesen war. (Mein Vater heiratete Helene Thimig, nachdem er von meiner Mutter geschieden war.) Wir hatten oft große Debatten, mein Vater und ich, über dies verdrängte Jüdische bei ihm – ich konnte seine Haltung absolut nicht vertragen. Nach seiner Absage an Weisgal schrieb ich ihm aus New York, er habe einen großen

Fehler gemacht, für ihn komme doch in Zukunft ohnehin nur noch Amerika in Frage. ›Das ist doch Wahnsinn‹, schrieb ich, ›daß Du auf Weisgals Vorschlag nicht eingehst, dieses Stück zu inszenieren, hier, in dieser Stadt, in der es drei Millionen Juden gibt.‹ Daraufhin erhielt ich einen ziemlich unwirschen Brief zurück: ›Sei doch kein Kind, ich will mein Judentum nicht verleugnen – aber ich kann keine Bibel-Revue machen! Kein Cecil B. De Mille würde mich dazu bringen!‹

Und nach längerem Hin und Her bat er dann Werfel, sich die Sache doch einmal durch den Kopf gehen zu lassen. Er hatte sich – irgendwo auch dämonisch – ausgerechnet jemanden ausgesucht, der dies Bibelspiel so wenig wie nur irgend möglich jüdisch ausrichten würde. Schlug also einen im Grunde gläubig-katholischen Dramatiker vor, zweitens einen kommunistischen Komponisten – Kurt Weill hatte ja mit Brecht zusammengearbeitet, ein größerer Kontrast als der zwischen Brecht und Werfel war doch kaum vorstellbar! – und er nahm sich schließlich drittens einen genialen Bühnenbildner, der, bekanntermaßen, ein Antisemit war: Norman Bel Geddes.

Aber mein Vater unterschätzte Weisgals enorme Energien, jeder Jude in New York mußte ja quasi eine Kopfsteuer bezahlen, damit man dies Monsterwerk auf die Bühne bringen konnte. Als Werfel dann mit seiner ersten Fassung nach Salzburg kam, um seine ›Eternal Road‹ vorzustellen, war das für Weisgal eigentlich ein furchtbarer Schlag, weil sich da erst herausstellte, daß der Dichter des Bibelspiels katholisch fühlte und schrieb! Und Weisgal versuchte nun, sozusagen im Schnellverfahren, Werfel zum Judentum zurückzubekehren – ich kann mir die Szene lebhaft vorstellen!

Als mein Vater dann im Herbst 1935 in New York erstmals zu den Proben kam, stellte sich heraus, daß das Bethaus nicht eingeplant worden war, in dem der Rabbiner seine Gemeinde beruhigt. Herrn Bel Geddes interessierte das Bethaus nicht; es kam zu schrecklichen Streitigkeiten. Werfel, der ja ebenfalls nach New York gekommen war, sagte: ›Mein Stück wird hier verschandelt!‹ Aber wo sollte man diese kleine Synagoge errichten? Die Bühne war bereits vollkommen verbaut. Jemand schlug den Orchestergraben vor – woraufhin sich Kurt Weill beklagte: ›Wenn Sie mir das Orchester wegnehmen, reise ich ab!‹ Letzten Endes hat man das Bethaus dann trotz alledem im Orchestergraben untergebracht – und die Musiker saßen in einem ganz anderen Raum, das brachte jedes Mal die größten Probleme mit sich, Bühnenhandlung und Orchestermusik synchron verlaufen zu lassen.

Unvorstellbare Dinge haben sich während der Probenarbeit abgespielt: so mußte, zum Beispiel, das ganze Theater komplett umgebaut werden, die vorderen Logen hat man alle abgerissen, neue Garderoben mußten für die Mitwirkenden errichtet werden – bei Sprengungen des Manhattaner Urgesteins ist versehentlich eine Quelle angebohrt worden, so daß alle Räume der Unterbühne sintflutartig überschwemmt wurden. Und das zählte noch zu den harmlosen Zwischenfällen!

Als das Stück dann endlich uraufgeführt wurde – die Premiere fand erst im Januar 1937 statt! –, erlebte das Publikum bis zur Pause eine glanzvolle, pannenfreie Aufführung, im vierten und letzten Teil klappte dann allerdings gar nichts mehr, die Vorstellung uferte in ein Chaos aus! Mein Vater, Weisgal, die Hunderte Mitwirkenden bereiteten sich seelisch auf das Debakel der Zeitungskritiken vor. Doch in der Nacht, als die ersten Morgen-Papers herauskamen, gab's fast nur Lobeshymnen: die ›Eternal Road‹ bekam die phantastischsten Kritiken. Das kam so: um die d e a d l i n e noch zu schaffen, waren viele Kritiker in der Pause schon fortgelaufen und hatten dadurch die Katastrophe des vierten Teils nicht mehr miterlebt! Danach hat jedenfalls kein Mensch mehr den vierten Akt zu sehen bekommen, er wurde ganz einfach gestrichen!

Die Produktion lief dann fünf oder sechs Monate. Und hat aber immer Geld verloren – zwar war das Manhattan Opera House allabendlich ausverkauft, trotzdem hat Weisgal jede Woche Tausende Dollar verloren: in den beiden oberen Rängen gab's jeden Abend eine Revolte, weil von dort aus niemand zu dem Bethaus hinabsehen konnte. Viele Zuschauer verlangten verständlicherweise ihr Geld zurück. Die ganze Produktion hat insgesamt so viel gekostet, daß es für meinen Vater schließlich zu einer Katastrophe wurde. Denn man hat diesen enormen Verlust doch auch ihm persönlich angekreidet. Er hatte wohl instinktiv doch recht gehabt, als er sich ursprünglich gegen das Projekt aussprach?«

Jeremiade

»Nachdem ich gestern die Ein- und Überleitungsglossen zu der amerikanischen Ausgabe meiner Novellen unter dem Titel ›*Aus der Dämmerung einer Welt*‹ spät nachts vollendet hatte, legte ich mich mit dem unbehaglichen Gefühl nieder, ohne Einfall, ohne wirkliche Vision für ein neues Werk zu sein und eine Epoche qualvoller Müßigkeit vor mir zu haben«, notierte Franz Werfel Ende April 1936 in sein Skizzenbuch. Er hielt sich seit kurzem mit Alma und Johannes Hollnsteiner im Tessiner Parkhotel Muralto, nahe Locarno, auf. Seit Monaten litt Werfel bereits an einer »Werkleere«, wie er diesen Zustand der Ideenlosigkeit nannte – hatte seine Frau ihm in früheren Jahren geholfen, auf der Suche nach neuen Stoffen, nach neuen Ideen, so widmete sie sich in letzter Zeit nahezu ausschließlich dem Theologen Hollnsteiner und seiner Gedankenwelt, ermutigte ihn sogar, ein Buch zu verfassen.

»Ich dachte an die Legenden, die ich im vorigen tragischen Sommer nach Mutzis* Tod mir zu schreiben vorgenommen und schon begonnen hatte«, hieß es im Skizzenbuch weiter; Werfel begann, unter dem Titel ›Die Fürbitterin der Toten‹, die Biographie der »*wunderbaren Jungfrau Christina von Trugen*« zu umreißen, einer Heiligen, die im Holland des zwölften Jahrhunderts gelebt hatte. Doch noch am selben Tage – und nachdem er achtzehn Seiten lang an dem Vorhaben festgehalten hatte – kam er zu dem Schluß, sich an diesem Stoff »vorläufig« doch nicht versuchen zu wollen, vor allem, da ihm widerstrebe, »die Geschichte einer Heiligen, die wirklich noch verehrt wird [...] zum Gegenstand nicht authentischer Erfindungen eigener Epik zu machen«. Am 1. Mai 1936 aber, einen Tag nach Abbruch der Heiligenbio-

---

* Gemeint ist Manon Gropius.

graphie, hatte Werfel einen Einfall: »Freilich es spricht in meinem Innern Vieles dagegen, mich in eine solche uferlose, gefährliche, und wohl undankbare Arbeit einzulassen. Mein Kopf aber begann gleich zu hämmern und zu spinnen. Der Plan wäre: Den Roman der Propheten, der Künder Gottes zu schreiben, wahrscheinlich das Epos des Propheten Jeremiah, weil es dramatisch und geschehensmäßig am fruchtbarsten ist. – Ich ging in eine Buchhandlung, mir eine Bibel zu kaufen. Ich schlug sie unbewußt auf. Die Seite war: ›Das Buch Jeremias‹.«

In den nun folgenden Wochen notierte Werfel – im Tessin zunächst, sodann im österreichischen Kurort Bad Ischl – erste Gedanken zu dem großen Romanvorhaben. Vertiefte sich in Werke über jüdische Geschichte und die Lebensgeschichte des Propheten Jeremias, las wieder, wie zur Arbeit am ›Paulus‹-Drama, Bibel- und Talmudkommentare. Studierte die Historie Babylons sowie altägyptische Schriften, vor allem das Ägyptische Totenbuch. Skizzierte Handlungsabläufe, zeichnete die Charaktermerkmale einzelner Figuren, erfand überdies – wie für ›Barbara oder die Frömmigkeit‹ – eine Rahmenhandlung. Ein Mitglied einer englischen Reisegesellschaft, der Schriftsteller Clayton Jeeves, wird auf dem Jerusalemer Tempelplateau, wo einst der erste und der zweite Jüdische Tempel standen, von eindringlichen Déjà-vu-Erlebnissen heimgesucht – ». . . jetzt ist es da, das Gefühl, *das habe ich schon einmal erlebt*. [. . .] Hier beginnt der Roman des prophetischen Jerusalem. Er endet nach vielleicht tausend Seiten damit, daß Mr. [Jeeves] feststellt, [. . .] daß seine Angst vor dem Déjavue [sic] wirklich unbegründet war . . .« Innerhalb dieser wenigen Sekunden sollte Jeeves allerdings – so Werfels Plan – die faszinierende Lebens- und Leidensgeschichte des Propheten Jeremias nacherlebt haben. »Wenn es sich auch nur um einen ›Rahmen‹ handelt, so muß die Festigung und Sicherung dieses Rahmens so erstaunlich und lückenlos sein, daß der scharfsinnige Leser durch kein Loch entwischen kann.«

Eine der Nebenfiguren des Romans sah Werfel bereits »in der ersten Konzentration«: einen Freund Jeremias', der zwar nicht

Prophet, aber »ein Durchdringer Gottes« ist und die Überzeugung vertritt, »daß es kein Heil gibt« – je näher man Gott komme, desto gefährlichere Abgründe eröffneten sich dem Suchenden; das Vorbild für diesen hochgewachsenen jungen Mann »mit niedrer Stirne und brennenden Augen« war Franz Kafka...

Er lebe hier, in Bad Ischl, in einer sehr großen neuen epischen Arbeit, schrieb Werfel an Max Brod, versuche sich an einem Stoff, an dem er »wahrscheinlich scheitern« werde. Ende Juni 1936 übersiedelte er aus dem Salzkammergut nach Breitenstein, wo er an der ersten Fassung des Prophetenromans weiterarbeitete. Den gesamten Sommer über blieb er im Hause Mahler, schrieb oft zehn Stunden lang ohne Unterbrechung, innerhalb weniger Wochen entstanden Hunderte Manuskriptseiten. Ein durch und durch jüdisches Buch von großem Verständnis für Israels Geschichte, von großer Liebe zum jüdischen Volk erfüllt, zugleich eine Antwort auf all jene Kritiker, die Werfels Schweigen gegenüber dem Nationalsozialismus und seine Sympathie für das Christentum seit Jahren schon angeprangert hatten. Ein Werk von großer sprachlicher Kraft, wie Werfel sie – von den ›Vierzig Tagen des Musa Dagh‹ abgesehen – selten zuvor bewiesen hatte. Jeremias' Flucht vor Gott, sein Abstieg in die ägyptische Totenwelt, sein Aufstieg in babylonische Sternensphären, sein Nachgeben schließlich, das Schicksal des Propheten, welches Gott ihm auferlegt, doch noch auf sich zu nehmen, zählen zum Überzeugendsten, das Franz Werfel je geschrieben. Der Roman geriet Werfel darüber hinaus zum verschlüsselten Aufruf, Widerstand zu leisten, die Figur des Jeremias zur Symbolfigur des Sich-Nicht-Unterordnens, des Aufbegehrens gegen die Staatsgewalt, gegen die Selbstzufriedenheit der Mächtigen.

Während der Prophetenroman entstand, starb in Wien Karl Kraus, im Alter von zweiundsechzig Jahren – zu einer Versöhnung der Widersacher war es nicht mehr gekommen. Zwischen Adolf Hitler und Kurt von Schuschnigg wurde in diesem Sommer 1936 ein Abkommen unterzeichnet, welches die Anerkennung der Souveränität des Staates Österreich seitens des Dritten Reiches beinhaltete – als Gegenleistung versprach Schuschnigg eine Amnestie für inhaftierte österreichische Nationalsozialisten, erklärte sich überdies bereit, künftig deutschnational gesinnte Politiker in sein Kabinett aufzunehmen.

In Spanien fand Mitte Juli, nach der Ermordung des Monarchistenführers Carlo Sotelo, ein Militärputsch statt – in dessen Folge brach im ganzen Land Bürgerkrieg aus. Werfel sympathisierte mit der linksgerichteten, rechtmäßig gewählten Regierung Spaniens, Alma hingegen nahm Partei für die aufständischen, von Hitler und Mussolini unterstützten Militärs, unter ihrem Anführer Francisco Franco. Während der Spanische Bürgerkrieg mit wachsender Heftigkeit wütete, kam es zwischen den Ehepartnern Werfel aufgrund ihrer immer stärker in Gegensatz geratenden politischen Ansichten fast täglich zu äußerst gereizten Auseinandersetzungen.

»Titel noch unbestimmt«, hieß es auf dem Deckblatt der ersten Fassung des Jeremias-Romans, die Werfel Mitte November 1936 in Baden bei Wien abschloß. »Der Künder des Herrn??? Die furchtbare Stimme??? Der ewige Jäger??? Der Goldscheider???« Werfels Epos endete nach der Zerstörung des Salomonischen Tempels durch Nebukadnezar – das jüdische Volk wurde für fünfzig Jahre ins babylonische Exil verschleppt. Jeremias hatte Israel die Apokalypse vorausgesagt, doch es ließ sich nicht bekehren. Nun folgte der Prophet den Bestraften in die Verbannung. Als letzten Trost aber ließ Werfel Gott zu seinem Künder sprechen: »Blick auf das Zeichen, das ich inmitten dieses Grauens dir sende: Damit du lebest! Damit du mein seist, damit ich dein sei, hast du gelitten. Euer Sieg wächst von Niederlage zu Niederlage. Damit ihr lebet!«

Franz Werfel wollte mit seinem Jeremias-Roman – den er zweifellos gegen Almas Willen geschrieben und gegen Johannes Hollnsteiners Weltbild gerichtet hatte – je weiter er vorankam, desto bewußter – selbst Mahner sein, in einer Zeit, deren politische Alltagsrealität ihm äußerst unheilkündend erschien. Ohne Besinnung, ohne Beruhigung der erhitzten, aufgehetzten Massen Europas, so seine Furcht, drohte erneute Apokalypse. Ein moderner Nebukadnezar, Adolf Hitler, konnte sie entfesseln – und sie mochte grauenhaftere Folgen zeitigen als die Zerstörung Jerusalems im Jahre 586 vor Christi Geburt, folgenschwerere gar als der Erste Weltkrieg.

Während er an der zweiten Fassung des Romans arbeitete, wurde Werfel auf Betreiben Kurt von Schuschniggs, im Frühjahr 1937, das österreichische Verdienstkreuz für Kunst und Wissenschaft Erster Klasse verliehen. Der Bundeskanzler besuchte seinen Poeta laureatus regelmäßig auf der Hohen Warte, ließ sich von ihm besonders gerne Lyrisches vortragen, nicht nur Gedichte von Werfel selbst, sondern auch berühmte Verse der deutschen Klassik. Auch politische Fragen besprach er zuweilen mit dem Freund, Werfel und Alma bestätigten ihn wiederholt in seiner Haltung, Hitlerdeutschland, so weit irgend möglich, die Stirne zu bieten. Trotz seiner Angst vor der Katastrophe, naiven Glaubens, das Dritte Reich ließe ein starkes Österreich in Frieden leben, gefiel sich Franz Werfel nach wie vor in der Rolle des Liebkindes des austrofaschistischen Ständestaates.

Wenige Tage vor der Zerstörung der baskischen Hauptstadt Guernica durch deutsche Jagdbomber der Legion Condor, Ende April 1937, schloß Werfel die zweite Niederschrift des Jeremiasromans ab, nannte das Werk ›Höret die Stimme‹. Die Streitigkeiten zwischen ihm und seiner Frau, ihrer unterschiedlichen Positionen zum Spanischen Bürgerkrieg wegen, eskalierten unterdessen zur Ehekrise; Werfel zog sich nach Zürich, zu seiner Schwester Marianne Rieser zurück, während Alma den Plan faßte, die Hohe-Warte-Villa zu verkaufen. Sie empfand das Palais ohnehin als „Unglückshaus‟, in dem ihr Mann überdies kaum je gearbeitet hatte. Das Ehepaar einigte sich, das Gebäude im Sommer zunächst einmal zu vermieten – und Alma Mahler-Werfel begann damit, ihrer beider Eigentum in zahllose Kisten zu verpacken. Mitte Juni 1937 veranstalteten sie im Garten eine Art Abschiedsfest, mit anschließendem großen Heurigenabend, zu dem noch einmal die sogenannte Elite der Wiener Gesellschaft, Hochadel, Finanzbarone, Politiker und Künstler geladen waren.

Vom 21. bis zum 24. Juni nahm Franz Werfel in Paris am Internationalen PEN-Kongreß teil; Lion Feuchtwanger, aus Deutschland längst ins südfranzösische Exil emigriert, prangerte in seiner kurzen Rede das Terrorregime des Nationalsozialismus an. Werfel, der unmittelbar nach Feuchtwanger sprach, griff diesen wegen seiner Reise in die Sowjetunion scharf an, in deren Verlauf der Schriftsteller von Josef Stalin empfangen worden war – machte Feuchtwanger den Vorwurf, zwar Hitlerdeutschland in der ›Pariser Tageszeitung‹ öffentlich zu verurteilen, Greueltaten des Bolschewismus aber bewußt totzuschweigen. Trotz dieser heftigen Differenz befreundeten sich die beiden Kontrahenten im Laufe der nächsten Kongreßtage, führten mehrmals passionierte, politisch-philosophische Streitgespräche.

Werfels amerikanischer Verleger Ben Huebsch stellte seinen Autor, während des PEN-Kongresses, dem irischen Dichter James Joyce vor – bei Fouquet's an den Champs Elysées feierten die beiden ihr Kennenlernen, entdeckten zu vorgerückter Stunde ihre wichtigste Gemeinsamkeit: die Leidenschaft für die italienische Oper. Joyce, der einst Ambitionen gehabt hatte, Opernsänger zu werden, stimmte nun eine Verdi-Arie nach der anderen an; je später es wurde – und je leerer das Restaurant –, desto lauter sangen Joyce und Werfel, auch Joyces Sohn sang schließlich mit, zu dritt schmetterten sie Opernarien, bis tief in die Nacht.

Einer Einladung der Organisation für intellektuelle Zusammenarbeit innerhalb des Völkerbunds folgend, hielt Werfel in Paris zum Konferenzthema ›Die Zukunft der Literatur‹ eine Rede, in welcher er die Gründung einer »Weltakademie der Dichter und Denker« propagierte, die gegen die weltweit vorherrschende »Barbarisierung des Lebens« Einspruch erheben sollte. Ähnlich den christlichen Synoden sollte diese Weltakademie als ein Gegengewicht zum »Lawinendonner von Propaganda« wirken und dadurch zu einem »wesentlichen Organ des Friedens« werden. Werfels naiver Vorschlag wurde von den Delegierten der Völkerbund-Tagung nahezu einhellig abgelehnt.

»Nachdem ich seit vierzehn Monaten durchschnittlich zwölf Stunden täglich an der Vollendung meines großen epischen Werkes ›Höret die Stimme‹ gearbeitet hatte«, erzählte Werfel im Oktober 1937 einem Zeitungsreporter, »war ich so vollkommen erschöpft, daß ich mir fest vorgenommen habe, nichts Neues anzufangen und allen Dingen aus dem Wege zu gehen, die mich etwa zu einer neuen Arbeit anregen könnten.« Bereits im Juli aber, zurück in Breitenstein, plante er ein Bürgerkriegsdrama in Versen, »Unser Haus« sollte es heißen und in zeitlosen Kostümen spielen. Das Vorhaben wurde jedoch beiseite gelegt, als er auf eine Zeitungsnotiz aufmerksam wurde, »die aus englischen Blättern übernommen worden war« und die seine Phantasie so stark beschäftigte, daß sein »neuestes Bühnenstück wie eine Eingebung« vor ihm stand: »Alle Gedanken an Ruhe waren vergessen, es zwang mich förmlich zum Schreibtisch...«

Innerhalb weniger Wochen entstand, im Sommer 1937, das besonders peinliche und durchaus mißglückte Theaterstück ›In einer Nacht‹, eine Dreiecksgeschichte zwischen Felizitas, ihrem Gatten, dem Gutsbesitzer Eduard, sowie Gabriel, Felizitas' Jugendliebe, zugleich Eduards Jugendfreund. Des Gutsherrn Eifersucht kulminiert in der Ermordnung seines Nebenbuhlers, der jedoch nur scheintot ist und in der Nacht von Allerheiligen zu Allerseelen zu neuem Leben erwacht.

Jede Figur des Schauspiels entsprach einem Grundbegriff der Philosophie des Heiligen Thomas von Aquin, seiner ›Summa Theologica‹, die Werfel besonders bewunderte. Die Tugend, das Gute, das Böse wurden in den Charakteren widergespiegelt und personifiziert. Elemente aus Werfels Einakter ›Der Besuch aus dem Elysium‹, den er als Zwanzigjähriger geschrieben hatte, tauchten nun, siebenundzwanzig Jahre später, wieder auf: der Hedwig von einst entsprach nun die umworbene Felizitas, dem aus der Totenwelt herabgestiegenen Lukas der scheintote Gabriel, dem einstigen Baurat, einem Gewaltsmenschen, der unsensible Schloßherr Eduard. Spannungen, Eifersuchtsszenen, die sich einst zwischen Alma Mahler, Walter Gropius und Franz Werfel zugetragen hatten, wurden in das Drama ebenfalls miteinverwoben – und wie damals zwischen Alma und ihrem Liebhaber, ist es insbesondere die Musik, welche Felizitas und Gabriel aneinander bindet. Nach Jahren tauchte auch das Trauma vom Tod des Sohnes wieder auf: das einzige Kind, das Felizitas zur Welt gebracht, starb schon nach wenigen Stunden.

Max Reinhardt, nach dem New Yorker ›Eternal Road‹-Desaster für kurze Zeit zurück in Europa, begann gleich nach Fertigstellung des Schauspiels mit den Proben zur Uraufführung von ›In einer Nacht‹ am Theater in der Josefstadt. Werfel nahm an dieser Inszenierungsarbeit oftmals teil, stimmte mit dem Regisseur allerdings nicht immer überein, mußte Reinhardt von allzu melodramatischen Einfällen abbringen. Anfang Oktober 1937 ging die Premiere mit großem Erfolg über die Bühne, Helene Thimig, Attila Hörbiger und Anton Edthofer spielten die Hauptrollen. Die Zeitungen berichteten allerdings vor allem von einem Empfang in den Sträußelsälen des Theaters, den Hofrat Ernst Lothar, der Direktor der Josefstadt, und seine Gattin Adrienne Gessner nach der Premiere veranstalteten. Neben Bundeskanzler Schuschnigg und zahlreichen Ministern seines Kabinetts, neben Diplomaten und Sektionschefs umfaßte die Gästeliste auch den Namen des Polizeivizepräsidenten Johann Presser – desselben Mannes, der im November 1918, damals noch in seiner Funktion als einfacher Kommissär, Franz Werfel verhört und ihm die Ausweisung aus Österreich angedroht hatte.

Werfels Ruhm und Ruf erreichte nach dieser Theaterpremiere, und mit dem gleichzeitigen Erscheinen des Jeremias-Romans, innerhalb Österreichs einen neuen Höhepunkt. Und doch fragte der Staatsdichter sich selbst nun immer eindringlicher, ob er, in Anbetracht drohender Hitler-Aggression, dieses Land verlassen sollte. Auch während eines Wiedersehens mit seinem einstigen Verleger Kurt Wolff, im November 1937, stellte er, anläßlich eines gemeinsamen Abendessens im Wiener Franziskanerkeller, diese Frage in den Raum. Neben Wolff und seiner Frau – sie beide waren bereits im Jahre 1933 aus Deutschland emigriert – nahm auch der Dirigent Wilhelm Furtwängler an diesem Abend teil, er blieb jedoch zurückhaltend, nahezu wortlos. Es gehörte ohnehin Mut dazu, sich mit einem so bekannten jüdischen Schriftsteller in der Öffentlichkeit zu zeigen: jeder Kellner konnte ein Spitzel sein. Werfels große Nervosität übertrug sich auf die Freundesgruppe, allein Alma blieb von der überreizten Atmosphäre offenbar unberührt, verwies voller Optimismus auf ihre guten Beziehungen zu Wiens Erzbischof, Kardinal Innitzer, und zu Österreichs Bundeskanzler Schuschnigg – sie denke gar nicht daran, zu emigrieren; ihre Heimatstadt sei und bleibe Wien, all ihren Besitz zurückzulassen und zu flüchten, komme für sie nicht in Frage.

›Von der reinsten Glückseligkeit des Menschen‹ lautete der Titel eines Vortrages, den Werfel Anfang Dezember 1937 vor der Österreichischen Völkerbundliga in Wien hielt. Die Kunst, beklagte er, sei gegenwärtig zum Leben in den Katakomben verurteilt – nur eine Rückbesinnung auf die wahren Werte, auf das »Sehertum« der Kunst, werde die Menschheit aus ihrem augenblicklichen »Angsttraum« erwecken können: »Der neobarbarische Fanatismus der mit Haß genährten Massen« könne nur durch bewußtes Erinnern der Kulturen der Antike neutralisiert werden. Kunstgenuß sei nicht bloßer Zeitvertreib, sondern, dies habe er für sich selbst erkannt, »Kunst ist das Gegenteil [...] Sie ist *Tod-Vertreib*.«

Im Beverly Glen Canyon von Los Angeles parkt mein Mobile Home, ein großer Wohnwagen, auf abschüssigem Grund – das Bett steht ein wenig schief, meine Füße liegen tiefer als der Kopf. Die Hitze der Morgensonne, das Zirpen der Zikaden wecken mich; ich spaziere wenige Schritte bergauf, zum schlichten, etwas windschiefen Holzhaus Anna Mahlers. Hier, in der buckligen Sackgasse Oletha Lane, sind in den vergangenen drei Jahrzehnten die meisten Werke der Bildhauerin entstanden, viele von ihnen bevölkern, geheimnisvollen Lebewesen gleich, die Betonfläche am Fuße eines steilen Orangenhains.

»Ich konnte kaum schlafen, heute nacht, habe Alpträume gehabt, nach all den vielen Fragen, über die wir zuletzt gesprochen haben«, sagt Anna, wir sitzen in der Küche, beim Frühstückstisch. »All das Verdrängte, Vergessene bricht wieder auf... Lassen wir die Erinnerungen ruhen, einige Tage lang.« Und als ich diesem Vorschlag zustimme, fährt Frau Mahler sogleich fort: »Als meine Mutter dem Werfel begegnete, stand sie ja politisch noch gar nicht so weit rechts! Diese Gesinnung kam ja erst zum Ausbruch, aus Opposition zu Werfel, nachdem er von seinen Eskapaden während der Wiener Revolution zu ihr zurückkam. Immer wieder hatten die beiden danach politischen Streit, aber zum wirklich großen Ausbruch kam es während des Spanischen Bürgerkriegs. Die täglichen Kämpfe zwischen Werfel und der Mammi (ich habe das am Semmering, wo ich jedes Jahr ein paar Wochen verbracht habe, ja oft genug miterlebt) waren fürchterlich: und Alma wurde immer stärker, Werfel immer schwächer – sie hatte sich eine sehr kluge Taktik zurechtgelegt: sie probierte nämlich nie neue Argumente aus, blieb fest bei den immerselben Behauptungen. Die sie dann immer wieder wiederholte. Werfel versuchte jedesmal ein neues Argument – es war so dumm von ihm, sie überzeugen zu wollen! Bis ihm die Geduld riß, er nach Stunden erbittertem Schreien aufsprang und aus dem Haus lief. Es kochte weiter in ihm, während Alma sich sofort seelenruhig ganz anderen Dingen zuwandte, dem vorangegangenen Streit gar keine Aufmerksamkeit mehr schenkte. Dann kam er zurück, aufgewühlt statt erfrischt, und es ging weiter mit Gebrüll, Alma war frisch und guter Dinge und empfing Werfel als die Siegerin. Das war ihre Stärke: daß sie sich's gar nicht zu Herzen nahm, die politische Auseinandersetzung, während für ihn das Herzblut daran hing. Sie setzte diese Streitgespräche als Waffe gegen ihn ein. Werfel und ich haben uns unseren Schmerz hinter den Türen zugeflüstert. Und der Spanische Bürgerkrieg hat so lange gedauert! Oft hab ich mich auch in Wien mit Werfel getroffen, in dem einen oder anderen wenig frequentierten Kaffeehaus. Er rief mich an und bat mich um ein Rendezvous; ich selbst stand ja damals weit links, in meinen politischen Ansichten. Und jedesmal sagte er mir dann, daß er's mit der Alma einfach nicht mehr aushalte und sich ganz von ihr lösen wolle. Er wollte sie wirklich verlassen. Aber er hatte nicht die Kraft dazu: jedesmal

ging er zu ihr zurück. *Seine Schwäche, sein Immer-Nachgeben, das waren wirklich Schattenseiten seiner Persönlichkeit. Er hat sich Alma ganz bewußt unterworfen. Das hat beiden nicht gut getan – sie war ja zu ihm manchmal wirklich wie eine Gouvernante.«*

»*Hast du schon erzählt, daß die Alma ganz auf Seiten Francos stand, im Spanischen Bürgerkrieg?*« ruft Albrecht Joseph aus einem Nebenraum. »*Und die Sache mit Hollnsteiner? Daß sie für sich und ihn eine kleine Wohnung gemietet hat, von Werfels Geld? Wo sie ihrem Geliebten Champagner und Kaviar aufgetischt hat?*«

»*Nicht so wichtig, diese Gossip-Geschichten*«, meint Anna Mahler, »*obwohl ich zugeben muß, daß Hollnsteiner sicherlich Mitverantwortung trug für Almas reaktionäre politische Einstellung. Sie fand großen Gefallen an ihm, vor allem wohl deshalb, weil er eben Priester war, die rechte Hand des Kardinals, und es ihr gelungen war, ausgerechnet ihn zu verführen. Auch in diesem Zusammenhang hat sich übrigens Werfels Noblesse und angeborene Weisheit wieder gezeigt: obwohl er von dieser Affaire natürlich wußte, hat er sie stillschweigend toleriert.*«

»*Eine Lebensregel der Alma lautete*«, fügt Albrecht Joseph hinzu, auch er hat nun am Küchentisch Platz genommen, »›*Wer Hilfe braucht, ist sie nicht wert!*‹ *Und eine weitere ihrer Maximen, von Nietzsche, wenn ich nicht irre, hieß:* ›*Wer fällt, den soll man auch noch stoßen!*‹«

»*Die Mammi behauptete immer:* ›*Ich kenn jeden sofort!*‹ *Aber nicht einmal* m i c h *kannte sie. Viel später hat sie mir einmal gestanden:* ›*Wenn ich dich gekannt hätte, wie ich dich jetzt kenne, hätte ich dich früher nicht so schlecht behandelt.*‹ *Das hat mich so schockiert, denn es bewies, daß sie's wissentlich getan hatte, all die Jahre hindurch. Als ich zum Beispiel im Jahre '37 bei der Pariser Weltausstellung den Grand Prix de Sculpture erhielt, nahm sie kaum Notiz davon. Mit der Manon war's ja nicht viel anders, die Mammi hat das Einzigartige dieses Wesens Manon auch nicht erkannt – alles was sie (und auch Werfel) später über die Mutzi geschrieben haben, ist im Grunde unehrlich und von ihrem schlechten Gewissen diktiert. Die Alma bestimmte:* ›*Manon, du lernst Italienisch und wirst Italienischlehrerin!*‹ *Dabei war die Mutzi hochbegabt für's Theater, ihr sehnlichster Wunsch war es, Schauspielerin zu werden.*«

245

»Verzeih, wenn ich dich unterbreche«, sagt Albrecht Joseph, »ich erinnere mich eben an eine Geschichte, die in den dreißiger Jahren spielt, in Bad Ischl, damals arbeitete ich mit Rudolf Forster an einem Drehbuch, und eines Morgens treffe ich, zu meiner Überraschung, Werfel auf einer Brücke, er erzählte mir von seinem Jeremias-Roman, den er gerade zu schreiben begonnen habe. Er grinste wie ein Lausbub: Alma habe gewollt, sagte er, daß er in Wien oder in Breitenstein arbeite, er aber habe sich lieber hierher zurückgezogen, ins Salzkammergut. Am selben Abend, ich saß in einem Gasthaus von Ischl, hörte ich hinter mir eine Stimme: ›Gut: eine Woche ohne Ergebnis, das ist einzusehen. Zwei Wochen auch noch. Aber beinahe d r e i Wochen ohne eine einzige Zeile zu Papier zu bringen?!‹ Es war natürlich Alma. Am nächsten Morgen traf ich Werfel auf derselben Brücke wieder. Er sah traurig aus, dieses Mal. Er seufzte: ›Meine gute Zeit ist vorbei. Meine Frau ist aus Wien angereist. Sie nimmt mich heute abend mit.‹«

»Ich erzähle Ihnen«, sagt nun Anna Mahler, »ein anderes Mal weiter. Wir müssen ein paar Tage lang unterbrechen. Das strengt mich zu sehr an, dieses Wühlen in der Vergangenheit. Ich kann nachts nicht schlafen. Das nächste Mal erzähle ich Ihnen vom Katastrophenjahr 1938. Und von meiner Flucht aus Wien. Nur heute nicht, nur heute nicht mehr . . .«

1938

Auf der Mittelmeerinsel Capri verbrachte das Ehepaar Werfel, zu Beginn des Jahres 1938, einige Wochen der Erholung, bewohnte eine Suite des Hotels Morgan & Tiberio Palace. »Erst war ich gehetzt und zersplittert«, schrieb Franz Werfel Ende Januar an Stefan Zweig, »dann wochenlang wirklich krank. Jetzt erst in Capri beginne ich wieder zu mir zu kommen.« Zahlreiche Gedichte entstanden hier, ›Der Weltfreund versteht nicht zu altern‹ hieß eines von ihnen; er plante, einen Sammelband der seit dem Jahre 1915 entstandenen essayistischen Arbeiten herauszugeben, verfaßte überdies den hellsichtigen Aufsatz ›Betrachtung über den Krieg von morgen‹. Der drohende Weltkrieg, an dessen Ausbruch Werfel nun nicht mehr zweifelte, werde kein eindeutiger »Völkerkrieg« sein, wie es der letzte noch gewesen, sondern »ein allumfassender Bürgerkrieg, [der] quer durch die nationalen Fronten laufen wird«. Gab es im Jahre 1914, bei Kriegsausbruch, zumindest noch scheinbare Aufrechterhaltung gewisser Konventionen, herrschte damals trotz aller Grausamkeit doch noch Respektierung des Völkerrechts, so werde diesmal allein das Recht des Stärkeren regieren und sich mittels des Rundfunks, in Propagandasendungen, über die Länder ergießen – über alle Grenzen hinweg. »Wenn kein Wunder geschieht, wird nicht nur der Hagel der Geschosse, sondern auch der Aschenregen der Lüge die weiße Menschheit begraben.«

Mehrmals besuchten die Werfels das nahe gelegene Neapel, unternahmen Ausflüge in die Umgebung der Stadt. Sie trafen Tina Orchard wieder, die Heldin der ›Geschwister von Neapel‹, deren Ehemann, im Roman Arthur Campbell genannt, vor kurzem gestorben war. Erstmals lernte Werfel nun Tinas Verwandtschaft kennen, notierte sogleich Szenen und Dialoge für einen

Fortsetzungsband seines Lieblingsbuchs. Er skizzierte einige Kapitel, »Placido bei der Sibylle« etwa oder »Die schrillende Glocke«, der geplante Höhepunkt, welcher den Tod von Tinas Schwester Annunziata schildern sollte. Als eine neue Hauptfigur wollte Werfel die neunjährige Franca einführen, eine Nichte Mrs. Orchards, deren »unbändige Phantasie« ihn entzückt hatte.

Am 12. Februar 1938 – die Werfels hielten sich noch in Capri auf – fanden auf dem Obersalzberg, nahe Berchtesgaden, überraschend Verhandlungen zwischen Adolf Hitler und Kurt von Schuschnigg statt. Hitler beharrte auf der bedingungslosen Erfüllung der im Juli 1936 getroffenen Vereinbarungen zwischen dem Dritten Reich und Österreich über die augenblickliche Freilassung aller inhaftierten illegalen Nationalsozialisten sowie eine deutlich deutschfreundlichere Politik der österreichischen Bundesregierung; der Hitlergruß müsse gestattet sein, die Hakenkreuzfahne habe nicht länger als staatsfeindlich zu gelten. Um dem drohenden Einmarsch deutscher Truppen in Österreich vorzubeugen, erklärte sich Schuschnigg zur Annahme der ultimativen Forderungen bereit.

Wollte Alma Mahler-Werfel zunächst unverzüglich nach Wien reisen, um sich an Ort und Stelle ein besseres Bild der Lage zu machen, ließ sie bis zu ihrer Abreise doch noch vierzehn in Neapel verbrachte Tage verstreichen. Zwei Wochen der Unschlüssigkeit, zwei Wochen der Angst um Österreichs Souveränität, in denen das Ehepaar, um sich von der Sorge abzulenken, nahezu allabendlich das Teatro San Carlo, die neapolitanische Oper, besuchte.

Der Abschied von seiner Frau fiel Franz Werfel ungewöhnlich schwer, er brauchte Tage, um sein seelisches Gleichgewicht wiederzufinden. Er fühle sich, beteuerte er kurz nach ihrer Abreise, ohne Alma »*wirklich wie einbeinig und einarmig*«, seine Sehnsucht war so groß, wie seit den Anfängen ihrer Beziehung nicht mehr. Sie konnte ihm aus Wien zunächst durchaus Beruhigendes berichten: nach einer optimistischen Rede Schuschniggs vor dem Parlament schöpfe man allgemein wieder Hoffnung.

Gestört vom Lärm seiner Zimmernachbarn, der durch die

dünnen Wände des Hotels Morgano & Tiberio Palace drang, widmete sich Werfel in den nun folgenden Wochen – mit altgewohnter Intensität und bei stark gesteigertem Nikotinkonsum – einer neuen Stückidee. ›Die verlorene Mutter oder Der Findling einer schlimmen Zeit‹. Das Schauspiel stellte das Schicksal eines jungen Mannes in den Mittelpunkt, der nach zwanzig Jahren des Umherirrens durch Zufall mit seiner totgeglaubten Mutter zusammentrifft. Das Vorhaben, fühlte Werfel, gleiche einer »schauerromantischen« Kolportagegeschichte, auch habe er Angst wie noch nie, schrieb er an Alma, »danebenzuhauen«. Er erkannte »die Gefahren der Sentimentalität und 3 Kreuzerromanhaftigkeit« des Stoffes durchaus – und ließ dennoch nicht von ihm ab, vollendete den ersten Akt wie unter Zwang. Er wollte mit diesem Stück (»ein antikes Drama im Gewand einer modernen Komödie«) einen großen Theatererfolg landen, vor allem war ihm aber – und er gab dies Alma gegenüber offen zu – kein anderes Thema eingefallen, dem er sich von ganzem Herzen hätte widmen wollen.

Alma riet ihm daraufhin, er möge doch den Fortsetzungsband der ›Geschwister von Neapel‹ in Angriff nehmen, ein Vorschlag, auf den Werfel allerdings nicht eingehen mochte: »Den zweiten ›Geschwister-Roman‹ könnt ich noch lange nicht beginnen. Bei mir ist die *Inkubationsfrist* entscheidend. Etwas muß *unbewußt* werden, eh es real ins Hirn tritt. [. . .] Ich bin ein *Anachronismus* in einer Zeit von *Machern,* die immer arbeiten können, wenn sie einen Stoff haben. Ohne Inspiration, und innere Glut, bin ich *talentloser* als jene Macher. Meine Assoziationen müssen zuerst durch Ergriffenheit ins Rutschen kommen.« Überdies sei die »Geschwister II.«-Idee für Amerika ungeeignet, da der erste Band dort nicht erschienen sei. Von den Vereinigten Staaten aber erhoffte sich der in Deutschland verbotene Dichter Rettung: »Für uns gibt es keine andre *wirkliche* Hilfe als einen amerikanischen Erfolg!«

Zu Jahresbeginn war der Jeremias-Roman – unter dem Titel ›Hearken Unto the Voice‹ – bei Viking Press in New York erschienen, Werfels Verleger Ben Huebsch telegraphierte nun, die

Vorbestellungen für das Buch sowie erste Kritiken ließen großen Optimismus zu. Doch Werfel wollte an einen amerikanischen Erfolg seines Propheten-Epos zunächst gar nicht glauben: zwar empfand er das Werk als das »gewichtigste und verzwickteste aller Bücher«, doch sei nicht anzunehmen, »daß dieser grandioseste Untam* der Weltgeschichte einmal noch zu einem postumen Erfolg kommen sollte«.

Die politische Lage Österreichs spitzte sich unterdessen gefährlich zu. Kanzler Schuschnigg sah sich immer aggressiverer Polemik aus Berlin ausgeliefert, »die neue Angriffswelle der Nazis« werde, wie Werfel befürchtete, seitens der österreichischen Bundesregierung mit allzu »großer Angst und Schonung behandelt«; Schuschnigg hätte nach der Rückkehr von seiner Unterredung mit Hitler »schlagartig ein Plebiszit machen müssen«. Ein Schritt, zu dem sich der österreichische Bundeskanzler erst am 9. März durchrang: er rief die Bevölkerung auf, am 13. des Monats über ihr künftiges Schicksal selbst zu bestimmen: sollte die Mehrheit für einen »Anschluß« Österreichs an das Deutsche Reich plädieren, so wollte Schuschnigg diesen Volksentscheid (er rechnete allerdings mit einem großen Bekenntnis der Österreicher zur Souveränität ihres Staates) respektieren. Die geplante Volksbefragung löste in Berlin hektische Reaktionen aus – deutsche Truppen wurden an der Grenze zu Österreich massiert, Schuschnigg zur Verschiebung des Plebiszits, schließlich zum Rücktritt aufgefordert. Am 11. März demissionierte der österreichische Bundeskanzler, verkündete in seiner letzten Rundfunkansprache, er weiche der Gewalt. Bereits in der darauffolgenden Nacht wurde in Wien die Ernennung einer nationalsozialistischen Regierung unter der Führung von Arthur Seyß-Inquart bekanntgegeben. Am Morgen des 12. März marschierte die deutsche Wehrmacht in Österreich ein, vom Großteil der Bevölkerung jubelnd begrüßt,

---

* Jiddisch-wienerisches Wort für einen Unglücksraben, einen ungeschickten Menschen. Gemeint ist hier der Prophet Jeremias.

das österreichische Bundesheer schloß sich den deutschen Truppen an, Adolf Hitlers Traum, seine Heimat Österreich mit dem Deutschen Reich zu vereinigen, war Wirklichkeit geworden. Am 15. März zog Hitler in Wien ein, von Hunderttausenden, die an den Hauptstraßen Spalier standen, enthusiastisch gefeiert.

»Heute am Sonntag, dem 13.ten März, will mein Herz vor Leid fast brechen, obwohl Österr. nicht meine Heimat ist«, hieß es in Werfels Capreser Tagebuch. »Oh Haus in Breitenstein, wo ich 20 Jahre gearbeitet habe, soll ich Dich nie mehr wiedersehen?« Durch eine von hohem Fieber begleitete Angina war ihm »göttliche Hilfe zuteil geworden«: dank »fieberische[r] Somnolenz« hatte er »diese entsetzlichen Tage, die nun zum 3ten Mal seit 33 mich zu einer neuen Lebensepoche zwingen«, nur noch »verschleiert« mitbekommen. Unter den ersten Akt des Schauspiels ›Die verlorene Mutter‹ setzte er nunmehr die Worte: »Das Finis Austriae macht dieses Stück zum Fragment.«

Alma Mahler-Werfel verließ Wien fluchtartig – in Begleitung ihrer Tochter Anna fuhr sie zunächst nach Prag, sodann weiter nach Mailand, wo das Wiedersehen mit dem verzweifelten Franz Werfel stattfand. Gemeinsam begaben sie sich nach Zürich, Werfels Schwester Marianne Rieser hatte die beiden in ihre Villa nach Rüschlikon eingeladen. Erst nach und nach wurde Werfel nun das ganze Ausmaß der Katastrophe bewußt – täglich trafen neue, äußerst schockierende Nachrichten aus Österreich ein. Zwei Tage nach Hitlers Einmarsch in Wien hatte sich Werfels Freund Egon Friedell das Leben genommen, er stürzte sich aus dem Fenster seiner Wohnung. Kurt von Schuschnigg war sogleich inhaftiert worden. Csokor, Zuckmayer, Horváth und die meisten anderen aus dem Freundeskreis verließen Österreich innerhalb weniger Stunden; wer die Flucht zu spät ergriffen hatte, wurde festgenommen, verschwand in Gefängnissen und Konzentrationslagern. Allein in Wien wurden in den ersten Tagen nach Hitlers Einmarsch rund siebenundsechzigtausend Menschen verhaftet. Johannes Hollnsteiner wurde, seiner Schuschnigg-Treue wegen, als politischer Häftling nach Dachau verschleppt. Das Wiener Judenviertel, im II. Gemeindebezirk, wurde zum Schauplatz pogromähnlicher Übergriffe der SA und ihrer Mitläufer. Im gesamten Stadtgebiet, im ganzen Land, galten jüdische Frauen, Männer und Kinder gleichsam über Nacht als vogelfrei.

Die ,,Werfel'' seien gefallen, hieß es nun, kurz nach vollzogenem ,,Anschluß'', in den gleichgeschalteten Wiener Tageszeitungen: da der jüdische Spuk nun gottlob vorüber sei, werde auch der Prager Jude und Schuschnigg-Günstling Franz Werfel – samt seiner hochmütig-vornehmen Verehrerschar – in Großdeutschland ,,nimmer aufstehen''.

Werfel litt unter einem Zustand absoluter Entschlußunfähigkeit und geistiger Lähmung; drei Wochen sei er nun schon in Zürich, schrieb er im April an Kurt Wolff, »ohne einen endgültigen Beschluß für die Zukunft gefaßt zu haben«. In Österreich war unterdessen, am 10. April, die organisierte Volksabstimmung abgehalten worden – 99,7% der Österreicher gaben dem ,,Anschluß'' der ,,Ostmark'' an das Deutsche Reich ihr Ja-Wort.

Im Hause Rieser kam es zu Spannungen zwischen Alma und ihrer Schwägerin Marianne, nicht zuletzt Frau Mahler-Werfels wiederholter antisemitischer Bemerkungen wegen. Nach Erledigung notwendigster Paßformalitäten verließ das Ehepaar Werfel Ende April die Schweiz, reiste zunächst nach Paris und, eine Woche später, via Amsterdam nach London. »Eigentlich ist es für uns praktisch ja ganz wurscht, *was* geschieht und *wo* wir leben«, hatte Werfel noch Anfang März aus Capri an Alma geschrieben. »Wir sind überall zu Haus.« Doch nun, nach der ,,Anschluß''-Katastrophe, nach dem Verlust des Breitensteiner Arbeitsateliers und der Villa auf der Hohen Warte, erwies sich die Suche nach neuer Heimat als qualvolle und erniedrigende Realität.

Mitte Mai besuchte Gottfried Bermann Fischer den ihm befreundeten Werfel in einem Londoner Hotel. Der Schwiegersohn des Verlegers Samuel Fischer hatte den S. Fischer Verlag im Jahre 1934 übernommen, mußte 1936 aus Berlin nach Wien emigrieren und war in den Tagen des Anschlusses aus Österreich geflohen. Er hielt sich mittlerweile in Stockholm auf, in der Hoffnung, den

Bermann-Fischer Verlag dort neu aufzubauen. Seine Reise nach England galt nun dem Ziel, Franz Werfel zur Unterzeichnung eines Verlagsvertrags zu überreden: seit den Tagen des Wiener Umsturzes schien Werfels Verhältnis zum Paul Zsolnay Verlag unklar, war die Verbindung zwischen dem Autor und seinem vorerst in Wien verbliebenen Verleger unterbrochen. Pläne zu einer größeren Arbeit hatte Werfel zu diesem Zeitpunkt nicht, stimmte aber Bermann Fischers Vertragsentwurf, der ihm fortan ein monatliches Einkommen versprach, in allen Punkten zu.

In London fühlte sich Werfel wider Erwarten wohl, versuchte, seine Frau zu überreden, diese Stadt zu ihrem Exilort zu wählen, um so mehr, da Anna Mahler den Entschluß gefaßt hatte, hier ihr neues Domizil aufzuschlagen. Alma mochte jedoch unter keinen Umständen in Großbritannien bleiben, insistierte, nach Frankreich zurückkehren zu wollen.

In Paris stiegen die Werfels in einem kleinen, gemütlichen Hotel ab, nahe der Madeleine, der Oper und dem Bahnhof St. Lazare gelegen – ab Anfang Juni 1938 wurde das Royal-Madeleine, in der Rue Pasquier, neuer Wohnsitz der beiden Flüchtlinge. Täglich begegnete man, in den Straßen, den Cafés und Restaurants, Schicksalsgenossen, die Stadt war voll von Emigranten. Untereinander nicht selten zerstritten, lebten die Verfolgten aus Deutschland und Österreich, Monarchisten und Kommunisten, Schuschnigg-Anhänger und Sozialisten, oft auf engstem Raum zusammen – und harrten ängstlich der Dinge, die die schwerste Zeit ihres Lebens wohl noch bringen mochte.

Am Tage der Ankunft der Werfels in Paris, am 1. Juni, starb hier ihr Freund Ödön von Horváth eines besonders absurden Todes: während eines heftigen Sturms erschlug ihn, auf den Champs Elysées, der schwere Ast eines geknickten Kastanienbaums. »Ich habe das Antlitz eines Toten gesehen«, notierte Werfel in sein Tagebuch. »Es war in der Totenhalle der Klinik. Ein schlimmer Keller. [...] Erschöpft von der brütenden Hitze des Sommertages, drängten sich die Trauergäste in der nackten Enge dieses Kellers. Es waren zumeist Schriftsteller, Flüchtlinge, Verbannte, Ausgebürgerte, Hoffnungslose in der Fremde [...] Auf ihren Gesichtern allen lag so viel Elend, so viel Zerrüttung und Zerfahrenheit, daß jeder vor dem andern zu erschrecken schien. [...] Wenn es nicht schrecklich klänge, man könnte sagen, unter all diesen gelben und graugrünen Gesichtern, die sich zur Totenfeier versammelt hatten, sah [Horváth] am gesündesten, am besten aus.«

Das Begräbnis fand auf dem Friedhof des Pariser Vorortes St. Ouen statt, auch hier versammelten sich wieder die nach Frankreich emigrierten Schriftsteller, neben Werfel unter anderen Joseph Roth, Carl Zuckmayer und Walter Mehring. Die kurzen Reden der Trauergemeinde wurden vom Donner vorbeirasender Züge übertönt; Horváth hegte Zeit seines Lebens für Eisenbahnen eine besondere Vorliebe, nun lag sein Grab in unmittelbarer Nähe eines Bahndammes, und jeder Zug, der die Pariser Gare du Nord verließ, mußte hier vorbei.

Mitte Juni übersiedelte Franz Werfel aus der Stickigkeit der Metropole in den Vorort St. Germain-en-Laye, rund zwanzig Minuten Bahnfahrt vom Zentrum der Stadt entfernt. Seit Tagen schon fühlte er sich äußerst krank und schwach, wollte nun in St. Germain eine vermutete Nikotin-Vergiftung auskurieren. In dem Hotel Pavillon Henri IV., einem Anbau an das Geburtshaus Ludwigs XIV., bezog er ein sehr großräumiges Zimmer mit weitem Blick über die Seine und auf die Banlieue von Paris, am Horizont konnte er noch die Spitze des Eiffelturms erkennen. Das Hotel lag in unmittelbarer Nähe des Schlosses von St. Germain, wo Österreichs Unterhändler, im September 1919, die Friedensbedingungen der Entente unterzeichnet hatten, welche die Auflösung der k. u. k. Monarchie, die Zersplitterung Mitteleuropas besiegelten.

In dem großen Schloßpark und dem angrenzenden, weitauslaufenden Eichenwald unternahm Werfel täglich Spaziergänge, erholte sich nach und nach von den psychischen und physischen Strapazen der letzten Wochen und Monate.

Alma Mahler-Werfel suchte unterdessen in Südfrankreich nach einer geeigneteren Bleibe für sie beide. Sie mochte das Klima dieser Region, jenem der ligurischen Küste nicht unähnlich, meinte auch, es wäre für Werfel gesünder, seiner Arbeit zuträglicher, von den Aufregungen und Anstrengungen in Paris wieder größeren Abstand zu gewinnen. Ihre Wahl fiel auf das Fischerstädtchen Sanary-sur-mer, nahe Marseille, dort hatten sich bereits seit 1933 aus Deutschland emigrierte Maler, Schriftsteller, Philosophen niedergelassen und im Laufe der Jahre eine Art Künstlerkolonie im Exil gebildet. Der Kunsthistoriker Julius Meier-Graefe war als erster nach St. Cyr, in die unmittelbare Nähe Sanarys gezogen, Heinrich und Thomas Mann, René Schickele, Lion Feuchtwanger, Bertolt Brecht, Ernst Bloch, Arthur Koestler und andere folgten. Nach kurzer Suche fand Alma, mit Hilfe ihrer Freundin Anne Marie Meier-Graefe, der Frau des Kunsthistorikers, die geeignete Wohnstätte: einen alten Sarrazenerturm, mit einem kleinen Garten dahinter, hoch über Sanary gelegen, wie ein Leuchtturm überblickte „Le Moulin Gris" die schöne Bucht des Fischerortes.

»Ich fühle mich krank wie noch nie«, schrieb Werfel, am 1. Juli 1938, in St. Germain, in sein Tagebuch. »Es ist, als wenn in meinem Kopf Wasser wäre. Er droht zu zerspringen, von einem inneren Druck.« Der rasch herbeigerufene Arzt stellte fest, der Patient habe einen leichten Herzanfall erlitten – Alma reiste sofort von Sanary ab und ließ Werfel aus St. Germain nach Paris transportieren. Schwäche und akute Todesangst, Übelkeit und Depression bestimmten seine nächsten Tage. Im Abstand weniger Stunden wurden ihm Injektionen verabreicht, die den extrem hohen Blutdruck senken helfen sollten. »Mein Gott, was soll werden!!« notierte er, doch schritt die Genesung, dank Almas Energie und Aufopferungswillen, rascher voran, als zunächst angenommen.

Vier Wochen nach dem Anfall übersiedelten die Werfels an die Côte d'Azur, nach Sanary-sur-mer. Der kreisrunde Raum im zweiten Stockwerk des „Moulin Gris", mit zwölf windgerüttelten großen Fenstern, gefiel Werfel besonders gut, er liebte es, vom

Schreibtisch aus auf das offene Meer zu sehen, dies ideale Arbeitszimmer ließ ihn Hoffnung für die Zukunft schöpfen. Skizzen und
kurze Dramentexte entstanden nun wieder, auch Lyrisches, zum
Beispiel die ›Ballade von der Krankheit‹ oder das Anti-Hitler-
Gedicht ›Der größte Mann aller Zeiten‹. Zwei Sketches, sie trugen
die Titel ›Der Arzt von Wien‹ und ›Die Schauspielerin‹, spielten
am Tage des Einmarsches der deutschen Wehrmacht in Österreich.

»Wenn ich, wie es bereits hie und da geschieht, zur Arbeit
komme«, berichtete Werfel seinem Schwiegervater Carl Moll, »so
sind die großen Grundprobleme des Menschen da wie eh und je,
aber verzweifelt wenig Politik und Zeitzorn und Haß, obgleich
sehr viele gerade diese Regungen von mir jetzt fordern.« Moll
sympathisierte – unter dem Einfluß seiner Tochter Maria und
seines Schwiegersohnes, des Juristen Dr. Richard Eberstaller –
schon lange vor dem Anschluß mit dem Nationalsozialismus,
blieb aber, dessenungeachtet, mit Werfel eng befreundet. Sowohl
das Palais in der Steinfeldgasse als auch das Haus in Breitenstein
waren mittlerweile in den Besitz der Ehepaare Moll und Eberstaller übergegangen, wobei das einstige Haus Mahler mit Haken-
kreuzfahnen festlich geschmückt und in ,,Haus Eberstaller'' umbenannt worden war. »Der Feind kann mich in meiner freien
Wahl und in meiner Bequemlichkeit treffen, dort aber, wo ich
wirklich bin, da kommt er gar nicht hin, da *reicht* er gar nicht hin«,
behauptete Werfel in seinem Schreiben an Moll weiter. »Selbst
wenn ich ihn dabei unterstützen möchte, es gelingt ihm nicht, in
mein produktives Gebiet einzudringen. In meinen eigentlichen
Gedanken und Kräften existiert er gar nicht.«

Wenige Tage nach seinem achtundvierzigsten Geburtstag nahm
sich Franz Werfel eine neue, große Arbeit vor; trotz aller Beteue-
rungen gegenüber Carl Moll, zu politischen Fragen nicht Stellung
beziehen zu wollen, widmete er sich einer Romantrilogie, die den
Naziterror rückhaltlos anprangern sollte. »Krankheit, die zum
Leben führt« wollte er das Werk zunächst nennen, die Geschichte

der Halbjüdin Cella Bodenheim, die, infolge des ,,Anschlusses", Österreich verlassen muß und sich, als Emigrantin, zunächst in Paris, später in New York niederläßt. »*Gefahr:* Anklang an Musa Dagh«, lautete eine der ersten Notizen zu dem Roman. »Das Wort ›Jude‹ möglichst vermeiden...« Cellas Vater aber, der jüdische Advokat Hans Bodenheim, wurde – vielleicht entgegen Werfels ursprünglicher Intention – zur eigentlichen Hauptfigur des ersten Teils der Trilogie.

Werfel erkor das Burgenland, Österreichs östlichstes Bundesland, zum wichtigsten Schauplatz des Romans, er mochte die herbe, flache Landschaft rund um den Neusiedlersee, mochte Eisenstadt und die Weinbauerndörfer entlang der ungarischen Grenze. Doch was ihm einst hell und freudestrahlend erschienen, kam ihm nun drohend-dunkel vor, in winterliche Trauerstimmung gehüllt – kein Ort des Friedens, kein Land der Geborgenheit.

Alle Schichten der österreichischen Bevölkerung, von den Arbeitslosen über die Aristokratie bis zum Klerus, von nazistisch verhetzten Jugendlichen über traumtänzerische alte Monarchisten bis zum assimilierten Judentum, schilderte Werfel mit höchster Akribie; er zeichnete die Atmosphäre Österreichs zwischen Herbst 1937 und Frühjahr 1938 in präziser, unpathetischer Sprache, die dem Werk zuweilen Anklänge eines Tatsachenberichts verlieh: »Plötzlich war die Masse fertig, der Opernchor einer Geschichts-Premiere. Und nun brach er los, der Mords-Gesang, der nur aus zwei Tönen besteht: ›Sieg-Heil! Sieg-Heil! Sieg-Heil!‹ Wie das ah eines automatischen Esels von Bergesgröße! Wie das Kriegsgeheul der Steinzeit, mechanisiert im Weltalter der Industrie.« Und mit aller ihm zu Gebote stehenden Schärfe charakterisierte er jenen Menschenschlag, der sich dem Nationalsozialismus verschrieben hatte: »Auf den Gesichtern dieser Männer lag eine grandiose Leere und Ichverlassenheit, die es wahrscheinlich im Laufe der Geschichte noch nicht gegeben hatte. [...] Sie lebten so sauber, so exakt, so ohne Gedanken, so ohne Gewissen, wie Motore leben. Sie warteten nur darauf, angelassen oder abgestellt zu werden. [...] Motormenschen.«

Das Münchener Abkommen zwischen England, Frankreich und Deutschland, Ende September 1938 unterzeichnet, gestand Hitler die Annexion des Sudetenlandes zu – »Höhepunkt des Grauens und der Schmach!« notierte Werfel, nachdem er erfahren hatte, der Westen der Tschechoslowakei, ein hauptsächlich von deutschsprachigen Tschechen besiedeltes Gebiet, würde das nächste Opfer deutscher Expansionspolitik. »Ich fühle mehr mit Böhmen, als ich jemals geahnt hätte.« Weltkriegsgefahr bedrohte Europa. Werfel setzte sich in diesen Tagen mit dem tschechoslowakischen Konsul in Marseille in Verbindung, teilte ihm mit, er wolle sich der Regierung Beneš zur Verfügung stellen, in welcher Form dies auch immer sein mochte, wartete nun in Sanary ab, ob und mit welcher Aufgabe man ihn betrauen würde.

Auf die im Oktober vollzogene Annexion des Sudetenlandes reagierte Werfel mit einer Reihe kurzer Essays, die in kämpferischem Ton die Souveränität des tschechischen Staatsgebildes betonten und Solidarität mit dem tschechischen Volk bekundeten; die Aufsätze erschienen in Pariser und Londoner Exilzeitungen. »Tropfen auf heißen Steinen«, wie Werfel seinen Eltern gegenüber zugab – Rudolf und Albine Werfel hielten sich seit kurzem in Zürich zu Besuch bei ihrer Tochter Marianne auf. Sobald sein neuer Roman »einen gewissen Punkt« erreicht haben werde, »der das Buch sichert«, würde er, versprach Franz, seine Eltern besuchen kommen. Er habe, teilte er ihnen mit, für Alma und sich selbst ein amerikanisches Visum beantragt, sie beide wollten allerdings erst dann auswandern, »wenn die politische Notwendigkeit vor der Tür« stehe. Das Leben in Frankreich sei nämlich »reizend und billig«, überdies erscheine ihm die Arbeitsatmosphäre in seinem Asyl Sanary als »unübertrefflich«. Auch finanziell war das Ehepaar offenbar bis auf weiteres gesichert: Alma hatte aus Wien, von der Autorengesellschaft der Komponisten, Gustav-Mahler-Tantiemen überwiesen bekommen, außerdem sollte ›Juarez und Maximilian‹ im kommenden Jahr in Hollywood verfilmt werden, der Vertrag mit Warner Brothers stand vor dem Abschluß.

Die Reichskristallnacht, am 9. November 1938, war der folgenschwerste Pogrom seit Hitlers Machtübernahme: Synagogen, jüdische Geschäfte, Warenhäuser und Privatgebäude wurden niedergebrannt, verwüstet, geplündert, mehr als hundert Juden ermordet – Szenen, gegen die sich Ereignisse, wie Werfel sie in seinem ›Cella‹-Roman schilderte, relativ harmlos ausnahmen. Der zeitbezogene, allzu direkte Stoff der geplanten Trilogie erschien ihm nun angesichts der jüngsten politischen Ereignisse als überholt, von den kaum vorstellbaren Scheußlichkeiten der Alltagsrealität überrannt. Er begann, an dem Projekt zu zweifeln, spielte gar mit dem Gedanken, den ›Cella‹-Stoff nicht weiter auszuführen.

Für das in Paris erscheinende ›Neue Tage-Buch‹ verfaßte er als Reaktion auf die Reichskristallnacht den Kommentar ›Das Geschenk Israels an die Menschheit‹, in welchem er den bedeutenden Beitrag der Juden an kulturellen und geistigen Entwicklungen der Weltgeschichte hervorzuheben versuchte, in ihrer Unterschiedlichkeit von Moses bis Kafka, Jesus bis Freud, Marx bis Mahler. »Ein dunkles Gebot«, so konstatierte er, »zwingt dieses Volk ohne Land und ohne Sprache, alles, was im Geiste sein ist, an andere zu verschenken und nichts für sich selbst zu behalten. Israel ist wieder einmal im Aufbruch, den Sack auf dem Rücken und in der Tasche keinen gültigen Paß. Ängstlich tritt es unter die guten Völker, die ihm noch Einlaß gewähren (wie lange?) und hebt die Hände.«

Das Wiedersehen mit den Eltern fand Ende November in Rüschlikon statt, auch seine Schwester Hanna war aus Prag zu Besuch gekommen. In äußerst nervöser Stimmung, beriet die Familie, ob man noch in Europa bleiben und abwarten sollte, ob Hitlers Expansionsstreben nach der Annexion des Sudetenlandes befriedigt und die Gefahr eines neuen Weltkriegs gebannt sei. Der achtzigjährige Kommerzialrat Rudolf Werfel plädierte für die sofortige Auswanderung nach Amerika: »Der Papa quält mich mit dem Gejammer: ›Rettet Euer Leben, Du und Alma‹«, schrieb Franz an seine Frau. »Er bildet sich ein, wir werden von der Gestapo erschossen werden, wenn wir in Europa bleiben.« Der Vater übergab seinem Sohn die Summe von fünftausend Dollar, die ihm helfen sollte, die erste Zeit in den Vereinigten Staaten zu überbrücken. Rudolf Werfels schwacher Gesundheitszustand, seine erschrekkende Hinfälligkeit ließen den Sohn befürchten, der Vater würde den Anstrengungen der Emigration nicht gewachsen sein.

Er selbst fühlte sich, verglichen mit den Sommermonaten, weit besser, mußte jedoch strengste Diät halten und, vor allem, ganz auf das Rauchen verzichten. »Hoffentlich bin ich bald wieder ›normal‹«, schrieb er an Alma, die sich zum Jahresende in London aufhielt – sie war, nachdem sie Nachricht vom Tode ihrer Mutter erhalten hatte, zu ihrer Tochter Anna gefahren. Werfel versuchte nun, seine Frau zu trösten, versicherte ihr, in sie verliebt zu sein »wie am ersten Tag und immer wieder mit neuen Kräften und aus neuen Quellen«.

Mitte Dezember unterzeichnete er in Paris den Filmvertrag für ›Juarez und Maximilian‹, bereits im kommenden Jahr sollte das Stück in einer Adaption von John Huston verfilmt werden; als Regisseur war der einstige Reinhardt-Schauspieler William Dieterle vorgesehen. Die Zahlung von 3500 Dollar stimmte Werfel äußerst zuversichtlich – wenige Tage vor Sylvester 1938 schrieb er an seinen Verleger Gottfried Bermann Fischer: »Das neue Jahr steht vor uns. Sehr sphinxhaft. Kann's noch schlimmer werden als '38?? Möglicherweise! Dennoch bin ich ohne jeden vernünftigen Grund merkwürdig optimistisch in meinem Ahnen.«

Im Bürgermeisteramt des Côte-d'Azur-Städtchens Sanary-sur-mer kennt man die Namen Franz Werfel und Alma Mahler nicht. Die äußerst hilfsbereiten Beamten blättern in zahlreichen schweren Folianten und Hunderten vergilbten Karteikarten, nirgendwo findet sich ein Hinweis, das Ehepaar Werfel habe vor fünfundvierzig Jahren hier gelebt. Auch „Le Moulin Gris", der einstige Wohnturm der beiden, ist hier unbekannt, ein junger Polizist rät mir: »Besuchen Sie Monsieur Barthalomée Rotget. Er wird Ihnen weiterhelfen können. Er weiß alles über die Deutschen, die hier waren, vor dem Krieg.«

Mein Weg zur Harmoniestraße, die am Rande der Ortschaft liegt, führt an einer Palmenpromenade entlang, vorbei an dem kleinen Fischerhafen. Die Cafés mit ihren großen Terrassen tragen noch dieselben Namen wie damals, als Sanary zum Zentrum der deutschen Literatur im Exil wurde: ,,Le Marine", ,,La Nautique", ,,Le Lyon" . . . Auch das Hotel de la Tour gibt es noch, erste Station der meisten Emigranten, bevor sie in Sanary und Umgebung eine Bleibe fanden.

Monsieur Rotgets Leidenschaft gilt den Orchideen, der sehnige ältere Herr, ehemaliger Fremdenlegionär, der noch in den fünfziger Jahren in Indochina kämpfte, kennt jede kostbare Blume dieser seltenen Gattung – zumindest dem Namen nach. »Und meine zweite Passion gilt der Geschichte Sanarys, insbesondere den Jahren der deutschen Emigration nach Südfrankreich: ich kenne jedes Häuschen hier, wo die deutschen Schriftsteller gelebt haben. Man spricht heute in Sanary nicht mehr über diese Menschen, die Namen Thomas Mann, Lion Feuchtwanger, Franz Werfel sind hier bedeutungslos. In dem offiziellen Geschichtsbuch der Stadt, ›Tausend Jahre Sanary‹, werden die Emigranten mit keinem Wort erwähnt.«

Monsieur Rotget chauffiert zunächst zu jener Villa, in der Lion Feuchtwanger lebte – von 1933 bis zu seiner Verhaftung im Jahre 1939. »Ludwig Marcuse hat einmal gesagt: ›Sanary, das war die Hauptstadt der deutschen Literatur!‹ Aber hier nimmt keiner Kenntnis davon. Man war auch damals nicht feindselig, man war nur ganz indifferent gegenüber diesen Dichtern. Und das ist bis heute so geblieben.« Wir stehen vor dem hohen Zaun der Prunkvilla ,,Valmer", Feuchtwanger schrieb hier den antifaschistischen Roman ›Die Geschwister Oppermann‹, arbeitete an der Fortsetzung seines historischen Werks ›Der jüdische Krieg‹. »Dieses Haus und sein Garten waren damals der wichtigste Treffpunkt der Exilschriftsteller«, sagt Monsieur Rotget, »jeder Neuankömmling fand sich zuallererst hier ein, und hierher kam er dann regelmäßig zurück, jede Woche gab's da eine große Zusammenkunft zum Gedankenaustausch, oder zu einer Krisenbesprechung; dort hinten, sehen Sie's?, dort, auf der Terrasse, da hat das alles stattgefunden.«

Wir durchqueren einen leise rauschenden Zedernwald, erreichen nach steilem Aufstieg den Kamm des Hügels, an dessen Ende sich die Villa ,,La Tranquille" befindet, ein von Kakteen, Zypressen und wildem Gestrüpp umwachsener Bau. »Thomas Mann hielt sich zu Beginn seines Exils, im Jahre 1933, hier auf; das Haus wurde nach dem Krieg neu aufgebaut«, erklärt mein Begleiter. »Die Nazis hatten hier oben zahlreiche Gebäude gesprengt, um freies Schußfeld zu bekommen – sie rechneten nämlich damit, die Alliierten würden in der Nähe, in Marseille oder Toulon, landen. Und wo, glauben Sie, wohnten die deutschen Soldaten, die hier oben alles zerstört haben? In der ›Moulin Gris‹, ganz in der Nähe von hier.«

Der zweistöckige Rundturm steht am Rande der Steilklippe, hoch über der Bucht von Sanary, gegenüber der Kapelle Notre Dame de Pitié. Eine kleine, an der Mauer des Sarazenenturms befestigte Tafel weist lediglich darauf hin, der Maler J. G. Darragnès (1886–1950) habe hier eine Zeitlang residiert. Unscheinbar wirkt der Bau mit dem leicht geneigten Flachdach – Monsieur und Madame Romans aus Lyon bewohnen ,,Le Moulin Gris" heute, die lebenslustige Dame des Hauses führt mich zunächst durch die im Erdgeschoß befindliche Küche, und weiter, durch die engen Räume des Rundbaus. Die Gastgeberin äußert sich verwundert über mein Interesse an einem Dichter, von dem sie selbst niemals gehört hat. »Ich weiß, daß die Schriftstellerin Parmelin hier gelebt hat, nach dem Krieg. Und sie hat mir erzählt, der Dichter Fecktwanger, oder so ähnlich war der Name, habe den Turm gemietet gehabt, vor dem Krieg. Das stimmt gar nicht? Sehen Sie: so wird Geschichte geschrieben – auf falscher Information konstruiert man Tatbestände, die in Wirklichkeit gänzlich anders verliefen.«

Im ehemaligen Schlafzimmer der Werfels, dem ersten Stock des Turms, liegt Monsieur Romans auf einem Sofa. Schwerfällig erhebt er sich, grauhäutig, graubärtig – spindeldürr, sehr groß gewachsen und vornübergebeugt steht er nun da, läßt erregte Sätze seiner Frau über sich ergehen, erfährt, ein Schriftsteller namens Franz Werfel habe einst hier gelebt und im Dachgeschoß Romane geschrieben. Verlegen murmelt Monsieur Romans Unverständliches, legt sich wieder nieder.

Über eine schmale Wendeltreppe erreiche ich den obersten Rundraum, Werfels ehemaliges Arbeitszimmer, ein Ort, der ihn sehr glücklich machte, ihn sogar ein wenig hinwegtröstete über den Verlust des Hauses Mahler in Breitenstein, den Verlust seiner Holzmansarde mit dem Blick über eine hohe Rotbuche hinweg, auf Rax und Schneeberg. Neun der zwölf Fenster sind nach dem Krieg zugemauert worden, die drei verbliebenen sehen weit hinaus auf das offene Meer. Helles Himmelszimmer, am Rande der Steilküste. Die Mauer bröckelt ab. Nur ein wackeliger Tisch steht heute noch hier, auf dem Steinboden, ein schmales Bett und zwei zerbrochene Lampen.

Himmel und Hölle

»Wieder die neue Teufelei!« hieß es Mitte März 1939 in Franz Werfels Notizbuch. »Prag von den Boches besetzt! Hanna zu spät abgereist...« Nun standen Prag, Böhmen und Mähren unter deutschem Protektorat, war auch seine Vaterstadt dem Reich Adolf Hitlers einverleibt worden. In Lebensgefahr befand sich die Familie seiner Schwester, befand sich auch Willy Haas, der vor Jahren aus Berlin nach Prag emigriert war und nun in seiner Geburtsstadt festsaß. Werfel, der mittlerweile zum Ehrenpräsidenten des österreichischen PEN-Clubs im Exil ernannt worden war, telegraphierte sogleich an den englischen PEN, man möge Haas unter einem dringenden Vorwand nach London einladen.

Rund zwei Wochen später brach er, unter dem Eindruck der sich überstürzenden Ereignisse, die Arbeit an der Trilogie um die halbjüdische Pianistin Cella Bodenheim endgültig ab. Das Werk werde, aller Voraussicht nach, in seiner ersten Niederschrift wohl achthundert Seiten umfassen, hatte er noch kurz zuvor dem Verleger Bermann Fischer mitgeteilt; es stelle eine Art ›Musa Dagh‹ der vergangenen zwölf Monate dar, dessen »Motor« sein persönliches Gefühl sei, die Heimat verloren zu haben.

Die wichtigste Sorge galt nunmehr seiner Bemühung, Hanna, deren Mann und Kinder aus Prag freizubekommen – Ende April 1939 trafen die Fuchs-Robetins wohlbehalten in der Schweiz ein, Werfel reiste ihnen entgegen. In Rüschlikon fand sich die ganze Familie, Eltern, Geschwister, Kindeskinder vereinigt. »Alma und ich [sind] noch immer nicht entschlossen [...] ob wir in Frankreich bleiben oder (vielleicht schon am 3. Mai) nach Amerika gehen sollen«, schrieb Werfel in diesen Tagen aus Rüschlikon an Bermann Fischer. Doch es gelang ihm, seine Frau umzustimmen:

erst dann auszuwandern, wenn absolut kein Rettungsweg mehr übrigbleibe oder gar Krieg ausbrechen sollte.

»Vielleicht kann ich ein kleineres Buch (ein menschlicher, einfacher Stoff, der mir gut liegt) einschalten, das zu Weihnachten bereit wäre«, schlug er nun, nach Abbruch der ›Cella‹, seinem Verleger vor. Und begann, Anfang Mai, im Rundraum der „Moulin Gris", tatsächlich dies neue Buch zu schreiben – die Idee zur »Geschichte einer Magd« stammte von Alma. Seit Jahren hatte sie ja auf die Wahl der Themen ihres Mannes keinen Einfluß mehr genommen, diesmal jedoch, da sie miterlebt hatte, wie sehr ihm das seiner Meinung nach mißglückte ›Cella‹-Projekt nahegegangen war, schlug sie ihm vor, die wahre Geschichte ihrer langjährigen Köchin Agnes Hvizd nachzuzeichnen. Sie hatte Almas Haushalt schon zu Zeiten Gustav Mahlers gedient und ihre Herrschaft erst verlassen, als die Werfels auf die Hohe Warte übersiedelt waren. 1933, im Alter von zweiundsiebzig Jahren, war sie gestorben.

Frau Hvizd hatte einem Neffen viele Jahre all ihre Ersparnisse zukommen lassen, in der sicheren Annahme, der junge Mann ließe sich, wie versprochen, zum Priester ausbilden und werde eines Tages, nach seiner Weihe und nach dem Ableben seiner hilfreichen Tante, dieser durch tägliches Gebet einen sicheren Platz im Himmel verschaffen. Der junge Tunichtgut veruntreute aber die Gelder seiner Wohltäterin, hatte weder eine theologische Ausbildung genossen noch je auch nur mit dem Gedanken gespielt, Geistlicher zu werden. Als Frau Agnes den Betrug endlich durchschaute, brach die Welt für sie zusammen – erst während einer Pilgerfahrt nach Rom und einer Audienz ihrer Reisegruppe bei Papst Pius XI. erholte sie sich ein wenig von dem Schock.

Werfel arbeitete mit großer Freude und Vehemenz an der Geschichte der Agnes Hvizd – hatte er sich während der ›Cella‹-Niederschrift täglich von neuem überwinden müssen und nur unter größten Anstrengungen die erste Fassung vorangetrieben, so entstanden diesmal innerhalb weniger Tage bereits mehrere Kapitel. Er fühlte sich auch mit einem Mal weit kräftiger und gesünder als zuletzt – das neue Buch, ›Der veruntreute Himmel‹, werde bestimmt kein »Lückenbüßer« sein, versicherte er Bermann Fischer, »sondern ein vollgültiges Weihnachtsgeschenk«.

Mit der Fabel um das Schicksal der Köchin Teta Linek, so ihr Name im Roman, verwob Werfel eine zweite Erzähleben: in wenig verschlüsselter Form tauchte wieder Autobiographisches auf. Der exilierte Schriftsteller Theo, neben Teta ebenfalls Hauptfigur des ›Veruntreuten Himmels‹, erinnert sich an seinen Aufenthalt im Landhaus des kunstsinnigen Ehepaars Argan; er hat sich, als Österreich noch frei war, dorthin zurückgezogen, um sich von der Mühsal eines mißglückten Werks – hinter dem sich das ›Cella‹-Fragment verbarg – zu erholen. »Ich empfinde das Exil als einen Schicksalsruf zur Erneuerung. [...] Dennoch will ich die Wehmut nicht verleugnen, die mich jetzt und hier erfaßt, wenn ich an das Haus in Grafenegg denke und an mein schönes eigenes Zimmer dort.« Grafenegg am Toten Gebirge war unschwer als Synonym für Breitenstein am Semmering zu erkennen: Inneneinrichtung, Gerüche, Farben des holzgetäfelten Gebäudes, nicht zuletzt die Feste, die dort gefeiert wurden, deckten sich mit Werfels Lieblingsort und seiner Geschichte der vergangenen zwanzig Jahre.

Bereits Ende Juni 1939 war die erste Fassung des ›Veruntreuten Himmels‹ abgeschlossen. Während ein Buch im Entstehen sei, glaube er für gewöhnlich nicht an seine Arbeit, teilte Werfel seinem Verleger mit, diesmal aber wage er, ausnahmsweise, dem Werk eine durchaus optimistische Prognose zu stellen: was einst, in dem so erfolgreichen ›Tod des Kleinbürgers‹, nur »primitiver Versuch« geblieben, sei »hier polyphon ausgebaut«. Die Heldin Teta, eine Seelenverwandte der Barbara, müsse als »ein Musterbeispiel der einfachen katholischen Volksfrömmigkeit« gesehen werden. Und während er an der zweiten Niederschrift arbeitete, ließ Werfel Bermann Fischer wissen, er halte diese »Geschichte einer Magd« sogar »für eines der besten Bücher«, die ihm je gelungen seien.

Einer der ersten, dem er das fertige Manuskript zukommen ließ, war sein Freund und langjähriger Lektor Ernst Polak, der inzwischen in London im Exil lebte. »Bedenke, daß ich den Roman in ungefähr zehn Wochen zweimal geschrieben habe«, ließ Werfel Polak wissen, um Nachsicht etwaiger stilistischer oder dramaturgischer Fehler wegen. »Gewiß ist der ›Veruntreute Himmel‹ eines meiner architektonischsten Bücher [...] Das Vorbild für die Erzählung ist gewissermaßen die musikalische Fuge. [...] Das Thema ist der Tod und das Nachherige.« Die Konstruktion des Buches habe ihn jedenfalls »unendliche Arbeit gekostet«.

Werfel bat auch seine Freunde Lion Feuchtwanger und René Schickele, das Buch noch vor Drucklegung zu beurteilen – und beide Befragten prophezeiten dem Roman nachhaltigen Erfolg, bestätigten gar, ›Der veruntreute Himmel‹ sei das Beste, was Werfel in dieser Art je geschrieben habe. Bermann Fischer ersuchte seinen Autor zunächst, dem Roman einen anderen Titel zu geben, doch nach mehrmaligem Briefwechsel zwischen Sanary und Stockholm einigten sie sich, den ursprünglichen beizubehalten. Werfel forderte den Verleger auf, dickes Papier und großen Schriftsatz für die ›Himmel‹-Ausgabe zu verwenden, sein Publikum sei nämlich Bücher von achthundert bis tausend Seiten von ihm gewohnt, nun sollte nicht der Eindruck entstehen, man habe es diesmal bloß mit einer »Neben- oder Zwischenarbeit« zu tun.

In Sanary herrschte reger, freundschaftlicher Verkehr zwischen dem Ehepaar Werfel und seinen Schicksalsgenossen. Walter Hasenclever lebte nicht allzu weit entfernt, in Cagnes-sur-mer; Ludwig Marcuse, Robert Neumann, Arnold Zweig zählten zum Freundeskreis, und nahezu täglich traf Franz Werfel – in den Cafés und entlang der Uferpromenaden – mit dem Publizisten Wilhelm Herzog, dem kommunistischen Schriftsteller und Arzt Friedrich Wolf sowie mit Lion Feuchtwanger zusammen. Man sprach über die äußerst prekäre, für jeden im Grunde lebensgefährliche Weltlage; zwischen Werfel und Feuchtwanger kam es dabei regelmäßig zu politischem Streit – während Werfel sich kaum wieder beruhigen konnte, blieb Feuchtwanger stets ruhig, bewies, seiner Sache sehr sicher, unerschütterlichen Gleichmut.

Am 22. August, einen Tag vor der Unterzeichnung des deutsch-sowjetischen Nichtangriffspakts, gab Hitler der Wehrmacht Befehl, am 1. September 1939 in Polen einzumarschieren. Einer Gruppe Offiziere teilte er mit, er habe seinen Totenkopfverbänden aufgetragen, ,,Mann, Weib und Kind polnischer Abstammung und Sprache in den Tod zu schicken". Nur durch die physische Vernichtung des Gegners sei der Lebensraum zu gewinnen, den Deutschland so bitter benötige. Als daraufhin Stimmen laut wurden, ein Völkermord könnte dem ohnehin negativen Ansehen des Deutschen Reichs im Ausland weiteren Schaden zufügen, entgegnete der Führer: knapp fünfundzwanzig Jahre nach Ausrottung des armenischen Volkes spreche bereits kein Mensch mehr von diesen Maßnahmen der türkischen Regierung.

Frankreich und England erklärten Deutschland – nach Hitlers Überfall auf Polen – den Krieg. Nach Kriegsausbruch galten deutschsprachige Emigranten in Frankreich sofort als unerwünschte Fremde, als mögliche Spione, Mitglieder der Fünften Kolonne oder aber als bolschewistische Unruhestifter. Hausdurchsuchungen und Anhaltungen auf offener Straße gehörten zur Tagesordnung. Nahe dem Rathaus von Sanary wurde Franz Werfel von einem bulligen Kriminalbeamten aufgegriffen, der ihn anherrschte, er schreibe seine Gedichte und Romane doch wohl in allererster Linie für das Proletariat? »Nein«, entgegnete Werfel ängstlich, »für alle Menschen«. Etliche Male wurde er, in der Ortschaft, von Passanten beschimpft, von manchen gar tätlich angegriffen.

Während eines Verhörs im nahe gelegenen La Seyne fürchtete er, vor Angst ohnmächtig werden zu müssen – sehr langsam blätterte der Untersuchungsbeamte in schwarzen Listen, doch die Vorladung, so stellte sich dann heraus, war versehentlich erfolgt. »Ich aber bin noch jetzt krank davon«, hieß es in Werfels Tagebuch. »Am Schluß der Vernehmung zeigt Alma dem Kommissär mein Bild in der Zeitschrift ›Match‹ mit dem Untertitel: ›Un des plus grands écrivains contemporains‹. Dieses Bild begleitet uns überallhin. Es ist sehr komisch.«

268

Mitte September meldete sich Werfel freiwillig zur tschecho-slowakischen Legion: sollte er für den Frontdienst tauglich sein (was allerdings kaum zu erwarten war), so erachte er es als seine patriotische Pflicht, teilte er dem tschechischen Konsulat in Marseille mit, die Waffe gegen das Naziregime zu erheben oder wenigstens im Bürodienst, hinter der Front, eingesetzt zu werden.

»Die Hitler-Bande wird ohne Zweifel vernichtet werden.« Mit diesen Worten ermutigte er sowohl sich selbst als auch Bermann Fischer, »vielleicht blüht uns allen noch eine bescheidene Zukunft«. Doch eine neue Verfügung der französischen Regierung besagte, alle Männer deutschen Ursprungs, die das fünfzigste Lebensjahr nicht überschritten hätten, würden, zumindest vorübergehend, in ein französisches Konzentrationslager gebracht; Werfel wußte nicht, ob man ihn, als Pragerdeutschen, dieser Gruppe zuzählen würde oder nicht, verbrachte im „Moulin Gris" Tage und Nächte der Angst und Verzweiflung.

Rudolf und Albine Werfel, sowie Hanna und ihr Mann Herbert von Fuchs-Robetin, waren im Laufe dieses Sommers, noch vor Kriegsausbruch, von Zürich nach Vichy in Mittelfrankreich übersiedelt, ein Schritt, den sie nun bitter bereuten. Franz Werfels zweiundachtzigjähriger Vater hatte überdies vor kurzem einen Schlaganfall erlitten, sein Zustand schien sich seither rapide zu verschlechtern. Erst Ende Oktober gelang es dem Sohn, sich eine Reiseerlaubnis, ein „sauf Conduit", zu verschaffen, um seine Familie wenigstens für wenige Tage besuchen zu können.

Anfang Dezember 1939 stand Franz Werfel in Marseille vor der Musterungskommission der tschechoslowakischen Legion und wurde von einem Regimentsarzt auf seine Kriegsdiensttauglichkeit hin untersucht. »Ich hätts nicht für möglich gehalten, daß ich noch einmal vor der Maßmaschine einer Assentkommission stehen werde«, schrieb er seiner Mutter nach Vichy. »Ich mußte in meiner adamitischen Nacktheit über mich lachen... Alles ist wie ein grotesker Traum.« Der Regimentsarzt aber erklärte Werfel, keineswegs überraschend, für kriegsdienstuntauglich.

Wilhelm Herzog, bedrängt von Alma, setzte sich von Sanary

aus dafür ein, daß Franz Werfel im kommenden Jahr, zu seinem fünfzigsten Geburtstag, der Literatur-Nobelpreis verliehen werde. Herzog organisierte, zum Jahresende 1939, eine Unterschriftenaktion, bat ehemalige Nobelpreisträger und Mitglieder der angesehensten Akademien für Wissenschaft und Kunst um ihre Zustimmung, wollte die vollständige Liste dann dem Nobel-Komitee in Stockholm unterbreiten. Einer der ersten, der auf Herzogs Initiative reagierte, war Thomas Mann: er schätze zwar Werfels Werk durchaus, habe sich jedoch auf Hermann Hesse festgelegt, dessen Aussichten er günstiger einschätze, da Hesse einer »höheren deutschen Tradition« verpflichtet sei.

Nach längerem Paris-Aufenthalt und einem neuerlichen Besuch in Vichy bei den Eltern widmete sich Werfel im Februar 1940 einer »vertrackte[n] Ehegeschichte«, wie er seinen Verleger warnte, »etwas, was ich bisher noch nie versucht habe«. Und kündigte gleichzeitig an, sich nach Vollendung dieser Novelle seinem eigentlichen »Lieblingsgedanken« zuwenden zu wollen, der Fortsetzung der ›Geschwister von Neapel‹; »wirklich herrliche Pläne« habe er für diesen großen Roman.

Jene Ehegeschichte, ›Eine blaßblaue Frauenschrift‹, erzählte von Sektionschef Leonidas und seiner Gemahlin Amelie; ähnlich dem ›Cella‹-Fragment, setzte sich der neue belletristische Kurzroman mit der österreichischen Tragödie, dem Anschluß an das Deutsche Reich, auseinander. Die große Angst im Leben des Ministerialrats sei sein »Verhältnis mit der Jüdin vor 18 Jahren, zu Beginn seiner Ehe«, hieß es im Skizzenbuch, »Überzeugung, daß ein Kind da ist, sein einziger Sohn...« Vera Wormser, Absenderin jenes Briefs, der Sektionschef Leonidas in peinlichste Gewissenskonflikte stürzt, repräsentierte die positivste jüdische Figur in Werfels Gesamtwerk – sah man von seiner Zeichnung des Propheten Jeremias ab. Charakterisierte Werfel jüdische Menschen für gewöhnlich mit einiger Selbstverachtung, mit gütig-mitleidsvoller Nachsicht (zuletzt den Konvertiten Kompert im ›Veruntreuten Himmel‹), ihrer angeblichen Grobheit, Unsensibilität und Aufdringlichkeit wegen, so rückte er Vera Wormser von diesem

Klischee deutlich ab: in ihrer vornehmen, verzeihenden Art ragt sie hoch über den durch reiche Heirat arrivierten österreichischen Beamten Leonidas hinaus.

Deutsche Truppen besetzten im April 1940 Dänemark und Norwegen – in einer kurzen Rundfunkansprache rief Werfel seinen norwegischen Hörern zu: »Das schändlich angefallene Land wurde zur Beute des Räubers. Nun liegt Norwegen in Ketten. Nein! Nur Norwegens Hände sind gefesselt. Norwegens Seele ist frei.« Der französische Schriftsteller Jules Romains, seit 1936 Präsident des Internationalen PEN-Clubs, forderte Werfel daraufhin auf, sechs weitere Radio-Reden gegen Nazi-Deutschland zu verfassen, die der französische Rundfunk als Gegenpropaganda einzusetzen gedachte. Am 10. Mai marschierte die Wehrmacht in Belgien, den Niederlanden und Luxemburg ein, mit einem Überfall auf Frankreich mußte täglich gerechnet werden – zu einer Ausführung des Propaganda-Auftrags kam es jedenfalls nicht mehr.

In ihrem Pariser Hotel Royal-Madeleine lebten die Werfels in ständiger Furcht vor einem Bombardement: in Rotterdam waren zuletzt während eines deutschen Luftangriffs neunhundert Zivilisten getötet worden. Und nahezu jede Nacht gab es nun in Paris Alarm, mußten alle Hotelgäste ihre Zimmer verlassen und mehrere Stunden im Keller zubringen. Ganz Frankreich war in Aufruhr – und Zehntausende Emigranten, in ihrer ganz speziellen Angst vor einer deutschen Invasion, wollten ihr bisheriges Asylland auf schnellstem Wege wieder verlassen.

Die französischen Behörden verlautbarten, alle Männer und Frauen im Alter zwischen fünfzehn und fünfundsiebzig, die auf dem Territorium des nunmehrigen Großdeutschland geboren seien, müßten sich unverzüglich registrieren lassen, um zu einem späteren Zeitpunkt interniert werden zu können. Noch einmal besuchte Franz seinen sterbenskranken Vater, der ihm nun massive Vorwürfe machte, nicht vor zwei Jahren, als dies noch relativ komplikationslos gewesen wäre, nach Amerika emigriert zu sein, erst jetzt an Flucht zu denken, da es im Grunde schon zu spät war: sowohl Franz Werfels als auch Almas US-Visum hatten mittlerweile ihre Gültigkeit verloren.

Lion Feuchtwanger, Friedrich Wolf, Walter Hasenclever waren bereits in dem südfranzösischen Konzentrationslager Les Milles, nahe Aix-en-Province, interniert, als die Werfels Ende Mai, für wenige Tage nur, nach Sanary kamen, um in größter Eile den Haushalt im „Moulin Gris" aufzulösen. Die zwei darauffolgenden Wochen verbrachten sie beide auf Marseiller Konsulaten und versuchten verzweifelt, sich neue amerikanische Einwanderungspapiere zu beschaffen.

Als Hitler Anfang Juni 1940 in Frankreich einmarschierte, dabei kaum auf militärischen Widerstand stieß, und am 14. Juni Paris eroberte, wollte Werfel unverzüglich – und ohne gültige Visen – nach Spanien flüchten. Nach einer Odyssee voller Pannen, nach zahlreichen Taxi-, Mietwagen- und Bahnfahrten, erreichte das Ehepaar – im Zustand kaum noch erträglicher Erschöpfung – schließlich Bordeaux; ihr gesamtes Gepäck war auf dieser Reise verlorengegangen, einschließlich wertvoller Originalmanuskripte und aller Kleidungsstücke, die sie noch besaßen.

Bordeaux war kurz zuvor von einem heftigen deutschen Bombardement heimgesucht worden, es herrschte absolutes Chaos – die aus Paris geflohene französische Regierung unter Ministerpräsident Reynaud gab hier ihren Rücktritt bekannt. Die Stadt glich einem Heerlager – Soldaten und Zivilisten, Flüchtlinge aus dem Norden des Landes, strömten ohne Unterlaß hierher. Nachdem der greise Marschall Pétain die Regierungsgeschäfte übernommen und Deutschland ein erstes Waffenstillstandsabkommen unterbreitet hatte, kehrte vorübergehend Beruhigung ein. Für die Werfels das Signal zur sofortigen Fortsetzung ihrer Flucht.

Biarritz, Bayonne, Hendaye, St. Jean-de-Luz hießen die nächsten Stationen. Immer wieder mußte für höchste Geldsummen ein Automobil mit Chauffeur, mußte genügend Benzin beschafft werden. Und an jedem der genannten Orte bot sich den Flüchtlingen das gleiche Bild: Tausende Verzweifelte belagerten die Konsulate Spaniens und Portugals, in der Hoffnung, ein Visum in die Freiheit ausgestellt zu bekommen.

Die deutschen Truppen rückten immer näher – in St. Jean-de-Luz, hieß es, stelle ein portugiesischer Konsul jedem Emigranten ohne Komplikationen gültige Papiere aus. Als Franz Werfel den vermeintlichen Retter aufsuchen wollte, erfuhr er, der Konsul sei wenige Tage zuvor wahnsinnig geworden, habe sehr viele der ihm anvertrauten Pässe ins Meer geworfen.

Nach Unterzeichnung des Waffenstillstands zwischen Deutschland und Frankreich fielen drei Fünftel des Landes der Okkupationsmacht zu, deutsche Soldaten rückten bis Hendaye vor, erreichten die an der spanischen Grenze gelegene Ortschaft just an jenem Tage, da die Werfels sich gerade in demselben Städtchen aufhielten. Franz Werfel verlor nun, erstmals seit Verlassen Sanarys, gänzlich die Fassung, erlitt einen Nervenzusammenbruch; im Konzentrationslager Les Milles, rund fünfhundert Kilometer östlich von Hendaye, nahm sich zur selben Zeit Walter Hasenclever mit einer Überdosis Veronal das Leben, aus Furcht, der Gestapo in die Hände zu fallen.

Werfel beruhigte sich ein wenig, nachdem es seinem Prager Bekannten Vicky von Kahler gelungen war, neuerlich Treibstoff und ein Taxi aufzutreiben. Gemeinsam flohen nun die Ehepaare Werfel und Kahler weiter – sie waren einander kurz zuvor, in Biarritz, zufällig begegnet – und erreichten nach äußerst beschwerlicher Fahrt Orthez, das einer Geisterstadt glich: es war als Grenzort der Okkupationszone vorgesehen. In Pau, der Hauptstadt der Pyrenäen, wo sie in der Morgendämmerung des nächsten Tages eintrafen, erfuhren die Flüchtlinge, der Wallfahrtsort Lourdes sei weit und breit der einzige Platz, wo man inmitten der Zusammenbruchsverwirrung vielleicht noch Unterkunft finden könne. Sie mieteten für die verbleibenden dreißig Kilometer noch einmal einen Wagen – und trafen am 27. Juni 1940 in Lourdes ein. Obwohl es hier rund dreihundert Hotels gab, fanden sie zunächst kein Zimmer; gänzlich überfüllt auch dieser Ort, den die Marienvisionen einer Müllerstochter namens Bernadette Soubirous weltberühmt gemacht hatten. Nach längerer Suche fand Alma Mahler-Werfel schließlich doch noch eine kleine Unterkunft: die Wirtin des Hotels Vatican erklärte sich bereit, ein junges Paar aus dessen winziger Kammer zu delogieren; zum ersten Mal seit Verlassen Marseilles, vor knapp zwei Wochen, konnten die Werfels zumindest vorübergehend ein wenig zur Ruhe kommen.

Der Aufenthalt in Lourdes galt in erster Linie dem Versuch, sich neue ,,sauf conduits'' zu verschaffen, um nach Marseille zurückkehren zu können; der Plan, ohne gültige Papiere nach Spanien zu fliehen, war aufgegeben worden. Nur in Marseille, so dachten Alma und Franz Werfel, werde es ihnen doch noch gelingen, die notwendigen Visen zu erhalten. Sie sandten mehrere Telegramme in die Vereinigten Staaten, mit der dringenden Bitte um Hilfe: unter anderem an die American Guild for German Cultural Freedom, eine von dem nach Amerika emigrierten Publizisten Prinz Löwenstein ins Leben gerufene Hilfsorganisation.

Das Deutsche Reich forderte die Regierung Pétain zu schärferen Internierungsbestimmungen auf und verlangte, daß nun ausnahmslos alle Staatsbürger des Großdeutschen Reichs, die sich auf französischem Territorium befanden, erfaßt würden. Jeder ehemalige Österreicher, Tscheche oder Pole konnte verhaftet, in französische Konzentrationslager gebracht und – sollte die Gestapo dies fordern – an Deutschland ausgeliefert werden. Mitte Juli 1940 berichteten zahlreiche ausländische Zeitungen (das amerikanische Boulevardblatt ›New York Post‹ zum Beispiel auf seiner Titelseite), der berühmte Schriftsteller Franz Werfel sei, Berichten der BBC zufolge, auf seiner Flucht vor den Nazis erschossen worden.

Werfels Eltern verließen Vichy, nachdem es zum Sitz der neuen französischen Regierung geworden war, und übersiedelten nach Bergerac, einer traurigen Provinzstadt, etwa neunzig Kilometer östlich von Bordeaux. In Bergerac befand sich ein empfohlenes Klinikum, wo sich der todkranke Rudolf Werfel Untersuchungen unterziehen und mit seiner Frau wohnen konnte. Hanna und ihrer Familie war inzwischen die Flucht aus Frankreich geglückt – ihr neuer Aufenthaltsort blieb ihren Eltern vorerst allerdings unbekannt. »Es ist für uns alle eine unsagbar schreckliche Situation«, schrieb Werfel aus Lourdes an seine Mutter. »Daß Papa und Du nicht verschont geblieben sind, das ist mir das *Schrecklichste daran*.« Er selbst überlege, sich wieder nach Sanary zurückzuziehen, sollten seine Bemühungen, Ausreisepapiere zu erhalten, in Marseille erneut fehlschlagen.

Im Hotel Vatican bewohnten die Werfels bald ein geräumigeres Zimmer, und zum ersten Mal seit Monaten arbeitete Franz Werfel wieder, schrieb die Endfassung seiner Novelle von der ›Blaßblauen Frauenschrift‹. Während der fünf Wochen seines Lourdes-Aufenthalts kehrte er immer wieder zum Mittelpunkt des Wallfahrtsortes zurück, zu dem mächtigen, häßlichen Bau der Basilika von der Unbefleckten Empfängnis und zur Grotte von Massabielle, in welcher der vierzehnjährigen Bernadette Soubirous die heilige Jungfrau Maria erschienen sein soll und im Jahre 1858 auch jene Quelle entsprungen war, deren Wasser seit damals manch unheilbar Kranken das Leben gerettet hatte: Millionen Pilger aus aller Welt kamen alljährlich hierher, in großer Zahl Gebrechliche, Schwerkranke, Todgeweihte unter ihnen. In Rollstühlen und rollenden Betten wurden sie vor jene Grotte gefahren, oft nahmen Hunderte Bettlägerige an gemeinsamen Gottesdiensten unter freiem Himmel teil, der weite Platz am Ufer der Gave verwandelte sich dann in ein Meer aus dunkelblauen Bettdecken und den gischtweißen Gewändern der Priesterscharen.

Alma besorgte Bücher über das Wunder von Lourdes, aus denen Werfel erfuhr, die Kirche habe Bernadettes Visionen zunächst keineswegs anerkannt, sie im Gegenteil mit allen ihr zu Gebote stehenden Mitteln bekämpft. Als das Mädchen unerschütterlich an seiner Aussage festhielt, die wundersame Dame sei ihr siebzehnmal erschienen und habe jedesmal deutlich zu ihr gesprochen, wurde Familie Soubirous unterstellt, sich lediglich bereichern zu wollen, die Geschichte um Bernadettes Visionen erfunden zu haben. Keine Drohung seitens kirchlicher oder staatlicher Instanzen half jedoch, die Müllerstochter einzuschüchtern – Bernadette wurde daraufhin mitsamt ihrer Familie kurzerhand ins Gefängnis gesteckt.

Oft trank Werfel selbst von dem Quellwasser, in der Hoffnung, auch ihm möge ein Wunder widerfahren – das Mirakel seiner Errettung vor dem Feinde. Herausgeführt zu werden aus verzweifelter Lage – aus dieser Hölle – und wohlbehalten die freie Welt, die Vereinigten Staaten zu erreichen.

Als Werfel und seine Frau Anfang August 1940 von der Polizeipräfektur in Lourdes ihre Passierscheine ausgefolgt bekamen, um nach Marseille zurückreisen zu können, ging Werfel zum Abschied noch einmal in die Felsgrotte. Er legte diesmal eine Art Gelübde ab: sollte ihm die Flucht nach Amerika glücken, sollte er diese äußerste Prüfung seiner psychischen und physischen Existenz gesund überstehen, so wollte er, zuallererst, ein Buch zu Ehren der Heiligen Bernadette Soubirous verfassen.

In Marseille bewohnten Franz Werfel und Alma Mahler das Hotel Louvre & Paix, an der großen, vom Bahnhof zum alten Hafen hinabführenden Hauptstraße La Canebière. Die Stadt glich einem Hexenkessel: Tausende Emigranten strömten hier zusammen, belagerten die Konsulate – jedes beliebige Land, wenn es nur der freien Welt zuzuzählen war, schien nun als Exilort in Frage zu kommen, sei es China oder Argentinien, Brasilien oder Indien.

Zwar zählte Marseille noch nicht zum okkupierten Teil Frankreichs, doch hielten sich hier zahlreich Gestapo-Beamte und deutsche Offiziere auf, manche von ihnen stiegen auch im Hotel Louvre & Paix ab. Die Werfels hatten sich unter falschem Namen in die Gästeliste eingetragen, nachdem sie mit dem Chefportier, Monsieur Martin, Freundschaft geschlossen hatten – er warnte sie verläßlich, sobald ihnen unmittelbare Gefahr drohte.

Eine persönliche Intervention des amerikanischen Außenministers Cordell Hull führte plötzlich, wenige Tage nach Ankunft der Werfels in Marseille, zu einer drastischen Verbesserung ihrer

Rettungsaussichten: sie erhielten Durchreisebewilligungen für Spanien und Portugal, vor allem aber „visitor's visas" für die Vereinigten Staaten. Lediglich die französischen „Visas de sortie" fehlten nun noch – Werfel richtete daher einen dringenden Appell an den einflußreichen Schriftsteller Louis Gillet, ein Mitglied der Académie Française: »Nous sommes dans une *situation terrible* – nous sommes quasi prisonniers [...] Si vous avez une possibilité: Aidez-nous!!«

Seinen Eltern berichtete er, die Chancen der Rettung seien durchaus gestiegen. »Jetzt ist nur noch das ›Visa *de sortie*‹ ein Problem«, es falle ihm aber »unsagbar schwer, das Land zu verlassen mit dem Bewußtsein, daß Ihr noch hier seid«. Und einschränkend fügte er hinzu: »Kein Mensch weiß, ob es gelingen wird, herauszukommen. [...] Dazu kommen die ewigen Gerüchte, die einen um den Schlaf bringen. Wir alle fühlen uns gottverlassen.« Die tschechoslowakische Botschaft hatte Werfel in den ersten Augusttagen mitgeteilt, er stehe an oberster Stelle einer schwarzen Liste der Intellektuellen und Künstler, die Frankreich unbedingt an Deutschland auszuliefern habe.

Eine entscheidende – und gleichsam mirakulöse – Wendung des Schicksals brachte das Auftauchen eines jungen amerikanischen Quäkers, der Mitte August 1940 in Marseille eintraf und sogleich nach seiner Ankunft das Ehepaar Werfel in seinem Plüschzimmer des Hotels Louvre & Paix aufsuchte; Varian Fry, ein wagemutiger Idealist, war von einer Gruppe europäischer Emigranten und unabhängiger amerikanischer Bürger (zu denen auch die Präsidentengattin Eleanor Roosevelt zählte) in geheimer Mission nach Frankreich ausgesandt worden. Das Emergency Rescue Committee hatte es sich zum Ziel gesetzt, besonders gefährdete Wissenschaftler, Künstler und Intellektuelle vor dem Zugriff der Vichy-Polizei und der Gestapo zu retten und nach Amerika zu bringen.

»You *must* save us!« beschwor Werfel seinen unbekannten Retter bei ihrer ersten Begegnung, und Alma feierte das Eintreffen Mr. Frys mit der Entkorkung einer Flasche Champagner. Noch an demselben Abend versprach Fry, die Werfels ohne die erforderlichen Papiere illegal außer Landes zu bringen – sein Plan bestand darin, sowohl sie beide als auch Heinrich Mann, dessen Frau Nelly und Neffen Golo sowie das Ehepaar Feuchtwanger in einem kleinen Boot nach Nordafrika zu schmuggeln. Lion Feuchtwanger war kurz zuvor von dem amerikanischen Konsul Harry Bingham aus dem Lager San Nicolà, nahe Nîmes, befreit und nach Marseille gebracht worden, eine Rettungsaktion, die Feuchtwangers Frau Marta in die Wege geleitet hatte.

»Wir sind also gezwungen, Entschlüsse zu fassen«, schrieb nun Werfel an seine Mutter. »Vielleicht wirst Du längere Zeit von uns nichts hören. Dann sorge Dich nicht um uns!« Das von Varian Fry gecharterte kleine Schiff wurde im Hafen von Marseille bereits mit Proviant beladen. Doch Angehörige einer italienischen Waffenstillstandskommission beobachteten die Aktion, beschlagnahmten das Boot und machten Frys Fluchtversuch zunichte. Nun erwog Fry, die Gruppe statt dessen auf gut Glück von Cerbère mit dem Zug über die spanische Grenze zu bringen, ein gewagtes Unternehmen, dem die Verzweifelten jedoch ohne zu zögern zustimmten.

In einem großen Restaurant am alten Hafen wurde Franz Werfels fünfzigster Geburtstag gefeiert, in der nervösen Antizipation kommender Ereignisse. Sehr gealtert wirkte der Jubilar, gezeichnet von den Ängsten und Anstrengungen der Emigration und von seinem Herzanfall im Sommer 1938 im Grunde nie ganz genesen.

Am nächsten Tage, dem Vorabend der Abreise aus Marseille, verbrannte er in seinem Hotelzimmer die Manuskripte seiner antinazistischen Essays der vergangenen Jahre. Und am frühen Morgen des 12. September 1940 traf die Flüchtlingsgruppe auf dem Bahnhof St. Charles mit Varian Fry zusammen; das Ehepaar Feuchtwanger blieb zunächst in Marseille zurück, nachdem das Gerücht durchgesickert war, die spanischen Zollbeamten ließen Staatenlose nun keinesfalls mehr über die Grenze – der aus Deutschland ausgebürgerte Feuchtwanger wollte seine Freunde nicht zusätzlich gefährden, und Fry versprach, ihn und seine Frau zu einem etwas späteren Zeitpunkt abzuholen und ebenfalls nach Spanien und Portugal zu begleiten.

Zwölf Gepäckstücke nahmen die Werfels mit auf die Flucht, jene während der Eisenbahnfahrt nach Bordeaux verlorengegangenen Koffer waren mittlerweile unversehrt wieder aufgetaucht, einschließlich des ›Cella‹-Fragments, einiger Partituren Gustav Mahlers sowie Anton Bruckners Dritte Sinfonie. Die Flüchtlingsgruppe, bestehend aus den Werfels sowie Heinrich, Nelly und Golo Mann, fuhr nun, in Begleitung Frys und seines Mitarbeiters Dick Ball, via Narbonne und Perpignan nach Cerbère, wo sie spät abends eintraf. Ihre Weiterreise nach Spanien wurde von den französischen Grenzbeamten untersagt, da sie keine ,,Visas de sortie" vorweisen konnten. Zwar war es immer wieder vorgekommen, daß Zöllner Emigranten auch ohne gültige Ausreisedokumente passieren ließen, aber ein solcher Glücksfall trat in der Nacht vom 12. auf den 13. September 1940 nicht ein.

Ball mußte die Pässe der Flüchtlinge einem Commissaire übergeben, versuchte diesen umzustimmen, seine fünf Schützlinge doch noch ziehen zu lassen. Am nächsten Morgen sprach Ball noch einmal auf den Wachbeamten ein; säße er nachmittags, wenn der Zug nach Port-Bou abfahre, allein im Büro, versicherte der Commissaire, so erlaubte er der Gruppe ohne weiteres die Ausreise – gerade an diesem Tage tue aber ein besonders pflichtbewußter Vorgesetzter Dienst und werde zweifellos jede seiner Handlungen sorgfältig überprüfen, er rate Ball daher von einer Durchführung seines Plans dringend ab. Er empfahl, die beiden Frauen und drei Männer zu Fuß über den Grenzberg zu geleiten – besser heute als morgen, wie der Beamte meinte, schon der nächste Tag könne neue Bestimmungen der Vichy-Regierung mit sich bringen und die Zollbehörden verpflichten, jeden Flüchtling zu verhaften.

Fry und Ball befürchteten, sowohl Werfel als auch der siebzigjährige Heinrich Mann könnten dem anstrengenden Fußmarsch nicht gewachsen sein, es blieb jedoch keine andere Wahl, als den steilen Aufstieg zu wagen.

Die Werfels überließen Fry ihr gesamtes Gepäck; als amerikanischer Staatsbürger konnte er ungehindert mit dem Zug nach Port-Bou reisen. Sie selbst wollten nur das Allerwichtigste bei sich tragen; ihren Schmuck und das verbliebene Bargeld versteckte Alma unter ihrer Kleidung.

Bei glühender Mittagshitze begann der gefährliche Marsch, stiegen die Verfolgten, von Dick Ball begleitet, einen äußerst beschwerlichen Ziegenpfad langsam bergauf. Von der panischen Angst getrieben, französischen „guardes mobiles" in die Hände zu fallen und der Gestapo übergeben zu werden, kletterte Franz Werfel, in Schweiß gebadet, von Felsvorsprung zu Felsvorsprung, stolperte in die Dornenbüsche, schleppte sich weiter.

Dieser beschwerliche Aufstieg mußte ihm wie ein Déjà-vu erscheinen, wie die Erfüllung einer Vision, seiner eigenen Prophezeiung: im Jahre 1917, er diente noch als Telephonsoldat an der ostgalizischen Front, war sein Stückfragment ›Stockleinen‹ entstanden, in dessen Mittelpunkt ein in eine *braune Uniform* gekleideter Diktator stand. Nachdem dieser die Macht ergriffen und sein brutales Regime installiert hat, versuchen zahlreiche seiner Gegner außer Landes zu fliehen. Martin, ein junger Arbeiter, berichtete im zweiten Akt des Schauspiels vom kläglichen Scheitern seines eigenen Fluchtversuchs: »Es waren viele tausend, die über die Grenze wollten, man sah die besten des Volkes... Eine Haltestelle vor der Zollstation stieg alles aus, und die Menschen liefen von allen Seiten vorwärts, als müßten sie dem Tod die Sekunde ablisten! Keine Flucht glich je an Schrecklichkeit und Rettungshoffnung dieser. Als man die Grenzpfähle sah, brach ein erschöpft entsetzlicher Glücksschrei aus den keuchenden rennenden Trupps. Eine wahnwitzige Brandung warf sich mit geschlossenen Augen gegen das Grenzgelände. [Es] zerbrach. Alles mußte zurück. Die Straßen waren von drüben mit Ketten gesperrt, die Schienen abgetragen, eine Girlande von Männern versperrte das Tal und die Hügel. Niemand wurde hinüber gelassen. Es war das heimgesuchte Volk in der Wüste, das da zurückwankte, gealtert, gelb, abgerissen, verstaubt. Die Direktion hatte zur Rache den Zugverkehr eingestellt. Unsere Freunde waren verschwunden [...] Es wird keiner übrigbleiben, den es nicht verschluckt.«

Nach etwa zwei Stunden erreichten die Werfels den Gipfel des siebenhundert Meter hohen Rumpissa-Kogels. Sie hatten einen großen Vorsprung vor dem Rest der Gruppe, Alma schlug daher vor, sie sollten allein weitermarschieren, es sei in jedem Falle besser, die Grenze als Paar zu passieren, und nicht zu fünft oder zu sechst. Unmittelbar unter ihnen lag ein spanisches Zollhäuschen – als Werfel und seine Frau dort erschöpft eintrafen, hielten die Wachbeamten sie für ortsunkundige Wanderer, begleiteten sie ein Stück Weges, wobei sie sie aber – ohne daß Werfels dies wußten – zurück in Richtung der französischen Grenze führten... Und zu ihrem Entsetzen tauchten Augenblicke später bereits die gefürchteten französischen ,,guardes mobiles" auf, ließen sie jedoch anstandslos weiterziehen, warnten sie sogar noch, an einer bestimmten Gabelung, auf dem Gipfel, diesmal nicht nach rechts, sondern nach links abzubiegen, um den richtigen Grenzposten zu erreichen.

Unmittelbar vor der spanischen Grenze trafen sie nun wieder auf Heinrich, Nelly und Golo Mann; vor den Zöllnern taten sie alle so, als ob sie einander nur flüchtig kannten. Alma beschenkte die Grenzpolizisten reichlich mit Zigaretten und Trinkgeldern – während des Spanischen Bürgerkriegs hatten die katalanischen Gendarmen auf Seiten der Loyalisten gegen Franco gekämpft, ihre Sympathie galt daher den Antifaschisten aller Länder (denen sich Frau Mahler unter diesen Umständen nur allzu gerne zuzählen ließ), sie erlaubten den Flüchtlingen, die Grenze ohne weitere Schwierigkeiten zu passieren.

Nun folgte noch der mühselige Abstieg nach Port-Bou, und als sie das Städtchen endlich, im Zustand absoluter seelischer wie körperlicher Erschöpfung erreichten, mußten sie sich auch hier noch einmal einer Kontrolle unterziehen, noch einmal ihre Reisedokumente abgeben und ängstlich warten, bis man ihnen, in einer schäbigen Zollbaracke, die Pässe zurückgab. Doch nach dieser vorläufig letzten Prüfung wurde Wirklichkeit, was noch am Vortage gänzlich unerreichbar schien; sie waren der Hölle entkommen! Erstmals seit drei Monaten, seit Hitlers Einmarsch in Frankreich, empfand Franz Werfel wieder Freiheitsgefühl; er war gerettet!

THOMAS MANN – einzige Inschrift auf der kleinen Messingplatte neben dem Eingang zu einer Villa in Kilchberg bei Zürich. Hier lebte der Romancier bis zu seinem Tode im August 1955. In dem Haus an der Alten Landstraße wohnt heute sein Sohn, der Schriftsteller, Historiker und Zeitkritiker Golo Mann. Ich läute mehrmals an der Hausglocke, doch die Tür bleibt verschlossen. Wandere ziellos durch Kilchberger Gassen. Kehre noch einmal zurück, läute Sturm.

»Jeden Tag kommt ein oder zweimal Besuch, angemeldeter und unangemeldeter«, sagt Golo Mann, er führt mich in einen großen, sehr hellen Wohnraum mit Blick auf den Zürichsee, »und jeder fragt mich nach Thomas Mann, nach Katia, Heinrich, Erika, Elisabeth, Klaus Mann . . .«

Professor Mann stopft sich eine Pfeife, flüstert seinem großen schwarzen Labrador Beruhigungsworte zu und beginnt, behutsam in Erinnerung zurücksinkend, zu erzählen: »Die Episode unsrer verrückten Pyrenäen-Überquerung gab Alma in ihrer Autobiographie im Grunde recht wahrheitsgetreu wieder – die Behauptung allerdings, Nelly Mann habe in Cerbère protestiert, wir dürften den Aufstieg keinesfalls am Freitag, dem 13. wagen, denn das sei unbedingt ein Unglückstag, diese Behauptung ist nicht aufrechtzuerhalten. Es war natürlich Franz Werfel, der verzweifelt ausrief: ›Nein! Laßt uns bis morgen warten! Gehen wir nicht am Dreizehnten!‹ Doch es gelang Alma, ihm diesen Aberglauben rasch wieder auszureden. Der Aufstieg selbst, ja, der war schon äußerst anstrengend – für Heinrich Mann und Werfel insbesondere. Während Alma die Strapaze im Grunde erstaunlich gut überstand.

Als wir das Schlimmste hinter uns hatten, in Spanien, hat meine Freundschaft zu Franz Werfel im Grunde begonnen. Wir fuhren zunächst von Port-Bou nach Barcelona, und von Barcelona mit dem Nachtzug nach Madrid. Wir standen da beide im Korridor des Waggons, draußen zog die Landschaft vorbei, vom Mondlicht stark erhellt. Wir sprachen über Lyrik, ganz allgemein, und auch über seine Gedichte. Ich erwähnte sein ›Elternlied‹, und er fragte: ›Ja, kennen Sie das?‹ Ich wußte es sogar auswendig, denn ich mochte seine Lyrik wirklich sehr gern. Er war ganz aufgeregt. Er riß die Tür zu seinem Abteil auf und rief: ›Alma!, stell dir vor, der Golo kann meine ganzen Gedichte auswendig!‹

In Madrid stiegen wir in einem der vielen mittleren Hotels ab, dank einer Sondergenehmigung blieben wir insgesamt fünf Tage. Beim Portier beklagten wir uns eines Abends über die lästige Bürokratie, vor allem darüber, daß wir uns unsere Aufenthaltserlaubnis täglich bestätigen lassen mußten. Daraufhin schrie dieser uns an: ›Ne vous plaignez pas! Beschweren Sie sich nicht! Noch dazu, wo Ihr alle zu den Roten zählt!‹ Und als Alma im Büro der staatlichen spanischen Luftverkehrsgesellschaft, bei der wir uns um Flugbillets nach Lissabon bemühten, Photos von Hitler, Mussolini und Franco sah, hat sie aufgekreischt vor Entsetzen.

Von Madrid ging die Route weiter nach Lissabon, wo wir uns dann noch vierzehn Tage bis zur Abfahrt unsres griechischen Dampfers ›Nea Hellas‹ gedulden mußten. Einmal besuchte ich mit Werfel eine große, sehr schöne Ausstellung in Lissabon, man zeigte das Schiff, mit dem Vasco da Gama einst gesegelt war. Ein stolzes Anliegen der Portugiesen, diese Exposition. Es wurde später Abend, wir gingen zum Bahnhof, um den Zug zurück nach Estoril zu nehmen, wo sich unser Hotel befand. Wir versäumten ihn, besuchten ein Lokal, tranken da eine Kleinigkeit und versäumten auch noch den zweiten Zug, um Mitternacht. Und Werfel war verzweifelt: er fürchtete, Alma würde ihm Vorwürfe machen, wie früher. Und wirkte, in seiner Aufregung, so sichtlich ü b e r -
a n s t r e n g t, er muß damals schon an einer akuten Herzschwäche gelitten haben.

Unser Schiff war entsetzlich überfüllt, die Passage nach New York dementsprechend unangenehm; ich selbst pendelte zwischen den Ehepaaren Mann und Werfel hin und her. Und von New York sind die Werfels ja dann bald nach Los Angeles, nach ›Deutsch-Kalifornien‹ übersiedelt, wo später, ab dem Frühjahr 1941, mein Vater lebte und auch ich hinzog. T. M. mochte Franz Werfel eigentlich sehr gerne: er konnte sehr über ihn lachen und liebte es, wenn Werfel Verdi-Arien sang; von Werfels Werk hielt mein Vater allerdings weniger – mochte ihn als Mensch viel lieber denn als Autor. Über den Roman ›Das Lied von Bernadette‹, den Werfel sehr bald nach seiner Ankunft in Amerika schrieb, sagte T. M. einmal: ›Ein gut gemachtes, schlechtes Buch.‹ Seine Güte aber, dieses Liebsein, diese grundgütige Art, seine Fähigkeit zur Freundschaft, das waren Eigenschaften, die mein Vater – und ich selbst – an Werfel außerordentlich schätzten! T. M. war in den Staaten anfangs finanziell nicht gut gestellt – als jedoch sein ›Joseph‹-Roman vom Book of the Month Club nominiert wurde, zahlte man ihm mit einemmal gleich zwanzigtausend Dollar. Und wie reagierte Werfel darauf? Er wurde r o t vor Freude! Es gab bei ihm keine Spur des Neids! Er selbst hatte natürlich einen Erfolg nach dem anderen, man darf nicht vergessen: Werfel wurde vom Erfolg nie im Stich gelassen. Er hat sich übrigens selbst gelegentlich im Spaß als ›Schriftstellereibesitzer‹ bezeichnet; unmittelbar nach dem ›Bernadette‹-Roman wollte er sogleich einen großen Mormonen-Roman schreiben, eine Biographie des Sektengründers Joseph Smith ... das hat ihm die Alma aber untersagt: ›Franzel‹, sagte sie, ›du wirst mir kein Herrgottschnitzer!‹ Er ließ diesen Plan daraufhin tatsächlich fallen. Alma hat ihm ja sowohl Stoffe zugetragen als auch Themen verboten, seit dem Anbeginn ihrer Beziehung.

Was seine essayistischen Arbeiten betrifft, kann man durchaus verschiedener Ansicht sein; sie haben wohl nicht das gleiche Gewicht wie seine erzählerischen Werke. Dazu sind sie in ihrer Fragestellung sehr unterschiedlich. Werfel sagte einmal zu mir: ›Seitdem ich in Amerika lebe, fällt mir die T h e m e n w a h l so schwer!‹ Das ist doch ein sehr charakteristischer Satz für ihn, denken Sie zum Beispiel zum Vergleich an T. M.: wo und wann hätte es bei meinem Vater je so etwas wie ›Themenwahl‹ gegeben?! Er wußte schon als junger Mensch, was er in seinem Leben würde schreiben m ü s s e n , komme, was da wolle. Denken Sie nur an die ›Joseph‹-Trilogie, an der er nahezu zwanzig Jahre lang arbeitete.« Und nach längerer Stille fügt Golo Mann noch hinzu: »Ich mochte Werfel wirklich sehr gerne – und ich verdanke ihm sehr viel. Er sagte einmal zu mir: ›Sie sind doch Schriftsteller?! Sie sollten viel mehr schreiben!‹ Ich habe ihm das nie vergessen.«

»I'm an American«

»Jetzt, knapp vor der Freiheitsstatue, umarme und küsse ich Euch
heiß«, schrieb Franz Werfel, Mitte Oktober 1940, noch an Bord
des Dampfers „Nea Hellas", an seine Eltern, die seit Ende August
keine Nachricht mehr von ihm erhalten hatten. »Nun liegt Amerika vor uns, diesmal ein sehr unbekannter Kontinent. Ich hoffe, er
wird mir günstig gesinnt sein. Ich habe Anzeichen, daß ich
freundschaftlich erwartet werde.« Größte Sorge bereitete ihm
allerdings das Befinden von Mutter und Vater. »Habt Ihr ausrei-
chend zu essen? Kannst Du [...] Papa so ernähren wie er's nötig
hat?« Gemeinsam mit seiner Schwester Mizzi wollte er alles
Erdenkliche in die Wege leiten, um seinen Eltern rasche Hilfe
zukommen zu lassen. Marianne Rieser lebte mittlerweile in New
York, Hanna und ihre Familie hatte es nach London verschlagen.
»Morgen werden wir mit Mizzerl alles besprechen, was zu tun
ist.«

Am Morgen des 13. Oktober, genau einen Monat nach Werfels
Pyrenäenüberquerung, ging die „Nea Hellas" an der Fourth Street
von Hoboken, New Jersey, vor Anker. Zahlreiche Schriftsteller,
Journalisten, Intellektuelle, deren Emigrantenschicksal das der
Werfels an Bedrängnissen oft noch weit übertraf, fanden sich
unter den Geretteten; von Verwandten, Freunden und Reportern
wurden sie nun, auf der Landungsbrücke, in Empfang genommen. Marianne Rieser und ihr Mann sowie Brigitte und Gottfried
Bermann-Fischer, vor kurzem ebenfalls nach Amerika emigriert,
erwarteten das Ehepaar Werfel. Thomas Mann war zur Begrüßung seines Sohnes und seines Bruders gekommen. Eine Pressekonferenz wurde am Hafen improvisiert, man befragte Heinrich
Mann, Alfred Polgar, Franz Werfel nach Einzelheiten ihrer Flucht,
dieser wich der Antwort aus, erklärte den enttäuschten Journali-

sten, er würde die noch in Frankreich Eingeschlossenen, die auf Rettung hoffenden Emigranten unnötig gefährden, gäbe er Details seiner Flucht bekannt. Als er abschließend aufgefordert wurde, der Presse mitzuteilen, welches seine Pläne für die allernächste Zukunft seien, entgegnete er: »... to have a little peace.«

In einer kleinen Suite im Hotel St. Moritz, an der 59. Straße, mit dem Blick auf den Central Park, umgaben sich die Werfels von Anbeginn ihres New York-Aufenthalts mit Verehrern, Bekannten, Freunden, zumeist Emigranten wie sie selbst. Sie sahen Feuchtwangers und Zuckmayers wieder, in diesem Herbst 1940, trafen mit Anton Kuh und Hermann Broch, mit Franz Blei, Richard Graf Coudenhove-Kalergi, Otto von Habsburg und Alfred Döblin zusammen, und bei jeder dieser Begegnungen berichtete Werfel erneut von seiner abenteuerlichen Flucht, die er »die Flucht von Marseille nach Marseille« nannte, schilderte die Wochen der Todesangst jedesmal als absurde, aber durchaus auch komische Posse, schmückte bestimmte Details besonders sorgfältig aus, wobei Erzähler wie Zuhörer gleichermaßen Tränen lachten. Er beschrieb die Übernachtung in einem menschenleeren Bordell in Bordeaux oder die Begegnung mit einem Stuttgarter Bankier namens Stefan Jacobowicz, ihrem Zimmernachbarn im Hotel Vatican in Lourdes, der den Werfels oft seine eigene Fluchtgeschichte zum besten gegeben hatte; gemeinsam mit einem antisemitischen polnischen Offizier war Jacobowicz in einem klapprigen Automobil, welches sie im Grunde beide nicht chaufieren konnten, quer durch Frankreich den näherrückenden deutschen Truppen immer wieder knapp entwischt.

»Hier geht es uns *glänzend*«, ließ Franz seine Eltern wissen, »wenn wir dieses Wohlergehen auch mit schlechtem Gewissen quittieren.« Wenige Tage nach ihrer Ankunft war die amerikanische Ausgabe des ›Veruntreuten Himmels‹ erschienen, die einen großen finanziellen Erfolg mit sich brachte: ›The Embezzled Heaven‹ war vom Book of the Month Club nominiert worden, innerhalb einer einzigen Woche konnte der Verlag Viking Press daraufhin mehr als hundertfünfzigtausend Exemplare des Romans absetzen. »Mein letztes Buch [. . .] ist ein Schlager geworden«, schrieb er den Eltern. »Durch dieses Glück sind wir vorläufig aller Sorgen enthoben. Ich betrachte meinen Erfolg und Ruhm hier als ein *unverdientes* Glück; den meisten andern geht es schlecht und sie müssen hart und mit wenig Hoffnung kämpfen.«

In den ersten Wochen seines Amerika-Aufenthalts, in denen sich Werfel Ruhe hatte gönnen wollen, eilte er von Begegnung zu Begegnung, von Empfang zu Empfang, trat als Gastredner bei sogenannten Fund Raising Dinners auf, verfaßte Essays. Im ›Aufbau‹ erschien der Artikel ›Unser Weg geht weiter‹, ein leidenschaftlicher Aufruf an das jüdische Volk, den Zweiten Weltkrieg als »größten und gefährlichsten Augenblick« in der Geschichte Israels zu erkennen, der jedem einzelnen entschiedene Kampfbereitschaft abverlange: in diesem »gewaltigste[n] Religionskrieg aller Zeiten« habe sich der Feind »die völlige Ausrottung des jüdischen Geistes von diesem Planeten« zum Ziel gesetzt, nun gelte es, alle demokratischen Kräfte zu vereinen, um das Judentum zu retten. Gehe Israel unter, so Werfels These, »so verblassen die christlichen Kirchen zu leeren Schatten und versinken schnell«, die gesamte Zivilisation würde auf den niedrigsten Stand ihrer Geschichte zurücksinken. Von der Existenz Israels hänge also – und Werfel »erschauerte bis ins Herz vor dieser Verkettung« – sowohl das politische als auch das geistige Schicksal der gesamten Menschheit ab.

Aus New York sandte Werfel regelmäßig Lebensmittelpakete an seine Eltern, seine Schwester Mizzi spielte gar mit dem Gedanken, selbst nach Frankreich zu reisen, um Mutter und Vater persönlich aus Bergerac fortzubringen und dann via Spanien und Portugal in die Vereinigten Staaten zu begleiten. »Das ist aber nur Phantasie«, wie der Sohn seinen Eltern gegenüber zugeben mußte.

In und um Los Angeles, an der pazifischen Küste, entstand nach und nach, wie vordem in Sanary-sur-mer – und wiederum auf engstem Raum – eine Kolonie zahlreicher deutschsprachiger Emigranten. Das milde Klima, die Ungezwungenheit der kalifornischen Gesellschaft, nicht zuletzt die großen Filmstudios lockten sie an. Hollywood hatte bereits eine ganze Reihe deutscher Autoren unter Vertrag genommen, gab ihnen Hoffnung auf eine finanzielle Sicherstellung für die Dauer ihres Lebens im Exil.

Thomas Mann plante, nach Los Angeles zu ziehen, ebenso sein Bruder Heinrich, die Schriftsteller Döblin, Brecht, Feuchtwanger übersiedelten nach Westen, Ludwig Marcuse, Arnold Schönberg, Erich Wolfgang Korngold, Max Reinhardt hatten sich dort schon vor einiger Zeit niedergelassen – auch Ernst Deutsch, Werfels Jugendfreund, lebte mit seiner Frau Anuschka in der Filmmetropole.

»Vor Weihnachten reisen wir wahrscheinlich nach *California*«, kündigte Werfel seinen Eltern an; Alma bat ein befreundetes Ehepaar, Antiquitätenhändler aus Venedig, die ihr Geschäft in den dreißiger Jahren nach Los Angeles verlegt hatten, eine geeignete Bleibe für sie zu suchen. Recht bald hatten Mr. und Mrs. Loewi auch schon das Richtige gefunden: ein kleines Haus in den Hollywood Hills, hoch über dem flächengrößten Stadtgeflecht der Welt gelegen. Die Freunde richteten die Räume liebevoll mit dem Notwendigsten ein, ließen die Werfels schließlich Mitte Dezember 1940 wissen, ihrem Umzug nach Los Angeles stehe nun kein Hindernis mehr im Wege. Man habe sogar einen Butler aufgetrieben, der den Werfels zur Verfügung stehen werde, einen jungen deutschen Operettentenor, der während einer Amerika-Tournee seines Ensembles in Amerika geblieben sei.

Einen Tag vor Jahresende bezogen die Werfels ihr neues Zuhause, in der Los Tilos Road, einer sehr schmalen, kurvenreichen Straße im Villenbezirk Outpost; die milde Luft duftete nach Orangen-, Akazien-, Oleanderblüten, im eigenen Garten wie auch in den üppig wuchernden Gärten der benachbarten Grundstücke wuchsen Obstbäume und Rosensträucher. Abends konnte man Konzerte, Opernaufführungen, Operettenabende in idealer Akustik mitanhören, da das Haus der Werfels an einem Abhang, unmittelbar über der Freilichtbühne Hollywood Bowl lag, wo die berühmten ,,Music-Under-the-Stars‘‘-Abende stattfanden.

Der Butler August Hess chauffierte seine Herrschaften in einem sehr geräumigen Oldsmobile durch die Endlosstadt, erledigte alle Wege für sie – Franz Werfel kam sich vor wie im Paradies: es herrschte Frühlingswärme im tiefsten Winter, es gab herrliche Vegetation zu jeder Jahreszeit, das Meer lag ganz nahe, Sandwüsten und schneebedeckte Berge konnte man nach weniger als einer Stunde Autofahrt erreichen. »... die Riviera ist ein Dreck daneben«, beschrieb Werfel den Eltern seinen ersten Eindruck von Kalifornien. Kaum faßbar erschien ihm der amerikanische Komfort: »Man drückt auf einen Knopf und es wird in zehn Sekunden warm«, jedes Zimmer, selbst das Dienerzimmer, verfüge über ein eigenes Bad. Und das Essen werde einem »fast fertig ins Haus geliefert«. Das Klima sei »so einzigartig«, daß er sich »um zehn Jahre jünger« fühle, auch unter keinerlei Kreislaufbeschwerden mehr leide. »Könnt' ich Euch nur hierhaben! Ich gäbe Jahre meines Lebens drum.«

»Das hohe Lied von Bernadette« nannte er die erste Fassung seines Lourdes-Romans, den er Mitte Januar 1941, im Los-Tilos-Haus, zu schreiben begann. – Noch während der Schiffspassage von Lissabon nach New York hatte Werfel die Bemerkung »Zur Bernadette fast entschlossen« in sein Notizbuch eingetragen – er war zu diesem Werk keineswegs so unbedingt bereit, wie er es in seinem persönlichen Vorwort zur ›Bernadette‹ später glauben machen wollte: »Werde ich herausgeführt aus dieser verzweifelten Lage [...] so gelobte ich –, dann will ich als erstes [...] das Lied von Bernadette singen, so gut ich es kann. Dieses Buch ist ein erfülltes Gelübde.«

Georg Moenius, ein mit den Werfels befreundeter deutscher Pater, dem sie in Europa bereits begegnet waren und der nun ebenfalls im kalifornischen Exil lebte, beriet Franz Werfel in allen theologischen Fragen. Versorgte ihn außerdem mit Fachliteratur, stellte ihm zum Beispiel ein Werk des französischen Domherrn Joseph Belleney, ›Unsere heilige Hirtin Bernadette‹, zur Verfügung, welches Werfel sehr weitgehend zur Grundlage seines eigenen Buches machte.

Er arbeitete so intensiv und glücklich wie einst in Breitenstein und später im Rundzimmer von Sanary, täglich widmete er sich acht Stunden lang dem Roman. Aber an einen etwaigen Erfolg des Werks glaubte er von Anfang an nicht: das protestantische Amerika würde für ein katholisches Wunder wohl kaum zu interessieren sein, für eine Thematik noch dazu, die inmitten des Weltkriegs gänzlich irrelevant erscheinen mußte. Ben Huebsch, Werfels amerikanischer Verleger, teilte die Bedenken seines Autors, auch er war überzeugt, die Geschichte der Bernadette Soubirous werde auf dem Buchmarkt keine Chance haben, erklärte sich nur deshalb bereit, den Roman zu publizieren, da bisher auch alle anderen Bücher Franz Werfels bei Viking Press erschienen waren.

In den Monaten der ›Bernadette‹-Arbeit bemühte sich Werfel weiterhin intensiv um die Ausreise seiner Eltern nach Amerika: Varian Fry war eingeschaltet worden, hatte bereits einen Ambulanzwagen beschafft, der Rudolf und Albine Werfel von Bergerac nach Lissabon bringen sollte. Fry befürchtete jedoch, Werfels greiser Vater werde den Strapazen der Flucht physisch nicht gewachsen sein. »Du mußt wissen«, schrieb Franz an seine Mutter, »daß wir alle Tag und Nacht darüber nachdenken, was das Beste für Euch sei und wie wir alles einrichten sollen [...] Ich würde meine rechte Hand [...] darum gehen, wenn's Euch erspart geblieben wäre.« Hätte er seinen berühmten Namen nicht, sofort käme er zurückgeflogen und versuchte höchstpersönlich, sie beide zu retten. »Ich sehe mit dem größten Neid, daß hier viele Leute ihre Eltern herübergebracht haben, darunter Leute mit und über achtzig.«

Mitte März 1941 strahlte die Radiostation NBC im Rahmen ihrer Sendereihe ›I'm an American‹ ein Interview mit Franz Werfel aus. Allwöchentlich kam ein bekannter europäischer Emigrant, der die amerikanische Staatsbürgerschaft beantragt hatte, zu Gast ins Studio, die Gespräche wurden jeweils von einem hohen Beamten im Namen des Immigration and Naturalization Service of Los Angeles geführt. Werfels Übersiedlung in die Vereinigten Staaten bedeute für die Kultur des Landes eine große Bereicherung, betonte der Gesprächspartner, Mr. W. A. Carmichael, worauf dieser entgegnete, Amerika sei seiner Auffassung nach »mehr als ein Land und ein Volk. Es ist ein ungeheurer Kontinent, und eine einzigartige Verschmelzung starker Rassen. Seine Größe, seine Freiheit, seine Lebensform überwältigen mich. Nicht nur aus Not, sondern aus Erkenntnis dieser Größe« wolle er Bürger der Vereinigten Staaten werden. »Schon vor vielen Jahren« habe er »in einigen Aufsätzen« seinen »festen Glauben niedergelegt, daß Amerika dazu berufen ist, die ewigen Werte, die christlichen Werte gegen den Blitzkrieg des Satans siegreich zu verteidigen. Amerika wird der strahlende Phönix sein, der aus dem Weltbrand triumphierend emporfliegt. [...] Wenn je ein Christ den Antichrist bis in die tiefste Tiefe seines arglistigen Herzens durchschaut hat, so ist es Präsident Roosevelt. Und solange dieser Gotteskämpfer lebt und wirkt, wird er nicht zulassen, daß der gesamte Erdball den Mördern der Menschheit zufällt.«

Wenige Tage nach dem Auftritt in dieser Radiosendung, am 22. März 1941, überquerte Werfel nahe dem Städtchen Nogales zu Fuß die Grenze zwischen Mexiko und Arizona: um den Prozeß seiner Einbürgerung noch einen weiteren Schritt voranzutreiben, mußte er nämlich, nach Ablauf der Gültigkeit seines Visitor's Visa, noch einmal offiziell in die Vereinigten Staaten einreisen.

Im Mai beendete Werfel, nach vier Monaten, die erste Fassung der Bernadette-Biographie – »Ich habe es gewagt, das Lied von Bernadette zu singen«, hieß es im Vorwort, »obwohl ich kein Katholik bin, sondern Jude.« Zu dem Buch habe ihm ein »weit älteres und viel unbewußteres Gelübde« als jenes in Lourdes abgelegte den Mut gegeben: »Schon in den Tagen, da ich meine ersten Verse schrieb, hatte ich mir zugeschworen, immer und überall durch meine Schriften zu verherrlichen das göttliche Geheimnis und die menschliche Heiligkeit...«

Entgegen sonstiger Gewohnheit diktierte Werfel die Zweitfassung des Romans, engagierte hierfür den von Bruno Frank empfohlenen Literarhistoriker und ehemaligen Theaterregisseur

Albrecht Joseph. Im Sommer 1941, da deutsche Sturmtruppen in der Sowjetunion einmarschierten und zunächst rasch und siegreich ins Landesinnere vordrangen, beendete Franz Werfel sein Lourdes-Buch, widmete es »Dem Andenken meiner Stieftochter Manon«. Bermann Fischer gegenüber kündigte er den Roman nunmehr als die Geschichte eines »hochgenialen Mädchens« an: »In einem gewissen Sinne ist Bernadette die Verkörperung der magischen Kräfte, die in der Menschheit nicht aussterben, nicht anders als die Poesie selbst.« Seiner in London lebenden Schwester Hanna bekannte er, die Arbeit an dem Bernadette-Roman sei die größte seines Lebens gewesen, Tag und Nacht habe er in den letzten Monaten an diesem umfangreichen Werk geschrieben, »zustande gebracht in täglicher, stündlicher Selbstüberwindung«. Um sich aber in Amerika zu behaupten, müsse man ja das Dreifache leisten wie in Europa – »Für den Herbst habe ich eine entsetzliche Vortragsreise angenommen. Ich fürchte mich davor. Mein Englisch ist noch nicht erstklassig.«

Mittlerweile warteten Werfels Eltern in Marseille seit Wochen bereits auf ihre portugiesischen Visa, um im September '41 das Schiff ,,Serpa Pinto" von Lissabon nach New York zu nehmen. »M[ister] Fry telegraphierte, daß Papa immer schwächer wird und der Arzt glaubt, daß er in Kürze nicht mehr reisefähig sein wird«, schrieb Werfel an Hanna, überdies herrsche in Marseille akute Lebensmittelknappheit. »Daß die armen Eltern nach einem Leben voll Ruhe und Sicherheit dieser entsetzlichen Prüfung ausgesetzt sind [...] das ist unausdenklich. [...] Vielleicht aber hilft ein Wunder.« Am 31. Juli 1941, zehn Tage nachdem sein Sohn noch auf ein Wunder gehofft, gab Rudolf Werfel den Kampf ums Überleben auf – in Marseille, wenige Wochen vor Vollendung seines dreiundachtzigsten Lebensjahres.

In die große Trauer um den Vater mischte sich nun Werfels Angst, seine siebzigjährige Mutter könnte die Flucht aus Frankreich allein vielleicht nicht durchstehen – bald erreichte ihn dann aber die beruhigende Nachricht, Frau Albine befinde sich bereits in Portugal und werde in Kürze in New York eintreffen. Ende

September konnte Franz seine Mutter endlich in die Arme schließen – nach mehr als einem Jahr unentwegter Sorge um ihr Überleben. Er blieb nun längere Zeit an der Ostküste, wohnte mit Alma in seinem Lieblingshotel St. Moritz, am Central Park, und half – so gut er es vermochte – Albine Werfel, sich vom Schock des Todes ihres Mannes zu erholen, sich überdies in Amerika nach und nach ein wenig heimisch zu fühlen. Alma unterhielt unterdessen in der Hotelsuite ihren Salon; als wohnte sie wieder in Wien, empfing sie österreichische Prinzen und Prinzessinnen, Politiker und Künstler, konnte sich wieder in dem Gefühl wiegen, gesellschaftlicher Mittelpunkt zu sein. Und machte ihrem Mann zugleich die bittersten Vorwürfe: nur seinetwegen habe sie das geliebte Österreich verlassen müssen, sie selbst hätte in glücklicher Sicherheit und Sorglosigkeit auf der Hohen Warte bleiben können. Franz Werfels Judentum sei schuld daran, daß sie der Heimat beraubt worden sei – die sie, aus der Ferne, nun durchaus glorifizierte. Nur Werfels wegen müsse sie in einem geist- und kulturlosen Land ihr bedauernswertes Exildasein fristen. Hilflos und unglücklich ließ der Beschimpfte die Zornausbrüche seiner Frau über sich ergehen – kannte nur einen Fluchtweg, um Almas Unmut zu entkommen, den in die Arbeit.

Werfel bemühte sich, für seine Mutter in New York ein Appartement zu finden, und bereitete sich gleichzeitig auf seine Vortragstournee vor, die ihn durch mehrere US-Staaten, unter anderem nach Nebraska, Missouri und Texas, führen sollte. Wie ein Schauspieler seine Rolle, studierte Werfel nun seine ›Gottesglauben‹-Rede aus dem Jahre 1932 ein: ›Can We Live Without Belief in God?‹ Vor der Abreise gewährte er einigen Reportern Interviews, äußerte in einem dieser Gespräche, er kenne nun sowohl den Westen als auch den Osten der Vereinigten Staaten und sei zu dem Schluß gelangt, die amerikanische Nation sei verhältnismäßig frei von Haß (»relatively without hatred«); er habe hier den Sonnenschein wiederentdeckt, den ihm, schon in seiner Jugend, die wunderbare Lyrik Walt Whitmans vermittelt habe. Während Europa und Asien immer mehr der Gottlosigkeit anheimfielen, würden die Ideale der Religion und der Sittlichkeit in Amerika offensichtlich gewahrt; nach Ende des Krieges, vermutete er, werde den USA die höchst verantwortungsvolle Rolle zufallen, eine moralische Erneuerung der Welt einzuleiten.

Im Dezember 1941, unmittelbar nach dem Überfall der Japaner auf Pearl Harbor und den darauffolgenden Kriegserklärungen Amerikas an Japan, sowie Deutschlands an Amerika, erschien die deutschsprachige Ausgabe des ›Lieds von Bernadette‹ im Bermann-Fischer-Verlag, Stockholm; zur gleichen Zeit kam das Buch auch in französischer, spanischer, portugiesischer, schwedischer und ungarischer Sprache heraus, während die amerikanische Ausgabe erst für das Frühjahr 1942 geplant war. Nachdem Werfel »die schwere Arbeit der Korrektur der Übersetzung« beendet hatte, schrieb er aus Los Angeles an seine in New York verbliebene Mutter: »... die Menschen hier [...] fühlen sich von den Japanern direkt bedroht, was ich für einen Unsinn halte. Manche verlassen schon die Küste.« Auch Alma, die ja »immer mit dem ärgsten« rechne, denke daran, ins Landesinnere zu übersiedeln, nach Denver eventuell, oder nach Colorado Springs. »Ich hingegen [...] möchte hier bleiben.« Allerdings werde das materielle Überleben in den nächsten Jahren für Europäer immer schwieriger werden: »Der amerikanische Nationalismus blüht und man wird viel und wohlüberlegt arbeiten müssen, um sich oben zu halten. Das fühlt man besonders hier, in der Filmstadt. [...] Das schwerste Jahr der amerikanischen Geschichte ist ja angebrochen.«

Im vergangenen Herbst hatte Werfel einen äußerst deprimierenden Brief seines Freundes Stefan Zweig erhalten, in welchem dieser ihm von einem Nervenzusammenbruch berichtete: der Schmerz um den Verlust seiner Sprache, seines Lebensraums, seiner Identität habe ihn an den Rand absoluter Verzweiflung getrieben. Zweig lebte inzwischen in der brasilianischen Stadt Petropolis, schwärmte nun, in einem neuerlichen Brief, von der magischen Schönheit seines neuen Exilorts, pries die Landschaft, die ihn umgab – er schien die Krise überwunden zu haben, lud den

Freund sogar ein, ihn im Sommer dieses Jahres zu besuchen, Werfel werde in Brasilien weit größere Anregung finden als in Hollywood. Doch zu dieser Südamerika-Reise sollte es nicht mehr kommen: Ende Februar 1942 beging Stefan Zweig mit seiner Frau Lotte Selbstmord. »Entsetzlich! Er hat uns verzweifelte Briefe geschrieben, die ich leider nicht recht ernst genommen habe«, teilte Werfel seiner Mutter mit. Und in einer Trauerrede, die er in einer Synagoge von Los Angeles hielt, betonte er, Zweigs Selbstmord erscheine ihm vor allem deshalb so unbegreiflich, weil sein Freund mit dieser Tat ja dem Erzfeind zu einem Triumph verholfen habe – deutsche Zeitungen feierten diesen Todesentschluß des Vertriebenen »wie den Untergang eines englischen Panzerkreuzers«. Und dennoch, so Werfel weiter, beweise Zweigs Selbstmord »eine heimliche Größe«, hinter der sich ein nicht zu entschleierndes Geheimnis verberge. »Spätere Geschlechter werden einmal die Tragik jener Dichter und Schriftsteller ermessen, die man ausgestoßen hatte aus ihrer Sprache und die wie ahasverische Bettler auf der Schwelle einer fremden Grammatik und einer fremden Kultur hockten.« In einem seiner letzten Briefe habe Zweig an Werfel geschrieben, wenn er von Bombardements und dem Zusammenstürzen getroffener Häuser lese, dann stürze er jedesmal selbst mit den Häusern zusammen – »Sein Tod beweist, daß diese Worte wahrhaftig nicht übertrieben sind. [...] Nein, er ahnte, er wußte, es werde und müsse schlimmer werden von Tag zu Tag.«

Wie befürchtet, verschlechterte sich seit dem Kriegseintritt Amerikas Werfels finanzielle Lage – es gab keine Anzeichen dafür, daß der Book of the Month Club den Bernadette-Roman nominieren würde, dadurch sanken auch die Chancen des Buches für den Filmmarkt, kein Produzent und kein Studio hatte bisher ein konkretes Angebot unterbreitet. In dieser plötzlichen Krise versuchte Werfel, eigene ältere Stoffe für Hollywood neu einzurichten: zum Beispiel wurde ›Eine blaßblaue Frauenschrift‹ unter dem neuen Titel ›April in October‹ in Form eines Treatments von Studio zu Studio weitergereicht; der Regisseur Robert Siodmak interessierte sich zunächst für das Projekt, doch bald wurde das Vorhaben wieder fallengelassen.

Werfels bester Freund in Los Angeles – von seinem ehemaligen Piaristen-Mitschüler Ernst Deutsch abgesehen – war der aus Wien gebürtige Schriftsteller Friedrich Torberg, den er aus Herrenhof-Zeiten oberflächlich kannte, jedoch seiner Karl Kraus-Anhängerschaft wegen damals eher gemieden hatte. Auf der Flucht begegneten sie einander wieder, in Estoril, und seit dem vergangenen Herbst lebte Torberg nun ebenfalls in Hollywood. In ihm erkannte Franz Werfel einen Ebenbürtigen und Geistesverwandten, er war bereit, sich diesem humorvollen, noch von kakanischer Weltsicht geprägten Vierunddreißigjährigen ganz zu öffnen – nur Willy Haas und Ernst Polak waren ihm je so nahe gekommen wie nunmehr dieser neue Freund. Torberg ersetzte Werfel wenigstens spurenweise jenes Zuhausegefühl und die Kaffeehausatmosphäre, die ihm im Exil so sehr fehlten; saß er mit dem weit Jüngeren beisammen, schien das schwere Los der Emigration, das Abgeschnittensein vom österreichischen Kulturraum nicht mehr ganz so tragisch.

Gemeinsam erarbeiteten sie, in diesem Frühjahr 1942, eine Filmstory, basierend auf der Biographie der Sultanstochter Zorah Pasha; ein blutrünstiger Stoff, auf den Werfel schon während seiner Ägyptenreise 1925 aufmerksam geworden war. Ein ausführliches Treatment entstand nun, ›The Love and Hatred of Zorah Pasha‹, um diese eher peinliche Kolportagegeschichte aber ein wenig interessanter erscheinen zu lassen, behauptete Werfel in einem knappen Vorwort, er habe eine erste Niederschrift des Werks bereits in Europa verfaßt, das Manuskript jedoch auf seiner Flucht durch Frankreich, Spanien und Portugal verloren.

Rund sechs Wochen vor dem Erscheinungstermin von ›The Song of Bernadette‹ entschied der Book of the Month Club überraschenderweise, den Roman doch zu erwerben, ihn im Monat Juni seinen Mitgliedern als die wichtigste Neuerscheinung auf dem amerikanischen Buchmarkt anzuzeigen. Daraufhin druckte Viking Press, um genügend Bernadette-Bände an die Buchhandlungen ausliefern zu können, eine Auflage von zweihunderttausend Exemplaren. Die anfängliche Skepsis des Verlegers Ben Huebsch verwandelte sich – gleichsam über Nacht – in ungezügelten Optimismus. »Dadurch ist auch die Filmchance sehr verbessert«, schrieb Werfel an seine Mutter. »Es wird unausgesetzt verhandelt.«

Am 11. Mai 1942 erschien ›The Song of Bernadette‹. Und schon drei Wochen später hatte es den vierten Platz der Bestsellerliste erklommen, Viking Press druckte das dreihundertste Tausend. Im Juni schließlich verdrängte ›Bernadette‹ John Steinbecks Kriegsroman ›Bombs Away‹ vom ersten Platz, wurde zum „National Bestseller Number One" und verblieb monatelang in dieser Position. Ein kaum vorstellbarer Erfolg, der nach Bücherverbrennung, Vertreibung aus der Heimat und lebensgefährlicher Flucht gewissermaßen die Wiederherstellung der Gerechtigkeit bedeutete; einer Gerechtigkeit allerdings, die noch keinem seiner emigrierten Schriftstellerkollegen vergönnt war: sie alle lebten – nahezu ausnahmslos – knapp am Rande des Existenzminimums. Werfels ›Bernadette‹-Triumph sicherte ihm aber nicht allein den größten Erfolg seines Lebens, ›The Song of Bernadette‹ wurde zugleich zu einem der größten Bestseller-Erfolge in der Verlagsgeschichte der Vereinigten Staaten.

Im Juni '42 erreichte das Massenmedienspektakel einen vorläufigen Höhepunkt, die größten Zeitungen des Landes widmeten dem Buch sowie dem Grottenmirakel von Lourdes ausführliche Reportagen, landesweit waren Radiogespräche mit Werfel zu hören, er wurde mit Interviewansuchen förmlich überschüttet; Ben Huebsch bat ihn, in den Mittelpunkt des Trubels um seine Person nach New York zu kommen, und Werfel wurde hier von Pressegespräch zu Pressegespräch, von Party zu Party weitergereicht.

Ein Triumphzug, den viele von Werfels Schicksalsgenossen mit Verwunderung beobachteten: sie machten sich – nicht selten öffentlich – über die eher kitschige Heiligenlegende lustig, vermuteten, daß der Autor so naiv nicht sein könne, an dies katholische

Märchen tatsächlich zu glauben, sie warfen ihm vor, nur so zu tun, als zweifle er nicht daran. Überschattet wurde Werfels Aufenthalt an der Ostküste auch von einem plötzlich entbrannten, wohl seit Jahren schon schwelenden Familienzwist, der in diesem Erfolgssommer 1942 zum Ausbruch kam, ein Streit, der Werfel sehr nahe ging und ihn längere Zeit hindurch schwer belastete. Mizzi Rieser hatte ein Drama namens ›Eugenia‹ verfaßt, welches sie am Broadway unterzubringen versuchte. Von ihrem Bruder erwartete sie, er werde ihr dank seiner guten Beziehungen einen Theaterkontrakt verschaffen können, das Stück etwa Max Reinhardt zur Inszenierung vorschlagen. Nachdem Werfel die ›Eugenia‹ aber an die New Yorker Theatre Guild gesandt und diese das Schauspiel kategorisch abgelehnt hatte, versuchte er es nicht noch einmal an einem Theater unterzubringen.

Frau Rieser sandte ihrem Bruder daraufhin einen überaus vorwurfsvollen Brief, in der Art eines Abschiedsschreibens, auf das Franz Werfel äußerst gekränkt reagierte. Er ließ Mizzi brieflich wissen, sie habe ihm seinen New York-Aufenthalt nun »von Grund auf verbittert«; sowohl seine Schwester, konterte er, als auch sein Schwager Ferdinand »reden in der gehässigsten Weise über meine Frau und auch über mich. [...] Ferdi pflegt in Gesellschaft Alma nur die ›Mahler‹ zu nennen, was für sie gewiß keine Herabsetzung, für mich aber eine bewußte Beleidigung ist. Fremde Leute erzählen mir über Eure Schimpforgien gegen Alma. Du pflegst zu behaupten, daß ich ein Anderer bin in meinen Schriften und ein Andrer in Wirklichkeit bin, ein Lügner also. Und nun der Gipfel! Nicht meine schlimmsten Feinde würden zu erfinden wagen, was Ihr zum Besten gebt: ich hätte meine Erfolge ›Protektionen und Beziehungen‹ zu verdanken. Nur weil wir mit Harry S[c]herman* befreundet sind, hätte ›The Book of the Month Club‹ meine ›Bernadette‹ gewählt.« Im übrigen überschätze Mizzi den Einfluß ihres Bruders gewaltig: »In Amerika ist bekanntlich Geld

* Gründer und Vorsitzender des Book of the Month Club.

alles. Ein Stück heißt hier im Theaterjargon mit Recht ›Property‹. Geldleute allein entscheiden, ob es produziert wird oder nicht. [...] Wir leben [...] in einer fremden Welt, die ihre eigenen Gesetze hat und die schwer zu erobern ist. Auch ich müßte hier verhungern, wäre ich nicht schon seit zwanzig Jahren bekannt. [...] Hundert anerkannte europäische Künstler, darunter einige echte Genies [...] leben von Almosen und Unterstützungen.«

Mizzi Rieser erwiderte, sie fühle sich künstlerisch von ihrem Bruder unterdrückt und menschlich von ihm übergangen; daraufhin versuchte Franz Werfel, das Verhältnis zwischen sich und seiner Schwester psychologisch zu analysieren, schon in der Kindheit habe sie sich immer wieder zurückgestoßen und mißhandelt gefühlt. Mizzis gegenwärtige »seelische Abwendung« gehe aber seiner Meinung nach ungefähr auf das Jahr 1936 zurück: Almas antisemitische Bemerkungen, die damals »wie Wermuth« auf den »Wunden« des Ehepaars Rieser »brannten«, hätten den eigentlichen Bruch zwischen den Geschwistern hervorgerufen: »Und da Ferdi [...] Almas Feind von Anfang an war, so besaßet Ihr bald eine Kollektion von bitteren Kränkungen, die Ihr Alma zuschiebt. Hitler hatte damit auch zwischen uns die Brandfackel geworfen. [...] Ich war also mit einer Antisemitin verheiratet. (Eine uralte Zwistsituation in jüdischen Familien.)« Er gab Mizzi gegenüber allerdings zugleich auch zu, Almas Antisemitismus habe ihm selbst in den fünfundzwanzig Jahren ihrer Liebesbeziehung schon »hundert bittere Stunden« bereitet.

Auch nach seiner Rückkehr nach Los Angeles, im Juli 1942, setzte Werfel den Briefwechsel mit seiner Schwester fort. »Ich bin im Leben ein einziges Mal einem Menschen begegnet«, schrieb er, der sich einst ähnlich wie sie verhalten habe: »Karl Kraus. [...] Sich gegenseitig in die Seelen steigen, ist kein Mut, kein Kämpfertum, sondern eines der intellektuellen Übel der abgelaufenen Epoche. Es ist eine der Wurzeln des Nazismus. Ich wäre sehr froh, wenn wir uns verstehen wollten, anstatt einander zu durchschauen.«

Eine Art Schlußwort zu ihrer Diskussion formulierte Werfel,

nachdem seine Schwester ihm auch noch den Vorwurf gemacht hatte, er habe sich ihrer Meinung nach, im Laufe der letzten Jahre, allzusehr christlicher Weltanschauung angenähert: »Für mich [. . .] bedeutet der Katholizismus nichts Anderes als das einzig noch vorhandene *geistige System,* im wüsten Flachland des Materialismus. Die Juden aber haben nicht Geist genug, um einzusehen, daß sie nach dem Ende des Christentums ein ebenso überflüssiges Volk sein werden, als die Polen oder Bulgaren.«

Zu diesem Zeitpunkt, Ende Juli 1942, hatte die amerikanische ›Bernadette‹-Ausgabe bereits eine Auflage von vierhunderttausend Exemplaren erreicht.

»Während der Kriegsjahre lebten meine Freunde und ich sozusagen von einer Nachrichtensendung zur nächsten«, erzählt Albrecht Joseph, am Steuer seines klapprigen Dodge sitzend. Wir fahren durch den Beverly Glen Canyon hinüber ins San Fernando Valley, zu dem Supermarkt, wo er einmal in der Woche einkauft. »Wegen des neunstündigen Zeitunterschieds zwischen Kalifornien und Europa gab's die wichtigsten Meldungen vom Kriegsschauplatz immer erst mitten in der Nacht, da erfuhr man dann, welche neuen Katastrophen über Nacht in Europa wieder passiert waren. Um uns die Wartezeit bis zu den N e w s abzukürzen, trafen wir, eine Gruppe Emigranten, abends sehr oft zusammen und spielten Gesellschaftsspiele. Das beliebteste hieß Charade. Da mußte man ein Tier oder eine Pflanze oder ein Zitat aus der Weltliteratur oder ähnliches pantomimisch darstellen, und die anderen Anwesenden mußten es erraten. Alle machten mit, selbst der doch eher etwas zurückhaltende Thomas Mann. Das nahm manchmal schon s e h r groteske Ausmaße an – wir brüllten vor Lachen. Das wäre etwas: wenn man heute einen Dokumentarfilm besäße, aus dieser Zeit!

Eines Abends, wir waren in Bruno Franks Haus, und der Gastgeber, ein Hüne von einem Mann, mit breiten Schultern und dem Kopf eines römischen Cäsaren, kroch auf dem Boden umher, auf allen vieren über den Teppich, er stellte eine Maus dar. Plötzlich ging die Tür auf – und da standen Werfel und Alma im Wohnraum, soeben aus Frankreich über New York in Los Angeles eingetroffen. Noch Jahre später hat mir Werfel gesagt, dieser kuriose Anblick zähle – nach all den tumultuösen Ereignissen seiner Emigration – zu den seltsamsten Augenblicken seines Lebens.

Wenige Monate später begann ich für Werfel zu arbeiten. Er diktierte mir seinen Roman ›Das Lied der Bernadette‹. Ich kam zu ihm, in sein kleines Haus in den Hollywood Hills. Im Erdgeschoß stand Almas Klavier, die Schlafzimmer lagen aber u n t e r dem Eingangsgeschoß, da das Haus ja an einen steilen Abhang gebaut war. Man stieg also eine schmale Wendeltreppe hinunter und kam in Werfels weißgetünchten, kleinen Raum, gerade groß genug für das schmale Bett, einen Schrank, einen Schreibtisch und zwei Stühle. Ich saß an der Schreibmaschine, und Werfel diktierte mir aus acht in schwarze Pappe gebundenen Schulheften. Er schrieb alles mit der Hand – und zwar meistens in solche Schulhefte. ›Als Bub hat man mich gezwungen, in solche Hefte zu schreiben‹, erklärte er mir einmal, ›seither ist's meine süße Rache, immer dasjenige da hineinzuschreiben, was i c h will!‹

Er bat mich gleich zu Beginn der ›Bernadette‹-Arbeit: ›Wenn Ihnen irgend etwas nicht überzeugend vorkommt, dann lassen Sie mich's wissen!‹ Aber da war kaum etwas auszusetzen. Wenn die ›Bernadette‹ einen Fehler hat, dann vielleicht den, daß sie zu glatt geschrieben ist, geradezu wie ein Reiseführer. Manchmal hat er mich durch einen Blick gefragt: finden Sie das gut oder nicht? Aber zumeist habe ich keinen Einwand gemacht. Unsere Arbeit ging vollkommen reibungslos vonstatten. Nach dem Diktieren rief Alma mich meist zu sich und sagte: ›Benimm dich nicht wie ein Jud, setz dich hin und trink ein Glaserl Schnaps!‹ Ich erinnerte sie wiederholt daran, daß das Weintrinken ein Teil des jüdischen Rituals sei und es in Wien zumindest zwei jüdische Alkoholiker gegeben habe, der eine ihr Freund Egon Friedell, der andere Joseph Roth, der sich zu Tode gesoffen habe. Aber bei Alma hatte kein rationales Argument eine Chance, ihr Dogma lautete: die Juden sind den Ariern unterlegen. Punktum. Nie hat Alma, wenn wir beisammensaßen, mit mir über Werfels Werk gesprochen. Das wäre doch eigentlich selbstverständlich gewesen, daß sie gesagt hätte: wie ist denn das nun weitergegangen mit dem Roman, findest du's gut?! Nichts. Kein Wort.

Ich glaube, daß Alma in Wirklichkeit nicht sehr interessiert war an dem, was er gearbeitet hat. Sie sprach meist nur darüber, was der Roosevelt doch für ein Verbrecher sei und daß der Hitler doch ein sehr gescheiter Mensch ist. Es gab noch andere Emigranten in L. A., die ähnlich bizarre Ansichten über die Deutschen wie Alma vertraten, Fritz Kortner zum Beispiel oder Arnold Schönberg; das war noch vor Stalingrad, versteht sich, als sie, zu Besuch im Hause Werfel, in meinem Beisein sagten: ›Ist doch ganz klar, daß die Deutschen den Krieg gewinnen werden, weil sie eben die Disziplin haben und viel gescheiter sind als die Amerikaner!‹

Alma liebte den Streit: als ich eines Morgens zur ›Bernadette‹-Arbeit ins Haus kam, geriet ich mitten hinein – es ging, wie so oft, um die Kriegsnachrichten aus Europa, die wieder einmal besonders bedrückend klangen. Und Alma vertrat auch diesmal die Ansicht, das könne ja nicht wundernehmen, daß die Deutschen Siege verbuchten, da sie eben – Hitler inbegriffen – Supermänner seien. Werfel wollte diesen Unsinn nicht unwidersprochen lassen, Alma gab auch nicht nach, dieser sinnlose Streit währte zehn Minuten, bis Werfel mir auf die Schulter klopfte und sagte: ›Kommen Sie, geh'n wir runter, zur ›Bernadette‹-Arbeit.‹ Und dann blieb er mitten auf der Wendeltreppe stehen, drehte sich nach mir um und seufzte: ›Was soll man mit so einer Frau machen?!‹ Das klingt beinahe gutmütig, aber in seiner Stimme war keine Spur von Humor zu erkennen. Er war wirklich desperat. Ich versuchte, irgendeine Erklärung vorzubringen, er aber schüttelte bloß den Kopf: ›Man darf nicht vergessen‹, sagte er, ›sie ist eine alte Frau.‹

Das Wohnzimmer der Werfels war natürlich sehr oft Treffpunkt der jüdischen Emigranten – Ernst Deutsch und seine Frau, Torberg, Bruno Frank, Leonhard Frank, Kortner, Schönberg, das Ehepaar Korngold und viele mehr. Alma liebte es, diese Runde zu kränken oder zu provozieren. Obwohl sie selbst gerade dem Naziterror entkommen war, meinte sie eines Nachmittags, während einer Tea-Party, man dürfe nicht grundsätzlich alles verdammen, was die Nazi täten, es gebe da ja durchaus auch Lobenswertes. Als einer der Gäste erwiderte, allein schon die Tatsache, daß es Konzentrationslager gebe, reiche doch aus, einen um den Verstand zu bringen, entgegnete sie: ›Ach was, diese Greuelpropagandageschichten, die sind doch von Euch Emigranten fabriziert! Mir hat eine Oberschwester, mit der ich gut befreundet bin, versichert, daß die Lager eine hervorragende medizinische Betreuung haben und sich das Rote Kreuz äußerst gewissenhaft um die Gefangenen kümmert!‹ Einen Augenblick lang saßen wir alle regunglos, wie paralysiert! Dann s p r a n g Werfel plötzlich auf, brüllend, sein Gesicht wurde l i l a , seine Augen traten hervor. Nie hab ich ihn je so gesehen. Hätte auch nie einen solchen Zornausbruch bei ihm – der ja im Grunde ein besonders sanfter, liebenswürdiger Mensch war – für möglich gehalten. Es war wie das Donnern eines Propheten aus dem Alten Testament! Er hatte jede Kontrolle über sich verloren. Und wir wußten doch alle, wie schwach sein Herz war. Um so lebensgefährlicher ein solcher Ausbruch! Jeder wollte fort, so rasch wie möglich. Aber jeder wußte auch: nun konnte man Werfel unmöglich mit ihr allein lassen. Man redete über dies und das. Smalltalk. Und Alma wirkte gänzlich ungerührt, wahrscheinlich dachte sie: mein kindischer Mann hat sich wieder einmal wie ein ungezogenes Kind benommen.«

Totentanz

Rund achtzig Meilen nördlich von Los Angeles, an der Pazifik-
küste, liegt, von Zitrusplantagen umgeben, der vielleicht schönste
Ort Kaliforniens, Santa Barbara. Cyrill Fischer, ein katholischer
Geistlicher, den Franz Werfel aus Wien kannte und den er sehr
schätzte, hatte sich zu Beginn der vierziger Jahre in die Old
Mission des Städtchens zurückgezogen, ein großes Kloster des
Franziskanerordens. Werfel kam des öfteren hierher, um Pater
Cyrill zu besuchen, empfand Santa Barbara als ideales Refugium,
wo er, abseits der Großstadt, wie einst in Breitenstein oder Santa
Margherita, ungestört arbeiten könnte. Ende Juli 1942 übersie-
delte er in einen Bungalow des unmittelbar am Meer gelegenen
Luxushotels Biltmore.

Er wohne neuerdings »in einem entzückenden espagniolisieren-
den Hotel«, teilte er seiner Schwester Hanna mit: »Paradies – kühl
balsamisch – Blumenorgien – Swimming Pool mit schönsten
Mädchen, die ich mit einem Auge anstaune, während mein andres
Aug in Scheebens' ›Geheimnis der Prädestination‹ vertieft ist . . .«

Innerhalb von zehn Tagen schrieb er in seinem Biltmore-
Bungalow ein neues Theaterstück. ›Jacobowsky und der Oberst‹,
die »Komödie einer Tragödie«, wie er das Drama im Untertitel
nannte. Es verquickte die Erlebnisse seiner eigenen Flucht von
Marseille nach Marseille mit jener reichen Anekdotensammlung
des Stuttgarter Bankiers S. L. Jacobowicz – seines Zimmernachbarn in Lourdes –, die Werfel im Laufe der letzten Monate immer
wieder und wieder, wie ein Schauspieler seine Lieblingsrolle, zum
besten gegeben hatte. So im vergangenen Herbst, anläßlich einer
Dinnerparty bei Max Reinhardt, wo er, wieder einmal, die Gäste
mit seinen komödiantischen Erzählungen amüsierte. Reinhardts
Sohn Gottfried hatte damals, noch am selben Abend, den Vor-

schlag geäußert, Werfel müsse diese Geschichten unbedingt zum Stoff eines Schauspiels machen; er witterte die Chance, auf die sein Vater seit Jahren wartete: einen großen Erfolg am Broadway zu landen. Doch Werfel hatte Gottfried Reinhardts Idee zunächst abgelehnt; das Thema, meinte er, eigne sich nicht für ein Drama, welches seinen Namen trage, auch Alma Mahler sprach sich vehement gegen die Verwirklichung eines solchen Stücks aus. Daraufhin bat Reinhardts Sohn, Werfels Erzählungen selbst für die Bühne adaptieren zu dürfen, versprach dem Freund eine finanzielle Beteiligung von fünfzig Prozent und gewann den erfolgreichen amerikanischen Schriftsteller S. N. Behrman als Co-Autor. Nach wenigen Wochen, die beiden hatten bereits einen ersten Akt des Stücks fertiggestellt, erreichte sie ein Brief Franz Werfels, er habe sich die ganze Sache anders überlegt, habe den Entschluß gefaßt, das Schauspiel nun doch selbst zu schreiben. Reinhardt und Behrman reagierten erbost: sollten sie für ihren Verlust nicht entschädigt werden, würden sie Franz Werfel verklagen.

Die in Santa Barbara entstandenen Szenen sandte er laufend zum Abtippen an Albrecht Joseph nach Los Angeles – und Ende August 1942 konnte er das fertige Manuskript nach New York, an die Theatre Guild, schicken. Er hatte es sich in den Kopf gesetzt, mit dem neuen Stück einen ähnlichen Durchbruch auf Amerikas Bühnen zu erringen, wie es ihm im Falle ›Bernadette‹ auf dem US-Buchmarkt geglückt war. Nahezu eine halbe Million ›Berna-dette‹-Exemplare hatte Viking Press mittlerweile bereits verkauft, und die Nachfrage stieg immer noch stetig. »Diese Wirkung [...] die niemand so erwartet hat«, betonte Werfel seiner Schwester Hanna gegenüber, »ist ein anderes Wunder von Lourdes, das ich in Demut und Freude annehme.« Er sei im übrigen zu der Einsicht gelangt, »für die Amerikaner im kom[m]erziellen Sinne verkäufliche Sachen« schreiben zu müssen, um in den Vereinigten Staaten überleben zu können.

›The Song of Bernadette‹ war inzwischen an das Studio der Twentieth Century Fox verkauft worden; der aus Budapest gebürtige Agent George Marton hatte in langwierigen Verhandlungen die damals ungewöhnlich hohe Summe von hundertfünfundzwanzigtausend Dollar für die Filmrechte ausgehandelt. Werfels einfache Bildsprache, sein Hang, Stoffe in etwas überladenem Stil – im ›Bernadette‹-Roman sogar fast sentimental – zu handhaben, kam den Bedürfnissen der Traumfabrik zweifellos sehr entgegen. Eine besonders gute *Hollywood-Verträglichkeit* zeichnete sein Werk ja im Grunde schon seit dem Verdi-Roman, seit den ›Geschwistern von Neapel‹ oder ›Juarez und Maximilian‹ aus. Und wäre nicht eine massive türkische Intervention erfolgt, welche die geplante MGM-Verfilmung der ›Vierzig Tage des Musa Dagh‹ schließlich vereitelte, auch dies Projekt hätte wohl mit Sicherheit weltweite Kassenrekorde verbucht.

Nicht zuletzt kommerzielle Überlegungen mochten Werfel – nach Abschluß der Arbeit am ›Jacobowsky‹-Stück – bewogen haben, »einen großen Juden-Roman« vorzubereiten: »man schildert meist das Schicksal der Emigranten«, schrieb er an Hanna, »ich will aber einen Daheim-Gebliebenen schildern. Einen braven Seidenfabrikanten, der seine Familie nach Amerika verfrachtet, aber meint, er hätte noch Zeit. [...] So gleitet er ins Verderben, Schritt für Schritt bis zum Gelben Fleck und Polen. Die seltsame Erhöhung und Verklärung dieses Mannes in Polen mitten unter dem Massaker ist die Klimax des Buches. Ein gewöhnlicher Jud, ein Nichts und Niemand mit einem Geschäft in der Rothenturmstraße oder am Obstmarkt.«

Seit Jahrzehnten predigte Werfel, in immer neuen Variationen, die Untrennbarkeit jüdischer und christlicher Glaubenswelt, seit dem einzigartigen ›Bernadette‹-Erfolg wurde er mit dem Judentum jedoch keineswegs mehr identifiziert. Um sein rein katholisches Image ein wenig abzuschwächen, hatte er sich zu ›Jacobowsky und der Oberst‹ durchgerungen, aus derselben Motivation entstand nunmehr wohl dies neue Vorhaben zu einem jüdischen Roman, für den Werfel den Arbeitstitel »Der Zurückgebliebene« notierte. Eine Art Weiterführung des ›Musa Dagh‹-Themas schwebte ihm vor: zehn Jahre, nachdem Werfel die Freveltaten der jungtürkischen Nationalisten als die grausamste Barbarei der Menschheitsgeschichte bezeichnet hatte, mußte er erkennen, daß der deutschnationale Rassenwahn die Morde Enver Paschas und seiner Gefolgsleute noch weit übertraf. Doch auch als ein Sich-zur-Wehr-Setzen gegen die Haltung seiner Frau mochte »Der Zurückgebliebene« konzipiert worden sein. – Alma tat die Nachrichten von deutschen Massakern an Juden nach wie vor als Greuelpropaganda ab.

Wie sehr Franz Werfel den Amerikanern bereits als *katholischer* Schriftsteller galt, beweist die Tatsache, daß ihm kirchliche Stellen wiederholt die Taufe nahelegten, verschiedentlich Gerüchte kursierten, er sei ohnehin längst konvertiert, und Erzbischof Rummel von New Orleans ihm im Herbst '42 die Frage unterbreitete, ob er denn nun Katholik geworden sei oder nicht? Zwar halte er, entgegnete Werfel in seinem Antwortschreiben an Rummel, den Katholizismus für die »reinste von Gott auf die Erde gesandte Kraft [...] um die Übel des Materialismus und [des] Atheismus zu bekämpfen«, da das Judentum jedoch eine Zeit grausamster Verfolgung durchmache, widerstrebe es ihm, sich gerade jetzt »aus der Schar der Verfolgten zu drücken«. Solange es antisemitische Christen gebe, werde der getaufte Jude überdies »eine nicht ganz erfreuliche und etwas zudringliche Erscheinung sein«. Dennoch, so beteuerte Werfel, wolle er »nicht aufhören, Bücher wie ›Das Lied von Bernadette‹ zu schreiben«; auch in Zukunft werde er jede Gelegenheit nutzen, »die Glorie des Übernatürlichen zu preisen«.

Schon sechs Jahre zuvor, im Skizzenbuch zum Jeremias-Roman, hatte er notiert: »Auch für einen Juden, der Jesum Christum für den Wahrhaftigen in der Geschichte realisierten Messias hält, ist Taufe und Übertritt nicht adäquat. [...] Der Jude ist durch Taufe und Glaube nicht ›heilbar‹. [...] Aber wie Christus-gläubig [ein Jude] im Einzelfall auch immer sein mag, es ist ihm ebenso sehr und ebenso tragisch verwehrt, Christ zu sein, wie Deutscher oder Russe.«

In einem Brief, den Werfel (etwa zur gleichen Zeit wie jenen an Erzbischof Rummel) an Rudolf Kommer, den Vertrauten und

Helfer Max Reinhardts, schrieb, hieß es allerdings: »Ich beuge mein Haupt vor Ihrem lieben Großvater Simon Kornblüh, dessen gütige Augen mir beim Anblick Ihrer Schinkensemmeln und meiner ›Bernadette‹ stechend werden.« Kommer hatte Werfel kurz zuvor eine »Siegesmeldung« unterbreitet, die diesen »von einem Schatten« seines eigenen »jüdischen Schuldbewußtseins« befreite: – er unterrichtete ihn nämlich von vielversprechenden Bemühungen amerikanischer Zionisten (unter Chaim Weizmann und David Ben Gurion), die Gründung eines jüdischen »Commonwealth« in Palästina voranzutreiben; eine Nachricht, die Werfel laut eigener Aussage »einen der stolzesten Nachmittage« seines Lebens bereitete. Dreißig Jahre nach seinen leidenschaftlich geführten Diskussionen mit Max Brod um die Gründung eines Judenstaates in Palästina, drei Jahrzehnte nach seiner vehementen Ablehnung eines jüdischen Altneulands im biblischen Israel war der Verfolgte und Ausgebürgerte, war der verbrannte Dichter Werfel nun doch dem Zionismus nähergerückt.

Kommer hatte übrigens enthusiastisch auf den ›Jacobowsky‹ reagiert, und Werfel teilte ihm nun mit, er habe das Stück im Grunde »wie ›zum Jux‹ in zehn Tagen hingehaut«, dennoch glaube auch er, die Figuren besäßen »einen gewissen Charme« – er halte die Antithese Jacobowsky – Oberst für »symbolisch« und hoffe, »daß die Komik des Grauens hinter allen Szenen – ein Raimund-Märchen des größten Collapses der Weltgeschichte –« in einer gelungenen Aufführung sehr gut zur Wirkung kommen könnte. Inzwischen hatte auch die New Yorker Theatre Guild das Stück gelesen, bestand aber darauf, eine amerikanische Adaption vornehmen zu dürfen, bevor eine Broadway-Aufführung in Frage komme – für Werfel gewissermaßen eine Demütigung, die er aber in Kauf nahm, da ihm für einen Theatererfolg jeder Preis recht zu sein schien, auch die Akzeptanz eines amerikanischen Co-Autors. »Aber – aber – jetzt kommt die große Sorge!« hieß es in dem Schreiben an Kommer weiter. »In treuer Entsprechung zum ›Eternal Road‹ ist die Sache von allem Anfang an durch Unklarheiten belastet. [...] Und jetzt beginnen die Konflikte zu blühen.

[...] Vater und Sohn Reinhardt benehmen sich mir gegenüber ganz unbegreiflich. Sie nehmen die große Chance nicht wahr.« Er sehe zwar ein, daß das Stück »einer amerikanischen Adaption« bedürfe, »nicht aber eines Flickwerkes fremder und in dieser Materie ahnungsloser Hände, die seinen Reiz zerstören würden«.

Ende September 1942 übersiedelten die Werfels aus dem Hollywooder Hügelland in die Ebene des vornehmen Villenbezirks Beverly Hills. Von den ›Bernadette‹-Einkünften hatten sie sich einen geräumigen Bungalow mit großem, schönem Garten gekauft, wohnten an der Ecke Santa Monica Boulevard, am North Bedford Drive, schräg gegenüber der Church of the Good Shepherd – schon in Venedig und Sanary befanden sich Werfels Wohnstätten vis à vis von katholischen Gotteshäusern, der Frari-Basilika einerseits, der Kapelle Notre-Dame de Pitié andererseits.
     Durch ihren Umzug rückten die Werfels in die Nähe ihrer Freunde und Bekannten; ihr unmittelbarer Nachbar war nun der Dirigent Bruno Walter, in der nächsten Umgebung lebten auch das Ehepaar Ernst und Anuschka Deutsch, Bruno Frank und seine Frau, man traf oft mit Erich Maria Remarque zusammen, mit den Slezaks, den Schönbergs, Korngolds, mit Friedrich Torberg und Lion Feuchtwanger. Almas engste Freunde in Los Angeles waren Gustave O. Arlt und seine Frau Gusti; Mr. Arlt war Professor für deutsche Literatur an der University of California; vorlaute Zungen behaupteten, Frau Mahler-Werfel liebe diese beiden ihrer arischen Abstammung wegen so besonders – überdies stünde das amerikanische Professorenehepaar dem Nationalsozialismus nicht vollends ablehnend gegenüber.
     Thomas Mann kam häufig zu Besuch ins Haus am Bedford Drive, las hier zuweilen vor versammelter Runde die neuesten Kapitel des abschließenden Bandes seiner Romantetralogie ›Joseph und seine Brüder‹. Werfel seinerseits spielte Szenen aus dem ›Jacobowsky‹ vor, stellte die verschiedenen Rollen alle selbst dar.
     Das Jahresende 1942 und den Beginn des neuen Jahres verbrachten die Werfels in New York; Franz wollte vor allem seine

Mutter wiedersehen, die im Appartement-Tower „The Langdon"
lebte und hier in der fremden Weltstadt vereinsamt war, kaum
Freunde fand. Sie sah kaum jemanden außer ihrer Tochter Mizzi
sowie einer Gesellschafterin. Alma hingegen führte in der St.
Moritz-Suite ihren obligaten Salon, empfing ihre zahlreichen
Freunde wieder, die an der Ostküste lebten.

Erzbischof Rummel von New Orleans hatte mittlerweile aus
dem Zusammenhang gerissene und dadurch höchst mißverständ-
liche Passagen aus Werfels Brief zur Veröffentlichung freigege-
ben. ›Time Magazine‹ zitierte aus diesem Dokument, ließ den
Eindruck entstehen, der Autor des ›Bernadette‹-Romans bekenne
sich vorbehaltlos zum Katholizismus. Dies löste wiederum eine
Flut von Leserbriefen aus, wütende Angriffe vor allem seitens
jüdischer Kreise, die Werfel in immer neuen Variationen die
gleiche Frage stellten: warum er zwar öffentlich für die antisemitisch argumentierende Kirche, nicht aber gegen die in Europa
tobende Judenverfolgung eintrete?

Im November 1942 schlossen russische Truppen rund zwei-
hundertfünfzigtausend deutsche Soldaten der 6. Armee von Stalingrad ein, kurz zuvor waren alliierte Streitkräfte in Nordafrika
gelandet, die Wende des Krieges zu Ungunsten Hitlerdeutsch-
lands zeichnete sich erstmals deutlich ab, eine Entwicklung, die
Werfel schon ein halbes Jahr zuvor erkannt hatte: er sehe, schrieb
er damals an seine Mutter, »den Anfang einer neuen Zeit« voraus,
er sei sicher, »daß unsere Wagschale höher steigt von Tag zu Tag
[...] Wir gehn einer Befriedigung entgegen, wie sie selten von
Menschen erlebt worden ist.« Um so eigenartiger eine Bemerkung, die Werfel während einer New Yorker Dinnerparty, die
6. Armee hatte schon kapituliert, vor versammelter Freundesrunde machte: »Kinder, laßt Euch nicht die Köpfe verdrehen ...
Der Friede wird so ›links‹, daß Euch Hören und Sehen vergehen
wird!« Thomas Mann, der diesem Abend beiwohnte, reagierte
empört auf die Worte seines Freundes, notierte gar in sein Tagebuch, er habe es als *ungehörig* empfunden, daß in seiner Gegenwart
so gesprochen wurde.

Zu Jahresbeginn 1943 erarbeitete Werfel, zusammen mit dem ihm von der Theatre Guild anempfohlenen Dramatiker Clifford Odets, eine amerikanische ›Jacobowsky‹-Adaption für den Broadway. Nach wochenlangem Teamwork war Werfel am Ende seiner Kräfte – an seinen Agenten George Marton schrieb er, zwar versuche er immer wieder von neuem, »einem amerikanischen Taubstummen das europäische Elend Frankreichs durch Zeichensprache zu vermitteln«, bezweifle jedoch, ob aus dem ganzen Projekt überhaupt noch etwas werden könne. Zu allem Überdruß drohte Werfel nun auch noch Ärger seitens des Stuttgarter Bankiers S. L. Jacobowicz, der inzwischen ebenfalls im amerikanischen Exil lebte und von der ›Jacobowsky‹-Komödie erfahren hatte. Sollte Werfel sich weigern, warnte Jacobowicz, die indirekte Hilfe des Bankiers bei der Entstehung des Dramas gebührend zu entlohnen, sehe sich dieser gezwungen, ihn zu verklagen. Gottfried Reinhardt und S. N. Behrman hatten mittlerweile ihre Drohung wahr gemacht und einen Prozeß gegen Franz Werfel angestrengt; ihr Mann werde in New York von ,,Aasgeiern'' umringt, schrieb Alma Mahler dieser Tage und in diesem Zusammenhang an den in Kalifornien verbliebenen Freund Friedrich Torberg. Im Frühjahr '43, Werfel war nach Los Angeles zurückgekehrt, erhielt er die endgültige ›Jacobowsky‹-Neufassung Clifford Odets' – und lehnte sie als dümmliche, sentimentale Verunglimpfung seines Stücks entschieden ab. Eine der typischen Änderungen bestand darin, Jacobowsky mit einem tragbaren Grammophon durch Frankreich flüchten und dabei Mozartplatten abspielen zu lassen, während ihm im Gebüsch die Gestapo auflauerte. Daraufhin schlug die Theatre Guild einen anderen Bearbeiter, den Schauspieler und Theaterproduzenten Jed Harris, vor, der in New York Stücke von Ibsen und Strindberg auf die Bühne gebracht hatte; als Werfel jedoch ohne Enthusiasmus auf dies Angebot reagierte, geschah zunächst gar nichts mehr, die Adaption der »Komödie einer Tragödie« blieb monatelang liegen. Nun hatte ihn das unglückliche Projekt schon mehr Ärger und Anstrengungen gekostet als jedes andere zuvor.

»Ich bin nicht besonders traum-gläubig«, so der erste Satz eines Textes, den Franz Werfel im Mai 1943 zu schreiben begann; in der Nacht zum Palmsonntag hatte er einen Traum, der ihn »mit unerklärlicher Lebhaftigkeit überkam« und sich von allen seinen früheren Träumen vollkommen unterschied. Er träumte die ganze Nacht hindurch, wie »in Fortsetzungen« eines »Zeitungsromans«. Werfel fühlte sich während jener Nacht »in unheimlichster Weise körperlos«, ein Phänomen, welches ihm ein nie gekanntes »Wohlbefinden« vermittelt hatte. Auch zwei Wochen später blieb die Erinnerung an dies Glücksgefühl so präsent, daß Werfel sich geradezu gezwungen sah, seine »Arbeits-Unlust zu überwinden und zur Feder zu greifen«.

Diese »Arbeits-Unlust« mochte wohl mit ein Grund dafür sein, daß er jenes große jüdische Romanprojekt »Der Zurückgebliebene« inzwischen wieder fallengelassen hatte, gerade zu einem Zeitpunkt übrigens, da im Warschauer Ghetto der verzweifelte Kampf einiger weniger Aufständischer begann, die, ähnlich Gabriel Bagradian und seinen fünftausend armenischen Landsleuten, als einzige aktiven Widerstand leisteten gegen Deportation und sicheren Tod.

Innerhalb von nur sechs Tagen entstanden im Hotel-Cottage des Biltmore von Santa Barbara mehr als fünf Kapitel des neuen, mit den Worten »Kurzer Besuch in ferner Zukunft« übertitelten Werks, von dem Werfel selbst noch nicht wußte, was daraus werden sollte. Freunden gegenüber nannte er das Vorhaben einen »Reiseroman«, notierte aber auch »Hinterm Rücken der Zeit« als möglichen Titel. Und ließ sich immer tiefer in die höchst absonderliche, mit keiner anderen seiner Arbeiten vergleichbare Atmosphäre des Buchs treiben. Versank in einem Geschehen, das im Jahr 101 943 angesiedelt war, im »Elften Weltenjahr der Jungfrau«, auf einem gänzlich abgeflachten, von zahlreichen Kriegen heimgesuchten, von grauem Rasen überzogenen und zumeist unterirdisch bewohnten Weltenball.

»F. W.«, der Romanheld, wird anläßlich einer Hochzeit, gleichsam als Belustigung des Brautpaars, auf spiritistischem Wege in die Stadt »California« zitiert. Den zunächst körperlosen F. W. nimmt dessen einstiger Schulfreund B. H. in Empfang, der ihm (wie Vergil dem Dante) als Führer durch die »astromentale Welt« dienen soll; B. H. – hinter diesen Initialen verbirgt sich Willy Haas, Werfels engster Freund seit der Kindheit – hat bereits etliche Reinkarnationen durchlebt, während F. W. – ohne wiedergeboren zu werden – in Kalifornien begraben lag. B. H. kann den Neuankömmling daher von den wichtigsten Ereignissen der vergangenen hundert Jahrtausende unterrichten, von der Sonnenkatastrophe etwa, die alle Vögel vernichtete und die Distanz des Planeten Erde von der Sonne vergrößerte. Die Menschheit lebt zum größten Teil unterhalb der Erdoberfläche, ernährt sich von pastellfarbenen Essenzen, man wird zweihundert Jahre alt und älter noch, die Fortbewegung wird mittels eines »Reisegeduldspiels« erwirkt. »›. . . wir bewegen uns, wenn wir reisen‹«, erklärt B. H., »›nicht auf das Ziel zu, sondern wir bewegen das Ziel auf uns zu.‹« Unverändert geblieben sind im Laufe der kleinen Ewigkeit, die F. W. versäumte, lediglich zwei Konzepte: katholische Kirche und orthodoxes Judentum. »Zwei Antithesen«, wie Werfel schrieb, »die sich aufs Blut bekämpfen müssen, weil sie in Wahrheit zwei Identitäten sind.«

Nachdem sich F. W.'s Astralleib in jene plumpdickliche Männerfigur zurückverwandelt hat, die einst Franz Werfel hieß, in jenen Frack gekleidet, in welchem man ihn einst, in Kalifornien, zu Grabe getragen, führt B. H. den Besucher der dezent-amüsierten Gastgeberfamilie des Brautpaares vor. Die Dame des Hauses befragt ihn sogleich, ob er damals, vor hunderttausend Jahren, als Cowboy oder als Goldgräber in Kalifornien gelebt habe, worauf F. W. entgegnet: »Nein, Madame, [. . .] weder als Cowboy noch als Goldgräber, und nicht einmal beim Film, sondern einfach nur als Emigrant.«

Schon die ersten Kapitel des »Reiseromans« ließen den Verlauf des Werks erahnen: Werfel verquickte die abstruse Realität des Jahres 101 943 mit detailgetreuen Erinnerungsbildern an die Jahrhundertwende, an seine Prager Kindheit und Jugend, an Erlebnisse im

Ersten und Zweiten Weltkrieg sowie in der Emigration und im kalifornischen Exil. Eine Art Lebens- und Werkzusammenfassung zog sich als wichtigster Faden durch den Roman und verlieh dem Werk Aspekte einer nur halb-versteckten Autobiographie.

Darüber hinaus tauchten vor allem Anspielungen auf jene Werke der Literatur im »Reiseroman« auf, die Werfel zeitlebens besonders geschätzt hatte: neben Dantes ›Divina Commedia‹ ließ er sich insbesondere von Plinius' phantastischer Erzählung ›Eine andere Welt‹, die der geniale französische Zeichner und Karikaturist Grandville illustriert hatte, sowie von ›Gullivers Reisen‹ des Jonathan Swift inspirieren: Gullivers Erlebnise bei den Laputa-Bewohnern etwa, ihre eigenartigen Speisen, ihre Vorliebe für die Astronomie, erinnern deutlich an Werfels astromentale Gesellschaft des »Elften Weltenjahrs der Jungfrau«. Auch stilistisch lehnte sich Werfel weitgehend an Swift an, übernahm sowohl dessen direkte Ansprache an den Leser als auch dessen Verknüpfung eigener autobiographischer Enthüllungen mit den mannigfaltigen Abenteuern seines Helden.

Werfel war sich dessen bewußt, einen gänzlich unpolitischen Roman zu verfassen: »Ich beichte und bekenne: meine Zeit ist kurz und ich vergeude sie gewissenlos«, bekannte er zu Beginn des ersten Kapitels. »Nicht vergessen habe ich, daß auch ich ein Verfolgter bin. Nicht so taub bin ich geworden, um nicht zu hören das Brausen der Bomber [...] das letzte Aufstöhnen der zu Tode Getroffenen [...] Die ungeheuerliche Wirklichkeit [...] hält mich gepackt an der Kehle bei Tag und bei Nacht [...] Ja, ja, ich versäume meine Pflicht. Aber dieses ungeheuerliche Geschehn läßt mir nicht einmal Luft genug, um den Marterschrei als Echo nachzuächzen.« Zwar habe er zunächst den Plan gehegt, »den Entehrten, Gefolterten und Massakrierten« ein Buch zu widmen – gemeint war zweifellos das aufgegebene Projekt des Romans um den einfachen jüdischen Seidenfabrikanten – auf der Suche nach einer perfekten Schreibfeder aber sei er eines Nachts auf eine »Forschungsreise« ausgesandt worden, die er nun statt dessen zu Papier bringen wolle.

»In wenigen Tagen«, berichtete Werfel Ende Mai 1943 seinem Freund Bermann Fischer, sei bereits »ein Fünftel bis ein Viertel« eines neuen Romans entstanden, »aus Aberglauben« könne er den Inhalt des Werks allerdings »vorläufig nicht enthüllen«; nur so viel sei er bereit zu verraten: es handle sich hierbei um »etwas völlig Unerwartetes«.

Das Genre *Science Fiction* galt zu diesem Zeitpunkt noch keineswegs als ein gängiges oder gar weitverbreitetes – neben H. G. Wells' utopischen Romanen, neben Aldous Huxleys 1932 erschienener ›Brave New World‹ tauchten literarische Zukunftsvisionen nahezu ausschließlich in der einschlägigen amerikanischen Zeitschrift ›Amazing Stories‹ oder, auf weit niedrigerem Niveau, in den comics-magazines auf. Werfels »Reiseroman« muß daher durchaus als Pionierleistung innerhalb der Gattung Zukunftsliteratur angesehen werden.

In Beverly Hills erarbeitete er – nun doch in Zusammenarbeit mit dem von der Theatre Guild vorgeschlagenen Jed Harris – eine Neufassung der ›Jacobowsky‹-Adaption, mußte dafür den »Reiseroman« vorübergehend beiseite legen. Mit den Änderungsvorschlägen des Theaterproduzenten Harris konnte er sich jedoch ebenso wenig anfreunden wie Monate zuvor mit jenen Clifford Odets'. Sein Ehrgeiz, am Broadway großen Erfolg zu ernten, ließ ihn dennoch mit einer gewissen Bitterkeit und Verbissenheit weiterkämpfen: bei größter Hitze schrieb er, ins Hotel Biltmore zurückgekehrt, ›Jacobowsky und der Oberst‹ zum dritten Male um; diesmal, um Harris' Vorstellungen Genüge zu tun. »Ich habe alles *herausgeholt* bis auf den letzten Tropfen«, schrieb er an Albrecht Joseph, bat ihn, dies auch Jed Harris mitzuteilen, »ich habe aber nichts *hineingetan,* was nicht drin ist. Das ist alles, was ich als Autor der Komödie machen kann.« Erschöpft und unzufrieden sandte Werfel dann das abgeschlossene Manuskript erneut an die New Yorker Theatre Guild, doch alle Anstrengungen um das Drama schienen umsonst: die Guild bestätigte nicht einmal den Erhalt der Postsendung.

In diesen Wochen korrespondierte er mit Max Brod, der seit 1939 in Palästina lebte und Werfel vom Tode seiner Frau unterrichtet hatte; ».. . es hat mich sehr gerührt, Deine Schrift nach so vielen Jahren der Trennung wieder zu sehen«, schrieb Werfel an seinen Freund, erzählte ihm vom ›Jacobowsky‹-Projekt, stellte zugleich traurig fest: »Jetzt, da das Ärgste vorüber zu sein scheint und man das Ende des Krieges zu sehen hofft, werden in mir die Gefühle des Verlustes und der Trauer immer stärker. [. . .] Wird man einander je wieder finden können?«

Trost und Genugtuung bereitete ihm die Nachricht von der erfolgreichen Landung der Alliierten auf Sizilien – in ganz Italien wandte sich die Stimmung schlagartig gegen Mussolini, Ende Juli 1943 wurde er entmachtet, und der römische Rundfunk verkündete bereits das Ende des Faschismus.

Durch häufige Besuche bei den Dreharbeiten zum ›Song of Bernadette‹, die am Filmset der Twentieth Century Fox stattfanden, versuchte Werfel, sich von der ›Jacobowsky‹-Enttäuschung ein wenig abzulenken. Hatte er als junger Mann dem Kino (im Gegensatz etwa zu Franz Kafka!) eher ablehnend gegenübergestanden, so verwandelte er sich in Hollywood in einen Filmenthusiasten; erlebte oftmals glanzvolle Cinema-Premieren mit, kannte zahlreiche Stars persönlich, E. G. Robinson zum Beispiel, den er besonders verehrte; empfand Scheu und Ehrfurcht vor ihnen, wie einst als Bub vor den berühmten Schauspielern und Sängern, die zur Prager Mai-Stagione ans Neue Deutsche Theater kamen. Die noch unbekannte Jennifer Jones hatte im ›Bernadette‹-Film die Titelrolle übernommen, das Drehbuch stammte von George Seaton, es war mehrmals umgeschrieben worden, da Werfel insbesondere die erste Fassung als allzu kitschig empfunden und abgelehnt hatte. Produzent war William Perlberg, und Henry King, damals einer der meistbeachteten Regisseure des amerikanischen Films, führte Regie.

Ab Ende August 1943, Franz Werfel hielt sich wieder in seinem Biltmore-Bungalow in Santa Barbara auf, schrieb er, erstmals nach langer Pause, Verse, Strophen, freie Rhythmen, die er unter

dem Titel ›Kunde vom irdischen Leben‹ zu veröffentlichen gedachte. »Die Lyrik (ein Wort das ich verabscheue) ist eine eifer-
süchtige Göttin«, hatte es, rund ein Jahr zuvor, in einem Brief an
den Schriftsteller Rudolf Voigt geheißen, »sie duldet neben sich
keine Romane, Novellen und Dramen.« Erinnerungen an die
Prager Jahre kehrten, wie im »Reiseroman«, so auch in diesen
neuen Gedichten wieder, in der ›Ballade vom Winterfrost‹ etwa,
welche das Einjährigfreiwilligenjahr des Kanoniers Werfel wiederauferstehen ließ. Auch die Schauspielerin Maria Immisch, die
er einst sehr verehrt hatte, ein Gast der Prager Maifestspiele, tauchte
nun mit einem Male wieder auf: »Im Jahre Fünf, als ich schon fünfzehn war, / – Man feierte das große Schillerjahr –/ Da sah ich sie als
Heldin der berühmten Dramen. / Noch heute ist mein Herz voll
Dank. / Der Stadtpark war schon dicht belaubt . . .«

Am Vortage seines dreiundfünfzigsten Geburtstages wurde Werfel die Ehrendoktorwürde der University of California Los Angeles verliehen. Gustave Arlt und andere Persönlichkeiten des akade-
mischen Lebens hatten sich für diese Auszeichnung eingesetzt, die
übrigens selten zuvor einem Emigranten zuteil geworden war; der
Wunschtraum des Vaters Rudolf Werfel ging nunmehr, zwei
Jahre nach seinem Tode, in Erfüllung – der Doktortitel für den
widerspenstigen Erben. Der Papa hätte sich über diese Ehrung
seines Sohnes mindestens so sehr gefreut, meinte Hanna Fuchs-
Robetin, wie über die Niederlagen der Deutschen in Stalingrad
und Nordafrika.
   Zwei Tage nach dem Geburtstag: wie üblich war Friedrich
Torberg nachmittags im Haus am Bedford Drive zu Besuch, die
Freunde unterhielten sich gutgelaunt, wobei Werfel eine seiner
schweren Havannazigarren rauchte. Kurz, nachdem Torberg gegangen war, in der Nacht zum 13. September 1943, dem zweiten
Jahrestag der Pyrenäenüberquerung, erlitt Franz Werfel eine
schwere Herzattacke, weit gefährlicher als jener Anfall des Jahres
1938. Todesangst. Sehr starke Schmerzen. Die Ärzte verabreichten ein Digitalispräparat. Lebensgefährliche Lungenstauungen

wiederholten sich, über Wochen hinweg. Eine Kette von Beinahe-Toden, die dem Kranken das Gefühl vermittelten, mit jenem »F. W.« identisch zu sein, von dem der »Reiseroman« berichtete, er sei im Jahre 1943 in Kalifornien begraben worden.

Als hätte er geahnt, was ihm bevorstand, schrieb Werfel Anfang September, zwei Wochen vor dem Herzinfarkt, auf die Rückseite einer Speisekarte des Hotels Biltmore: »In Wirklichkeit enthüllt der Fluch der Krankheit eine doppelte Intention. Sie lädt uns in die Hölle oder in den Himmel ein. Entweder sie gibt den Menschen seelenlos der Materie anheim, oder sie macht seine Heiligkeit frei, indem sie, als Opfer dargebracht, sein Ich durchsichtig und durchsichtiger werden läßt bis in die Todesstunde.«

Der plötzliche Tod Max Reinhardts, Ende Oktober 1943, versetzte dem Sterbenskranken einen zusätzlichen Schlag. Ein der Heimat Entrissener – wie er selbst – war dem Exil zum Opfer gefallen. Der bedeutendste deutschsprachige Theatermann des zwanzigsten Jahrhunderts hatte – insbesondere nach dem ›Eternal Road‹-Debakel der Jahre 1936/37 – in den Vereinigten Staaten nie mehr richtig Fuß fassen können.

Fieberanfälle, schwere Atemnot, Erstickungsgefahr kennzeichneten nunmehr Werfels Tage und Nächte, durch die Herzinsuffizienz wurden überdies immer neue Lungenstauungen hervorgerufen. In seiner Angst ersuchte er die befreundeten Patres der Old Mission von Santa Barbara, täglich für ihn Gebete zu sprechen. Werfel durfte das Bett nicht mehr verlassen, lag in seinem hellen Zimmer am Bedford Drive, von seiner Frau und Friedrich Torberg betreut. An seiner Seite stand zu jeder Zeit ein Sauerstoffgerät, er benötigte es manchmal stundenweise zur Unterstützung der Atmung. Er liege »in Wehen mit dem Tode« äußerte Werfel einmal gegenüber Alma – schrieb Mitte Dezember 1943, im Bett aufsitzend, das Gedicht ›Totentanz‹: »Der Tod hat mich im Tanz geschwenkt./ Ich fiel zuerst nicht aus dem Trott/ Im Totentanz und steppte flott,/ Bis er das Tempo wilder lenkt./ [...] Doch plötzlich ließ er fallen seine Beute,/ Denn in des Ersten Schweigens Alphabet/ Sprach *Er* zu ihm zwei Worte nur: Nicht Heute!«

Wenige Tage nach Weihnachten fand in Hollywood die feierliche und überaus erfolgreiche Uraufführung von ›The Song of Bernadette‹ statt, Amerikas erstem großen katholischen Film. Werfel konnte der Gala-Vorstellung nicht beiwohnen, erlebte jedoch die Ankunft der illustren Gäste vor dem Cathay Circle Theatre *live*, via Rundfunkübertragung, mit. Eine Million Exemplare des ›Bernadette‹-Romans waren zu diesem Zeitpunkt schon verkauft – davon hatte die US-Regierung allein fünfzigtausend Exemplare für ihre Armee bezogen. In der kalifornischen Tageszeitung ›Herald Examiner‹ erschien der Roman als tägliche Comic-Strip-Serie. In Alabama hatte ein geschäftstüchtiger Fabrikant eine Seifenfigur der Bernadette Soubirous hergestellt, die in ganz Amerika verkauft wurde. Ein Lied, ›The Song of Bernadette‹, war oftmals im Radio zu hören, und der berühmte Illustrator Norman Rockwell fertigte ein großes, zahllose Male vervielfältigtes Porträt der ›Bernadette‹-Darstellerin Jennifer Jones.

Inzwischen hatte S. N. Behrman, der ursprüngliche Mit-Initiator der Idee, die Flucht von Marseille nach Marseille in ein Theaterstück zu verwandeln, ›Jacobowsky und der Oberst‹ noch einmal von sich aus umgearbeitet. Seine Version, zu der Werfel seine Zustimmung nie gegeben hatte, basierte auf jener Fassung des Dramatikers Clifford Odets, die Werfel so sehr verachtete. Zu Beginn des Jahres 1944 probte bereits ein junger Regisseur namens Elia Kazan das neue Stück – auch dies ohne Franz Werfels Einverständnis, der nun, in stundenlangen Telephonaten mit Lawrence Langner, dem Intendanten der Theatre Guild, verzweifelt versuchte, das Schlimmste zu verhindern. – Er protestierte gegen die melodramatische Verflachung und Sentimentalisierung seines Stücks, tägliche Aufregungen, die seinen äußerst labilen Gesundheitszustand – er mußte nach wie vor liegen – weiter schwächten. Zahlreiche, oft seitenlange Telegramme zeugen von Werfels Sorge und Wut – wäre er nicht krank, so ließ er Langner wissen, gelänge es ihm zweifellos, alle Beteiligten von seiner Sicht der Dinge zu überzeugen. Am allertraurigsten reagierte er auf Behrmans Auslassung seiner Lieblingsszene, in welcher Franz von

Assisi und der Ewige Jude, gemeinsam ein Tandem fahrend, den Flüchtlingen begegneten. »I implore you«, telegraphierte Werfel an Behrman, »not to reject every thing for what I am fighting with perhaps the last heartpower I have.« Und wenige Tage später hieß es in einem Fernschreiben: »I beg you on my knees to restitute the end of scene IV.«

Als schon erste Vor-Aufführungen der Komödie – in New Haven, Boston und Philadelphia – über die Bühne gingen, protestierte Werfel immer noch . . . und blieb weiterhin erfolglos. »I am depressed to death because I feel helpless«, kabelte er an Lawrence Langner; lapidar stellte der Intendant daraufhin fest, Werfels Vertrag mit der Theatre Guild überlasse dieser unmißverständlich das Recht der letzten Entscheidung.

Nun blieb Werfel nur noch eine Hoffnung; daß seine eigene Version des Stücks, in Gustave Arlts Übersetzung, möglichst bald im Buchhandel erhältlich sei; so könne sich jeder Theaterbesucher wenigstens sein eigenes Urteil bilden.

Die Broadway-Premiere von ›Jacobowsky and the Colonel‹ fand, Mitte März 1944, im Martin Beck Theatre statt – die »Komödie einer Tragödie« trug nun den irreführenden Untertitel: »An American Play by S. N. Behrman Based on an Original Play by Franz Werfel.« Die New Yorker Kritiker reagierten großteils positiv auf die Aufführung, manche gar begeistert; Werfels eigener Beitrag zu dem Stück bleibe allerdings unklar, hieß es in den Zeitungen, wenn auch einige Rezensenten immerhin von der Annahme ausgingen, zumindest die beiden Hauptfiguren, der Jude und der antisemitische Offizier, denen allgemein Theaterwirksamkeit und Originalität zugestanden wurde, verdankten ihre Existenz wohl Franz Werfel. Die Vorstellung wurde in erster Linie von dem aus Wien gebürtigen Schauspieler Oscar Karlweis getragen, der den Jacobowsky verkörperte – ihn feierte die Kritik als Idealbesetzung und fulminantes Talent. Doch auch dies konnte Werfel nun nicht mehr trösten, er kränkte und ärgerte sich wie noch niemals zuvor in seinem Leben. Erwog sogar gerichtliche Schritte gegen die Theatre Guild – wenige Tage nach der New

Yorker Premiere zeichnete sich jedoch ein großer Broadway-Erfolg ab, und Werfel unterließ sie. Die Aufregungen um das von Anbeginn so vertrackte Unternehmen drohten aber, ihm seine allerletzten Kraftreserven zu rauben.

In diesem Frühjahr 1944, da er weiterhin rekonvaleszent blieb und meist liegen mußte, wandte er seine Gedanken von der ›Jacobowsky‹-Enttäuschung langsam wieder ab; er las sehr viel, die Werke Sinclair Lewis' und Ernest Hemingways etwa, vor allem aber Thomas Wolfe, seinen amerikanischen Lieblingsschriftsteller. Nach und nach rückte der im Vorjahr begonnene »Reiseroman« wieder in den Mittelpunkt seines Interesses: während Alma am neuerstandenen Steinway-Flügel Bach-Sonaten spielte oder das Radiogerät die Sendungen der California Gas Company übertrug, in denen nicht selten Verdi-Arien in hoher Tonqualität zu hören waren, rief Werfel die Geister der Erinnerung wach: suchte nach den Bildern der Kindheit und Jugend, nach Augenblicken der Militär-, Lektorats- und Bohemienzeit, um sie, bei der beabsichtigten Wiederaufnahme des utopischen Romans, in das Erzählnetz einzuarbeiten. An keinen Menschen dachte er so oft und so intensiv wie an Willy Haas, der mittlerweile in einem nordindischen Himalayadorf seinen Exilort gefunden hatte – er wiederholte sich ihre Spaziergänge entlang den Hügelhängen um Prag, ihre Dispute in den Kaffeehäusern, ihre ersten, gemeinsam erjagten erotischen Abenteuer. Er stellte sich die Frage, welcher Augenblick seines Lebens ihm der wichtigste gewesen, gelangte zu dem Schluß, es sei der Hochsommer 1918, da Almas Blutung und die darauffolgende Frühgeburt ihres Sohnes geschah, Werfel Wochen der Angst um das Überleben von Mutter und Kind durchzumachen hatte. Auch dies Elementarereignis gedachte er in den Roman einfließen zu lassen.

Der Ablauf des Mammutwerks stand ihm bald in seiner Gesamtheit vor Augen; einem Reporter gegenüber betonte er, der »Reiseroman« werde – vorausgesetzt, er könne ihn vollenden – sein allerbestes und wichtigstes Buch. Dem Journalisten fiel übrigens auf, daß Werfel unentwegt mit einer nichtangezündeten

Zigarre spielte: da ihm die Ärzte das Rauchen streng untersagt hatten, wollte er dies geliebte Objekt wenigstens berühren, wollte wenigstens damit spielen.

Gulliver's Restaurant, in Marina del Rey, nahe dem Yachthafen von Los Angeles. An den Wänden des gänzlich fensterlosen Lokals sind berühmte Episoden aus Jonathan Swifts Reiseroman angebracht, und die Kellner und Kellnerinnen, arbeitslose Schauspieler und Schauspielerinnen zumeist, tragen Kostüme des frühen achtzehnten Jahrhunderts; auch das Mobiliar ist dementsprechend stilisiert. In einer Nische versteckt, sitzt Gustave O. Arlt, dies ist das Stammlokal des Achtundachtzigjährigen, des einstigen Leiters des deutschen Literaturdepartments an der University of California. »Meine Bekanntschaft und spätere Freundschaft mit den beiden Werfels begann eigentlich gleich nach ihrer Ankunft an der Westküste«, erinnert sich der rüstige Greis, »in den letzten Jahren vor seinem Tode waren wir besonders eng. Während Werfel in Santa Barbara den ›Reiseroman‹ schrieb, habe ich das Manuskript zur gleichen Zeit sofort ins Englische übersetzt, arbeitete oft auch direkt mit Werfel zusammen. Ich halte dies Buch übrigens für sein wichtigstes – und er selbst war durchaus enthusiastisch, was dieses Werk betraf. Wußten Sie, daß der Titel des Romans, ›Stern der Ungeborenen‹, eigentlich von mir stammt? Werfel hatte einen Ausspruch des Reiseschriftstellers Diodor dem Buch als Motto vorangestellt, es sei Aufgabe der Dichter, die ungewöhnlichsten Fabelwesen, selbst die Ungeborenen auf ihrem Stern zu besuchen und zu beschreiben. So kamen wir auf die Idee, das Buch ›Star of the Unborn‹ zu nennen. Im Grunde ist der ›Stern‹ – neben ›Abituriententag‹ und ›Barbara oder die Frömmigkeit‹ – die sicherste Quelle, etwas über Werfels Kindheit zu erfahren: da kommt s e h r viel Autobiographisches vor, in mehr oder weniger verschlüsselter Form. Zwar habe ich Werfel niemals indiskrete Fragen gestellt, aber manchmal schien er doch bereit, sehr Persönliches preiszugeben – sprach dann nicht selten von Willy Haas, in der liebevollsten Weise, betonte, daß ihm Haas der liebste Freund gewesen sei, den er je hatte ...

Werfel trug in den letzten Jahren immer sehr teure Anzüge, die er sich in Beverly Hills schneidern ließ, im London Shop, am Rodeo Drive, das Geschäft gibt es heute noch. Und ganz gleich, wie teuer der Nadelstreif auch sein mochte, immer sah er so aus, als gehörte er nicht zu seinem Besitzer: sowohl die Jacketts als auch die Hosen sahen immer gleich ganz zerbeult und zerknautscht aus. Und alles war immer voll von Speiseresten und Zigarrenasche. ›Er schmutzt so leicht‹, hieß ein geflügeltes Wort über Werfel. Und ununterbrochen rauchte er: Zigarren, Zigaretten, Pfeife, manchmal sogar alle drei zugleich: verteilt auf mehrere Stellen im Arbeitsraum. (Mit den Brillen hielt er's übrigens ähnlich: er besaß eine Unzahl von Brillen und legte sie an den verschiedensten Stellen ab, damit er immer eine zur Hand habe, ohne sie suchen zu müssen.) Nach dem großen Herzinfarkt, im September '43, hat man ihm das Rauchen natürlich untersagt; er lag im Bett, bat aber August, den Butler, sich eine Zigarre anzuzünden, sich zu ihm zu setzen und ihm den Rauch ins Gesicht zu pusten. Wie ein schlimmer Schulbub war der Werfel, sein Leben lang ... Dieser August Hess war ein verkrachter Operntenor aus Deutschland, um die vierzig, homosexuell, und Mädchen für alles im Hause Werfel: Koch, Chauffeur, Diener. Äußerst loyal. Und er haßte Tiere. Zum Beispiel jene Schildkröte der Werfels, die sie einmal, während eines Ausflugs in der Wüste Mohave, bei L. A. gefunden hatten und die jahrelang überallhin mitgenommen wurde, auch nach New York, ins St. Moritz, auch nach Santa Barbara, ins Biltmore, und die einfach alles durfte. Zum Beispiel den Rücksitz des Oldsmobile vollpinkeln – Alma liebte solche kleinen Ausgefallenheiten. Aber eines Tages war die Schildkröte plötzlich verschwunden. Und August stand unter strengstem Verdacht. Einem sehr edlen Irish Setter sowie einer Siamkatze erging es im Hause Werfel nicht viel besser: August sorgte dafür, daß sie beide nach kürzester Zeit wieder wegkamen.

Ein ganz anderes Erinnerungsbild, das da plötzlich an die Oberfläche steigt: der Tag, an dem Werfel und Alma ihre Prüfungen ablegten, um amerikanische Staatsbürger zu werden, 1944 muß das gewesen sein. Ich begleitete sie ins Rathaus, in Downtown Los Angeles, beide haben Blut geschwitzt vor lauter Nervosität. Man hat sie separat geprüft – über die Geschichte und das Government der USA. ›Wie heißt der gegenwärtige

Präsident der Vereinigten Staaten?‹ lautete eine der Fragen. Oder: ›Wer ist der Senator von Kalifornien?‹ Natürlich haben beide die Prüfung glänzend bestanden.

Oder unsre Autoreise im Hochsommer 1941, Franz Werfel hatte gerade vom Tode seines Vaters erfahren – wir fuhren zu viert nach Yosemite Park, wohnten im Hotel Ahwanee, Werfel saß da zumeist auf der großen Veranda und schrieb und schrieb, trotz der großen Hitze. Alma ließ eine ihrer zahllosen Bénédictine-Likör-Flaschen – von denen sie ja täglich eine leerte – in der Sonne stehen: die Hitze brannte so lange auf die Flasche, bis sie explodierte. Und alles war voll von dem süßen, klebrigen Zeug. Auch Werfels Aufzeichnungen, versteht sich.

Mitten im Essen, wenn wir ins Restaurant gingen – Romanoff's, in Beverly Hills, war eines von Werfels Lieblingslokalen –, sprang er plötzlich vom Tisch auf und lief auf die Straße hinaus: um die neuesten Zeitungen zu besorgen – ›Ich m u ß die Abendzeitungen sehn!‹ rief er – und suchte nach einem Newspaperboy, so wild war er, verständlicherweise, auf die neuesten Nachrichten aus dem geliebten Europa, an dem er so sehr hing, so ungeduldig neugierig war er auf die letzten Meldungen vom Kriegsschauplatz. August wurde dauernd ausgesandt, Zeitungen zu kaufen, oft auch mehrmals am Tage.

Wenn es Streit gab zwischen Werfel und Alma, dann ging es eigentlich immer um Politisches. Und w i e Werfel brüllen konnte! Ein jähzorniger Sanguiniker! Aber manchmal schrie er Alma auch nur deswegen an, weil sie wirklich sehr schlecht hörte. Das irritierte ihn s e h r. Vor allem, daß sie nichts dagegen unternahm, sie war ja viel zu eitel, einen Hörapparat zu tragen.

Absolutes Einverständnis zwischen den beiden herrschte hingegen in der Frage, wie Werfel begraben werden sollte: sie sprachen recht oft über sein Begräbnis, vor allem natürlich nach jener großen Herzattacke. Ich hörte ihn oft zu Alma sagen: ›Du wirst mich doch nicht als J u d e n begraben lassen?!‹ Und er meinte das ganz ernst. Er lebte ja eine höchst eigenartige Mixtur aus Judentum und Christentum – er glaubte unbedingt an eine ›Permanenz‹ des jüdischen Volks, wie sie ja auch im ›Stern der Ungeborenen‹ zur Sprache kommt. Aber gleichzeitig fühlte er sich katholischen Patres besonders verbunden, dem raffinierten Jesuiten Georg

Moenius etwa, Herausgeber einer Anti-Nazi-Zeitschrift, der einer seiner besten Freunde war, in den Jahren hier; mehr Politiker als Geistlicher, dieser Moenius! Und der Franziskanermönch Cyrill Fischer, der in Santa Barbara lebte, ein milder, liebenswerter Mann, der die englische Sprache nie beherrschte, der war ihm ein besonders wichtiger Gesprächspartner, während der ›Reiseroman‹ entstand. Elemente ihrer Disputationen finden sich übrigens im ›Stern‹ wieder, in Gesprächen, die ›F. W.‹ mit dem ›Großbischof‹ führt. Fischer starb im Mai '44 an Leberkrebs – ein weiterer schwerer Schlag für Werfel. Ich begleitete ihn recht oft in die Old Mission von Santa Barbara, wo er sich meist in der schönen Bibliothek aufhielt oder die mit ihm befreundeten Patres besuchte. Ich erinnere mich an einen Samstag, da kamen wir ins Kloster, und beinahe a l l e Franziskanermönche saßen vor einem Fernsehgerät und verfolgten ein Football-Spiel, das ist mir unvergeßlich geblieben.«

Ein Servierfräulein in roter Gulliver-Verkleidung tischt Professor Arlt ein sehr großes, halbblutiges T-Bone-Steak auf. »Wußten Sie«, fährt Arlt unbeirrt fort, »daß Alma den ›Stern der Ungeborenen‹ nach Werfels Tod in einer mutwillig gekürzten Fassung herausbrachte? Sie hat ja auch Mahlers Sinfonien nach dessen Tod in gekürzten Fassungen drucken lassen, weil sie der Ansicht war, Mahlers ›Langatmigkeit‹ schade seiner Popularität! (Allerdings gab Werfel öfters zu, ein wenig zu wortreich zu schreiben, ähnlich Victor Hugo, ähnlich Balzac oder Dostojewski.) Sie sehen mich so überrascht an, à propos Almas Eingriffen in Werfels Werk . . . Sie müssen, darüber hinaus, auch noch eines verstehen: nach Werfels Tod sprach Alma eigentlich viel öfter von Mahler und von Kokoschka als von ihrem ›Mannkind‹ Franzl. Ich hatte immer das Gefühl, daß sie nicht so sehr den Mann Werfel als vielmehr seinen Ruhm und sein Genie liebte. Und wäre Werfel kein Genie gewesen, dann wäre Alma mit Sicherheit nicht an ihm interessiert gewesen.«

»Das Buch muß fertig werden ...«

Marlene Dietrich, mit dem Ehepaar gut befreundet, ließ im Frühjahr 1944 ein Horoskop für Franz Werfel erstellen. Sie beauftragte Carroll Righter, Amerikas bekanntesten Astrologen, das Kosmogramm eines Mannes auszuarbeiten, von dem sie lediglich angab, er sei in der Nacht vom 10. zum 11. September 1890 in Prag zur Welt gekommen. Righters Vorausblick reichte bis in den August 1946 und betonte vor allem die äußerst labile Gesundheit des ihm Unbekannten: besondere Vorsicht sei bis November 1944 geboten, bis zu diesem Termin müßten Aufregungen unter allen Umständen vermieden werden, leider neige dieser Jungfrau-Geborene aber gerade zu Überreizungen schon kleinster Nebensächlichkeiten wegen. Ab Herbst '44, so prophezeite Righter, sei dann mit einer Periode kraftvoller Inspiration und gleichsam seherischer Inspiration zu rechnen – niemals zuvor, ließ der vielbeschäftigte Sterndeuter überdies wissen, habe er eine Tabelle ähnlich dieser zur Ausarbeitung vorliegen gehabt: der Mann, dem sie gelte, müsse ein überaus idealistischer, zugleich großherziger Mensch, er müsse darüber hinaus aber zweifellos ein Genie sein.

Werfel hütete weiterhin das Bett, in diesem Frühjahr 1944. Auf Drängen seines amerikanischen Verlegers Ben Huebsch entschloß er sich dennoch dazu, unter dem Titel ›Theologumena‹ eine Gedanken- und Ideensammlung zu ethischen und religiösen Fragen herauszugeben. Aus den Schubladen, aus jahrealten Notizheften, suchte er Skizzen und Fragmente zusammen, die zum Teil bis in das Jahr 1914 zurückreichten, als Werfel erstmals daran ging, ein essayistisches Werk »Zum Thema Theodizee« zu versuchen. Er wollte auch eine größere Zahl von Aphorismen und Epigrammen in die ›Theologumena‹-Sammlung aufnehmen, die er zuletzt, im Laufe der monatelangen Bettruhe, notiert hatte. – In der zweiten Märzhälfte 1944 begann er, seinem Sekretär Albrecht Joseph diese Kurztexte aus dreißig Jahren zu diktieren. Texte, die sich an Pascals ›Pensées‹ und Novalis' ›Fragmenten‹ orientierten, an diese und selbst an Franz Werfels übliches Niveau jedoch keineswegs heranreichten. »Was wäre Israel ohne die Kirche? Und was wäre die Kirche ohne Israel?« Neben diesem für ihn so charakteristischen Glaubensbekenntnis formulierte Werfel auch sein eher verqueres jüdisches Selbstverständnis, welches den Opfern die Schuld an ihrer Verfolgung zuschrieb: »Eine der sonderbarsten Vergehungen Israels ist es, daß es durch seine Wesensart und Seinsform aus Christen [...] die Sünde des Antisemitismus hervorlockt [...] zum Zwecke des eigenen Unheils.« Er scheute auch nicht davor zurück, die expressionistischen Ideale seiner Jugend zu diffamieren: es habe einst, so behauptete er nunmehr, »keinen verzehrenderen, frecheren, höhnischeren, teufelsbesesseneren Hochmut« gegeben als jenen der »avantgardistischen Künstler und radikalen Intellektuellen«, zu denen er sich selbst zählen müsse. Und er kam zu dem Schluß: »Unter dem amüsiert empörten Gelächter einiger Philister waren wir die unansehnlichen Vorheizer der Hölle, in der nun die Menschheit brät.«

Im Bett aufsitzend, die ›Theologumena‹ diktierend, glaubte Werfel (und auch seine Ärzte waren dieser Ansicht), das Schlimmste überwunden zu haben. Mitte Mai '44 erlitt er jedoch einen neuerlichen Herzinfarkt, der ihn für weitere Wochen und Monate an das Krankenlager fesselte. Erst im Hochsommer konnte er nach und nach wieder ein normaleres Leben führen – insgesamt neun Monate waren seit der ersten großen Attacke des September 1943 vergangen. Er unternahm erste, noch sehr vorsichtige Spaziergänge, saß oft stundenlang im Garten seines Hauses, wollte nun aber so bald wie nur möglich die Arbeit an ›Stern der Ungeborenen‹ wieder aufnehmen. Im Juli 1944 übersiedelte er daher zurück nach Santa Barbara, auch diesmal allerdings nicht in Alma Mahlers Begleitung, vielmehr kam sein Leibarzt Dr. Spinak mit, der fortan ständig bei ihm lebte; der gebürtige k. u. k. Österreicher wurde – wohl einer gewissen Ähnlichkeit mit Franz

Schubert wegen (und in Anlehnung an R. H. Bartschs berühmte Schubert-Roman-Biographie) – „Schwammerl" genannt. Wenige Tage, nachdem die beiden einen Bungalow in Werfels Lieblingshotel Biltmore bezogen hatten, übernahm das amerikanische Militär den gesamten Hotelkomplex, Werfel und Spinak mußten in die Ortsmitte von Santa Barbara ausweichen, bezogen dort ein Cottage des großen, in einem weitläufigen Palmenpark gelegenen Hotels El Mirasol.

Mit altgewohnter Intensität wandte sich der Sterbenskranke hier wieder seinem »Reiseroman« zu, arbeitete weiter an der Erschaffung einer Welt, die immer bizarrere, märchenhaftere Formen annahm, bevölkert von Fremdfühlern und Geoarchonten, von Sternwanderern und Chronosophen, von Verwunderern und Animatoren. Hatte er sich im Vorjahr noch mit dem Hinweis begnügt, »etwas völlig Unerwartetes« zu versuchen, so teilte Werfel Gottfried Bermann Fischer nunmehr mit, an einem Roman zu schreiben, der »in fernster Zukunft« spiele und »eine Art phantastisches Reisebuch, überdies aber auch eine Seelen-, Herzens- und Liebesgeschichte« darstelle: »Ziemlich merkwürdig . . .«

Merkwürdig fürwahr, dieser ›Stern der Ungeborenen‹, von genialer Phantasie diktiert, zugleich Werfels Zukunftsvision von Amerika, eine Warnung an die Vereinigten Staaten der vierziger Jahre, die Risiken einer Übertechnisierung keinesfalls zu unterschätzen, der Verdrängung der Natur durch wachsende Automatisierung rechtzeitig Einhalt zu gebieten, um nicht das Leben der Nachgeborenen einer gänzlich artifiziellen, inhumanen Welt auszuliefern. Dieser drohenden Fehlentwicklung der Menschheit stellte Werfel das Konzept des »Dschungels« entgegen, von den Astromentalen des Jahres 101 943 als »säuisches Getümmel« verächtlich gemachte Zonen der Natürlichkeit. Der Dschungel ähnelt dem Europa des frühen zwanzigsten Jahrhunderts, seine Atmosphäre erinnert aber auch ein wenig an jene im ›Bocksgesang‹; hier wird noch Vieh gehalten und Landwirtschaft betrieben, die Dschungelbevölkerung trägt die slawischen Züge montenegrinischer Bauern. »Die Dschungelleute mußten [...] nicht nur pflügen, säen, ernten, sondern auch spinnen und weben. Mit einem Worte, sie mußten arbeiten.« Und nicht allein durch ihr Arbeitenmüssen unterscheiden sich die Dschungelmenschen von den Astromentalen, sie wohnen, darüber hinaus, auch noch in Häusern *über* der Erdoberfläche. »Schauderhaft zu denken«, so die Aussage eines Astromentalen gegenüber seinem Gast F. W., »daß Menschen in solchen Würfeln leben, und zwar oberhalb der Erde.« Und ein weiterer Begleiter empört sich: »Kann man das Menschen nennen?!«

Das Unvermeidliche geschieht, »jenes Unglück« nämlich, »das in seinen Folgen zum Wendepunkt der astromentalen Geschichte wird«: Krieg bricht aus zwischen den Astromentalen und ihren Feinden, den Dschungelbewohnern. Allerorts bringen die Kämpfer Fernsubstanzzertrümmerer in Stellung – und unversehens rückt der Roman in gefährliche Nähe plattester Kolportagestories, erinnert gar an die »Flash-Gordon«-Comic-Strip-Serien der späten dreißiger Jahre sowie an Science-Fiction-Spielfilme (und ähnliche Kinoepen der Kategorie ,,B‘‘), die gerade in den vierziger Jahren zu Dutzenden auf den amerikanischen Kinomarkt geworfen wurden. Und Werfel kannte eine ganze Reihe dieser Filme: er ging, in Santa Barbara, wo es andere Ablenkung von der Arbeit kaum gab, abends oft zu den *movies*, sah sich recht wahllos und mit Vergnügen auch künstlerisch wertlose Produkte der Traumfabrik Hollywood an.

Die Arbeit an der ersten Fassung des »Reiseromans« schritt, zu Werfels Überraschung, sehr gut voran, er unterbrach die Niederschrift meist nur an den Wochenenden, die er dann jeweils in Beverly Hills zubrachte, um seine Frau zu besuchen. Unter der Woche aber sprach er drei-, viermal täglich am Telephon mit Alma, berichtete ihr vom stetigen Fortgang des Schreibens.

Im Herbst fühlte er sich gesundheitlich schon wesentlich besser als zu Beginn des Jahres – in sein »altes Ich heimgekehrt« sei er allerdings immer noch nicht, wie es in einem Brief an die (mittlerweile weitgehend versöhnte) Schwester Mizzi hieß. »Ich gehe jetzt täglich ein paar hundert Schritte, sehr langsam, wie eine gespenstische Neuauflage der kranken alten Juden im Stadtpark. [...] Komischerweise gewöhnt man sich nicht ans Sterben. [...] Besonders komisch aber ist es, wenn man sich bei dieser seriösen Tätigkeit so wenig erwachsen (geschweige denn alt) fühlt wie ich.« Der »Reiseroman«, ließ er Mizzi wissen, habe sich inzwischen »aus einem Kinderspaziergang zu einer Gletscherpartie entwickelt«, überdies reiche seine naturwissenschaftliche Bildung für dies Werk keineswegs aus, er müsse daher an den Abenden »vieles in englischen Büchern lernen, um tagsüber frech phantasieren zu können«.

Sein neuer Roman sei ein »humoristisch-kosmisch-mystisches Weltgedicht, in einer Mischung, wie es bisher noch nicht versucht worden ist«, pries Werfel den ›Stern der Ungeborenen‹ seinem amerikanischen Verleger Ben Huebsch an, während er sich zur gleichen Zeit Friedrich Torberg gegenüber – der Freund war, zu Werfels großem Bedauern, inzwischen nach New York übersiedelt – weitaus pessimistischer gab: »Ich arbeite mit Unlust und schlechtem Gewissen [an] meinem großen Zukunfts-Roman. Manchmal ist mir das Ganze zum Kotzen. Ich weiß nämlich nicht, ob ich recht tue.« Überdies gerate ihm das Werk viel zu umfangreich und anspruchsvoll – »Kaum kann ich wieder japsen und schon in der Tinte!« (Seine großen Romanwerke bezeichnete Werfel übrigens selbst oft als »Indianergeschichten«, konnte eigentlich immer nur seine Lyrik ganz und gar ernst nehmen.)

Etwa zur Jahreswende 1944/45 begann Werfel den dritten Teil des Mammutwerks, die Episode des »Wintergartens«, zu schreiben, worin F. W. im Inneren des Planeten Erde den Begräbniskult der zukünftigen Menschheit kennenlernt: nach sehr langem Leben übersiedeln die astromentalen Menschen, so das Konzept des »Wintergartens«, freiwillig in einen Bezirk, wo sie, von »retrogenetischem Humus« umgeben, langsam in ihren embryonalen Zustand zurückverwandelt werden, um schließlich, eingepflanzt auf einem unübersehbar großen Acker, als Margeriten zu enden. Im

Gegensatz zu jener comic-strip-ähnlichen Schilderung eines futuristischen Weltkriegs geriet Werfel die »Wintergarten«-Sequenz zu einer der genialsten Schöpfungen seines Gesamtwerks. Das sichere Bewußtsein, ein Todgeweihter zu sein, erlaubte ihm, zu experimentieren, stilistische und thematische Wagnisse einzugehen, an die er sich noch ein Jahr zuvor wohl kaum herangewagt hätte.

Ende 1944 erschien der Band ›Between Heaven and Earth‹ bei Viking Press in New York – er umfaßte neben den ›Theologumena‹ auch drei Vorträge Franz Werfels aus den dreißiger Jahren: ›Realismus und Innerlichkeit‹ (ursprünglich ›Kunst und Gewissen‹ benannt), ›Können wir ohne Gottesglauben leben?‹ und ›Von der reinsten Glückseligkeit des Menschen‹. Die amerikanische Öffentlichkeit reagierte zurückhaltend auf diese Publikation des berühmten Bestseller-Autors, jüdische Rezensenten brandmarkten die ›Theologumena‹ gar als antisemitisch, unerklärlich erschien Werfels Widersachern vor allem sein beharrliches Liebäugeln mit der katholischen Kirche. Kritiker aus den Reihen der Dominikaner und Jesuiten griffen ihn jedoch nicht minder heftig an, ihnen erschien insbesondere der Abschnitt »Von Christus und Israel« gänzlich mißglückt.

Max Brod reagierte brieflich auf die Aphorismen-Sammlung seines Freundes, stellte fest, daß sich nunmehr dieselbe Streitposition zwischen ihnen beiden wiederhole, die sie einst, in Prag, auseinandergebracht habe: Brod wollte, im Gegensatz zu Werfel, Jesus von Nazareth keinesfalls als den Messias anerkennen, sah in Christus gar eine unbedeutendere Rabbinerpersönlichkeit als etwa in Hillel, Maimonides oder Baal-Schem-Tow, begriff überdies nicht, wie sein Freund dem Volke Israel nahelegen konnte, sich mit der Kirche zu vereinen, deren unbedingtes Versagen – in jeder Hinsicht – doch seit Jahrhunderten offensichtlich sei. Und Werfel präzisierte daraufhin noch einmal, wie schon so oft, die eigene Haltung: er betrachte das Auftreten Christi als »das entscheidende Ereignis der jüd. Geschichte. [...] Ohne die christliche Auswirkung hätte sich das Judentum nie und nimmer erhalten.«

Er berichtete dem in Tel Aviv Lebenden von seinem äußerst labilen Gesundheitszustand; er habe, so schrieb er, einen »Herz-muskelknax« erlitten und lebe nun in ständiger Angst vor »cardialem Asthma und Lungenstauungen«. Alles strenge ihn »schrecklich« an, vor allem aber erschöpfe ihn das Sprechen »mehr [...] als alles andere«. Er wünsche es sich so sehr, mit Brod noch einmal »im Stadtpark debattierend auf und ab [zu] gehen wie einst in unsagbarer Zeit«, werde aber auch das wohl »nimmer können«. Bezugnehmend auf den »Reiseroman«, berichtete Werfel, das Buch drohe einen Umfang von tausend Seiten anzunehmen – »Ich bin, wie ich fürchte, auf eine monströse Mischung von Philosophie und Entertainment verfallen.« Er umarmte den Freund zum Abschied – »in alter Jugendtreue« – und sprach die Hoffnung aus: »Vielleicht gibt es Gott, daß wir uns doch noch einmal wieder sehen in dieser verrückten Welt. [...] Ich selbst kann keine Pläne machen.«

Zu diesem Zeitpunkt tobten auf dem europäischen Kriegs-schauplatz die Entscheidungsschlachten zur Niederwerfung Hitler-Deutschlands. Im Januar 1945 war der Ardennenfeldzug, die letzte große Offensive des Dritten Reiches, gescheitert, Luftan-griffe der Alliierten auf Berlin und Dresden forderten Zehntausende Tote unter der Zivilbevölkerung. Die US-Army überquerte Anfang März den Rhein, die Rote Armee stieß wenig später bis nach Berlin und Wien vor. Mitte April befand sich Wien fest in russischer Hand – wenige Stunden vor dem Einmarsch der sowjetischen Soldaten beging Alma Mahler-Werfels Stiefvater Carl Moll Selbstmord – gemeinsam mit seiner Tochter Maria und deren Mann Dr. Eberstaller; bis zum Schluß hatten die drei noch an Hitlers Endsieg geglaubt.

Die Alliierten befreiten die Überlebenden der Konzentrations-lager, entdeckten das unvorstellbare Ausmaß der systematischen Massenvernichtungen; Bilder höllischer Grausamkeit gingen um die Welt, legten das größte Verbrechen der Menschheitsgeschichte bloß. Allein in dem polnischen KZ Auschwitz-Birkenau waren weit über zwei Millionen Menschen vergast worden. Die Befreiten aber sahen atmenden Skeletten, lebenden Leichnamen gleich; sie sahen den Geretteten vom Musa Dagh nicht unähnlich, die ein englischer Marineoffizier – in Franz Werfels Roman – mit den Worten beschrieben hatte: »Ich habe den Eindruck, keine Menschen gesehen zu haben, sondern nur Augen.«

Die Ereignisse überstürzten sich: Mussolini erschossen. Selbstmord Adolf Hitlers. Bedingungslose Kapitulation Deutschlands. Schon spielten Werfel und Alma mit dem Gedanken, baldmöglichst nach Europa zu reisen, wollten das nahezu unzerstörte Rom zur ersten Station ihres Besuchs machen. »Die Niederlage Deutschlands«, schrieb Franz Werfel in einer deutschsprachigen New Yorker Tageszeitung, ». . . ist ein Faktum, das seinesgleichen in der Weltgeschichte nicht hat.« Man könne Deutschlands Zusammenbruch »nicht mit der Niederlage der Karthager vergleichen und nicht einmal mit den größten militärischen Katastrophen . . .«; ein Ereignis, welches den Deutschen zu Bewußtsein bringen werde, »daß sie von einem Höllengeiste besessen waren«. Kein Weg bleibe diesem Volk nunmehr übrig als jener »der inneren Reinigung vom Gemeinverbrechen«.

Ähnlich äußerte er sich in einer vom US Office of War Information nach Europa telegraphierten Botschaft ›An das deutsche Volk‹, die in deutschsprachigen Zeitungen vervielfältigt werden sollte: »Deutsche Menschen, wißt ihr, was durch eure Schuld und Mitschuld geschehen ist in den Jahren des Heils 1933 bis 1945? Wißt ihr, daß es Deutsche waren, die Millionen und Millionen friedfertiger, harmloser, unschuldiger Europäer mit Methoden umgebracht haben, die den Teufel selbst schamrot machen würden?« Es seien diese Greueltaten aber nicht etwa von einer Schar einzelner Verbrecher begangen, sondern von der Volksgemeinschaft der Deutschen getragen worden; »in dieser schrecklichen Stunde der Prüfung« könne den Deutschen, meinte Werfel, nur noch die Rückbesinnung auf ihre »Heiligen und großen Meister« helfen: »Sie allein können die Schmach von euch nehmen.«

Die Arbeit am ›Stern der Ungeborenen‹ erdrückte Werfel gänzlich. Laufend sandte er neue Manuskriptseiten noch Los Angeles,
an seinen neuen Sekretär, den einstigen Wiener Regisseur und
Theaterwissenschaftler William W. Melnitz (Albrecht Joseph hatte
inzwischen einen Job als Filmcutter angenommen), und erst als
das Werk beinahe tausend Schreibmaschinenseiten umfaßte,
gönnte er sich, Mitte Juni 1945, einige Tage der Ruhe. Als ihn
seine Freunde Ernst und Anuschka Deutsch aber aufforderten,
doch etwas weniger intensiv zu arbeiten, nicht sogleich wieder
nach Santa Barbara zurückzukehren, entgegnete er: »Das Buch
muß fertig werden – früher als ich . . .«

Er bekomme »Schweißausbrüche der Angst und Verlegenheit«, wenn er an das »unmögliche Abenteuer denke, das dieses
Buch bedeutet«, gestand er Friedrich Torberg – ein Werk, welches
den Beweis führe, »daß es in hunderttausend Jahren noch viel
schlimmer zugehen wird als heute, hauptsächlich dadurch, daß es
um soviel besser zugehen wird«. Darüber hinaus befürchtete er,
»Partisanen aller Lager« würden ihn, nach Erscheinen des Romans, seiner apolitischen Grundeinstellung wegen »verkehrt auf-
hängen wie Mussolini, von den Moskauern bis zu den Katholen«.
Aufregungen, Anstrengungen, denen er sich aussetze, obwohl er
»eh nur von der Pflanze Fingerhut Gnaden« lebe – eine Anspie-
lung auf das Medikament Digitalis, welches ihm die Ärzte nach
wie vor regelmäßig verabreichten.

Im Sommer '45 entstanden, in Santa Barbara, die letzten Kapitel des »Reiseromans« – und Werfel bat seine »süße einzig geliebte
Alma«: »sei nicht bös, daß ich Dich so viel allein lasse«. Nach drei
Tagen und drei Nächten zu Besuch in der Zukunftswelt des Jahres
101 943 bittet F. W. den Großbischof des Zeitalters, ihn nach
Hause zurückkehren, ihn dort absetzen zu lassen, wo er kurz vor
seinem Tode, im zwanzigsten Jahrhundert, tatsächlich gelebt
habe: »Ecke North Bedford Drive und April 1943 . . .« Begleitet
von Io-Knirps, dem er in der »Knabenschulklasse der Chronosophen« begegnet war und in dem er, in der Folge, die Reinkarnation seines eigenen Sohnes Martin Johannes erkannt hatte, bewegt

sich F. W. fort aus der astromentalen Utopie. »Mein ganzes Leben [...] war eine leichte, luftige, durchleuchtete Freudigkeit, deren man ohne Tränen nicht gedenken kann«, konstatiert der Icherzähler und schreitet durch den verschmitzt-lächelnden Blick seines Sohnes Io-Knirps hindurch, »bis ich nichts mehr wußte«. Unter diese Schlußworte des sechsundzwanzigsten Kapitels setzte Franz Werfel noch das Datum: »17. August 1945. Sta Barbara.«

,,Fat Man" und ,,Little Boy" – so liebevoll benannte das amerikanische Militär jene beiden Uranbomben, die am 6. und 8. August 1945 die Städte Hiroshima und Nagasaki ausgelöscht hatten. Die utopische Wirklichkeit Atomzeitalter hatte bereits begonnen.

Werfel plante noch ein siebenundzwanzigstes Kapitel, *»worin sich auch nur ein Epilog verbirgt, der eine Apologie ist«,* beschloß aber, zunächst für etwa eine Woche nach Beverly Hills zurückzukehren, um sich dort von den Strapazen der letzten Monate ein wenig zu erholen. Wenige Stunden vor seiner Abfahrt schrieb er an Friedrich Torberg, er habe den dritten und letzten Teil seines »Reiseromans« nunmehr beendet: »... ein Ritt über den Bodensee physisch und psychisch und geistig, ohne daß ich hoffentlich das Schicksal des Reiters werde teilen müssen.«

August Hess chauffierte Werfel an diesem besonders heißen Hochsommer-Nachmittag nach Los Angeles, an den North Bedford Drive, wo sich der Erschöpfte sogleich zu Bett legte. Ein benachbarter Hausarzt kam zu ihm – der Leibarzt Dr. Spinak war für wenige Tage beurlaubt worden – und verabreichte ihm, da er sich besonders schwach und unwohl fühlte, eine Injektion, um das Herz zu entlasten, verschrieb außerdem, für den Abend, eine Morphium-Spritze. Noch in derselben Nacht erlitt Werfel einen schweren Kollaps – und war überzeugt davon, dies sei endgültig die Stunde des Todes. Früh morgens aber schien die Gefahr zunächst wieder gebannt – ein Ärztekonsilium trat zusammen und verschrieb strikteste Bettruhe. Werfel fieberte, ohne erkennbare Ursache. Er kränkte und ärgerte sich, jenen noch fehlenden Epilog nicht schreiben, den ›Stern der Ungeborenen‹ nicht abschließen zu können. Eine Eule, die bei Tag und bei Nacht auf einem Baum vor dem Fenster seines Zimmers saß, schien Werfel unentwegt zu beobachten – und er empfand ihre Gegenwart als sicheren Vorboten des Todes.

In diesen Tagen erreichte Werfel ein Brief seines Freundes Johannes Urzidil; der Prager Schriftsteller – er lebte seit 1941 im New Yorker Exil – gratulierte Werfel zu den ›Theologumena‹, die seinem eigenen Weltbild (er war Sohn eines christlichen Vaters und einer jüdischen Mutter) durchaus entsprachen. Mit großer Sehnsucht erinnerte er nun, anläßlich des Kriegsendes, sowohl Werfel als auch sich selbst, an das Prag von einst, an ihr Zusammensitzen in den Cafés Arco, Edison, Continental, an ihre Besuche in wenig anständigen Nachtetablissements. Reminiszenzen an eine Stadt, die niemals wieder so sein werde, wie sie ehedem gewesen, dies äußerst reizvolle Gebilde, bewohnt von einem Völkergemisch aus österreichischem Adel, Tschechen-, Deutsch- und Judentum. Den Adel, so konstatierte Urzidil, habe der Erste, das Judentum der Zweite Weltkrieg vernichtet, das deutsche Element beseitigten nunmehr die Tschechen, sie allein würden in Zukunft die Goldene Stadt in ihren Besitz nehmen. Das Prag ihrer beider Kindheit und Jugend aber sei unwiederbringlich untergegangen.

Eine Woche nach seiner Rückkehr aus Santa Barbara fühlte sich Werfel schon bedeutend besser, durfte wieder aufstehen und redigierte an seinem Schreibtisch eine Auswahl der ihm liebsten Gedichte aus den Jahren 1908–1945, die ein kalifornischer Privatverlag zu publizieren gedachte. Der Nachbar Bruno Walter kam an einem Samstagabend zu Besuch, holte das Ehepaar Werfel zu einer Stadtfahrt ab. Bevor man fortging, setzte sich Walter noch ans Klavier, stimmte eine Melodie aus Friedrich Smetanas ›Verkaufter Braut‹ an. Werfel, der diese tschechische Oper besonders liebte, stürzte aus seinem Zimmer herbei, schmetterte die betreffende Arie, deutete in seinem Übermut sogar ein paar Tanzschritte an. Anschließend verbrachten die Freunde, in Werfels

Lieblingsrestaurant Romanoff's, einen überaus heiteren Abend, erfüllt von Stadtklatsch, Erinnerungen und dem Erzählen von Anekdoten.

Am nächsten Morgen fühlte sich Werfel bei bester Laune ausnehmend wohl, besprach mit Alma die geplante Reise nach Europa. Vor allem seine Schwester Hanna wollte er baldmöglichst wiedersehen, sie lebte noch in London, er wollte aber auch Prag und Wien, Venedig und Rom besuchen – die Ärzte rieten ihm zwar dringend davon ab zu fliegen, hielten aber eine Schiffspassage für verhältnismäßig unbedenklich.

Im Auftrag der zur Ablösung des Völkerbundes gerade gegründeten Vereinten Nationen verfaßte Werfel, an diesem Sonntag, einen ›Gruß an Salzburg‹, der sich mit der politischen Zukunft Österreichs auseinandersetzte; die Stadt Salzburg lag nunmehr in der amerikanischen Besatzungszone und sollte, nach und nach, wieder zu einem Mittelpunkt der Künste werden. »Wäre es nicht eine fruchtbare Idee«, so Werfels Vorschlag, »wenn die United Nations ganz Österreich depolitisierten und seine ökonomische Existenz sicherstellten, damit auf seiner gesegneten Erde ein Paradies der Völkerversöhnung geschaffen werde, eine ewige Kirchweih, auf welcher alle mit den besten Gaben wetteifern, die sie besitzen?«

Am frühen Abend saß Werfel noch an seinem Schreibtisch, korrigierte, während Alma Besuch von Freunden empfing, jene Lyrikauswahl der ihm liebsten Gedichte aus nahezu vierzig Jahren. Er bearbeitete gerade das Poem ›Der Dirigent‹, entstanden im Jahre 1938, als kurz vor achtzehn Uhr, an diesem 26. August 1945, sein Herz zu schlagen aufhörte. Von seinem Drehsessel sank Franz Werfel auf den Boden hinab.

»Werfel hat oft, schon in der Wiener Zeit, zu mir gesagt: ›Ich weiß nicht, ob die Alma mein größtes Glück oder mein größtes Unglück ist‹«, erinnert sich Anna Mahler, »ich glaube, er hat sich erst in Santa Barbara

337

innerlich ganz von ihr gelöst. Ja: dort, in den den letzten Jahren seines Lebens, während der ›Stern der Ungeborenen‹ entstand, befreite er sich von ihrer Übermacht. Aber den Endsieg über ihn hat sie wahrscheinlich doch noch nach seinem Tode errungen: es gibt hartnäckige Gerüchte, daß sie gemeinsam mit ihrem Freund, Pater Georg Moenius, so etwas wie eine ›Begierdetaufe‹ vorgenommen hat. Denn das war ihr ja unbedingt das Wichtigste: daß ihr Franzl nicht als J u d e vor Gott hintrete.«

»Mich hat die Alma gebeten«, erzählt Albrecht Joseph, »die Sitze für die prominentesten Trauergäste zu reservieren, in der Kapelle der Pierce Brother's Mortuary; als ich dann zur Alma kam, um sie abzuholen, und zu ihr sagte: ›Komm, Alma, es ist Zeit, wir müssen . . .‹, da antwortete sie: ›Ich gehe nicht.‹ ›Was soll das heißen, du gehst nicht?!‹ ›Ich geh nie!‹ . . . Und als dann die Trauergäste vollzählig versammelt waren, die gesamte deutschsprachige Literatur-Republik im Exil, da wartete und wartete man, das Zeremoniell fing und fing nicht an. Bruno Walter spielte Bach und spielte eine Schubert-Sonate nun schon zum zweitenmal, auch Lotte Lehmann hatte schon mehrere Schubert-Lieder zum besten gegeben . . . alle dachten natürlich, man warte auf Alma. Aber man wartete in Wirklichkeit auf Pater Georg Moenius: er sollte nämlich die Trauerrede halten. Er hatte übrigens acht Jahre zuvor in Wien die Gedenkrede für Karl Kraus gehalten! . . . Als er dann endlich bei der Werfel-Feier auftauchte, munkelte man, er habe sich so sehr verspätet, weil Alma ihm seine Rede gänzlich umgeschrieben habe. Moenius betonte, er spreche an diesem traurigen Tage nicht als katholischer Geistlicher, sondern als F r e u n d Franz Werfels. Und behauptete, in der astromentalen Welt des ›Stern der Ungeborenen‹ würden sich die Feinde Werfel und Kraus nun zweifelsohne die Hände reichen. Er wies mit Nachdruck darauf hin, welch deutlich katholische Ausrichtung die meisten Werke Werfels gehabt hätten, und leitete daraufhin plötzlich – zum großen Erstaunen der Trauergemeinde dazu über, der Verstorbene sei zwar niemals f o r m e l l, das heißt durch die Taufe, der Kirche beigetreten, habe sich jedoch a u f d e m W e g e d o r t h i n befunden, als der Tod ihn abrief. Und schließlich kenne die Kirche ja nicht bloß die übliche Wassertaufe, sondern ebenso die Bluttaufe, sie kenne überdies die sogenannte Begierdetaufe, die für alle jene gelte, die sich nach der Taufe

s e h n t e n, sie jedoch zu Lebzeiten nicht empfangen hätten ... Moenius'
Rede löste unter den Anwesenden Befremden aus: warum sprach er in
einer Erinnerungsrede an den Freund Werfel von den verschiedenen
Formen der Taufe? Das Gerücht, Alma und Moenius hätten Werfel nach
seinem Tode doch noch getauft, verbreitete sich verständlicherweise wie
ein Lauffeuer – wurde aber von beiden Verdächtigten zeitlebens geleug-
net.«

   »Ich lebte damals, als Werfel starb, noch in London«, sagt Anna
Mahler, »und mußte Werfels Schwester Hanna die Nachricht überbrin-
gen, daß der geliebte Bruder gestorben sei. Und sie bekam daraufhin den
schrecklichsten Wutausbruch, den ich je bei einem Menschen miterlebt
habe – das Hauptziel ihres Anfalls war G o t t. Daß Gott ihr so etwas
hatte antun können! Obwohl sie doch ihr Gelübde gehalten und zu
rauchen aufgehört habe! Und jetzt hatte Gott ihr d a s angetan! Eine
schreckliche Szene. Hanna wälzte sich auf dem Bett. Das Schlimmste für
sie war natürlich, daß sie den Franz nicht noch einmal hatte sehen
können, jetzt, da der Krieg endlich vorüber war.

   Ich selbst kam erst Jahre später, 1950, nach Amerika – damals lebte die
Mammi nicht mehr in Kalifornien, sondern in einem kleinen Apparte-
ment in New York; und jedesmal, wenn ich zu ihr zu Besuch kam,
wiederholte sie mindestens zweimal den Satz: ›Wenn jetzt der Mahler
bei der Tür hereinkäme, ich würde s o f o r t mit ihm gehn!‹ Eines muß
man natürlich zugeben: mit dem Werfel hat sich die Alma nicht mehr
weiterentwickelt: sie war ein Machtmensch, sie war viel stärker als er, sie
hätte jemanden wie Mahler gebraucht, der ihr den richtigen Widerstand
geleistet hätte. Mit Kokoschka herrschte eine Art Gleichgewicht – das
war gut für sie. Trotzdem hat sie ihn in den Krieg geschickt. Und
Hollnsteiner? Als er nach dem Krieg einmal nach Amerika kam, weigerte
sich Alma, ihn auch nur zu empfangen. Noch als Fünfundachtzigjäh-
rige, also im Jahre 1964, kurz vor ihrem Tod, erzählte mir Alma einen
Traum, der ihr keine Ruhe ließ: Franz Werfel war die Treppen in einem
Stiegenhaus herabgekommen und ging, ohne sie anzusprechen, ohne ihr
auch nur einen Blick zuzuwerfen, ganz dicht an ihr vorbei. Es kränkte
sie schrecklich, daß er so tat, als sei sie einfach nicht vorhanden. Sie
grübelte und grübelte, woran das liegen konnte. Und sagte mir dann

drei Tage später: ›Ich hab's: da steckt bestimmt eine andere Frau da-
nter!‹«

Ich kehre, nach diesem Abschiedsbesuch bei Anna Mahler und Albrecht
Joseph, noch einmal in den Keller jener Universitätsbibliothek von Los
Angeles zurück, die den Großteil von Franz Werfels literarischem
Nachlaß aufbewahrt. Seit Wochen türmen sich auf meinem Arbeitstisch
die schuhschachtelgroßen Kartons, hier blättere ich Briefe und Gedan-
kensplitter, Notiz- und Tagebücher durch. Ich nehme noch einmal das
Originalmanuskript des »Reiseromans« zur Hand, finde zwischen zwei
Seiten gepreßte Blumenblüten, Alma hat sie ihrem Mann vor mehr als
vierzig Jahren als Glücksbringer geschenkt, zur Wiederaufnahme der
Arbeit am ›Stern der Ungeborenen‹, im Hochsommer '44.
  In einem italienischen Notizheft aus dem Jahre 1932 entdecke ich
hastig niedergeschriebene Sätze, die wie eine Vorahnung des ›Stern der
Ungeborenen‹ klingen; in diesen Worten Franz Werfels erscheint mir sein
Credo, das Leitmotiv seines Lebenswerks enthalten zu sein: »Manchmal
ist mir so eigen ums Herz. Sei dir jeder Sekunde bewußt, – so sagt es in
mir – schreibe womöglich alles auf. Du bist ja nicht aus und in dieser
Welt, sondern ein Gast aus fernen alten Jahrhunderten.«
  Ein Gipsabguß von Werfels rechter Hand kommt in Box No. 34 zum
Vorschein – die Finger sind dick und kurz, der Daumen überbreit – ein
häßlich erscheinender Siegelring ziert sie. Ich finde ein in schwarzen
Samt gehülltes Paket, wickle es behutsam aus, ein Augenblick, der
durchaus dem ›Stern der Ungeborenen‹ entnommen sein könnte: Franz
Werfels Totenmaske aus gelblich-weißem Gips – hier, im Neonlicht, tief
unter der kalifornischen Erdoberfläche . . . Ich starre die ruhig-sanften
Gesichtszüge lange an, berühre dann mit den Fingerspitzen sachte die
sehr hohe faltendurchfurchte Stirne. Berühre Augenbrauen, markante
Nase, dicke Lippen, Doppelkinn. Ich streiche über die geschlossenen
Augenlider . . . habe bislang nicht gewußt, welch Lebendigkeit von einer
solchen Maske ausgeht. Wickle sie nun rasch wieder in ihre Samthülle,
schließe den Deckel der Box No. 34.

Auch an der amerikanischen Ostküste, in Philadelphia, befindet sich ein großer Teil von Franz Werfels Nachlaß, zusammengetragen von seinem langjährigen Freund und Herausgeber Professor Adolf D. Klarmann, der hier, in dieser Stadt, Germanistik lehrte. Der Bibliotheks-Dachboden der University of Pennsylvania – wieder ein fensterloser, von Neonlicht und Aircondition durchfluteter Raum, diesmal nicht unter der Erde, sondern hoch über dem Campus gelegen – ist, auf der Suche nach Franz Werfels Lebensgeschichte, letzte Station meiner Reise.

Meine Ausgrabungsarbeit fördert eine bläulich-metallene Brillenschatulle zutage, innen rot ausgeschlagen, in goldenen Lettern wurde der Name Franz Werfel eingestanzt – rund um die beiden sehr starken Brillengläser liegt der einstige Brillenrahmen, zu Dutzenden gelben Splittern zerfallen, als seien seit dem Tode ihres Besitzers tausend Jahre vergangen. Neben Reisewecker, Briefpapier und Visitenkarten (sie tragen die Aufschrift »Dr. h. c. Franz Werfel«) finde ich eine seiner zahlreichen Zigarrenspitzen – auch heute, nach vierzig Jahren, haftet diesem kleinen, bräunlichen Gegenstand noch der Rauch- und Aschegeruch von Werfels dicken Havannazigarren an.

Ich lese in einem Typoskript von Willy Haas: »Franz Werfel hatte meine Adresse in dem kleinen Himalaya-Dorf wohl gekannt und es gab in diesem Dörfchen ein Postamt. Aber er hatte mir nie geschrieben. Hie und da, selten genug, hatte ich einen Brief von seiner Frau Alma bekommen, in ihren gotischen Riesenlettern, von denen immer drei Zeilen auf einen Bogen gingen. Ich schrieb ihr: ›Natürlich sind mir Deine Briefe ebenso lieb wie die von Franz, aber ich kann es nicht verstehen, daß er mir jahrelang nicht geschrieben hat.‹ Die Antwort bekam ich, wie üblich und unumgänglich, ein paar Monate später. Alma schrieb mir: ›Den Grund wirst Du sehen, wenn Du den nachgelassenen Roman von Franz lesen wirst.‹ Den nachgelassenen Roman, den ›Stern der Ungeborenen‹ erhielt ich ein Jahr später. Als ich ein paar Seiten gelesen hatte, konnte ich nicht mehr weiter. Denn ich hatte etwas erkannt, was ich mir nicht vorstellen konnte: daß Franz Werfel in den letzten Jahren seines Lebens vermutlich an keinen Menschen in der Welt so viel gedacht hat, wie an mich. Denn er hatte einen Roman über unsere Freundschaft geschrieben. Ich hatte erst einen kleinen Schock zu überwinden, bevor ich weiterlesen konnte, mit fiebernden Wangen, Tag und Nacht, in meinem kleinen Zimmerchen am Rande des Dschungels. Draußen lachten die Hyänen und heulten die Schakale. In diesem Roman kommen zwar viele Dutzende von Personen vor, ganz eigentlich aber nur zwei Personen: nämlich Franz und ich, und wir führen darin über siebenhundert Seiten ein Gespräch, das wir hundertemale schon geführt hatten, so oder ähnlich, als Knaben, ein Gespräch ohne Ende.«

Ich blättere in einem schmalen Schulheft, sein Einband ist schwarz-weiß-kariert, es stammt aus dem Jahre 1918 und trägt die Aufschrift: ›Geheimes Tagebuch‹. Auf der ersten Seite die Worte: »Wer auch immer durch Zufall dieses Heft in die Hand bekommt wird i n n i g s t gebeten, e s w i e d e r z u s c h l i e ß e n – Kein v o r n e h m e s Auge, wird private Eröffnungen lesen wollen, die nicht für die Ö f f e n t l i c h k e i t – auch nicht für es selbst bestimmt sind. Auch ein M u t t e r a u g e wird davor Halt machen.« Dies geheime Büchlein – ich selbst nehme nach einigem Zögern auf Werfels innige Bitte nicht Rücksicht – beinhaltet Tagebuch-aufzeichnungen aus dem Hochsommer 1918, aus jener Zeit also, da Alma mit dem Sohn Martin Johannes niederkam; der Text birgt keine Überra-schungen: Frau Mahler-Werfel hat die intimsten Aufzeichnungen ihres Mannes längst publik gemacht, sie übernahm sie, Wort für Wort, in ihre im Jahre 1960 erschienene Autobiographie ›Mein Leben‹.

Adolf D. Klarmanns eigene Aufzeichnungen, Essays und Universi-tätsvorlesungen zu Franz Werfels Leben und Werk werden ebenfalls auf dem Bibliotheksdachboden aufbewahrt; unmittelbar nach dem Tod seines Idols führte Klarmann Gespräche mit Werfels Freunden und Verwand-ten, sprach mit seiner Mutter, seinen Schwestern, sprach mit Kurt Wolff und Friedrich Torberg; Alma vertraute ihm im Oktober 1945 an, ihr Mann sei kurz nach seinem Ableben doch noch getauft worden: dank den Bemühungen des Jesuitenpaters Georg Moenius und des Erzbischofs von Los Angeles sei eine sogenannte »Begierdetaufe« durchgeführt worden, ein Geheimnis, welches Professor Klarmann unter allen Umständen für sich behalten müsse. Das Wort »secret« unterstrich der Alma-Ergebene doppelt, hielt sich zeitlebens an sein Versprechen.

»Werfel war natürlich n i c h t getauft«, belog Frau Mahler-Werfel ihren Freund Friedrich Torberg, der sein Mißtrauen ihr gegenüber auch

zehn Jahre nach Werfels Tod nicht hatte ablegen können. »Ich hätte ihn
n o t taufen können als ich ihn fand – a b e r i c h h ä t t e e s n i e gewagt!«
beteuerte sie: »Werfel war j e d e m echten Mystizismus zugänglich, aber
er hätte es mir mit e i n e m Wo r t gesagt, wenn er d a s gewollt hätte. Er
sagte mir einmal, als er am St[ern] d[er] U[ngeborenen] schrieb, er wolle
s o, also interconfessionell beerdigt sein. Und es war auch kein Symbol,
weder Talmud noch Kreuz vorhanden. Er ist (wie Du weißt) in einem
Mausoleum provisorisch beigesetzt – weil ich in Wien für ihn ein
Ehrengrab w o l l t e. Aber nach der Art, wie die Herren Wiener mich
jetzt für meine jüdische Versipptheit bestrafen . . .«

In einen Frack und ein Seidenhemd gekleidet, so wie Werfel das eigene
Begrabensein in kalifornischer Erde beschrieben hatte, ließ Alma Mahler ihr Mannkind beisetzen. »In diesem Staatsgewand«, heißt es im
›Stern der Ungeborenen‹, »hatte man mich vermutlich vor mehr als
hunderttausend Jahren zu Grabe getragen, und damals schon war dieser Frack [. . .] beinahe zwanzig Jahre alt. [. . .] Die kalifornische
Pompe Funèbre-Firma hatte mich sogar maniküren lassen; meine Fin-
gernägel glänzten und zeigten einen rosa Anhauch.« Doch bereits
dreißig Jahre nach seinem Tode, im Juli 1975, wurden Franz Werfels
sterbliche Überreste – in deutlicher Mißachtung seines letzten Willens,
jedoch Alma Mahlers Testament Genüge tuend (auch sie selbst liegt in
Wien begraben) – aus der Erde von Hollywoods Rosedale Mortuary &
Cemetary ausgegraben, in eine Holzkiste verpackt und mit einer Li-
nienmaschine der TWA in die ehemalige Hauptstadt des k.u.k. Imperiums geflogen. »PLEASE HANDLE CAREFULLY«, stand auf
dem Begleitschreiben zu lesen – und als Adresse hatte man das Palais
Wilczek, den Sitz der Österreichischen Gesellschaft für Literatur, angegeben. Dies Palais, in Wiens Innenstadt, liegt am Anfang der Herrengasse, nur wenige Schritte von jenen beiden Orten entfernt, die
Franz Werfel, zur Zeit seines Lebens in Wien, Heimat bedeuteten:
den Cafés Central und Herrenhof . . .
    Der Leiter der Österreichischen Gesellschaft für Literatur konnte nur
im letzten Moment noch verhindern, daß die für ein Ehrengrab auf dem
Wiener Zentralfriedhof bestimmte Holzkiste aus Hollywood in den roten

Plüschräumen seines Büros abgegeben wurde: er eilte zum Flughafen. In seinem Beisein öffneten die Herren der Zollabfertigung den Deckel der Kiste. Sekundenlang und zutiefst erschrocken sah der Herbeigerufene auf weißliche Knochenreste, sie waren dicht gebündelt und lagen fest in eine dicke Plastikplane verpackt.

Anhang

Zeittafel

1890   Geboren am 10. September, als Sohn von Rudolf und Albine Werfel, geborene Kussi

1896   Eintritt in die Privatvolksschule der Piaristen

1900   Eintritt in das K. K. Deutsche Gymnasium, Prag Neustadt

1903   Bar Mitzwa, Maiselsynagoge, Prag

1904   Wechselt in das K. K. Deutsche Gymnasium Stefansgasse. Besucht das Neue Deutsche Theater, erlebt die Maifestspiele mit Enrico Caruso (Verdi-Stagione.)

1905   Erste Gedichte entstehen. Liebe zu Maria Glaser

1908   Erste Begegnung mit Max Brod; am 23. Februar erscheint FWs Gedicht ›Die Gärten der Stadt‹ in ›Die Zeit‹, Wien; spiritistische Séancen

1909   Abitur; Freundschaft zu Max Brod und Franz Kafka: Café Arco; Gasthörer an der Prager Universität

1910   Ab Oktober in Hamburg bei der Speditionsfirma Brasch & Rothenstein; ›Besuch aus dem Elysium‹

1911   Hamburg; ›Weltfreund‹-Gedichte in Karl Kraus' ›Fackel‹ vorabgedruckt; ›Weltfreund‹ erscheint Mitte Dezember bei Axel Juncker in Berlin; ab Oktober Militärdienst, Einjährigenfreiwilligenjahr, auf dem Hradschin

1912   Prag, Einjährigenfreiwilligenjahr; ›Die Versuchung‹ während eines Manövers geschrieben; ab Oktober in Leipzig Lektor im Kurt Wolff Verlag

1913   Leipzig; Malcesine/Gardasee; ›Wir sind‹; Begegnung mit Rainer Maria Rilke in Hellerau; ›Troerinnen‹-Übertragung begonnen; zahlreiche Lesungen; erster Streit mit Karl Kraus

1914   Leipzig; Lesungen; Begegnungen mit Martin Buber; bei Kriegsausbruch eingerückt, jedoch sehr bald vom Kriegsdienst befreit

1915   Wieder eingerückt, nach Bozen; nochmals freigestellt; Verletzung in Bozen; kriegsdienstuntauglich; ab September wieder eingezogen: Elbe Kostelec und Trebnitz; erste Begegnung mit Gertrud Spirk; wieder vom Kriegsdienst befreit; ›Einander‹ erschienen; ›Die Troerinnen‹ erschienen

1916   Prag; ab Mai wieder eingerückt: Elbe Kostelec; Ausweitung des Streits mit Karl Kraus; an die Front, nach Ostgalizien; Hodów; dient als Meldegänger, steht nie in den Schützengräben; zahlreiche polemische Essays entstehen

1917   An der Front, Hodów und Jezierna; ›Stockleinen‹; August: Versetzung nach Wien, Kriegspressequartier; Mitte November erste Begegnung mit Alma Maria Mahler-Gropius

1918   Kriegspressequartier-Reise in die Schweiz; Vorträge, Lesungen; Vorwurf der Antikriegshetze, Abbruch der Schweiz-Reise; Weiterarbeit im Kriegspressequartier; Beziehung zu Alma Mahler vertieft; Geburt seines und Almas Sohnes Martin Johannes; ›Die Mittagsgöttin‹; Kriegsende, Umsturz in Wien, FWs Mitmachen beim Sturm auf das Parlament, Sympathisant der Roten Garde

1919   ›Spiegelmensch‹-Arbeit begonnen, in Breitenstein am Semmering; Tod des Sohnes Martin Johannes; ›Der Gerichtstag‹ erscheint; ›Nicht der Mörder, der Ermordete ist schuldig‹

1920   ›Spiegelmensch‹; Arbeit an ›Bocksgesang‹

1921   Lesereise durch Deutschland; Mitte Oktober: Uraufführung ›Spiegelmensch‹

1922   Mitte März: Uraufführung von ›Bocksgesang‹ in Wien; Venedig; ›Schweiger‹ entsteht; erste Notizen zu ›Verdi. Roman der Oper‹; Streit mit Franz Kafka à propos ›Schweiger‹

1923   Venedig; Alma Mahler kauft hier den Palazzo »Casa Mahler«; Arbeit an ›Verdi. Roman der Oper‹; FW zumeist in Breitenstein

1924   ›Verdi‹ erscheint; am 3. Juni Tod Kafkas; ab Juli Arbeit in Breitenstein an ›Juarez und Maximilian‹; FW verläßt den Kurt Wolff Verlag, wechselt zum Paul Zsolnay Verlag über

1925   Januar und Februar: Nahostreise; ab Sommer Arbeit an ›Paulus unter den Juden‹; übersetzt mit Alma Verdis ›Forza del Destino‹

1926   April: Wiederaufnahme der Arbeit an ›Paulus‹; erster Entwurf zu ›Das Reich Gottes in Böhmen‹ entstanden; Begegnung mit Sigmund Freud und Briefwechsel ad ›Paulus‹; im Herbst ›Der Tod des Kleinbürgers‹ entstanden

1927 Santa Margherita Ligure, Hotel Imperial; Novellenzyklus: ›Kleine Verhältnisse‹, ›Geheimnis eines Menschen‹, ›Die Entfremdung‹, ›Das Trauerhaus‹; Beginn der Arbeit an ›Der Abituriententag‹

1928 Santa Margherita und Wien bzw. Breitenstein; Beginn der Arbeit an ›Barbara oder die Frömmigkeit‹

1929 Santa Margherita, Weiterarbeit an ›Barbara‹; 6. Juli: Hochzeit FW und Alma Mahler; 15. Juli: Tod Hugo v. Hofmannsthals; Idee zu ›Die Geschwister von Neapel‹, in Santa Margherita entstanden; deutsche Neufassung der Verdi-Oper ›Simone Boccanegra‹

1930 Januar, Februar: zweite Nahostreise; Idee zu ›Die vierzig Tage des Musa Dagh‹; arbeitet jedoch zuerst an ›Das Reich Gottes in Böhmen‹, Uraufführung im Dezember im Burgtheater Wien

1931 Santa Margherita, schreibt dort ›Die Geschwister von Neapel‹; Weiterarbeit in Breitenstein; 21. Oktober: Tod Arthur Schnitzlers

1932 Breitenstein, Venedig; Beginn der Arbeit an ›Die vierzig Tage des Musa Dagh‹; deutsche Neufassung von Verdis ›Don Carlos‹

1933 Januar: Hitler in Deutschland an der Macht; Arbeit in Santa Margherita an ›Die vierzig Tage des Musa Dagh‹; März: FW unterschreibt Loyalitätserklärung; 10. Mai: Bücherverbrennung in Deutschland; Ausschluß aus der Preußischen Akademie der Künste, Sektion für Dichtkunst; November: ›Musa Dagh‹ erscheint; Dezember: FWs Versuch, in den Reichsverband Deutscher Schriftsteller aufgenommen zu werden

1934 ›Die vierzig Tage des Musa Dagh‹ in Deutschland verboten; FW in Venedig und Santa Margherita; Februarunruhen in Wien, von FW nicht miterlebt; in Santa Margherita Arbeit an ›Der Weg der Verheißung‹ (Eternal Road); 25. Juli: Dollfuß ermordet, ab 30. Juli Schuschnigg Bundeskanzler, ein Freund FWs und Alma Mahler-Werfels; Erkrankung von Manon Gropius

1935 ›Der Weg der Verheißung‹, Zusammenarbeit mit Max Reinhardt und Kurt Weill; Lyrik; 22. April: Tod Manon Gropius'; Verkauf der »Casa Mahler«; November: Reise nach New York; 24. Dezember: Tod Alban Bergs; ›Schlaf und Erwachen‹ erschienen

1936 New York, bis zur zweiten Februarhälfte; via Paris nach Wien; Locarno; Idee zum ›Jeremias‹-Roman; in Breitenstein, im Sommer, Arbeit an ›Jeremias. Höret die Stimme‹; Spanischer Bürgerkrieg ausgebrochen

1937 ›Jeremias‹ beendet; ›In einer Nacht‹ geschrieben; Breitenstein, Wien

1938 Capri; FW nicht in Wien, als Hitler Mitte März Österreich okkupiert; Mailand, Zürich, Paris, Amsterdam, London, Paris; St. Germain en Laye; erster Herzinfarkt; Sanary sur mer, Beginn der Arbeit an ›Cella oder die Überwinder‹; pendelt zwischen Sanary und Paris; Gottfried Bermann Fischer (Stockholm) wird FWs neuer Verleger nach der Annexion Österreichs durch Deutschland

1939 St. Germain en Laye; Abbruch der Arbeit an ›Cella‹; Sanary; Arbeit an ›Der veruntreute Himmel‹; Kriegsausbruch

1940 Sanary; ›Eine blaßblaue Frauenschrift‹; Paris; Flucht; Lourdes, Marseille; zu Fuß über die Pyrenäen geflohen; Barcelona, Madrid, Lissabon; 13. Oktober: Ankunft in New York; Ende Dezember: Übersiedlung nach Los Angeles

1941 ›Das Lied von Bernadette‹; Hollywood; 31. Juli: Tod des Vaters in Marseille

1942 New York, Los Angeles; Bestsellererfolg des ›Lieds von Bernadette‹; in Santa Barbara: Arbeit an ›Jacobowsky und der Oberst‹; Streit mit der Schwester Marianne Rieser; Freundschaft zu Friedrich Torberg

1943 New York; Los Angeles; ›Jacobowsky und der Oberst‹, in Santa Barbara; Beginn der Arbeit an ›Stern der Ungeborenen‹; Juni: Ehrendoktorat der University of California, Los Angeles; 12. September: schwerer Herzanfall; am 14. Dezember: weiterer schwerer Herzanfall; Arbeitsunfähigkeit

1944 Los Angeles; bis zum Sommer großteils arbeitsunfähig; diktiert ›Theologumena‹; ab Juli: Santa Barbara, Arbeit an ›Stern der Ungeborenen‹

1945 In Santa Barbara und Los Angeles: Arbeit an ›Stern der Ungeborenen‹; im August beendet, wenige Tage vor seinem Tod am 26. August

Sechs Werke der Sekundärliteratur liegen dieser Biographie vor allem zugrunde:

Max Brod, *Streitbares Leben*. *Autobiographie 1884–1968*. Neuauflage. Frankfurt am Main: Insel Verlag 1979

Lore B. Foltin, *Franz Werfel*. Stuttgart: J. B. Metzlersche Verlagsbuchhandlung 1972

Willy Haas, *Die literarische Welt. Lebenserinnerungen*. München: Paul List Verlag 1957

Adolf D. Klarmann, Einführung zu einem Franz Werfel Lesebuch, ›Das Reich der Mitte‹, Stiasny-Bücherei, Graz 1961

Alma Mahler-Werfel, *Mein Leben*. Frankfurt am Main: S. Fischer Verlag 1960

Kurt Wolff, *Briefwechsel eines Verlegers 1911–1963*. Hrsg. von Bernhard Zeller und Ellen Otten. Frankfurt am Main: Verlag Heinrich Scheffler 1966

Bibliographische Daten der zitierten Literatur:
Franz Werfel
– *Der Abituriententag. Die Geschichte einer Jugendschuld*. Zürich: Paul Zsolnays Bibliothek zeitgenössischer Romane 1928
– *Barbara oder Die Frömmigkeit*. Roman. Berlin – Wien – Leipzig: Paul Zsolnay Verlag 1929
– *Die Dramen*. Zwei Bände. Hrsg. von Adolf D. Klarmann. Frankfurt am Main: S. Fischer Verlag 1959
– *Erzählungen aus zwei Welten*. Hrsg. von Adolf D. Klarmann. *Erster Band: Krieg und Nachkrieg*. Stockholm: Bermann-Fischer Verlag 1948.
– *Zweiter Band*. Berlin und Frankfurt am Main: S. Fischer Verlag 1952.
– *Dritter Band*. Berlin und Frankfurt am Main: S. Fischer Verlag 1954
– *Das Lied von Bernadette*. Roman. Stockholm: Bermann-Fischer Verlag 1941
– *Das lyrische Werk*. Hrsg. von Adolf D. Klarmann. Frankfurt am Main: S. Fischer Verlag 1967
– *Stern der Ungeborenen*. *Ein Reiseroman*. Stockholm: Bermann-Fischer Verlag 1945
– *Verdi. Roman der Oper*. Berlin – Wien – Leipzig: Paul Zsolnay Verlag 1924
– *Zwischen Oben und Unten. Prosa – Tagebücher – Aphorismen – Literarische Nachträge*. München – Wien: Langen Müller Verlag 1975
Das Franz Werfel Buch. Hrsg. von Peter Stephan Jungk. Frankfurt am Main: S. Fischer Verlag 1986

Anmerkungen

Stadtpark

11 *heftige Regenstürme:* Vgl. ›Prager Tagblatt‹, Anfang September 1890.
Franz Viktor Werfel: Geburts-Zeugnis (Univ. of Pennsylvania, Philadelphia).
Reitergasse 11: Unveröff. Gesprächsnotizen Adolf D. Klarmanns (Mahler-Werfel-Coll., Univ. of Pennsylvania, Philadelphia) sowie meine Korrespondenz mit Dr. František Kafka, Prag. – Zu den Gesprächsnotizen: Kurz nach FWs Tod führte sein langjähriger Freund und Herausgeber seiner Werke Adolf D. Klarmann u. a. Gespräche mit Alma Mahler-Werfel, FWs Schwestern Hanna v. Fuchs-Robetin und Marianne Rieser u. a. *Die Vorfahren:* Rudolf Werfel (21. 9. 1858–31. 7. 1941) – Albine Werfel, geb. Kussi (10. 3. 1870–1964 (?)). Hochzeit von Rudolf Werfel und Albine Kussi: 15. 12. 1889. (Adolf D. Klarmanns Gesprächsnotizen und meine Korrespondenz mit Dr. František Kafka, Prag). Vgl. auch FWs eigene Angaben in ›Autobiographische Skizze‹ (›Zwischen Oben und Unten‹, S. 701 ff.).

12 *Barbara Šimůnková:* (21. 8. 1854–23. 3. 1935). Der tatsächliche Name der Kinderfrau von FW geht aus Adolf D. Klarmanns unveröff. Gesprächsnotizen hervor. Ihre Lebensdaten hat Dr. František Kafka eruiert.
»Maschina! Maschina!«: Aus Adolf D. Klarmanns unveröff. Gesprächsnotizen.
in die Messe . . . er baute einen Altar auf: Vgl. Adolf D. Klarmann, ›Das Weltbild Franz Werfels‹, in: ›Wissenschaft und Weltbild‹, Wien: Herold-Verlag 1954, S. 35 ff.

13 *Pfarrer Janko:* Aus Adolf D. Klarmanns unveröff. Gesprächsnotizen. Dort wird auch (von FWs Mutter Albine Werfel) die Anekdote kolportiert, Pfarrer Janko habe Rudolf Werfel wiederholt beschworen, *nicht* zum Christentum überzutreten.
Das Licht der Kerzen: Vgl. ›Erguß und Beichte‹, in: ›Zwischen Oben und Unten‹, S. 690 ff.
Auf den Spielplätzen: Vgl. Willy Haas, ›Die literarische Welt‹, S. 11, sowie seinen unveröff. Vortrag ›Der junge Werfel. Erinnerungen von Willy Haas‹ (Mahler-Werfel-Coll., Univ. of Pennsylvania, Philadelphia).

Wächter Kakitz, Die Sesselbabbe: Vgl. das Gedicht ›Der dicke Mann im 13
Spiegel‹, in: ›Das lyrische Werk‹, S. 19 f., sowie Johannes Urzidil, ›Prager
Triptychon‹, München: Langen Müller Verlag 1960, S. 13.

zu den Piaristen: »Piaristen, schlechte Christen!« rief man den Kindern zu,
die die Schule der Piaristen besuchten. Vgl. Peter Demetz, ›René Rilkes
Prager Jahre‹, Düsseldorf: Eugen Diederichs Verlag 1953, S. 34

Mehrzahl der Schüler: Dr. František Kafka, Prag, ist es gelungen, in Prager
Archiven exakte Angaben über FWs Schulzeit ausfindig zu machen.
Demnach besuchte FW in den Jahren 1896–1900 die Privat-Volksschule
der Piaristen, in den Jahren 1900–1903 das K. K. Deutsche Gymnasium zu
Prag Neustadt, in den Jahren 1904–1909 das K. K. Deutsche Gymnasium
Stephangasse. Alle Schulnoten der gesamten Schulzeit sind erhalten,
ebenso die Namen aller Professoren und Mitschüler. Der später berühmte
Schauspieler Ernst Deutsch war FWs Mitschüler bei den Piaristen, ebenso
der bekannte Zeichner und Illustrator Walter Trier, der übrigens auch
Sohn eines Handschuhfabrikanten war.

in einem weißgetünchten Raum: Vgl. das Gedicht ›Der Kinderanzug‹, in:
›Das lyrische Werk‹, S. 14 f., sowie ›Stern der Ungeborenen‹, S. 286 f.

Geburt der Schwester Hanna: Johanna Werfel – Dr. František Kafka gibt 14
Hannas Geburt am 11. Juli 1894 an, andere Quellen nennen das Jahr 1896
als ihr Geburtsdatum.

ein kränkelndes Kind: Dies geht vor allem aus FWs Schulzeugnissen hervor
– mehrmals bleibt er in einem Quartal ohne Beurteilung, da er so viele
Unterrichtsstunden versäumte. Aus der Zeit, da FW Schüler des Piaristenordens war, ist uns sein Brief an die Tante Emilie Böhm erhalten,
eine Schwester seines Vaters. Da dies das früheste erhaltene schriftliche
Dokument FWs ist, sei es hier im vollen Wortlaut wiedergegeben:
»Liebste Tante! Zu Deinem heutigen Geburtsfeste sende ich Dir viel viel
schöne und gute Wünsche. Der liebe Gott möge mein gutes Tantchen
recht sehr glücklich und fröhlich machen, er möge seinen reichsten Segen
über die theuere Tante ausstreuen, er möge Ihr all das Gute, das Sie in
Ihrem Leben gethan, vielfach vergelten! Es küßt Dich innig Dein Neffe
Franz.« (Geschrieben zwischen 1897 und 1899; das Original befindet sich
im Deutschen Literaturarchiv, Marbach am Neckar).

Marianne Amalia: Laut Dr. František Kafkas Angaben geb. am 15
30. 10. 1899.

Familie Werfel übersiedelte: Aus Adolf D. Klarmanns unveröff. Gesprächsnotizen (Univ. of Pennsylvania, Philadelphia).

die Lederhandschuhfabriken Werfel & Böhm expandierten ständig: Aus einem 16
unveröff. Ms. von František Kraus (Mahler-Werfel-Coll., Univ. of Pennsylvania, Philadelphia); vgl. auch das offizielle Briefpapier der Firma
Werfel & Böhm.

antisemitische Ausschreitungen: Zu dem gesamten Fragenkomplex des Verhältnisses der Juden, Deutschen und Tschechen untereinander sowie zu
den Kundgebungen der Angestellten der Werfel'schen Handschuhfabrik
vgl. Christoph Stölzl, ›Kafkas böses Böhmen... Zur Sozialgeschichte
eines Prager Juden‹, München: edition text + kritik 1975, passim.

17 *die Musikalität König Davids:* Vgl. ›Erguß und Beichte‹, in: ›Zwischen
Oben und Unten‹, S. 690 ff.
›*Der Gute Kamerad‹:* Vgl. das Gedicht ›An den guten Kameraden‹, in: ›Das
lyrische Werk‹, S. 17 f., sowie die Jahrgänge 1899–ca. 1907 der illustrierten Knabenzeitung ›Der Gute Kamerad‹.

18 *Während er las:* Aus Adolf D. Klarmanns unveröff. Gesprächsnotizen.
Maifestspiele: Vgl. ›Prager Tagblatt‹, jeweils im Monat Mai.
Angelo Neumann: (1838–1910). Vgl. W. Haas, ›Werfels erster Lehrmeister‹, in: ›Die literarische Welt‹, Berlin, Nr. 26, 29. 6. 1928; dort heißt es
über A. Neumann: »... ein alter Wanderkomödiant mit cäsarischen Allü-
ren – die schillernde, von Brillantine, Haartinktur und Gesichtsschminke
glänzende, in Korsetts eingeschnürte, halb napoleonische, halb striese-
hafte Gestalt des alten *Angelo Neumann!* [...] In Wirklichkeit ist er der
gesellschaftliche Beherrscher der Stadt. [...] Er baut in der Luft eine
Gesellschaft auf, Salons, Konversation, Mondänität, fast eine gesellschaftliche Hierarchie. Der Mittelpunkt dieser Fata Morgana von einer Gesellschaft ist die Loge des Operntheaters, an ihr hängt alles wie an einem
Strick. Der Mittelpunkt dieses Mittelpunktes wieder sind die ›Maifestspiele‹, die große italienische Stagione im Mai jedes Jahres. Caruso singt,
Battistini, Arimondi, Brombara, die Tetrazzini, die Hidalgo, der Maestro
Toscanini von der Mailänder Scala dirigiert. Alle Hauptwerke von Verdi
werden gespielt [...] An diesem musikalischen Ereignis konstituiert sich
buchstäblich eine ganze Gesellschaft.«
die Vorfreude auf einen Theaterabend: FW in einem Brief an seine spätere
Geliebte Gertrud Spirk, am 16. November 1916: »Wenn ich als Kind ins
Theater gehn durfte, so hat mich schon im ersten Akt immer eine große
Traurigkeit befallen, daß es immer weitergeht, daß man nicht halt sagen
kann, und daß alles im Nu vorbei sein wird. Ich habe mich immer
schrecklich nach der Vorfreude am Morgen gesehnt.« (Original im
Deutschen Literaturarchiv, Marbach/Neckar)

19 *Puppentheater:* Aus Adolf D. Klarmanns unveröff. Gesprächsnotizen; vgl.
auch FWs Novelle ›Die Entfremdung‹, in: ›Erzählungen aus zwei Wel-
ten‹, Bd. II, S. 67 f., S. 88 f.
Georg Weber: Vgl. ›Erguß und Beichte‹, in: ›Zwischen Oben und Unten‹,
S. 690 ff. (S. 693: »Bis zu meinem 14. Jahr war mein einziger und treuester
Freund ein Christ. Er starb mit achtzehn Jahren an der Schwindsucht.«)
Franz Jarosy: Ebenda; von FW nur F. J. genannt, aus den von Dr. Franti-

šek Kafka beschafften Schuldokumenten ließ sich der wahre Name des Mitschülers jedoch eruieren.

Ein theatralischer Akt ganz anderer Art: Vgl. Willy Haas, ›Die literarische Welt‹, S. 15 sowie ›Prager Tagblatt‹, Juni 1901.

Sommerfrische: Vgl. z. B. ›Stern der Ungeborenen‹, S. 76: »Zehn Wochen 20 Sommerferien liegen vor mir, eine Unendlichkeit von Faulheit, Neugier, Körperlust und Seelenglück: Schwimmen im See, Segeln, wildes Spiel mit den andern Buben, Kroquetturnier, Wagenfahrten, Ausflüge, Bergbesteigungen, Picknicks...«

Bar-Mitzwah... Alexander Kisch: Angaben gemäß Dr. František Kafka, in seinen Briefen an mich.

Die berstende Fülle: Vgl. ›Erguß und Beichte‹, in: ›Zwischen Oben und 21 Unten‹, S. 690 ff.

diese Augenblicke liebte er: Ebenda.

Familie Werfel übersiedelte neuerlich: Aus Adolf D. Klarmanns unveröff. 22 Gesprächsnotizen; vgl. auch Willy Haas, ›Die literarische Welt‹, S. 18. »Wenn man die weiten, weißlackierten Korridore der Werfelschen Wohnung betrat, in denen es immer irgendwie nach frischem Lack oder anderen Ingredienzen extrem vornehmer Sauberkeit roch...«

Kostbare Teppiche... wertvolle Gemälde: Vgl. Interview mit FW, erschienen im ›Green Sheet Journal‹, Milwaukee, Wisconsin, March 17, 1944; vgl. auch die Novelle ›Kleine Verhältnisse‹, in: ›Erzählungen aus zwei Welten‹, Bd. II, S. 238, 249. Die Beschreibung des Elternhauses des elfjährigen Hugo dürfte mit der Wohnung der Werfels in der Mariengasse 41 weitgehend übereinstimmen.

Anna Wrtal; Erna Tschepper: Aus Adolf D. Klarmanns unveröff. Gesprächsnotizen; zu Erna Tschepper vgl. auch die Novelle ›Kleine Verhältnisse‹, in: ›Erzählungen aus zwei Welten‹, Bd. II: FW gibt ihr dort den Namen Erna Tappert; Dr. František Kafka eruierte, daß Erna Tschepper am 9. Mai 1869 in Reichenberg geboren wurde. Sie war katholisch. Ihren Beruf gab sie offiziell mit Erzieherin an.

Zwei Nächte hindurch weinte Franz: In einem Brief an die spätere Geliebte Gertrud Spirk heißt es: »Ich erinnere mich, daß ich einmal als Kind zwei Nächte lang geheim geweint habe, als mir unsere Bonne gesagt hatte, sie würde von uns weggehn... Da war man noch ein Mensch.« (1917; Original im Deutschen Literaturarchiv, Marbach am Neckar)

25 *Im Mai 1904:* ›Prager Tagblatt‹, Mai 1904; auch ausführliche Berichte zu
Stagione-Aufführungen und Enrico Carusos triumphalem Gastspiel.
Die Beschäftigung mit den Künsten: ›Autobiographische Skizze‹, in: ›Zwi-
schen Oben und Unten‹, S. 701 ff.
ganze Arien auswendig nachsingen: Adolf D. Klarmanns unveröff. Ge-
sprächsnotizen (Univ. of Pennsylvania, Philadelphia).
Reclam-Ausgaben: Ebenda.
Abbildungen . . . Gedichte, etc.: Ebenda.

26 *Erwachsene nachzuahmen:* Ebenda.
kopierte den Gesang: Ebenda.
Stefansgymnasium, September 1904: Meine Korrespondenz mit Dr. Franti-
šek Kafka, Prag. – Die Umschulung war möglicherweise eine Idee des
Rabbiners Kisch, der am Stephansgymnasium unterrichtete.
Oft lasen die beiden: Willy Haas in einem unveröff. Vortrag (Univ. of
Pennsylvania, Philadelphia).
Kyovsky fragte: Willy Haas, ›Die literarische Welt‹, S. 14.

27 *Willy Haas kam jeden Tag zu Besuch:* Ebenda, Kapitel ›Geheimnisse des
alten Prag‹, S. 18.
Hugo Salus . . . ›Kirchhof im Feld‹: Notizbuch FW (UCLA).

28 *Kurzdramen:* ›Die Dramen II‹, S. 518.
Springbrunnen . . . Katze: Adolf D. Klarmanns unveröff. Gesprächsnoti-
zen. Vgl. in: ›Zwischen Oben und Unten‹, FW's frühen Prosatext ›Die
Katze‹, S. 815 ff.
Abendgesellschaften: Willy Haas, ›Die literarische Welt‹, und seinen unver-
öff. Vortrag (Univ. of Pennsylvania, Philadelphia).

29 *Maria Glaser:* Aus meinem Gespräch mit Anuschka Deutsch (s. S. 37 f.)
sowie exakte biographische Angaben von Dr. František Kafka, Prag, in
der Korrespondenz mit mir.
ästhetische Sonntagnachmittage: Mitteilung von Freda Morawecz, Schwester von M. Glaser, gegenüber Dr. František Kafka, Prag.
Tennisplatz: Vgl. ›Der Abituriententag‹, S. 175.

30 *Du gabst mir:* Aus ›Die Schöne und das peinliche Wort‹, in: ›Das lyrische
Werk‹, S. 21.
spielst mit all den Vielen: Aus ›Der Getreue‹, in: ›Das lyrische Werk‹, S. 41.
Dr. Holzner: Adolf D. Klarmanns unveröff. Gesprächsnotizen.
Mutter Albine versuchte: Ebenda.
die Fertigungshallen: Unveröff. Erinnerungen von František Kraus, Prag
(Mahler-Werfel-Coll. der Univ. of Pennsylvania, Philadelphia).

31 *Paul Kornfeld:* (1889–1942). Sein Tagebuch aus der Schulzeit wird vom
Deutschen Literaturarchiv in Marbach am Neckar aufbewahrt.

Schuleschwänzen: Brief Dr. František Kafkas an mich; in der siebenten Klasse Gymnasium fehlte FW achtzig Stunden, davon einunddreißig unentschuldigt. Siehe auch ›Der Abituriententag‹.

Aufführungen mit Moissi... Gastspiele: ›Prager Tagblatt‹, Jg. 1905, 1906, 1907.

Maria Immisch: ›Sechs Setterime zu Ehren des Frühlings von Neunzehnhundertundfünf‹, in: ›Das lyrische Werk‹, S. 489.

Schiller-Feier: ›Prager Tagblatt‹, Mai 1905.

›Die Zeit‹: Wiener Tageszeitung, Ausgabe vom 23. Februar 1908; das   32
Gedicht erschien in der belletristischen Sonntagsbeilage.

Übelkeit... Herzklopfen: Siehe ›Die Versuchung‹ (1912), in: ›Die Dramen‹, Bd. I, S. 32.

›Die Gärten der Stadt‹: ›Das lyrische Werk‹, S. 514. – Willy Haas erzählt in seinen veröff. und unveröff. Erinnerungen, *er* habe FW's Arbeiten an zahlreiche Zeitungsred. gesandt, darunter auch an Camill Hoffmann von der ›Zeit‹; Max Brod schreibt in seiner Autobiogr. ›Streitbares Leben‹, *er* sei es gewesen, der ein Konvolut FW-Gedichte an diesen geschickt habe. Brod zitiert in diesem Zusammenhang einen undatierten Brief Willy Haas', in welchem dieser ihm dafür danke. Brod erwähnt allerdings, Haas habe ihm den neunzehnjährigen FW vorgestellt, da war jenes Gedicht aber bereits lange erschienen. Entweder schmückt sich Brod also mit fremden Federn, oder sowohl er als auch Haas sandten die Gedichte an Camill Hoffmann; vgl. Joachim Unseld, ›Franz Kafka. Ein Schriftstellerleben‹, München: Hanser 1982, S. 18: »Brods Zeitbestimmung ist ungenau... Brod projiziert in seinen Erinnerungen Späteres auf Früheres.« (Möglicherweise aber auch Früheres auf Späteres.)

Nachtlokale: Dr. František Kafka in seinen Briefen an mich.   33

Das ›Gogo‹: Vgl. ›Das Trauerhaus‹, in: ›Erzählungen aus zwei Welten‹, Bd. II, S. 181 ff.

Carousseau!: Willy Haas, ›Die literarische Welt‹, S. 12.

Spiritistische Séancen: Max Brod, ›Streitbares Leben‹, S. 19 ff.; siehe auch   34
›Der Abituriententag‹, S. 152 ff.

Einladungsbriefe Werfels: Deutsches Literaturarchiv, Marbach am Neckar.   35

Ausflüge in die Umgebung Prags: Max Brod, ›Streitbares Leben‹, S. 23.

Gespräch des Autors mit Mme. Anuschka Deutsch, im Mai 1983. Die Frau des Schauspielers Ernst Deutsch starb im Jahre 1984.

39 *Ohne zu inskribieren:* Dr. František Kafka an mich, FW's Name scheine in den Inskriptionsverzeichnissen der Prager Univ. nicht auf.
Vorlesungen: ›Autobiographische Skizze‹, in: ›Zwischen Oben und Unten‹, S. 701 ff.
Abonnements . . . Oberkellner Pošta: Vgl. Hans Demetz, ›Der Prager Dichterkreis oder die Arco-Nauten‹, in: ›Tiroler Tageszeitung‹, 6. 2. 1971.
Wieder beriet ihn Willy Haas: Willy Haas, ›Die literarische Welt‹, sowie sein unveröff. Vortrag.
Otto Pick: (1886–1940).
Rudolf Fuchs: (1890–1942).
Johannes Urzidil: (1896–1970).
Oskar Baum: (1883–1941).
Ernst Polak: (1886–1947).

40 *Axel Juncker:* (1890–1952).
»*. . . dem Andrängen des Herrn Dr. Max Brod folgend*«: Unveröff. Brief FW's an Axel Juncker, 28. Juli 1910; aus den Materialien der FW-Forscherin Ruth Stadelmann; Max Brods Darstellung (vgl. ›Streitbares Leben‹, S. 43 ff.), er selbst habe das ›Weltfreund‹-Ms. an den Axel Juncker Verlag gesandt, erweist sich also als unhaltbar.
er sollte einen Handschuh fertigen: Erinnerung Anna Mahlers, FW habe ihr diese Geschichte öfters erzählt.

41 *er wolle . . . »neue und reifere« Poeme nachtragen:* Unveröff. Brief FW's an Axel Juncker, 20. August 1910, Marienbad; das Original befindet sich im Deutschen Literaturarchiv, Marbach am Neckar.
Münchener Sommer: Vgl. ›Zauberer Moissi‹, in: ›Zwischen Oben und Unten‹, S. 417 f.
Pension Schröder . . . Hansastraße: FW an Axel Juncker, Hamburg, 24. Oktober 1910, abgedruckt in: ›Briefe des Expressionismus‹, S. 9.
ein ganzes Bündel Frachtbriefe: Erinnerung Anna Mahlers an Äußerungen FWs über seine Jugend. Auch der FW-Biograph Richard Specht kolportiert diese Anekdote.
die Firma . . . verlassen: Vgl. ›Autobiographische Skizze‹ in: ›Zwischen Oben und Unten‹, S. 702.

42 *»Beruf = Laster«:* Unveröff. Notizbuch Hamburg, 1910 (UCLA).
Max Brod teilte dem Verleger persönlich mit: Vgl. ›Streitbares Leben‹, S. 43 ff. – Der von Brod behauptete Briefwechsel zwischen ihm und Juncker kann so (siehe S. 45: ein Briefwechsel, der »lange Zeit hin und her ging«) allerdings nicht stattgefunden haben, da aus FWs Brief an A. Juncker vom 24. 10. 1910 ersichtlich wird, daß Dichter und Verleger zu diesem Zeitpunkt bereits einig geworden waren. Es ist auch nicht gänzlich von der

Hand zu weisen, FW und Juncker seien ohne Brods Intervention einig geworden.

»*Ich will es* Der Weltfreund *nennen* . . . «: An Axel Juncker, 24. 10. 1910.

Er schrieb Gedichte, Novellen: Das unveröff. Hamburger Notizbuch 1910 (UCLA) nennt u. a. die Titel ›Der neue Tenor‹, ›Eifersucht‹, ›Der Liebhaber aus Taktgefühl‹, ›Seestadt‹. (Zu ›Seestadt‹ vgl. Inhaltsangabe in ›Erzählungen aus zwei Welten‹, Bd. II, S. 391).

telephonierte oft: Vgl. das Gedicht ›Das interurbane Gespräch‹ aus der Lyriksammlung ›Wir sind‹, in: ›Das lyrische Werk‹, S. 103.

begegnete Mitzi Glaser: Vgl. ›Zwischen Oben und Unten‹, S. 742: Zitat aus   43 dem Hamburger Notizbuch 1910. Vgl. auch Adolf D. Klarmann, »Zu Werfels ›Besuch aus dem Elysium‹«, in: ›Herder-Blätter‹. Faksimile-Ausgabe zum 70. Geburtstag von Willy Haas. Freie Akademie der Künste, Hamburg, MCMLXII. Für den Hinweis auf diesen Klarmann-Text danke ich Dr. František Kafka, Prag.

»*Der Besuch aus dem Elysium*«: ›Dramen‹, Bd. I, S. 11 ff.

Tennisspiel, Tanzschule und Kosmos: Vgl. Anton Kuhs Zeitungskritik der Uraufführung, Wien, 10. 10. 1917 (›Prager Presse‹).

Friedhofspaziergang: ›Karl Kraus‹ in: ›Zwischen Oben und Unten‹, S. 340 f. Annie Kalmar, berühmte Schauspielerin, von Karl Kraus verehrt, war lange Zeit hindurch in Wien engagiert.

Träumte von der Beerdigung: Ebenda.

»*Ich bin allein schon glücklich* . . . «: Unveröff. Brief FWs an Karl Kraus,   44 Hamburg, 17. 5. 1911. (Das Original befindet sich in der Handschriftensammlung der Wiener Stadtbibliothek.)

»*Das Lob* . . . «: Unveröff. Brief FWs an Karl Kraus, 23. 5. 1911. (Das Original befindet sich in der Handschriftenabteilung der Wiener Stadtbibliothek). Zu Kraus' erstem Brief an FW: FW hatte ihm bereits am 6. 4. 1911 aus Hamburg geschrieben: »Hochverehrter Herr, Herr Haas war so liebenswürdig, Ihnen einige Gedichte von mir einzusenden. Sie hatten die Güte und versahen diese mit Randbemerkungen zu einer Änderung. Bitte seien Sie nicht ungehalten, daß ich Ihr Wohlwollen noch einmal in Anspruch nehme und statt dieser Sachen, die ich selbst nie recht aufrecht hielt, Ihnen Anderes vorlege. Ich wäre glücklich, wenn diese Auswahl in der Fackel Aufnahme fände. Zum Schlusse drängt es mich, Sie, Hochverehrter Herr, meiner Verehrung und Bewunderung zu versichern. Ihr dankbarer Werfel.« (Unveröff.; Original in der Wiener Stadtbibliothek). FWs romantisierende Darstellung des Sachverhalts in seinem Porträt ›Karl Kraus‹ verzerrt den tatsächlichen Verlauf der Dinge, da Kraus' erster Brief an FW die Antwort des Fackelherausgebers auf FWs obengenannten Brief war.

Im Herbst begann . . . *sein Einjährig-Freiwilligenjahr:* Der einjährige Militärdienst war Privileg der Abiturienten; alle anderen mußten zwei bis drei Jahre dienen. Vgl. FWs Hauptgrundbuchblatt, Original im Vojensky historicky ustav-Archiv, Prag, Kopie im Kriegsarchiv Wien.

stundenlange Einzelhaft: Vgl. ›Autobiographische Skizze‹, in: ›Zwischen Oben und Unten‹, S. 702. – Zur Atmosphäre des Kasernendienstes und FWs Freiwilligenjahr vgl. ›Die Stagione‹, in: ›Zwischen Oben und Unten‹, S. 821 ff.

sympathisierte mit der tschechischen Irredenta: Adolf D. Klarmanns unveröff. Gesprächsnotizen (Mahler-Werfel-Coll., Univ. of Pennsylvania, Philadelphia). Die Irredenta versuchte z. B., die tschechischen Soldaten dazu anzustiften, bei der Präsenzmeldung nicht »Hier!«, sondern »Zdé!« zu rufen.

45 *Lesung Max Brods, Mitte Dezember 1911:* Vgl. Kurt Krolop, in: ›Weltfreunde‹, Konferenz über die Prager deutsche Literatur, Prag 1967, S. 47, sowie Max Brod, ›Streitbares Leben‹, S. 36.

eines weit Bedeutenderen: In Franz Kafkas Tagebüchern, 18. Dezember 1911, heißt es in einer unveröff. Passage: »Max kam gestern aus Berlin – im Berliner Tageblatt wurde er allerdings von einem Fackelmenschen selbstlos genannt, weil er den ›weit bedeutenderen Werfel‹ vorgelesen hatte. Max mußte diesen Satz ausstreichen, als er die Kritik zum Abdruck ins Prager Tagblatt trug.«

Karl Kraus machte seine Leser nachdrücklich aufmerksam: »In wessen Liede die Welt so liebenswert wird, der schafft dem Weltfeind eine frohe Stunde.« ›Die Fackel‹, Jg. 13 No. 339/340, S. 47–51.

Lobesbezeugungen: Vgl. z. B. Berthold Viertels Rezension, in ›Der Strom‹, Organ der Wiener Volksbühne, August 1912: »Seine Rührung ist unsentimental, seine Freude teilt sich mit, sein Schwung macht schweben. Das Leben wird reicher, reizvoller, phantastischer und zugleich dinghafter durch diese Gedichte; ein heller Zauber ist in ihnen, Anmut, ein zarter Humor, der sie nie allzu real oder allzu jung werden läßt.«

Franz Kafka beneidete den Freund: In Franz Kafkas Tagebuch, 18. Dezember 1911, heißt es in einer unveröff. Passage: »Ich hasse W. nicht weil ich ihn beneide, aber ich beneide ihn auch. Er ist gesund, jung und reich, ich in allem anders. Außerdem hat er früh und leicht mit musikalischem Sinn sehr Gutes geschrieben, das glücklichste Leben hat er hinter sich und vor sich, ich arbeite mit Gewichten, die ich nicht loswerden kann und von Musik bin ich ganz abgetrennt.«

46 *reagierte Werfel enttäuscht:* Vgl. Willy Haas, ›Die literarische Welt‹, S. 30.

Streit um Richard Wagner: Vgl. Max Brod, ›Streitbares Leben‹, S. 26 f.

›Die Versuchung‹: »Geschrieben an einem Manövertag 1912.« ›Die Dramen‹ Bd. I, S. 25 ff.

47 *Seine Freunde und Verehrer bewunderten ihn:* Vgl. Johannes Urzidil, ›Der

Weltfreund. Erinnerungen an Franz Werfel‹, in: ›Das Silberboot‹, 1946, S. 45 ff.: »Wir liebten den jungen Werfel wie vielleicht selten ein Dichter von dem Kreise seiner Freunde geliebt wurde. Wenn er aus seinen Gedichten rezitierte [...] lauschten wir jedem Wort mit größter Spannung, ja mit Verzückung. Er war in einem antikischen Sinne der Barde seiner Dichtungen [...] Er debattierte begeistert, leidenschaftlich und so überzeugend, daß man ihn in seiner Gegenwart niemals zu widerlegen wußte. Einwände und Gegengründe fielen einem allenfalls später ein, aber wenn man sie ihm dann vorhielt, schmolzen sie davon.« *Dostojewski:* Vgl. ›Erzählungen aus zwei Welten‹, Bd. III; in der Kurzgeschichte ›Weissenstein, der Weltverbesserer‹ heißt es: »An welchem Abend, welcher Jahreszeit sprachen wir eigentlich *nicht* über Dostojewski? Er war der Schutzheilige unserer Generation.« Die Erzählung entstand im Jahre 1939 – sie enthält FWs Reminiszenzen an das Prag des Jahres 1911.
Die Beschreibung des Cafés Arco in seinem heutigen Zustand verdanke ich neben Dr. František Kafka auch Herrn Christoph Tölg, Wien.

Der Jüngste Tag

Brod schwärmte: Vgl. Max Brod, ›Streitbares Leben‹; zu der gesamten   50
Beziehung Kurt Wolffs zu FW sowie den Streitigkeiten zwischen Wolff und Rowohlt vgl. Kurt Wolff ›Autoren, Bücher, Abenteuer‹. Aus Adolf D. Klarmanns unveröff. Gesprächsnotizen geht hervor, daß es Brod war, der FW zu Kurt Wolff brachte – Wolff selbst äußerte gegenüber Klarmann: »Max Brod brachte Werfel zu mir.«
In zwei großen Kästen: Aus dem unveröff. Briefwechsel FWs mit Gertrud   51
Spirk (Deutsches Literaturarchiv, Marbach a. N.).
Rudolf Werfel lenkte allmählich ein: Rudolf W. an Kurt Wolff, unveröff. (Yale Univ., New Haven, Conn.). Vgl. auch Kurt Wolff ›Autoren, Bücher, Abenteuer‹, Berlin: Verlag Klaus Wagenbach 1969.
drohte Axel Juncker: Am 5. November 1912 schrieb Rudolf W. an Axel Juncker: »...falls ich nicht bis Mittwoch vormittag im Besitze der vereinbarten Summe von M 300.- für die zweite Auflage bin, ich mir alle Eigentumsrechte an der zweiten Auflage vorbehalte und dieselben in der mir geeignet erscheinenden Weise geltend machen müßte. Daß Sie kein Recht auf die dritte Auflage haben, wissen Sie selbst ganz genau; abgesehen davon, daß kein Vertrag zwischen mir, als Vertreter meines minorennen Sohnes und Ihnen besteht.« (Original im Archiv Kurt Wolff, Yale Univ., New Haven)

361

das lange Haar zurückgekämmt: Die Beschreibungen FWs in seiner Leipziger Zeit verdanke ich Mrs. Helen Wolff, der Witwe Kurt Wolffs –. Vgl. auch Vortrag Kurt Wolffs im Norddeutschen Rundfunk, 19. 5. 1962, über FW: »Er segelte die Straßen entlang, Verdi-Arien singend oder summend, und merkte nicht, daß die Leute sich nach ihm umdrehten, sich an die Stirn faßten.«

52 *Sternheim, Wedekind, Lasker-Schüler:* Vgl. Kurt Pinthus, ›Erinnerungen an Franz Werfel‹, in: ›Der Zeitgenosse. Literarische Portraits und Kritiken‹- Ausgewählt zu seinem 85. Geburtstag am 29. April 1971. Marbach a. N.: Deutsches Literaturarchiv im Schiller-Nationalmuseum 1971 (= Marbacher Schriften 4), S. 82–85.

›Die Stagione‹: Vgl. ›Zwischen Oben und Unten‹, S. 821 ff.

Walter Hasenclever: (1890–1940).

Kurt Pinthus: (1886–1975).

53 *wurde ein Beschluß gefaßt:* Vgl. Kurt Pinthus, ›Erinnerungen an Franz Werfel‹, s. o.

zu niedrigen Preisen: Die Bände der Edition ›Der Jüngste Tag‹ kosteten 80 Pfennige.

Reklametext: Vgl. ›Zwischen Oben und Unten‹, S. 474 f.

Franz Werfels erste öffentliche Lesung: Vgl. Kurt Krolop, ›Zur Geschichte und Vorgeschichte der Prager deutschen Literatur des »expressionistischen Jahrzehnts«‹, in: ›Weltfreunde‹, Prag 1967, S. 79, Anm. 80.

54 *sah auch Franz Kafka wieder:* Vgl. z. B. Franz Kafka an Felice Bauer: »Weißt Du, Felice, Werfel ist tatsächlich ein Wunder; als ich sein Buch ›Der Weltfreund‹ zum ersten Mal las (ich hatte ihn schon früher Gedichte vortragen hören) dachte ich, die Begeisterung für ihn werde mich bis zum Unsinn fortreißen. Der Mensch kann Ungeheueres. [...] Ich weiß garnicht, wie schließen, da dieser fremde junge Mann zwischen uns getreten ist.« (12. 12. 1912 Franz Kafka, ›Briefe an Felice und andere Korrespondenz aus der Verlobungszeit‹, hrsg. von Erich Heller und Jürgen Born, Frankfurt am Main: S. Fischer Verlag 1970 [= Gesammelte Werke. Hrsg. von Max Brod], S. 178.) Vgl. auch Tagebücher Kafkas 23. 12. 1911: »Durch Werfels Gedichte hatte ich den ganzen gestrigen Vormittag den Kopf wie von Dampf erfüllt. Einen Augenblick fürchtete ich, die Begeisterung werde mich ohne Aufenthalt bis in den Unsinn mit fortreißen.« Franz Kafka, ›Tagebücher 1910–1923‹, hrsg. von Max Brod, Frankfurt am Main: S. Fischer Verlag 1951, S. 202. Vgl. auch Kafka an Felice Bauer, 1./2. 2. 1913: »Ich habe den ganzen Nachmittag mit Werfel, den Abend mit Max verbracht und bin zermartert von Müdigkeit und Spannungen im Kopf [...] Werfel hat mir neue Gedichte vorgelesen, die wieder zweifellos aus einer ungeheueren Natur herkommen. Wie ein solches Gedicht, den ihm eingeborenen Schluß in seinem Anfang tragend,

sich erhebt, mit einer ununterbrochenen, innern, strömenden Entwicklung – wie reißt man da, auf dem Kanapee zusammengekrümmt, die Augen auf! Und der Junge ist schön geworden und liest mit einer Wildheit (gegen deren Einförmigkeit ich allerdings Einwände habe)! Er kann alles, was er je geschrieben hat, auswendig und scheint sich beim Vorlesen zerfetzen zu wollen, so setzt das Feuer diesen schweren Körper, diese große Brust, die runden Wangen in Brand.« (Franz Kafka, ›Briefe an Felice und andere Korrespondenz aus der Verlobungszeit‹, s. o., S. 280 f.)

russisches Ballett: Vgl. ›Wenn die Russen tanzen, wenn Battistini singt‹, in: ›Zwischen Oben und Unten‹, S. 199 f.

›Betrachtung‹: Kafkas erster Prosaband erschien in einer Auflage von 800 Exemplaren.

›Der Heizer‹, ›Die Verwandlung‹, ›Das Urteil‹: Vgl. Wolfram Göbel, ›Der Kurt Wolff-Verlag 1913–1930. Expressionismus als verlegerische Aufgabe.‹ Mit einer Bibliographie des Kurt Wolff-Verlags und der ihm angeschlossenen Verlage 1910–1930. Frankfurt am Main: Buchhändler-Vereinigung GmbH 1977, S. 133, 253, 212.

Auch auf Karl Kraus machte Werfel Kurt Wolff aufmerksam: Vgl. Kurt Wolff, ›Autoren, Bücher, Abenteuer‹, Berlin: Klaus Wagenbach 1969, S. 77 ff.

Urlaubsreise des Verlegers: Vgl. Kurt Wolff, ›Briefwechsel eines Verlegers 1911–1963‹, S. 101. 55

kündigte Trakl an: Vgl. FW an Georg Trakl, April 1913, in: Wolfgang Schneditz, ›Georg Trakl in Zeugnissen der Freunde‹, Salzburg: Otto Müller Verlag 1951, S. 52.

Walt Whitman: Vgl. die Dissertation von Vincent J. Consentino, ›Walt Whitman und die deutsche Literaturrevolution‹.

auf Kosten des Verlags: Aus Adolf D. Klarmanns unveröff. Notiz zu einem Gespräch mit Kurt Wolff: »Hier [d. h. in Malcesine] weilte Werfel mit Hasenclever 1913 auf Kosten des Verlags und schrieb eine ganze Anzahl der ›Einander‹-Gedichte.«

Spargelschüsseln: FW an Gertrud Spirk (Deutsches Literaturarchiv, Marbach a. N.).

›Jesus und der Äser-Weg‹: Vgl. ›Das lyrische Werk‹, S. 186 ff.; das Gedicht ist deutlich auch von der landschaftlich schönen Umgebung der Ortschaft Malcesine beeinflußt.

ein Brief von Rilke: Vgl. Lore B. Foltin, ›Franz Werfel‹, S. 29; zur Begegnung Werfels mit Rilke (1875–1926) siehe auch ›Begegnungen mit Rilke‹, in: ›Zwischen Oben und Unten‹, S. 418 ff. FWs Antwortschreiben an Rilke datiert vom 15. August 1913 (Mahler-Werfel-Collection, Univ. of Pennsylvania, Philadelphia). Zum Verhältnis Rilkes zu FW vgl. auch Rilkes Essay ›Über den jungen Dichter‹, in: Rainer Maria Rilke, ›Sämtliche Werke 11‹. Frankfurt am Main: Insel Verlag 1975, S. 1046–1055.

57 *Rilke hatte sich vorgenommen:* Vgl. Hugo von Hofmannsthal – Rainer
Maria Rilke, ›Briefwechsel 1899–1925‹, S. 77 f., Rilke an Hofmannsthal
am 22. 10. 1913: »Ich war wirklich darauf gefaßt, diesen jungen Menschen
einfach zu umarmen; aber ich sah sofort, daß dies in keinem Fall möglich
sei [...] Der Jude, der Judenjunge, um es geradeaus zu sagen, hätte mir
nichts verschlagen, aber es mochte mir doch wohl auch die durchaus
jüdische Einstellung zu seiner Produktion fühlbar geworden sein [...]
eine jedenfalls außergewöhnliche Begabung, eine starke Entschlossenheit
zur vollkommensten Leistung [...] nur daß an alledem, letzthin, doch
eine feine Fremdheit haftete, ein Geruch wie von anderer Gattung, etwas
Unüberwindliches.«
Paul Claudels ›Verkündigung‹: Paul Claudel (1868–1955) war eine Zeitlang
französischer Generalkonsul in Prag.
»Judenbub«: Vgl. Rilke an Fürstin Marie von Thurn und Taxis, am
21. Oktober 1913: »A Hellerau et à Drèsde j'ai beaucoup vu Franz Werfel.
C'était triste, ›ein Judenbub‹ sagte Sidie Nadherny (die von Janowitz
herübergekommen war, ganz erschrocken) et elle n'avait pas complète-
ment tort.« (Rainer Maria Rilke und Marie von Thurn und Taxis,
›Briefwechsel‹, Erster Band, Zürich: Niehaus und Rokitansky Verlag –
Frankfurt a. M.: Insel Verlag 1951, S. 323).
Sidonie Nádhernýs Tagebuch: Sidonie Nádherný in ihren Tagebüchern und
Briefen, S. 49 f.: »K. K. steckt in meinem Blut; er macht mich leiden. Er
gieng mein[em] Wesen nach, wie keiner noch, er begriff, wie keiner noch.
– Ich kann nichts tun, wenn ich ihn nicht vergesse. Janowitz 14. 9. 13.«
58 *Der gekränkte Franz Werfel:* Vgl. Karl Kraus, ›Briefe an Sidonie Nádherný
von Borutin 1913–1936‹, München: Kösel Verlag 1974, Bd. 1, S. 127 f.
Klatschgeschichten: Ebenda, S. 154 u. 201.
Jakob Hegner: (1882–1962), Schriftsteller, Übersetzer, Verleger; Paul
Claudels Stück ›Verkündigung‹ war von Hegner übersetzt worden und
erschien in seinem Verlag.
Hegners Anregung folgend: Vgl. FW an Rilke, Ende Februar 1914: »Den
Euripides, den mir Hegner in Hellerau empfahl, habe ich übersetzt. Es ist
ein unerhörtes Theaterstück.« (Univ. of Pennsylvania, Philadelphia)
›Troerinnen‹: Vgl. ›Die Dramen‹, Bd. I, S. 41 ff.
59 *Vorbemerkung zu den ›Troerinnen‹:* Ebenda, S. 546 ff.
als seine Welt empfand er: Vgl. ›Erguß und Beichte‹, in: ›Zwischen Oben
und Unten‹, S. 690 ff.
Willy Haas folgte seinem Freund nach Leipzig: Vgl. Willy Haas, ›Die
literarische Welt‹, S. 38 f.
60 *Weissenstein Karl:* Vgl. Willy Haas, ›Die literarische Welt‹; vgl. auch FWs
(in der Emigrationszeit entstandene) Novelle ›Weissenstein, der Weltverbesserer‹, in ›Erzählungen aus zwei Welten‹, Bd. III, S. 59 ff.

Rudolf Werfel an Kurt Wolff: Prag, 2. April 1914: »Er [d. h. FW] hält ja soviel v. Ihnen, daß *mein Wunsch,* er möge in Leipzig den Doktor machen *v. Ihnen verdolmetscht,* gewiß erfüllt werden wird. Bei seinen dichterischen Erfolgen, seinem Talent, wird man ihm die Erfüllung dieser Aufgabe nicht allzu schwer machen, sodaß er in 2 Jahren auf Grund des gemachten Doktorats . . . eine seiner Begabung entsprechende *Berufs*stellung anstreben kann. Sein ungebundenes Leben bereitet mir große Sorgen, [. . .] eine Lebensführung, die auf die Dauer seinen Gesundheitszustand ungünstig beeinflußen muß. Sie haben seitdem Sie ihn kennen, soviel freundschaftliches Interesse für ihn an den Tag gelegt, daß ich mir wohl erlauben darf, Sie zu bitten [. . .] Franz, der jetzt im 24ten Lebensjahr steht, also dem Mannesalter näher rückt, durch freundschaftliches Zureden, zu einer normalen Lebensführung zu bewegen u. ihn gleichzeitig auf den Wert einer Berufsstellung für sein späteres Alter bei event. Gründung eines eigenen Herds aufmerksam zu machen. Jeder, auch der kleinste Erfolg, den Sie in dieser Beziehung erzielen, wird Ihnen außer dem Bewußtsein eine gute Tat für einen für das Leben nicht wertlosen Menschen getan zu haben, auch den wärmsten Dank seiner sorgenden Eltern eintragen.« (Yale University, New Haven).

»Aus Ihrem kühlen Händedruck . . .«: FW an Karl Kraus, Prag, 6. April 1914   60
(Wiener Stadtbibliothek, Handschriftensammlung). Vgl. auch Karl Kraus, ›Briefe an Sidonie Nádherný von Borutin. 1913–1936‹, München: Kösel Verlag 1974, Bd. 1, S. 126 f.

Kraus bat nun seine Freundin: Vgl. Karl Kraus an Sidonie Nádherný,   61
7. 4. 1914: »In Wien nur Ärgerliches vorgefunden. Heute dieser Brief des Herrn W. Ich habe unserer Verabredung gemäß den Herrn in Prag laufen lassen, glaube aber doch, daß ich ihm eine Antwort geben muß. [. . .] Oder laufen lassen ? Ich bin mehr für die Antwort. Freue mich doch auf die Gelegenheit, ›aus den niedrigen Thaten die logische Kette zu machen.‹ Der Brief ist die Empörung eines Schwammes, dem man zugemuthet hat, daß er Wasser durchlasse. Zu widerlich!« (›Briefe an Sidonie Nádherný von Borutin. 1913–1936‹, München 1974: Kösel Verlag 1974, Bd. 1, S. 27.)

in der nächsten Ausgabe der ›Fackel‹: ›Die Fackel‹, No. 398, 21. 4. 1914, S. 19: »In Prag, wo sie besonders begabt sind und wo jeder, der mit einem aufgewachsen ist, der dichtet, auch dichtet und der Kindheitsvirtuose Werfel alle befruchtet, so daß sich dort die Lyriker vermehren wie die Bisamratten, wächst eine Lyrik wie folgt . . .« Kraus zitiert dann Gedichte der Lyriker Hans Gerke und Max Brod, die er für besonders mißglückt hielt.

365

64 *vom aktiven Kriegsdienst beurlaubt:* Vgl. FWs Hauptgrundbuchblatt, Orig.
im Vojensky historicky ustav-Archiv, Prag; Kopie im Kriegsarchiv, Wien.
›*Esther, Kaiserin von Persien*‹: Vgl. ›Die Dramen‹, Bd. II, S. 343 ff.
›*Euripides oder über den Krieg*‹: Vgl. ebenda, S. 378 ff.; siehe auch ebenda,
S. 514: in späteren Jahren schätzte FW den Text als »ideologisch fernblei-
bend, ohne höchste Verantwortung gegen sich, kindisch, zufällig, gut
gemeint und schlecht gedacht« ein, vermerkte, der Text dürfe nie veröffentlicht werden.

65 *»Die Menschheit Gottes Musikantin ist...«* Vgl. FWs gleichnamiges Gedicht in: ›Das lyrische Werk‹, S. 154 f.
Ohne Anteilnahme Kurt Wolffs: Aus einem Brief FWs an Kurt Wolff vom
12. 1. 1915 (Yale, New Haven); vgl. auch ›Briefe des Expressionismus‹,
hrsg. von Kasimir Edschmid, S. 13 f.: »Nun habe ich aber das feste und
innige Gefühl, daß ein Buch von mir eine Sache ist, die erst durch die
Liebe und Teilnahme Ihrerseits geschieht.« In dem selben Brief heißt es
an anderer Stelle: »Ist keine Möglichkeit vorhanden, daß Sie Urlaub
nehmen? Machen Sie es mir nach! Mich haben sie teilweise wegen
Narrheit beurlaubt. Das Gefühl, von dem Sie schrieben, daß Sie sich nach
der Front sehnen, eine Abart dieses Gefühls kenne ich. Ich habe am
Anfang sehr unter diesen moralischen Vorwürfen gelitten.«
Georg Heinrich Meyer: Vgl. Kurt Wolff, ›Briefwechsel eines Verlegers‹,
S. XXVIII ff.; zu Meyers »Distance« gegenüber FWs Werken siehe
S. 107 f.
Er besuchte Martin Buber: Vgl. Martin Buber, ›Briefwechsel aus sieben
Jahrzehnten. Band 1: 1897–1918‹, Heidelberg: Verlag Lambert Schneider
1972, S. 361.
einen Geheimbund: Vgl. Richard Specht, ›Franz Werfel. Versuch einer
Zeitspiegelung‹, Wien: Paul Zsolnay Verlag 1926, S. 45: »Werfel...
schloß... sich mit so starken Köpfen und Herzen wie Martin Buber,
Gustav Landauer [1870–1919] und Max Scheler [1874–1928] zu einem
Geheimbund gegen die militärische Machtfratze zusammen.« (Max Sche-
ler hatte übrigens wenige Monate zuvor ein Buch publiziert, welches den
Krieg verherrlichte: ›Der Genius des Krieges und der deutsche Krieg‹,
Berlin: Der Neue Geist Verlag 1914.) Vgl. den unveröff. Brief Martin
Bubers an FW vom 21. 2. 1915 (Mahler-Werfel Coll., Univ. of Pennsylvania, Philadelphia). »In der letzten Besprechung haben wir die Referate
unter uns verteilt und durchgesprochen; Scheler soll vorwiegend die
psychologische, ich die ethische, Landauer die organisatorische Seite des
Gegenstands behandeln. Die nächste und wohl wichtigste Besprechung
findet nächsten Freitag den 26. um 4¼ Uhr bei Landauer statt; [...]

Können Sie kommen? Wir waren uns darüber einig, daß Ihre Anwesenheit diesmal besonders wünschenswert wäre.«
sprach Werfel persönlich vor: Aus einem unveröff. Brief FWs an G. H. Meyer aus Bozen vom 19. 4. 1915 (Yale Univ., New Haven): »Sie werden meine Wiener Nachricht wohl erhalten haben, in der ich Ihnen mitteilte, daß die oberste Heeresleitung die Einsicht hatte, mich von meinem verantwortungsvollen Posten an eine Stelle zu versetzen, wo meine[n] Nerven nicht so große Aufgaben gestellt sind. Ich hoffe, daß Sie sich mit mir freuen werden, obzwar Sie ein stolzer deutscher Mann sind.« (Eventuell kannte FW oder seine Familie einen höheren Offizier im Armeeoberkommando, anders erscheint FWs Versetzung nach Bozen schwer verständlich.)
Noch kurz vor seiner Transferierung: Vgl. Karl Kraus an Sidonie Nádherný, 66 14. 4. 1915: ». . . *ich* war letzten Sonntag scharf, nämlich in einer Auseinandersetzung mit dem Dichter W., der mich plötzlich im Restaurant ansprach. Endlich konnte ich auch mit dieser alten Sache aufräumen. Ein Schwamm blieb in meiner Hand. [. . .] Im Ganzen: Scheinmenschenthum, das in der Reue nicht besser ist als in der Sünde. Der Fall zeigt beispielhaft, wie man sich vor dem Talent hüten muß, das ein ganzes Register der Schönheit beherrscht und selbst so häßlich ist.« (Karl Kraus, ›Briefe an Sidonie Nádherný von Borutin. 1913–1936‹, München: Kösel Verlag 1974, Bd. 1, S. 154 f.) Karl Kraus befand sich zum Zeitpunkt, da er den Brief schrieb, in Rom, an jenem erwähnten Sonntag aber noch in Wien.
Lesen, Schreiben, Ausflüge: Vgl. ›Das Bozener Buch‹, in ›Erzählungen aus zwei Welten‹, Bd. II, S. 389 ff.
Reclam-Ausgabe: Ebenda. 67
Himmel und Hölle: Ebenda.
›Traum von einer neuen Hölle‹: Vgl. ›Das lyrische Werk‹, S. 547 ff.
an beiden Beinen schwer verletzt: Vgl. ›Das Bozener Buch‹, in ›Erzählungen aus zwei Welten‹, Bd. II, S. 389 ff.
Noch Mitte Juni 1915: Aus einem unveröff. Brief FWs an G. H. Meyer vom 68 16. 6. 1916 (Kurt Wolff-Archiv, Yale Univ., New Haven): »Ich war in Bozen ziemlich krank, bin aber glücklich zurückgekommen, und jetzt geht es mir schon bei weitem besser, obzwar ich noch immer nicht gehn kann und auf Stöcken hinke.« In einem späteren Brief an Meyer (unveröff.) heißt es u. a.: »Gesundheitlich geht es mir noch immer ziemlich unter Null. Ich hinke an 2 Stöcken durch die beflaggten Straßen Prags. Alles erkundigt sich, ob ich im Infanterie- oder Artilleriefeuer so zugerichtet wurde, und ich muß dann bei zunehmender Verachtung meine zivilistischen Geständnisse machen.«
die aufwendigste Werbekampagne: Vgl. Kurt Wolff, ›Briefwechsel eines Verlegers‹, S. XIX f.

Werfel tröstete Meyer: Aus einem unveröff. Brief FWs an G. H. Meyer vom Juli 1915 (Yale Univ., New Haven).

Mit Max Brod: Vgl. Max Brod, ›Streitbares Leben‹, S. 56 ff.

69 *tief enttäuscht:* Ursache des Zerwürfnisses zwischen Werfel und Brod könnte auch eine Klatschgeschichte gewesen sein, neben den genannten Gründen. In A. D. Klarmanns unveröff. Gesprächsnotizen erwähnt Frau Mahler-Werfel, Otto Pick habe versucht, zwischen Werfel und Brod Streit hervorzurufen, den einen auf den anderen eifersüchtig zu machen.

›*Tycho Brahes Weg zu Gott‹:* Vgl. Max Brod ›Streitbares Leben‹, S. 53; das Werk erschien Ende des Jahres 1915.

70 *Cabrinowitsch:* Vgl. ›Erzählungen aus zwei Welten‹, Bd. I, S. 21 ff.

Gertrud Spirk: Vgl. Lore B. Foltin, ›Franz Werfel‹, S. 34; alle Informationen bezüglich der Beziehung FWs zu Gertrud Spirk verdankt der Autor dem im Literatur-Archiv in Marbach/Neckar befindlichen Briefwechsel zwischen den Liebenden, der mehrere hundert Briefe umfaßt. Dr. František Kafka, Prag, ermittelte u. a. Gertrud Spirks Geburtsdatum: geboren am 8. 2. 1885 in Karlin, Karolinenthal; im Jahre 1930 erwarb sie ein Haus in Prag, in der Palackého 147/75, besaß im Erdgeschoß des Gebäudes einen Modesalon. Frau Gertrud Zach, geborene Spirk, eine Nichte von Gertrud Spirk, erzählte mir, der Modesalon ihrer Tante sei weit über die Grenzen Prags hinaus bekannt gewesen. Frau Zach gibt das Todesdatum von Frau Spirk mit August 1967 an. Gertrud Spirk starb in Wien, ihr Grab befindet sich in Waidhofen an der Thaya/Niederösterreich.

Friseurbesuch: Angabe von Frau Gertrud Zach.

lustige Natürlichkeit: Wie oben.

chaotische Lebensführung: Wie oben.

71 *Herzattacken:* Aus einem unveröff. Brief von Willy Haas an Alma Mahler-Werfel und FW, 1943 (Mahler-Werfel-Collection, Univ. of Pennsylvania, Philadelphia).

72 *Ein Gratulationsbrief:* Kurt Wolff an FW, 2. 5. 1916, vgl. K. Wolff, ›Briefwechsel eines Verlegers‹, S. 109 f.

›*Troerinnen‹-Premiere:* Im Berliner Lessingtheater am 22. 4. 1916; Regie: Victor Barnowsky.

Trotz »gedrücktester Stimmung«: FW an Kurt Wolff, Anfang Mai 1916, vgl. K. Wolff, ›Briefwechsel eines Verlegers‹, S. 111 f.

›*Die heilige Elisabeth‹:* Vgl. ›Das lyrische Werk‹, S. 194 f.; vgl. auch ›Das Franz Werfel Buch‹, S. 386 – FW an Gertrud Spirk, [Poststempel 6. 9. 1916]: »Schon in Elb[e] Kost[elec] habe ich ein Gedicht geschrieben und Dir gewidmet: Es heißt ›Die heilige Elisabeth‹. Es fängt, ich glaube wenigstens, so an: ›Wie sie geht, die Schwester der/fünften Stund und der Lerchen!‹«

›*Das Leben des Menschen‹:* Vgl. ›Die Dramen‹, Bd. II, S. 396 ff.

Tage der Angst: Vgl. ›Barbara oder die Frömmigkeit‹, S. 224 ff.   73
Hodów nahe Jezierna: Hodów zählte damals 1200, Jezierna 4700 Einwoh-
ner – beide Ortschaften gehörten zum Gerichtsbezirk Zborów, Ostgali-
zien. (›Vollständiges Verzeichnis der Ortschaften der im Reichsrate ver-
tretenen Königreiche und Länder‹, 1880.)
Manche der Offiziere: Diese wie die meisten anderen Details zu FWs
Aufenthalt im Felde verdanke ich dem unveröffentlichten Briefwechsel
FWs mit Gertrud Spirk (Deutsches Literaturarchiv, Marbach a. N.).
Telephonist, Meldegänger: Ebenda; vgl. aber auch ›Barbara oder die Fröm-   74
migkeit‹, z. B. S. 262 ff.
Werfel schrieb hier so viel und so regelmäßig wie nie zuvor: In Hodów entstand
u. a. die Kurzprosa ›Bauernstuben‹ (›Erzählungen aus zwei Welten‹, Bd. I,
S. 19 f.), ›Die andere Seite‹ (ebenda, S. 27 f.), ›Geschichte von einem
Hundefreund‹, ein gegen Karl Kraus gerichteter Text (ebenda, S. 29 ff.),
›Der Berg des Beginns. Festkantate mit Szene und Tanz‹ (›Die Dramen‹,
Bd. II, S. 412) sowie die polemischen Schriften ›Brief an einen Staats-
mann‹ (›Zwischen Oben und Unten‹, S. 210 ff.), ›Substantiv und Ver-
bum‹ (ebenda, S. 216 ff.) und ›Brief an Georg Davidsohn‹ (ebenda,
S. 577 ff.).
die Vorrede zu den ›Schlesischen Liedern‹: Vgl. ›Zwischen Oben und Unten‹,   75
S. 476 ff.
›Die christliche Sendung‹: Ebenda, S. 560 ff.
Selbstzweifel: Aus dem unveröff. Briefwechsel FWs mit Gertrud Spirk   76
(Deutsches Literaturarchiv, Marbach a. N.).
›Elysisches, Melancholie an Kurt Wolff‹: ›Die Fackel‹, No. 443–444,
S. 26–27. Vgl. auch FWs gegen Karl Kraus gerichtetes Gedicht ›Einem
Denker‹, in ›Das lyrische Werk‹, S. 292 ff.
»Ist das wirklich die Sprache dessen . . . «: Vgl. ›Dorten‹, in ›Zwischen Oben
und Unten‹, S. 559 f.
Das Telephon . . . ein unheimliches, verhaßtes Tier: Aus dem unveröff.   77
Briefwechsel FWs mit Gertrud Spirk; vgl. aber auch ›Barbara oder die
Frömmigkeit‹, S. 272: »Dennoch erkannte er, daß sein Posten, der nicht
im vordersten Graben lag, eine Gnade Gottes und Hauptmann Prechtls
war. Da krähte der Apparat auf dem Tischchen und verfiel in ein langes
Surren, wie ein Insekt, das sich mit rasenden Flügelschlägen gegen einen
Feind wehrt. [. . .] Zu jeder Stunde, Tag und Nacht, ob Ferdinand schlief
oder wachte, das eifersüchtig summende Tier holte ihn heran.«
versuchte Buber zu beruhigen: Vgl. FW an Martin Buber, 31. 1. 1917 (Mar-   78
tin Buber, ›Briefwechsel aus sieben Jahrzehnten‹, Bd. I: 1897–1918, Heidelberg: Verlag Lambert Schneider 1972, S. 468 f.). Vgl. in diesem Zusammenhang auch Max Brod an Martin Buber, 13. 2. 1917: »Zunächst
dürfen Sie ja nicht glauben, daß ich meinen Freund Werfel irgendwie

gewaltsam zu bekehren versucht habe oder versuche. Das wäre natürlich Torheit. Ich habe ihn nur, seit er im Felde ist, mit passender Lektüre zu beeinflussen gesucht [...] Als er in Prag war, wich ich ihm sogar aus, weil mich diese Debatten stets sehr anstrengen und aufwühlen. Doch kam er direkt zu mir und bat mich, die Diskussion fortzusetzen. Dann natürlich wich ich nicht aus. Denn ich habe Werfel *sehr lieb* und seine Irrtümer, meist hervorgegangen aus einseitiger Lektüre von Pascal, Kierkegaard, Strindberg und andern christlichen Autoren, schmerzten mich. Abgesehen davon lerne natürlich auch ich unendlich viel von ihm. [...] Der Fall Werfel liegt also so: Werfel ist nicht die mimosenhafte zarte Natur wie z. B. mein Freund Kafka (mit dem ich nicht diskutiere und auf den zu meiner Freude das Judentum langsam, unvermerkt übergeht). Werfel ist im Grunde sehr robust und vernünftig. Sein ganzes Leben ist ja Diskussion. Er diskutiert unaufhörlich und mit allen, die ihm begegnen.« (Ebenda, S. 472 f.)

79 »*Christentum nenne ich...*«: Vgl. FW an M. Buber, unveröff., 15. 2. 1917 (Unveröff., Original im Martin Buber-Archiv, Jüdische National- und Universitätsbibliothek, Jerusalem).
Jeden überstandenen Tag: In einem unveröff. Brief FWs an Alma Maria Mahler heißt es:»Alma, ich lebe hier wie vor Jahren beim Militär, wo ich jeden überstandenen Tag von einem selbstverfertigten Formular abgeschnitten habe.« (UCLA)

80 *Karl Kraus druckte Werfels Brief ab:* ›Die Fackel‹, No. 445–453, S. 133–147.
›*Die Metaphysik des Drehs*‹: Vgl. ›Zwischen Oben und Unten‹, S. 581 ff.

81 *Harry Graf Kessler:* Vgl. Lore Foltin, ›Franz Werfel‹, S. 35.
Herbert von Fuchs-Robetin: Papier-Industrieller, geb. 15. 8. 1886 in Prag, gest. 19. 8. 1949 in Obergrünburg/Österreich (Angaben gemäß Dr. František Kafka, Prag).
Er war sehr unglücklich über diesen Schritt der Einundzwanzigjährigen: Aus dem unveröff. Briefwechsel FWs mit Gertrud Spirk (Deutsches Literaturarchiv, Marbach a. N.).
Mitte März: Die Hochzeit fand am 21. 3. 1917 in Prag statt (Angabe gemäß Dr. František Kafka, Prag).
von Hanna eingekleidet: Aus den unveröff. Gesprächsnotizen A. D. Klarmanns (Univ. of Pennsylvania, Philadelphia). Vgl. auch ›Stern der Ungeborenen‹, S. 51 f.: F. W. nimmt an der astromentalen Hochzeit teil, ist hierfür so gekleidet wie damals zu Hannas Hochzeit.

83 ›*Stockleinen*‹: Dies äußerst bemerkenswerte, bislang jedoch kaum beachtete Dramenfragment findet sich in ›Die Dramen‹, Bd. II, S. 426 ff.

84 *Wiener Kriegsarchiv:* Stiftgasse 2, A-1070 Wien.

85 *Schramm-Schiessl weist darauf hin:* In dem Schreiben des Majors heißt es u. a.:»Franz Werfel ist ein Schriftsteller von großem Namen, der vor

allem in Deutschland und in der Schweiz, sodann aber auch in den skandinavischen Ländern und in Holland starke Gemeinden besitzt und durch diese Tatsachen außerordentlich zu Propagandazwecken geeignet ist. Die Vortragsreise auf die Werfel entsendet werden soll, steht mit der Aufführung seiner dramatischen Werke ›Die Troerinnen‹ und ›Der Besuch aus dem Elysium‹ in den Schweizer Theatern in Verbindung. Wie groß die Bedeutung Werfels ist, geht aus dem Umstand hervor, daß sich über Veranlassung des Deutschen Auswärtigen Amtes, eine reichsdeutsche Theatergesellschaft dazu anschicken will, die genannten Werke in der Schweiz und Skandinavien zur Aufführung zu bringen. Franz Werfel wurde, wie aus beiliegenden Superarbitrierungsakten ersichtlich ist, während des Krieges wiederholt im Superarbitrierungswege beurlaubt, lag viele Monate im Spital und wurde, wenn er Dienst tat, ausschließlich als Telephonist in der Kanzlei des Reg. Kommandos verwendet. Da also Franz Werfel gesundheitlich nicht in der Lage ist, in anderer militärischer Verwendung so Ersprießliches zu leisten wie in seiner gegenwärtigen Einteilung, [...] so bitte ich [...] von einer Einteilung desselben in die Reserveoffiziersschule gegenwärtig abzusehen und ihn dauernd in das KPQ kommandieren zu wollen. Bei dieser Gelegenheit erlaube ich mir zu bemerken, daß sich in letzter Zeit die Fälle häufen, daß Leute, die für den intellektuellen Propagandadienst im KPQ vorzüglich geeignet sind, trotz ihrer Frontdienstuntauglichkeit dem KPQ entzogen wurden, um an Stellen zu kommen, denen auch minder Intelligente vollkommen gewachsen sind.« (Kriegsarchiv, Wien).

Alma Maria Mahler-Gropius

Rettungshafen namhafter Schriftsteller: Vgl. Lore B. Foltin, ›Franz Werfel‹,   87
S. 35; Peter Altenberg und FW waren in dieser Zeit übrigens Zimmernachbarn im Graben-Hotel, Dorotheergasse.
Graben-Hotel: Unveröff. Briefwechsel FWs mit Gertrud Spirk (Deutsches Literaturarchiv, Marbach a. N.).
Entbehrungen und Strapazen: Ebenda; alle Informationen zur Beziehung FW – Gertrud Spirk wie auch Details zu FWs Leben in Wien entnahm ich dem unveröff. Briefwechsel.
Eines dieser Vorworte: Vgl. ›Vorbemerkung zu ‹Neue Bilderbogen und Soldatenlieder›‹, in ›Zwischen Oben und Unten‹, S. 484 ff.
Egon Erwin Kisch: 1885–1948; vgl. die Schlüsselfigur des Ronald Weiß in   88
›Barbara oder die Frömmigkeit‹.
Otto Gross: (1877–1920).

Franz Blei: (1871–1942), Schriftsteller, Übersetzer, Kritiker.
Otfried Krzyzanowski: (1891–1918).
ein hoher Saal: Die Beschreibung des Cafés Central verdanke ich Herrn
Werner J. Schweiger, Wien, der freundlicherweise einen an ihn gerichteten Brief des Schriftstellers und Drehbuchautors George Fröschel, Hollywood, zur Verfügung stellte.
die ganze Nacht: Aus meinem Gespräch mit Prof. Milan Dubrovic, Wien.

89   *Ende September:* FW hielt sich zur Premiere (am 20. 9. 1917) der ›Troerin-
nen‹ in Dresden auf, traf dort auch mit Gustav Landauer und Walter
Hasenclever zusammen. (Unveröff. Briefwechsel FW–Gertrud Spirk).
Etwa zur gleichen Zeit inszenierte FW an der neuen Wiener Bühne seinen
Einakter ›Besuch aus dem Elysium‹, der im Rahmen einer Werfel-
Matinee aufgeführt wurde. Allerdings spielten die drei Darsteller so
dilettantisch, daß FW, der mit Bekannten in einer Loge des ausverkauften
Theaters saß, laut auflachen mußte. (Unveröff. Briefwechsel FW–Ger-
trud Spirk).

90   *Als Blei Frau Alma fragte:* Vgl. Alma Mahler-Werfel, ›Mein Leben‹,
S. 85 f., sowie ihr unveröff. Tagebuch (Univ. of Pennsylvania, Philadel-
phia).
›Der Erkennende‹: Vgl. ›Das lyrische Werk‹, S. 160 f.

91   *Mitte November:* Aus Alma Mahler-Werfels unveröff. Tagebüchern
(Univ. of Pennsylvania, Philadelphia).
Der fette, obeinige Jude: Ebenda.
sein sozialistisches Getue: Nicht nur Alma Mahler reagierte ablehnend auf
FWs politische Ansichten. Aus Arthur Schnitzlers Tagebüchern aus dem
Jahre 1917 wird ähnliche Haltung ersichtlich: am 15. 8. 1917 kam FW
erstmals zu Arthur Schnitzler zu Besuch, wahrscheinlich von dem Theatermann Victor Barnowsky mitgebracht – während des Abendessens
sprach FW gegen Deutschland, eine Aussage, mit der er, wie Schnitzler
vermerkt, übel ankam. FW sei daraufhin »confus« geworden, »sprach
Unsinn, wurde von uns allen zugedeckt – Ein bißchen kam er mir vor
wie ein biedrer Provinzler, der sich ahnungslos an einen Kartentisch setzt
und plötzlich zu seinem Schrecken merkt, daß er mit lauter Meistern zu
spielen sich eingelassen. Als er gar mit der Mystik kam, sagte ich: ›Bei der
Mystik schnapp ich ab; – ich bin schon als Dichter Rationalist – wie erst
in der Politik.‹ Trotzdem wirkte er nicht übel und man spürte schon, daß
er's ›eigentlich‹ nicht so meinte.« (Arthur Schnitzler, ›Tagebuch 1917–
1919‹ Wien: Verlag der Österreichischen Akademie der Wissenschaften
1985, S. 72). Für den Hinweis danke ich Dr. P. M. Braunwarth, Wien.
»Denke Dir, gestern hat mich . . .«: Unveröff. Briefwechsel FW–Gertrud
Spirk.
Im Beisein des Ehemannes: Vgl. Alma Mahler-Werfel, ›Mein Leben‹. In

Alma Mahler-Werfels unveröff. Tagebuch heißt es à propos der Begegnung mit FW u. a. auch: »Wie wundervoll es ist, immer mit GEISTERN nah zu verkehren, wie beglückend für mich, die ich davon berührt werde. Ich danke *meinem* Gott auf den KNIEN. NUR DAS MIR ERHALTEN. NUR DAS!« (Die Behauptung der Alma Mahler-Werfel-Biographin Karen Monson, Frau Mahler habe jene unveröff. Tagebücher nicht selbst verfaßt, ist unhaltbar).

eine neuerliche Dienstreise: Unveröff. Briefwechsel FW–Gertrud Spirk.

er prahlte mit seiner Eroberung: Aus meinem Gespräch mit Prof. Milan Dubrovic, Wien. 92

Frau Mahler verhielt sich Gropius gegenüber kühl: Zum Verhältnis Alma Mahler-Werfels zu Walter Gropius vgl. ihre Autobiographie ›Mein Leben‹, Karen Monson's ›Alma Mahler, Muse To Genius‹, Boston: Houghton Mifflin Company 1983, sowie Reginald R. Isaacs' ›Walter Gropius. Der Mensch und sein Werk‹, Berlin: Gebr. Mann 1983. 93

›Veni creator spiritus‹: Vgl. ›Das lyrische Werk‹, S. 153 f.

»Heimweh, Heimweh auf der ganzen Fahrt ununterbrochen . . .«: FW an Alma Mahler, 18. 1. 1918; der gesamte Briefwechsel FW – Alma Mahler-Werfel, den ich oftmals als Quelle verwandte, befindet sich in der Franz Werfel Collection an der Research Library der University of California, Los Angeles (U.C.L.A.). 94

den größten Erfolg: Ebenda.

in den Tageszeitungen: Vgl. FWs unveröff. ›Bericht über meine SCHWEIZER VORTRAGSREISE‹: ». . . in einer Woche erschienen in jeder Züricher Zeitung je drei, vier bis sechs spaltige Aufsätze über mich.« (Kriegsarchiv, Wien)

zwölf Vorträge in der Schweiz: Aus FWs unveröff. ›Bericht über meine SCHWEIZER VORTRAGSREISE‹ (Kriegsarchiv, Wien).

In Davos eine kurze Rede: Vgl. FWs ›Rede an die Arbeiter von Davos‹, in: ›Zwischen Oben und Unten‹, S. 531 ff.

Kaum wieder in Zürich eingetroffen: Aus dem unveröff. ›Bericht über meine SCHWEIZER VORTRAGSREISE‹ (Kriegsarchiv, Wien): »Am 20. März erhielt ich in Zürich durch den k. u. k. Militär-Attachée den Befehl des k. u. k. KPQ meine dortige Tätigkeit abzubrechen, und nach Wien einzurücken. Infolgedessen mußte ich vier noch für die letzten Tage meines Aufenthaltes angesagte große Vorlesungen absagen, und zwar zwei Abende in Winterthur, einen in Chur, und einen im Großen Konzerthaussaal (Tonhalle) in Zürich, welch letzterer [. . .] als ein erstmaliges und außerordentliches Experiment gedacht war, Poesie moderner Richtung vor einem Publikum von einigen tausend Menschen zu Gehör zu bringen. [. . .] In Wien wurde mir sogleich von vielen Seiten das Gerücht zugetragen, meine Vorträge in der Schweiz hätten die Unzufrie- 96 denheit des k. u. k. Ministeriums des Äußern erregt, ja man fragt sogar, ob es wahr wäre, daß ich sozusagen durchgefallen sei. Diese Auffassung [...] kränkte und verstimmte mich aufs Tiefste... Es ist doch merkwürdig: Große deutsche Zeitungen [...] brachten über meine Schweizer Reise höchst ehrende Artikel, während in keinem österreichischen Blatte auch nur eine Notiz zu finden war... Wie dem auch sei, und was immer man mir vorwerfen mag, das reine Bewußtsein, meinem Vaterlande zu Ehren gewirkt zu haben, gibt mir den Gleichmut, allen Anwürfen mit Ruhe zu begegnen.«

Hotel Bristol: Außer im Graben-Hotel und im Hotel Bristol wohnte FW in diesen letzten Weltkriegsmonaten auch im Grand-Hotel, am Kärntnerring 9, in unmittelbarer Nähe des Bristol.

98 *Gina Kranz verschaffte ihm eine Wohnung:* Aus dem unveröff. Briefwechsel FW–Gertrud Spirk sowie aus meinem Gespräch mit Frau Gina Kaus, Los Angeles. Vgl. auch Gina Kaus, ›Und was für ein Leben...‹, München: Albrecht Knaus Verlag 1979.

Werfels Schwester brachte einen Sohn zur Welt: František Edvin, in der Familie Munzo genannt, geboren am 23. 6. 1918 (Angabe laut Dr. František Kafka, Prag).

99 *Ende Juli besuchte Franz Werfel seine Freundin Alma:* Vgl. Alma Mahler-Werfel, ›Mein Leben‹, S. 94.

Frau Emmy Redlich: Auskunft von Anna Mahler.

ein Tagebuch Franz Werfels: Vgl. Alma Mahler-Werfel, ›Mein Leben‹ sowie ›Zwischen Oben und Unten‹, S. 631 ff.; das Original trägt den Titel ›Geheimes Tagebuch‹ und wird in der Mahler-Werfel-Collection der Univ. of Pennsylvania, Philadelphia, aufbewahrt.

panisch rannte er: Alle Details zu Alma Mahlers Blutung sind FWs ›Geheimem Tagebuch‹ entnommen. Ebenso die Schilderung der darauffolgenden Stunden, Tage, Wochen.

102 *»bis zum Erschrecken«:* Aus dem unveröff. Briefwechsel FW–Alma Mahler-Werfel (UCLA).

jedes Mal, wenn Besucher kamen: Unveröff. Briefe Alma Mahler-Werfels an FW (Univ. of Pennsylvania, Philadelphia).

103 *schrieb Gropius von der Front an Werfel:* Am 10. 9. 1918 schrieb Walter Gropius aus Franzensbad an FW: »Lieber Freund Werfel, ich, der *abwesende* grüße Dich den *gegenwärtigen.* Liebend und geheilt von Haß schwebe ich über Dir; ich sauge Deinen Geist in mich ein, ich lese Deine Werke und nähere mich Dir immer mehr, so wird das Böse jede Gewalt über uns verlieren. [...] Ich mußte diese Wirren [?] durchmessen [...] um dieses ungeheure Glück in seinem ganzen Ausmaß erfassen zu können, daß die geliebte, göttliche Frau am *Leben* ist, daß unser [wahrscheinlich beließ Frau Mahler Gropius noch in dem Glauben, zwar sei Werfel ihr

Liebhaber, der Sohn sei aber doch Gropius' Kind. Anm. PSJ] Kind *lebt*, daß ich selbst *lebe*. Alles andere verblaßt daneben. [...] Unsere Ichs versinken je mehr wir *ihr* dienen, die unser Leben verklärt. *Wir haben unseren Messias gefunden; sie ist* die Erfüllung dessen, was die neue Welt besiegeln wird. Die *Liebe* höchstselbst ist zu mir niedergestiegen. Du Werfel, großer Dichter und Neuentdecker des menschlichen Herzens mußt dieses *einzige* Leben der Welt in Deinem besten Werk verewigen, so beseeligend, so herzensheiß, daß der verzerrte Haß aus den Gesichtern fällt.« (Unveröff. Brief, Mahler-Werfel-Collection, Univ. of Pennsylvania, Philadelphia).

›*Die Mittagsgöttin*‹: Vgl. ›Die Dramen‹, Bd. I, S. 91 ff. In einem unveröff.   104
Brief FWs an Alma Mahler, aus dem Herbst 1918 heißt es:»Meine geliebte ewige Frau, es geht mir sehr schlecht. Ich weiß nicht, was Du mit ihm [gemeint ist Walter Gropius. Anm. PSJ] redest, ich weiß nicht, inwieweit Du mich opferst. Ich habe großes schweres Heimweh nach Dir. *Alle* meine wahren Lebensgefühle, *Gedanken* und *Sinne* sind verloren und verstoßen... was Du auch immer zweifeln magst, ich fühle, daß ich es ohne Dich nicht aushalte, daß Du eine große *Kraft von mir* bist. Das weißt Du selber ja sehr gut; wäre mir denn sonst so etwas lebendiges wie die ›Mittagsgöttin‹ gelungen! Das ist ein wunderbares Geschenk von Dir an mich. *Das zweite* göttliche Geschenk. Ich glaube, die Leute müssen drin (trotz allen Hokuspokus v. Zauberei) Lebens-Organismus spüren. Den habe ich von Dir bekommen, Alma!« In einem anderen unveröff. Brief FW an sie aus dem Jahre 1918 schreibt er:»In meinem Zauberstück nenn ich Dich *Mara*. Dir fehlt dort das I zur Maria, der spitze Laut der ewigen Jungfrau [...] Du bist dort ein heidnisches Urprinzip. [...] Ich liebe meine Heimath, ich liebe Dich! Du Mittags-Mitternacht! Dein Leib riecht nach dem Wohlgeruch des Herdes, auf dem die Schöpfung gekocht wird.«

Nun bete er »zu den Göttern«: Aus einem unveröff. Brief FWs an   105
G. H. Meyer (Kurt Wolff Archiv, Yale Univ., New Haven).

Um Finanzielles kümmerte sich Rudolf Werfel: Vgl. unveröff. Brief Rudolf Werfels an den Kurt Wolff Verlag (Yale Univ., New Haven).

Walter Gropius wurde von der Front beurlaubt: Vgl. Reginald R. Isaacs, ›Walter Gropius. Der Mensch und sein Werk‹, Berlin 1983.

Es kam zu einer Aussprache: Vgl. Alma Mahler-Werfel, ›Mein Leben‹, S. 117.

Unsere Köchin, die Agnes: Agnes Hvizd (1861–1933); für den Hinweis   107
danke ich Herrn Dietmar Grieser, Wien; vgl. auch Griesers Buch ›Piroschka, Sorbas & Co. Schicksale der Weltliteratur‹, München: Langen-Müller Verlag 1978. Als Teta Linek wurde sie im Jahre 1939 von FW in seinem Roman ›Der veruntreute Himmel‹ verewigt. (Vgl. auch S. 264 ff.).

109 »*Gegen diese Übermacht...*«: Vgl. ›Salzburger Nachrichten‹, 29. 12. 1973: ›Franz Werfel im November 1918. Bericht des Polizeikommissärs Dr. Johann Presser.‹ Zu FW im November 1918 vgl. vor allem die hervorragende Studie von Dr. Hans Hautmann, ›Franz Werfel, ‹Barbara oder die Frömmigkeit› und die Revolution in Wien 1918‹, in: ›Österreich in Geschichte und Literatur‹ 15. Jg., 1971, S. 469 ff.
Er lebte in Militärbaracken....: Vgl. auch ›Barbara oder die Frömmigkeit‹, Drittes Lebensfragment, S. 289–535.
Er hatte andere Sorgen: Vgl. ›Salzburger Nachrichten, 29. 12. 1973: ›Franz Werfel im November 1918‹.

110 *Am 12. November 1918:* Vgl. zu dem gesamten Komplex November-Revolution vor allem die o. a. Arbeit von Dr. Hans Hautmann sowie FWs Roman ›Barbara oder die Frömmigkeit‹.

111 *Noch am Morgen des historischen Tages:* Vgl. Alma Mahler-Werfel, ›Mein Leben‹, S. 121 f.; zu FWs eigener Einschätzung der Ereignisse sei hier aus einem Brief zitiert, den er Anfang 1919 an seine Tante Emilie Böhm nach Prag sandte. (Original Univ. of Pennsylvania, Philadelphia). Dort heißt es: »Während der Wiener Revolution war ich Gegenstand vieler Verleumdungen und Verfolgungen durch die hiesige Presse. Man hat mich zum Protektor der sogenannten Plünderer und Mordbrenner gestempelt, weil ich öffentlich für meine Gesinnung eintrat. Du wirst gewiß manches selbst in der Zeitung gelesen haben. Letzten Endes ist es unwichtig, obgleich es mich geärgert hat, daß mir Schmutz nachgeworfen wird.«
Täglich besuchte er [...] das Central: Alle Details zu den Kaffeehäusern Central und Herrenhof verdanke ich meinen Gesprächen mit Prof. Milan Dubrovic, Wien, der als junger Mann selbst Stammgast dieser beiden Etablissements war. Vgl. auch Milan Dubrovic, ›Veruntreute Geschichte‹, Wien: Paul Zsolnay Verlag 1985.
Franz Werfels Jugendfreund Ernst Polak: Vgl. Hartmut Binder, ›Ernst Polak – Literat ohne Werk‹, in: ›Jahrbuch der deutschen Schiller-Gesellschaft‹, 23. Jg., Stuttgart 1979, S. 366–415.
die Tschechin Milena Jesenská: Über Franz Kafkas berühmte Brieffreundin gibt es eine biographische Skizze als Nachwort zu einem Sammelband der ›Feuilletons und Reportagen 1920–1939‹ von Milena Jesenská, Frankfurt am Main: Verlag Neue Kritik 1984.

112 *arbeitete als Hausmädchen:* Alle Details zu Milena Jesenská ebenda.
Eine Gehirnwassersucht: Vgl. Alma Mahler-Werfel, ›Mein Leben‹ sowie FWs ›Geheimes Tagebuch‹ (Univ. of Pennsylvania, Philadelphia), ferner den unveröff. Briefwechsel FW–Alma Mahler-Werfel (UCLA).

113 *Gertrud Spirk bewies größtes Einfühlungsvermögen:* Aus dem unveröff.

Briefwechsel FW–Gertrud Spirk (Deutsches Literaturarchiv, Marbach a. N.).

Der Zustand des Kindes: Aus dem unveröff. Teil des ›Geheimen Tagebuchs‹ (Univ. of Pennsylvania, Philadelphia).

wie der eines Alptraumwesens: Vgl. dazu einen unveröff. Brief FWs an Gertrud Spirk aus dem Jahre 1917, von der ostgalizischen Weltkriegsfront: FW schildert darin seiner Freundin einen Alptraum: »Auf den Stiegen spielten Kinder. Wie ich näher hinsah war eins der Kinder ein wirklicher Kobold, aber nicht ein Krüppel, sondern ein ausgesprochenes böses Märchenwesen. Ich glaube mit einem rothaarigen Wasserkopf und mit übers Kreuz gewachsenen Beinen. Unendlich boshaft suchte der Kobold den merkwürdigen Strick mit dem die Treuse meines Pferdes am Gebiß befestigt war aufzuknoten. Ich riß ihn ein paarmal weg, er aber hantierte überlegen weiter. Da wurde ich furchtbar wütend und würgte ihn mit einem scheußlich angenehmen Gefühl in den Fingern. Ich würgte nur ganz leicht, der Kobold aber lag da und die Kinder tanzten um ihn herum und riefen mir zu: ›Etsch, Du hast ihn ermordet.‹«

versprach nun Walter Gropius: Vgl. R. R. Isaacs, ›Walter Gropius. Der Mensch und sein Werk‹, Berlin 1983.

in Wirklichkeit habe sie niemanden außer Gustav Mahler geliebt: Aus Alma Mahler-Werfels unveröff. Tagebuch (Univ. of Pennsylvania, Phil.).

das Leben eines Einsiedlers: Aus dem unveröff. Briefwechsel FW–Alma   114 Mahler-Werfel (UCLA). (Viele der Details zu FWs Leben in Breitenstein sind diesem Briefwechsel entnommen.)

»Spiegelmensch«: Vgl. ›Die Dramen‹, Bd. I; vgl. die deutlichen Wagnerschen Einflüsse auf FWs Drama ›Spiegelmensch‹, z. B. ›Parsifal‹, Reclam, S. 59 – beinahe wörliche Übereinstimmung. (Übrigens spielt ja auch in ›Parsifal‹ ein Spiegel eine wichtige Rolle.) Für den Hinweis danke ich Herrn Dr. Lothar Huber, Birkbeck College, London.

»Alma war zweimal wochenlang am Rand des Selbstmords«: Aus FWs ›Geheimem Tagebuch‹ (Univ. of Pennsylvania, Philadelphia).

›Der Dschin‹: Vgl. ›Erzählungen aus zwei Welten‹, Bd. I, S. 63 ff.

›Spielhof‹: In einem unveröff. Brief FWs an Alma Mahler heißt es zu ›Spielhof‹: »Ich habe gestern ein langes Traum-Märchen vollendet, das voll von unserem Leben ist. Ich weiß nicht, ob es ein Kunstwerk ist. – Aber es ist voll von dem geheimnisvollen Leben, das hinter uns liegt, verwoben mit tausend Dingen, daß ich es fürchte jetzt anzusehen, und es mit einer Beklemmung geschrieben habe, als hätte ich mich nicht verraten sollen. Ich fürchte mich, Dir es zu zeigen. Es wird Dir Schmerz machen. Für mich ist es ein rätselhaftes Gedenkopfer gewesen, das ich dargebracht habe.« (›Spielhof‹ ist erschienen in ›Erzählungen aus zwei Welten‹, Bd. I, S. 131 ff.)

116 *Ende April gründete Walter Gropius:* Vgl. R. R. Isaacs, ›Walter Gropius. Der Mensch und sein Werk‹, Berlin 1983.

daß sein Sohn gestorben sei: In einem unveröff. Brief FWs an Alma Mahler (UCLA) heißt es in diesem Zusammenhang:»Daß das süße heilige Bubi nicht mehr ist, erfuhr ich [. . .] schon vor Deinem Telegramm. Mein Herz ist noch immer ganz zerrissen.«
›*Die schwarze Messe*‹: Vgl. ›Erzählungen aus zwei Welten‹, Bd. I, S. 79 ff.

117 *Alma gestand sich ein:* Vgl. Alma Mahler-Werfels unveröff. Tagebücher (Univ. of Pennsylvania, Philadelphia).
Frau Mahler wollte zu einer Wurfbude: Vgl. Alma Mahler-Werfel, ›Mein Leben‹, S. 133 f.
›*Nicht der Mörder, der Ermordete ist schuldig*‹: Vgl. ›Erzählungen aus zwei Welten‹, Bd. I, S. 163 ff.

118 »*. . . ich möchte nur keinen Tendenzerfolg haben . . .*«: Vgl. Kurt Wolff, ›Briefwechsel eines Verlegers‹, S. 339.
»*. . . die Station des Gerichtstages . . .*«: Ebenda, S. 333.
Sich selbst gestand er im Tagebuch ein: Vgl. ›Zwischen Oben und Unten‹, S. 661. Dies ›Zufalls-Tagebuch‹ hatte FW Mitte Oktober 1919 auf Alma Mahlers Anregung hin begonnen, aber nur sehr sporadisch geführt. In der Folge vgl. dazu auch FWs Tagebuchaufzeichnung vom 27. Oktober 1919:»Turgeniews ›Erste Liebe‹ wieder gelesen. Meisterhaft! Die Prosa hat etwas von meiner Möglichkeit. Ist aber viel wahrer, als die *Mördernovelle* von mir, die ganz unerlebte, dabei unobjektive Teile hat, wie die Anarchistenszenen. Konstruktion!« (›Zwischen Oben und Unten‹, S. 660)

119 »*Gefühl von Impotenz . . .*«: Ebenda, S. 658.
Alma Mahler glaubte: Die betreffende Stelle aus ihrem unveröff. Tagebuch (Univ. of Pennsylvania, Philadelphia) lautet:»Er ist oft deprimirt und fürchtet Wahnsinn. Ich fürchte keine Gehirnverwirrungen, sondern eher Gehirnerweichung für ihn. Er hat sich sicher etwas zu Grunde gerichtet durch wahnsinniges Onanieren, bis er mich kennen lernte. Von seinem 10. Jahre an, war es täglich bis zu drei malen geschehen. Dadurch ist er auch vielfach müde und zerschlagen und seine Zellen sind morbid. Warum die wunderbarsten Exemplare der Menschen so auf Eines losgehen, nämlich, sich zu vernichten. Wohin wäre dieses unerhörte Dichttalent noch gelangt, wenn er sich nicht so grauenhaft vergeudet hätte?«
Gina Kranz hatte gekündigt: Aus meinem Gespräch mit Frau Gina Kaus, Los Angeles.
In Prag: Alle Details zu FWs Prag-Aufenthalt sind dem unveröff. Briefwechsel FW–Alma Mahler-Werfel (UCLA) entnommen.

121 »*In der Stadt bin ich nicht mehr fähig . . .*«: Vgl. ›Zwischen Oben und Unten‹, S. 664.

378

Ernst Polak redete Werfel ein: Aus d. unveröff. Briefwechsel FW–Alma 122
Mahler-Werfel (UCLA).

»Ehrfurchtslosigkeit«: Ebenda. Der Brief FWs an Alma Mahler in seinem vollen Wortlaut:
»Alma, Du hast mir heute Vormittag folgendes angetan wovon ich mich noch immer nicht erholen kann.

Du hast in einer Stunde, wo ich von Nervosität dem Spiegelmensch gegenüber erfüllt war

erstens *objektiv* in meinem Werk *herumgestrichen*, was *ich* wohl darf, aber dennoch von Dir ein Akt der Ehrfurchtslosigkeit ist, da es immerhin Reime, Verse, Werk ist, das man auch im Schlechten heilig wissen will.

Zweitens Ehrensteins Talmud-gedrehte Prosa besser als die meine genannt, also besser als ›Spielhof‹, und so weiter,

drittens hast Du recht, was das Ärgste ist.«

Eine Vision, nicht ganz ohne Berechtigung: Vgl. R. R. Isaacs, ›Walter Gropius. Der Mensch und sein Werk‹, Berlin 1983, z. B. S. 225: »[Alma Mahlers] erste Reaktion auf [Walter Gropius'] Forderung nach der Scheidung war ein erstaunliches Angebot gewesen – sie wäre bereit, jeweils die eine Hälfte des Jahres mit ihm und die andere Hälfte mit Franz Werfel zu verbringen. Walter Gropius wies das seltsame Ansinnen [...] sofort weit von sich.« Vgl. auch S. 237 f.: »Mit einschmeichelnden Worten schrieb [Alma Mahler] ihm, ihrem ›geliebten Walter‹, im November 1919 von ihrem ›einzigen Wunsch‹, wieder mit ihm vereint zu sein: ›seit dem Herbst [...] ringe ich mich ab, um ganz wieder zu Dir zu kommen ... nie habe ich an das, was Du *wirkliche* Scheidung nennst, gedacht, – ich komme als Geschenk zu Dir und wer weiß, was für eine wunderbare Form wir herauskrystallisieren könnten.‹ [...] Anfang Dezember [1919] schrieb [Alma] einen Brief, in dem sie von Reue sprach und um Mitgefühl warb: ›Liebe mich – ich verdiene es *trotz alledem*! Ich bin die Schuldige. [...] Lasse mir die Möglichkeit zu Dir zu kommen – wenn ich mich nach Dir sehne ... Werfel kommt, wohnt unten in Breitenstein – arbeitet – wir sind streng getrennt durch ein Gelöbnis – er will im Herbst für längere Zeit zu Dir kommen – wenn Du es willst.‹« Vgl. auch FWs ahnungsvollen Traum von Alma: ›Zwischen Oben und Unten‹, S. 746 ff.

Max Reinhardt lud ihn ein: Aus dem unveröff. Briefwechsel FW–Alma 123
Mahler-Werfel (UCLA).

Zu Walter Gropius' Entsetzen: Vgl. R. R. Isaacs, ›Walter Gropius. Der 124
Mensch und sein Werk‹, Berlin 1983, S. 240: »Anfang April 1920 trafen Alma und Franz Werfel in Berlin ein, sie verbrachten gemeinsam ihre Zeit in Cafés und im Theater, waren gemeinsam bei Max Reinhardt eingeladen. Nun ließ sich Walter Gropius' Mutter [Manon Gropius] nicht länger von den schönfärberischen Berichten ihres Sohnes hinters Licht

führen, sie schrieb Alma einen zornigen Brief und bezichtigte sie der
Untreue.«
Anfang Mai 1920: Vgl. Alma Mahler-Werfel, ›Mein Leben‹, S. 145 ff.

»Ich bin Bocksgesang...«

129 ›*Der Gerichtstag‹:* Vgl. Hermann Hesses Kritik zu ›Der Gerichtstag‹:
»Werfel steht beständig zwischen zwei Polen, zwischen Chaos und Form,
zwischen völliger Hingabe ans Unbewußte und raffinierter Künstler-
freude am persönlich Geprägten. Er gilt, oder galt, ja vielen für einen
Revolutionär und Zerstörer der Form. Aber man sehe diese Gesänge,
man sehe diese tiefe Freude am Formen, man sehe sie noch in der Lust, die
vom Gewohnten abweichende Prägung zu finden, das formale Schema zu
zerstören. [...] Immer wieder schließt er die klugen Augen, immer
wieder wird er Kind, wird unbewußt, wird fromm, und immer wieder
gerinnt ihm die Frömmigkeit zu Kunst, zu Wort, zu Form, die er
fluchend und erwachend zu Boden schmeißt...« (Aus: Hermann Hesse,
›Eine Literaturgeschichte in Rezensionen und Aufsätzen‹, Frankfurt am
Main: Suhrkamp Verlag 1975 = Suhrkamp Taschenbuch 252; für den
Hinweis danke ich Herrn Heiner Hesse, Tessin). Vgl. auch den unveröff.
Briefwechsel FW–Alma Mahler-Werfel (UCLA); nach Erscheinen des
›Gerichtstags‹ schrieb FW, im Herbst 1919, an Alma: »Bin voll von
innerem Mißtrauen gegen mich. Möchte endlich etwas Entscheidendes
vollbringen. [...] Schrecklich! Ich habe mein Op.[us] 1 noch immer nicht
geschrieben.«
ein Zeitungsinterview: Vgl. ›Zwischen Oben und Unten‹, S. 591 f.
Roman gegen Karl Kraus: Vgl. FWs Tagebücher, ›Zwischen Oben und
Unten‹, S. 667 ff.: »*Der Verwandte.* Roman-Einfall.«
130 *Ein literarisch-symbolisches Spiel:* In ›Mein Leben‹ berichtet Alma Mahler-
Werfel zu der ›Bocksgesang‹-Entstehung: »Eines Tages wurde uns eine
mondäne Dame gemeldet. Diese Dame war sehr gegen meine Bindung
mit Franz Werfel. Sie hat ihn niemals wirklich verstanden, und wie alle
wollte sie ›meinen guten Ruf schützen‹. Franz Werfel wütete und legte
sich in meinem Schlafzimmer auf den Diwan, während ich mit gelang-
weiltem Gesicht ihre nicht ganz dumme Konversation über mich ergehen
ließ. Ich kam nach einiger Zeit in mein Zimmer, aber Franz Werfel war
ganz in Sinnen versunken, und so ging ich leise wieder hinaus. Als die
Dame endlich gegangen war, fand ich Franz Werfel äußerst erfrischt und
aufgeräumt vor. Er hatte in der Zeit des Besuches die Idee des ›Bocksge-
sanges‹ ersonnen. Das ›Verdrängte‹ war ihm plötzlich Ereignis gewor-

den. Die grauenhafte Naturwüchsigkeit dieses Stückes war klar in seinem Kopf... er ging für kurze Zeit auf den Semmering und schrieb das ganze Stück herunter, als ob es ihm eine unerforschliche Macht diktiert hätte.« (S. 141 f.)

Bocksgesang: Vgl. ›Die Dramen‹, Bd. I, S. 251–317; aus einem unveröff. Brief der Malerin Broncia Koller, der Mutter Rupert Kollers, den Anna Mahler im Jahre 1919 geheiratet hatte, geht hervor, daß FW Anna Mahler zum Vorbild der weiblichen Hauptfigur Stanja machte: »Anna ist Stanja, aber Rupert Gott sei Dank nicht Mirko!« (Broncia Koller an ihre Tochter Sylvia. Für den Hinweis auf diesen Briefwechsel danke ich Herrn E. Lökker, Wien.)

»das Motiv unserer Zeit...«: Aus einem unveröff. Brief FWs an Julius   131
Berstl, Theaterdramaturg, 25. 1. 1922: »In Berlin werden, um einem dringenden Bedürfnis gerecht zu werden, haufenweise *Shakespeare-Stücke* aufgeführt. Glauben Sie etwa, daß dem Publikum die höchst verworrene und unsinnig langweilige Familiengeschichte ›Richard des III.ten‹ klar ist, oder die irgend eines andern Königsdramas oder die jener blödsinnigen und affektierten Lustspiele? Aber Shakespeare ist schon lange tot und die Städte sind voll Bildungssnobs – ›Bocksgesang‹ ist viel klarer als eine durchschnittliche Königshandlung, die dazu heute noch keinen Menschen was angeht. ›Bocksgesang‹ symbolisiert das Motiv *unserer* Zeit, den *Sinn der Zerstörung.*«

Im Oktober 1920: Vgl. R. R. Isaacs, ›Walter Gropius. Der Mensch und sein Werk‹, Berlin 1983, S. 248 f.: »Die Scheidung war endlich, am 11. Oktober 1920, ausgesprochen worden. [...] Um das Verfahren [...] zu beschleunigen, hatte Walter Gropius dem Vorschlag zugestimmt, daß Alma als Klägerin gegen ihn auftreten und er die Schuld auf sich nehmen werde. Zur Begründung der Klage wurde ein ehelicher Fehltritt regelrecht konstruiert [...] es war ein bizarres Manöver, um so bizarrer, als Almas eheliche Untreue gemeinhin bekannt war. [...] Die Lösung von Alma bedeutete eine Erlösung für Walter Gropius.«

›Dramaturgie und Deutung...«: Vgl. ›Zwischen Oben und Unten‹, S. 222 ff.

»denn es gibt ja heute [...] nur lauter kahles Gelalle«: Aus einem unveröff. Brief FWs an Kurt Wolff (Yale Univ., New Haven).

Werfel und Alma reisten nach Venedig: Ebenda.   132
eine ausgedehnte Lesereise: Die deutsche Reise, auf der Alma Mahler ihren Freund zum Teil begleitete, führte ihn u. a. nach München, Nürnberg, Düsseldorf, Berlin.

Dies Land sei »namenlos schrecklich geworden!«: Aus einem unveröff. Brief, FWs an Kurt Wolff (Yale Univ., New Haven).

autobiographische Skizze: Vgl. ›Zwischen Oben und Unten‹, S. 701 ff.

133 *Als er Ende Oktober wieder nach Prag kam:* Aus dem unveröff. Briefwechsel FW–Alma Mahler-Werfel (UCLA) geht hervor, daß FW einen neuen Weltkrieg befürchtete, nachdem Karl I., Exkaiser der Donaumonarchie, in Ungarn die Macht an sich zu reißen versucht hatte:»Die Mobilisierung ist angeordnet und um ein Haar hätte es auch mich getroffen. Dieser vertrottelte Karl und seine [...] Verbrechergesellschaft beschwören einen neuen Weltkrieg.« *Prag erschien ihm als »Traumgespenst«:* Vgl. auch FWs Stellungnahme zu der Frage einer Prager Zeitung: ›Warum haben Sie Prag verlassen?‹ (siehe ›Zwischen Oben und Unten‹, S. 592):»Mein Lebensinstinkt wehrte sich gegen Prag. Für den Nichttschechen, so scheint es mir, hat diese Stadt keine Wirklichkeit, sie ist ihm ein Tagtraum, der kein Erlebnis gibt, ein lähmendes Ghetto [...] Für die gesunde, einfach-kräftige Rasse, die jetzt Herr im Land ist, bedeutet Prag Leben, Hauptstadt, Kultur, Kulmination, – das Geheimnis der Stadt versteht der Heimatlose daheim und in der Fremde besser.«

134 *Im März 1922:* Die ›Bocksgesang‹-Uraufführung fand am 10. 3. statt. *Robert Musil:* (1880–1942). In Musils Kritik hieß es:»Werfel führt seit Jahren einen energischen Kampf um vertiefte Bedeutung; er führt ihn meiner Ansicht nach zu klug, zu wenig gegen sich selbst; was nicht zu hindern braucht, daß ihm vielleicht schon diesmal der Erfolg recht geben wird.« (Vgl. Robert Musil, ›Gesammelte Werke‹, Bd. 9, Reinbek: Rowohlt Verlag 1978, S. 1561.) Vgl. auch Robert Musils ›Der Mann ohne Eigenschaften‹, in: ›Gesammelte Werke‹, Bd. 3, Reinbek: Rowohlt Verlag 1978, S. 1032 f. Die Figur des Feuermaul ist Franz Werfel, Frau Professor Drangsal Alma Mahler nachgebildet. (»Der junge Dichter Friedel Feuermaul – in vertrautem Kreis auch Pepi genannt, denn er schwärmte für Alt-Wien und bemühte sich dem jungen Schubert ähnlich zu sehen, obwohl er in einer ungarischen Kleinstadt auf die Welt gekommen war – glaubte eben an Österreichs Sendung, und er glaubte außerdem an die Menschheit. [...] So war Feuermaul ein betriebsamer junger Mann, der im Kampf um den Nutzen recht ungut sein konnte, aber sein Liebesbock war »der Mensch«, und sobald er an den Menschen im allgemeinen dachte, konnte er sich an unbefriedigter Güte kaum genug tun.« *»Mein Kredit...«:* Vgl. ›Zwischen Oben und Unten‹, S. 672. *Alma Mahler befand sich in Weimar:* Vgl. Arthur Schnitzlers unveröff. Tagebücher, in die mir Herr Peter Michael Braunwarth Einblick gewährte. 26. 1. 1922: Alma erzählt Schnitzler, daß Gropius ihr geschmacklose Briefe zu der gemeinsamen Tochter Manon schreibe, in denen er das Kind als »die Frucht meines Stammes« bezeichne. Alma, so notiert Schnitzler, schicke diese Briefe rot unterstrichen an Werfel, nach Breitenstein.

»*Alle Einsamkeit ist Krankheit*«: Aus einem unveröff. Notizbuch FWs zu ›Schweiger‹ (UCLA).

›*Schweiger‹:* Vgl. ›Die Dramen‹, Bd. I, S. 319–383; zu diesem Stück lohnt ein Vergleich mit Robert Wienes Spielfilm aus dem Jahre 1919, ›Das Kabinett des Dr. Caligari‹ – das Drehbuch zu diesem expressionistischen Film stammte von Carl Mayer sowie FWs ehemaligem Klassenkameraden am Stefansgymnasium Hans Janowitz (dem Bruder des im Ersten Weltkrieg gefallenen Lyrikers und FW-Freundes Franz Janowitz). Das rororo-Filmlexikon gibt folgende Inhaltsangabe: »Caligari ist ein Hypnotiseur, der sein somnambules Medium Cesare den Freund des Helden töten und dessen Mädchen entführen läßt. Nachdem der Held Caligaris Machenschaften enthüllt hat, erweist er sich als Insasse einer Nervenheilanstalt, deren Direktor Caligari ist.« (›rororo Filmlexikon Bd. 2, Filme K – S. Filmbeispiele, Genres, Länder, Institutionen, Technik, Theorie‹, hrsg. von Liz-Anne Bawden. Edition der deutschen Ausgabe von Wolfram Tichy, Reinbek bei Hamburg: Rowohlt Taschenbuch Verlag 1978 (= rororo 6229), S. 335. – Für den Hinweis auf eine gewisse Verwandtschaft zwischen dem ›Schweiger‹-Stoff und dem ›Caligari‹-Film danke ich Herrn Christoph Tölg, Wien.)

hier einen kleinen Palazzo zu kaufen: Vgl. Alma Mahler-Werfel, ›Mein Leben‹, S. 162.

Notizen zu einem großen Romanvorhaben: Aus unveröff. Notizbüchern (UCLA).

schon seit der Schulzeit: Vgl. Willy Haas, in: ›Die Kritik‹, (S. 15) Prag 1934/ 35: »Werfels *Epik,* sehr früh innerlich beginnend, aber erst recht spät sich realisierend – schon vor 1910 erzählte er mir im Gymnasium den Plan seines ›Verdi‹-Romans, den er erst 1924 beendet hat, und umriß mir dazu skizzenhaft die Gestalten Verdis, Richard Wagners, Hans von Bülows und Arigo Boitos.« Vgl. auch FWs eigenen ›Vorbericht‹ zu ›Verdi. Roman der Oper‹: »Vor zwölf Jahren schon ist der Plan dieses Buches entworfen worden. Immer wieder wurde die Niederschrift vertagt. Künstlerische Bedenken wirkten lähmend.« 136

selbst zu komponieren: Vgl. Hermann Fähnrich, ›Fünf Kompositionsskizzen von Franz Werfel‹ (unveröff. Typoskript, Deutsches Literaturarchiv in Marbach/Neckar). Im Mahler-Werfel-Archiv der Univ. of Pennsylvania, Philadelphia, sind fünf Kompositions-Skizzen FWs zu finden, auf diese nimmt H. Fähnrich in seiner Analyse Bezug.

Alma Mahler schrieb an Kurt Wolff: Unveröff. Brief (Kurt Wolff-Archiv, Yale University, New Haven). Fortan schrieb Alma Mahler-Werfel alle Geschäftsbriefe von FW an Kurt Wolff, später auch die an Paul Zsolnay.

Wolff verteidigte sich vehement: Vgl. Kurt Wolff, ›Briefwechsel eines Verlegers‹, S. 345 ff.

138 »*Gesamtgefühl...*«: Vgl. ›Zwischen Oben und Unten‹, S. 677.
»*Dabei macht mich das Dichten...*«: Aus einem unveröff. Brief FWs an
Rudolf Fuchs (Original im Prager Literatur-Archiv; ich danke Frau
Rotraut Hackermüller, Wien, für den Hinweis auf dieses Schreiben).
Ende Oktober kam Arthur Schnitzler nach Prag: Vgl. unveröff. Tagebücher
Arthur Schnitzlers, in die mir Herr Peter Michael Braunwarth, Wien,
Einblick gewährte.

139 *Seine alte Fehleinschätzung:* Vgl. Joachim Unseld, ›Franz Kafka. Ein
Schriftstellerleben‹, S. 182 u. 281. Mit den Worten, Franz Kafka sei für ihn
»der größte deutsche Dichter« reagierte FW im Jahre 1917 gegenüber
Max Brod auf die Veröffentlichung von ›Ein Bericht für eine Akademie‹.
Kafka lobte ›Spiegelmensch‹, lobte ›Bocksgesang‹: Vgl. Gustav Janouch, ›Ge-
spräche mit Kafka. Aufzeichnungen und Erinnerungen‹. Erneuerte Aus-
gabe, Frankfurt am Main: S. Fischer Verlag 1968, S. 185.
In seinen Träumen...: Vgl. Franz Kafka an Max Brod, Mitte November
1917: »Wenn ich jetzt noch hinzufüge, daß ich vor einiger Zeit Werfel im
Traum einen Kuß gegeben habe...« (Franz Kafka, ›Briefe 1902–1924‹,
Frankfurt am Main: S. Fischer Verlag 1958, S. 196.) Zu Franz Kafkas
Verhältnis zu FW siehe auch seinen Brief an Milena Jesenská, vom
30. 5. 1920: »Wie ist es, Milena, mit Ihrer Menschenkenntnis? Manchmal
schon zweifelte ich an ihr, z. B. wenn Sie von Werfel schrieben, es sprach
ja daraus auch Liebe und vielleicht nur Liebe, aber doch mißverstehende
und wenn man von allem absieht, was *Werfel* ist und nur bei dem
Vorwurf der Dicke bleibt (der mir überdies unberechtigt scheint, *Werfel*
wird mir schöner und liebenswerter von Jahr zu Jahr, ich sehe ihn
allerdings nur flüchtig) wissen Sie denn nicht, daß nur die Dicken
vertrauenswürdig sind?« (Franz Kafka, ›Briefe an Milena‹, erweiterte und
neugeordnete Ausgabe, hrsg. von Jürgen Born und Michael Müller,
Frankfurt am Main: S. Fischer Verlag 1983, S. 24).

140 *Ihr Wiedersehen jedoch:* Jener Brief, den Kafka an FW schrieb, nachdem es à
propos ›Schweiger‹ zu einem Zerwürfnis der beiden gekommen war, hat
folgenden Wortlaut: [Vermutlich nicht abgeschickt. Prag, Dezember
1922] Lieber Werfel, nach meiner Aufführung bei Ihrem letzten Besuch
konnten Sie nicht wieder kommen, das wußte ich ja. Und ich hätte Ihnen
gewiß schon geschrieben, wenn mir nicht das Brief-Schreiben allmählich
so schwer würde wie das Reden und wenn nicht sogar das Brief-
Wegschicken Schwierigkeiten machen würde, denn einen Brief hatte ich
für Sie schon fertig. Es ist aber unnütz, alte Dinge wieder aufzunehmen;
wohin käme man, wenn man niemals davon ablassen würde, alle seine
alten Kläglichkeiten immer wieder zu verteidigen und zu entschuldigen.
Nur dieses, Werfel, was Sie ja wohl auch selbst wissen müssen: Wenn es
sich um ein gewöhnliches Mißfallen gehandelt hätte, dann wäre es doch

vielleicht leichter zu formulieren gewesen und wäre dann überdies so belanglos gewesen, daß ich darüber ganz gut hätte schweigen können. Es war aber Entsetzen und das zu begründen ist schwer, man sieht verstockt und zäh und widerhaarig aus, wo man nur unglücklich ist. Sie sind gewiß ein Führer der Generation, was keine Schmeichelei ist und niemandem gegenüber als Schmeichelei verwendet werden könnte, denn diese Gesellschaft in den Sümpfen kann mancher führen. Darum sind Sie auch nicht nur Führer, sondern mehr (Sie haben Ähnliches selbst in dem schönen Vorwort zu Brands Nachlaß gesagt, schön bis auf das Wort von dem »freudig Lug-Gewillten«) und man verfolgt mit wilder Spannung Ihren Weg. Und nun dieses Stück. Es mag alle Vorzüge haben, von den theatralischen bis zu den höchsten, es ist aber ein Zurückweichen von der Führerschaft, nicht einmal Führerschaft ist darin, eher ein Verrat an der Generation, eine Verschleierung, eine Anekdotisierung, also eine Entwürdigung ihrer Leiden.

Aber nun schwätze ich wieder, wie damals und das Entscheidende zu denken und zu sagen bin ich unfähig. Bleibe es dabei. Wäre nicht meine Teilnahme, meine höchst eigennützige Teilnahme an Ihnen so groß, ich würde nicht einmal schwätzen.

Und nun die Einladung; hat man sie als Dokument in der Hand, bekommt sie ein noch großartigeres wirklicheres Aussehn. Hindernisse sind die Krankheit, der Arzt (den Semmering lehnt er wieder unbedingt ab, Venedig im Vorfrühling nicht unbedingt) und wohl auch das Geld (ich müßte mit tausend Kronen monatlich auskommen können), aber das Haupthindernis sind sie gar nicht. Von dem Ausgestrecktsein im Prager Bett zu dem aufrechten Herumgehn auf dem Markusplatz ist es so weit, daß es nur die Phantasie knapp überwindet, aber das sind ja erst die Allgemeinheiten, darüber hinaus etwa die Vorstellung zu erzeugen, daß ich z. B. in Venedig in Gesellschaft mittagesse (ich kann nur allein essen), das verweigert sogar die Phantasie. Aber immerhin, ich halte die Einladung fest und danke Ihnen vielmals.

Vielleicht sehe ich Sie im Jänner. Leben Sie wohl!   Ihr Kafka
Vgl. auch Franz Kafkas Brief an Max Brod vom Dezember 1922: »... für mich aber bedeutet das Stück viel, es geht mir sehr nahe, trifft mich abscheulich im Abscheulichsten...« (Franz Kafka, ›Briefe 1902–1924‹, Frankfurt am Main: S. Fischer Verlag 1958, S. 423.)
Kafka identifizierte sich mit Gross: Zum Verhältnis Franz Kafkas zu Otto Gross vgl. die hervorragende Arbeit von Thomas Anz, ›Jemand mußte Otto G. verleumdet haben...‹, in: ›Akzente‹, München, 2/1984, S. 184 ff. Zu Otto Gross vgl. auch Emanuel Hurwitz, ›Otto Gross. Ein Paradies-Sucher zwischen Freud und Jung‹, Frankfurt am Main: Suhrkamp Verlag 1979.

141 *Auch Arthur Schnitzler...:* Vgl. Arthur Schnitzlers unveröff. Tagebücher, in die mir Herr Peter Michael Braunwarth freundlicherweise Einsicht gewährte: Unter dem Datum »12/12/1922« vermerkt Schnitzler, FW habe ihm an diesem Abend sein neues Stück ›Schweiger‹ überreicht. Er liest das Werk und befindet: »... ein gequältes verworrenes Stück, – sozialistisch, occultistisch, religiös, psychiatrisch; – mit ein paar intensiven Dialogstellen. – Telephoniere darüber an Alma; die gleichfalls die mangelnde Concentration Werfels constatirte.« Unter dem »26/12/1922« vermerkt Schnitzler, er habe FW mitgeteilt, wie wenig ›Schweiger‹ ihm gefallen habe – und »Alma schien froh, daß jemand aufrichtig zu ihm sprach«.
Anfang Januar fand die Prager Premiere statt: Vgl. Lore B. Foltin, ›Franz Werfel‹, S. 49: »Die Uraufführung [...] fand am 6. Januar 1923 im Neuen Deutschen Theater in Prag statt.«

142 *›Dein verkommener Samen...‹:* Vgl. ›Bocksgesang‹, ›Die Dramen‹, Bd. I, S. 262 – Der Gospadar Stevan Milič zu seiner Frau: »Wortwenderin, Kluge! Wer hat dich mit ihm geschwängert? Nicht mein Kind ist er. Wohlgeboren bis ins zehnte Glied empor meine Sippe!« Seine Frau entgegnet ihm: »Wie mußt du durch Abscheuliches deinen Samen verdorben haben, daß er mich so, so, so erniedrigt hat, denn gesund bin ich, und als Gesunde hast du mich gefreit.« (Vgl. dazu auch die Anm. zu 119, *Alma Mahler glaubte...*)

Roman der Oper

145 *Ende Januar 1923:* Vgl. ›Zufalls-Tagebuch‹, in ›Zwischen Oben und Unten‹, S. 679.
Richard Specht: 1870–1932; Journalist, Kritiker, Musikschriftsteller. 1926 erschien im Paul Zsolnay Verlag Spechts Werfel-Biographie – unter dem Titel ›Franz Werfel. Versuch einer Zeitspiegelung‹. Er war Verfasser der ersten Monographie über Arthur Schnitzler. (Berlin: S. Fischer Verlag 1922). ›*Der Aufruhr der Toten‹:* Vgl. ›Die Dramen‹, Bd. II, S. 473 ff.
in Almas venezianischem Palazzo: Vgl. ›Zufalls-Tagebuch‹, in: ›Zwischen Oben und Unten‹, S. 685.

146 *Werfels ›Vorbericht‹:* Vgl. ›Verdi. Roman der Oper‹.
Schon als Gymnasiast hatte Werfel die Musik Richard Wagners kennen und hassen gelernt: Vgl. Max Brod, ›Streitbares Leben‹, S. 33 ff.; sehr komische Passage zu FWs damaliger Wagner-Ablehnung.

147 *seine Verdi-Passion mußte Werfel verteidigen und sich nicht selten dafür auslachen lassen:* Aus einem unveröff. Brief FWs an Gerhart Hauptmann (Stiftung Preußischer Kulturbesitz, Berlin).
las die Werke...: Angaben zu FWs Recherchen in einem Notizbuch,

386

Venedig 1923 (UCLA) sowie in einem unveröff. Brief an Kurt Wolff vom 5. 6. 1923 (Kurt Wolff-Archiv, Yale University, New Haven).
Mitte Juni 1923: Vgl. ›Zufalls-Tagebuch‹, in ›Zwischen Oben und Unten‹, S. 685.
Überzeugt vom Mißlingen: Vgl. Alma Mahler-Werfel, ›Mein Leben‹, 148 S. 159.
Anna Mahler: Ihre Ehe mit Rupert Koller war zu diesem Zeitpunkt bereits geschieden. Wenig später heiratete sie Ernst Křenek. Vgl. Lore B. Foltin, ›Franz Werfel‹, S. 57: Spätere ›Verdi‹-Ausgaben zeichnen Fischböck humaner und weit sympathischer als die Erstausgabe von 1924. *Ernst Křenek:* (geb. 1900); berühmt wurde er durch die Jazz-Oper ›Jonny spielt auf‹ (1927).
Josef Matthias Hauer: (1883–1959).
Arnold Schönberg: (1874–1951).
»Ende. Gottseidank! ...«: Aus dem Manuskript der ersten Fassung des ›Verdi‹-Romans (Univ. of Pennsylvania, Philadelphia). Vgl. auch Hans Kühner, ›Guiseppe Verdi‹, Reinbek bei Hamburg, Rowohlt Taschenbuch Verlag 1961 (romono 64), S. 115: »Am 1. November 1886 verkündet [Verdi] Guilio Ricordi: ‹Otello› ist vollständig beendet!! Wirklich beendet!!! Endlich!!!!!!!!!‹ Acht Ausrufezeichen scheinen ihm angemessener Ausdruck der Erlösung.«
an Brods ›Tycho Brahe‹ gedacht: Vgl. Max Brod, ›Streitbares Leben‹, 149 S. 202 f.
»Das Buch ist spannend ...«: Aus einem unveröff. Brief FWs an Kurt Wolff, 30. 9. 1923 (Kurt Wolff-Archiv, Yale Univ., New Haven).
Jakob Wassermann: (1873–1934); in jenem ›Verdi‹-Exemplar, welches FW Wassermann schenkte, findet sich die Widmung:»Meister *Jakob Wassermann* mit verehrungsvollem Dank für seine produktive Hilfe an diesem Buch. Franz Werfel Venedig 1924.« – Vgl. ›Mein Leben‹, Alma Mahler-Werfel, S. 160.
»Ich weiß bestimmt ...«: Aus einem unveröff. Brief FWs an Kurt Wolff, 150 Prag, 3. 12. 1923 (Kurt Wolff-Archiv, Yale Univ. New Haven).
Paul von Zsolnay: (1895–1961); laut Anna Mahler kam Zsolnay auf die Idee, einen eigenen Verlag zu gründen, nachdem ihm Alma Mahler im Laufe eines Gesprächs geschildert habe, daß alle Verleger, mit denen Werfel zu tun gehabt habe, Halunken seien.
›Schweiger‹ an einem der größten Theater Berlins: Das Stück wurde am Theater in der Königgätzerstraße gegeben, die Titelrolle spielte FWs Jugendfreund Ernst Deutsch. In einem unveröff. Brief FWs an Alma Mahler-Werfel (29. 10. 1923) heißt es:»Es ist doch ungeheuerlich, daß wir von einem solchen Theatererfolg nicht einen Heller haben sollen. [...] Das schreit zum Himmel. [...] Es muß etwas geschehen.«

151 *Zsolnay aber bot...:* Zu FWs Ausstieg aus dem Kurt Wolff Verlag vgl. Kurt Wolff, Radiovortrag, Nordd. Rundfunk, 19. 5. 1962, sowie ›Briefwechsel eines Verlegers‹, S. 349.

152 *Im April 1924 wurde Franz Kafka in die Abteilung für Hals- und Kehlkopfkrankheiten des Wiener Allgemeinen Krankenhauses eingewiesen:* Zu Franz Kafkas Krankheitsgeschichte vgl. Rotraut Hackermüllers bemerkenswerte Studie ›Das Leben das mich stört‹, Wien: Medusa Verlag 1984.
Dr. Markus Hajek: (1861–1941)
Julius Tandler: (1869–1936).
»Kann nichts geschehen...«: Aus einem unveröff. Brief FWs an Max Brod. *sandte Werfel den Roman mit einem großen Strauß roter Rosen:* Vgl. Franz Kafkas Brief an Max Brod vom [wahrscheinlich] 20. April 1924: »... dann hat [Werfel] mir den Roman (ich war gräßlich hungrig nach einem Buch, das für mich in Betracht kam) und Rosen geschickt, und obwohl ich ihn hatte bitten lassen, nicht zu kommen (denn für Kranke ist es hier ausgezeichnet, für Besucher und in dieser Hinsicht auch für die Kranken abscheulich), scheint er nach einer Karte heute doch noch kommen zu wollen, abend fährt er nach Venedig.« (F. Kafka ›Briefe 1902–1924‹, Frankfurt am Main: S. Fischer Verlag 1958, S. 481 f.) Ob dieser Besuch Werfels in Kierling tatsächlich stattgefunden hat, ist ungewiß.

Erfolg und Krise

156 *»Venedig – In Almas Haus!«:* Vgl. ›Zufalls-Tagebuch‹, in: ›Zwischen Oben und Unten‹, S. 687.
Carl Moll hatte zwei Zimmer aufstocken lassen: Vgl. Alma Mahler-Werfel, ›Mein Leben‹, S. 162 f.
Pläne zu zwei neuen Werken: Vgl. ›Zufalls-Tagebuch‹, in: ›Zwischen Oben und Unten‹, S. 687 f.

157 *›Juarez und Maximilian‹:* Vgl. ›Die Dramen‹, Bd. I, S. 385–465.
»Er ist ein zu gewaltiger Mensch«: Aus einem unveröff. Notizbuch zu ›Juarez und Maximilian‹ (Mahler-Werfel-Collection, Univ. of Pennsylvania, Philadelphia).

159 *Mitte Januar 1925:* Vgl. ›Ägyptisches Tagebuch‹, in: ›Zwischen Oben und Unten‹, S. 705 ff. (alle genannten Details der Nahostreise FWs und Alma Mahler-Werfels sind diesem Tagebuch entnommen).
er mußte vor vollendete Tatsachen gestellt werden: Zu FWs Reiseunlust vgl. Adolf D. Klarmann, ›Franz Werfel, der Dichter des Glaubens‹, in: ›Forum‹, 19–20, 1955, S. 278 f.

Der ekstatische Tanz uralter Derwische: Der Text ›Die tanzenden Derwi- 160
sche‹ entstammt zwar dem ›Ägyptischen Tagebuch‹, erschien aber unabhängig von diesem u. a. in ›Ewige Gegenwart‹, Berlin: Die Buchge-
meinde 1928. Vgl. auch ›Erzählungen aus zwei Welten‹, Bd. I, S. 285 ff.
Ab Anfang April 1925: Zu Werfels großer Krise im Frühjahr 1925 vergl.
den unveröff. Briefwechsel FW–Alma Mahler-Werfel (UCLA).
nach eher mißglückter Uraufführung in Magdeburg: In einem unveröff. Brief 163
FWs an Alma Mahler (UCLA) heißt es zu der Magdeburger Premiere:
».. . grenzenlose Enttäuschung wegen *Juarez,* von dem ich sicher gemeint
habe, daß er die Feindschaft gegen mich besiegen wird.«
›Paulus unter den Juden‹: Vgl. ›Die Dramen‹, Bd. I, S. 467–534. FW plante 164
im Mai 1928 eine Fortsetzung des Dramas: »Paulus unter den Heiden«
(Unveröff. Notizbuch »Firenze, Mai 1928«, Univ. of Pennsylvania,
Phil.).
die Titelseite seines ›Paulus‹-Skizzenhefts: Das unveröff. Skizzenheft zu
›Paulus‹ befindet sich in der Werfel-Collection der UCLA.
»Vor einer neuen Arbeit«: Aus einem unveröff. Brief FWs an Hugo
v. Hofmannsthal (Mahler-Werfel Coll., Univ. of Pennsylvania, Philadelphia).
Für Alma ein sicheres Zeichen: Vgl. Alma Mahler-Werfel, ›Mein Leben‹, 165
S. 170.
eine gemeinsame Reise nach Indien: Ebenda, S. 171.
der Berliner Ullstein Verlag: aus einem unveröff. Brief des Ullstein-Verlags
an FW – 5. Januar 1925 (Original UCLA): »Wir gestatten uns den Inhalt
unserer Rücksprache wie folgt zu wiederholen: Sie werden im Herbst
1925 eine Reise nach Indien machen. Bei Antritt dieser Reise zahlt Ihnen
der Verlag Ullstein die Summe von *Mk. 10 000,-* Sie verpflichten sich, für
unsere Tageszeitungen und Zeitschriften Feuilletons, Impressionen etc.
aus Indien zu schreiben, die Ihnen nach Höchstsätzen zu honorieren sind.
[. . .] Sie übertragen uns ferner die Option auf einen Roman aus der
indischen Welt.«
*eine Neubearbeitung und Neuübersetzung der Verdi-Oper ›La Forza del De-
stino‹:* Vgl. die Notiz aus einem unveröff. Notizbuch. Man müsse, heißt
es da, an Giuseppe Verdis Werk Restaurationsarbeiten leisten, ähnlich wie
an alten Gemälden: »die Übermalungen des Theaters wegkratzen, um zu
der wahren dramat[ischen] Farbe vorzudringen, die [Verdi] selber nicht
bewußt war.« – Die exakte Betitelung der Opernübersetzung lautete:
»Dem Italienischen des F. M. Piave frei nachgedichtet und für die deutsche Opernbühne bearbeitet von Franz Werfel.« Vgl. auch: Franz Werfel,
›Meine Verdi-Bearbeitungen‹, in: ›Die Bühne‹, 3. Jg., Heft 105, Wien,
11. 11. 1926; für den Hinweis auf diesen bisher nicht wieder gedruckten
Artikel danke ich Herrn Dr. František Kafka, Prag.

389

Richard Specht: Vgl. Anmerkung zu S. 145.

166 *Alban Bergs ›Wozzeck‹:* Alban Berg (1885–1935). Zu Bergs Beziehung zu Hanna Fuchs-Robetin vgl. Ausstellungskatalog ›Alban Berg‹, Österreichische Nationalbibliothek, Wien 1985, S. 83 ff. Im Oktober 1931 schrieb Berg an Hanna Fuchs-Robetin: »Es vergeht kein Tag, kein halber Tag, keine Nacht, wo ich nicht an Dich denke, keine Woche, wo mich nicht einmal Sehnsucht überfüllt, die mein ganzes Denken und Fühlen und Wünschen in eine Inbrunst taucht, die mir keinen Hauch schwächer ist als die im Mai 1925.« (Ebenda.)
Bis Anfang Februar blieb Franz Werfel in Berlin: Vgl. FW an Paul Zech, 7. Oktober 1926; zu FWs Einstellung gegenüber Berlin heißt es da: »Berlin ist die Latrine und Miststätte aller Bolsche- und Amerikanismen, die nicht mehr wahr sind oder nie wahr gewesen sind. Der Zusammenstoß der Juden mit dem märkischen Land hat einen grauenvollen Klang ergeben. Denn dieses Berlin, das sich für real, sachlich, betriebsstramm hält, ist der phantastischste Abdruck der Irrealität. [...] Berlin ist der wüste Geltungstraum eines weltfremden überspitzten Juden von dem, was er für modern und radikal hält: im Wirtschaftlichen und in der Kunst!« (›Briefe des Expressionismus‹, hrsg. v. Kasimir Edschmid, S. 16)
trafen sich mit Willy Haas: Vgl. Willy Haas, unveröff. Vortrag von Willy Haas (University of Pennsylvania, Phil.).

167 *»ohne Konzentration und ziemlich verzweifelt«:* Aus einem unveröff. Brief FWs an Arthur Schnitzler aus Breitenstein vom 7. 6. 1926. Ich danke Herrn Peter Michael Braunwarth, Wien, für diesen Hinweis.
war das Gerücht im Umlauf: Vgl. z. B. Arnold Zweig in einem unveröff. Brief an FW, 18. 10. 1926 (UCLA): »Zunächst also: ich habe kein Gerücht verbreitet. Unter meinen nächsten Bekannten befinden sich zwei, die vor vielen Jahren aus innerem Bedürfnis [...] zum Katholizismus übergetreten sind. [...] Einer von diesen, ein durchaus kritischer und keineswegs klatschfreudiger Mann, erzählte mir als absolute Sicherheit, Sie seien konvertiert.«
Überaus zurückhaltend reagierte Sigmund Freud: Freuds Briefe an FW sind mir nicht bekannt, ihr Inhalt läßt sich jedoch aus FWs Antworten deutlich nachvollziehen. FW an Sigmund Freud, unveröff., eine Abschrift befindet sich in der Univ. of Pennsylvania, Phil.

169 *Mit größter Zustimmung hingegen Stefan Zweig:* Aus einem unveröff. Brief Stefan Zweigs an FW: »Der Wurf ist genial, die Gestaltung groß – manchmal von einer unbewußten Parteilichkeit, die eben unser Blut trotz alles Widerstrebens über uns verhängt. [...] Sie haben die entscheidende Wunde bloßgelegt – [...] der zweifellos ungeheure Erfolg wird nur ein Vehikel sein, um die ideelle Auseinandersetzung weiter in die Welt zu tragen. Überhaupt: wie viel ist Ihnen gelungen! Sie sind fast der Einzige

der Generation der ein ›Œuvre‹ hat mit Jahresringen [. . .] In alter freundschaftlicher Gesinnung und ganz durchwärmt im Gefühl von dem mir
geschenkten Erlebnis Ihrer Welt – treulichst Ihr Stefan Zweig« (UCLA)
Werfel-Rausch in New York: Vgl. ›Die Literatur‹, Juni 1926, S. 546, dort
heißt es auch: »Als unmittelbare Folge der Werfel-Begeisterung versuchte
ein anderes Theaterunternehmen nun auch den ›Schweiger‹ in englischer
Übersetzung auf die Bühne zu bringen. Allein diese Aufführung war eher
dazu angetan, den etwas lärmenden Rausch abflauen zu lassen.«
›Ein Bildnis Giuseppe Verdis‹: Vgl. ›Zwischen Oben und Unten‹, S. 358 ff.   170
›Pogrom‹: Vgl. ›Erzählungen aus zwei Welten‹, Bd. II, S. 336 ff. Dies
Prosastück verarbeitete FW im Roman ›Barbara oder die Frömmigkeit‹
im VI. Kapitel. Vgl. auch ›Erguß und Beichte‹, in ›Zwischen Oben und
Unten‹, S. 690 ff. – daraus geht hervor, daß ›Pogrom‹ auf eine von FW
tatsächlich erlebte Szene zurückgreift.
›Das Reich Gottes in Böhmen‹: Vgl. ›Die Dramen‹, Bd. II, S. 7–90.
›Der Tod des Kleinbürgers‹: Vgl. ›Erzählungen aus zwei Welten‹, Bd. II,
S. 7 ff.
Eigenheiten und Absonderlichkeiten: Vgl. z. B. aus dem unveröff. Briefwechsel FW–Alma Mahler-Werfel, Frühjahr 1925 (UCLA): »Die Alte
und Klara haben mich empfangen. Die Alte, die ganz erbärmlich aussieht,
hat sofort in furchtbarer Weise losgeweint und war lange nicht zu
beruhigen. Sie erzählte mir sogleich den Tod des alten Gubsch. Das war
trotz des schaurigen Themas grotesk, weil sie auf tschechische Weise
Worte verwechselte und hartnäckig statt Pavillon ›Babylon‹ sagte. Sie
schilderte das Ganze so, als wäre ihr Mann in der Anstalt Hungers
gestorben. Klara stand mit ihrem penetranten Sklavengesicht daneben
und schlug die schielenden Augen, die nicht recht naß werden wollten,
auf's dreckige Mieder.« Vgl. auch FW an Alma Mahler-Werfel, ›Das
Franz Werfel Buch‹, S. 428; vgl. auch FWs ›Zufalls-Tagebuch‹, in ›Zwischen Oben und Unten‹, S. 663: »Heute kam die alte Gubsch ihre
Familienschätze zeigen.«

Barbara oder die Wirklichkeit

Werfel kopierte Hauptmanns äußeres Erscheinungsbild: Aus dem Gespräch   174
mit Prof. Milan Dubrovic, Wien.
Imperial Palace: Das Luxushotel existiert auch heute noch – unter demselben Namen. – FW liebte es, in besonders geräumigen Zimmern zu
arbeiten, vgl. Alma Mahler-Werfel, ›Mein Leben‹, S. 180.
Vollendung eines Novellenzyklus: Der Zyklus sollte ursprünglich »Die

Lebensalter« heißen (Univ. of Pennsylvania, Philadelphia). Neben ›Der Tod des Kleinbürgers‹, ›Kleine Verhältnisse‹ und ›Das Trauerhaus‹ umfaßt der Novellenzyklus die Erzählungen ›Die Entfremdung‹, ›Geheimnis eines Menschen‹ und ›Die Hoteltreppe‹. ›Die Entfremdung‹ sollte ursprünglich »Die Liebe der Schwester« heißen; der Text erzählt von der Beziehung des Musikers Erwin zu seiner Schwester Gabriele, von deren Innigkeit, die von Erwins herrschsüchtiger Gemahlin Judith unterbunden wird. Eine Parabel auf das Verhältnis zwischen Alma, FW und seiner Lieblingsschwester Hanna. Die Kindheitserinnerungen treten in dieser Erzählung besonders deutlich zutage. (Vgl. auch FWs Idee zu einer Novelle, die er »Die Schwester« nennen wollte, ›Zufalls-Tagebuch‹, in ›Zwischen Oben und Unten‹, S. 666 f.) – ›Geheimnis eines Menschen‹ lautete der Titel der ersten Novelle, die Werfel in Santa Margherita schrieb; sie hatte eine wahre Begebenheit zum Anlaß: Almas Stiefvater Carl Moll, damals bereits anerkannter Maler, war einst auf einen berühmt-berüchtigten römischen Skulpturenfälscher namens Alceo Dossena hereingefallen, der die renommiertesten Kunstkenner der Welt jahrelang zum Besten gehalten hatte. Besonderen Schaden fügte Dossena aber einem Kunsthändler in Venedig zu, den Werfel persönlich kannte – die Novelle ist daher auch in der Lagunenstadt angesiedelt. (Hinweis von Anna Mahler.)

›Kleine Verhältnisse‹: Vgl. ›Erzählungen aus zwei Welten‹, Bd. II, S. 235 ff. Vgl. auch die früher entstandene Kurzgeschichte ›Knabentag‹, (›Erzählungen aus zwei Welten‹, Bd. I, S. 57 ff.), die von ähnlichen Stimmungen erfüllt ist.

Erna Tschepper: Vgl. Anm. zu S. 22.

175 ›Das Trauerhaus‹: Vgl. ›Erzählungen aus zwei Welten‹, Bd. II, S. 181 ff. Der in der Novelle beschriebene Dichter Peppler ist eine Karikatur des Prager Dichters Paul Leppin. (Vgl. ›Weltfreunde. Konferenz über die Prager deutsche Literatur‹, hrsg. von Eduard Goldstücker, Prag 1967, S. 225.). Vgl. auch Egon Erwin Kischs Einakter ›Piccaver im Salon Goldschmied‹, 1926 in Prag uraufgeführt, der im Bordell in der Gamsgasse angesiedelt ist.

›Abituriententag – Die Geschichte einer Jugendschuld‹: Berlin – Wien – Leipzig: Paul Zsolnay Verlag 1928. Die Figur des erfolgreichen Schulhof entspricht FWs Jugendfreund Ernst Deutsch. Zur Entstehungsgeschichte des ›Abituriententag‹ vgl. auch Alma Mahlers Version in ›Mein Leben‹, S. 180, mit der ich nicht übereinstimme.

176 auch andere Professoren des Stefansgymnasiums erwachten im ›Abituriententag‹ zu neuem Leben: Vgl. in diesem Zusammenhang eine von Willy Haas kolportierte Anekdote, die sich jedoch nicht belegen läßt, da der von Haas genannte Professor Millrath in den in Prag von Dr. František Kafka

ausgehobenen Lehrerlisten nicht aufscheint, FW von Deutschprofessoren unterrichtet wurde, die andere Namen trugen. Möglich wäre, daß zwar die Geschichte stimmt, Haas sich jedoch mit dem Namen des Deutschprofessors irrt: »Werfel hatte eine wunderbare Anpassungsfähigkeit, fremde Stimmen, an die er sich noch nach Jahrzehnten genau erinnerte, wiederzugeben: eine Quelle unerschöpflichen Amusements für uns beide in diesen Stunden unseres späteren Lebens. Nur einen der Professoren liebten wir in keiner Weise, weder humoristisch noch im Ernst. Das war unser Deutschprofessor Millrath [...] Werfel war sein auserwähltes Opfer. Er ließ keine Gelegenheit vorübergehen, ihn aus irgendwelchen nichtigen Anlässen vor der ganzen Klasse lächerlich zu machen und gab ihm kaum jemals eine andere Note auf seine deutschen Aufsätze als ›Nicht genügend‹. [Auch diese Angabe entspricht nicht den Tatsachen. Anm. PSJ]. Wir erinnerten uns genau an ihn und ich fragte: ›Was ist denn aus dem Millrath geworden?‹ ›Du wirst es nicht für möglich halten‹, antwortete Werfel, ›der ist Theaterkritiker an der Wiener Arbeiterzeitung und verreißt jetzt alle meine Dramen.‹ Der Mann war wenigstens konsequent, muß man sagen.« (Aus einem unveröff. Vortrag Willy Haas', Univ. of Pennsylvania, Philadelphia).

wurde der Justizpalast niedergebrannt: Vgl. u. a. Elias Canetti, ›Die Fackel im Ohr. Lebensgeschichte 1921–1931.‹ München: Carl Hanser Verlag 1983, S. 274 ff. Zu Alma Mahlers politischer Einstellung vgl. auch ›Mein Leben‹, z. B. S. 170: »Österreich ist schon verloren. Es rettet vielleicht der Kaiserschnitt: Angliederung an Deutschland . . .« 1928 besucht sie Margherita Sarfatti, die Geliebte Benito Mussolinis und mithin »ungekrönte Königin Italiens« ». . . wir konstatierten wieder, daß nur eine Weltorganisation helfen könne. Sie meinte, daß ein internationaler Faschismus, auf Grundlage des nationalen Faschismus nur möglich sei, wenn der Faschismus der anderen Länder die Weisheit eines Mussolini aufbringen würde, die Judenfrage auszuschalten. – Und ich war ja nur deshalb zu ihr gekommen, um diese Frage zu erörtern. [...] ›endlich haben wir einen Führer [gemeint ist Mussolini] – es war fast zu spät! Aber noch wichtiger als sein Genie ist sein Charakter!‹ Sie rief diese beiden Sätze kurz nacheinander.«

er stellte lediglich einen Sammelband zusammen: Vgl. ›Gedichte‹, Berlin – 177
Wien – Leipzig: Paul Zsolnay Verlag, 1927; zum Zitat vgl. S. 446.

im Hause der Hauptmanns: Vgl. Alma Mahler-Werfel, ›Mein Leben‹, S. 177 ff.

»Nur wie zur Miete...«: Aus einem unveröff. Notizbuch (Univ. of Pennsylvania, Philadelphia).

›Barbara oder die Frömmigkeit‹: Berlin – Wien – Leipzig: Paul Zsolnay 178
Verlag 1929.

179 *Alfred Engländer:* Der mit FW befreundete Schriftsteller Peter Altenberg
(1859–1919) hieß ursprünglich Richard Engländer – möglich, daß FW an
Altenberg dachte, als er seiner Romanfigur diesen Namen verlieh.

180 *Otfried Krzyzanowski, dessen Hungertod und Begräbnis:* Vgl. Franz Blei,
›Erzählung eines Lebens‹, Leipzig: Paul List Verlag 1930, S. 346 ff.
Diesmal schien ihm zu gelingen: Vgl. dazu Hans Hautmann, ›Franz Werfel
‹Barbara oder die Frömmigkeit› und die Revolution in Wien 1918‹, in:
›Österreich in Geschichte und Literatur‹, 15. Lg., 1971, S. 469 ff.: »Nun
darf nicht vergessen werden, daß ein großer Teil der Öffentlichkeit und
alle seine Schriftstellerkollegen in der Zwischenkriegszeit von Werfels
Fauxpas im November 1918 wußten. Es ist gut vorstellbar, wie peinlich
einem im bürgerlich-pazifistischen Denken verhafteten Mann wie Werfel
die üble Nachrede ›Der hat es auch einmal mit den Kommunisten gehabt‹
sein mußte. Wahrscheinlich aus diesem Grund hat er in ›Barbara oder die
Frömmigkeit‹ der Mit- und Nachwelt eine von hoher Erzählkunst erfüllte *Rechtfertigungsschrift* geliefert, in welcher die Gestalt Barbaras eher
als religiöse Gallionsfigur einer politischen Autobiographie erscheint.«
Aus dem Anarchisten . . .: Albert Soergel und Curt Hohoff, ›Dichtung und
Dichter der Zeit. Vom Naturalismus bis zur Gegenwart‹, Düsseldorf:
Bagel 1964. 2. Bd., S. 491: »Der Roman [›Barbara oder die Frömmigkeit‹]
enthält das Schema der Werfelschen Entwicklung vom enttäuschten
Revolutionär zum heimatlosen Konservativen, vom Nihilismus der Intellektuellen zum Katholizismus.«
selten hatte ein Schriftsteller: Vgl. Joseph Roths ›Radetzkymarsch‹ und ›Die
Kapuzinergruft‹, die jedoch beide erst nach ›Barbara oder die Frömmigkeit‹ erschienen, 1932, resp. 1938.

181 *zwischen Februar und Mai 1929:* Vgl. unveröff. Notizbuch (Univ. of
Pennsylvania, Philadelphia): »*Santa Margherita* 4/2 1929 – Mittags ange-
kommen, *Altes Zimmer*, (Trauerhaus, Geh. eines Menschen, Hoteltreppe,
Abituriententag) Hotel Imperial«.
er trennte sich am 27. Juni 1929: Auf der Rückseite von FWs Geburtsur-
kunde (Original Univ. of Pennsylvania, Phil.) findet sich der Vermerk:
»Wien, am 27. Juni 1929. Die Anmeldung des Austrittes aus der mos.
Religionsgenossenschaft wurde auf Grund des Gesetzes vom 25. Mai
1868, R. G. Bl. Nr. 49 zur Kenntnis genommen. Für den Bezirksleiter:
[Unterschrift].« Das Dokument trägt einen Stempel: »Magistratisches
Bezirksamt f. d. I. Bezirk, Wien«.
Die Ehe zwischen Franz Werfel und Alma Mahler: Vgl. Alma Mahler-
Werfel, ›Mein Leben‹, S. 201 f., 205.
Der plötzliche Tod Hugo von Hofmannsthals: Er starb am 15. Juli 1929.
»Nun ist einer der allerletzten . . .«: Vgl. FWs Nachruf auf Hugo von
Hofmannsthal in ›Zwischen Oben und Unten‹, S. 428 f.

Während Werfel die Oper besuchte: Vgl. Alma Mahler-Werfel, ›Mein Leben‹, S. 211 f.

Mrs. Tina Orchard: Aus einem Photoalbum Alma Mahler-Werfels; unter
der Photographie steht in ihrer Handschrift: »1930. TINA ORCHARD,
DER ANLASS ZU DEN GESCHWISTERN VON NEAPEL – *Gra-
zia.*« Auf der Photographie selbst die Worte: »To my dearest Alma and
Franz Werfel with Tina's love.«
›*Die Geschwister von Neapel*‹: Berlin – Wien – Leipzig: Paul Zsolnay
Verlag 1931.
von geradezu tolstoischem Atem: Vgl. Lore B. Foltin, ›Franz Werfel‹, S. 70.
der Kritiker Heinz Liepmann: Vgl. ›Die Weltbühne‹, 24. 12. 1929: »... man
möchte ihn vielleicht auf Reisen schicken, ohne viel Geld, nach Canada
oder Nordrußland, dorthin, wo es kalt ist. Man würde ihn vor der Oper
und der Sattheit hüten müssen, und alles das um des Blitzes willen, den er
schuf, als wir noch jünger und hilfloser waren.« Vgl. auch Herbert
Ihering, in: ›Das Tage-Buch‹, 14. 12. 1929: »Franz Werfel ist längst einer
dieser falschen Priester des Worts geworden. Er war ein Dichter. Er war
ein Sprachberauschter. Er war ein Sprachschöpfer. Aber dieser Sprach-
rausch wirkte auf ihn wie süßes Gift, wie Opium. Er versetzte ihn in
einen Zustand, in dem ihm die Worte entliefen. Klang ohne Sinn. Ton
ohne Bedeutung. Ein Wahrsager ohne Inhalt. Ein Prophet ohne Ziel. [...]
Wir haben genug. Genug von Kompromissen, genug vom Schwatz. Eine
der mächtigen Triebfedern des literarischen Lebens, die männliche Wi-
derstandsfähigkeit des geistigen Willens, ist erloschen.«
Karl Kraus zitierte: Vgl. ›Die Fackel‹ Nr. 827–833, S. 96–102.
Willy Haas... ›Die literarische Welt‹: Vgl. ›Die literarische Welt‹, Nr. 49,
1929, S. 5 f.: ›Werfels neuer Roman‹.
lektorierte Ernst Polak: Aus einem Gespräch mit Prof. Milan Dubrovic, 183
Wien; vgl. aber auch von Hartmut Binder ›Ernst Polak, Literat ohne
Werk‹, in: ›Jahrbuch der deutschen Schillergesellschaft‹, Jg. 23, Stuttgart
1979, S. 366–415. – Ernst Polak redigierte auch einige Werke von Her-
mann Broch, z. B. ›Die Schlafwandler‹. Polaks Einfluß und kritische
Mitarbeit dürfen nicht unterschätzt werden. – Eine in FWs ›Barbara‹-
Roman geschilderte Orgie dürfte sich übrigens in sehr ähnlicher Weise,
wie FW sie beschreibt, in Ernst Polaks Wiener Wohnung in der Lerchen-
felderstr. 113 abgespielt haben. (›Barbara oder die Frömmigkeit‹,
S. 590–599.)
Egon Erwin Kisch wurde befragt: Vgl. ›Wiener Allgemeine Zeitung‹, 4. De- 184
zember 1929: »Das Gedächtnis Werfels ist bewundernswert, und da
Gedächtnis Genie ist, ist das Buch bedeutend. Was Ronald Weiß anbe-
langt, sind die Gespräche, die wir miteinander geführt haben, mit der
Genauigkeit einer Grammophonplatte wiedergegeben. Nur hier und da

kontrapunktiert er einiges. [...] Allerdings zwei Figuren sind stärker mit Lob bedacht, und sie haben es verdient. Gebhard (der Psychoanalytiker Otto Gross) und Krasny (der Dichter Otfried Krzyzanowski), ein schönes Denkmal für sie, das sie redlich verdient haben.« *Gina Kaus:* (1894–1985). Die Schriftstellerin starb am 23. Dezember 1985. Vgl. auch ihre Autobiographie ›Und was für ein Leben...‹, erschienen 1979 bei Albrecht Knaus in München.

Hohe Warte

188 *Zu Beginn des Jahres 1930:* Werfel irrt, wenn er in einer Nachbemerkung zu ›Die vierzig Tage des Musa Dagh‹ behauptet:»Dieses Werk wurde im März des Jahres 1929 bei einem Aufenthalt in Damaskus entworfen...« Vgl. dazu Arthur Schnitzlers unveröff. Tagebuch vom 19. 1. 1930: er notiert, FW und Alma Mahler-Werfel würden»morgen« nach Ägypten reisen, streicht das Wort»morgen« aus, schreibt»bald« darüber. Vgl. auch ein Interview, welches FW der Wiener Tageszeitung ›Neue Freie Presse‹ gewährte, nachdem er von der Nahostreise zurückkehrte: ›Ist das jüdische Aufbauwerk gefährdet? Eindrücke von einer Palästinareise. Aus einem Gespräch‹, Wien, 2. April 1930. Vgl. auch einen unveröff. Brief Paul Zsolnays, Antwort auf eine Anfrage bezüglich FW, in welchem der Verleger unter dem Datum 19. 2. 1930 mitteilt, FW befinde sich auf einer größeren Reise. (Original im Archiv des Paul Zsolnay Verlags, Wien.) *sie besuchten zunächst Ägypten:* Details zur zweiten Nahostreise sind Alma Mahler-Werfels ›Mein Leben‹ sowie FWs Interview ›Ist das jüdische Aufbauwerk gefährdet?‹ (›Zwischen Oben und Unten‹, S. 278 ff.) entnommen.

189 *Werfel hatte von dem Völkermord gehört:* In einem Interview mit einer von Exilarmeniern herausgegebenen Zeitung äußerte FW, die Idee, einen Roman über das Schicksal der Armenier zu schreiben, habe er schon während des Ersten Weltkriegs gehabt:»Ich las damals in den großen europäischen Zeitungen davon und gab mir damals das Versprechen, eines Tages einen geschichtlichen Roman über dieses Thema zu verfassen. In Syrien habe ich dann armenische Jugendliche in äußerst unglücklicher Lage kennengelernt – die versunkene Größe ihres Volkes und ihre Verfolgungen konnte ich von ihren Augen, ihren Blicken ablesen.« Aus: ›Die armenophilen Wellen‹, von M. A. Iytschian. (Für den Hinweis und die Übersetzung danke ich Herrn Artem Ohandjanian, Wien.) *Conte Clauzel:* Vgl. Arthur Schnitzlers unveröff. Tagebuch. z. B. 27. 4. 1929. Schnitzler notiert, er sei beim französischen Gesandten Clau-

zel eingeladen gewesen, zugleich mit Franz Werfel, Alma Mahler, Berta Zuckerkandl und anderen. FW kannte Clauzel wohl recht gut, Alma Mahler-Werfel bezeichnet ihn gar als »Freund« (vgl. ›Mein Leben‹, S. 210).

›Das Reich Gottes in Böhmen‹: Vgl. Anm. zu S. 170. Mit der ersten 190 Niederschrift begann FW am 26. 3. 1930.

Kein historisches Zeitgemälde: Aus einem Interview mit der ›Neuen Freien Presse‹, Wien, 15. 12. 1930: ›Wo liegt das Reich Gottes in Böhmen? Franz Werfel über sein Hussitendrama‹. Vgl. auch ›Neues Wiener Journal‹, 5. 10. 1930, »Wie mein ›Reich Gottes in Böhmen‹ entstand«. (Ich danke Herrn Michael Salzer, Stockholm, für den Hinweis auf sein damaliges Interview mit FW.)

Nichts auf dieser Welt wisse er so genau: FW an Kurt Wolff, 25/3 1930 191 (K. Wolff, ›Briefwechsel eines Verlegers‹, S. 349 ff.).

Kurt Wolffs Antwortschreiben: Kurt Wolff antwortete FW erst drei Monate später (vgl. ebenda, S. 351 ff.): »Mag ichs nun lediglich durch eigenes Verschulden falsch angefaßt haben, mag ich Pech gehabt haben [...] Tatsache ist, daß ich mich in den letzten sechs Jahren praktisch und materiell an diesem Verlag aufgerieben, verblutet habe.«

Noch während der Arbeit an seinem Hussitendrama: Aus einem unveröff. 192 Notizbuch zu ›Die vierzig Tage des Musa Dagh‹ (Univ. of Pennsylvania, Phil.) geht hervor, daß FW seine Recherchenarbeit für den Roman im Juni 1930 begonnen hat.

Mesrop Habozian: (1887–1974); der Erzbischof war von 1931 bis 1971 Generalabt des Wiener Klosters der Mechitaristen. Zu FWs Recherchenarbeit vgl. auch George Schulz-Behrend, ›Sources and Background of Werfel's Novel ‹Die vierzig Tage des Musa Dagh›, in: ›The Germanic Review‹, XXVI, Nr. 2, April 1951, S. 111 ff.

»... der Gedanke, daß ich ...«: Vgl. ›Neues Wiener Journal‹, 5. 10. 1930. 193 Gespräch mit FW.

kam es zu heftigen Querelen: Vgl. Alma Mahler-Werfel, ›Mein Leben‹, S. 220 f., sowie Arthur Schnitzlers unveröff. Tagebücher. Am 1. 12. 1930 sprach Schnitzler im Burgtheater mit dem Direktor Anton Wildgans; dieser schüttete Schnitzler gegenüber sein Herz aus zu den Krächen zwischen FW und Regisseur Heine.

Uraufführung des ›Reich-Gottes‹-Dramas: Die Premiere fand am 6. 12. 1930 statt. Vgl. Lore B. Foltin, ›Franz Werfel‹, S. 71 f.

Werfels Freunde Raoul Auernheimer und Felix Salten: Vgl. die Kritiken in der ›Neuen Freien Presse‹, 9. 12. 1930, sowie in der ›Wiener Sonn- und Montagszeitung‹, 8. 12. 1930.

Wenige Wochen später: Vgl. Arthur Schnitzlers unveröff. Tagebücher, 14. 1. 1931.

Anfang 1931 kehrte er nach Santa Margherita zurück: Vgl. ›Gespräch mit Franz Werfel über ‹Die Geschwister von Neapel›‹, in: ›Zwischen Oben und Unten‹, S. 601: »Ich begann das Buch im Februar in Santa Margherita [...] zu schreiben.«
»Neapolitanische Geschichte«: ›Die Geschwister von Neapel‹, Berlin – Wien – Leipzig: Paul Zsolnay Verlag 1931. FW wollte das Werk ursprünglich »Roman in Neapel« nennen. A. D. Klarmann gegenüber bezeichnete FW diesen Roman als sein »Lieblingswerk«. Vgl. ›Das Reich der Mitte‹, Graz 1961, S. 27.

194 *»Die Wasser einer Erzählung...«:* Aus einem unveröff. Notizbuch (Univ. of Pennsylvania, Philadelphia).
›*Kunst und Gewissen*‹: Der Vortrag wurde später in ›Realismus und Innerlichkeit‹ umbenannt; vgl. ›Zwischen Oben und Unten‹, S. 16 ff. FW hielt den Vortrag im Mai 1931, im Saal der neuen Hofburg; vgl. ›Neue Freie Presse‹, 7. 5. 1931.

195 *eine große Übersiedlung:* Vgl. Alma Mahler-Werfel, ›Mein Leben‹, S. 225. *Die Finanzierung dieses Prunkgebäudes:* Aus einem Gesprächsprotokoll, das FW nach einem Streit mit seinem Schwager Ferdinand Rieser verfertigte, 18. VI. 1942 (Original Univ. of Pennsylvania, Philadelphia): »Von meinem ›reichen‹ Vater bekam ich ein einziges Mal eine größere Summe, und zwar 40.000,- Schillinge im Jahre 1931 als wir das Haus in der Steinfeldgasse kauften.«

196 *Im Salon des Palais:* Vgl. Alma Mahler-Werfel, ›Mein Leben‹, sowie Hubert Mittrowsky, ›Sonntagnachmittage auf der Hohen Warte‹, in ›Die Presse‹, Wien, 21./22. August 1965; vgl. auch Elias Canetti, ›Das Augenspiel‹, München: Carl Hanser Verlag 1985.

197 *»Ich glaube, man könnte mein Buch am besten ein Märchen nennen...«:* Vgl. ›Gespräch mit Franz Werfel über ‹Die Geschwister von Neapel›‹, in: ›Zwischen Oben und Unten‹, S. 601. – Im Sommer 1932 wurden Verhandlungen geführt, das Buch zu verfilmen; A. E. Licho sollte die Regie übernehmen; drei Tonfilmfirmen kündigten Anfang der dreißiger Jahre zudem ihr Interesse an, den ›Verdi‹-Roman zu verfilmen. (Archiv des Paul Zsolnay Verlags, Wien).
Rauschende Feste: Aus Gesprächen mit Frau Anna Mahler; auch Elias Canetti, Hubert Mittrowsky und Alma Mahler-Werfel berichten davon; Frau Adrienne Gessner erzählte mir ebenfalls begeistert und begeisternd von diesen Festen.
Gesellschaften so zusammenzustellen: Aus einem Gespräch mit Frau Adrienne Gessner, Wien.

198 *Arthur Schnitzlers Freundin:* Vgl. Arthur Schnitzlers unveröff. Tagebücher, 15. 6. 1931; nach einem Besuch in der Villa auf der Hohen Warte notiert Schnitzler: »... habe kaum je ein schöneres u. zugleich behagliche-

res [Haus] gesehn. Unglaublich billiger Kauf. Garten, Terrasse.« Als Schnitzler und seine Freundin, Frau C. K. Pollaczek, nach Hause fuhren, weinte die Freundin bitterlich, nicht allein ihres Neids auf das Ehepaar Werfel wegen, sondern allgemein »wegen des Verhältnisses Alma u. Werfel. – Quälend. –« Frau C. K. Pollaczek (1875–1951) war Schriftstellerin und Übersetzerin.

Er starb im Oktober: Arthur Schnitzlers Todestag war der 21. Oktober 1931; noch vier Tage vor seinem Tod hatte er an FW geschrieben, er bedanke sich für die Zusendung der ›Geschwister von Neapel‹, er freue sich schon darauf, mit der Lektüre alsbald zu beginnen (Aus einem unveröff. Brief, Univ. of Pennsylvania, Philadelphia).

Werfel hielt eine Gedenkrede: Vgl. ›Zwischen Oben und Unten‹, S. 436 ff.

auf einer großen Lesereise: Verlagspapiere (Archiv des Paul Zsolnay Verlag, Wien).

er mußte fliehen: Vgl. Lore B. Foltin, ›Franz Werfel‹, S. 74, sowie ›Zwischen Oben und Unten‹, S. 14. (Foltin gibt irrtümlich das Jahr 1932 an.)

»Was mich selbst anbetrifft . . .«: Vgl. ›Neues Wiener Journal‹, 15. Mai 1932.

Eine Idee ganz anderer Art: Verlagspapiere (Archiv des Paul Zsolnay Verlags, Wien).   199

›Kann die Menschheit ohne Religion leben?‹: Die Rede erschien später unter dem Titel ›Können wir ohne Gottesglauben leben?‹; vgl. ›Zwischen Oben und Unten‹, S. 41 ff.; vgl. auch ›Interview über den Gottesglauben‹, in: ›Zwischen Oben und Unten‹, S. 605 ff. Zum Vortrag vgl. auch ›Die christliche Sendung‹ (1916), in: ›Zwischen Oben und Unten‹, S. 560 ff.

Werfel nahm an einem großen Familientreffen teil: Aus den unveröff. Ge-   200 sprächsnotizen Adolf D. Klarmanns (Univ. of Pennsylvania, Philadelphia). Bernhard Kussi lebte vom 18. 4. 1832 bis zum 17. 7. 1932 (Angabe von Dr. František Kafka, Prag). – Folgende Widmung findet sich in jenem Verdi-Roman-Exemplar, welches FW seinem Großvater schenkte: »Dieses Buch, das von einer wunderbaren Blüte des Alters handelt, widme ich meinem lieben teuern Großvater *Bernhard Kussi,* der selbst eine seltene wunderbare Blüte des Alters ist. Franz Werfel, Pilsen Dez. 1924« (Quelle: Dr. František Kafka).

die Aufhebung der Leibeigenschaft: Aus den unveröff. Gesprächsnotizen A. D. Klarmanns (Univ. of Pennsylvania, Philadelphia).

»Das Leben nicht hinnehmen!«: Alle Zitate aus einem unveröff. Notizbuch von 1932 (Univ. of Pennsylvania, Philadelphia). Ebenfalls in diesem Notizbuch vermerkte FW, es erscheine ihm, als habe die Welt sich an der Gegenwart den Magen verdorben, nun stoße ihr die Vergangenheit auf. Die Faschisten seien »Arschkriecher«, die sich der »pöbelhaften Jugend« anbiederten, aber auch die Sozialisten seien keineswegs besser, durch und durch verlogen auch sie. In seiner Kindheit, erinnerte sich Werfel, habe

noch jeder Bürger die Autorität des Staates anerkannt, habe dem Wort Vaterland beinahe noch heilige Bedeutung zugemessen – gegenwärtig herrsche bloß noch billigstes Hordenbewußtsein, und bei festlichen Anlässen brüllten die »wilde(n) Massen« sich nur noch «heiser«. Zu »Hordenbewußtsein«: Vgl. Ortega y Gassets ›Der Aufstand der Massen‹ war im Vorjahr auch in deutscher Übersetzung erschienen; der Einfluß dieses Buchs auf FW ist unverkennbar.

Die vierzig Tage des Musa Dagh

203 ›Die vierzig Tage des Musa Dagh‹: Berlin – Wien – Leipzig: Paul Zsolnay Verlag 1933.
Verdächtigungen, welche genügten: Zum Völkermord an den Armeniern vgl. ›Der Prozeß Talaat Pascha‹, Reihe pogrom, Göttingen 1980; vgl. auch die Zeitschrift ›pogrom‹, Nr. 64, 10. Jg.: ›Der verleugnete Völkermord an den Armeniern 1915–1918. Die deutsche Beteiligung‹; vgl. Anm. zu S. 192 (George Schulz-Behrend).

204 die gesamte armenische Bevölkerung müsse ausgerottet werden: Vgl. ›Der Prozeß Talaat Pascha‹, a. a. O. S. 57: »In einem von Talaat unterzeichneten Erlaß kommt das Wort vor: ›Das Verschickungsziel ist das Nichts.‹ Im Sinne dieses Befehls wurde dafür gesorgt, daß von der gesamten Bevölkerung, die aus den ostanatolischen Provinzen nach Süden transportiert wurde, etwa nur 10 Prozent am Verschickungsziel ankam; die übrigen 90 Prozent sind unterwegs ermordet worden oder, soweit nicht Frauen oder Mädchen von den Gendarmen verkauft und von Türken und Kurden verschleppt wurden, durch Hunger und Erschöpfung umgekommen.«
Dikran Andreasian: Vgl. seine Schrift ›Suedije, eine Episode aus der Zeit der Armenierverfolgungen‹, in: ›Orient‹, Monatsschrift für die Wiedergeburt des Ostens, 1919, No. 4–5, S. 67 ff. Im Roman entspricht die Gestalt des Aram Tomasian D. Andreasian.

205 Dr. Johannes Lepsius: Vgl. seinen ›Bericht über die Lage des armenischen Volkes in der Türkei‹, Potsdam, 1916, sowie ›Mein Besuch in Konstantinopel Juli–August 1915‹, in: ›Orient‹, Monatsschrift für die Wiedergeburt des Ostens, 1919, No. 1–3, S. 21 ff.
Kinderspiele, Handwerk...: Vgl. FWs unveröff. Notizbücher zu ›Die vierzig Tage des Musa Dagh‹ (Univ. of Pennsylvania, Philadelphia).
Werfels leidenschaftliches Interesse: Aus den unveröff. Gesprächsnotizen A. D. Klarmanns (Univ. of Pennsylvania, Philadelphia).
Ernst Polak studierte Fragen: Aus meinem Gespräch mit Prof. Milan Dubrovic, Wien.

Werfel fuhr durch mehrere deutsche Städte: Aus Verlagspapieren (Archiv des Paul Zsolnay Verlags, Wien).

er trug zumeist das Kapitel ›Zwischenspiel der Götter‹ vor: Vgl. Lore B. Foltin, ›Franz Werfel‹, S. 74.

erklärte Werfel den Zuhörern: Das Original des unveröff. Textes, den FW 206 als Einleitung zu seinen Lesungen sprach, befindet sich in der UCLA.

An jenem Breslauer Abend: Vgl. Alma Mahler-Werfel, ›Mein Leben‹, S. 235.

»Leider nicht so schlecht«: Aus meinen Gesprächen mit Anna Mahler.

»Die schrecklichen Vorgänge in Deutschland . . .«: FWs Randbemerkungen 207 entnehme ich dem Originalmanuskript von ›Die vierzig Tage des Musa Dagh‹, in welches mir Frau Alma Zsolnay-Pixner, Wien, freundlicherweise Einsicht gewährte.

Heinrich Mann: (1871–1950). – Anfang Dezember 1932 hatte FW seine Lesung des fünften ›Musa Dagh‹-Kapitels auch in Berlin gehalten, an der Akademie für Dichtung. Heinrich Mann zeigte sich von dem Romanvorhaben sehr beeindruckt. Während seines Aufenthalts in der Reichshauptstadt, stellte FW den Antrag, die Sektion für Dichtkunst möge eine öffentliche Warnung vor einer in Millionenauflage erschienenen Literaturgeschichte publizieren; dies Pamphlet zeuge von der nationalsozialistischen Tendenz seines Autors Paul Fechter, es verunglimpfe nicht allein jüdische Schriftsteller der Gegenwart, sondern mit eben solch zynischer Verachtung Schiller, Goethe, Nietzsche, Hauptmann. Heinrich Mann formulierte, auf FWs Initiative hin, den Protest der Preußischen Akademie der Künste. Dies Dokument gelangte vor der Machtübernahme nicht mehr an die Öffentlichkeit.

erhielten alle Mitglieder ein . . . Rundschreiben: Zu den Vorgängen rund um FWs Loyalitätserklärung vgl. Inge Jens, ›Dichter zwischen rechts und links. Die Geschichte der Sektion für Dichtkunst der Preußischen Akademie der Künste‹, München: R. Piper & Co. Verlag 1971.

Gottfried Benn: (1886–1956).

Alfred Döblin: (1878–1957). 208

Thomas Mann: (1875–1955).

Ricarda Huch: (1864–1947).

in einem Brief an die Eltern: Vgl. Eduard Goldstücker, ›Ein unbekannter Brief von Franz Werfel‹, in: ›Austriaca. Beiträge zur österreichischen Literatur. Festschrift für Heinz Politzer zu seinem 65. Geburtstag‹, München: Max Niemeyer Verlag 1975. Zu seiner Arbeit am ›Musa Dagh‹ schreibt FW seinen Eltern, am 24. März 1933: »... die Welt, die ich schildere (und nie wirklich kennen gelernt habe) [muß] richtig, überzeugend und stichhaltig sein, was noch unendliche Mühe durch Studien und Informationen kosten wird.«

209 *am 10. Mai 1933 fanden die Bücherverbrennungen statt:* Vgl. Joseph Wulf, ›Literatur und Dichtung im Dritten Reich‹, Berlin: Ullstein Taschenbuch Verlag 1983 (= Ullstein Bücher 33030). Von den Bücherverbrennungen ausgenommen waren seltsamerweise, zumindest im Falle Werfel, drei seiner Werke: ›Verdi‹, ›Der Tod des Kleinbürgers‹ und ›Barbara....‹.

210 *»Ideen während einer Viertel Stunde...»:* Aus einem unveröff. Notizbuch (UCLA).

Mitte Mai '33: Zu FWs Fähigkeit, seine gute Laune zu bewahren, trotz größter politischer Krisen, vgl. auch Lore B. Foltin, ›Franz Werfel‹, S. 75: »Als Gottfried Bermann Fischer im April 1933 mit Werfel in Rapallo zusammentraf, fiel ihm dessen Optimismus auf. Am 5. Mai 1933 wurde Werfel auf Weisung des NS-Kultusministers Rust durch den Präsidenten Max von Schillings aus der Preußischen Akademie der Künste ausgeschlossen. Er maß diesem Boykott nicht die genügende Bedeutung bei. Sinclair Lewis und seine damalige Frau, die Publizistin Dorothy Thompson, die Werfel und Alma im selben Monat besuchten, fanden den Dichter in heiterer Stimmung, als ob ihn die Politik der autoritären Nachbarstaaten nicht beträfe.«

Zwar fühle er sich: Aus dem unveröff. Briefwechsel FW–Alma Mahler-Werfel (UCLA).

Johannes Hollnsteiner: (1895–1970).

211 *Polak empfahl:* Aus meinen Gesprächen mit Prof. Milan Dubrovic, Wien.

in Randnotizen des Manuskripts: Vgl. Anm. zu S. 207.

212 *er arbeitete manche Passagen bis zu acht Mal um:* Aus meinen Gesprächen mit Prof. Milan Dubrovic, Wien.

Mitte November aus Prag: FW hielt nach jahrelanger Unterbrechung zum ersten Mal wieder in der Vaterstadt eine Lesung: am 16. 11. 1933 in der Urania, aus ›Musa Dagh‹ und Lyrik.

Rudolf Werfel befürchtete: Details zu FWs Prag-Aufenthalt Ende 1933 aus dem unveröff. Briefwechsel FW–Alma Mahler-Werfel (UCLA).

213 *die deutschen Buchhändler:* Z. B. schreibt die Freiburger Bücherstube GMBH an den Paul Zsolnay Verlag (5. 12. 33): »Erst kurze Zeit ist seit dem Erscheinen des neuen Werfel vergangen und wir freuen uns Ihnen heute schreiben zu können, daß wir das Buch unbedingt für Werfels stärkstes Werk, darüber hinaus aber auch für eines der besten Bücher des Jahres halten. Desto größer ist unser Bedauern, daß man durch die Verhältnisse in der Entfaltung der Propaganda leider so stark gehemmt ist. Trotzdem haben wir die erhaltenen Exemplare beinahe restlos abgesetzt und freuen uns, daß wir heute bereits nachbestellen können. [...] Jedenfalls aber sprechen wir Ihnen unseren Dank aus, daß Sie den Mut fanden dieses Buch in dieser Zeit zu verlegen. Mit deutschem Gruß!« (Original im Archiv des Paul Zsolnay Verlags, Wien)

richtete Werfel sein Ansuchen: Eine Kopie des Originals dieses Briefes befindet sich im Archiv des Paul Zsolnay Verlags, Wien.

Grete von Urbanitzky: In seinem Schreiben 11. 12. 1933 an Frau v. Urba- 214
nitzky heißt es:»... ich wäre Ihnen dankbar, wenn Sie die notwendigen Auskünfte über mich erteilen wollten. Ich weiß, daß Sie mein Schaffen verfolgt haben und über meine menschliche Gesinnung im klaren sind. [...] Ich möchte noch hinzufügen, daß sich in meiner Gesinnung nichts geändert hat und daß ich jetzt, wie immer, ablehne, am politischen Kampf teilzunehmen.« (Kopie des Originals im Archiv des Paul Zsolnay Verlags, Wien)

Gerhart Hauptmann schien daran gelegen: Aus dem unveröff. Briefwechsel 215
FW–Alma Mahler-Werfel (UCLA). G. Hauptmann äußerte FW gegenüber sogar den Plan, eine Streitschrift gegen den Nationalsozialismus verfassen zu wollen.

In Deutschland waren Bestrebungen im Gange: Im Archiv des Paul Zsolnay Verlags, Wien, findet sich z. B. ein Schreiben vom 3. 2. 1934, in welchem ein deutscher Buchhändler, Herr Rolf Heukeshoven, den Paul Zsolnay Verlag ausdrücklich warnt, daß »in den nächsten Tagen« der Öffentlichkeit wahrscheinlich »eine Verfügung [...] übergeben wird«; es handle sich dabei um ›Die vierzig Tage des Musa Dagh‹:»Ein mir bekannter türkischer Journalist und Schriftsteller* der in Deutschland weilt befaßt sich mit diesem Buch und wird demnächst an die zuständigen Stellen das Anliegen richten, dieses Buch verbieten zu lassen. Die näheren Gründe sind mir nur soweit bekannt als ich weiß, daß sich das Buch aggressiv gegen türkische Kreise und das türkische Volk überhaupt wendet. Es wäre außerordentlich für den Buchhandel zu bedauern, wenn das Verbot durchkommen würde, da das Buch an sich für uns ganz tendenzlos ist und lediglich der Wunsch dieses einen Herrn befriedigt würde, bei dem außerdem noch nicht einmal fest steht, daß er im Namen des türkischen Volkes handelt. Vielleicht konnte ich Ihnen mit den kurzen Angaben dienen, sodaß dieser Schritt noch verhindert wird. Es würde einen sehr großen Verlust darstellen, wenn das Buch nicht mehr im Handel sein würde.« Die Warnung Herrn Heukeshovens kam zu spät: wenige Tage später begann man im gesamten Deutschen Reich das Werk zu beschlagnahmen.

»Ich stehe auf den Ruinen meiner selbst... : Aus einem unveröff. Brief FWs 216
an Anna Moll (UCLA).

* Möglicherweise war der Gemeinte ein gewisser Falich Rifki Bey, der dem türkischen Staatspräsidenten nahestand; er hatte der deutschen Regierung in einem Zeitungsartikel vorgeworfen, daß das Deutsche Reich (als Mitkämpfer im Weltkrieg) Werfels Buch weder verboten habe noch davon abgerückt sei.

220 *Fürst Starhemberg:* Ernst Rüdiger Fürst zu Starhemberg hatte im Jahre 1923 an Adolf Hitlers Putschversuch in München teilgenommen; vgl. Alma Mahler-Werfel, ›Mein Leben‹, S. 241, zum Bürgerkrieg 1934: »Die Arbeiterzeitung hetzte beständig zum Bürgerkrieg weiter. Die Art war empörend, wie sie die Regierung reizte [...] Fürst Starhemberg hatte mir vor acht Tagen gesagt, wenn sich Dollfuß auf die fortwährende Aggression der Arbeiter hin nicht rühre, so gingen er und Fey ohne Dollfuß los.« *Kurt Schuschnigg:* Kurt Edler von Schuschnigg (1897–1970) verhängte, in seiner Funktion als Justizminister, über neun ›Schutzbund‹-Führer das Todesurteil. Als Kanzler Dollfuß ihn für diese »Pflichterfüllung« auszeichnen wollte, lehnte Schuschnigg die Auszeichnung allerdings ab. (Vgl. Franz Theodor Csokor, ›Zeuge einer Zeit. Briefe‹, München 1964, S. 81) *dreihundert Menschen wurden getötet:* Andere Quellen sprechen von 1200 Toten und 5000 Verletzten allein auf der Seite der Arbeiterschaft. *»Der Bolschewismus ist gewiß...«:* FW an Alma Mahler-Werfel; vgl. ›Das Franz Werfel Buch‹. S. 431 ff.

221 *Er hoffe, die Welt werde untergehen:* Aus einem unveröff. Brief FWs an Felix Costa, Paul Zsolnay Verlag, datiert: 26. 2. 1934; in diesem Schreiben heißt es u. a. auch noch: »Bitte nimm es mir nicht übel, daß ich ein paar unbescheidene Fragen an Dich richte.

– Wie, wann, warum kam das Verbot des Musa Dagh zustande? –
– Habt Ihr etwas dagegen unternommen? Oder läßt sich nichts tun? – Schadet es meinem übrigen Werk? –
– Kann man etwas tun, um das Verbot im deutschen Ausland zu verwerten? –
– Wie hoch ist der bisherige Absatz des M. D. – und wie haben sich die Wochen seit dem Verbot geändert? – [...]« (Original des Briefes im Archiv des Paul Zsolnay Verlags, Wien).

222 *Meyer W. Weisgal:* (1894–1977) Kam als Bub nach Amerika; seine Passion galt zeitlebens dem Zionismus; er wurde in den vierziger Jahren Sekretär Chaim Weizmanns, der 1948 erster Staatspräsident des Staates Israel wurde. *Er plante....:* Aus dem unveröff. Briefwechsel FW–Alma Mahler-Werfel; vgl. ›Der Weg der Verheißung‹, in: ›Die Dramen‹, Bd. II, S. 91–177.

223 *Manon fühlte sich plötzlich schwer krank:* Zu Manons Kinderlähmung vgl. ›Mein Leben‹, S. 243 ff. *Nach zwei Tagen...:* Ebenda, S. 245 f.: »Nach acht Tagen trat Atemlähmung ein, und nur durch das rasche und energische Handeln meiner Tochter Anna Mahler, die in strömendem Regen einen Oxygenapparat in

einer entlegenen Apotheke entdeckte, ist dieser erste Tod verhindert worden.«

sie lernte Bühnenrollen auswendig: Vgl. FWs Prosatext ›Manon‹, in: ›Erzählungen aus zwei Welten‹, Bd. III, S. 392 ff.

In Salzburg, auf Schloß Leopoldskron: Vgl. Alma Mahler-Werfel, ›Mein   224 Leben‹, S. 254; dies Schloß hatte übrigens zuvor einem Onkel von ihrem Vater, dem Romanschriftsteller und Parlamentarier Alexander Schindler gehört.

Meyer Weisgal zeigte sich von der ersten Fassung des Stücks enttäuscht: Details zu Weisgals Reaktion aus meinem Gespräch mit Gottfried Reinhardt (siehe S. 231 ff.). Alma Mahler-Werfels Schilderung dieses Treffens (in ›Mein Leben‹, S. 254): »Franz Werfel fuhr also im Sommer 1934 nach Salzburg, um das ganze mit Max Reinhardt und Kurt Weill noch durchzusprechen. Ein paar reiche Ostjuden waren auch dort, und Werfel las ihnen das Stück im Urzustand vor. Der eine dieser Herren ging zum Schluß auf Werfel zu und sagte: ›Das ist sehr schön gewesen, Herr Werfel, aber Sie müssen einen böseren Gott machen – a Rachegott!‹«

In einer Wochenzeitung: Vgl. ›Wiener Sonn- und Montagszeitung‹, 6. August 1934, S. 7. Fortan sprach man im Deutschen Reich von Österreich als dem »verjudeten Ständestaat«. (Diesen Hinweis verdanke ich Prof. Norbert Leser, Wien.)

er schrieb an Julius Bab: Unveröff. Brief FWs an J. Bab vom 28. 8. 1934   225 (Original im Leo Baeck Institute, New York, N. Y.).

bis zu zweihundert Gäste: Zu Alma Mahler-Werfels Gästen zählte u. a. Guido Zernatto, Führer der »Vaterländ. Front«, zugleich Minister ohne Portefeuille in Schuschniggs Regierung; vgl. in diesem Zusammenhang Robert Musil, ›Tagebücher‹, Reinbek bei Hamburg: Rowohlt Verlag 1983, Bd. 1, S. 831, Herbst 1934: »Der Kanzler hat einem Vortrag Werfels beigewohnt, der ziemlichen Quatsch enthalten haben soll. Der Dichter spricht zum Führer.« Gemeint ist FWs Verdi-Vortrag, den er Ende November '34 auch in Wien hielt – ›Verdi und wir‹ (vgl. ›Verdi in unserer Zeit‹, in: ›Zwischen Oben und Unten‹, S. 353–358).

in einem elegischen Brief: FW an Robert Klopstock; vgl. Klaus Mann,   226 ›Prüfungen. Schriften zur Literatur‹, hrsg. v. Martin Gregor-Dellin, Ellermann Verlag, München 1968, S. 286 f. Klopstock wurde dem Ärzteteam für Manon Gropius zugezogen.

»Wenn ich mir die Kindheit hole . . .«: Vgl. ›Das lyrische Werk‹, S. 426 f.: ›Erster Schultag‹.

Ein Arzt hatte ihn informiert: Vgl. ›Manon‹, in: ›Erzählungen aus zwei Welten‹, Bd. III, S. 392 ff.

Barbara Šimůnková: Laut Auskunft von Dr. František Kafka, Prag, starb Frau Šimůnková am 23. 3. 1935.

405

»*So wartet doch...*«: Vgl. FWs Gedicht ›Die getreue Magd‹, in: ›Das lyrische Werk‹, S. 413.
›*Die verklärte Magd*‹: Ebenda, S. 413 f.
227 *Das Begräbnis:* Vgl. Wiener Tageszeigungen; 23. u. 24. 4. 1935, sowie Elias Canetti, ›Das Augenspiel‹. Lebensgeschichte 1931–1937‹, München: Hanser Verlag 1985, S. 214 ff.
die »schwersten Stunden«: Aus einem unveröff. Brief FWs an Ludwig Hatvany, Budapest; für den Hinweis danke ich Frau Rotraut Hackermüller.
»*Begonnen im Jahre 1932*«: Unveröff. Notizbuch (Univ. of Pennsylvania, Philadelphia).
auf eine große Italienreise: Vgl. Alma Mahler-Werfel, ›Mein Leben‹, S. 251: »In Wien brachte uns die verweinte Trauerluft nach Manons Tod um den letzten Rest von Kontenance... und so fuhren wir mit Anna Mahler nach Italien, zuerst nach Rom. Aber Rom half nicht.«
der Bundeskanzler und seine Frau wurden Opfer eines schweren Verkehrsunfalls: Vgl. ›Wiener Sonn- und Montagszeitung‹, 15. Juli 1935.
228 *um so wütender reagierte die ›Arbeiterzeitung‹:* Vgl. ›Arbeiterzeitung‹, Brünn, 21. 7. 1935: »Während in den Gefängnissen die Opfer der Diktatur im Hungerstreik standen, um ihre Menschenwürde gegen Mißhandlung zu verteidigen, erschien in der ›Sonn- und Montagszeitung‹ ein Artikel des Franz Werfel, in welchem er [...] den Kanzler als *Verkörperung der Menschlichkeit* feiert. Diese Rekordleistung verdient ihren Platz in der Geschichte der *Literatenlumpereien.* Menschen, wehrlos und dennoch ungebrochen, setzen im Kampf gegen ihre Peiniger die einzige Waffe ein, die ihnen noch geblieben ist: ihre Gesundheit. Menschen verweigern die kärgliche Nahrung, um gegen die Verweigerung der Menschlichkeit zu protestieren. Menschen hungern in Kerkern, die Werfels aber fressen aus der Krippe und lecken die Hand. Die Verkörperung der menschlichen Dreckseele!«
»*Ich sage nicht zu viel«:* Vgl. ›Wiener Sonn- und Montagszeitung‹, 12. 8. 1935, S. 5.
229 *Er sandte Max Reinhardt:* Die endgültige Durcharbeitung des Dramas sowie der erwähnte (unveröff.) Brief FWs an Max Reinhardt befinden sich in der Theatersammlung der Österreichischen Nationalbibliothek, Wien.
Exil-Armenier luden ihr Idol ein: Nur eine dieser zahlreichen Feiern sei hier erwähnt, sie fand am 5. 1. 1936 im New Yorker Hotel Pennsylvania statt, Gastgeber war der Prälat der Armenischen Kirche der USA – ein »Testimonial Dinner« wurde gegeben, mit großem Programm, das auch musikalische Darbietungen beinhaltete. Auch Rabbiner Stephen Wise nahm an diesem denkwürdigen Abend teil. Auf der Einladungskarte die

Worte: »He is a God-sent friend who with a singularly keen understanding has penetrated the depths of the soul of a race fighting for the liberation from the annihilating force of tyranny and shedding its very life's blood in the struggle.« (Quelle: Bibliothek des Klosters der Mechitaristen, Wien).

Keinen Augenblick habe er sich bislang fremd gefühlt: Vgl. ›Zwischen Oben und Unten‹, S. 544 f.   230

im Dezember war Alban Berg gestorben: Berg starb am 24. 12. 1935.

dieses Trauerjahres 1935: Am 11. 8. 1935 war auch noch Maria Glaser-Bondy, FWs Jugendfreundin, an Brustkrebs gestorben. (Angabe Dr. František Kafka, Prag.)

Rund vierhunderttausend Dollar: Vgl. Interview mit FW ›Wiener Sonn- und Montagszeitung‹, 2. 3. 1936, S. 6. Eine weitere Enttäuschung für FW war es, daß die amerikanische Filmgesellschaft Metro Goldwyn Mayer türkischem Druck und türkischen Boykottdrohungen nachgegeben und beschlossen hatte, ›Die vierzig Tage des Musa Dagh‹ nicht zu verfilmen.   231

Als sie in Paris eintrafen: Vgl. Alma Mahler-Werfel, ›Mein Leben‹, S. 257 f.

»in das friedhöfliche Wien«: Aus einem unveröff. Brief FWs an Rudolf Kommer vom 6. 3. 1936 (Original in der Handschriftenabteilung der Österreichischen Nationalbibliothek, Wien).

Jeremiade

»Nachdem ich gestern . . .«: Vgl. ›Zwischen Oben und Unten‹, S. 773.   235

›Aus der Dämmerung einer Welt‹: ›Twilight of a World‹, New York: Viking Press 1937; als Einleitung zu diesem Sammelband (in dem die Novellen ›Der Tod des Kleinbürgers‹, ›Die Entfremdung‹, ›Geheimnis eines Menschen‹, ›Die Hoteltreppe‹, ›Das Trauerhaus‹ und ›Kleine Verhältnisse‹ enthalten waren) schrieb FW den Essay ›Ein Versuch über das Kaisertum Österreich‹, vgl. ›Zwischen Oben und Unten‹, S. 493 ff. Zu Überleitungsglossen vgl. auch ›Erzählungen aus zwei Welten‹, S. 379 ff.

mit Alma und Johannes Hollnsteiner: FW und Alma Mahler-Werfel hatten Hollnsteiner zuvor in Zürich getroffen, wo dieser einen Vortrag zum Thema Germanentum und Christentum gehalten hatte; vgl. Thomas Mann, ›Tagebücher, 1935–1936‹, Frankfurt am Main: S. Fischer Verlag 1978, S. 287 (5. 4. 1936). In Locarno las Hollnsteiner ein Jahr nach Manons Tod eine Messe für die Tote; vgl. Alma Mahler-Werfel, ›Mein Leben‹, S. 258.

»Ich dachte an die Legenden«: Ebenda; vgl. auch S. 755–773.

Werfel begann: Ebenda, S. 773–783.

Am 1. Mai 1936 aber: Aus einem unveröff. Notizbuch, Fortsetzung des in ›Zwischen Oben und Unten‹ abgedruckten Hefts (Original unter dem Titel ›*Gedanken, Einfälle, Notizen* zum Plan des Prophetenromans‹ im Werfel-Archiv der UCLA).

236 *Clayton Jeeves wird von Déjavu-Erlebnissen heimgesucht:* Während seines New York-Aufenthaltes hatte FW von einer Schriftstellerin namens Irene Untermeier-Richter offenbar eine Novelle geschenkt erhalten, die das Thema Déjà-vu behandelte und ihn sehr beeindruckt hatte. Unter dem Einfluß dieser Geschichte kam FW auf die Idee der Rahmenhandlung. (Quelle: Alma Mahler-Werfels unveröff. Tagebuch, Univ. of Pennsylvania, Philadelphia). Eigenartigerweise war es diese Rahmenhandlung, die Alma Mahler-Werfel besonders mißfiel. Nach FWs Tod gab sie den Jeremias-Roman ohne Rahmenhandlung heraus, unterschlug diesen gänzlich, sogar ohne einen Hinweis darauf, daß die Rahmenhandlung je bestanden hatte. Vgl. ›Jeremias. Höret die Stimme‹, Frankfurt am Main: S. Fischer Verlag 1956 (= Gesammelte Werke [in Einzelausgaben]). *Eine der Nebenfiguren:* Aus FWs unveröff. Notizbuch (UCLA); dort finden sich auch noch andere Hinweise auf Vorbilder für verschiedene Nebenfiguren: eine in der Rahmenhandlung agierende Journalistin wollte FW Dorothy Thompson nachempfinden, eine Prophetin und Wegbegleiterin Jeremias' sollte Else Lasker-Schüler entsprechen; ein »feister Witzbold«, unter den Priestern als Feind Gottes bekannt, der seine »lästerlichen Paradoxa in [...] othodoxe Anschauungen« kleidete, wollte FW als Egon Friedell-Ähnlichen zeichnen. Auch Manon sollte im Jeremias-Roman verewigt werden: als die keusche Schönheit Zenua, ein ägyptisches Mädchen, das Jeremias zur Frau nehmen will. Alma Mahler-Werfel berichtet in ›Mein Leben‹, S. 247 f., von einem Negerbuben, der Vorbild für die Romanfigur Ebedmelech wurde: »Im Jahre 1935 las ich eines Tages in der Zeitung ein Inserat, daß eine Familie ein musikbegabtes Negerkind bei sich habe [...] Ich wollte das Kerlchen für Manon, die gelähmt in ihrem Bett lag und sich schon auf diesen Buben freute. [...] Er tanzte den ganzen Tag, auf der Straße, im Hause, er konnte eigentlich keinen normalen Schritt machen. Ich wußte sofort: dieses Kind kann ich nicht bei mir behalten. [...] Franz Werfel interessierte sich sehr für den Knaben, und er bekam Form und Inhalt im Jeremias-Roman.«

237 *zählen zum Überzeugendsten, das Franz Werfel je geschrieben:* Allerdings darf in diesem Zusammenhang der Einfluß Thomas Manns auf den Jeremias-Roman nicht unterschätzt werden; vgl. Thomas Manns ›Joseph und seine Brüder‹, (Die ersten beiden Romane der Tetralogie ›Die Geschichten Jaakobs‹ und ›Der junge Joseph‹ waren zu diesem Zeitpunkt bereits erschienen.) Vgl. auch ›Monatshefte für deutschen Unterricht‹, Volume XXX, December 1938, Number 8, Wolfgang Paulsen zu Franz Werfel:

»Es ist kaum verwunderlich, daß Thomas Manns große biblische Romane, die Joseph-Bücher [...] Vorbild werden mußten für jeden ähnlichen Versuch. [...] Thomas Manns Fall aber ist für jede solche Nachfolge in besonderem Maße gefährlich, da sein Stil, in seiner so minutiösen Einmaligkeit, nicht ernsthaft wiederholt, nicht einmal andeutungsweise übernommen werden kann. Und gerade das hat Werfel getan. [...] Psychologisch sehr verständlich – aber künstlerisch verhängnisvoll.« Paulsen nennt zahlreiche Übereinstimmungen, zitiert aus dem Jeremias-Roman, fährt schließlich fort: »Aber noch subtilere Übereinstimmungen und Entsprechungen sind zu finden. Selbst die Stellung Jirmijas im Elternhaus ist eine ausgesprochene Joseph-Situation. Verschiedentlich klingt sogar jenes Bürger-Künstler-Problem an, das Leitmotiv früher Thomas Mannscher Problematik gewesen war.« Thomas Mann und FW waren einander im Laufe der vergangenen Jahre auch privat näher gekommen, Thomas Mann gedachte sogar zeitweise aus der Schweiz nach Wien zu übersiedeln, Alma Mahler-Werfel und Johannes Hollnsteiner hatten diesbezüglich bei Schuschnigg bereits interveniert – Manns Einbürgerung stand nichts mehr im Wege. (Vgl. Th. Mann, ›Tagebücher 1935–1936‹, Frankfurt am Main: S. Fischer Verlag 1978, S. 286, 289, 299.)
starb in Wien Karl Kraus: Am 12. Juni 1936.
»*Titel noch unbestimmt...*«: Manuskript des ›Jeremias‹ (Univ. of Pennsylvania, Philadelphia).   238
Der Bundeskanzler besuchte: Aus meinen Gesprächen mit Prof. Milan Dubrovic, Wien.   239
die zweite Niederschrift des Jeremias-Romans: Wieder arbeitete FW bei der Endfassung mit Ernst Polak zusammen.
Werfel zog sich nach Zürich zurück: In dieser Zeit fand die Premiere von Marianne Riesers Theaterstück ›Turandot‹ am Zürcher Schauspielhaus statt. Am 31. 5. 1937 hielt FW anläßlich der Uraufführung von Alban Bergs Oper ›Lulu‹ am Stadttheater Zürich, am 2. 6. 1937 in der Zürcher-Tonhalle eine ›Vorrede auf Alban Berg‹. Vgl. Thomas Mann, ›Tagebücher 1937–1939‹, Frankfurt am Main: S. Fischer Verlag 1980, S. 594. Werfels Text gilt als verschollen.
eine Art Abschiedsfest: Vgl. u. a. ›Neues Wiener Journal‹, 13. Juni 1937, S. 5; einige Namen aus der Gästeliste: Fürst Alexander Dietrichstein, Prinz Hohenlohe, Ida Roland, Legationsrat Vicomte de Montbas, Bruno Walter, Carl Zuckmayer, Egon Wellesz, Alexander v. Zemlinsky, Ödön von Horváth, Franz Theodor Csokor, Hermann Broch.
PEN-Kongreß: Vgl. Lore B. Foltin, ›Franz Werfel‹, S. 78.   240
Trotz dieser heftigen Differenz: Frau Marta Feuchtwanger erzählte mir, während eines Gesprächs: »Jedenfalls der Werfel hat Lion furchtbar angegriffen – wir haben garnicht verstehen können, warum? Nach seiner

Ansprache wurde er uns vorgestellt. Lion und ich waren uns einig, wir würden beide so tun, als machte uns das garnichts aus, wir haben nicht reagiert darauf. Ich wollte nicht, daß man uneinig scheint, unter den Emigranten. Und Werfel war sehr liebenswürdig, tat auch so, als wär' nichts gewesen. Da hat Lion ihn aufgefordert, am nächsten Tag zu uns ins Hotel zu kommen. Und als er dann kam, da wurde natürlich gleich über Politik gesprochen, das war unvermeidlich, und Werfel fing sofort an, über Rußland zu schimpfen. Ich hab mich sonst nie dreingemischt, aber um Lion beizustehen, der ein bisserl verlegen war, weil er seinem Gast nicht so widersprechen wollte, hab ich gesagt: ›Also in Rußland, da es keinen Standesunterschied gibt, gibt es eigentlich nur arme Leute. In Rußland ist eben die Armut verbreitet...‹ Da brüllt Werfel mich an: ›Schweigen Sie! Sie verstehen nichts von Politik!‹ ... Ich bin furchtbar erschrocken und hab nichts darauf gesagt. Und Lion, der ist ein bißchen *zu* höflich gewesen, der hat auch überhaupt nichts gesagt. Da kniete Werfel plötzlich vor mir nieder und rief: ›Oh, bitte, verzeihen Sie mir! Können Sie mir verzeihen?!‹ Ich war verlegen und der Lion hat Kaviar bestellt...« Auf meine Frage:»Vielleicht war das Verhältnis Werfels zu seiner Frau ähnlich?« antwortete Frau Feuchtwanger:»Ganz ähnlich. Das hab ich ja oft genug selbst miterlebt... Beide haben richtig geschrieen, aber im nächsten Moment waren sie wieder versöhnt...«

Werfels Verleger Ben Huebsch: (1873–1945); zur Begegnung mit Joyce vgl. unveröff. Erinnerungen von Ben Huebsch, (Columbia University, Handschriftenabteilung, New York, N. Y.).

Joyce und Werfel: Unveröff. Brief von James Joyce an FW (Univ. of Pennsylvania, Philadelphia), Paris, 24. 6. 1937: »Dear Mr Werfel: Since you were kind enough to inscribe your book for my son I hope you will accept the copy of my daughter's illuminations in Chaucer which I asked my publisher to send you. Wir wissen noch nicht bestimmt wohin wir gehen sollten heute abend. Wenn Sie C [??] sehen im Laufe des Tages vielleicht wird er es wissen. Freundliche Grüße James Joyce« (Lore B. Foltins Annahme, Joyce habe sich mit FW nicht verständigen können – ›Franz Werfel‹, S. 79 –, ist irrig.)

Werfel hielt in Paris eine Rede: Vgl. Milan Kundera in: ›New York Review of Books‹, 26. April 1984: »[Werfel] beendete seine Rede mit einem Vorschlag [...] Dieser Vorschlag wurde nicht nur abgelehnt, er wurde auch öffentlich lächerlich gemacht. Natürlich war er naiv. Ungeheuer naiv. [...] Mich berührt dieser naive Vorschlag jedenfalls, denn er läßt das verzweifelte Bedürfnis erkennen, in einer Welt entblößt aller moralischen Werte noch einmal eine moralische Autorität zu finden. Er enthüllt die qualvolle Sehnsucht, die unhörbare Stimme der Kultur zu vernehmen, die Stimme der *Dichter und Denker.*«

»Nachdem ich seit vierzehn Monaten«: Aus einem nicht zu präzisierenden 241
Zeitungsinterview (Handschriftensammlung der Österreichischen Natio-
nalbibliothek, Wien).
›In einer Nacht‹: Vgl. ›Die Dramen‹, Bd. II, S. 179–240.
Jede Figur des Schauspiels: Aus meinen Gesprächen mit Prof. Milan
Dubrovic, Wien.
›Der Besuch aus dem Elysium‹: Vgl. Anm. zu S. 43.
während eines Wiedersehens mit Kurt Wolff: Die Schilderung jenes Novem- 242
berabends 1937 verdanke ich einer brieflichen Mitteilung von Mrs. Helen
Wolff, New York.
›Von der reinsten Glückseligkeit des Menschen‹: Vgl. ›Zwischen Oben und 243
Unten‹, S. 86 ff. Mit dieser Rede sowie mit den früher entstandenen
›Realismus und Innerlichkeit‹ und ›Können wir ohne Gottesglauben
leben?‹ wollte FW im Jahre 1938 eine große Lecture-Tour durch die
Vereinigten Staaten unternehmen.

1938

»Erst war ich gehetzt . . .«: Aus einem unveröff. Brief FWs an Stefan Zweig 247
vom 25. 1. 1938 (Univ. of Pennsylvania, Philadelphia).
›Der Weltfreund versteht nicht zu altern‹: Vgl. ›Das lyrische Werk‹, S. 477 f.
einen Sammelband: Aus einem unveröff. Notizbuch 1938 (UCLA).
›Betrachtung über den Krieg von morgen‹: Vgl. ›Zwischen Oben und Unten‹,
S. 291 ff.
die Werfels besuchten Neapel: FW besuchte in Neapel auch den berühmten
italienischen Philosophen Benedetto Croce (1866–1952), einen Gegner
Mussolinis, dessen Werke FWs Vorträge der letzten Jahre wahrscheinlich
mit beeinflußt hatten. Vgl. auch Alma Mahler-Werfel, ›Mein Leben‹,
S. 270.
Tina Orchard: Vgl. Anm. zu S. 182.
Szenen und Dialoge für einen Fortsetzungsband: Aus einem unveröff. Notiz-
buch 1938 (UCLA).
die neunjährige Franca: Ebenda; vgl. aber auch Alma Mahler-Werfel, ›Mein 248
Leben‹, S. 270.
Der Abschied von seiner Frau: Aus dem unveröff. Briefwechsel FW–Alma
Mahler-Werfel (UCLA).
Gestört vom Lärm: Aus einem unveröff. Notizbuch 1938 (UCLA).
›Die verlorene Mutter‹: Vgl. ›Die Dramen‹, Bd. II, S. 489 ff. 249
das »gewichtigste und verzwickteste aller Bücher«: Aus dem unveröff. Brief- 250
wechsel FW–Alma Mahler-Werfel (UCLA).

251 »*Heute am Sonntag* . . .«: Vgl. ›Zwischen Oben und Unten‹, S. 743.
»*. . . zum 3ten Mal seit 33* . . .«: Ebenda. FW meinte erstens Hitlers Machtergreifung und zweitens den Tod Manon Gropius'.
Alma Mahler-Werfel verließ Wien fluchtartig: Aus meinen Gesprächen mit
Anna Mahler; vgl. aber auch Alma Mahler-Werfel, ›Mein Leben‹, S. 274 f.
Gemeinsam begaben sie sich nach Zürich: Aus einem unveröff. Notizbuch
1938 (UCLA); vgl. aber auch Alma Mahler-Werfel, ›Mein Leben‹, S. 276.
252 *Die »Werfel« seien gefallen:* Vgl. z. B. ›Wiener Montagsblatt‹, 4. 4. 1938.
Werfel litt unter absoluter Entschlußunfähigkeit: Aus dem unveröff. Brief-
wechsel FW–Kurt Wolff (Yale University Library, New Haven).
Im Hause Rieser kam es zu Spannungen: Aus dem unveröff. Briefwechsel
FW–Marianne Rieser (Abschriften in der Univ. of Pennsylvania, Phila-
delphia).
Paris, Amsterdam, London: Aus einem unveröff. Notizbuch 1938 (UCLA);
Zürich bis zum 29. 4., Paris bis zum 6. 5., Amsterdam bis zum 9. 5.,
London bis zum 30. 5. 1938.
Gottfried Bermann Fischer: (Geboren 1897), zum Vertragsabschluß mit FW
(aus meinem Gespräch mit G. B. Fischer in Camaiore, Italien):»Ich fuhr
damals nach London, 1938, und schloß dort den Vertrag mit ihm ab. Sein
Vertragsverhältnis zu Zsolnay war damals unklar, aber Zsolnay hatte ja
keinen Verlag mehr oder jedenfalls war er quasi beschlagnahmt von den
Nazis. Und Werfel und ich waren auch der Ansicht, daß Werfel frei ist.«
In seinen Memoiren ›Bedroht, bewahrt‹ schreibt G. B. Fischer über diesen
Vertragsabschluß:»Bei meinem Rückflug nach Stockholm trug ich einen
gewichtigen Vertrag in meinem Gepäck. Franz Werfel, der sich in
London aufhielt [. . .] hatte mit mir abgeschlossen. Ich war dankbar für
sein Vertrauen.« (Frankfurt am Main: S. Fischer Verlag 1967, S. 168).
253 *Pläne zu einer größeren Arbeit hatte Werfel zu diesem Zeitpunkt nicht:*
Gottfried Bermann Fischer gestattete mir, in den unveröff. Briefwechsel
zwischen FW und ihm Einblick zu nehmen – in einem der Briefe kündigt
FW kurz nach dem Vertragsabschluß einen politischen Essay unter dem
Titel ›In letzter Stunde‹ an, den er dann allerdings nicht verwirklichte.
In London fühlte sich Werfel wider Erwarten wohl: Aus meinen Gesprächen
mit Anna Mahler.
In Paris . . .: Aus einem unveröff. Notizbuch 1938 (UCLA); vgl. aber
auch Alma Mahler-Werfel, ›Mein Leben‹ S. 278; das Hotel Royal-Madeleine in der Rue Pasquier gibt es heute noch, das Gebäude wurde
modernisiert, der Name jedoch beibehalten.
»*Ich habe das Antlitz eines Toten gesehen*«: Vgl. ›Erzählungen aus zwei
Welten‹, Bd. III, S. 28 ff.: ›Beim Anblick eines Toten‹.
254 *Das Begräbnis:* Frau Alice Herdan-Zuckmayer, die Witwe Carl Zuckmayers, erzählte mir:»In Paris, da sind wir alle zusammengekommen zum

Begräbnis vom Horváth. Zuvor saßen wir noch im Café Weber, die Alma, der Werfel, mein Mann und ich. Da hat die Alma gesagt, zum Franzerl: ›Also ich erlaub dir nicht, daß du zu dem Begräbnis gehst.‹ Da hat mein Mann gesagt: ›Alma, das ist vollkommen unmöglich, er steht ja auf der Liste, daß er sprechen muß, genau wie ich.‹ Und die Alma entgegnete: ›Einer stirbt dem anderen nach. Nein, der Franz soll nicht gehen.‹« (Das Begräbnis fand am 7. 6. 1938 statt.)

Mitte Juni übersiedelte Franz Werfel: Aus einem unveröff. Notizbuch 1938 (UCLA); vgl. aber auch Alma Mahler-Werfel, ›Mein Leben‹, S. 278.

Pavillon Henri IV.: Das Hotel in St. Germain-en-Laye existiert auch heute noch, unter dem selben Namen. Nach seinem Herzanfall und bis zum Frühjahr 1940 kehrte FW oftmals hierher zurück, denn Alma und er reisten zwischen Südfrankreich und Paris hin und her.

Alma Mahler-Werfel suchte unterdessen: Aus meinem Gespräch mit Frau 255 Anne Marie Meier-Graefe-Broch, St. Cyr; vgl. aber auch Alma Mahler-Werfel, ›Mein Leben‹, S. 280.

»Ich fühle mich krank wie noch nie«: Vgl. ›Zwischen Oben und Unten‹, S. 743.

Vier Wochen nach dem Anfall: Vgl. Alma Mahler-Werfel, ›Mein Leben‹, S. 280.

›Ballade von der Krankheit‹: Vgl. ›Das lyrische Werk‹, S. 470 f. 256

›Der größte Mann aller Zeiten‹: Dies Gedicht nannte FW später ›Der größte Deutsche aller Zeiten‹, vgl. ›Das lyrische Werk‹, S. 482.

Zwei Sketches: Vgl. ›Erzählungen aus zwei Welten‹, Bd. III, S. 40 ff. und 46 ff. Vgl. auch ›Par l'Amour‹ (ebenda, S. 51–58), ›Anläßlich eines Mauseblicks‹ (ebenda, S. 37–39), ›Die arge Legende vom gerissenen Galgenstrick‹ (ebenda S. 7–27).

»Wenn ich ... zur Arbeit komme ...«: Aus einem unveröff. Brief FWs an Carl Moll (Deutsches Literaturarchiv, Marbach a. N.).

»Krankheit, die zum Leben führt«: Vgl. ›Cella oder Die Überwinder‹, in: ›Erzählungen aus zwei Welten‹, Bd. III, S. 65–304.

»Gefahr: Anklang an Musa Dagh«: Aus einem unveröff. Notizbuch zu 257 ›Cella‹ (UCLA).

er mochte die herbe, flache Landschaft rund um den Neusiedlersee: Vgl. z. B. FWs Gedichte ›Das Bauernboot‹, ›Der Neusiedlersee‹, in: ›Das lyrische Werk‹, S. 437 f. Vgl. auch Gedichtskizzen in einem unveröff. Notizbuch: Eisenstadt 1932 (Univ. of Pennsylvania, Philadelphia).

drohend-dunkel ... Trauerstimmung: Vgl. Richard Christ, Nachwort zu ›Cella oder Die Überwinder. Versuch eines Romans‹, Berlin und Weimar: Aufbau-Verlag 1970, S. 326 f.

»Höhepunkt des Grauens und der Schmach!«: Vgl. ›Zwischen Oben und 258 Unten‹, S. 743. In einem unveröff. Brief FWs vom 14. 10. 1938 an seine

413

Eltern heißt es in diesem Zusammenhang: »Ich leide namenlos um Böhmen, das niederträchtige blöde und feige ›Verbündete‹ abgeschlachtet haben. Ich ersticke an dem grauenhaften Schicksal, das Zehntausende schon betroffen hat und alle alle bedroht.« (Deutsche Bibliothek, Frankfurt am Main.)

»Ich fühle mehr mit Böhmen«: Vgl. ›Zwischen Oben und Unten‹, S. 743. *Werfel setzte sich mit dem tschechoslowakischen Konsul in Marseille in Verbindung:* Aus einem unveröff. Brief vom 15. 9. 1938 an seine Eltern (Deutsche Bibliothek, Frankfurt am Main), seit dem 28. Oktober 1918, dem Tag der Unabhängigkeit der Tschechoslowakei von Österreich-Ungarn, war FW tschechischer Staatsbürger.

»Tropfen auf heißen Steinen«: Aus einem unveröff. Brief FWs vom 14. 10. 1938 an seine Eltern (Deutsche Bibliothek, Frankfurt am Main). *erst dann auswandern:* Ebenda.

Auch finanziell war das Ehepaar offenbar gesichert: Ebenda: »In letzter Zeit haben wir auch wirtschaftlich sehr günstige Erfahrungen gemacht. Alma hat von der Autorengesellschaft der Komponisten aus Wien eine sehr hübsche Summe bekommen und ›Juarez‹ steht vor dem Filmabschluß in Amerika. All das ist nicht großartig, hilft uns aber über das nächste Jahr hinweg, ohne daß wir die letzten Reserven antasten müssen.« *›Juarez und Maximilian‹ sollte verfilmt werden:* Der Film wurde im Jahre 1939 von Warner Brothers unter dem Titel ›Juarez‹ produziert.

259 *›Das Geschenk Israels an die Menschheit‹:* Vgl. ›Zwischen Oben und Unten‹, S. 322 ff.
Das Wiedersehen mit den Eltern: Aus dem unveröff. Briefwechsel FW– Alma Mahler-Werfel (UCLA), zu der Summe von fünftausend Dollar vgl. Anm. zu S. 195, FWs Gesprächsprotokoll, 18. 6. 1942.

260 *»Das neue Jahr steht vor uns...«:* Vgl. Gottfried Bermann Fischer, ›Bedroht, bewahrt. Der Weg eines Verlegers‹, Frankfurt am Main: S. Fischer Verlag 1976, S. 173 f.

261 *›Die Geschwister Oppermann‹:* Vgl. Wulf Köpke, ›Lion Feuchtwanger‹, München: C. H. Beck/ Verlag edition text + kritik 1983 (= Autorenbücher 35), S. 105: »›Die Geschwister Oppermann‹ erschien im neugegründeten Exilverlag bei Querido, Amsterdam, zugleich in etlichen anderen Sprachen. Jedoch gab es noch ein letztes Hindernis: Ein Professor Oppermann aus Hannover, Inhaber eines Korrespondenzverlags, inzwischen auch hoher SA-Führer, fühlte sich durch die Namensgleichheit beleidigt. Da er nicht an Lion heran konnte, hielt er sich an dessen Bruder Martin, gleichfalls Inhaber eines Korrespondenzverlags, also ein Konkurrent, und bedrohte ihn mit dem Tode, falls der Titel nicht geändert würde. Obwohl das Buch schon gesetzt war, änderte Lion den deutschen Titel noch in den Ausweichtitel: ›Die Geschwister Oppenheim‹.« Seit 1949 im

Greifenverlag in Rudolstadt die Neuauflage unter dem Titel ›Die Geschwister Oppermann‹ erschien, ist es bei diesem ursprünglichen Titel geblieben. Vgl. auch Marta Feuchtwanger, ›Nur eine Frau. Jahre, Tage, Stunden‹, München: Langen Müller 1983, S. 243. A propos ›Geschwister Oppermann‹ hält sich in germanistischen Kreisen offenbar das Gerücht, FW habe das Gefühl gehabt, Feuchtwangers Trilogie ›Der Wartesaal‹ – (›Erfolg‹, ›Die Geschwister Oppermann‹, ›Exil‹) – überrage sein eigenes Unterfangen, überhole es sowohl in künstlerischer als auch in politischer Hinsicht. Diese Vermutung ist durch keinen Hinweis seitens FWs belegbar. Lion Feuchtwangers Witwe Marta F. sagte mir, als ich sie darauf ansprach: »Ich glaub nicht, daß das wahr ist. Ich hab jedenfalls nie etwas davon gehört.« (Vgl. dazu auch die Anm. zu S. 266, *Mühsal eines mißglückten Werks*.)

Himmel und Hölle

»*Wieder die neue Teufelei!*«: Vgl. ›Zwischen Oben und Unten‹, S. 744.   264
»*Prag von den Boches besetzt . . .*«: Im Mai 1938 hatte Rudolf Werfel seinen Rechtsanwalt beauftragt, den im Betrieb Werfel & Böhm tätigen Exportbeamten Erich Fürth als Gesellschafter der Firma einzutragen. Am 16. 6. 1939 bemühte sich Rudolf Werfel von Rüschlikon aus, seine Firmenanteile gänzlich auf Erich Fürth übergehen zu lassen. Drei Tage später wurden den Gesellschaftern Rudolf Werfel & Benedikt Böhm von den Okkupanten alle Rechte an der Firma Werfel & Böhm entzogen – Fürth figurierte vorübergehend als alleiniger Gesellschafter. Auf Grund einer Verfügung der Gestapo, Staatspolizeistelle Prag, vom 22. September 1939, wurde Fürth abgelöst und durch Erich Kraft ersetzt. Kraft wurde in einem Kanzleiformular des Kreishandelsgerichts Prag als »kommissarischer Leiter« und »Disponent« bezeichnet. Im Herbst 1941 erwarb ein gewisser Dipl. Ing. Karl Schmachtl die Handschuhfabrik ›Werfel & Böhm‹ auf dem Arisierungsweg. (Alle diese Informationen verdanke ich Dr. František Kafka, Prag.)
Werfel war zum Ehrenpräsidenten ernannt worden: Robert Neumann (1897–1975), Werfels Freund aus Wiener Jahren, der ebenfalls nach Frankreich geflohen war, bot ihm die Ehrenpräsidentschaft im Dezember 1938 an; er sei zwar solchen Positionen früher immer ausgewichen, ließ Werfel Neumann wissen, diesmal akzeptiere er sie jedoch, in der Hoffnung, dadurch mithelfen zu können, »das Los einiger Leute zu erleichtern«. (Aus einem unveröff. Briefwechsel FW–Robert Neumann, Dokumentationsarchiv des österreichischen Widerstands, Wien.) In diesem Zusammenhang sei erwähnt, daß eine Vereinigung emigrierter österreichischer

415

Schriftsteller und Intellektueller, die ›Liga für das geistige Österreich‹, im Januar 1939 im Pariser Salle Chopin einen Lese-Abend mit Franz Werfel veranstaltete, als erste Veranstaltung dieser neuen Gruppierung. Im gänzlich ausverkauften Saal waren österreichische Monarchisten, Kommunisten, Spanienkämpfer und Schuschnigg-Anhänger unter einem Dach vereint; vor seiner Lesung aus eigenen Gedichten und dem Jeremias-Roman, hielt FW eine kurze Ansprache: ›Ohne Divinität keine Humanität‹, beklagte, wie schon des öfteren in seinen früheren Reden, die in Europa vorherrschende Gottlosigkeit; seit dem Niedergang des Römischen Imperiums habe die Welt ähnlichen Verfall ihrer Werte nicht noch einmal erlebt – die Mehrzahl der Menschen beteten heutzutage »Erfolg und Macht« als ihre Götter an und erlägen »jeglicher Art heroisierenden Verbrechertums«. In Preußen sei gar ein »neues Heidentum« erstanden, welches darauf aus sei, »das alte Israel loszuwerden, als schrieb man das Jahr 600 vor Christus«, die Zeit Nebukadnezars und seiner Zerstörung Jerusalems. Trotz allem glaube er, fügte Werfel hinzu, gerade die Vertriebenen, die »Ausgeschleuderten«, würden im Exil dazu beitragen, den künftigen Aufbruch aller Völker zu einem »neuen Weltbewußtsein« vorzubereiten. Werfels Rede enttäuschte vor allem seine sozialistischen und kommunistischen Zuhörer, denen sein christliches Weltbild ja schon vor dem Untergang Österreichs mißfallen hatte; überdies ließen seine Worte, ihrer Ansicht nach, politisches Engagement vermissen; idealistische Welterneuerungsphilosophien erschienen seinen Kritikern angesichts der tödlichen Bedrohung durch Hitlerdeutschland unangebracht. (Vgl. ›Ohne Divinität keine Humanität‹, in: ›Zwischen Oben und Unten‹, S. 546 ff. Zum Vortrag in der Salle Chopin: aus meinem Gespräch mit Frau Dr. Elisabeth Freundlich, einer Organisatorin jenes Abends.)

er brach die Arbeit an der Trilogie endgültig ab: Vgl. Anm. zu S. 261.

Das Werk werde: Aus einem unveröff. Brief FWs an Gottfried Bermann Fischer (Im Besitz des Empfängers).

»Alma und ich...«: Aus einem unveröff. Brief FWs vom 20. oder 29. 4. 1939 an Gottfried Bermann Fischer (Im Besitz des Empfängers).

265 *»Vielleicht kann ich ein kleineres Buch...«:* Aus einem unveröff. Brief FWs vom 20. oder 29. 4. 1939 an Gottfried Bermann Fischer (Im Besitz des Empfängers).

Agnes Hvizd: Vgl. Anm. zu S. 107.

›Der veruntreute Himmel‹: Stockholm: Bermann-Fischer Verlag 1939.

266 *kein »Lückenbüßer«:* Aus einem unveröff. Brief FWs an Gottfried Bermann Fischer (Im Besitz des Empfängers); im Laufe eines Radiointerviews am 16. 3. 1941 (NBC, Los Angeles) nahm FW zum ›Veruntreuten Himmel‹ wie folgt Stellung: »Sie fragen mich, ob ich eine gewisse

›message‹ in dieses Buch eingewoben habe. Ja, ich bin mir bewußt, daß alle meine Bücher, so realistisch sie sind, eine verborgene message enthalten. Die Symbolik des ›Veruntreuten Himmel‹ ist sehr einfach. Old Teta ist nichts anderes als die Seele der Menschheit in ihrer naiven Verewigungssucht, die durch den modernen Intellekt um den Himmel, das heißt um ihre metaphysische Verankerung betrogen wird, um nach einem Leidensweg diesen Himmel wieder zu bekommen.« (Vgl. ›Zwischen Oben und Unten‹, S. 612.)

Mühsal eines mißglückten Werks: Zu ›Cella‹ heißt es im ›Veruntreuten Himmel‹ (ohne daß dem Leser erkennbar ist, daß es sich um dieses Fragment handelt): »... das Ganze [erschien mir] unecht und bis zur Sinnlosigkeit mißglückt [...] Es war ein sehr umfangreiches Werk, und fünfhundert Seiten etwa hatte ich mir schon abgerungen. Die moralische Kraft besaß ich nicht, diesen hohen Stapel zu vernichten, noch auch die Geduld, das Fertige aufzutrennen und gänzlich neu und anders zu beginnen. Diese Arbeitsart der Penelope ist für die Kunst die einzig richtige. Die Welt aber verwandelte alle vier Wochen ihr Gesicht, und was gestern noch glaubwürdig war, entpuppte sich heute schon als Betrug. [...] Ich versuchte es trotz allem. Jeden Morgen setzte ich mich stöhnend an den Schreibtisch.« (Stockholm: Bermann-Fischer Verlag 1939, S. 24)

Während ein Buch im Entstehen sei: Aus einem unveröff. Brief FWs an Gottfried Bermann Fischer (Im Besitz des Empfängers).

Einer der ersten: Vgl. Hartmut Binder, ›Ernst Polak, Literat ohne Werk‹, in: ›Jahrbuch der deutschen Schillergesellschaft‹, Jg. 23, Stuttgart 1979, S. 366–415.

Ludwig Marcuse: (1894–1971).   267

Arnold Zweig: (1881–1968).

Wilhelm Herzog: (1884–1960). Vgl. ›Menschen, denen ich begegnete‹, Bern und München: Francke Verlag 1959. FW und Wilhelm Herzog kannten einander seit 1914, damals veranstaltete Herzog in München eine Lesung mit FW; in Leipzig und Wien hatten sie einander öfters getroffen; Herzog war Herausgeber der bekannten Literaturzeitschrift ›März‹.

Friedrich Wolf: (1888–1953); als Homöopath empfahl er FW Medikamente auf pflanzlicher Basis gegen die Herzbeschwerden.

zwischen Werfel und Feuchtwanger kam es dabei regelmäßig zu politischem Streit: Aus einem unveröff. Text, geschrieben für Feuchtwangers 60. Geburtstag, 1944; rückblickend sinniert FW:»Keinem von uns gelang es, den andern zu überzeugen. Ich war heftig gewesen, Sie aber gelassen, ich aufbrausend erregt, Sie die Ruhe selbst, ich verletzend und Sie unerschütterlich gleichmütig. Ein sprachunkundiger Zeuge unserer langen Auseinandersetzungen hätte zweifellos die Wahrheit auf Ihrer Seite gesehn, denn nicht ich, sondern *Sie* boten das Bild der Überlegenheit, und zwar einer

417

liebenswürdigen Überlegenheit. Sie wurden nämlich nie böse, Sie lächelten und lachten selbst bei den schlimmsten Attacken.« (UCLA)

268 *Mann, Weib und Kind in den Tod zu schicken:* Zitiert nach Tilman Zülch, Zeitschrift Pogrom, Nr. 72/73, (Mai 1980), S. 5.
Nach Kriegsausbruch: Vgl. ›Zwischen Oben und Unten‹, S. 744; vgl. aber auch Alma Mahler-Werfel, ›Mein Leben‹, S. 297 f.
Während eines Verhörs: Vgl. ›Zwischen Oben und Unten‹, S. 745.

269 *Werfel meldete sich freiwillig:* Aus einem unveröff. Brief FWs an Gottfried Bermann Fischer (Im Besitz des Empfängers).
»Die Hitler-Bande...«: Ebenda.
Rudolf und Albine Werfel waren nach Vichy übersiedelt: Aus einem unveröff. Brief FWs an seine Eltern (Deutsche Bibliothek, Frankfurt am Main). Nach einem Besuch bei seinen Eltern erzählte er Wilhelm Herzog, verglichen mit Vichy erscheine ihm Sanary wie das Paradies. (Vgl. W. Herzog, ›Menschen, denen ich begegnete‹, Bern und München: Francke Verlag 1959, S. 442.)
»Ich hätts nicht für möglich gehalten...«: Aus einem unveröff. Brief FWs an seine Eltern (Deutsche Bibliothek, Frankfurt am Main).
Wilhelm Herzog setzte sich ein: W. Herzog, ›Menschen, denen ich begegnete‹, Bern und München: Francke Verlag 1959, S. 438 ff.

270 *Einer der ersten, der reagierte, war Thomas Mann:* Ebenda, S. 440: »Natürlich ist der Gedanke gut und schön, ich bewundere Werfels Werk von ganzem Herzen und würde es froh begrüßen, wenn die Schwedische Akademie sich zu der Demonstration entschlösse, woran ich aber nicht glaube. Die Teilnahme an der geplanten Aktion muß ich mir versagen, weil ich mich wiederholt auf *Hesse* festgelegt habe, dessen Aussichten besser sind, und in dem auch ein außerdeutsches Deutschtum und höhere deutsche Tradition geehrt würde.« (Vgl. auch Thomas Mann, ›Briefe 1937–1947‹, hrsg. von Erika Mann, Frankfurt am Main: S. Fischer Verlag 1963, S. 133.)
Werfel widmete sich einer vertrackten Ehegeschichte: Aus einem unveröff. Brief FWs an Gottfried Bermann Fischer (Im Besitz des Empfängers).
›Eine blaßblaue Frauenschrift‹: Vgl. ›Das Franz Werfel Buch‹, S. 202 ff. FW wollte die Novelle ursprünglich »Wirrnisse eines Oktobertags« oder »Die Verwirrungen eines Apriltages« nennen.
»Verhältnis mit der Jüdin:« Aus einem unveröff. Notizbuch, (UCLA). Die Figur des Sektionschefs Leonidas könnte von einer Figur des Wiener öffentlichen Lebens inspiriert sein, dies meine persönliche Vermutung: FW kannte vor 1938 einen Sektionschef Dr. Leodegar Petrin, möglicherweise wirkte dieser sogar im Unterrichtsministerium, der Arbeitsstätte Leonidas'. (Er trägt überdies Wesensmerkmale, die an die Figur des Sebastian im ›Abituriententag‹ erinnern.)
die positivste jüdische Figur: Vgl. Max Brod, ›Die Zeit‹, 20. 1. 1955, S. 6:

418

»Vera Wormser [hebt sich] aus der Fülle Werfelscher Judengestalten als Unikum hervor; sie ist von edler Haltung des Intellekts wie des Gefühls, unbeirrbar, selbstlos, gegen Beleidigungen immun [. . .] Kein ›zerbrochener Judentyp‹, sondern mit gesunder Vernunft durchaus ihres Wertes bewußt; dabei zurückhaltend, unaufdringlich, mild verzeihend, vor allem auch schön, von bezaubernder Anmut.«

»Das schändlich angefallene Land«: Vgl. ›Zwischen Oben und Unten‹, S. 555 f.   271

Jules Romains forderte Werfel auf: Vgl. Alma Mahler-Werfel, ›Mein Leben‹, S. 301.

in ständiger Furcht: Ebenda.

Lion Feuchtwanger . . . interniert: Vgl. Lion Feuchtwanger, ›Unholdes   272
Frankreich. Meine Erlebnisse unter der Regierung Pétain‹, London 1942. (Später, 1954 und 1982 unter dem Titel ›Der Teufel in Frankreich‹ im Greifenverlag, Rudolstadt, bzw. im Aufbau-Verlag, Berlin.)

Werfel wollte ohne gültige Visen Spanien erreichen: Vgl. Alma Mahler-Werfel, ›Mein Leben‹, S. 303 ff., zur gesamten Flucht von Sanary nach Lourdes.

Nach einer Odyssee voller Pannen: Ebda.; vgl. aber auch ›Jacobowsky und der Oberst‹, ›Die Dramen‹, Bd. II, S. 241–340.

Vicky von Kahler: In einem Brief des Ehepaars Kahler an FW und Alma   273
Mahler-Werfel vom 21. 5. 1945, heißt es: »Die Zeiten, in denen die inneren Gemächer so eines USA-Konsulates so faszinierend wirkten wie der Venusberg, sind längst vorüber und es verblassen auch schon solche Eindrücke wie die erbarmungslosen Regen-Orgien in Biarritz, die Nachtgestalten in Hendaye und das ›Jessas, jetzt ham's uns‹ auf der Straße nach Pau.« (Univ. of Pennsylvania, Philadelphia)

. . . und trafen in Lourdes ein: Vgl. Alma Mahler-Werfel, ›Mein Leben‹, sowie FWs Vorwort zu ›Das Lied von Bernadette‹, S. 7 ff.

neue ›sauf conduits‹ zu verschaffen: Aus einem unveröff. Brief FWs an seine   274
Eltern (Deutsche Bibliothek, Frankfurt am Main).

unter anderem an die American Guild: FW an Prinz Löwenstein; Auskunft von Dr. Ulrich Weinzierl, Wien. (Dokumentationsarchiv des österreichischen Widerstands, Wien.)

Werfels Eltern verließen Vichy: Aus einem unveröff. Brief FWs an seine Eltern (Deutsche Bibliothek Frankfurt am Main).

eine Art von Gelübde ab: Vgl. FWs Vorwort zu ›Das Lied von Bernadette‹,   276
S. 8: »Eines Tages in meiner großen Bedrängnis legte ich ein Gelübde ab. Werde ich herausgeführt aus dieser verzweifelten Lage und darf die rettende Küste Amerikas erreichen – so gelobte ich –, dann will ich als erstes vor jeder andern Arbeit das Lied von Bernadette singen, so gut ich es kann.« – Pater Georg Moenius, ein enger Freund der Werfels im

kalifornischen Exil, behauptete in einer Radiosendung für den Bayerischen Rundfunk, 1952: »Eines Abends im Sommer 1939 war ich aus Lourdes nach Paris gekommen, um bei Werfel zu Gast zu sein in seinem kleinen Hotel hinter der Madeleine. Ich hatte auf der Fahrt den Roman von Zola über ›Lourdes‹ gelesen, der so wenig dem religiösen Erlebnis Rechnung trägt. Werfel stürzte sich auf mich, um meine Eindrücke von Lourdes zu erfahren. Im Widerstreit meiner wirklichen Erlebnisse und der Zola-Lektüre sagte ich zu ihm, *er* müsse einmal ein Lourdes-Buch schreiben. Keiner von uns beiden hätte gedacht, wie bald und unter welchen Umständen dies geschehen sollte.« (Originalms. des Vortrags Univ. of Pennsylvania, Philadelphia). Vgl. in diesem Zusammenhang auch Schalom Ben-Chorin zu Franz Werfels Roman ›Das Lied von Bernadette‹: »Nicht zögernd-zweifelnd, sondern laut und respektlos das Wunder auslachend, ging [...] Egon Erwin Kisch durch die Straßen von Lourdes. 1934, kurz nach Bernadettens Heiligsprechung. ›Ich bade im wundertätigen Wasser‹ nennt er seine Reportage [...] Kisch sieht nicht das Wunder wie Werfel, er sieht nicht die rührende Gestalt der kleinen unschuldigen Bernadette [...] er sieht das Negative, das auch gesehen werden muß. Er notiert: ›Die heilige Maria hat ihrem Gnadenort reichlich Ungnade erwiesen. In Gruppengräbern liegen die Opfer einzelner Prozessionen. Und drüben auf dem Passionsweg steht ein Totenmal für die Katholiken aus Bourbon, die am 1. August 1922 auf ihrer Pilgerfahrt nach Lourdes durch einen Zugzusammenstoß ums Leben gekommen sind. Selbst die heilige Grotte blieb nicht von Unheil verschont, eine Überschwemmung setzte sie im Juni 1875 unter Wasser, zerstörte den Altar, das Marienbild und alle Zugänge.‹« (Aufbau, New York.)

276 *In Marseille...*: Vgl. Varian Fry, ›Surrender on Demand‹ dt. ›Auslieferung auf Verlangen‹, München: Hanser Verlag 1986, S. 16; vgl. aber auch Mary Jayne Gold, ›Crossroads Marseille 1940‹, Doubleday Inc, New York 1980. Ironie des Schicksals: in Franz Werfels Verzweiflung wenden sich andere Emigranten an ihn, ihnen zu helfen: Vgl. Ivan George Heilbut, ›Franz Werfel in Marseille‹, in: ›Stuttgarter Zeitung‹, 27. 8. 1955: »Nachmittags stand ich vorm ›Hotel Louvre & Paix‹ auf der Canebière. [...] Dann betrat ich die Halle, deren Bild vom lebhaften Gedränge der deutschen Offiziere beherrscht war.« Heilbut brauchte Werfels Namen als Bürgen beim US-Konsulat, hoffte, FW werde ihm bei seiner Flucht und der seiner Familie helfen können. »Ich trug ihm mein Anliegen vor. Er schwieg. Er zögerte. Dann, noch verdeckter: ›Ich kann nicht; mein Name ist hier zu abgebraucht. [...] Nein, ich kann nichts mehr tun. Ich kann nicht einmal Besuch empfangen. Ich bin überall in Gefahr, überwacht zu werden.‹ [...] Niemals werde ich den angespannten Gesichtsausdruck Werfels vergessen, den verschlossenen Mund, den starr nach

vorn gerichteten Blick seiner großen blauen Augen, als er sich durch die Menge der deutschen Offiziere bewegte. [...] ›Wir sind in der Falle‹, sagte er leise.«
Eine persönliche Intervention: Aus einem unveröff. Brief FWs an seine Eltern, 10. 8. 1940 (Deutsche Bibliothek, Frankfurt am Main); an dieser Aktion war neben FWs Schwester Mizzi offenbar der amerikanische Verleger Ben Huebsch beteiligt: ›Mizzerl und meine amerikanischen Freunde haben fabelhaft brav gearbeitet‹. (Ebenda)
»Nous sommes dans une situation terrible«: »Wir befinden uns in verzweifel- 277
ter Lage – wir sind sozusagen Gefangene... Sollten Sie eine Möglichkeit haben: helfen Sie uns!!«
Louis Gillet: (1876–1943), Kunsthistoriker und Kritiker.
Eine entscheidende Wendung des Schicksals: Vgl. Varian Fry, ›Surrender on Demand‹, dt. ›Auslieferung auf Verlangen‹, München: Hanser Verlag 1986, S. 16 f. Unhaltbar und definitiv der Wahrheit nicht entsprechend ist Alma Mahler-Werfels Behauptung, Fry habe seine Rettungsaktionen ohne Verve und Hingabe durchgeführt: (›Mein Leben‹, S. 314 f.) »Die Amerikaner hatten einen Mann, Mr. Fry, geschickt, der uns allen helfen sollte. Er tat das recht ungezogen und mürrisch; [...] das einzige, was Mr. Fry wirklich geleistet hat, war, daß er das ganze Gepäck von uns fünfen über die Grenze brachte.« Vgl. dazu FW in einem unveröff. Brief an seine Mutter, 19. 1. 1941: »Ich verdanke ihm viel.«
Lion Feuchtwanger war befreit worden: Vgl. Stefan Jaeger/Volker Skierka, 278
›Lion Feuchtwanger. Eine Biographie‹, Berlin: Quadriga Verlag 1984; vgl. aber auch Marta Feuchtwanger, ›Die Flucht‹, in Lion Feuchtwanger, ›Der Teufel in Frankreich‹, München, Wien: Langen Müller Verlag 1983, S. 255 ff.
»Wir sind also gezwungen«: Aus einem unveröff. Brief FWs an seine Eltern, 29. 8. 1940 (Deutsche Bibliothek, Frankfurt am Main).
machten Frys Fluchtversuch zunichte: Vgl. Varian Fry, ›Surrender on Demand‹, dt. ›Auslieferung auf Verlangen‹, München: Hanser Verlag 1986, S. 70 f.
In einem großen Restaurant: Aus meinem Gespräch mit Prof. Golo Mann, Kilchberg/Zürich.
Am nächsten Tage: Zu Details der Flucht vgl. vor allem Alma Mahler-Werfel, ›Mein Leben‹, S. 316 – 318; bezüglich der Flucht ist Alma Mahler-Werfels Bericht weitgehend verläßlich, dies bestätigte mir Prof. Golo Mann; vgl. aber auch Varian Fry's ›Surrender on Demand‹, dt. ›Auslieferung auf Verlangen‹, München: Hanser Verlag 1986, S. 79 ff., sowie Mary Jayne Gold, ›Crossroads Marseille 1940‹, Doubleday Inc., New York 1980.
›Stockleinen‹: Vgl. Anm. zu S. 83. 280

282   *er war gerettet!:* Varian Fry berichtet, schon am nächsten Tag seien in Port-
Bou deutsche Agenten gesichtet worden. Zwei Wochen, nachdem die
Werfels die Pyrenäen überquert hatten, kam auch Walter Benjamin nach
Port-Bou – die spanischen Behörden drohten ihm, ihn der Gestapo
auszuliefern. Als aber beschlossen wurde, Benjamin doch weiter ziehen
zu lassen, hatte er bereits Selbstmord begangen. (Vgl. Stefan Jaeger/
Volker Skierka, ›Lion Feuchtwanger. Eine Biographie‹, Berlin: Quadriga
Verlag 1984, S. 210). Der Philosoph Carl Einstein sowie der Schriftsteller
Ernst Weiss begingen etwa zur gleichen Zeit im Pyrenäengebiet Selbst-
mord.
Während Alma die Strapaze im Grunde erstaunlich gut überstand . . .: Frau
Alice Herdan-Zuckmayer, Saas Fee, erzählte mir:»Die Alma war wäh-
rend der Pyrenäen-Überquerung so schwach, daß sehr stämmige, von
Präsident Roosevelt entsandte Studenten sie über die Pyrenäen *tragen*
mußten... Das war ja ganz schwierig...«

»I'm an American«

285   *»Jetzt, knapp vor der Freiheitsstatue«:* Aus einem unveröff. Brief FWs an
seine Eltern, 12. 10. 1940 (Deutsche Bibliothek, Frankfurt am Main).
Am Morgen des 13. Oktober: Vgl. amerikanische Tageszeitungen vom
14. 10. 1940, sowie Thomas Mann, ›Tagebücher 1940–1943‹, Frankfurt
am Main: S. Fischer Verlag 1982, S. 165.

286   *er würde die noch in Frankreich Eingeschlossenen unnötig gefährden:* Lion
Feuchtwanger war in seinen Interviews mit amerikanischen Journalisten
weniger vorsichtig vorgegangen, als er rund zehn Tage zuvor an Bord
des amerikanischen Liniendampfers ›Excalibur‹ in New York eintraf: er
nannte den Reportern die Schleichweg-Möglichkeiten über die Pyrenäen-
pässe, brachte dadurch die Arbeit des Rescue Committee in große Gefahr
– die Gestapo wurde aufmerksam, sandte zusätzliche Agenten in die
Region zwischen Cerbère und Port-Bou.
in diesem Herbst 1940: FW sah auch Meyer Weisgal wieder, der ihm eine
Wiederaufnahme der ›Eternal Road‹ einreden wollte. Laut Auskunft von
Mr. Thomas Quinn Curtiss, Paris, nahmen die Werfels in diesem Herbst
an der Uraufführung von Erich von Stroheims Wien-Film ›The Wedding
March‹ teil, der vor allem Alma besonders mißfallen habe.
Stefan Jacobowicz: Aus meinem Gespräch mit Gottfried Reinhardt. Vgl.
›Jacobowsky und der Oberst‹, in: ›Die Dramen‹, Bd. II, S. 241–340.
»Hier geht es uns glänzend«: Aus einem unveröff. Brief FWs an seine
Eltern, 6. 12. 1940 (Deutsche Bibliothek, Frankfurt am Main).

mehr als hundertfünfzigtausend Exemplare: Ebenda.

Fund Raising Dinners: Vgl. u. a. Thomas Mann ›Tagebücher 1940–1943‹, 287
Frankfurt am Main: S. Fischer Verlag 1982, S. 172 f. (31. 10. 1940).

›Unser Weg geht weiter‹: Vgl. ›Zwischen Oben und Unten‹, S. 333–337.

In und um Los Angeles entstand nach und nach eine Kolonie zahlreicher deutschsprachiger Emigranten: Aus meinen Gesprächen mit Albrecht Joseph, Los Angeles; vgl. aber auch John Russell Taylor, ›Strangers in Paradise‹, dt. ›Fremde im Paradies‹, München: Verlag Siedler 1986.

Erich Wolfgang Korngold: Der Komponist wurde 1897 in Brünn geboren; 288
er starb 1957 in Hollywood.

»Vor Weihnachten reisen wir . . .«: Aus einem unveröff. Brief FWs an seine Eltern, 6. 12. 1940 (Deutsche Bibliothek, Frankfurt am Main).

Mr. und Mrs. Loewi: Vgl. Alma Mahler-Werfel, ›Mein Leben‹, S. 246 u. 322; siehe auch Thomas Mann, ›Tagebücher 1940–1943‹, Frankfurt am Main: S. Fischer Verlag 1982, S. 887 f.

Los Tilos Road: Die exakte Adresse lautete 6900 Los Tilos Road; das Haus steht heute noch, in nur wenig veränderter Form.

Konzerte in idealer Akustik: Aus meinen Gesprächen mit Albrecht Joseph, Los Angeles.

Der Butler August Hess: Ebenda; sowie aus meinen Gesprächen mit Prof. 289
Gustave O. Arlt, Los Angeles.

». . . die Riviera ist ein Dreck daneben«: Aus einem unveröff. Brief FWs an seine Eltern, Ende Februar 1941 (Deutsche Bibliothek, Frankfurt am Main).

das Essen werde »fast fertig ins Haus geliefert«: Ebenda; vgl. überdies ›Stern der Ungeborenen‹, S. 66.

»Das hohe Lied von Bernadette«: »Das schöne Lied von Bernadette« wollte FW das Buch evtl. nennen (Vgl. das Originalms., Erste Fassung begonnen 14. 1. 1941, beendet 18. 5. 1941, Univ. of Pennsylvania, Philadelphia). Vgl. zu ›Das Lied von Bernadette‹ auch die für Manon Gropius geschriebenen Heiligenlegenden, siehe Anm. zu S. 235 – *»Ich dachte an die Legenden«* – sowie ›Zwischen Oben und Unten‹, S. 773 ff.)

»Zur Bernadette fast entschlossen«: Aus einer unveröff. Notiz (UCLA).

Georg Moenius: Vgl. Anm. zu Seite 276.

›Unsere heilige Hirtin . . .‹: Die Übereinstimmungen zwischen diesem Buch und Werfels Roman sind stupend; evtl. Stoff zu einer Dissertation. (Belleneys Buch findet man in Box No. 28, Werfel-Collection, UCLA).

Ben Huebsch teilte die Bedenken seines Autors: Aus meinen Gesprächen mit Albrecht Joseph, Los Angeles.

Varian Fry war eingeschaltet worden: Aus unveröff. Briefen FWs an seine 290
Eltern und an seine Schwester Hanna v. Fuchs-Robetin (Deutsche Bibliothek, Frankfurt am Main).

›*I'm an American*‹: Vgl. ›Zwischen Oben und Unten‹, S. 611 ff., sowie das Typoskript der Sendung in englischer Fassung (UCLA); vgl. dazu auch FWs vehement anti-amerikanische Reden aus den dreißiger Jahren in ›Zwischen Oben und Unten‹, S. 16–109.

am 22. März 1941: Dokument ›Declaration of Intention‹, No. 108819 (UCLA). Unter der Rubrik »race«, Rasse, wurde »Hebrew« eingetragen.

291 *Entgegen sonstiger Gewohnheit:* Aus meinen Gesprächen mit Albrecht Joseph, Los Angeles.

292 *Bermann Fischer gegenüber:* Aus einem unveröff. Brief FWs an Gottfried Bermann Fischer (Im Besitz des Empfängers).

»zustande gebracht in täglicher, stündlicher Selbstüberwindung«: Aus einem unveröff. Brief FWs an Hanna v. Fuchs-Robetin, 21. 7. 1941, (Deutsche Bibliothek, Frankfurt am Main).

»eine entsetzliche Vortragsreise«: Vgl. dazu das Gedicht ›Eine Prager Ballade‹ (Das lyrische Werk, S. 488 f.) »Geträumt im Zuge vom Staate Missouri nach dem Staate Texas ... ›Sein's ruhig, junger Herr, via Königsaal und Eule / Fahr ich Sie stantepé übers Atlantische Meer.‹«

Am 31. Juli 1941: Aus den unveröff. Gesprächsnotizen Adolf D. Klarmanns (Univ. of Pennsylvania, Philadelphia). In einem unveröff. Brief Hanna v. Fuchs-Robetins an ihren Bruder, ca. August 1941 (Univ. of Pennsylvania, Phil.) heißt es: »Jetzt, in dem Schmerz, den wir alle fühlen habe ich die Gewißheit, daß er gegangen ist, um es der armen, geliebten Mama leichter zu machen. [...] wird sie die Kräfte haben, all die Komplikationen dieser Reise durchzustehen? Wird sie überhaupt reisen können?«

293 *die bittersten Vorwürfe:* Aus meinen Gesprächen mit Anna Mahler und Albrecht Joseph.

Alma unterhielt in der Hotelsuite ihren Salon: Aus einem Gespräch mit Frau Riccarda Zernatto, Wien, der Witwe des Politikers und Schriftstellers Guido Zernatto.

294 *die deutschsprachige Ausgabe des ›Lieds von Bernadette‹:* Vgl. Thomas Mann, ›Tagebücher 1940–1943‹, Frankfurt am Main: S. Fischer Verlag 1982, S. 378 (15. 1. 1942): »Abends in Werfels Roman, mit einer gewissen Empörung.« Gottfried Reinhardt erzählte mir in diesem Zusammenhang: »Bei Salka Viertel, in L. A., Thomas Mann und Werfel trafen sich – Mann sagte, er verstehe nicht, wieso Werfel in dem Buch behaupte, Bernadette habe die Mutter Gottes *gesehen*. Warum er nicht gesagt habe, Bernadette Soubirous hat sich *eingebildet*, die Jungfrau zu sehen?! Ein *Gesicht*... Darauf antwortete Werfel: ›Weil sie sie ge*sehen* hat!‹ Das regte Thomas Mann derartig auf! In seiner spröden, norddeutschen, puritanischen Art, daß also ein Mensch die Chuzpe haben konnte zu behaupten, sie habe sie gesehen... Und Werfel blieb da ja eisern... Es war ein köstlicher Nachmittag...«

»...*die Menschen hier*«: Aus einem unveröff. Brief FWs an seine Mutter, 1942 (Deutsche Bibliothek, Frankfurt am Main).

einen äußerst deprimierenden Brief seines Freundes Stefan Zweig: Aus einem unveröff. Brief Stefan Zweigs an FW und Alma Mahler-Werfel, 20. 11. 1941: »...ich hatte [...] einen regelrechten seelischen breakdown. [...] daß ich die Identität mit mir selbst nicht mehr fand in all den Absurditäten, die uns die Zeit auferlegt – Schriftsteller, Dichter in einer Sprache, in der er nicht schreiben darf [...] losgelöst von allem was ihm Heimat war [...] mit Koffern und ohne seine Bücher, seine Papiere sich wälzend von Ort zu Ort [...] all das drückte grauenhaft auf mich und dazu noch [...] daß ich in diesem Zeltleben mit dem Sturm über dem Kopf und durch die Fugen nicht arbeiten konnte [...] so zeichnete ich gerade noch mein Leben* auf (oder soviel als ich den andern davon sagen will.)«

weit größere Anregung: Aus einem unveröff. Brief Stefan Zweigs an FW   295
und Alma Mahler-Werfel, 25. 12. 1941.

»Entsetzlich! Er hat uns verzweifelte Briefe geschrieben«: Aus einem unveröff. Brief FWs an seine Mutter, 1942 (Deutsche Bibliothek, Frankfurt am Main).

in einer Trauerrede: ›Stefan Zweigs Tod‹, vgl. ›Zwischen Oben und Unten‹, S. 459 ff.

»April in October«: FW arbeitete zu diesem Zeitpunkt bereits mit seinem Freund Friedrich Torberg zusammen; in einem unveröff. Brief FWs an Friedrich Torberg, Oktober 1941, heißt es, Torberg könne die Story ansiedeln, wo er wolle: »von mir aus nach Indien oder China versetzen...« (Friedrich Torberg Archiv, Marietta Torberg, Breitenfurt.) FW und Torberg planten offenbar auch noch ein Filmprojekt ganz anderer Art. Am 9. Juli 1943 schrieb Torberg an FW: »Das nächste war ein neuerliches Angebot Skirkballs, für den tschechischen Fliegerfilm einen Writer-Vorschuß von $ 3000.- zu geben, wobei im Falle der Nichtverwirklichung dieses Films die $ 3000.- als Anzahlung auf ein andres ›Werfel-Property‹ gelten sollten, und zwar hatte er dabei abermals und ausdrücklich die Zorah Pasha im Auge.« (Univ. of Pennsylvania, Philadelphia)

Friedrich Torberg: (1908–1979); aus meinen Gesprächen mit Marietta   296
Torberg. (Torberg wurde übrigens für seine Mitarbeit von FW regelmäßig bezahlt.)

›The Love and Hatred of Zorah Pasha‹: Unveröff. Filmtreatment von FW und Friedrich Torberg, 170 Seiten, Typoskript im Besitz von Marietta Torberg.

---

* ›Die Welt von Gestern‹

297 *Viking Press druckte das dreihundertste Tausend:* Aus einem unveröff. Telegramm von Ben Huebsch an FW vom 28. 5. 1942 (Univ. of Pennsylvania,
Philadelphia).

298 *ein plötzlich entbrannter Familienzwist:* Aus dem unveröff. Briefwechsel
FW-Mizzi Rieser (Univ. of Pennsylvania, Philadelphia); wie nahe ihm der
Streit tatsächlich ging, belegt eine Briefstelle aus einem Schreiben FWs an
Hanna v. Fuchs-Robetin vom 22. 8. 1942: »Du weißt, liebstes Hannerl,
daß ich mit Mizzi vor einiger Zeit unangenehme Nervenkrisen (ihrerseits) und Korrespondenzen zu bestehen hatte. Sie und vor allem Ferdi
warfen mir vor, daß ich gegen sie kalt und gleichgültig bin und in
meinem unermeßlichen Ehrgeiz (an den Alma ›angeschmiedet‹ ist/Zitat)
nichts für Mizzis ›Eugenia‹ getan habe und tue. Diese ganze Sache,
obwohl, wie Du schreibst, ›nicht halb so ernst‹, hat mich ziemlich
gequält. Der Vorwurf ist nicht gerecht. [. . .] Mizzi ist zweifellos nicht nur
eine große Begabung, sondern auch ein leidenschaftliches, zerrissenes,
ekstatisches Temperament. Ihr fehlen nur gewisse Voraussetzungen, die
schwer einzuholen sind: Belesenheit, Bildung, Kritik, geistige Ordnung
[. . .] Schreib mir, was Du darüber denkst und was ich tun soll?«

301 *die Schlafzimmer lagen unter dem Eingangsgeschoß:* Vgl. ›Stern der Ungeborenen‹, »Die Häuser dieser Stadt waren nur, aus Gründen jener schon
erwähnten Sonnenfürchtigkeit, nicht über, sondern tief in die Erde
hineingebaut.« (S. 49); »(Je persönlicher und intimer ein Wohnraum war,
umso tiefer lag er im Schoße der Erde, ganz im Gegensatz zur Gepflogen-
heit einer Zeit, welche die Schlafräume in den Oberstock zu verlegen
pflegte. Je einsamer der neue Mensch mit seinem Körper bleiben wollte,
umso weiter zog er sich zurück.)« (S. 87)

Totentanz

304 *Cyrill Fischer:* (1892–1944); vgl. auch ›Zwischen Oben und Unten‹,
S. 468 ff. Laut A. D. Klarmann bekämpfte Fischer vom katholischen
Standpunkt aus sowohl die sozialistische österreichische »Kinderfreunde-
Bewegung«, als auch nationalsozialistische Versuche der Kinder- und
Jugenderziehung. Fischer lektorierte übrigens das Manuskript der ›Berna-
dette‹, um FW vor möglichen theologischen Fehlern zu bewahren.
Old Mission: Das Franziskanerkloster, von Junipero Serra im Jahre 1786
gegründet, ist heute noch eine Hauptattraktion des Städtchens Santa
Barbara. Ein großer Indianerfriedhof (die Indianer waren von den Mön-
chen missioniert worden) schließt an das Klostergebäude unmittelbar an.
»in einem entzückenden espagnolisierenden Hotel«: Aus einem unveröff. Brief

FWs an seine Schwester Hanna v. Fuchs-Robetin, 22. 8. 1942 (Deutsche Bibliothek, Frankfurt am Main); das Luxushotel ›Biltmore‹ steht heute noch – in nahezu unveränderter Form.

Scheebens' ›Geheimnis der Prädestination‹: Matthias Joseph Scheeben, ›Mysterien des Christentums‹, Freiburg/Brsg. 1911; Kapitel 10: ›Das Mysterium der Prädestination‹.

›Jacobowsky und der Oberst‹: Vgl. ›Die Dramen‹, Bd. II, S. 241–340.

Reinhardts Sohn Gottfried: Gottfried Reinhardt sagte mir à propos ›Jacobowsky und der Oberst‹: »... ich sagte zu Werfel, das war im Haus meines Vaters, in Pacific Palisades: ›Herr Werfel, ich finde, das wäre der Stoff zu einem fabelhaften Stück, mein Freund Sam Behrman ist auch dieser Ansicht, er meint aber, *Sie* sollten das schreiben!‹ Darauf Werfel: ›Nein, das ist nicht meine Masche, das schreibe ich nicht.‹ Und Alma war sofort unerhört feindlich gesinnt, sie wollte nicht, daß er sich mit solch trivialen Dingen befasse. Folglich machte ich den Vorschlag, daß Behrman und ich das schreiben – nur eine Bitte, daß wir uns noch einmal zusammensetzen und Sie uns die ganze Story erzählen. Behrman schlug übrigens vor, daß man künftige Einnahmen aus dem Stück fifty fifty mit Werfel teilen solle. Einer der Hauptcharaktere des Stücks ist von *mir*, die Marianne, die weibliche Hauptfigur, die kam in Werfels Erzählung nicht vor... ich meinte, es müßte eine Liebesgeschichte vorkommen, also haben wir das gemeinsam ausgesponnen, und kamen auf Marianne, als eine Art Inkarnation Frankreichs...«

zum Abtippen an Albrecht Joseph: Aus meinen Gesprächen mit Albrecht   305
Joseph, Los Angeles; die meisten Details zu ›Jacobowsky und der Oberst‹ sind diesen Gesprächen entnommen; Albrecht Joseph ist der Ansicht, die Aufregungen und Anstrengungen im Zusammenhang mit dem ›Jacobowsky‹-Stück hätten FW Jahre seines Lebens gekostet.

George Marton: ad 125.000 Dollar: aus einem unveröff. Manuskript   306
Martons, welches mir seine Witwe, Mrs. Elizabeth Marton, freundlicherweise zur Verfügung stellte.

»einen großen Juden-Roman«: Aus einem unveröff. Brief FWs an seine Schwester Hanna v. Fuchs-Robetin, 22. 8. 1943 (Deutsche Bibliothek, Frankfurt am Main).

die »reinste von Gott auf die Erde gesandte Kraft«: Vgl. ›Vorwortskizze zu   307
‹Das Lied von Bernadette›‹, in: ›Zwischen Oben und Unten‹, S. 525. (Adolf D. Klarmanns Übersetzung des ›Briefes an den Erzbischof Rummel von New Orleans, Louisiania‹, S. 892 f., ist ungenau.)

Schon sechs Jahre zuvor: Aus einem unveröff. Skizzenbuch zum ›Jeremias‹-Roman (UCLA); dort heißt es am Ende der recht ausführlichen theologischen Betrachtungen (die später, im Fragmente-Kompendium ›Theologumena‹, 1944, wiederkehren sollten): »Diese Betrachtungen gehören

nicht unmittelbar zum Roman. Alfred Engländer in der ›Barbara‹ hätte sie anstellen müssen.«
In einem Brief an Rudolf Kommer: Der unveröff. Brief FWs an R. Kommer vom 3. 10. 1942 befindet sich in der Österreichischen Nationalbibliothek, Wien, Handschriftensammlung.

309 *Ende September 1942:* Vgl. Alma Mahler-Werfel, ›Mein Leben‹, S. 331.
Thomas Mann kam häufig zu Besuch: Vgl. Thomas Mann, ›Tagebücher 1940–1943‹, Frankfurt am Main: S. Fischer Verlag 1982, z. B. S. 564 (17. 4. 1943): »Mit K. und Erika Restaurant Romanow, Souper (schlechte Ente) als Gäste der Werfels. Nachher bei ihnen; Vorlesung der letzten Kapitel des Moses mit starkem Eindruck in Heiterkeit und Ernst.« Vgl. auch ebenda, S. 482, 5. 10. 1942: »Zum Abendessen Werfels. Dramatische Vorstellung aus seiner französischen Katastrophen-Komödie, von den Kindern sehr genossen.« Daß FW ›Jacobowsky und der Oberst‹ vortrug, indem er alle Rollen selbst verkörperte, erzählte mir Prof. Ernst Haeussermann, Wien.

310 *eine Flut von Leserbriefen:* Diese Briefe sind zum Teil im Werfel-Archiv der UCLA aufbewahrt.
schrieb er damals an seine Mutter: Aus einem unveröff. Brief FWs an Albine Werfel (Deutsche Bibliothek, Frankfurt am Main).
während einer New Yorker Dinnerparty: Vgl. Thomas Mann ›Tagebücher 1940–1943‹, Frankfurt am Main: S. Fischer Verlag 1982, S. 505 f. (7. 12. 1942).

311 *Clifford Odets:* (1906–1963); ursprgl. Schauspieler, später Dramatiker; vgl. ›Weltliteratur im 20. Jahrhundert. Autorenlexikon‹, hrsg. von Manfred Brauneck, Reinbek bei Hamburg: Rowohlt Taschenbuch Verlag 1981, Bd. 3, S. 961: »Mit dem Einakter ›Waiting for Lefty‹ (1935) wurde O. zum amerikanischen Hauptvertreter eines klassenkämpferisch eingestellten proletarischen Dramas.«
von Aasgeiern umringt: Aus einem unveröff. Brief Alma Mahler-Werfels an Friedrich Torberg (F. Torberg-Archiv, Marietta Torberg, Wien).

312 *»Ich bin nicht besonders traumgläubig«:* Erste Seite der ersten Niederschrift des »Reiseromans«, unveröff. (UCLA); das Blatt trägt die Überschrift: »Ein kurzer Besuch in ferner Zukunft«. Vgl. ›Stern der Ungeborenen. Ein Reiseroman‹.
»Arbeits-Unlust«: Ebenda; in diesem Zusammenhang sei erwähnt, daß FW nicht nur das Projekt »Der Zurückgebliebene« fallenließ, sondern auch einen Roman, den er den Vertretern der Glaubensgemeinschaft der Bahai' zugesagt hatte. (UCLA) (Das Treffen mit Mrs. Chanler und Mr. Mizza Ahmed Sohrab hatte Anfang März 1943 stattgefunden.)
Innerhalb von nur sechs Tagen: Unveröff., Einschub auf S. 41 der ersten Niederschrift des »Reiseromans« (UCLA): »Diese 40¼ Seiten (106

Schreibmaschinen-Seiten) schrieb ich während 5 bis 6 Maitagen im Jahre 1943 in *Sta Barbara* in Californien, u. zw[ar] im Hotel Biltmore, dicht am Pazifischen Ozean, wo ich während der Arbeit nachts die Brandung hören konnte.« (Zur Zusammenfassung der Romanhandlung vgl. Lore B. Foltin und John M. Spalek, ›Franz Werfel‹, in: ›Deutsche Exilliteratur seit 1933‹, hrsg. v. John M. Spalek und Joseph Strelka, Bern 1976, S. 644–667.)

in jenen Frack gekleidet: Aus den unveröff. Gesprächsnotizen Adolf   313
D. Klarmanns (Univ. of Pennsylvania, Philadelphia): »Bei der Hochzeit seiner Schwester Hanna Fuchs-Robetin, kam er unerwartet nach Hause um 5 Uhr früh von der Front, und wurde von der Braut in Stand gesetzt. Bekam Frack und Zylinder von seinem Vater. Die Schilderung seiner auferstandenen Leiche im ›Stern [der Ungeborenen]‹ erinnerte [Albine Werfel] an die Episode. Vgl. auch Anm. zu S. 81. (*von Hanna eingekleidet*).

»In wenigen Tagen«: Aus einem unveröff. Brief FWs an Gottfried Ber-   315
mann Fischer (Im Besitz des Empfängers).

»Ich habe alles herausgeholt«: Aus einem unveröff. Brief FWs an Albrecht Joseph (UCLA); in diesem Schreiben heißt es à propos der Figur der Marianne: »Keine Sorge um Marianne! Sie *kann* keine *aktive* Funktion haben und *soll* auch nicht. Ihr Leiden um Frankreich wächst graduell bis zum letzten Akt. Alle Detail-Realitäten wären für diese *3te* Stimme störend, weil verlängernd und überflüssig!«

er korrespondierte mit Max Brod: Vgl. Max Brod, ›Streitbares Leben‹ (Neuauflage), Frankfurt am Main: Insel Verlag 1979.

häufige Besuche bei den Dreharbeiten: Prof. Gustave O. Arlt, Los Angeles,   316
teilte mir mit, FW sei für sein Dabeisein bei den Dreharbeiten honoriert worden: »Twentieth Century Fox bezahlte Werfel dafür, daß er am set war, als ›Experte‹ sozusagen.«

er verwandelte sich in einen Filmenthusiasten: Aus meinen Gesprächen mit Prof. Gustave O. Arlt, Los Angeles.

Jennifer Jones: Mrs. Jones erhielt für ihre Rolle als Bernadette den Oscar.

das Drehbuch war mehrmals umgeschrieben worden: Vgl. Lore B. Foltin, ›Franz Werfel‹, S. 103.

›Kunde vom irdischen Leben‹: Vgl. ›Das lyrische Werk‹, S. 483 ff.   317

Rudolf Voigt: (1899–1956), Lehrer und Schriftsteller.

Erinnerungen an die Prager Jahre: In diesem Sommer 1943 schrieb FW – in Santa Barbara – auch die Novelle ›Géza de Varsany, oder: Wann wirst du endlich eine Seele bekommen?‹; in ihrem Stil erinnert diese Erzählung ein wenig an ›Kleine Verhältnisse‹.

»Im Jahre Fünf, . . .«: Vgl. ›Sechs Setterime zu Ehren des Frühlings von Neunzehnhundertfünf‹, in: ›Das lyrische Werk‹, S. 489.

die Ehrendoktorwürde: FW ließ sich sogleich Visitenkarten drucken:

»Dr. h. c. Franz Werfel«. Aus meinen Gesprächen mit Prof. Gustave O. Arlt, Los Angeles.
Zwei Tage nach dem Geburtstag: Vgl. Alma Mahler-Werfel, ›Mein Leben‹, S. 338.

318 »*In Wirklichkeit enthüllt . . .*«: Unveröff. Notiz (UCLA).
Der plötzliche Tod Max Reinhardts: Vgl. Alma Mahler-Werfel, ›Mein Leben‹, S. 342; vgl. auch ›Zwischen Oben und Unten‹, S. 466 ff., FWs Text zu Max Reinhardts 70. Geburtstag.
›*Totentanz*‹: Vgl. ›Das lyrische Werk‹, S. 497.

319 *Eine Million Exemplare:* Am 29. 11. 1943, d. h. noch *vor* dem Höhepunkt des Weihnachtsgeschäfts 1943, schrieb Ben Huebsch (unveröff., Univ. of Pennsylvania, Philadelphia) an Alma Mahler Werfel, es seien bislang mindestens 802.000 ›Bernadette‹-Exemplare verkauft, wahrscheinlich aber schon viel mehr.
Zahlreiche, oft seitenlange Telegramme: Unveröff. (UCLA).

320 »*I implore you . . .*«: Ebenda. »Ich flehe Sie an, lehnen Sie nicht alles, wofür ich, vielleicht mit der letzten Kraft meines Herzens, kämpfe.«
»*I beg you on my knees*«: Ebenda. »Auf meinen Knien bettle ich: setzen Sie das Ende der Szene IV. wieder ein.«
»*I am depressed to death*«: Ebenda. »Ich bin zu Tode betrübt – denn ich fühle mich gänzlich hilflos.«
Die Broadway-Premiere: Anläßlich der Uraufführung verfaßte FW einen durchaus unehrlichen Begleittext, vgl. ›Zwischen Oben und Unten‹, S. 624 ff., in dem es hieß: »Endlich erbarmte sich ein mutiger Mann meines Jacobowsky. Dieser Ritter war der ausgezeichnete Dramatiker Clifford Odets. [. . .] und obgleich der Theatergott letzten Endes seine Adaption nicht auf die Bühne brachte, so verdanke ich ihm doch so manche wertvolle Anregung. [. . .] Meine alte Freundin, die Theatre Guild, erwarb den würdigen Jacobowsky, und damit begann sich sein Schicksal zum Guten zu wenden. Zugleich trat ein Mann, den ich liebe, aus dem Gewölk seiner Feinfühligkeit und Scheu hervor und erklärte sich bereit, dem umherirrenden Jacobowsky, den er von Anfang an gekannt und geschätzt hatte, ins Bühnenlicht hereinzuhelfen. Es war der geistvolle und hochangesehene Dramatiker S. N. Behrman.«

321 *einem Reporter gegenüber betonte er:* Aus einem Zeitungsinterview, ›Green Sheet Journal‹, Milwaukee, Wisconsin, 17. 3. 1944, Überschrift: »Ailing Bernadette Author Writes About 101 944 A. D.«

»Das Buch muß fertig werden...«

das Kosmogramm: Univ. of Pennsylvania, Philadelphia.
»Zum Thema Theodizee«: Unveröff. Skizzen (UCLA), übertitelt: »Fragmente zum Kapitel Theodizee« (dies sollte Teil eines größeren Essaywerks »Krisis der Ideale« werden; z. B.: »So vermessen es klingt, Millionen guter Menschen sind vom Unglück verfolgt worden, aber seitdem die Welt besteht, hat noch kein schlechter Kerl Glück gehabt.« Die Theodizee-Fragmente entstanden zwischen 1914 und 1920.) Zu ›Theologumena‹ vgl. ›Zwischen Oben und Unten‹, S. 110–195.   326
In der zweiten Märzhälfte: Aus dem Tagebuch Albrecht Josephs, 1944 (Im Besitz Albrecht Josephs).
Mitte Mai '44 erlitt er einen neuerlichen Herzinfarkt: Ebenda.
Im Juli 1944: Aus der Handschrift der ersten Fassung des ›Stern der Ungeborenen‹ (UCLA): »Heute, am 10ten Juli 1944 bin ich wieder in Sta Barb. Biltmore (Bungalow) und versuche, den Reiseroman fortzusetzen!«
Dr. Spinak: Aus meinen Gesprächen mit Albrecht Joseph; vgl. aber auch Alma Mahler-Werfel, ›Mein Leben‹. Zu »Schwammerl« vgl. den gleichnamigen Roman von Rudolf Bartsch (Leipzig 1912).   327
übernahm das amerikanische Militär: Ebenda. »Biltmore vom Militär übernommen: 16. Juli 44 – wir mußten heraus.«
›El Mirasol‹: Das Hotel und seine Bungalows gibt es nicht mehr, an selber Stelle, im Herzen Santa Barbaras, befindet sich heute ein Stadtpark, der ›Alice Keck Memorial Garden‹.
»in fernster Zukunft«: Aus einem unveröff. Brief FWs an Gottfried Bermann Fischer vom 8. 8. 1944 (Im Besitz des Empfängers).   328
von genialer Phantasie diktiert: Zu ›Stern der Ungeborenen‹ vgl. auch Thomas Mann, ›Die Entstehung des Doktor Faustus‹, Amsterdam: Bermann-Fischer Verlag 1949, S. 140 f.
›Bocksgesang‹: Vgl. Anm. zu S. 130.
er sprach drei-, viermal täglich am Telephon mit Alma: Aus einem unveröff. Brief Alma Mahler-Werfels an Adolf und Isolde Klarmann (Univ. of Pennsylvania, Philadelphia).
in sein »altes Ich heimgekehrt«: Aus einem unveröff. Brief FWs an Marianne Rieser (Univ. of Pennsylvania, Philadelphia).
»humoristisch-kosmisch-mystisches Weltgedicht«: Aus einem unveröff. Brief FWs an Ben Huebsch (1873–1965).
»Ich arbeite mit Unlust...«: Aus einem unveröff. Brief FWs an Friedrich   329
Torberg (F. Torberg-Archiv, Marietta Torberg, Wien).
»Indianergeschichten«: Aus A. D. Klarmanns unveröff. Gesprächsnotizen (Univ. of Pennsylvania, Philadelphia) – Gespräch mit Kurt Wolff.

330

331 *jüdische Rezensenten brandmarkten die ›Theologumena‹:* Vgl. z. B. Ludwig
Marcuse, ›In theologischen Schleiern‹, in: ›Aufbau‹, New York, 9. März
1945.
Max Brod reagierte brieflich: Aus einem unveröff. Brief Max Brods an FW
(Univ. of Pennsylvania, Philadelphia).
Und Werfel präzisierte daraufhin: Aus einem unveröff. Brief FWs an Max
Brod.

332 *Carl Moll beging Selbstmord:* Aus meinen Gesprächen mit Anna Mahler;
vgl. aber auch Alma Mahler-Werfel, ›Mein Leben‹, S. 367.

333 *»Die Niederlage Deutschlands«:* Vgl. ›Zwischen Oben und Unten‹,
S. 337 ff.
Botschaft ›An das deutsche Volk‹: Vgl. ›Zwischen Oben und Unten‹,
S. 626 f.

334 *Als ihn seine Freunde Ernst und Anuschka Deutsch aufforderten:* Aus meinem
Gespräch mit Mme. Anuschka Deutsch, Berlin.
»Schweißausbrüche der Angst und Verlegenheit«: Vgl. Friedrich Torberg, ›In
diesem Sinne... Briefe an Freunde und Zeitgenossen.‹, München: Langen-Müller 1981, S. 433 ff. (18. 6. 1945).
die Reinkarnation seines eigenen Sohnes: Vgl. FWs Erzählung ›Spielhof‹,
1919:»Plötzlich fühlte er, daß [...] er etwas Warmes, zärtlich Kleines in
der Hand halte. Es war eine Kinderhand. Ein kleines Kind sah ihn an. [...]
Es war sein verlorner Traum.« (›Erzählungen aus zwei Welten‹, Bd. I,
S. 155).
»sei nicht bös, daß ich Dich so viel allein lasse«: Vgl. ›Das Franz Werfel
Buch‹, S. 436.

335 *Werfel plante noch ein siebenundzwanzigstes Kapitel:* Letzte Seite der Hand-
schrift der ersten Fassung des ›Stern der Ungeborenen‹ (UCLA).
»...ein Ritt über den Bodensee...«: Vgl. Annemarie von Puttkamer,
›Franz Werfel. Wort und Antwort‹, Würzburg: Werkbund Verlag 1952,
S. 148.
August Hess chauffierte Werfel: Vgl. Alma Mahler-Werfel, ›Mein Leben‹,
S. 360.

336 *Eine Eule...:* Daß FW die Gegenwart der Eule vor seinem Fenster als
sicheren Vorboten des Todes empfand, entnehme ich meinem Gespräch
mit Lady Isolde Radzinowicz, der Witwe Adolf D. Klarmanns; vgl. Alma
Mahler-Werfel, ›Mein Leben‹, S. 110 f.; aus FWs ›Geheimem Tagebuch‹:
(2. August 1918)»Ich erinnere mich, daß wir beide, als ich das erstemal in
ihrem Landhaus war, in der Nacht vor dem Fenster einen merkwürdigen
Vogel im gleichen Rhythmus ununterbrochen stundenlang ratschen oder
sägen hörten. Mich beängstigte das damals als ein böses Zeichen für sie.
Ich sagte es nicht.« (Für diesen Hinweis danke ich Herrn Knut Beck.)
ein Brief seines Freundes Johannes Urzidil: 10. 8. 1945, unveröff. (UCLA).

Eine Woche nach seiner Rückkehr: Vgl. Alma Mahler-Werfel, ›Mein Leben‹, S. 362.

Am nächsten Morgen: Beschreibung der letzten Tage und Stunden in FWs Leben entnehme ich einem unveröff. Brief Alma Mahler-Werfels an Adolf Klarmann (Univ. of Pennsylvania, Philadelphia).

›Gruß an Salzburg‹: Vgl. ›Zwischen Oben und Unten‹, S. 627 f.; laut Adolf 337 Klarmann sind dies die letzten Worte, die FW vor seinem Tod geschrieben hat.

Besuch von Freunden: Gemeint ist das Musikerehepaar Byrn (aus einem unveröff. Brief Alma Mahler-Werfels an Isolde und A. D. Klarmann, Univ. of Pennsylvania, Philadelphia).

Er bearbeitete gerade das Poem ›Der Dirigent‹: Vgl. Adolf D. Klarmann in der Einleitung zu FW, ›Das Reich der Mitte‹, Graz: Stiasny Verlag 1961, S. 41: »Durch das Gedicht ›Der Dirigent‹ geht der Bleistiftstrich des Abgerufenen.« Zu dem Gedicht vgl. ›Gedichte 1908–1945‹, Frankfurt am Main: S. Fischer Verlag 1953, S. 141.

ein Typoskript von Willy Haas: Das Zitat ist in leicht redigierter Fassung 341 wiedergegeben; Auslassungen sind hier ausnahmsweise *nicht* durch [...] gekennzeichnet.

im Juli 1975: Hiermit wurde einem Wunsch Alma Mahler-Werfels ent- 343 sprochen; auch ihre sterblichen Überreste wurden 1964 nach Wien überführt; sie liegt auf dem Grinzinger Friedhof begraben, neben Gustav Mahler und Manon Gropius. Für die Überführung der Gebeine von Franz Werfel kamen armenische Kreise in den Vereinigten Staaten auf, da sich die österreichische Bundesregierung außerstande sah, die Kosten hierfür zu übernehmen. Das Ehrengrab mit einem von Anna Mahler entworfenen Stein befindet sich zwischen denen der Musiker Hans Swarowsky und Egon Wellesz, des Komponisten und Freundes Franz Werfels aus den Wiener Jahren. Jedes Jahr pilgern Schüler des armenischen Mechitaristenordens in Wien an Werfels Todestag zum Grab ihres Nationalhelden. Einige Schritte von Werfels Ehrengrab entfernt, auf dem tschechischen Dienstbotenfriedhof, liegt Agnes Hvizd begraben, die Teta Linek aus dem ›Veruntreuten Himmel‹ – acht Menschen teilen sich hier eine Gruft. (Vgl. Dietmar Grieser, ›Piroschka, Sorbas & Co. Schicksale der Weltliteratur‹, München: Langen-Müller Verlag 1978, S. 235 ff.)
Der Leiter der Österreichischen Gesellschaft für Literatur: Dr. Wolfgang Kraus ist heute wie damals Leiter der Gesellschaft. Die Schilderung seines Flughafen-Erlebnisses entnehme ich meinem Gespräch mit ihm.

Danksagung

Dieses Buch wäre ohne die Initiative und aktive Teilnahme von Frau Anna Mahler nicht möglich geworden – ihr gebührt mein Dank an erster Stelle.

Dr. František Kafka ist für seinen unermüdlichen Beistand sehr zu danken – seine beharrliche Beschaffung von Dokumenten aus Prager Archiven, seine äußerst konstruktiven Ratschläge bezüglich der Aufarbeitung von Franz Werfels Kindheit und Jugend haben einen unersetzlichen Beitrag geleistet.

Darüber hinaus danke ich den Zeitzeugen, die Franz Werfel noch persönlich gekannt haben und mir daher Informationen und Anregungen ganz besonderer Art geben konnten:

Gustave O. Arlt, Los Angeles (1895–1986)
Anne Marie Meier-Graefe-Broch, St. Cyr
Anuschka Deutsch (1895–1984), Berlin
Prof. Milan Dubrovic, Wien
Marta Feuchtwanger, Los Angeles
Brigitte Bermann Fischer, Camaiore
Gottfried Bermann Fischer, Camaiore
Adrienne Gessner, Wien (1896–1987)
Alice Herdan-Zuckmayer, Saas-Fee
Albrecht Joseph, Los Angeles
Gina Kaus, Los Angeles (1894–1985)
Ernst Křenek, Mödling bei Wien
Conrad H. Lester, Wien
Leopold Lindtberg, Zürich (1902–1984)
Prof. Golo Mann, Kilchberg bei Zürich
Prof. Hans Mayer, Tübingen
William W. Melnitz, Los Angeles
Alma Pixner, Wien
Lady Isolde Radzinowicz, Philadelphia
Gottfried Reinhardt, Salzburg
Dr. Emmy Wellesz, Wien (1889–1987)

434

Folgende Bibliotheken haben ihre Archive meiner Recherchenarbeit be-
reitwillig zur Verfügung gestellt:
University of California, Los Angeles, Special Collection;
University of Pennsylvania, Philadelphia. Patterson Van Pelt Library,
    Special Collection;
Yale University, New Haven, Conn., Beineke Rare Books Library;
Deutsches Literaturarchiv/Schiller-Nationalmuseum, Marbach/Neckar;
Deutsche Bibliothek, Frankfurt am Main, Abteilung IX, Exilliteratur
    1933–1945;
Österreichische Nationalbibliothek, Wien, Handschriften- und Musik-
    sammlung;
Wiener Stadtbibliothek, Rathaus, Handschriftensammlung.

Lillian Birnbaum, Marietta Torberg
und Dr. Ulrich Weinzierl standen mir
in den Jahren der Arbeit an diesem Buch
ganz besonders bei – *danke!*

Frau Prof. Hilde Spiel, der ich seit
meinen ersten schriftstellerischen
Schritten, seit nunmehr zwanzig Jahren,
sehr viel zu verdanken habe,
sei für die Durchsicht des fertigen
Manuskripts herzlich gedankt.

Bei Knut Beck bedanke ich mich für seine Lektoratsarbeit an diesem
Buch.

Der S. Fischer Verlag und Peter Stephan Jungk danken der Literar-
Mechana, Wien, für die Unterstützung dieses Projekts – ein Teil des
Jubiläumsfonds 1984 kam dank der Vermittlung durch Herrn Dr. Wolf-
gang Kraus der Biographie Franz Werfel zugute.

Register

Zusammengestellt von Wolfgang Kloft

Erwähnte Werke von Franz Werfel

Kursiv gesetzte Ziffern verweisen auf den Anhang

Personen und fremde Werke,
Zeitungen und Zeitschriften etc.

Kursiv gesetzte Ziffern verweisen auf den Anhang

443

444

446

449

450